中國古代戰爭的地理樞紐

（修訂版）

宋　傑　著

書館

責任編輯： 徐昕宇

裝幀設計： 麥梓淇

排　　版： 周　榮

責任校對： 趙會明

印　　務： 龍寶祺

中國古代戰爭的地理樞紐（修訂版）

作　者：　宋　傑

出　版：　商務印書館（香港）有限公司
　　　　　香港筲箕灣耀興道 3 號東匯廣場 8 樓
　　　　　http://www.commercialpress.com.hk

發　行：　香港聯合書刊物流有限公司
　　　　　香港新界荃灣德士古道 220-248 號荃灣工業中心 16 樓

印　刷：　深圳中華商務聯合印刷有限公司
　　　　　深圳市龍崗區平湖鎮春湖工業區中華商務印刷大廈

版　次：　2023 年 10 月第 1 版第 1 次印刷
　　　　　© 2023 商務印書館（香港）有限公司
　　　　　ISBN 978 962 07 5934 5
　　　　　ISBN 978 962 07 5962 8（毛邊本）
　　　　　Printed in Hong Kong

掃描此二維碼，
可獲得與本書內容相關的戰例示意圖等地理參考資料。

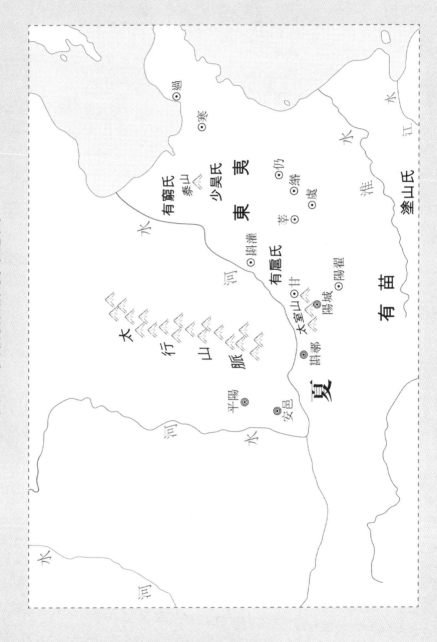

圖 1　夏朝初期形勢示意圖

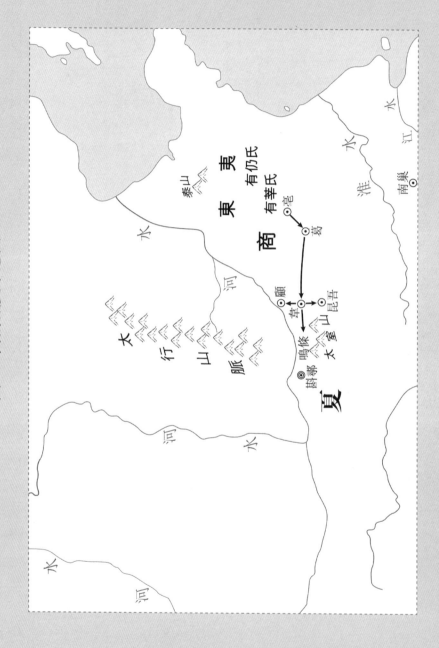

圖 2　商湯滅夏示意圖

圖 3　武王伐紂示意圖（前 1046）

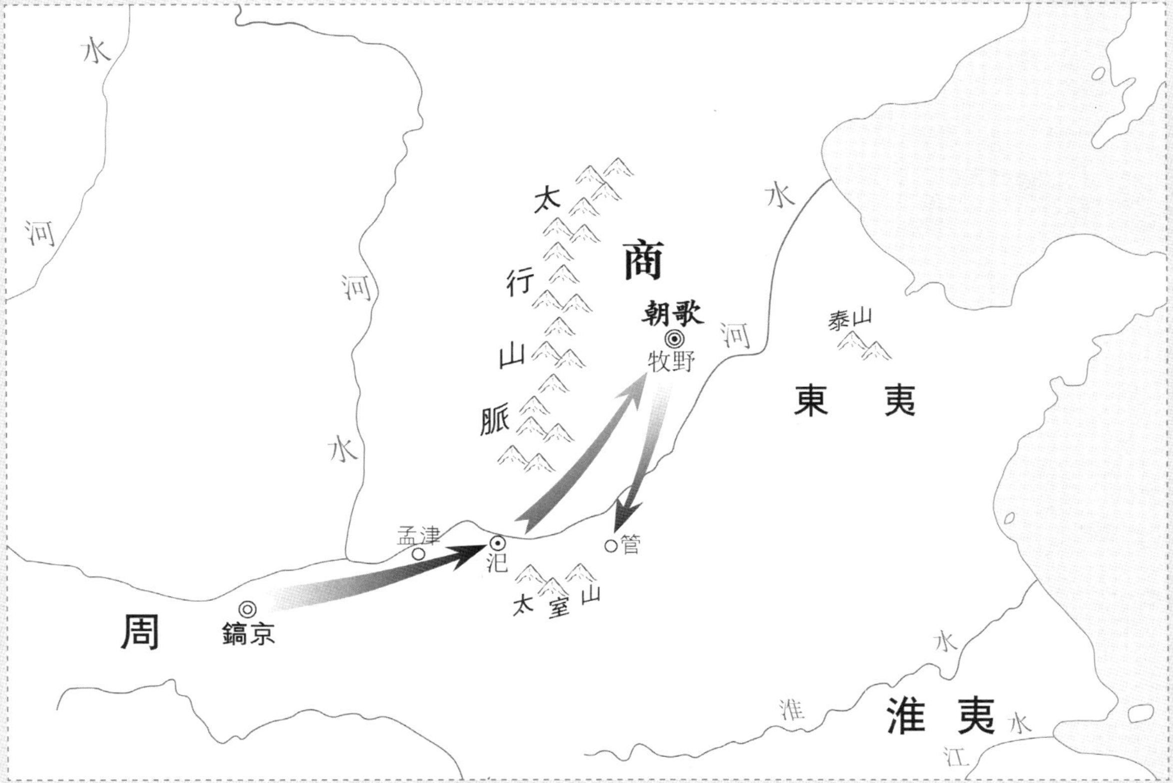

太行山脈

商

朝歌◎
牧野

河

泰山

東　夷

淮　夷

江水

淮水

水

管〇

太室山

汜〇

孟津〇

河水

周

鎬京◎

水

河水

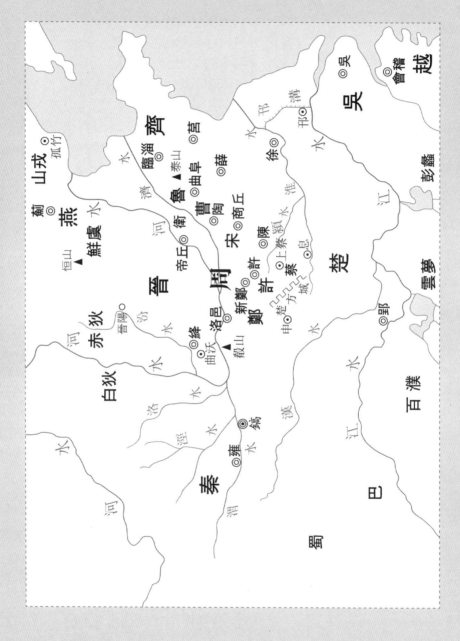

圖 4　春秋中後期列國形勢示意圖

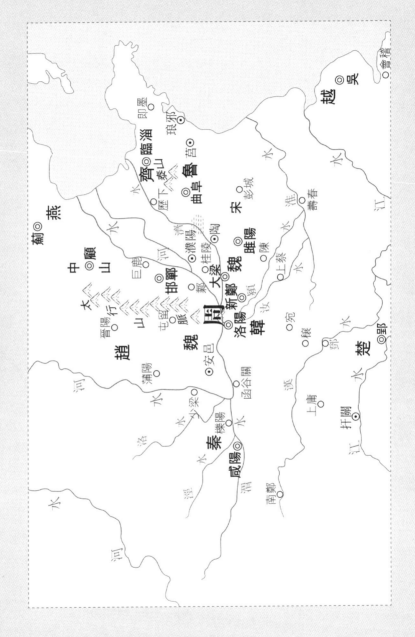

圖 5　戰國中期列國形勢示意圖（前 350）

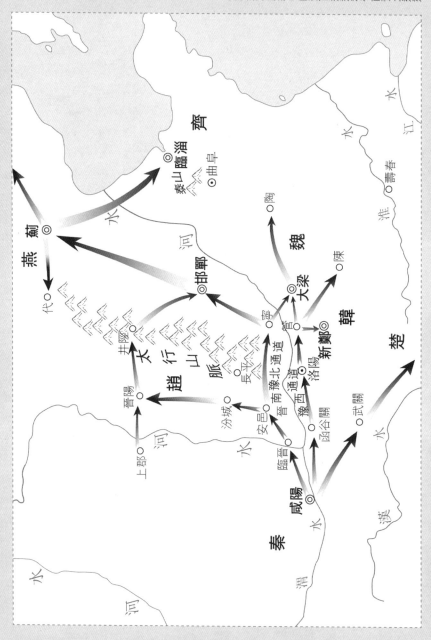

圖 6　秦國進攻六國示意圖

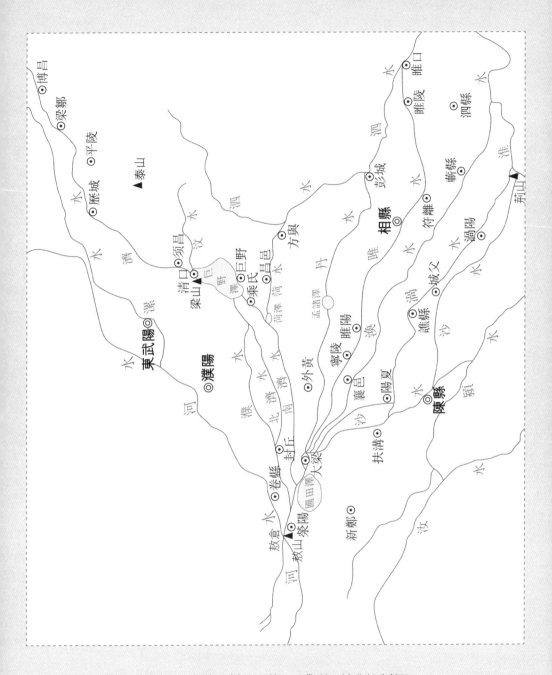

圖 7　敖倉與河、濟、鴻溝水運示意圖

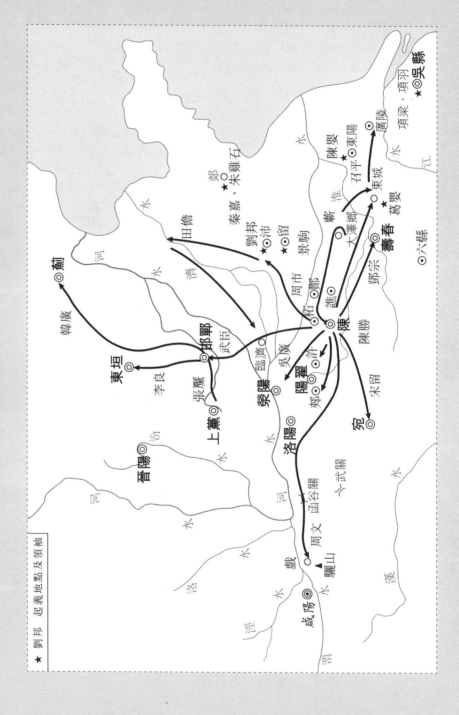

圖 8　陳勝起義軍進攻關中示意圖（前 209）

★　劉邦　起義地點及領袖

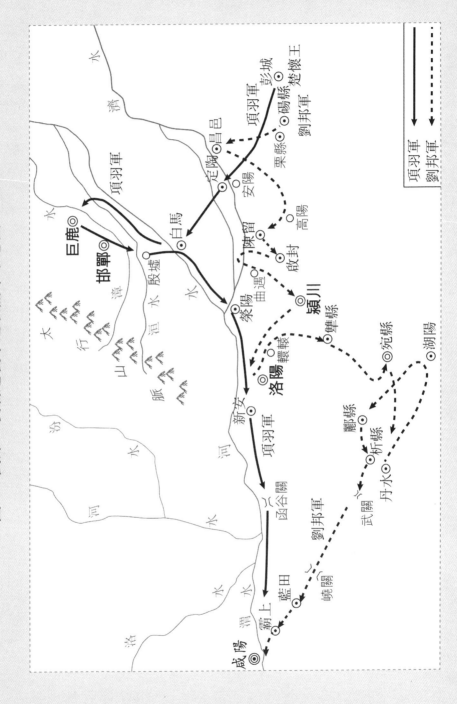

圖 9　劉邦、項羽起義軍進攻關中示意圖（前 206）

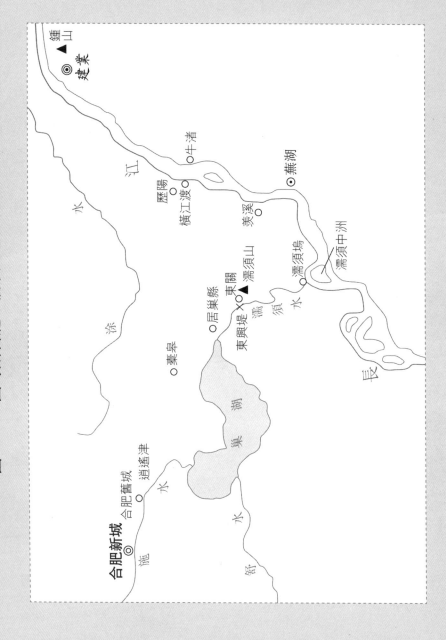

圖 10　三國時期合肥、濡須地區形勢示意圖

圖 11　三國時期合肥新城遺址位置示意圖

出自：李建文《合肥市三國新城遺址的勘探和發掘》

圖 12　三國合肥新城遺址平面示意圖

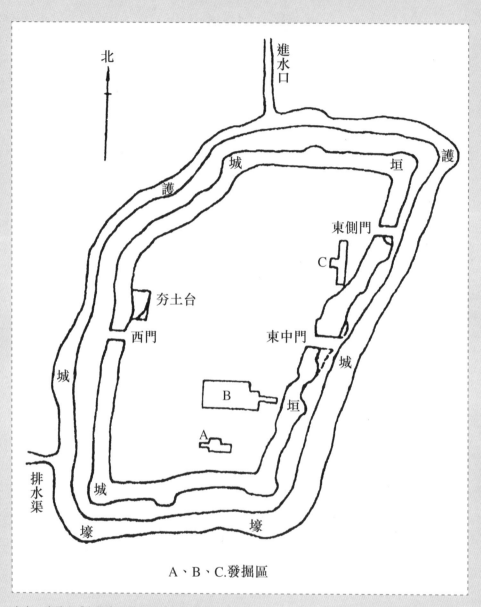

A、B、C.發掘區

出自：李建文《合肥市三國新城遺址的勘探和發掘》

圖 13　蜀漢建興六年春（228）、冬（229），諸葛亮兩次北伐示意圖

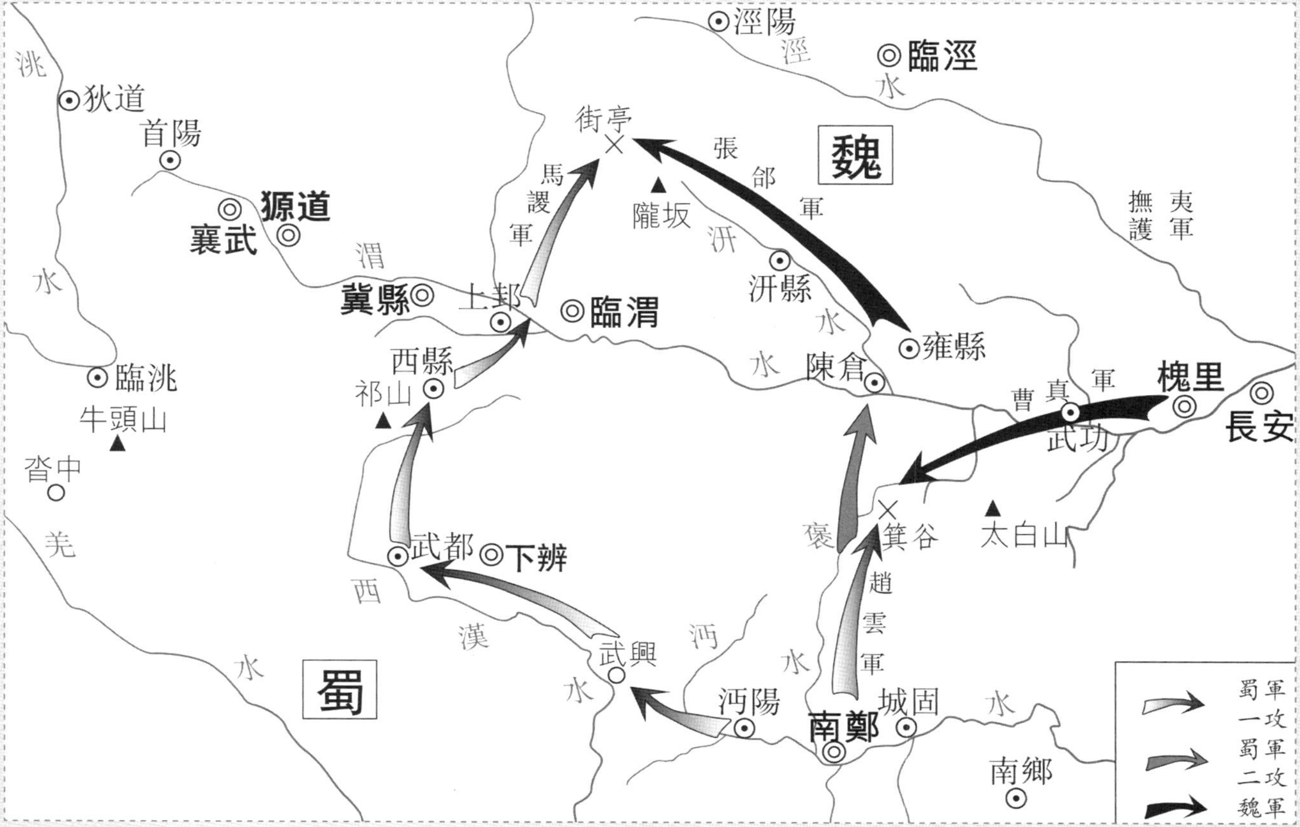

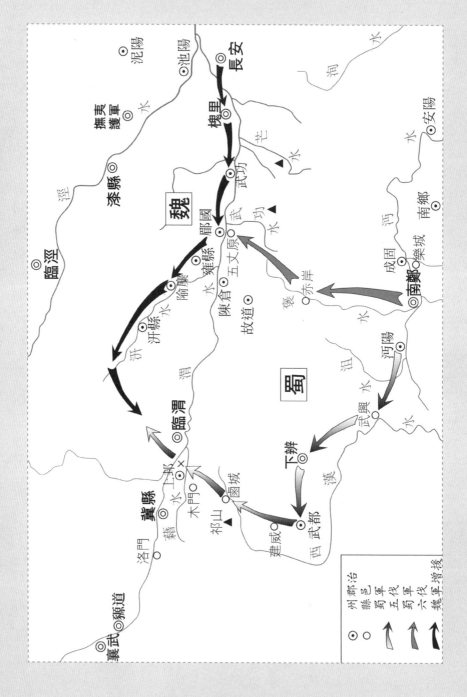

圖 14　蜀漢建興九年（231）、十二年（234）諸葛亮兩次北伐示意圖

圖 15　曹魏主力鍾會軍攻取漢中示意圖（263）

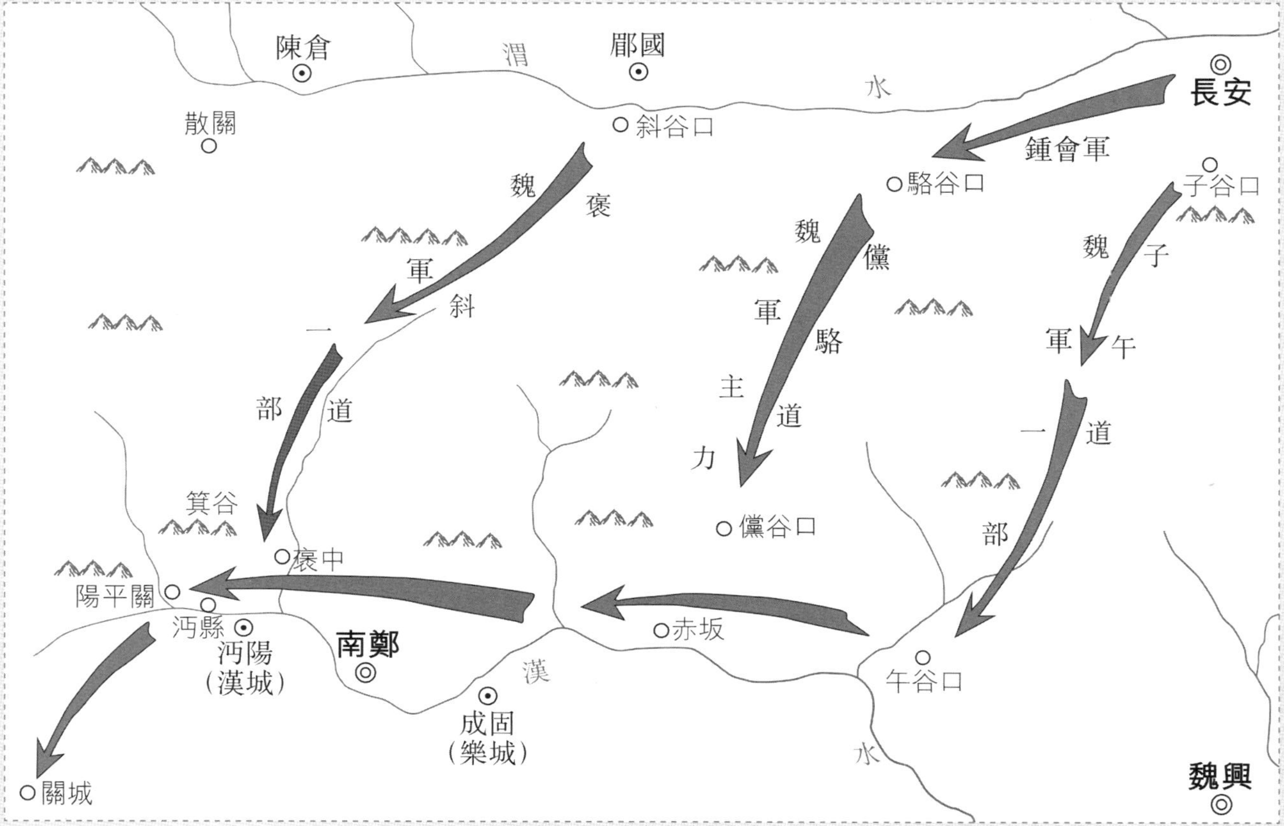

圖 16　東晉南朝時期壽春與江淮地區形勢圖

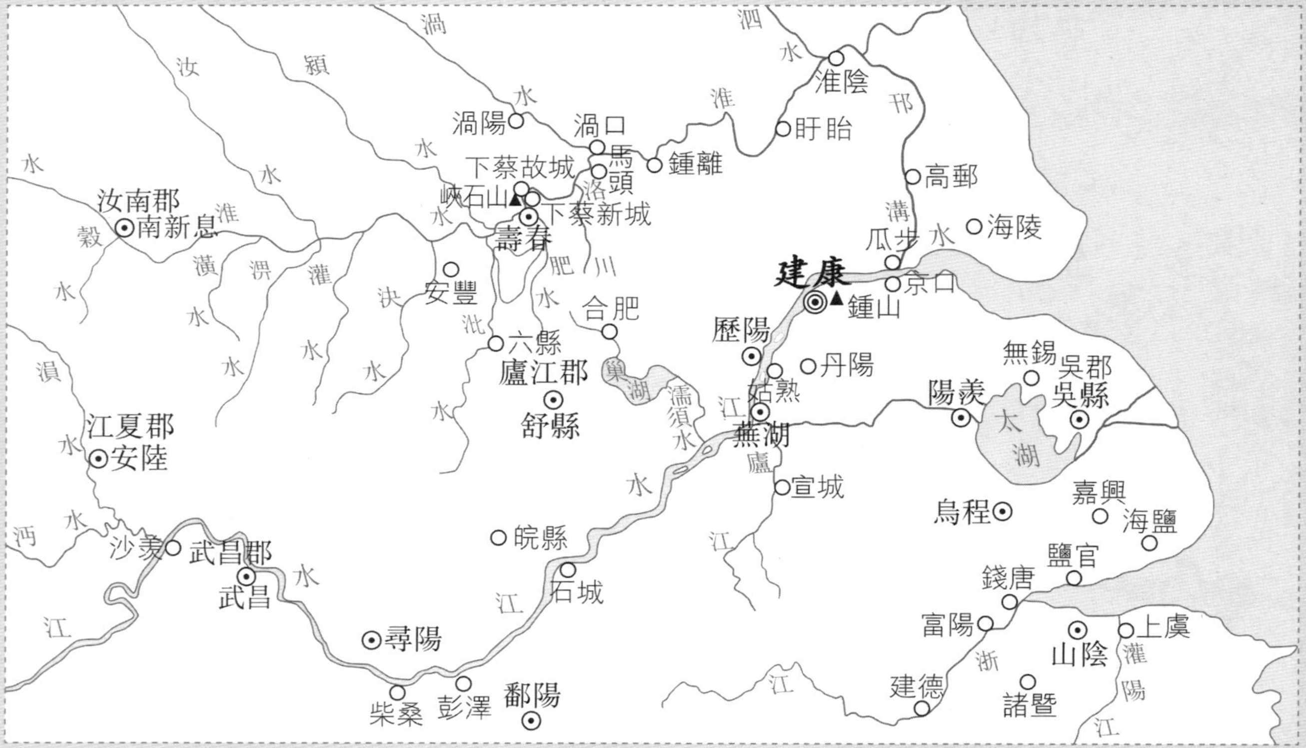

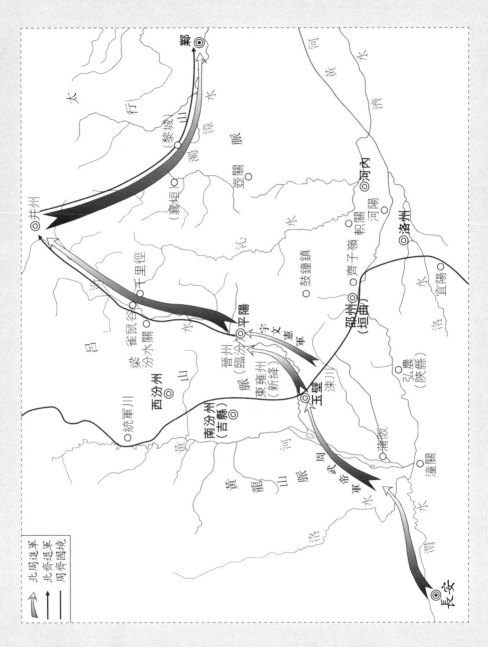

圖17　北周、北齊晉州會戰及北周滅北齊示意圖（576—577）

圖 18　北周建德四年（575）東征河陽示意圖

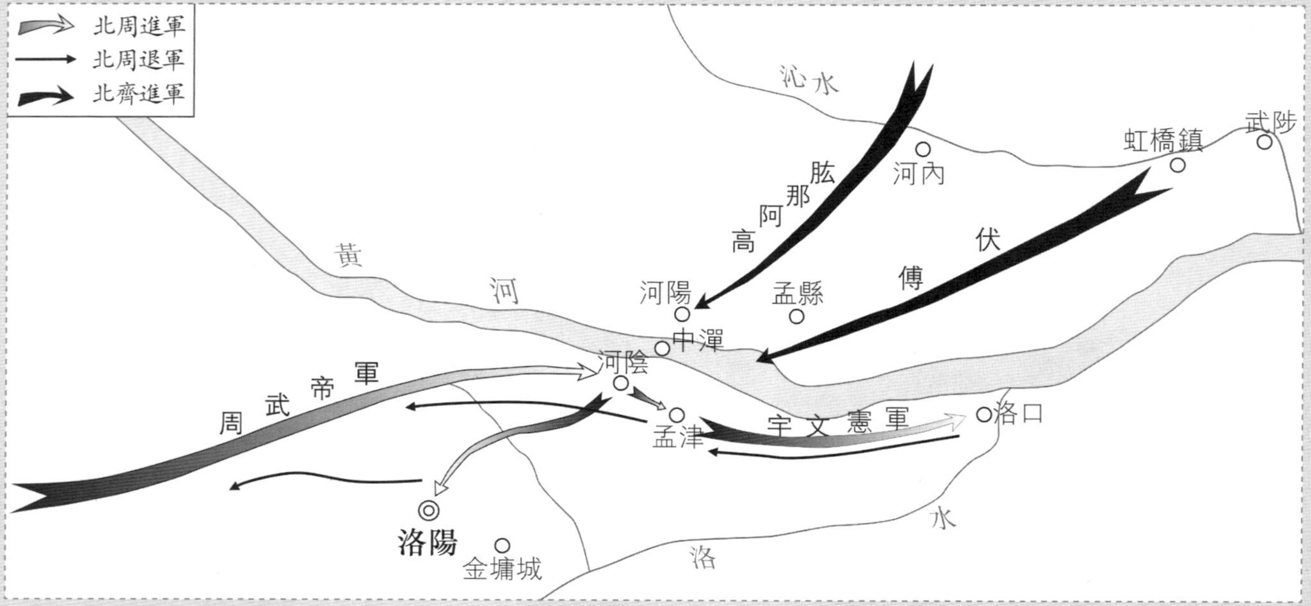

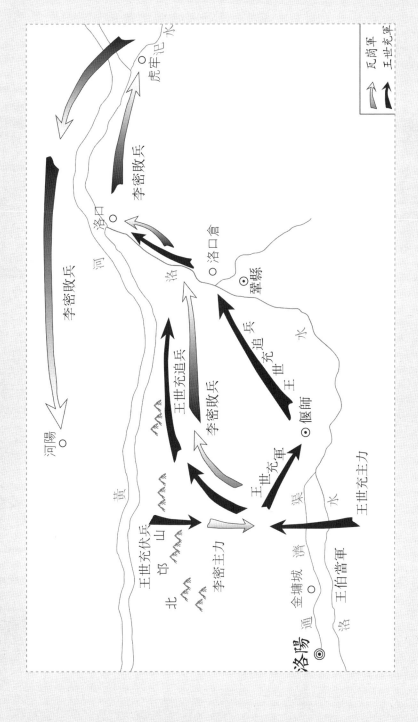

圖 19　隋末李密、王世充北邙山之戰示意圖（618）

圖 20　隋唐洛陽宮城城垣發掘示意圖

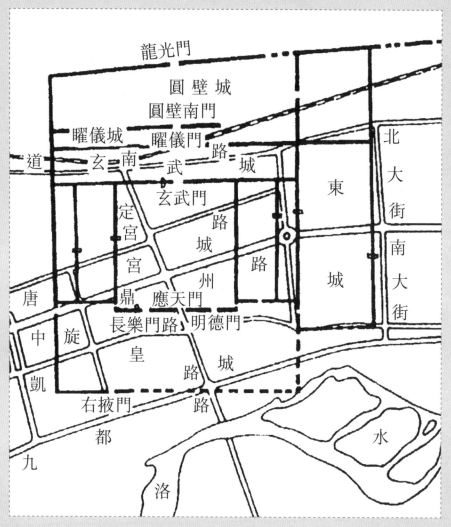

出自：中國社會科學院考古研究所洛陽唐城隊《隋唐洛陽城垣 1995—1997 年發掘簡報》

圖 21　唐代洛陽城郭佈局結構示意圖

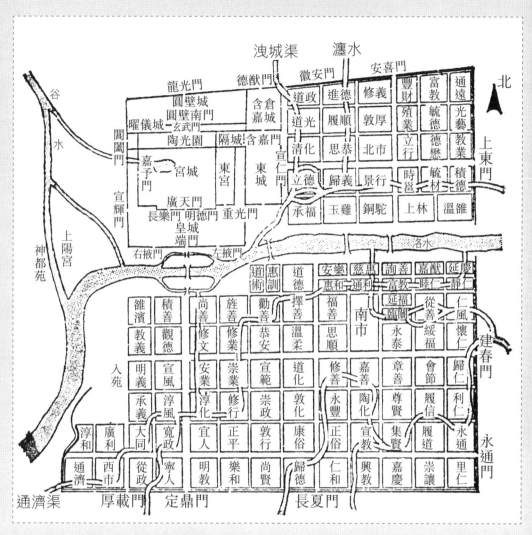

出自：楊寬《中國古代都城制度史研究》

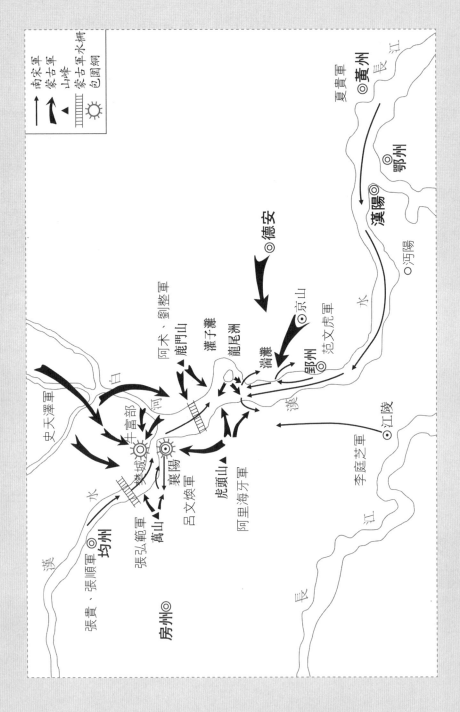

圖 22　蒙古南宋襄樊戰役示意圖（1271—1273）

前　言

　　古今士子對於議論兵戎之事多有濃厚的興趣，正如李賀詩云："男兒何不帶吳鈎，收取關山五十州。"我早年在北京師範學院（今首都師範大學）歷史系就讀時，聽過寧可先生（1928—2014）講授的《中國歷史的地理環境》一課，老師縱論古今形勢之演進，屢出妙語灼見，給人留下了深刻印象。我畢業任教以後，有幸分配在中國古代社會經濟史研究室接受寧可先生的專業指導，後又在其門下攻讀博士學位，耳提面命，獲益良多。先生曾推薦閱讀英國學者麥金德（Halford John Mackinder，1861—1947）的名著《歷史的地理樞紐》（*The geographical hub of history*），並指出可以結合中國歷史上的東西對立和南北對峙局面來研究軍事樞紐問題。在這一思路的啟發下，我將自己的博士論文題目擬為《先秦戰略地理研究》，遂奠定了探討此項課題的決心。由於《中國古代戰爭的地理樞紐》這一命題所包含的內容過於浩繁，夏商以來至明清垂垂四千餘年，所涉及的軍事重鎮不可勝數，以個人渺渺之身做系統深入的研究是完全不可能的事，如莊子所言："以有涯隨無涯，殆已！"另外，現代學者亦對於歷代兵家要地多有論述，如何在前人的成果基礎上取得創新和突破，也是需要認真考慮的問題。有鑒於此，我在動手寫作之前曾對這項課題的研究範圍和切入角度做了一番詳細的思索，特向讀者說明。

　　首先，當今學人集中研討古代軍事樞紐地點的代表性著作頗多，計有張曉生著《兵家必爭之地》[1]、曹雲忠等編著《中華名關》[2]、陸寶千著《中

---

[1]　張曉生：《兵家必爭之地》，解放軍出版社，1987 年。
[2]　曹雲忠等編著：《中華名關》，解放軍出版社，1988 年。

國史地綜論》[3]，以及胡阿祥主編《兵家必爭之地》[4] 等。尤其以胡氏之書較為詳備，它在體例上仿效顧祖禹《讀史方輿紀要》，採取 "平鋪直敍" 的表述方式，分別介紹各省的地理形勢，包括戰略地位、山川險要和境內的軍事重鎮，可以使讀者全面地了解我國歷史上各個區域兵家要地的分佈情況及所經歷的戰事。但從學術研究的角度來說，此類書籍的不足之處主要有兩點：其一，皆為通論性著作，內容多為對前人成果的綜合與複述，問題的個別論證缺乏深度。其二，它們是以各個要地的相鄰 "空間" 為出發點和基本線索陳述、研討的，對於 "時間"，即各歷史階段的時代背景對樞紐地區的戰略價值造成了何種影響則重視得不夠。而在中國古代社會演變過程裏，隨着生產、科學及軍事技術的發展，還有經濟、政治重心地區的轉移，各個樞紐地區的作用、影響也會發生起伏。不同的朝代往往具備各自獨有的兵家要地，所謂 "天下之樞" 並非永久不變的。所以筆者認為，若要在這一研究領域取得新的進展，可以考慮從 "時間" 概念出發來探索軍事樞紐的分佈和變化，即以我國歷史發展脈絡為主線，研討各個王朝兵家要地發生轉移的情況，再剖析其社會背景和轉移的原因。這就是本書的寫作宗旨。因此，本書內容在課題研究和表述的邏輯順序上與以前的相關著作有所區別。

其次，在地理空間上，我大致以歷史上華夏族、漢族的居住區域邊界為界線，將夏朝至清代數千年的戰事分為邊境戰爭和內地戰爭。前者在秦漢以後表現為中原王朝與周邊民族在邊境線附近爆發的戰爭，後者是在東部季風區內部、距離邊境較遠的腹地 —— 如黃河中下游、長江中下游及淮河、漢水流域等地發生的戰爭。筆者認為，內地戰爭在古代中國歷史上的影響遠遠超過邊境戰爭，所以內地的樞紐地區在戰爭史上

3　陸寶千：《中國史地綜論》，廣文書局，1962 年。

4　胡阿祥主編：《兵家必爭之地》，河海大學出版社，1996 年。

發揮的作用總的來說也比邊關要塞更為重要。其詳說及論據請讀者閱覽本書的"導言"部分。基於上述判斷和個人的有限能力，我把課題的研究重點放在了中原內地的樞紐地區上，而不得不捨棄邊境戰爭中的許多重鎮（如朔方、雁門關、山海關等）。在這裏還要再次感謝導師寧可先生。他指出，可以把內地數量繁眾的樞紐地區按照戰略價值的高低分成若干等級，在時間、精力有限的情況下，先集中研究那些級別最高，即對當時戰爭影響最為重要的地點，其他的暫且擱置。這就是我在本書中只對每個朝代選擇一兩處樞紐地區加以探析的緣故。

再次，關於這一課題研究對象在"時間"方面的上限和下限問題，由於已經確定的思路是探討中國東西對立和南北對峙期間軍事樞紐的轉移，故筆者認為最早可以追溯到夏商時代。華夏、東夷民族集團的角逐與融合是當時政治鬥爭的主流，甘、韋、闌、管所在的今河南鄭州地段，位於兩大歷史民族區的接壤處和交通衝要，曾經頻頻引起軍隊統帥的關注。而其終止的時間則定在南宋末年，由於政治向心性的加強、中央集權制度和統一國家的鞏固，元朝建立之後，中國大陸未再出現春秋戰國、魏晉南北朝和五代十國那樣長期的分裂割據局面。另外，元末以來火藥、火器在軍事上得到普遍應用，採取火藥爆破和火炮轟城的攻壘戰術相當有效，使城堡的防禦作用大大降低。因此，蒙古和南宋的襄樊之戰以後，內地戰爭中也再沒有發生較弱的一方可以憑藉幾座城壘和險要地勢來長期抗拒強敵，並且最終獲得成功，從而使己方的統治得以延續的戰例。關於這個問題，可以參閱史念海所著《論我國歷史上東西對立的局面與南北對立的局面》一文[5]，他即主張中國大陸政治上的長期分裂局面是在南宋末年最終結束的。

5　史念海：《論我國歷史上東西對立的局面與南北對立的局面》，《中國歷史地理論叢》1992 年第 1 期，第 57—112 頁。

由於我從事的科研任務以秦漢史為主，教學工作亦相當繁重，始終很難對軍事史研究傾注全力，所以自 1989 年發表《秦漢時代的敖倉》一文到今天初步結題，竟然耗時整整二十年。在此期間，我探討了三代的甘、管，春秋之鄭，戰國之韓魏、函谷關和豫西通道，秦漢的滎陽及敖倉，三國的合肥、濡須和漢中，東晉南朝的壽春，兩魏周齊的河東，北朝至唐中葉的河陽三城，隋末唐初的洛陽，南宋末年的襄陽等樞紐重地在戰爭中的作用，其中不成熟的意見恭請各位師友批評指正。遺憾的是，限於個人的身體狀況和業務能力，還有許多價值頗高的內地軍事樞紐，如上黨、晉陽、徐州、鄴城、開封等未能付諸研究，只有期盼後人來從事這項工作了。《中國古代戰爭的地理樞紐》這一命題所包含的素材幾乎是無窮無盡的，希望我這部淺陋的著作能夠成為引玉之磚，使更多的學人對此產生興趣並進入相關領域展開探討，藉以促進古代軍事史研究的繁榮。

另外，本書的圖頁繪製得到了首都師範大學歷史學院馬保春先生的協助，部分圖頁參考了《中國古代戰爭戰例選編》第一冊至三冊[6]中的附圖，以及史念海《河山集》三集中的《濟水鴻溝略圖》[7]，在此謹致謝意。

宋傑

2008 年 8 月 31 日於頤源居

6　軍事科學院戰爭理論研究部、《中國古代戰爭戰例選編》編寫組：《中國古代戰爭戰例選編》第一冊，中華書局，1981 年。軍事科學院戰爭理論研究部、《中國古代戰爭戰例選編》編寫組：《中國古代戰爭戰例選編》第二冊，中華書局，1983 年。軍事科學院戰爭理論研究部、《中國古代戰爭戰例選編》編寫組：《中國古代戰爭戰例選編》第三冊，中華書局，1984 年。

7　史念海：《河山集》三集，人民出版社，1988 年，第 314—315 頁。

修訂版附言

　　拙著《中國古代戰爭的地理樞紐》12 年前由中國社會科學出版社發行初版,受到讀者和業內人士的好評。惜原書發行量較少,未能滿足市場的需要,頗感遺憾。今得緣再版,欣慰之餘,特對初版加以修訂。在此對修訂的內容略作說明。

　　此次修訂,主要是對初版著作中的文字和注釋做了細致的校訂、審核,以期最大限度避免錯訛。此外,還增補了一些近年來的考古成果。這一補充,也彌補了筆者在研究中的一些缺憾。如初版中《合肥與曹魏的禦吳戰爭》一章,未能吸取近年對三國合肥新城遺址的考古發掘成果,這次修訂版做了相應的補充。而正始二年(241)吳軍曾繞開合肥,自皖城北進,經舒縣西北越過江淮丘陵抵達六安,再北上到壽春以南的芍陂作戰,這段史實是筆者此前沒有注意的,致使在文中出現了認為當時曹魏棄守合肥的錯誤判斷,此次也一併予以修正。

　　讀歷史地理著作離不開地圖,但受篇幅等諸多因素限制,我們僅能將 22 幅由專業繪圖機構繪製的標準地圖放於文前,以饗讀者。為了彌補這一遺憾,也為方便讀者閱讀,我們特將與本書內容密切相關的戰例示意圖等地理參考資料製作了電子檔案,歡迎讀者掃描文前所附二維碼下載。

　　對軍事歷史的熱愛是我寫作本書的主要動機,此修訂版若能對此領域的發展有所促進,將會滿足我的夙願。

宋傑

2021 年 11 月 25 日於頤源居

目　錄

導　言

一、兵學中的"衢地"—— 樞紐地區

　　人類有史以來的戰爭，都是在一定的地理環境中進行的。戰爭的勝負，除了雙方政治、經濟、軍事指揮、裝備、士氣等影響因素之外，在很大程度上還要受到地理形勢（包括自然地理因素和人文地理因素）的制約。正確地選擇和利用戰爭的地理條件，往往也是克敵制勝的要因之一。尤其是在軍事技術、交通手段落後的古代，地理環境對作戰的影響更為顯著，以至於長江大河被稱為"天塹"，崇山峻嶺"一夫當關，萬夫莫開"。在大規模的戰爭裏，某個或某幾個面積有限的區域由於地理位置的重要，成為交戰雙方對峙的熱點，即所謂"兵家必爭之地"，它的得失對戰爭的結局常常具有決定性作用。這種戰略要地，軍事地理學中叫做"樞紐地區"，或是"鎖鑰地點"。克勞塞維茨曾經說過："任何國家裏都有一些特別重要的地點，那裏有很多道路匯合在一起，便於籌集給養，便於向各個方向行動。簡單地說，佔領了這些地點就可以滿足許多需要，得到許多利益。如果統帥們想用一個詞來表示這種地點的重要性，因而把它叫做國土的鎖鑰，那麼似乎只有書呆子才會加以反對。"[1]

　　春秋戰國時期，由於經濟發展、民族融合速度的加快，各地區之間的交往、聯繫日益密切，出現了統一的趨勢；諸侯國間的戰爭規模擴

1　〔德〕克勞塞維茨：《戰爭論》第 2 卷，商務印書館，1978 年，第 636—637 頁。

大、次數頻繁，裝備、技術水平也顯著提高。這一切使政治家和軍事家的視野變得廣闊起來，考慮戰略問題時，開始把"天下"看成一個由不同區域組成的整體，其中某些區域的地位價值較高，在兼併戰爭中如果能被率先奪取、控制，就能使自己處於有利的態勢。這種認識的產生，最早是由我國的"兵學之祖"孫武提出來的，在時間上遠遠領先於西方近代"樞紐地區"的軍事思想。孫武在其著名的十三篇《兵法》中，把位置、地形不同的作戰區域分為九類，強調對它們應採取不同的行動方針。其中，敵國、我國與第三國接壤，道路四通的地區稱為"衢地"，最有戰略價值——"諸侯之地三屬，先至而得天下之眾者，為衢地。"若是先敵佔領，就能得到其他諸侯國的支持，營造主動的局面。略晚於孫武的范雎，在向秦昭王闡述其"遠交近攻"的著名戰略時，對各國的地理形勢做了全方位的分析，更加明確地把位於東亞大陸中心的韓、魏兩國稱作"中國之處而天下之樞也"[2]。指出秦國若要成就霸業，必須先攻取這一樞紐地區，才能逐步兼併楚、趙、齊、燕等邊遠敵國。秦國遵行他的主張，終獲成功，得以掃清六合，一統寰宇。秦漢至明清兩千多年以來，歷代的軍事家、兵學家都非常重視對樞紐地區的控制，認為不論在平時還是戰時都應該牢牢掌握住它，這樣就可以"扼天下之吭，制群生之命"[3]。因此，深入研究我國古代戰爭中的樞紐地區，探討其形成和演變的背景，以及它在歷史上不同時期發揮的作用，是一項極為重要、很有意義的課題。

2　《史記》卷 79《范雎列傳》。

3　〔唐〕李吉甫：《元和郡縣圖志·序》，中華書局，1983 年，第 2 頁。

二、我國古代戰爭的地域分類和鎖鑰地點

　　自秦朝以來，我國成為一個多民族的統一國家，雄踞東亞大陸。一方面，因為疆域遼闊，漢族居住生活的東部地區，與周邊少數民族分佈的蒙新高原、青藏高原、雲貴高原在自然條件、經濟活動和社會發展程度上存在着很大的差異，帶來了政治上的不平衡。漢族的中原王朝與周邊各少數民族長期共存，雙方在戰時攻掠燒殺，尖銳對立；即便在和平時期，周邊民族對中原王朝通常也只有名義上的藩屬關係，相當鬆散；朝廷對戎狄蠻夷多是設官監護、羈縻，不干涉當地政務，很少建立直接統治的機構。這個政治特點反映在地域上就是：古代中華民族活動的東亞大陸上始終存在着若干歷史民族區，從事遊牧、狩獵、農牧、農耕生活的少數民族分別居住在東北、北部、西北、西部和西南地區，以長城和青藏高原、雲貴高原的東端為分界線，對漢族居住的東部地區構成了半包圍狀態，並在政治、經濟上處於相對獨立的局面。

　　此外，漢族居住的東部季風區幅員廣闊，自然條件也不一致，區域開發有早有晚，使其內部各地區在經濟生活、政治趨向、風俗文化上也出現了顯著的區別，結果導致漢族居住區內的大規模軍事衝突往往表現為南、北方或東、西方政治力量的對抗。這也造成在中國歷史上曾經多次出現分裂、割據的局面，有些甚至持續數百年。秦漢到隋唐，中原王朝直接統治的東部地區習慣上以函谷關或崤山、太行山及長江為界，分為關（山）西、關（山）東、江南三大基本經濟區，代表黃土高原、華北平原和東南丘陵，社會嚴重動亂時，這幾個經濟區就會由幾股政治勢力分別佔據。宋朝以後，東部地區則以秦嶺、淮河為界，劃分為南、北兩方。從根本上講，古代社會佔支配地位的是自然經濟，商品交換不發達，各地區間的經濟聯繫不像現代社會那樣緊密，並非相互依存、不可分離，經濟上的自立為政治上的分裂割據提供了物質基礎。

受上述情況的影響和制約，我國秦漢至明清時期的大規模戰爭在地域上可以劃分為兩類。

第一類，邊境戰爭。即中原王朝與周邊民族在邊境線附近爆發的戰爭，這類軍事衝突主要發生在北方長城的沿線，由中原王朝軍隊同東北、北部、西北遊牧民族交鋒、對峙；與西部、西南地區少數民族的戰爭則比較少，歷史上只有唐朝中後期的吐蕃、南詔對中原王朝構成過為時不長的威脅。

第二類，內地戰爭。即在東部地區內部、距離邊境較遠的腹地——如黃河中下游、長江中下游，以及淮河、漢水流域等地發生的戰爭，包括魏晉南北朝、五代十國、南宋等分裂時期割據政權間的交戰，西漢"七國之亂"、唐朝"安史之亂"那樣的中央政權與地方叛亂勢力的交戰，還有歷代農民起義軍與封建王朝軍隊的戰鬥，在歷史上是相當頻繁的。

這兩類戰爭裏都形成過樞紐地區，像邊境戰爭中的河套、陰山地帶，秦、西漢、唐朝均屯駐重兵，號為"國之北門"。唐蕃交戰時的維州（今四川理縣一帶），"據高山絕頂，三面臨江，在戎虜平川之衝，是漢地入兵之路"[4]，吐蕃得後，稱為"無憂城"。明末的山海關，扼東北平原通往華北的孔道，兵家視為"兩京鎖鑰"，明、清（後金）政權均力爭該地。不過，邊境戰爭中的樞紐地區存在的時間普遍不長，隨着各個時期中原王朝與周邊民族的矛盾激化而轉移，或在西部、西南，或在北方、東北。

內地的戰略樞紐則相對穩定。大體上來說，如果是東西對立，即政治集團的鬥爭在地域上表現為關（山）東與關（山）西勢力相抗衡，那麼雙方對峙爭戰的主要區域往往是東西方交界的豫西走廊，它以洛陽為中

4　《舊唐書》卷 174《李德裕傳》。

心，東至滎陽，西達潼關，南至南陽盆地，北抵黃河或延伸到晉南的河東（中）地區。中國歷史上的秦末農民戰爭、楚漢戰爭、綠林赤眉起義、董卓之亂、東魏及西魏與北齊及北周間的戰爭、唐朝政權與竇建德及王世充的交戰、安史之亂，基本上都是以該地區為主要戰場。

如果是南北對立，雙方的征伐攻守則主要在黃河、長江之間的淮河、漢水流域。爭奪、對峙的樞紐地區有二。其一是淮南，即江蘇、安徽兩省淮河以南、長江以北地區。唐庚曾對此議論道："自古天下裂為南北，其得失皆在淮南。晉元帝渡江迄於陳，抗對北寇者五代，得淮南也。楊行密割據迄於李氏，不賓中國者三姓，得淮南也。吳不得淮南，而鄧艾理之，故吳併於晉。陳不得淮南，而賀若弼理之，故陳併於隋。南得淮，則足以拒北；北得淮，則南不可復保矣。"[5] 淮南被蘇北丘陵、山地分割為兩塊，即宋代的淮南東路、淮南西路。前者以廣陵（揚州）為中心，北抵淮陰、淮安，南到瓜洲、京口；後者以合肥為中心，北至壽春，南達巢湖、濡須。其二是荊襄，即湖北北部江陵、襄樊、漢陽一帶，尤以襄陽為重。庾翼曾說襄陽"西接益梁，與關隴咫尺；北去洛河，不盈千里，土沃良田，方城險峻，水路流通，轉運無滯，進可以掃蕩秦趙，退可以保據上流。"[6] 顧祖禹把襄陽稱為"天下腰膂"，認為"中原有之，可以併東南；東南得之，亦可以圖西北者也。"[7] 歷史上，三國時魏與蜀吳聯盟的交戰，西晉與東吳、東晉與十六國、南朝與北朝及隋的對抗，北宋與南唐、南宋與金朝及元朝的作戰、對峙，多發生在淮南、荊襄兩地。

此外，在古代，四川盆地基本上是一個獨立的經濟區域，不劃歸關西或江南。北方政治勢力南進時，往往也越過秦嶺，通過漢中進入四川

5　〔清〕顧祖禹：《讀史方輿紀要》卷 19《南直一》，中華書局，2005 年，第 916 頁。

6　《晉書》卷 73《庾翼傳》。

7　〔清〕顧祖禹：《讀史方輿紀要·湖廣方輿紀要序》，中華書局，2005 年，第 3484 頁。

盆地，然後或東出三峽，或南下雲貴，對江南加以側翼包圍。故此，川陝交界的漢中也是南北戰爭的一個樞紐地區。不過，它的作用和影響大不如淮南和荊襄，因為漢中距離南方政權的統治中心——江浙較遠，不能構成直接的威脅。即使北方勢力佔領了四川，江南的割據政權也不會很快滅亡。如曹魏滅蜀後，東吳仍可暫時存續；北周、蒙古據川後，陳和南宋仍能維持一段時間的統治。

比起邊境戰爭中的樞紐地區來，豫西、淮南和荊襄在我國戰爭史上的地位和作用就顯得更為重要了。這樣說的根據何在呢？首先，邊境戰爭的戰線很長，像北方的長城綿延萬里，中原王朝沒有力量處處屯以重兵，只能把軍隊相對集中到一些要塞，其他地區的守備兵力比較薄弱，僅能防備小股胡騎的襲擾。長城以外，沿線多是空曠的草原、荒漠，便於騎兵運動，遊牧民族可以發揮機動性強的優勢，迅速集結部隊，避實就虛，突入邊境。像明朝中葉，蒙古鐵騎數次兵臨北京城下；明朝末期，滿洲八旗也幾番繞過重鎮山海關，穿越長城，橫行華北，都沒有受到大的阻礙，可見邊境樞紐在戰爭中的影響有限。而內地戰爭的情況則有所不同：東部地區被山脈、丘陵、河流的縱橫分割，大部隊的通行要受到陸路、水道的制約，所以戰線比較短，控制樞紐地區的一方常常能夠利用複雜險要的地勢來阻擋強敵入侵。在交通幹線的限制下，敵方很難做遠程的戰略迂迴，也就很難出奇制勝。如劉邦在滎陽、成皋、鞏洛一線的狹窄地段設防，挫敗了項羽的進攻，力保關中不失。三國時曹魏與吳、蜀相持，接壤數千里，也是只用重兵守住幾處樞紐地區，便立於不敗之地，正如魏明帝所稱："先帝東置合肥，南守襄陽，西固祁山，賊來輒破於三城之下者，地有所必爭也。"[8] 而安史之亂中潼關的失守，南宋

<hr />

8　《三國志》卷3《魏書‧明帝紀》。

末年襄陽的陷落，都導致戰局的全面崩潰，更是體現了內地樞紐地區在戰爭中發揮的突出作用。

其次，我國古代各少數民族強盛持續的時間大多不長，故有"胡無百年之運"的說法。受這種特點影響，在封建社會的各個階段裏，與中原王朝發生尖銳對立的邊疆民族並不相同，甚至一個朝代的前期、中期、後期也不一樣，如東漢與匈奴和羌人，唐朝與突厥、吐蕃和南詔，明朝與蒙古和女真，爆發衝突、戰爭的地點轉移比較頻繁。邊境戰爭的樞紐地區存在的時間較短，如唐後期的維州、明末的山海關等，由此，它們在軍事史上的影響就有限了。不像內地的豫西、淮南、荊襄，在千餘年，甚至整個中國封建時代裏都具有重要的戰略地位。

再次，邊境戰爭的規模、兵力通常有限，決戰性質的交鋒比較少。即便是較大的會戰，對於交戰雙方來說，也只能算是在第一道防線的對陣，雙方作戰的迴旋餘地都還很大。任何一方失敗了，都不會立即土崩瓦解、俯首稱臣。遊牧民族戰敗後，可以遠遁漠北、西域，或撤入東北的深山老林；中原王朝若是失利，則能夠將防線內移，憑藉黃河、淮河、長江及堅城峻嶺來繼續對抗。真正決定中原王朝歷史命運的決戰，都是在內地爆發的，即所謂"中原逐鹿"。所以說，內地戰爭在古代中國歷史上的影響遠遠超過了邊境戰爭；因此，內地的樞紐地區在戰爭史上發揮的作用總體來說也比邊關要塞更為重要。在中國歷史上，戰略價值居於首位的鎖鑰地點，是被歷代兵家稱為"天關"、"地機"、"九州咽喉"、"天下要領"的豫西、淮南、荊襄。它們不僅在戰時是雙方爭奪的熱點，得失能夠影響整個戰局，就是在和平統一時期，它們也被統治者重視，朝廷不僅要在邊關和都城設置重兵，同時也在豫西、淮南、荊襄等地築倉屯糧、儲備武器、駐紮軍隊，以防出現地方割據勢力的叛亂，或者能在農民起義爆發後迅速控制該地，避免陷於被動。

三、對內地戰略樞紐形成原因的分析

為甚麼我國古代軍事家、政治家會選擇豫西、淮南、荊襄等地區作為戰略樞紐？它們形成的原因和背景何在？不同時期為甚麼會出現樞紐地區位置的轉移？筆者認為，內地樞紐地區的存在和轉移需要一定的歷史條件，具體說來有以下幾個方面的因素。

（一）與幾大基本經濟區域並存局面的形成有關

前文已述，古代中國漢族居住區的地域相當遼闊，其內部又可以分成關西、關東、江南等幾個基本經濟區。在封建社會自然經濟佔支配地位的情況下，基本經濟區能夠在人力、財力上為中央或地方割據政權提供物質保證，使它們可以相對獨立地統治一段時期。像三國、兩晉、南北朝、五代十國、南宋時期那樣，自給自足的區域經濟充當了分裂政權的經濟基礎。在東部地區發生大規模內戰的時候，政治家們要解決的首要問題，就是控制一個基本經濟區作為自己的根據地，維持那裏的正常生產，為戰爭提供必要的兵員、糧草、器械和財物。如荀彧對曹操所言："昔高祖保關中，光武據河內，皆深根固本以制天下，進足以勝敵，退足以堅守，故雖有困敗而終濟大業。……且河、濟，天下之要地也，今雖殘壞，猶易以自保，是亦將軍之關中、河內也，不可以不先定。"[9] 興兵舉事者若奉行黃巢、李自成式的流寇主義，不重視後方建設，就難以在長期、持久的戰爭裏獲得足夠的物資和人員補充，必敗無疑。戰時敵對雙方為了確保自己統治地區的安全，要把兵力集中到敵我區域的交界之處，阻擋敵軍入境，使己方的民生免遭破壞踐踏，即所謂禦敵於國門之外；同時，也使自己的軍隊處於即將進入敵區的有利

9　《三國志》卷 10《魏書・荀彧傳》。

態勢。即便在天下安定、和平統一的環境裏，中央政權為了防備地方起兵叛亂，威脅首都所在地域的安全，也總是在幾個基本經濟區接壤的地方駐軍守護，以備不時之虞。因此，內地戰爭中的樞紐地區都是處在幾大經濟區交界的邊緣地帶，如豫西在關西、關東之間，淮南、荊襄在南、北方之間，具有防備入侵和準備出擊的雙重作用，成為內地戰爭中的前哨陣地。

（二）與地形、水文等自然地理條件有關

冀朝鼎曾經指出："分隔中國三大水系的各條山脈，是造成經濟與政治區劃的屏障，也是多少世紀以來在中國出現分治現象的天然基礎。"[10] 長城以南、巫山及雲貴高原以東的漢族居住區，總的來說地勢比較平緩，處於我國地理三級台階中最低的部分。幾個基本經濟區的劃分，主要根據山脈、河流等自然地理因素。例如，山東、山西的分界線是太行山或崤山，而南、北方的分界線則是長江或後來的秦嶺、淮河。由於古代戰爭基本上使用刀劍、矛、弓矢等冷兵器，以步兵、騎兵為主，裝備技術水平低下，機動作戰的能力比較差，山脈、河流對部隊的進軍、運輸補給產生的阻礙要比現代大得多，無論是攀越、徒涉、舟濟、架橋均有很多困難，防禦的一方利用山水設置陣地，在很大程度上可以彌補自己兵力的不足。如三國時鮑勛諫魏文帝曰："王師屢征而未有所克者，蓋以吳、蜀唇齒相依，憑阻山水，有難拔之勢故也。"[11]

開闊、平坦的"四戰之地"，像豫東、冀南、蘇北，有利於展開兵力發動會戰，卻不利於實力較弱的一方組織防禦。故此，古代中國的戰略樞紐或是設置在山區，像豫西；或是在江河沿線、水網地帶，如淮南、

10　冀朝鼎：《中國歷史上的基本經濟區與水利事業的發展》，中國社會科學出版社，1981年，第30頁。

11　《三國志》卷12《魏書·鮑勛傳》。

荊襄，正是為了利用當地複雜的地形、水文條件，作為天然屏障，使自己先得地利，攻守俱便。

（三）與當時的水陸交通幹線有關

關西、關東、江南之間的接壤地帶很長，綿延千里乃至數千里；而豫西、淮南、荊襄等樞紐地區並非像長城、馬其諾防線那樣橫貫東西，呈線式防禦體系，它們只是位於基本經濟區交界處的幾個有限的地理區域。內地的戰略樞紐之所以成為點或不大的面，而非千里防線，其主要原因就在於它們地當要衝，扼制了東西方或南北方的水陸交通幹道，能夠阻塞大規模軍隊、給養運輸調動的必經之路。

秦漢至隋唐，政治重心在咸陽、長安所據的關中地區，它通往關東的陸路幹線是出潼關，沿黃河南岸走陝縣、函谷，橫穿豫西山區，過滎陽（河陰）、中牟後分道揚鑣，或向北方進入華北平原，或向東南進入江淮平原。關中通往關東的水路，則是由渭水入黃河，歷三門、孟津，到達滎陽，這裏是河水與濟水（汴渠）分流所在，可順黃河東下至河北、山東，也能通過濟水、鴻溝進入淮河流域。可見，不論是水路還是陸路，豫西山區都是關西、關東兩大經濟區域交通往來的必經之途，控制該地在軍事上顯然具有非常重要的意義。如果關西勢力控制了豫西山區，戰局不利時可以"閉關鎖國"，使關中無患；有利時可以從那裏水陸齊發，進取關東各地。若是關東勢力佔據了豫西，就等於奪取了關中的大門，使八百里秦川門戶洞開，無險可守，像安史之亂和黃巢起義時，潼關一旦陷落，唐朝皇帝就只得丟棄首都長安，逃竄入蜀。關東勢力即便只控制了豫西山區的東端 —— 滎陽、成皋一帶，也截斷了東西方水陸交通的主要幹線，"絕成皋之口，天下不通"[12]，使關

---

12 《史記》卷 118《淮南衡山列傳》。

西軍隊無法迅速挺進中原，若繞道武關、河東而出，則曠日費時，容易貽誤戰機。

古代中國北方與南方聯繫的主要交通幹線有三條。甲、由徐州南下，經淮泗口入邗溝（又稱中瀆水、山陽瀆），過淮陰、高郵，至廣陵渡長江。乙、自開封（大梁）沿鴻溝南下，過陳（淮陽），沿潁水入淮河，渡河沿淝水過壽春、合肥，經巢肥運河入巢湖，從濡須口或歷陽抵達長江。丙、從洛陽南下，經葉縣、昆陽、南陽，由襄陽入漢水，經漢口入長江。古代中國南北戰爭的進退路線基本上是這三條，而且都沿着天然或人工河道，這是因為水運的效率高，省時省力，"一船之載當中國數十兩車"[13]。而襄陽、淮陰、淮安、廣陵、壽春、合肥等重鎮俱在上述三條水運幹線上，所以成為兵家必爭之地。圍繞這些戰略樞紐組織攻守，也是為了控制、利用交通幹線，使己方兵力順利進入敵境，或者是阻止敵軍侵犯自己的統治區域。

交通幹線是否暢行，也影響着樞紐地區在戰爭中的地位和作用。漢末三國時期，淮東的中瀆水淤塞，不甚通暢，黃初元年（220）曹魏舟師伐吳，退兵過此道時，"戰船數千皆滯不得行"[14]，淮陰至廣陵、京口地帶在軍事上的重要性便有所減弱，溝通江淮的水道主要是淮西的淝水、巢肥運河、濡須水，所以魏、吳水師多在合肥、巢湖、濡須一線爭戰相拒。而宋代巢肥運河堙塞已久，水運不通，故南宋與金、元對峙交戰主要在淮南東路和襄陽地區，壽春、合肥的戰略地位則大大下降。

樞紐地區的形成，不僅和軍隊兵員、物資的交通運輸路線有關，也和國家的漕運渠道有密切聯繫。秦、西漢、隋、唐等王朝建都關中，儘管那裏農業發達，物產豐富，但因為是京師所在，人口眾多，又有帝室、

13　《史記》卷 118《淮南衡山列傳》。

14　《三國志》卷 14《魏書·蔣濟傳》。

貴族、百官豪富的奢靡耗費，當地的出產不足以供給，故在很大程度上要依靠渭水、黃河轉運關東、江南的糧食來彌補。關中以外的幾個產糧區，如華北平原、山東半島、長江中下游平原所產的漕糧由黃河、濟水、鴻溝諸渠或汴渠溯流而上，總匯於滎陽，再沿黃河西行，轉至關中。因此，豫西、淮南地據漕運路線衝要，控制住那裏，可以確保帝京生命線的安全；若是落入敵手，維繫京師心臟搏動的輸血管即被切斷，會導致中央政府的崩潰。

（四）軍事裝備技術、作戰方式的發展

夏、商、西周的奴隸社會屬於青銅時代，生產力水平低下，受採礦、冶煉技術條件的限制，青銅兵器數量少，不能滿足軍隊裝備的需要。考古和文獻資料證明，商、周軍隊作戰時還部分使用着木、石兵器。[15]另外，受落後生產方式的制約，當時中國境內處於邦族林立、小國寡民的狀態，人口很少，國家又沒有常備兵的制度。上述兩個因素使青銅時代的軍隊數量有限，所謂"帝王之兵，所用者不過三萬，而天下服矣"[16]。軍隊人數少，作戰地域狹窄，戰爭持續時間也不長，決定性戰役往往是一天之內結束，例如甘之戰、鳴條之戰、牧野之戰，均發生在都城附近，一戰失利便邦滅國亡。夏、商、西周軍隊以貴族"甲士"充當的車兵為主，車戰是主要的作戰方式，會戰地點都是適合車隊列陣馳騁的平川曠野。如果依托山嶺、江河拒守交戰，複雜的地形、水文條件則不利於戰車部隊的發揮。綜合以上原因，交戰雙方既沒有能力派遣大量部隊到距離都城較遠的邊境去長期守衛或作戰，又都不願意在兵車難以驅馳的山

---

15 楊泓：《中國古兵器論叢》，文物出版社，1980 年，第 84 頁；《左傳・僖公二十八年》載晉軍"遂伐其木，以益其兵"。

16 《戰國策・趙策二》。

川險要地段對陣。所以在春秋以前的戰爭裏，並沒有出現兩軍長期對峙爭奪的樞紐地區。

春秋以後，由於鐵製兵器的廣泛應用，步兵、騎兵的野戰成為主要的作戰方式，交戰範圍隨之擴大到山林、水網地帶。此時，封建小農經濟的迅速發展，使人口大量增加，"千丈之城，萬家之邑相望也。"[17] 主要兵種 —— 步兵 —— 以農民為主體，軍隊的規模也日益龐大起來，像戰國的長平之戰、王翦滅楚之役，雙方參戰的兵力都接近百萬。這些變化引起了戰區的擴展和交戰時間的延長，也開闊了政治家、軍事家們的眼界，使他們考慮到在頻繁、激烈的戰爭裏，如何利用邊界的有利地形來阻滯敵人的突然進攻，保護本國不受破壞，又可以隨時出擊敵區，形成對自己有利的態勢。社會經濟、政治制度發生了變革，在這種新的歷史背景下，古老的地理環境才開始在軍事上發揮重要作用，在豫西等地形成"一里之厚，而動千里之權"[18] 的戰略樞紐。

此外，鐵製兵器的性能雖然比青銅兵器優越，但是並沒有發生本質上的變化。它們同屬冷兵器，只利於近戰殺傷，對城池、壁壘缺乏破壞力。在這種情況下，交戰中較弱的一方為了減少犧牲和避免在不利條件下的決戰，普遍採取據城固守和野戰中堅壁築壘的方法。和商周春秋時代不同的是，戰國以後出現了持久的陣地戰和城壘攻守戰，守軍的糧草、士氣若很充足，往往能堅守很長時間。攻方即使兵力佔有絕對優勢，但因為缺少有效的攻堅手段，也常常師老兵疲，久攻不下。如新莽軍隊圍攻昆陽，北魏大軍圍攻彭城、盱眙，唐太宗率領重兵圍攻高句麗安市城等，皆屬此類戰例。樞紐區域對戰爭的重要影響，在於控制它的

---

17 《戰國策·趙策三》。
18 《戰國策·韓策一》。

一方能夠把當地有利的地形、水文、交通條件和城壘防禦工事有機地結合起來，構成難以摧毀的陣地。因此可以說，古代中國軍事家、政治家之所以特別重視對樞紐地區的控制，在很大程度上也是由鐵製冷兵器的性能及其作戰技術的局限決定的。

四、戰略樞紐與首都和基本經濟區的關係

戰略樞紐通常設置在幾個基本經濟區的交界地帶。歷史經驗表明，上述地點是只宜於建立軍事樞紐而不適合建立都城的。都城如果距離基本經濟區的邊界太近，在戰時容易遭受敵人侵襲，從而陷於被動的局面。中國古代有很多這樣的事例。例如，戰國初期的魏國以安邑為都，和秦國隔河相望，屢屢受敵軍迫境的威脅，後來將都城東遷到大梁，才擺脫了困境。豫西山區的中心洛陽，在東漢、隋唐時期也做過首都或陪都，防衛效果並不理想。東漢定都洛陽，周圍雖有崤山、伊闕、黃河環繞，但地域狹小，缺乏防禦縱深和作戰的迴旋餘地，位置又在天下之中，道路四通，敵軍進犯甚易。所以漢末董卓篡政時，關東諸侯聯軍來攻，董卓不敢守洛陽，只得焚宮室、挾天子西遷長安，以豫西為前方戰場，與敵軍相持。隋朝以洛陽為東都，亦數番受到反叛勢力（楊玄感、李密、李世民）的長期圍攻，幾次糧盡援絕，形勢危難。唐朝安史之亂時，東京洛陽亦兩度失守，為叛軍所據。北宋選擇了靠近南北方交界地帶的水陸衝要開封建都，女真鐵騎南下時，輕易地將其包圍，終至陷落。究其原因，很重要的一條就是首都設在基本經濟區的邊緣地帶，在戰亂時期就不得不充當軍事樞紐。把國家的政治中樞推到作戰前線，無異於與人爭鬥時不用手足，而以頭相搏，自然是十分危險的。所以顧祖禹在《讀史方輿紀要‧河南方輿紀要序》中強調不能在"四戰之地"（即樞紐區域）建都，他說："河南，古所稱四戰之地也。當取天下之日，河

南在所必爭；及天下既定，而守在河南，則岌岌焉有必亡之勢矣。"

另一種情況是，首都設在某個基本經濟區的中心，距離邊緣地帶較遠，還有戰略樞紐的保護，可以收到較好的防禦效果。如秦都咸陽、西漢首都長安，附近沃野千里，又是四塞之國，關東勢力來犯時，可以憑藉滎陽至潼關的豫西數百里山險步步為營，設防抗衡；歷史上在關東建都者多選擇河內（豫北、冀南平原）為定鼎之地，如戰國時趙都邯鄲，十六國、北朝之君常都鄴城，河內"左孟門，右太行，常山在其北，大河經其南"[19]，是華北平原的中心，四周山川環繞，自古稱為形勝；江南立國則多在建康（金陵），它"內以大江為控扼，外以淮甸為藩籬"[20]，龍盤虎踞，為王者矚目。上述三個地點都是周圍經濟發達、物產豐饒，能夠在較大程度上解決統治集團的物資需要，又離所在基本經濟區的邊緣地帶較遠，外有山嶺江河為險阻，敵軍來襲時可以用作緩衝之地，避免受到直接的軍事威脅。比起洛陽和開封，長安、鄴城與金陵作為都城在戰爭防禦上的地理條件要優越得多。

五、我國古代樞紐地區地位價值的演變

在夏、商到清中葉長達四千餘年的歷史進程裏，隨着我國古代社會的演變，各個樞紐地區的戰略地位也在發生變化，經歷了建立、發展和衰落過程。這個過程大致可以劃分為以下幾個階段。

（一）三代（夏、商、西周）是我國軍事史上樞紐地區初步形成的時期

華夏、東夷民族集團的角逐與融合，是當時政治鬥爭的主流，這一趨勢表現在地域上就是東方與西方的對立衝突。甘、韋、闌、管所在的

---

19 《史記》卷 65《孫子吳起列傳》。
20 〔清〕顧祖禹：《讀史方輿紀要》卷 19《南直一》，中華書局，2005 年，第 918 頁。

今河南省鄭州市一帶位於兩大歷史民族區的交界之處，是東亞大陸中部的交通衝要，為軍隊統帥們所矚目，三代建國的君主或曾率領兵馬至此激戰，或在這裏設置重兵駐防。

商、周之際，隨着關中平原經濟的發展和周族的興起，西方的政治重心從夏人故居伊洛平原轉移到涇渭流域，樞紐地區也因此略向西移，改在洛邑（今洛陽一帶）。周朝統治者在那裏興建城池，屯駐大軍，作為控御東方商族遺民與諸夷邦國的前哨基地，穩定、鞏固了西周的統治。

（二）春秋是樞紐地區由點到面的擴展時期

平王東遷後周室衰微，先後出現了齊、晉與楚國南北對抗的爭霸局面。位於雙方中間地帶的豫東平原屢遭兵劫，那裏的鄭、宋兩國成為列強爭奪、控制的首選目標，歷經百餘年的戰火，直至“弭兵之會”才暫告結束。

（三）戰國到東漢，是樞紐地區由平原轉移到山險的時期

春秋以來，封建生產方式在遼闊的北方成長壯大，致使在戰國中葉出現了秦與六國兩大政治集團東西對立的形勢。在地域上它們分別代表“關中”與“關東”，各施“合縱”、“連橫”的鬥爭策略。函谷關前的豫西走廊成為雙方激烈廝殺對陣的主要戰場，這種東西對抗的軍事格局和豫西的首要戰略地位一直延續到東漢時期，以漢末董卓集團與關東諸侯聯軍的戰爭為尾聲而暫告結束。

（四）魏晉南北朝是樞紐地區轉移、發展的時期

東漢以降，由於南方經濟的發展，以及關中地區屢遭戰亂後實力的下降，使這個階段內地戰爭的基本形勢改為南北對抗；荊襄、淮南兩個

地區成為敵對雙方長期對峙、爭奪的主要戰場，豫西的戰略價值大大下降。直到北朝後期，隨着關中經濟的復興與關隴地主集團勢力的崛起，北方才重新出現了關東、關西（東魏—西魏、北齊—北周）兩大勢力的角逐，以洛陽為中心的豫西走廊再度成為兵家必爭之地。

（五）隋唐是樞紐地區對戰爭影響極盛的時期

南方地主集團經過南朝梁末的"侯景之亂"和隋初鎮壓"江南之叛"的打擊後，元氣大傷，無力繼續在中國的政治舞台上扮演主角，此後，叱咤風雲的始終是北方的關東、關西兩大集團。這種格局又使豫西取代了淮南、荊襄在軍事戰略上的頭等地位。隋唐最高統治者們對豫西地區空前重視，皆以洛陽為東都，廣屯倉粟，駐守重兵；而這個時期驚心動魄的大戰 —— 如楊玄感起兵、瓦崗軍與隋軍的決戰、唐初平定中原以及唐代中葉的安史之亂，也主要是在這個地區展開的。唐朝後期藩鎮割據，朝廷衰弱不堪，無力控制豫西要地，遂出現黃巢大軍長驅直入，直搗長安的局面。

（六）兩宋是樞紐地區再次轉移，作用開始衰落的時期

秦漢以來，封建生產方式從黃河流域南移，向長江、珠江流域蔓延，使南方的經濟、文化水平逐漸上升，終於在宋代超過了北方。受經濟重心南移的影響，此時的豫西徹底喪失了"天心地膽"的戰略地位。為了漕運物資的方便，北宋的首都由西部的長安移到開封，接近了經濟重心地區 —— 江浙。而原來物產豐饒、號稱"陸海"的關中地區，由於戰亂頻繁，自然生態結構受到破壞，經濟實力大為跌落，不再"天下之富，什居其六"，以致失去了基本經濟區的獨立地位，降為關東的附庸。這樣一來，秦漢和隋唐時代東西抗衡的政治態勢一去不返，再次演變為南方和北方的對抗，過去雄踞關西、關東之間的豫西走廊也喪失了過往

舉足輕重的戰略地位。五代以後，此地很少出現兩大集團軍隊長期對峙、決戰的情況。女真入主中原後，南宋先與金朝，後與元朝持續了南北抗衡的局面，襄陽和淮南作為國防屏障，在百餘年的時間裏保護了脆弱的南宋政權。襄陽被破後，國門洞開，南宋的半壁江山只得任憑蒙古鐵騎踐踏，無法再做有力的抵抗了。

（七）元朝到清中葉（鴉片戰爭以前）是樞紐地區作用明顯衰落的時期

在這一歷史階段，受我國經濟、政治結構變化以及軍事技術進步的影響，樞紐地區在內地政治鬥爭中的地位、作用大大下降，其表現有以下三個方面。

首先，繼豫西之後，襄陽也失去了"天下腰膂"的戰略地位。元、明、清三代，大規模的戰役或兩軍長期對陣的情況都沒有在那裏發生過。這個時期政治地理的基本形勢仍是南北對立，北方、南方的政治中心分別在北京和南京，從朱元璋與元順帝、燕王朱棣與建文帝、清初順治政權與南明弘光帝的鬥爭延續到後來的太平天國、辛亥革命。連接北京、南京的主要交通幹線是縱貫河北、山東、江蘇等省的大運河，處於運河中段的淮南東路的戰略價值大大提升，成為北伐、南下的必經之所。我國中部的南北交通樞紐也由襄陽東移到了靠近大運河的開封，正如明朝人鄭廉所說：河南"地方千餘里，而梁（開封）縮轂其間，天下有事，則四戰之地也。"[21] 在這個歷史階段，元末紅巾軍曾攻佔汴梁，定為國都；元軍又竭力反撲，將其奪回。朱元璋滅元時，以開封為北伐、西征的基地；明末李自成大軍也曾和明朝官軍三次爭奪開封，可見當時軍事家、政治家們對它的重視。而襄陽、江陵因為偏離主要交通幹線，對戰爭的影響明顯減弱了。

21　鄭廉：《豫變紀略・自序》。

其次，由於統一國家的鞏固，內地的叛亂減少，不再有公開、持續的分裂割據，政治領域的這一變化也削弱了豫西、淮南、荊襄在軍事戰略上的地位。在這個歷史階段，除了元末、明末曾出現過短暫的群雄割據之外，如魏晉南北朝、五代十國那樣的長期分裂的政治局面未再重現；像西漢吳楚七國之亂、西晉八王之亂、唐代安史之亂那種在中原地區大興兵戈的軍事叛亂也基本絕跡。與之形成鮮明對照的是，漢族與北方民族的衝突加劇，元朝、清朝等少數民族政權打過長江、統一中國的情況，在此之前是見不到的。隨着民族矛盾的尖銳，邊境戰爭的規模、持續時間和激烈程度都有所發展。漢族建立的中原王朝（明朝）建國後在軍事上首先是注重邊備，防止胡騎南下，故將軍隊主力、糧草器械配置在北方防線，不再像秦漢、隋唐那樣，為了防止內地發生叛亂，而在中原腹地設置巨大的倉群、武庫，屯駐重兵，這也反映出朝廷認為外患的危害要重於內亂。中央與地方矛盾的緩和，內地割據、叛亂戰爭的減少，以及邊境衝突的加劇，也使豫西、淮南、荊襄等樞紐地區的戰略地位、作用下降了。其原因主要是宋朝以來專制集權政體不斷加強，最高統治集團逐步把地方的軍事、行政、財政、司法大權收歸中央，各地長官由皇帝直接任命，輔之以“重文抑武”的政策，有效地限制了地方割據勢力的發展，使皇權日益鞏固。同時，上述變化也造成了國家積貧積弱，與北方遊牧民族作戰時處處被動的局面。

再次，從元朝到清中葉的內地戰爭裏，陣地戰的時間縮短，兩支大軍在某個地段長期城壘攻守的情況已不多見。這個時期的大規模戰爭，勢力較弱的一方往往採取流動作戰、避實就虛的策略來保全自己，例如元末紅巾軍和明末農民起義軍四處游擊的戰略。如果沿襲固守城壘險要的傳統戰術來抗禦強敵，通常是很難抵擋的。像朱元璋北伐元朝，李自成稱王後進軍關中、北京，清兵入關後進攻西安、江南，這些戰役裏守方也利用過潼關、寧武、揚州等要塞堅城來防禦，但是收效甚微，阻止不了攻方勢如破竹的進軍。出現這種情況的主要原因是武器裝備和作戰技術的進步。前文已述，樞紐地區之所以能在戰國至唐宋的戰爭裏發揮重要的作用，從根本上講，是由於當時鐵製冷兵器的性能與戰術的相對落後，對城池壁壘缺乏有效的攻擊、破壞手段，因此，較弱的守方能夠利用城壘工事和有利的地理條件大大增強自己的防禦能力，阻擋強敵的進攻。而元末以來，火藥、火器在軍事上得到普遍應用，它們雖不能取代弓箭、刀槍等冷兵器，但是已經對軍隊的戰術產生重大影響。在城壘攻守戰中，攻方可以採取火藥爆破和火炮轟城的強攻辦法，效果相當顯著，成功的例子很多，如朱元璋攻平江（今蘇州），李自成克襄城、寧武，張獻忠破重慶、成都。特別是明末出現的紅夷（衣）大炮，"長二丈餘，重者至三千斤，能洞裂石城，震數十里"[22]，在攻城戰鬥中發揮了巨大的作用。再如清朝順治元年（1644）九月太原戰役中，大順軍守將陳永福率軍民堅壁清野，使敵無機可乘，而十月三日清兵調來"西洋神炮"，轟塌西北城垣數十丈，得以衝入城內，最終取勝。[23] 在後來具有決定意義的潼關戰役中，火炮也是清軍制勝的重要因素。據《清世祖實錄》記載，清軍到達戰地後，並不急於進攻潼關天險，而是等待炮兵到來。"師距潼關十里立營，候紅衣炮軍"，到順治二年（1645）元月"初九日，紅衣炮軍至。十一日，遂進逼潼關口。賊眾鑿重壕，立堅壁，截我進師之路，於是舉紅衣炮攻之，賊眾震恐，我軍相繼衝入，誅斬無算。"清兵下江南時，在揚州、江陰等地遇到頑強抵抗，亦是用大炮轟坍城牆後進攻佔領的。新式火藥武器的威力使城壘的防禦作用明顯下降，形勢開始有利於攻方，從而大大減弱了樞紐地區對戰爭的影響。

---

22 《明史》卷92《兵志四》。

23 雍正十二年（1734）修《山西通志》、《清世祖實錄》順治元年十月。

第一章

鄭州在三代戰爭中的樞紐地位

鄭州古稱 "管"、"管城",《史記・周本紀》《正義》引《括地志》曰："鄭州管城縣外城,古管國城也,周武王弟叔鮮所封。"《元和郡縣圖志》卷 8《河南道四》"鄭州" 條載:"管城縣……本周封管叔之國,自漢至隋皆為中牟縣。隋開皇十六年,於此置管城縣,屬管州。大業二年改管州為鄭州,縣又屬焉。""管" 在先秦亦稱為 "關",受封於該地的管叔也叫做 "關叔",見《墨子・公孟篇》:"周公旦為天下之聖人,關叔為天下之暴人。" 畢沅《校正》:"'關' 即 '管' 字假音。……《左・僖三十二年》傳云 '掌北門之管',即關也。" 在商代和周初的銅器銘文裏,該地的名稱 "管" 又寫作 "闞"[1]。鄒衡先生通過考證認為:"鄭州在成湯未伐韋以前,本名韋,成湯佔據韋以後,築了今鄭州商城,加了 '邑',或叫鄩。但同時又改稱 '亳' 了,因此又叫 '鄩薄(亳)'。"[2]

我國文明發展的最初階段 —— 夏、商、西周三代,各民族集團間的戰爭在規模、範圍、次數、手段等方面發生了重大變化。如果從地理角度來考察,這個時代的戰爭特點之一,就是逐漸形成了近代軍事地理

---

1 見戍嗣子鼎、父己簋、宰椃角、利簋銘文。于省吾認為 "闞" 是 "管" 的初文,"古無 '管' 字,管為後起借字",見《利簋銘文考釋》,《文物》1977 年第 8 期。徐中舒也說:"闞,其地必在殷都朝歌不遠,愚以為闞為管叔之管,以聲韻及地望言之,其說可信。" 見《關於利簋銘文考釋的討論》,《文物》1978 年第 6 期。

2 鄒衡:《夏商周考古學論文集》,文物出版社,1980 年,第 250 頁。

學所謂的"樞紐地區",即位於交通衝要的兵家必爭之地。韋、顧、管所在的今河南鄭州地區受到軍隊統帥的關注,三代建國的君主都曾調兵遣將在此激戰,或在這裏設置重兵駐防,其中原因何在?

一、"甘"地與夏初軍事衝突的地理背景

據考古發掘證明,鄭州地區早在仰韶文化時期,就已經有了大河村、牛寨、二里崗等原始村落遺址。至龍山文化 —— 父系氏族公社階段,中原各部落集團間的戰爭愈演愈烈,傳說中的西方部族首領黃帝率眾東進時,也在這一帶長期活動過;黃帝號"有熊氏",曾"居有熊"[3],《史記·五帝本紀》《集解》引皇甫謐曰:"有熊,今河南新鄭是也。"後世所稱的"軒轅之丘"也在那裏。古籍中記載黃帝所臨的大隗、具茨之山,亦在與鄭州相鄰的密縣[4]。後來,當地又成為祝融氏的住地,見《左傳·昭公十七年》:"鄭,祝融之虛也。"夏朝建國之際,初王天下的禹、啟率領族眾與有扈氏在鄭州附近的甘多次激戰,史載:

> 禹攻有扈,國為虛厲,身為刑戮,其用兵不止。[5]
> 禹與有扈氏戰,三陳而不服。[6]
> 《禹誓》曰:"大戰於甘,王乃命左右六人,下,聽誓於中軍。"[7]

3　〔清〕朱右曾、王國維:《古本竹書紀年輯校　今本竹書紀年疏證》,遼寧教育出版社,1997年。

4　《莊子·徐無鬼》:"黃帝將見大隗乎具茨之山。"《水經注·洧水下》:"洧水出河南密縣大隗（隗）山。注:大隗即具茨山也。黃帝登具茨山,升於洪堤上,受神芝圖於華蓋童子,即是山也。"郭璞注《山海經·中次七經》:"今滎陽密縣有大隗山。"現河南新密市東南還有大隗鎮。

5　《莊子·人間世》。

6　《說苑·政理》。

7　《墨子·明鬼下》。

夏后相與有扈戰於甘澤而不勝。[8]

有扈氏不服，啟伐之，大戰於甘。[9]

　　一度成為夏族勁敵的有扈氏是東夷集團中"九扈"的分支，住地在鄭州以北的原武[10]。夏末商初，該地稱"顧"、"雇"，周代稱"扈"，杜預注《春秋‧莊公三十二年》"盟於扈"條曰："扈，鄭地，在滎陽卷縣西北。"即今河南省原武鎮西北，尚有扈亭之名。夏族與有扈氏屢次激戰的地點"甘"，舊說在陝西戶縣境內[11]，近世學者多言其謬。鄭傑祥先生考證後指出："夏與有扈'大戰於甘'的甘地，據文獻記載或當時形勢，既不應在陝西戶縣縣境，也不應在洛陽市西南，而實在今鄭州市以西的古滎甘之澤和甘水沿岸。"[12]此說頗獲史學界贊同。

　　為甚麼甘地在此時成為兵戈屢動的戰場呢？這與當時的政治格局以及鄭州地區在戰略上的價值有密切聯繫。夏朝建立前夕，即將跨入文明時代大門的中國，在政治上逐漸出現了東西對立的地理格局。當時經濟發達、文化先進、人口密集的是東亞大陸的中部 —— 黃河中下游地區，它又以太行山脈和豫西山地丘陵的東端為界，分為西方、東方兩大區域，即後來周人所謂的"西土"、"東土"，[13]代表着黃土高原丘陵和華北大平原。國內最為強大的兩股政治、軍事力量，就是發祥、活動於西方的華夏民族集團和東方的東夷集團，前者以黃帝、炎帝為祖，夏族、周族同是其後系；後者的代表有太昊氏、少昊氏、蚩尤等部族，商族是其

8　《呂氏春秋‧季春紀第三‧先己》。

9　《史記》卷 2《夏本紀》。

10　顧頡剛、劉起釪：《〈尚書‧甘誓〉校釋譯論》，《中國史研究》1979 年第 1 期。

11　《史記》卷 2《夏本紀》《集解》《索隱》《正義》，《漢書‧地理志》。

12　鄭傑祥：《"甘"地辨》，《中國史研究》1982 年第 2 期。

13　《尚書‧大誥》、《尚書‧康誥》、《國語‧鄭語》。

衍生的分支。而南方、中原以西以北地區經濟落後，人煙稀少，因此當地民族苗戎的實力較為薄弱，無法在歷史舞台上扮演主角。從夏朝建立到西周滅亡的千餘年內，華夏、東夷兩大民族集團的角逐和融合，始終是我國政治鬥爭的主流。這一趨勢表現在地域上就是東方與西方的對立衝突，夏、商、西周三代的統治民族，都是在這兩個民族集團的相互征戰中更替產生的，勝者君臨天下，敗者俯首稱臣。

我國原始社會末期，華夏、東夷集團共同組成了前國家的聯合體——酋邦（cheifdom），先後推舉了堯、舜、禹為最高首腦——"帝"[14]，雙方的其他部族酋長如皋陶、伯益、契、棄等在其手下擔任各種官職。禹當政時，其部族已成為華夏集團中最強大的一支。夏族的發祥地在晉南的"夏墟"[15]，從它勢力擴張的過程來看，先由晉南渡過黃河，到達豫西，逐步控制了伊洛平原和嵩山附近的丘陵台地，並將原來設在安邑、平陽的都城遷到黃河以南、臨近東方的陽城、陽翟[16]。由於勢力增強和私有制觀念的影響，禹想把帝位傳給自己的兒子啟，但這一舉動不能不顧及其他部族首領的反對。當時實力較盛、對夏族領導地位威脅最大的，是東夷集團中以伯益為首領的少昊氏部族。《漢書》卷 28 下《地理志》載："秦之先曰柏益，出自帝顓頊，堯時助禹治水，為舜朕虞，養育草木鳥獸，賜姓嬴氏，歷夏、殷為諸侯。"韋昭注《國語·鄭語》曰："伯翳，舜虞官，少皞之後伯益也。"其故居"少昊之墟"在魯西南平原，今山東省曲阜市一帶。[17]伯益依靠族眾強盛，在禹死後幾乎代啟為天子，啟是在打敗伯益之後，才最終確立夏朝統治的。

14　謝維揚：《中國國家形成過程中的酋邦》，《華東師範大學學報》1987 年第 5 期。

15　劉起釪：《由夏族原居地縱論夏文化始於晉南》，王文清：《陶寺遺存可能是陶唐氏文化遺存》，皆見《華夏文明》（第 1 集），北京大學出版社，1987 年。

16　《古本竹書紀年》："禹居陽城。"《世本·居篇》："禹都陽城。"《史記·夏本紀》《正義》引《帝王紀》："禹受封為夏伯，在豫州外方之南，今河南陽翟是也。"《史記·周本紀》《集解》引徐廣曰："夏居河南，初在陽城，後居陽翟。"

17　《太平御覽》卷 79 引《帝王世紀》："少昊帝名摯，……邑於窮桑，以登帝位，都曲阜。"

夏族若想取得君臨萬邦的領導地位，必須戰勝活動在豫兗徐平原（古豫、兗、徐三州交界處，今豫東、魯西南、蘇北平原）與河內（今豫北、冀南平原）的東夷各族，可是從夏族居住的豫西向上述兩地進軍，勢必要經過鄭州地區，那裏是中原的核心，處在西方、東方兩大區域交界的邊緣。該地南通陳、蔡，北臨黃河延津渡口，西對天險雄關 —— 虎牢（今河南省滎陽市汜水鎮），東邊則是一望無際的黃淮平原，為四通五達之衢，地理位置十分重要，古人稱其"闔域中夏，道里輻輳"[18]，"雄峙中樞，控御險要"[19]，是聯繫東西、南北往來的交通樞紐。夏族在控制豫西以後，下一個戰略目標就是打敗東夷各族，將自己的統治範圍擴大到東方。而從嵩高地區出兵，無論是北渡濟水、黃河，進入河內，還是東出豫兗徐平原，盤踞在鄭州以北的有扈氏部族都是其首要障礙。對禹、啟來說，唯有消滅這隻攔路虎，佔領鄭州地區這個"十字路口"，征服東夷的軍事行動才能順利開展。

　　從地貌上分析，秦嶺自陝西南部伸入河南，逐漸顯出餘脈的特點。一方面高度降低，山勢變緩；另一方面分成崤山、熊耳山、外方山、伏牛山等數支山脈，呈掃帚狀展開、解體，至今京廣鐵路沿線以西消失。黃土台地丘陵和豫東平原的分野明顯，呈階梯狀。鄭州處在黃淮平原的西端，附近地勢平坦，利於兵車列陣馳騁。夏朝至春秋時期，國家軍隊的主體是貴族甲士充當的車兵，馬拉雙輪戰車是其重要裝備；騎兵尚未出現；步兵（徒卒）多由庶民、奴隸充當，隸屬於車兵，作戰時組成小方陣，簇擁着戰車前進，在會戰中不起決定作用。楊泓曾談道："這些徒兵裝備簡陋，他們也不會心甘情願地去為奴隸主賣命，所以當時決定戰爭勝負的，主要是靠奴隸主階級之間的車戰。當一方的戰車被擊潰以

---

18 〔清〕顧祖禹：《讀史方輿紀要》卷 46《河南一》，中華書局，2005 年，第 2132 頁。

19 〔清〕顧祖禹：《讀史方輿紀要》卷 47《河南二》，中華書局，2005 年，第 2197 頁。

後，真正的戰爭就結束了。"[20]

夏朝的車戰在歷史上不乏記載，如《尚書‧甘誓》寫甘之戰前，夏啟誓曰："左不攻於左，汝不恭命；右不攻於右，汝不恭命；御非其馬之正，汝不恭命。用命，賞於祖；弗用命，戮於社。"《司馬法‧天子之義》曰："戎車，夏后氏曰鈎車，先正也。殷曰寅車，先疾也。周曰元戎，先良也。"《釋名‧釋車》："鈎車以行為陣，鈎股曲直有正，夏所製也。"夏朝末年，成湯伐桀，即以"良車七十乘，必死六千人"[21]為先鋒。不過，三代的兵車龐大笨重，作戰時又要排開陣形，列成橫隊衝擊，因此戰場必須在空曠平坦的原野上；遇到山林、沼澤等複雜地形，戰車就行動不便，難以發揮出威力。如兵家所言："步兵利險……車騎利平地。"[22]鄭州地區不僅處於交通衝要，而且臨近的自然地形條件也適於戰車部隊的運動、列陣和衝殺，所以被夏族和有扈氏選為戰場，雙方多次展開殊死的搏殺。

夏禹在對有扈氏用兵以前，先從豫西南下，打敗了三苗（有苗）[23]。《戰國策‧魏策二》載："合仇國以伐婚姻，臣為之苦矣。黃帝戰於涿鹿之野，而西戎之兵不至；禹攻三苗，而東夷之民不起。"反映了東夷與三苗通婚，而與夏族相仇，所以拒絕發兵從禹出征。而禹在進攻勁敵東夷之前，先征服其姻國有苗，解除了南翼的威脅，也削弱了敵方集團的力量。經過禹、啟父子兩代的反覆用兵，終於在甘地擊敗了有扈氏，將其全族罰為"牧豎"，打開了進軍東方的大門。甘之戰是夏王朝的立國之戰。《史記》卷 2《夏本紀》載啟"滅有扈氏，天下咸朝"，藉此取得了中原各族領導者的地位和權力。

20　楊泓：《戰車與車戰》，《文物》1977 年第 5 期。

21　《呂氏春秋‧仲秋紀第八‧簡選》。

22　《史記》卷 106《吳王濞列傳》。

23　《墨子‧兼愛下》、《墨子‧非攻下》。

夏啟在戰勝有扈氏之後，採取了以下軍事行動。

其一，誅伯益。雙方的鬥爭見下列記載。《竹書紀年》："益干啟位，啟殺之。"《韓非子·外儲說右下》："古者禹死，將傳天下於益，啟之人因相與攻益而立啟。"《戰國策·燕策》："啟與支黨攻益而奪之天下。"據《今本竹書紀年》所載，伯益在啟即位的第二年回到山東故國，同年啟在甘地打敗有扈氏。而伯益被殺、少昊族被征服是在四年以後，即啟在位的第六年。

其二，征西河。《路史·後紀》卷 13 注引《竹書紀年》載啟二十五年征西河。《今本竹書紀年》則稱："（啟）十五年，武觀以西河叛，彭伯壽帥師征西河，武觀來歸。"夏、商之西河不在晉南，而在今豫北安陽一帶。[24]《呂氏春秋·季夏紀第六·音初》："殷整甲徙宅西河。"《竹書紀年》亦作"河亶甲整即位，自囂遷於相"，是謂西河即相。又見《太平寰宇記》，相州安陽有西河。可見啟在甘之戰後，又相繼進軍魯西南和豫北，如果不打敗有扈氏，控制鄭州地區，上述軍事行動是無法開展的。

夏啟死後，由於即位的太康"盤於遊田，不恤民事"[25]，結果又被東夷有窮氏打敗，亡國達數十年。有窮氏首領后羿、寒浞代夏期間，與夏族的殘餘勢力做了長期、反覆的鬥爭，至少康復國，才恢復了夏朝的統治。此階段雙方戰鬥、流徙、定居的地點與涉及的鄰國、部族有十餘處，如斟鄩、斟灌、鉏、窮石、寒、商（帝）丘、過、戈、緡、有仍、虞、綸等，或在豫西伊洛平原，或在豫東、山東半島，不見有關鄭州地區的記載。[26]儘管有窮氏西征河洛與夏人復進豫東、魯西南，都要經過鄭州地區，卻未見在那裏交戰的史跡，似乎該地的防務不太受人重視。啟之後，歷代夏王的都邑據《竹書紀年》所載如下：太康、桀居斟鄩（今河南省鞏義

24　錢穆：《子夏居西河在東方河濟之間不在西土龍門汾州辨》，《先秦諸子繫年》，中華書局，1984 年。

25　《尚書·五子之歌》偽孔傳。

26　劉緒：《從夏代各部族的分佈和相互關係看商族的起源地》，《史學月刊》1989 年第 3 期。

市、偃師區間）；相居商丘（今河南省商丘市），或作“帝丘”（今河南省濮陽市），後居斟灌（今山東省壽光市）；帝寧（杼）居原（今河南省濟源市），遷老邱（今河南省陳留鎮）；胤甲居西河（今河南省安陽市），也都不在鄭州附近。直到夏朝末年，鄭州地區的戰略價值才再次陡升，復受關注。

二、“韋”地對商湯滅夏作戰方略的影響

夏桀之時國力已衰，無力鎮撫東方，故將都城西遷至伊洛平原的斟鄩。商湯起兵滅夏前居亳，據王國維考證，其地在山東曹縣西南。[27] 湯伐桀的作戰經過，《詩·商頌·長發》曰：“韋顧既伐，昆吾夏桀。”朱熹注：“初伐韋，次伐顧，次伐昆吾，乃伐夏桀，當時用師之序如此。”成湯是在接連打敗三個邦國後，兵臨夏桀城下的。舊說韋在河南滑縣、顧在河南范縣[28]，近世學者多議其非，如王國維、顧頡剛、陳夢家、李學勤等皆指出“顧”即商代之“雇”、周代之“扈”，地在南臨鄭州的原武縣境，即夏初有扈氏所居之地[29]，而韋則在河南鄭州[30]。昆吾之國，史載夏初原居濮陽，後遷到許（今河南省許昌市）[31]。但是考古發掘表明，許昌地區並未發現當時的夏文化遺址。鄒衡先生鈎稽史料，結合考古發現，判斷夏末的“昆吾之居”很可能在今鄭州地區新鄭的“鄭韓故城”近旁。他還從地理形勢方面分析：“孟家溝和曲梁都在鄭州以南數十里以內，這兩個夏屬邑聚的存在，對成湯所居的亳城來說，無疑是很大的威脅。且

27　王國維：《觀堂集林·說亳》，中華書局，2004年。

28　《水經注·濟水》；〔唐〕李吉甫：《元和郡縣圖志》卷11《河南道七》，中華書局，1983年。

29　王國維：《殷虛卜辭中所見地名考》，載《觀堂集林·別集》卷1；陳夢家：《殷墟卜辭綜述》，中華書局，1988年；李學勤：《殷代地理簡論》，科學出版社，1959年。

30　鄒衡：《夏商周考古學論文集》，文物出版社，1980年，第250頁。

31　《國語·鄭語》韋昭注：“其後夏衰，昆吾為夏伯，遷於舊許。”《路史·國名紀丙》：“昆吾，己姓，樊之國衛，是潿之濮陽，昆吾氏之虛也。……夏末遷許。”

此兩地，西與嵩山相鄰，尤其是曲梁，正處在丘陵地帶的邊緣，由此西去，便是夏都邑陽城（告成鎮）所在，由此往東，則是廣大平原，其在古代軍事上的重要地位是顯而易見的。因此，成湯西向征夏，必先佔領此二邑聚，可以說，這是入夏的門戶，而與'韋顧既伐，昆吾夏桀'的作戰路線也是正好相合的。"[32]

《史記》卷 65《孫子吳起列傳》稱："夏桀之居，左河、濟，右泰、華，伊闕在其南，羊腸在其北。"是說夏朝末年王畿的範圍以伊洛平原為中心，東到黃河與濟水的分流之處（即今鄭州市以西的滎陽市），西至華山，南抵洛陽龍門，北臨太行山的羊腸阪。而顧（今河南省原陽縣）、韋（今鄭州市）、昆吾（今新鄭市）三個諸侯邦國，正位於王畿的東界，自北向南依次而列，成犄角之勢，封閉了東方之敵西進河洛的交通要道。商族及其東夷諸盟邦，無論自河內南下，或是從豫東平原西來，勢必要經過此地，可見這三個屬國乃是夏朝王畿的東部屏藩，對於國家安全保障具有十分重要的戰略意義。商族大軍自梁宋而來，韋地（鄭州）首當其衝，因此出現了"韋顧既伐，昆吾夏桀"的用兵次序。

商湯在發展勢力、滅亡夏朝的行動中，充分考慮到鄭州地區在軍事上的重要性。商族發祥於河內的滴水流域，成湯時強大起來，從其擴張、進軍路線來看，在國力有限的初興之時，並沒有南渡河、濟，直接進攻鄭州地區這一戰略樞紐，而是小心翼翼地向東南渡過黃河，進入魯西南平原，與那裏的東夷部族聯合，並把都城和族眾遷到亳（今山東省曹縣西南），直到控制了整個東方，才公開叛夏，出兵直指韋、顧、昆吾所在的鄭州地區。這項舉措在戰略上的好處主要有二：

其一，如果從故居的滴水流域向南發展，前有黃河、濟水阻隔，對岸的兩個敵國韋、顧臨近夏朝王畿，南渡河濟的行動勢必要和敵軍主力

<hr>

32　鄒衡：《夏商周考古學論文集》，文物出版社，1980 年，第 232 頁。

發生直接衝突，又會陷於背水而戰的不利局面，這對於羽翼未豐的商族來說，顯然是無甚把握的。而向東南方向發展，遷都到亳，先控制魯西南地區，再折向西進，前途多是平川曠野，沒有大河的阻攔，有利於軍隊（特別是車兵）向夏朝腹地——伊洛平原的運動。

其二，亳的位置正處於東方的中心，《讀史方輿紀要》卷 33《山東四》引朱鸕曰："曹南臨淮、泗，北走相、魏，當濟、兗之道，控汴、宋之郊，自古四戰用武之地也。"其北鄰的陶（今山東省菏澤市定陶區），後來被稱為東方的"天下之中"[33]。因為這一帶位置居中，交通便利，也成為古代帝王召集東方諸侯、舉行盟會的場所。如夏桀曾在亳地東北作"仍之會"[34]，商湯在亳作"景亳之命"[35]。亳地周圍有眾多的東夷邦國，如奄、有緡、有仍，特別是西鄰的有莘氏，與商族首領聯姻通好，是其政治上最重要的盟友，成湯的輔相伊尹就是該族人，史稱"湯與伊尹盟，以示必滅夏"[36]。《說苑·權謀篇》曰："湯欲伐桀，伊尹曰：'請阻乏貢職以觀其動。'桀怒，起九夷之師以伐之。伊尹曰：'未可。彼尚猶能起九夷之師，是罪在我也。'湯乃謝罪請服，復入貢職。明年，又不供貢職。桀怒，起九夷之師。九夷之師不起。伊尹曰：'可矣。'湯乃興師，伐而殘之。"可見，東夷各邦擁商反夏，對成湯決定起兵伐桀是至關重要的因素。東夷集團政治態度的轉變，與商都遷亳後對其影響增強有着密切的關係。

商湯勢力壯大後，自亳出師滅夏，用兵的次序是先掃滅不服從自己的邦國，如葛等；然後穿過豫東平原，直取戰略要地鄭州地區，先攻克韋（今鄭州市），再北上滅顧（今河南省原陽縣），南下取昆吾（今新鄭

---

33 《史記》卷 41《越王勾踐世家》、卷 129《貨殖列傳》。

34 《左傳·昭公四年》。

35 《左傳·昭公四年》。

36 《呂氏春秋·慎大覽第三》。

市），打破了這三個屬國構成的防禦屏障，夏朝的王畿門戶洞開，商族大軍便可直搗夏都，在斟鄩之郊的鳴條擊敗敵人，攻佔了伊洛平原。

1955 年以來，考古工作者在鄭州白家莊一帶發現了商代早期的都城遺址，其面積、規模比偃師商城和著名的安陽殷墟還要大。一些學者結合文獻記載分析，湯滅夏後，先在夏都斟鄩附近建立了偃師商城（西亳）；此後不久，又在韋地建起一座規模更大的都城，作為商王朝的統治中心，其地名稱"郼"，亦稱"亳"，即古籍中的"郼薄（亳）"，現在學術界所稱的"郼亳"[37]。將首都遷至這一地區，顯然具有對西方夏族遺民加強防範和控制的作用，該地在戰略上的重要價值不言自明。

商朝建立後國都屢徙，自祖乙遷邢之後，就定都於黃河以北，"薄"在金文中便改稱"闌"；直到商朝後期，根據戍嗣子鼎、宰梄角、父己簋等商朝銅器銘文所載，闌邑仍設有宗廟、"大室"，被當作別都[38]，商王曾數次到此賞賜臣下。這時的鄭州——"闌"，仍然是軍事重鎮。《史記》卷 65《孫子吳起列傳》曰："殷紂之國，左孟門，右太行，常山在其北，大河經其南。"是說商朝後期王畿的範圍，東至孟門山（商都朝歌東北）之險隘，北據恆山，南帶黃河；王畿的南端就是臨近黃河的闌邑。"闌"的初義為門外的柵欄，《史記》卷 40《楚世家》載："而令儀亦不得為門闌之廝也。"引申為阻隔、邊防，見《戰國策·魏策三》："晉國之去梁也，千里有餘，河山以闌之。"《漢書》卷 96《西域傳》："今邊塞未正，闌出不禁。""郼薄"改稱"闌"，即表明它由政治中心轉變為邊關重鎮，起着藩衛王畿的作用。

37 孫淼：《夏商史稿》，文物出版社，1987 年，第 330—345 頁。

38 楊寬：《商代的別都制度》，《復旦學報》1984 年第 1 期。

三、“闌（管）邑”與武王伐紂的戰略部署

在周族滅商的過程中，佔領闌邑也是重要步驟之一。周人在勘黎、伐于（邘）、伐崇後，基本上控制了晉南和豫西。此時，進攻商都朝歌可以走兩條路線，一條是自豐鎬至洛邑後繼續東進，經鞏、偃師、虎牢、滎陽至闌（管邑），然後北渡濟水、黃河，抵達朝歌之郊；另一條是自洛邑北上，在孟津渡河，再沿黃河北岸往東北方向進軍，到達牧野。武王、太公選擇了後一條道路，因為若從闌邑北進，需要涉渡濟水、黃河兩條巨川，龐大的戰車部隊渡河費時費力。而且，當地距離商朝王畿和敵軍主力較近，渡河時易受阻擊，只能背水迎敵，犯兵家之忌，是很被動的。另外，管邑以東、以南的商朝屬國若發動襲擊，也會對其側翼造成威脅。但是在孟津渡河，對岸的于（今河南省沁陽市）、黎（今山西省長治市南）等重鎮早被周師攻佔，大軍涉渡時不受敵人干擾，可以免遭“半渡而擊”。

盡管周師主力伐紂途中未經管邑，但武王在師渡孟津、開赴朝歌之前，仍然先發兵佔領了這一戰略要地[39]。控制管邑對戰局發展的有利因素主要有以下兩點。第一，能夠吸引商朝軍隊的注意，誘使他們關注管邑周軍的動向，藉此掩護主力在孟津的渡河行動。第二，當時豫東、豫南還有不少與周人敵對的商朝屬國，如陳（今河南省淮陽區）、衛（今河南省滑縣南）、磨（亦作歷、櫟，今河南省禹州市）、蜀（即蜀澤，今河南省新鄭市西南、禹州市東北），據《逸周書·世俘篇》記載，武王在攻克朝歌、滅亡商朝以後，才命令大軍分六路南下，去征服它們。周族軍隊在決戰前佔領管邑，守住這一交通樞紐，既能北上威脅商都，又能在主力部隊奔赴牧野時，有效地保護其側翼及後方的安全，抵禦周圍敵對

39　楊寬：《中國古代都城制度史》，上海古籍出版社，1993 年，第 37—38 頁。

勢力可能發動的襲擊。利簋的銘文表明，武王在克商後的第八天就趕到管邑，封賞功臣，並把管和附近的祭（蔡）封給了擔當監視商族遺民重任的管叔、蔡叔，讓他們帶領兵馬駐此要地，防備宿敵殷人和東夷的反叛。武王回到豐鎬以後，又屢到闡（管）巡視，《逸周書·文政解》曰："惟十有三祀，王在管，管、蔡開宗循王。"是言二叔在管開啟宗廟迎接，並聽從武王訓示，這與商代的闡邑內設置宗廟、大室的情況相似，亦表明它在國家政治生活中的重要地位。

四、周初洛邑的興建與樞紐地區的西移

周公東征平叛，大行分封之後，東西方交界的戰略樞紐自管向西轉移到洛邑。周公、召公至洛陽相宅定址，徵集各地諸侯與殷人興築大城，並設宗廟、建明堂、遷九鼎、徙殷頑民，駐以重兵"成周八師"，天子定期至此接受東方諸侯的朝覲述職，洛邑成為周朝的另一個政治中心，也是藩衛鎬京、控制東方的新建軍事重鎮。而管邑的戰略地位則一落千丈，不復受人青睞，附近少有居民，漸次荒蕪。西周末年，鄭桓公鑒於"王室多故"，率領屬民東遷到新鄭，"庸次比耦，以艾殺此地，斬之蓬、蒿、藜、藋而共處之。"[40] 其荒穢情狀躍然紙上。

樞紐地區從管地移到洛邑的原因，看來主要是由於商末到周初西方政治地理的結構發生了變化。夏朝到商初，西方主要民族夏族居住生活的基本區域是豫西的伊洛平原、嵩山附近及南陽盆地，其次為晉南的"夏墟"；而關中平原大部分還處在遊牧民族的控制下，雖有個別農耕民族在那裏活動，也不免"竄於戎、狄之間"[41]。商朝滅夏後，伊洛平原的

---

40 《左傳·昭公十六年》。
41 《國語·周語上》。

夏族遺民多被驅散流徙，當地人口減少，經濟明顯衰退。商朝後期，隨着周族的興起，關中的農業獲得了迅速發展，"周原膴膴，堇荼如飴"[42]。那裏富饒的自然資源得到開發，豐鎬所在的渭水流域成為周族的根據地，為其發動滅商戰爭提供了雄厚的物質基礎。周朝建立後，天子、百官及周族的主體仍居住在鎬京及附近地區。西方的經濟、政治中心從伊洛平原西移到關中以後，和戰略樞紐管邑之間的距離大大加長了。兩地相距有千里之遙，中間又隔着地形複雜的豫西山地，聯繫往來與及時馳援都有一定的困難。先秦時軍隊日行一舍，不過三十里，千里征途要跋涉月餘時間，不僅將士疲憊，而且糧草轉運也十分不易，使部隊的戰鬥力大大減弱。《左傳·僖公十二年》載黃君曰："自郢及我九百里，焉能害我！"就反映了當時人們對這個問題的認識。

從豐鎬沿渭水、黃河南岸東行至管邑的陸路是當時東、西方之間的主要交通幹線，洛邑正坐落在中途。由該地東出虎牢、滎陽，即到達豫東平原的邊緣；北渡孟津，則進入西方另一個經濟區域 —— 河東，還能沿太行山麓、黃河北岸抵達原東方政治中心 —— 商都朝歌所在的河內；南下伊闕，穿過南陽盆地，則進入南方主要民族荊楚盤踞的漢水流域。特別是洛邑以西，經函谷至桃林的道路穿過險要的殽函山區（殽即崤山，函即函谷關），《讀史方輿紀要》卷 46《河南一》曰："自新安西至潼關，殆四百里，重岡疊阜，連綿不絕，終日走硤中，無方軌列騎處。"地勢尤為險要，而洛邑的位置正處在這條通道的東口。桃林東至管邑的大道綿延千里，周朝卻沒有足夠的兵力在沿途駐守，因此這條交通幹線的兩翼是不安全的。南面的荊楚和周王室多次發生激烈的衝突，曾使昭王南征不復，"喪六師於漢"[43]。北面黃河彼岸，又有遷徙到唐的殷民"懷

---

42 《詩經·大雅·綿》。

43 《古本竹書紀年·周紀》。

姓九宗"、河內殷墟遺民,以及散佈於晉北、冀北的戎狄諸部。如史伯所稱:"當成周者,南有荊蠻、申、呂、應、鄧、陳、蔡、隨、唐,北有衛、燕、狄、鮮虞、潞、洛、泉、徐、蒲……是非王之支子、母弟、甥舅也,則皆蠻、荊、戎、狄之人也。非親則頑,不可入也。"[44]如果洛邑空虛,僅將重兵駐紮在管邑,一旦東方有變,管邑之師被牽制住,敵對勢力出奇兵南渡孟津或北進伊闕,佔據了洛邑,就會切斷關中根據地和管邑的聯繫,封閉殽函山區的狹窄通道,使周軍主力不能由此捷徑東進;如果繞道武關或臨晉而出,則曠費時日,不利於兵力的迅速運動和展開,會使西周軍隊陷入極為被動的局面。

此外,從地形來看,管邑在大河之南平川曠野之上,屬於四戰之地,無險可恃。而洛邑所在的伊洛平原則北帶邙山、黃河,南據龍門,西阻殽函,東鎮虎牢,防禦的地理條件要比管邑有利得多。出於上述種種原因,武王滅商後雖然在管邑留下駐軍,但仍擔心東方的政治局勢不穩,唯恐這一戰略要地有失,他在與周公、太公的談話裏都提到該地的重要性,準備在那裏設置重鎮。[45] 武王死後,武庚、管、蔡等人發動東方叛亂,企圖襲取的首要目標也是洛邑,見《史記》卷 37《衛康叔世家》:"管叔、蔡叔疑周公,乃與武庚祿父作亂,欲攻成周。"洛邑在戰略上的重要地位和作用已是政治家、軍事家們的共識。所以,周公東征勝利後全力經營洛邑,在那裏大興土木,屯駐八師,以該城作為監控東方、守衛關中的門戶。而對原來的別都、要鎮"闌(管邑)"則棄之不顧,終西周一代,此地既未再駐王室重兵,也再沒有發生過激戰,以致榛莽叢生,人煙疏寥,無復當年金戈鐵馬、軍氛干雲的凜凜氣象。

---

44 《國語・鄭語》。
45 《史記》卷 4《周本紀》及《集解》引《逸周書・度邑篇》。

第二章

夏、商、西周的經濟區劃、
政治格局與國家戰略

―――

一、東亞大陸在三代時期的地理形勢

在我國古代的歷史上，政治鬥爭往往表現為不同地域的集團勢力之對抗。中國所在的東亞大陸雖然自成一個獨立的地理單元，但是由於幅員遼闊，內部各個區域的自然條件存在顯著差異，對人類的生產活動會產生不同作用，致使各地在經濟、文化發展水平和政治趨向上具有很大的區別，可以依照其不同特點，劃分為若干個基本經濟區域，在此基礎上形成幾股較強的政治勢力。它們之間的力量對比關係和矛盾激化程度，是影響國家統一和分裂、社會治亂安危的重要因素。歷代王朝的統治者確立根本國策和戰略方針時，不能不考慮境內的經濟區劃與政治力量的分佈態勢。

此外，人們生存的地理環境並非亙古不變。在不同的歷史階段裏，受生產力發展、文明進步或者戰亂破壞等因素的影響，國家的經濟、人口佈局與政治形勢會發生變化，生成各自的時代特徵。史稱"三代"的夏、商、西周王朝，在生產力水平上都處於青銅工具階段，又同屬奴隸社會，由此使這個時期中國的經濟區劃與政治格局相對穩定，具有共性。三代的東亞大陸可以分為三個較大的基本經濟區域。

其一，中部農耕區。即夏、商、西周王朝直接統治的黃河中下游區域。它位於東亞大陸的中部地帶，南抵漢水、淮河流域，北到燕山、晉北和陝北高原腳下，東連海岱，西及秦隴。概如《漢書》卷64下《賈捐之傳》所稱："武丁、成王，殷周之大仁也，然地東不過江黃，西不過氐羌，南不過蠻荊，北不過朔方。"我國許多新石器時代人類遺址裏發現過穀物和其他農作物的遺跡，以黃河中下游最為集中，說明那裏是最早開發農業的地區。夏朝到西周，生產力水平進入青銅時代，可是青銅工具的韌性較差，翻土掘石的農器很容易碎裂，又比較貴重，難以在農業勞動中普遍應用，人們通常還是使用原始的"耒耜"來耕作。古代黃河中下游的氣候溫暖濕潤，地勢平緩，土質較為軟沃，為使用木石農具墾耕殖粟和引水灌溉、排澇提供了有利條件，所以得到了較早的開拓，成為三代人口最密集，經濟、政治和文化最發達的地區，也是華夏文明孕育、萌發的場所，作為夏、商、西周統治中心的都城和王畿都設在這片地區。

地質學的研究表明，遠古時期河南嵩山與山東泰山之間原是內海，後來經過地殼運動，形成阻礙交通的低窪藪澤，致使黃河流域中游與下游的人類走上各自獨立發展的道路，出現了西方的仰韶文化和東方的大汶口、山東龍山文化兩種系統。又經黃河泥沙多年的沉積和淤塞，這一低下地帶逐步上升，才形成新的沖積平原，兩地的居民開始了較為密切的交流。[1] 因為歷史上的長期隔絕與自然環境的差別，三代的中部農耕區習慣上分為西方和東方兩大地域，即周人所謂的"西土""東土"[2]。其分界線大致是沿太行山麓南下，至古黃河、濟水的分流之處 —— 今河南省鄭州市、滎陽市一帶，也就是《史記》卷65《孫子吳起列傳》所載

1　徐中舒：《先秦史論稿》，巴蜀書社，1992年，第4—7頁。
2　《國語·鄭語》《尚書·大誥》《尚書·康誥》。

的夏朝後期王畿的東界與商朝後期王畿的西界[3]；再沿着豫西山地丘陵的東緣向南延伸，至夏族民眾居住的南陽盆地[4]與桐柏山脈的連接地段。從宏觀地貌來看，我國所在的東亞大陸，按其不同的海拔高度和自然條件，可以劃分為三級台階，中部農耕區橫跨第二、三級階梯。三代東、西方的分界線——太行山脈和屬於秦嶺餘脈的熊耳山、外方山、伏牛山脈東端，正是這兩級地貌台階之間的過渡邊坡，以此為界，將黃土高原、丘陵、台地與華北大平原區隔開來。西周初年，都城設在偏居西隅的鎬京，東、西方分界線的中段也隨之西移，挪在號稱"天下之中"的洛邑附近。《史記》卷34《燕召公世家》載："其在成王時，召公為三公，自陝以西，召公主之；自陝以東，周公主之。"此處的"陝"，有些學者認為指的就是"郟""郟鄏"，即洛陽王城。

兩地的居民稱為"西人""東人"[5]，猶如後世之"南人""北人"，在社會生活的許多方面保持着自己的風俗習慣。西方的主要民族——夏族、周族，故居在河東（今晉南）、河南（今豫西）及關中，為仰韶文化發源擴展的地區。《漢書》卷28下《地理志》載："河東土地平易，有鹽鐵之饒，本唐堯所居。"晉南的唐（今山西省翼城縣）就是傳說中的陶唐氏和夏族初期活動的中心[6]，即後代所謂的"夏墟"。夏族勢力壯大後，渡河進入豫西，佔據伊洛和嵩高地區，開始建立夏王朝的統治。晉南、豫西境內山嶺峪谷縱橫交錯，三代時期人多聚居在其中面積不大的山間盆地、河谷平原上，如"唐在河、汾之東，方百里"[7]，稱為"有夏之居"的

3　《史記》卷65《孫子吳起列傳》："夏桀之居，左河濟，右泰華，……殷紂之國，左孟門，右太行……"。

4　《史記》卷129《貨殖列傳》："潁川、南陽，夏人之居也。夏人政尚忠樸，猶有先王之遺風。"

5　《詩經·小雅·大東》。

6　劉起釪：《由夏族原居地縱論夏文化始於晉南》，王文清：《陶寺遺存可能是陶唐氏文化遺存》，皆見《華夏文明》（第1集），北京大學出版社，1987年。

7　《史記》卷39《晉世家》。

洛陽地區"其中小，不過數百里"[8]，故司馬遷說這兩處"土地小狹，民人眾"[9]。關中平原遼闊肥美，"膏壤沃野千里，自虞夏之貢以為上田"[10]，不過在三代之初，當地多有遊牧民族活動，農業的全面開發是自商朝後期以降、隨着周族勢力的強盛而繁榮起來的。與東方，即黃河下游相比，西方海拔稍高，少受洪澇之患，土壤基本為較厚的黃土，質地酥鬆，容易掘穴構屋，冬暖夏涼，給先民的定居生活提供了便利。對於農作物來說，"這種土質由於結構酥鬆，具有垂直的紋理，利於毛細現象的形成，可以把下層的肥力和水分帶到地表，形成黃土特有的土壤自肥現象。另外土質酥鬆也便於原始方式的開墾及作物的淺種直播"[11]。《尚書·禹貢》稱其為"黃壤"，認為它的農業利用價值最高，"厥田惟上上"，比華北平原、山東丘陵的"白壤""黑壤"（即含有鹽鹼或腐殖質的沖積土）更為沃軟易耕。在當時的社會條件下，西方發展農業的自然環境較東方更有利，因此居民多以務農為本，性重厚忠樸，尚文習禮；直至漢代，"其民猶有先王之遺風，好稼穡，殖五穀，地重，重為邪"[12]，用龍、虎、熊等獸類作為本族的圖騰[13]。

東方民族的代表是東夷集團及其衍生的分支 —— 商族，東夷因為部族眾多又被稱為"九夷"[14]，它們和商族皆以鳥類為圖騰，主要生活在河內（今冀南平原、豫北）與豫兗徐平原（古豫、兗、徐州交界地區，今豫東平原、魯西南平原、蘇北平原），是山東大汶口文化、龍山文化的後繼

8 《史記》卷 55《留侯世家》。

9 《史記》卷 129《貨殖列傳》。

10 《史記》卷 129《貨殖列傳》。

11 黃其煦：《黃河流域新石器時代農耕文化中的作物 —— 關於農業起源問題的探索（三）》，《河南大學學報》1989 年第 1 期。

12 《史記》卷 129《貨殖列傳》。

13 聞一多：《龍鳳》，載《聞一多全集》（第一冊），開明書店，1949 年，第 69 頁；丘菊賢等《周族圖騰崇拜溯源》，《河南大學學報》1989 年第 1 期。

14 《後漢書》卷 85《東夷傳》。

者。東方地區農業發展的自然條件與西方有所不同，黃河下游支流很多，有"九河"之稱，故常受泛濫、淤塞之災，對人們的農業定居生活有不利影響。如《尚書序》所載，發祥於漳水流域的先商民族曾被迫多次遷徙，"自契至於成湯八遷"。河內所在的冀南及冀中平原，土壤含有鹽鹼成分，顏色發白，即《尚書‧禹貢》所載"至於衡、漳，厥土惟白壤"，肥沃程度較差。所以，三代前期——夏朝和早商——的東方農業民族，主要活動在條件更好一些的豫東、魯西南平原；到盤庚遷殷以後，河內的農業才獲得了長期穩定的發展。東方的地勢低下卑濕，湖澤川瀆密佈，河、濟之外，又有淮、泗、沂、汴、睢、渦、潁、汝等河流；古籍提到的國內"十藪""九藪"中，很多著名的大澤如巨鹿、巨野、菏澤、雷夏、孟諸、圃田、海隅等散佈在那裏。加上臨近海邊，降水量較大，使藪澤近旁林莽叢生，鳥獸繁息。因此，居民在務農之外，經常從事狩獵活動，民眾普遍習射，甚至表現在族名上，許慎《說文解字》曰："夷，從大從弓，東方之人也。"夷人尚武，性格上輕剽顓急，"其民之敝，蕩而不靜"[15]。自西方華夏集團的炎帝、黃帝兩族進入中原，與東夷的蚩尤族發生激戰以來，東、西方兩大民族集團的政治交往相當頻繁。如傅孟真先生所言："三代及近於三代之前期，大體上有東西不同的兩個系統，因爭鬥而趨混合，因混合而文化進展，夷和商屬於東系，夏和周屬於西系。"[16]

如前文所言，我國原始社會末期，這兩股勢力共同組成了前國家的聯合體——酋邦（Cheifdom）[17]，先後推舉了華夏集團的堯、東夷集團的舜為最高首腦"帝"[18]，雙方的其他部族酋長如皋陶、伯益、契、禹、棄等在其手下擔任各種官職[19]。夏、商建立以後仍是如此，由西方或東方的

---

15 《禮記‧表記》。

16 傅斯年：《夷夏東西說》，《慶祝蔡元培先生六十五歲論文集》，"中研院"歷史語言研究所，1933 年。

17 謝維揚：《中國國家形成過程中的酋邦》，《華東師範大學學報》1987 年第 5 期。

18 堯居河東，屬西方民族集團。《孟子‧離婁下》："舜，生於諸馮，遷於負夏，卒於鳴條，東夷之人也。"

19 《尚書》中《堯典》《舜典》，《史記》卷 1《五帝本紀》。

某個民族首領世代為王，另一方的諸侯可以根據王室的需要在朝為官，如夏朝的冥（商部落首領，成湯的八世祖），商朝的九侯、鄂侯、西伯等。貴族統治階級中的這種地域差別，有時在朝會典禮的站位秩序上也能反映出來，例如《尚書‧康王之誥》曰："王出，在應門之內，太保率西方諸侯入應門左，畢公率東方諸侯入應門右。"時局動蕩之日，兩大民族集團又會為爭奪天下共主的領導地位而殊死搏鬥，直到其中一方徹底失敗臣服為止。

其二，北部遊牧區。在中部農耕區的北方和西北，包括內蒙古高原，冀北山地，晉北、陝北、甘肅黃土高原和青海東部。這一區域地勢較高，氣候乾旱寒冷，土地瘠薄，不利於種植業的發展，所以居民務農者少，多以遊牧為生，在先秦被稱為"戎""狄"，生活習俗與中原的華夏民族有很大差別，所謂"被髮衣皮，有不粒食者矣"[20]，既是其不種五穀桑麻的結果，也是該地區惡劣環境造成的。即使有些內地的農耕民族遷徙到那裏，受技術能力和自然條件的制約，也不得不拋棄原有的勞動方式和生活習慣，被迫接受異俗。如《史記》卷110《匈奴列傳》所載："夏道衰，而公劉失其稷官，變於西戎。"《史記索隱》引樂彥《括地譜》載：夏桀死後，"其子獯粥妻桀之眾妾，避居北野，隨畜移徙。"[21]遊牧生產依賴牲畜的自然繁殖，受外界環境的影響比較大，遇到暴風雪、乾旱、瘟疫等災害，都會造成畜群大量死亡，不如農業穩定。這種脆弱、落後的生產方式，使三代時期北部遊牧區的民族社會發展相當緩慢，與中部農耕民族的經濟實力、文化水平相比，明顯處於劣勢。

夏、商、西周時期，北方遊牧民族活動的地域較後代為大，像冀北山地和晉北、陝北高原，在戰國以後，長期被內地的農耕民族所控制。

---

20 《禮記‧王制》。
21 《史記》卷110《匈奴列傳》《索隱》。

歷代中原封建王朝利用燕山、代北的複雜地形修築長城，屯兵駐守，抵禦胡騎南下。但在三代，這一連綿千里的地帶因為峰嶺交錯、密林叢生，使用木石農具很難開發，不適於農業居民生存，所以依舊遍佈着森林、草甸，成為遊牧民族的棲息之所。春秋以後，隨着鐵器的推廣，中原的農耕民族才得以把活動範圍向北方擴展，使長城以南的高原、山地逐步變成了農業區域。

戰國以降，北方遊牧民族主要的活動區域是大漠南北的蒙古高原，由於地形開闊，騎乘往來便利，使散居各地的部族容易聯合、兼併，能夠建立強大、統一的民族政權，像匈奴那樣，"控弦之士三十餘萬"[22]。而三代之時，北方遊牧民族的主體——山戎、鬼方等，基本上居住於冀北、晉北和陝北，那裏的地形分割零碎，"徑深山谷，往來差難"[23]。交通不便，經濟生活又比較分散，致使他們難以在政治上形成集中的力量。如司馬遷所說，周代秦、晉、燕地之北的戎狄諸部，"各分散居溪谷，自有君長，往往而聚者百有餘戎，然莫能相一"[24]。再加上經濟落後，人數稀少，軍事實力不是很強。儘管他們與中原的華夏族時有衝突，但總的來說，規模不大，勝少負多，始終未能動搖華夏民族在東亞大陸上的統治地位。

其三，南部農耕漁獵區。這一經濟區位於東亞大陸的南部，包括長江中下游、淮河、漢水及珠江流域。當地氣候潮濕炎熱，居住環境不如黃河流域，有"江南卑濕，丈夫早夭"[25]之稱。境內的丘陵、山地往往覆蓋着原始森林，平原地帶則是水網密佈、荊莽叢生，遍地的紅壤土質緊密，用木石農具來墾荒翻耕是相當困難的。尤其是江南的水田稻作農

---

22 《史記》卷 110《匈奴列傳》。

23 《漢書》卷 94 上《匈奴傳上》。

24 《史記》卷 110《匈奴列傳》。

25 《史記》卷 129《貨殖列傳》。

業，在生產技術、過程上要比旱地粟作農業複雜、費力得多。在三代簡陋的勞動條件下，南部地區無法做到普遍開發，那裏的農業發展不充分，居民的生活在一定程度上要依靠原始的漁獵採集活動來補充，所謂"民食魚稻，以漁獵山伐為業"[26]。儘管"地勢饒足"，有豐富的自然資源，但是缺乏必要的開採手段，甚至在鐵器使用初步推廣的西漢，仍處於"地廣人希，飯稻羹魚，或火耕而水耨"，民眾"無積聚而多貧"[27]的狀態。南部較大的民族如荊蠻、淮夷，主要活動區域在長江以北的漢水、淮河流域，直到春秋以前，他們都不具備和華夏民族逐鹿中原的強盛國力，在雙方的交戰中通常是被動迎敵，屢遭敗績，從未對夏、商、西周王朝的統治構成過嚴重威脅。

上述情況表明，這個歷史階段裏，東亞大陸存在着以地域劃分的四股政治勢力，即中部農耕區的西方、東方兩大民族集團，北部遊牧區的戎狄和南部農耕漁獵區的蠻夷。其中以前兩股勢力最為強大，他們分別活動在當時最為富庶的黃河中游、下游地區，人口眾多，經濟、文化先進。因此，三代時期的統治民族都是由這兩方中的一個分支來擔任的，王朝的更替過程就建立在西方和東方兩大民族集團的相互征服上。而北部和南部地區的戎狄蠻夷，由於自身力量的分散和弱小，只能在這個時期的政治舞台上扮演配角，沒有足夠的實力去問鼎中原。

三代的戰爭從地域上可以劃分為兩類，第一類是中部農耕區政權——夏、商、西周王朝與北部、南部戎狄蠻夷的戰爭，第二類是中部農耕區內西方和東方兩大民族集團之間的戰爭。如果我們比較一下這兩類戰爭的目的、規模和後果，就能清楚地看到，後一類戰爭的歷史影響是前一類戰爭無法相提並論的。

---

26 《漢書》卷 28 下《地理志下》。

27 《史記》卷 129《貨殖列傳》。

戎狄蠻夷對中原王室、諸侯國發動戰爭，目的是劫掠財富和人口，規模不大，多在邊境地帶騷擾。因為本身經濟、政治力量的薄弱，北部或南部民族中的任何一支，都未有過奪取天子寶座的舉動。而三代王室對戎狄蠻夷發動的戰爭，目的或是為了消除邊患，抵禦、反擊其局部入侵，或是討伐反叛的部族、方國，"伐不祀，征不享"[28]，迫使他們臣服，以維護自己天下共主的統治地位，雙方沒有出現過為了爭奪國家最高領導權而戰的情況。由於對手實力較弱，王室征討戎狄蠻夷，並不需要舉全國之師，通常只是臨時徵發一些本族的人眾。像卜辭中商朝伐羌方、鬼方，每次不過動用數千人、上萬人；或是出動王室的常備軍，如西周伐荊蠻、淮夷派遣的"六師"，人數也是有限的。有時甚至不用王師出征，只要責令一方的諸侯代勞，去平息邊患即可，如商之季歷、西伯，周之太公、伯禽，都接受並完成過天子的這類使命。縱觀雙方的交戰，中部農耕民族佔了明顯的上風，華夏政權統治的區域逐步向四周擴展；即使個別戰爭遭到失敗，也不會亡國滅族，給東亞大陸的政局帶來重大改變。

　　中部農耕區內西方、東方兩大民族集團的角逐則與前者不同，三代決定統治民族領導地位、歷史命運的重要戰爭，幾乎都是在二者之間爆發的，如啟誅伯益、窮寒代夏、少康復國、成湯伐桀、武王伐紂、周公東征等，結果往往導致社稷易主、江山改姓。戰爭的總體規模、出動的兵力也要大得多，因為雙方的實力相對接近，會戰前都要盡最大可能擴充兵馬，佔據優勢；為此經常要糾合各路諸侯，組成聯軍出征。如夏桀曾起"九夷之師"[29]以征成湯，湯後來又率六州諸侯以滅夏[30]；武王伐紂，西土八國之士隨軍出動，"諸侯兵會者車四千乘，陳師牧野"[31]；

---

28 《國語・周語上》。
29 《説苑・權謀》。
30 《呂氏春秋・仲夏紀第五・古樂》。
31 《史記》卷 4《周本紀》。

武庚作亂時，也聯合東夷多方以叛周。像牧野之戰那樣規模巨大、兩軍出動數十萬兵力的戰役，也只有在東、西方民族集團對抗的戰爭裏才能見到。

以上分析表明，三代時期政治力量矛盾衝突的主流是東西對立，即中部農耕區內西方、東方兩大民族集團的抗衡。在一般情況下，夏、商、西周王朝的統治民族最為擔心的，還是自己東鄰或西鄰可能發生的暴亂，認為他們的反叛對國家安全最有威脅。像夏桀"夢西方有日，東方有日，兩日相與鬥"[32]；周人滅商後武王夜不能寐，周公"一沐三捉髮，一飯三吐哺"[33]，都是出於上述原因。事實上，從這三個政權建立、鞏固的歷史過程也能看得出來，開國創業的王者、將帥制定軍事戰略時，悉心研究過當時政治力量的地域分佈態勢，在兵力的組織和部署上深受東西對立格局的影響，並且設想與實施了各種措施，使態勢向有利於自己的方向發展。

二、從地理角度來看三代建立、鞏固國家的戰略活動

從地理角度來分析夏、商、周族在奪取政權過程中的進攻戰略，可以看出這三個民族建國之前控制的土地、人口原本有限，特別是商族和周族，"湯以七十里，文王以百里"[34]，在東西對立的政治格局中是較弱的一方。他們之所以能最終擊敗勁敵，統治全國，除了內政、外交等原因，與其指揮作戰、兼併天下的方略得當有密切關係。這些民族的領導者在和主要敵人決戰之前，先後採取了各種措施，使政治力量的地域對抗形勢發生了對自己有利的轉變。

---

32 《呂氏春秋·慎大覽第三》。

33 《史記》卷 33《魯周公世家》。

34 《孟子·公孫丑上》。

首先，三代立國者對本族所在地域的其他部落、邦國採用拉攏或強迫的手段，使它們歸附、降服，完成中部農耕區內西方或東方民族集團的聯合。欲做天子，要先成為一方的諸侯領袖。像夏禹、啟即位前，都得到了鄰近部族的擁戴。商湯未叛夏時，也是通過和東夷有莘氏聯姻來加強自己力量的；同時，他還勤修內政，佈德施惠，以擴大政治影響，使"諸侯八澤來朝者六國"[35]。周文王翦商之初，亦"陰行善，諸侯皆來決平"[36]。對於不肯附從的鄰近小國，則出兵剿滅，免生肘腋之變，如湯誅葛伯、文王伐密須等。

　　從三代建國的歷史來看，夏、商、周族在未控制所在西方或東方的基本區域之前，是不肯貿然進軍對方勢力範圍，和敵軍主力交戰的。例如，夏族興起於晉南，其主要敵人是活動於魯西南、豫東平原的東夷各族[37]。夏人未直接向東方發展，沒有沿着黃河的北岸進軍河北，而是渡河到豫西，打敗有扈氏和與啟爭奪帝位的伯益[38]，建立起夏王朝對東方和全國的統治。商族發祥於河內的滴（漳）水流域，成湯時強大起來，也是向東南渡過黃河，進入豫兗徐平原，與那裏的東夷諸部聯合，控制了整個東方後，才公開叛夏的。文王勘黎、伐于（邘）後，已經掌握了關中、晉南兩個地區，黎（今山西省長治市南）、于（今河南省沁陽市）距離商都朝歌不過數百里，但是周人仍耐心等到伐崇勝利，佔領豫西之後[39]，才出師伐紂。也就是說，要盡最大可能擴展己方控制的地域，增強力量，

35　《尚書大傳》。

36　《史記》卷 4《周本紀》。

37　劉起釪：《由夏族原居地縱論夏文化始於晉南》，《華夏文明》（第 1 集）；劉緒：《從夏代各部族的分佈和相互關係看商族的起源地》，《史學月刊》1989 年第 3 期。

38　伯益是東夷集團少昊氏的部族首領，見韋昭注《國語·鄭語》："伯翳，舜虞官，少嗥之後伯益也。"或稱其為皋陶之子，故居在今山東省曲阜市一帶，勢力強大，幾乎代成后。《楚辭·天問》載伯益曾拘禁啟，後鬥爭失敗，被啟殺死。《今本竹書紀年》卷上載益死於啟在位的第六年，即甘之戰以後，可見啟是在戰勝有扈氏之後才進軍東方，消滅伯益的。

39　舊說崇在今陝西省戶縣，非是；今人多認為在河南省嵩山一帶。參見馬世之：《文王伐崇考》，《史學月刊》1989 年第 2 期。

造成相對的均勢、優勢，甚至需要爭取中部農耕區以外的民族加入自己的陣營。如漢南四十國諸侯歸湯[40]，武王伐紂時，有羌、盧、髳、彭、巴、濮、鄧、蜀八國軍隊隨從。實施這項戰略措施的作用是相當重要的，因為三代時期剛剛步入文明社會，政治結構相當鬆散，還處於邦國林立的狀態。史稱："當禹之時，天下萬國，至於湯而三千餘國。"[41] 夏、商、西周王朝都是以某個統治民族為核心的政治聯合體，王室直接控制的領土 —— 王畿，面積不過今一省之地。如孟子所言："夏后、殷、周之盛，地未有過千里者也。"[42] 相當於眾多邦國中較大的一個。周圍諸侯與王室之間，也沒有秦漢以後地方與中央政府那樣嚴格的隸屬關係，僅僅要盡納貢、朝覲等義務，在軍事、財政、司法等方面政由己出，很少受王室的干涉，呈半獨立狀態。如王國維在《觀堂集林·殷周制度論》中所言，夏商時期，"蓋諸侯之於天子，猶後世諸侯之於盟主，未有君臣之分也"。在這種狀況下，統治民族即使本身力量較強，如果陷於孤立，同時與許多邦國作戰，往往也是力不從心的，所以必須儘量聯合、利用其他部族、邦國來加強自己的實力。如《呂氏春秋·離俗覽第七·用民》所稱："湯武非徒能用其民也，又能用非己之民。能用非己之民，國雖小，卒雖少，功名猶可立。"說的就是這種情況。

其次，三代立國者將都城向中原或是靠近敵方區域、交通較為便利的地點遷移。首都是一國的政治中心，是最高領導集團和中樞機構的駐地，設置在適宜的地點、地區，對於國家的政治、軍事活動會產生積極的影響。所以，統治者在選擇建都地址的時候，總要經過慎重的考慮和比較，綜合各種因素，並根據現實的戰略需要來確定其位置。夏、商、周起初都是領土有限的邦國，都城或偏在一隅，或游移不定。隨着勢力

---

40 《呂氏春秋·孟冬紀第十·異用》。
41 《呂氏春秋·離俗覽第七·用民》。
42 《孟子·公孫丑上》。

的壯大，逐步控制了半壁河山，甚至"三分天下有其二"[43]，原有的地區性政權正在向全國性政權過渡，其軍事力量即將開入對方區域，與敵人主力交鋒。在這種形勢下，舊都的地理位置偏遠或交通不便，不利於對戰爭的指揮部署。因此，三代的建國者在發動決戰之際，都會將都城不同程度地內遷，接近前線或處於交通便利的區域中心，以便及時了解敵情，調動兵馬，能夠迅速有力地控制戰爭和政治局勢。

如夏族原居河東，禹曾在安邑、平陽等地設都[44]，為了適應和東夷、有苗作戰的需要，他遷都到黃河以南、靠近東方的陽城、陽翟[45]。商湯滅夏之前，把都城和族眾從黃河以北的滴水流域遷到位於東方中心的亳（今山東省曹縣西南）[46]，在聯合魯西南平原的東夷部族後向西進軍；由此至夏朝腹地伊洛平原路途坦蕩，無高山大川阻隔，對大軍的運動較為便利。周族的國都原來在關中西部的岐下，其統治者在進兵朝歌之前亦將都城向東遷到豐、鎬，以圖向中原發展勢力，更有效地控制戰局。

再次，三代立國者佔領東西方交界的"樞紐地區"。樞紐地區亦稱"鎖鑰地點"，通常是指某個具有戰略意義的交通要衝，作戰時佔領了它就能得地利，進可以長驅直入對方腹地，退則能扼守要道拒敵於境外。從三代的歷史來看，開國建業者都曾把今河南鄭州地區當作用兵必爭之地。該地在商周亦稱"關""柬""闌""管"[47]，位於中部農耕區的核心，是黃淮海平原與豫西山地丘陵接壤之處。北渡濟水、黃河，可以直達幽燕；南通兩湖，西臨虎牢，面對自關中、洛陽而來的陸路幹線；東蔽梁、

43 《論語·泰伯》。

44 《史記集解》卷 2《夏本紀》引皇甫謐曰："（禹）都平陽，或在安邑，或在晉陽。"

45 《古本竹書紀年》："禹居陽城。"《世本·居篇》："禹都陽城。"《漢書》卷 28 上《地理志上》潁川郡"陽翟縣"條自注曰："夏禹國。"《帝王世紀》："禹受封為夏伯，在豫州外方之南，今河南陽翟是也。"《史記集解》卷 4《周本紀》引徐廣曰："夏居河南，初在陽城，後居陽翟。"

46 王國維：《觀堂集林·説亳》，中華書局，2004 年。

47 于省吾：《利簋銘文考釋》，《文物》1977 年第 8 期。

宋，背後是廣闊的豫兗徐平原，為四方道路交會之所，在軍事上有着重要的地理價值。夏朝之初，禹和啟為了打開進軍東方的大門，曾經和東夷的有扈氏發生激戰，主戰場"甘"即在今河南鄭州以西的古滎甘之澤和甘水沿岸[48]。經過長期的多次搏殺，啟"滅有扈氏，天下咸朝"[49]。夏族控制了這一地區，能夠北進河內，東出豫兗徐平原，也就懾服了東方各邦諸侯。

成湯自亳出兵伐桀，也是先打敗了鄭州附近的三個夏朝屬國"韋"（今河南省鄭州市）、"顧"（今河南省原陽縣）、"昆吾"（今河南省新鄭市）[50]，才直搗夏都，在鳴條（今河南省洛陽市偃師區、鞏義市間）[51]戰勝夏軍主力，佔領了伊洛平原。

在武王滅商的作戰行動裏，雖然周師主力是從孟津北渡黃河，向東北進軍抵達商都朝歌的，但在此之前，武王仍先發兵佔領了鄭州地區[52]，通過此舉來吸引商朝軍隊的注意，並掩護主力部隊的側翼與後方的安全。克商後，武王即將"管"（今鄭州市）和附近的"祭（蔡）"封給管叔、蔡叔，留下他們率兵戍守，用以監督、彈壓商族遺民。這些情況都反映了該地在三代的重要作用。

通過以上措施，在政治地理格局中，東西方力量對比發生了變化，在決戰之前處於有利地位。這樣就為下一步進攻敵方腹地、都城，殲滅敵軍主力，奪取最後的勝利奠定了基礎。

夏、商、周族在開國創業的過程中，制定的戰略以進攻、奪取天

48　參見鄭傑祥《"甘"地辨》，《中國史研究》1979 年第 1 期。

49　《史記》卷 2《夏本紀》。

50　《詩經·商頌·長發》："韋、顧既伐，昆吾、夏桀。"朱熹注："初伐韋，次伐顧，次伐昆吾，乃伐夏桀，當時用師之序如此。"關於韋、顧、昆吾的地理位置，請參閱陳夢家：《殷虛卜辭綜述》，中華書局，1988 年；李學勤：《殷代地理簡論》，科學出版社，1959 年；顧頡剛、劉起釪：《〈尚書·甘誓〉校釋譯論》，《中國史研究》1979 年第 1 期；鄒衡：《夏商周考古學論文集》，文物出版社，1980 年，第 232 頁。

51　楊寬：《中國古代都城制度史》，上海古籍出版社，1993 年，第 37—38 頁。

52　楊寬：《中國古代都城制度史》，上海古籍出版社，1993 年，第 37—38 頁。

下為目的，而一旦擊敗對方民族集團，建立起對全國的統治以後，戰略
目的便轉為防禦，即如何保證國家的安全，有效地抵禦、鎮壓敵人的暴
動、入侵。從他們實行的各項部署來看，顯然是受東西對立的形勢影
響，把剛被自己征服的東鄰或西鄰民族集團當作最危險的假想敵，採取
種種措施來防備他們聚集力量、發動叛亂。實際上，在三代建國之後，
上述地區、民族都發生過規模不同的武裝反抗行動，證明統治者的擔心
並不是多餘的。如夏朝遺民 "土方" 與商朝的衝突，斷斷續續地到武丁
時期才基本結束。[53] 周初武庚、奄、蒲姑的作亂，周公花費三年時間才
將其平息。而東夷有窮氏的羿、寒浞甚至一度滅亡了夏朝，"因夏民以
代夏政"[54]。王朝的統治能否穩固，與其防禦戰略的制定實施是否得當有
密切的關係。從地理角度來看，三代建國之初的防禦戰略具有以下內容
和特點：

　　一是將部分兵力留在被征服的敵方區域，或守住東西方交界的戰略
要地，起到監視、控制亡國遺民的作用。三代軍隊中的大量步兵戰士是
農民，平時擔負着繁重的勞動，在作戰之前被臨時召集入伍，而不是常
備兵。如果長期從軍，脫離生產，將給社會經濟帶來惡果，這是民眾和
統治者都不願看到的。商湯伐桀之前，軍中的士兵們就認為出征耽誤了
農作而頗有怨言："我后不恤我眾，捨我穡事而割正夏。"[55] 湯不得不向
他們專門解釋，並在大戰結束後立即率眾 "復歸於亳"[56]，讓多數士兵復
員回鄉，繼續務農，以保證生產。武王伐紂，大軍自出征到返回關中，
跋涉數千里，前後也只用 78 天[57]，然後便 "縱馬於華山之陽，放牛於桃

53　其說及史實參閱胡厚宣：《甲骨文土方為夏民族考》，《古代城邦史研究》，人民出版社，1989 年，第
　　340—353 頁。
54　《左傳・襄公四年》。
55　《尚書・湯誓》。
56　《尚書・湯誥序》。
57　趙光賢：《說〈逸周書・世俘篇〉並擬武王伐紂日程表》，《歷史研究》1986 年第 6 期。

林之虛，偃干戈，振兵釋旅，示天下不復用也"[58]。但是東西方相距甚遠，如果將軍隊全部撤回己方根據地，被征服地域一旦發生叛亂，再集結兵力，遠涉山水趕來鎮壓，則不免師老兵疲、貽誤戰機。所以，勝利者在還師之前，往往將部分兵力留駐當地，控制一些軍事重鎮，起到威懾作用。而一旦發現被征服者有不軌之舉，可以及時做出反應，就近出動兵力平叛。即便對方勢力強大，勝利者也能夠暫時守住要地，牽制敵人進攻，不使戰火蔓延，這樣就能為自己爭取時間，出兵救援反擊。

留駐兵力的第一類地點，是被征服王朝或邦國的都城，那裏是敵對者的政治中心，附近人口稠密，是亡國的舊貴族、遺民的聚居之地，反抗力量最為集中，蘊藏着很多不穩定因素，屬於最有可能爆發動亂的地點。在此地駐軍可以針對上述威脅，最有效地預防、制止叛亂的發生。所以征服者常在當地或附近設置別都或諸侯國都，駐以重兵。如湯滅夏後，在夏都斟鄩附近的偃師建立別都"西亳"，築城屯兵，以為軍事基地[59]。武丁擊敗晉南夏族遺民"土方"後，也在"夏墟"所在的唐（今山西省翼城縣）"作大邑"，鎮守一方。[60] 周公東征平叛後，"以武庚殷餘民封康叔為衛君，居河、淇間故商墟"[61]；又悉封宗親、功臣帶兵進駐東夷各邦之都，如太公往蒲姑，伯禽往奄，受封者佔據原夷邦都城，將被征服民族驅至郊野居住，並鎮壓了萊夷、淮夷的反抗。

第二類駐軍地點是在樞紐地區，即東西方交界地帶的交通衝要，控制了這類地點可在軍事上大有獲益，攻則能麾兵直入敵方腹地，守則可禦寇於藩籬之外。夏朝至周初最重要的戰略樞紐是管城（今河南省鄭州

---

58 《史記》卷 4《周本紀》。

59 《漢書》卷 28 上《地理志上》偃師縣，班固自注："尸鄉，殷湯所都。"《帝王世紀》："偃師為西亳。"《括地志》："亳邑故城在洛州偃師縣西十四里。……河南偃師為西亳，帝譽及湯所都。"《元和郡縣圖志》卷 5《河南道一》"偃師縣"條："成湯居西亳，即此是也。"河南偃師曾發掘出商代早期都城遺址。

60 其說及史實參閱胡厚宣：《甲骨文土方為夏民族考》，《古代城邦史研究》，人民出版社，1989 年，第 340—353 頁。

61 《史記》卷 37《衛康叔世家》。

市）。該地位於中部農耕區的核心，黃淮海平原與豫西山地丘陵接壤之處，扼住橫貫東西方的陸路交通幹線，地位十分重要。1955 年以來，考古工作者在鄭州市白家莊一帶發現了商代早期的都城遺址，其面積、規模比偃師商城（西亳）和著名的安陽殷墟還要大 [62]。一些學者結合文獻記載分析，湯滅夏後，先在夏都附近建立了偃師商城（西亳），後又在今鄭州大建都城，作為商王朝的統治中心，其地名仍稱為“亳”，即現在學術界所說的“鄭亳” [63]。將首都遷至這一地區，顯然具有對西方夏族遺民加強防範和控制的作用。武王克商後，亦將管叔、蔡叔封於此地，領兵鎮守，監視殷民與東夷。周公東征平叛，大行分封之後，東西方交界的“天下之中”向西轉移到洛邑，周朝在那裏築王城、定九鼎、遷殷民，又把精銳部隊“成周八師”派駐此地，來監控東方，守衛關中的門戶。

二是驅迫部分被征服民族離開中部農耕區，到北部、南部荒僻地域。這類措施在歷史上出現較早，如舜“乃流四凶族，遷於四裔” [64]，禹逐三苗。夏朝滅亡後，桀及餘眾被驅至南巢（今安徽省巢縣），另一部分夏人逃到北野成為匈奴、大夏之先 [65]。商朝滅亡後，箕子率眾入朝鮮；武庚叛亂失敗，亦有部分殷民向東北、北方流亡 [66]。周公東征，“伐奄三年討其君，驅飛廉於海隅而戮之，滅國者五十” [67]。亡國的東夷族眾有些留在當地接受周人統治，另一些則離鄉背井，南遷到淮河、長江流域。據顧頡剛先生考證，奄君被殺後，餘眾逃至今江蘇常州；蒲姑氏亡國後，餘眾徙至蘇州，豐國之人遷到蘇北豐、沛縣一帶居住 [68]。

62　孫淼：《夏商史稿》，文物出版社，1987 年，第 330—345 頁。

63　孫淼：《夏商史稿》，文物出版社，1987 年，第 330—345 頁。

64　《史記》卷 1《五帝本紀》。

65　《史記》卷 110《匈奴列傳》及《史記索隱》引樂彥《括地譜》。

66　《史記》卷 38《宋微子世家》、《逸周書·作雒》。

67　《孟子·滕文公下》。

68　顧頡剛：《奄和蒲姑的南遷》，《文史》第 31 輯，中華書局，1988 年。

三代的統治民族通過上述行動，改變了中部農耕區內人口、政治勢力的分佈狀況，使被征服的西方或東方原住人口減少，這一結果對於新王朝的鞏固，顯然起到了積極的促進作用。被征服民族的故居之地，通常是自然條件優越、適宜農業發展的區域，比較發達、富庶。統治民族用戰爭、殖民等手段佔領該地，無疑擴充、改善了本族的生活環境；而失敗的對手拋棄故鄉的田園家產，逃到邊遠蠻荒地區，經濟上損失慘重，居住的外界條件又相當惡劣，使他們的生存和發展都受到很大的局限，難以聚集財富、繁衍人口，恢復原有的國力。而留在當地接受統治的被征服民族，人數則大大減少，相對來說較易控制，即使發生叛亂，鎮壓起來也要省力得多。遷徙之後，敵對民族集團的力量被分散了，不像原來那樣集中和強大，由於生存環境的惡化，又被削弱了經濟實力，他們對統治民族的威脅明顯減小了。

三是將被征服民族的部分人眾遷到己方地域，以便就近監管、彈壓。商湯滅夏後，把一些夏族貴族、平民從豫西遷移到東方的杞（今河南省杞縣），靠近商族的根據地。見《史記》卷55《留侯世家》：“昔者湯伐桀，而封其後於杞。”《世本》：“殷湯封夏後於杞，周又封之。”《大戴禮記·少閒篇》：“（成湯）乃放移夏桀，散亡其佐，……乃遷姒姓於杞。”《左傳·襄公二十九年》：“杞，夏餘也，而即東夷。”

周公東征之後，也把持敵對態度的殷族“頑民”強制遷徙到成周，處於八師的監督之下。另一支殷民“懷姓九宗”則被遷移到晉南的唐地，受姬姓諸侯叔虞統轄。內遷的殷民中有許多貴族，即《尚書·召誥》所載的“庶殷侯、甸、男邦伯”，他們接受周公的命令，指揮屬下的“庶殷”“殷庶”（商族的平民或奴隸）從事築城等勞作。這些人在故土擁有雄厚的財力和較高的社會地位，具備很強的政治影響與號召能力，卻又冥頑不順，抵觸周族的統治，留在當地很可能成為將來組織叛亂的隱患，所以周公把他們遷到臥榻之側加以監控，不使再度生變。

另外，還有部分諸侯因為反形漸露，受到王朝統治者的懷疑，也被強迫入朝，作為人質扣押起來，待其政治態度轉變後再釋放回鄉。如桀曾拘商湯於夏台，紂囚西伯於羑里。周公平叛後亦將東夷諸邦的許多國君、酋長帶回洛邑看管起來，警告他們如果再三舉行叛亂，會受到同樣的鎮壓和囚禁："爾乃自作不典，圖忱於正！我惟時其教告之，我惟時其戰要囚之，至於再，至於三。"[69] 這些人與被遷的殷頑民不同。從周公對他們的講話（"今爾尚宅爾宅，畋爾田，爾曷不惠王熙天之命"[70]）來看，這些諸侯還保持着自己的故土，在洛邑居住是臨時性的，一旦證明了對王室的效忠，就能夠脫離羈絆，返回家鄉。

　　縱觀三代建國後的防禦戰略，夏初的措施最少，幾乎看不到有這方面的記載。夏人對待戰敗者、附從諸侯的統治手段也比較簡單，如誅防風氏，罰有扈氏全族為放牧奴隸等。古籍中關於"甸服"、"侯服"、"要服"、"荒服"的記載，也反映了夏朝王室與諸侯的隸屬關係相當鬆弛，只對近旁的邦國責以貢職，而對距離較遠者，僅要求它們在名義上服從即可。夏族當時剛剛進入文明社會，國家草創，可能對如何保障安全的戰略問題思慮不周，未做妥善安排。因此禹、啟開國之後，只過了一代，便遭"太康失國"的厄運，被宿敵東夷集團中的有窮氏顛覆。其原因雖然是多方面的，但缺少預防叛亂的有效措施也是其中重要一條。"殷鑒不遠，在夏后之世"[71]，後代的建國者們看來是汲取了前朝的經驗教訓，制定的防禦計劃日益嚴密、完備，加強了對被征服民族的控制和防範，從而有效地鞏固了新興的政權。在少康復國及成湯滅夏、武王克商之後，盡管還發生過反抗征服的叛亂暴動，但是再沒有重演過像"窮寒代夏"那種新王朝夭折的悲劇。

---

69 《尚書·多方》。
70 《尚書·多方》。
71 《詩經·大雅·蕩》。

從地理角度分析，上述防禦戰略都是針對東西對立的軍事形勢而制定的。在夏、商、西周時期，東、西方民族集團始終是我國政治舞台上演對手戲的兩大主角。受當時社會、自然條件的制約，上述格局在這個歷史階段裏不會改變，但是雙方的力量對比可以因人為的影響而發生轉化。國君和統帥的高明之處，就是能夠正確地認識和駕馭這種形勢，運用一切可能的手段來擴展己方的勢力範圍，將兵力部署在地理價值最高的區域和地點，並且儘量分散、削弱敵方民族集團的人力、物力，縮小或惡化其生存環境。這樣，在預想的戰爭爆發之前，在東西抗衡的軍事衝突中，自己已經處於最有利的地位，擁有敵弱我強的戰略形勢。盡管這種形勢本身不能直接取得戰果，但是在這種形勢下和敵人交戰，會有最大的獲勝把握。依據客觀地理條件，成功地制定和實施戰略計劃，對王朝的建立、鞏固起到了至關重要的作用。

第三章

春秋時期的諸侯爭鄭

一、諸侯爭鄭的歷史演變

春秋在我國古代以戰爭頻繁而聞名，僅據相關著作統計，諸侯間的征伐有 380 餘次[1]。當時王室衰微，大國爭霸，數百年來干戈紛擾，茫茫神州幾無寧日。值得注意的是，列強都把"服鄭"——控制鄭國——當作戰勝對手、建立霸權的必要步驟，為此不惜勞師動眾、連年用兵。楊伯峻先生曾指出："（春秋諸侯）欲稱霸中原，必先得鄭。當晉秦稱霸時，鄭為晉秦所爭。今晉楚爭霸，又為晉楚所爭，國境屢屢為戰場，自襄公以來，幾至年年有戰事。"[2] 據初步統計，鄭在春秋時即遭受戰爭之災約 80 次[3]，為列國中蒙難最重者，是名副其實的兵家必爭之地。

鄭國建國很晚，先祖桓公（姬）友為宣王之弟，西周後期即公元前 806 年始封於鄭（今陝西省渭南市華州區）。幽王之時，他見西土艱危，天下將亂，便接受了史伯的建議，行賄於虢、鄶，將部分族人和財物寄居在兩國之間。西周滅亡後，鄭武公率眾東遷，都新鄭（今河南省新鄭市），逐步兼併鄰近小國，佔有今河南省中北部一帶，成為周都洛邑以

1　《中國軍事史》編寫組：《中國軍事史》附卷，《歷代戰爭年表（上）》，解放軍出版社，1991 年。

2　楊伯峻：《春秋左傳注》，中華書局，1981 年，第 988 頁。

3　《中國軍事史》編寫組：《中國軍事史》附卷，《歷代戰爭年表（上）》，解放軍出版社，1991 年。

東的重要諸侯。據鄭臣子產追述："昔我先君桓公與商人皆出自周，庸次比耦，以艾殺此地，斬之蓬、蒿、藜、藿而共處之。"[4] 可見那裏在西周末年還是荊榛叢生、滿目荒涼，而數十年後卻屢屢被列強當作風雲際會的戰場。許多重要戰役，如泓水之戰、殽之戰、邲之戰、鄢陵之戰，都和諸侯對鄭國的爭奪有直接關係。從時間順序來看，自公元前681年齊桓公率諸侯主北杏之盟開始，到公元前546年列國舉行"弭兵之會"，訂盟休戰為止，在爭霸戰事最為激烈的百餘年內，列強對鄭國的爭奪可以分為以下幾個階段：

（一）齊、楚爭鄭

春秋前期強盛起來的大國首推齊、楚。齊桓公於公元前685年即位，任管仲為相，富國強兵，積極對外擴張，並聯絡宋、衛、鄭、陳、曹、魯等諸侯，以"尊王攘夷"相號召，初任華夏盟主。南方的楚國此時也蒸蒸日上，先後佔領了江漢平原、南陽盆地，隨即揮師北進，叩打中原的大門。春秋時期兩大政治集團的對抗形勢從此奠立。後來齊國衰落，其盟主地位由晉國接替，而這種南北對峙衝突的軍事地理格局卻沒有改變，一直延續到春秋末年，鄭國均是雙方反覆爭奪的主要戰略目標，如清朝學者顧棟高所稱："然自是而楚患興矣，齊晉迭伯，與楚爭鄭者二百餘年。"[5]

公元前678年夏，由於鄭國背盟侵宋，齊桓公聯合宋、衛兩國軍隊伐鄭，迫使鄭國屈服。而當年秋天，楚國因鄭倒向齊國，也派兵攻鄭，至櫟（今河南省禹州市）而退。

公元前667年，齊桓公邀諸侯會盟，鄭國亦參加，再度引起楚國的

4　《左傳·昭公十六年》。

5　〔清〕顧棟高：《春秋大事表》卷4《春秋列國疆域表·鄭疆域論》，中華書局，1993年。

不滿，第二年又派令尹子元率 600 輛兵車伐鄭，打進了鄭都郭城。齊、魯、宋等國聯合發兵救鄭，楚軍始退。

公元前 659 年秋，"楚人伐鄭，鄭即齊故也"[6]，還是因為鄭服從了齊國。齊桓公因此約會宋、魯、鄭、曹、邾五國君主商討退楚之策。次年楚師再度伐鄭，打敗鄭軍，並俘虜了鄭臣聃伯。下一年冬，楚師又伐鄭，鄭文公欲媾和，被大夫孔叔勸阻。第二年春季，齊桓公為了阻止楚國勢力北侵，率領諸侯聯軍打敗了附屬於楚的蔡國，並乘勝伐楚，陳兵於召陵（今河南省漯河市郾城區東），迫使楚國訂盟，挫敗了其屢次伐鄭，染指中原的企圖。

召陵之盟以後，齊、楚兩國對鄭國的爭奪並未停止。公元前 655 年，齊桓公邀諸侯在首止會盟，周惠王因忌恨齊國權力過盛，"使周公召鄭伯，曰：'吾撫女以從楚……'"[7] 唆使鄭國逃盟叛齊。次年齊、魯、宋、陳、衛、曹等國會師伐鄭，懲其背盟；楚國則派兵圍許以救鄭。公元前 653 年，齊桓公又單獨出兵伐鄭，鄭國派太子請降，聲稱願事齊如封內之臣，"我以鄭為內臣，君亦無所不利焉。"[8] 次年冬，齊桓公又會諸侯於洮，"鄭伯乞盟，請服也"[9]。齊國最終在爭奪中獲勝。高閎曰："鄭自此年從齊，至十七年小白卒，楚人絕跡於鄭，桓之伯功盛矣。"[10]

鄭國之所以屢次叛齊，是由於它認為齊國地處泰山以北，與鄭相隔衛、魯、宋等國，路途遙遠，師旅往來不易。而楚國佔據南陽盆地以後，與鄭接壤，距離較齊為近，軍事威脅要嚴重得多，所以不願與楚為敵，對齊屢服屢叛。直到召陵之盟以後，眼見以齊為首的華夏聯盟勢力強

6　《左傳・僖公元年》。
7　《左傳・僖公五年》。
8　《左傳・僖公七年》。
9　《左傳・僖公八年》。
10　〔清〕顧棟高：《春秋大事表》卷 26《春秋齊楚爭盟表》，中華書局，1993 年。

盛，楚不敢與之交鋒，才改變了騎牆觀望的態度。顧棟高曾評論道：“齊積謀攘楚數十年，始終皆為鄭，其勤亦至矣。而鄭以齊之強不如楚，齊遠而楚近，首叛齊侯。且許在鄭之南，更邇於楚，許猶堅從中國，而鄭顧反覆，鄭在齊桓世已狡獪如此。”[11]

（二）宋、楚爭鄭

公元前 643 年冬，齊桓公去世，鄭國立即投楚。此後，宋襄公平定齊國的內亂，企圖接替齊國的霸業，成為中原諸侯的新首領。公元前 638 年，鄭伯朝見楚成王，激怒了宋襄公，會合宋、衛、許、滕四國軍隊伐鄭，“楚人伐宋以救鄭”[12]，並在泓水之戰中大敗宋軍，使宋襄公的稱霸夢想徹底破滅。戰後，鄭、魯、陳、蔡、許、曹、衛、宋等國紛紛從楚，楚之霸業煊赫一時，“天下幾不復知有中夏”[13]。

（三）秦、晉爭鄭

泓水之戰後數年，晉文公返國圖霸，得到秦國支持。公元前 633 年，宋國叛楚從晉，鄭國繼續為虎作倀，出兵助楚攻宋，並在城濮之戰中加入楚軍陣營，與中原諸侯為敵。楚軍戰敗後，一時無力北上。公元前 631 年，晉文公會諸侯於翟泉，《左傳·僖公二十九年》稱其“尋踐土之盟，且謀伐鄭也。”次年，秦國如約出兵，聯合晉軍攻鄭，以掃除稱霸中原的障礙。鄭伯見形勢危急，遣謀臣燭之武說服秦國撤兵，承諾做秦之屬國。秦穆公同意後留下部分兵馬，協助鄭國防衛都城。鄭國又尊晉君為盟主，脫離楚國，但秦、晉兩國均未能單獨控制鄭國。

公元前 628 年，晉文公去世，戍鄭的秦將杞子乘機遣使密告：“若

---

11 〔清〕顧棟高：《春秋大事表》卷 26《春秋齊楚爭盟表》，中華書局，1993 年。
12 《左傳·僖公二十二年》。
13 〔清〕顧棟高：《春秋大事表》卷 4《春秋列國疆域表·衛疆域論》，中華書局，1993 年。

潛師以來，（鄭）國可得也。"[14] 秦穆公聞訊後發兵偷襲，欲滅亡鄭國，獨佔此戰略要地，但陰謀敗露，未能成功。秦軍班師回國時，在殽地被晉國伏兵打敗，全軍覆沒。戍鄭的秦國三將逃奔齊、宋，鄭國獨屬於晉，與秦為敵。《史記》卷 42《鄭世家》載鄭繆公三年，"鄭發兵從晉伐秦，敗秦兵於汪"。

（四）晉、楚爭鄭

晉、楚兩國爭奪霸權的戰鬥，從公元前 633 年楚軍圍宋，晉師伐曹、衛以相救開始，到公元前 546 年"弭兵之會"結束，延續了 80 餘年。在春秋的歷史上，雙方的爭戰歷時最久，涉及的地域最廣，規模、影響最大，以至於有些學者認為，"晉、楚兩國的歷史是一部《春秋》的中堅"[15]。兩國的對抗和交戰，往往也是圍繞着"爭鄭"展開的，先後可以分為幾個時期：

第一個時期，城濮之戰以後，晉文公、晉襄公先後為諸侯盟主，自公元前 630 年鄭國叛楚服晉，到公元前 618 年楚軍伐鄭獲勝，與鄭結盟為止。這段時期內鄭國在晉的勢力控制下，楚軍曾於公元前 627 年伐鄭，晉國及時相救，迫楚退兵。

第二個時期，晉襄公死後，國內屢生變亂，勢力漸衰，又與秦國頻頻衝突。楚國乘機北伐，從公元前 618 到前 591 年，楚穆王、楚莊王出兵鄭國 8 次；晉軍救鄭或伐鄭 7 次，在對抗中處於下風。在此期間，楚軍於公元前 597 年攻陷鄭都，又在邲之戰中大敗晉軍，楚莊王由此取得了霸主的地位。莊王死後，餘烈未消，公元前 589 年，楚在蜀地（今山東省泰安市西）約十四國諸侯會盟，齊、秦、魯、鄭、宋、衛等國皆從

---

14 《左傳・僖公三十二年》。
15 童書業：《春秋史》，山東大學出版社，1987 年，第 181 頁。

命前往。這段時期，楚國的霸業達到鼎盛，鄭國基本被楚國控制。

第三個時期，晉景公末年調整了內外政策，與戎狄講和，穩定了後方；在鞌之戰中打敗齊軍，國勢復盛，又聯合吳國，與楚爭鄭。從公元前 588 年晉師伐鄭，到公元前 547 年秦、楚聯軍伐鄭，40 餘年之內，晉、楚各向鄭國出兵 14 次，多數情況下晉國佔據上風。楚國因為屢受吳國襲擾，被削弱了力量，在鄢陵之戰、湛阪之戰等大戰中連連告負，致使晉厲公、晉悼公重振霸業，鄭國又倒向了以晉國為首的華夏諸侯聯盟。

公元前 546 年，諸侯代表在宋舉行 "弭兵之會"，訂盟休戰，鄭與其他小國共尊晉、楚為霸主。此後中原的局勢大為緩和，多年不起兵災，列強對鄭國的爭奪基本結束，直到戰國初年。

二、諸侯爭鄭的原因

為甚麼春秋時期的鄭國兵禍連年，受侵不止呢？筆者認為，主要原因在於兩周之際的社會形勢發生了劇變，新的政治地理格局使鄭國所在區域的戰略價值陡然增升，從而引起了爭霸諸侯們的覬覦。

犬戎攻陷鎬京，平王被迫東遷後，周朝王畿局限於洛邑附近，方圓不過數百里，"而孱弱不振，日朘月削" [16]，實力和影響一落千丈。原來封地偏狹、國力弱小的齊、晉、秦、楚等諸侯，由於境內封建經濟的迅速發展，勢力不斷擴張，在政治舞台上稱霸揚威，號令天下；春秋時期的政局，基本上是由這幾個大國更迭主宰的。它們的領土自齊國所在的山東半島向西延伸，經過晉國的東陽、河內（今河北省中南部）、河東（今山西省南部），到達秦國的關中平原；然後折向東南，經商洛、淅川進入楚國的南陽盆地、江漢平原，至大別山以東、與吳國交界的淮南，在

---

16 〔清〕顧棟高：《春秋大事表》卷 4《春秋列國疆域表·周疆域論》，中華書局，1993 年。

東亞大陸上構成了一個巨大的弧形地帶。其中齊晉、秦晉、秦楚之間都有疆界相連，但是受到黃河、秦嶺東脈等複雜地形、水文條件的局限，難以展開兵力、運輸給養，不利於軍隊的運動和作戰。四大強國彼此又勢均力敵，在邊境互相攻打會遇到強烈的抵抗與反擊，很難吞併對方的領土。像秦曾逾武關滅鄀，越殽函滅滑，渡黃河取王官，最後仍被迫放棄，為楚、晉所有。強國之間的邊境戰爭雖有勝負，但未給接壤地區的疆界和領土帶來大的變動。齊、晉、秦、楚的擴張主要依靠"內取諸夏"和"外攘夷狄"，即選擇境外邊遠地區的少數民族和內地中小諸侯作為兼併對象。特別是被四強領土半包圍的黃淮平原（今豫東、魯西南、蘇北、皖北），境內地勢平緩，河流縱橫，交通便利，氣候溫暖濕潤，土質肥沃，是三代以來農業發達、資源豐富的區域，物產遠遠勝過夷狄所居的蠻荒之地。在政治上，那裏分散着許多的華夏、東夷諸侯，處於小國寡民的狀態，沒有形成強大的軍事力量。因此，對列強來說，向這個地區用兵損失較小，卻能獲得最大的收益。在大國的爭霸角逐中，靠近它們的小國如譚、遂、萊、莒、虞、虢、申、息、呂、江等，紛紛被其吞併；而距離稍遠或國力略強的中小諸侯，像鄭、衛、宋、魯、曹、邾等，列強暫時無力消滅，但也不斷蠶食其領土，千方百計地控制和支配它們，使之成為自己的屬國，就可以得到許多好處。和平時期向它們勒索財物，使"職貢不乏，玩好時至"[17]；戰爭時期責令它們供應軍需，出兵助陣，藉以增強軍力，擊敗對手。

　　向中原（豫東、魯西南、蘇北平原）發展勢力，降服那裏的眾多諸侯，是春秋列強爭霸的主要戰略任務；而位於東亞大陸核心的鄭國，由於地理位置重要，更成為各國矚目的焦點，深受兵災，其具體原因有以下幾點：

---

17 《左傳·襄公二十九年》。

一是鄭國處於東西、南北陸路幹線會合的十字路口，屬於交通樞紐。春秋時期中國東、西兩大經濟區域——華北平原和關中平原——之間的交通往來，主要依靠橫貫豫西山區的狹窄通道。自秦國所在的渭水流域東行，沿着黃河南岸，穿越桃林、殽函的險要峽谷，可到達周朝王室所居的伊洛平原；由洛邑東過偃師，出虎牢天險，至鄭國境內，便進入平坦遼闊的黃淮海平原。沿着濟水、濮水、睢水向東有數條大道直通曹、衛、宋、魯，遠抵齊國和淮北、泗上，東方諸侯和周王室的朝聘往來都要經過鄭國。秦國要想向中原進兵，最直接的路線也是這一途徑，如能佔領鄭國，即控制了豫西走廊的東邊門戶，不僅能夠自由出入，還可將王室置於肘腋之下，可挾天子以令諸侯。秦穆公就是出於此目的，才冒險派兵馬遠涉千里襲鄭。有前人評論此舉：“蓋乘文公之沒蕲，滅鄭而有之，其地反出周晉之東。使衰絰之師不出，秦將包陝洛，亙崤函，其為患且十倍於楚。……秦得鄭則周室如累卵，三川之亡，且不待赧王之世。”[18]

　　南方大國荊楚與北方交通的陸路幹線也和鄭國有密切關係。楚國北進的主要道路是自郢（今湖北省江陵城）出發，逆漢水而行，經襄陽進入南陽盆地；盆地的西北為伏牛山，東南為桐柏山，兩條山脈相對的丘陵地段有著名的方城隘口，在今河南省方城、葉縣之間。楚國軍隊、商旅的北行，以經過這條通道最為方便，歷史上稱其為“夏路”。《史記》卷41《越王勾踐世家》《索隱》解釋道：“楚適諸夏，路出方城，人向北行。”方城隘口以北是鄭國疆界，人眾車馬直登坦途，沿豫東平原西緣前進，穿越鄭國境內，北渡黃河，便進入晉國的南陽（今河南省修武縣）、河內（今河北省中南部）。

　　楚國北進中原的另一條路線，是出方城隘口往東，橫穿汝、潁流

18　〔清〕顧棟高：《春秋大事表》卷31《春秋秦晉交兵表》，中華書局，1993年。

域，經過陳都宛丘（今河南省周口市淮陽區東），至宋都商丘，再到魯都曲阜，最後抵達泰山以北的齊國。公元前 634 年，楚軍伐宋，又接受魯國的請求伐齊，佔領穀邑（今山東省東阿縣），留兵戍守，就是經由此道。如卓爾康所言：“陳、鄭、宋皆在河南為要樞，鄭處其西，宋處其東，陳其介於鄭、宋之間。得鄭則可以致西諸侯，得宋則可以致東諸侯。”[19]

鄭、宋兩國的地理位置均處於交通要衝，不過鄭國更具有戰略價值。首先因為楚國的爭霸對手是黃河以北的晉國，鄭國隔在兩大強國之間，“其距晉、楚道里俱各半”[20]。晉軍伐楚，或由河東渡過孟津東行，出虎牢後南下；或從南陽由延津渡河，抵鄭國北郊後南下，兩條道路都要經過鄭境。楚國若能控制鄭國，可以利用它做緩衝區域，屏障自己的北部邊境，阻礙晉軍進入中原。其次，鄭國南郊諸邑緊迫方城隘口，威脅着楚國北進中原的門戶。楚若不能服鄭，非但無法飲馬黃河，兵臨晉境，亦不敢輕易出方城，越陳、蔡而攻宋，向東北方向發展勢力。春秋歷史上楚國幾次攻宋，圍城數月，都是在服鄭以後，以鄭屏晉，確保方城隘口至陳這條交通線的側翼安全，才敢放心出師，越千里而取宋。否則大軍孤懸在外，敵兵若從鄭境南下，封閉方城隘口，切斷其糧道、歸途，形勢便岌岌可危了。正是因為這個緣故，清代學者王葆認為，在中原列國裏，“鄭之要害，尤在所先，中國得鄭則可以拒楚，楚得鄭則可以窺中國”[21]。趙鵬飛亦曰：“蓋鄭入楚，則楚兵將橫行宋、衛之郊，天下諸侯為之不寧。”[22] 再次，鄭國傍靠王畿，其西境要塞虎牢扼守京師洛邑通往東方的孔道，距伊洛平原近在咫尺；列強如果控制了鄭國，就能有

19 〔清〕顧棟高：《春秋大事表》卷 28《春秋晉楚爭盟表》，中華書局，1993 年。
20 〔清〕顧棟高：《春秋大事表》卷 28《春秋晉楚爭盟表·晉悼公論》，中華書局，1993 年。
21 〔清〕顧棟高：《春秋大事表》卷 26《春秋齊楚爭盟表》，中華書局，1993 年。
22 〔清〕顧棟高：《春秋大事表》卷 28《春秋晉楚交兵表》，中華書局，1993 年。

效地對周王室造成威脅，迫使它承認自己的霸權，並利用其政治影響拉攏中小諸侯，加強己方的勢力。齊桓公越過魯、衛、宋等國，再三出兵與楚爭鄭，也是由於考慮到這個問題。顧棟高曾對此評論道："當日北方多故，桓公之為備者多，而未暇以楚為事，以為王畿之鄭能不向楚，則事畢矣，故終其身竭力以固之。"[23]

二是鄭在中原諸侯內屬於國力較強者，其歸屬對戰略格局舉足輕重。鄭國在春秋初期經武公、莊公兩代的擴張，其疆域北越黃河，東括汴梁，西據虎牢，南抵汝、潁，縱橫二百餘里。國內的農業、手工業均有較高水平，貿易也很發達，鄭國商賈遍行天下，聞名於世。在中原的眾多邦國裏，鄭國是比較富裕強盛的。五霸未興之時，鄭莊公東征西討，連連獲勝，甚至打敗過周桓王率領的聯軍，被史家稱為"小霸"。公元前 548 年，鄭子展、子產曾率兵車 700 輛伐陳[24]，有學者估計其兵力總數不少於兵車千乘、士眾 4 萬人，相當於同時期晉國總兵力的四分之一[25]，可見鄭國有一支不容忽視的軍事力量。春秋時鄭國常常抵禦晉、楚等優勢兵力的進攻，有時還取得勝績[26]。齊、晉、秦、楚雖然都沒有足夠的力量吞併鄭國，但如果能打敗它，迫使其聽從號令，利用鄭國可觀的兵力、財力，無疑會在列強對抗的天平上為自己加上一枚沉重的砝碼，從而打破原有的平衡狀態。反之，要是連鄭國都征服不了，又怎麼能戰勝更強的對手稱霸天下呢？

綜上所述，鄭國不僅具有一定的經濟、軍事實力，而且處在東西、南北交通幹線會合的十字路口，又迫近王畿，因此具有很高的戰略價值，成為列強圖霸的必爭之地。

---

23 〔清〕顧棟高：《春秋大事表》卷 26《春秋齊楚爭盟表・敘》，中華書局，1993 年。

24 《左傳・襄公二十五年》。

25 閻鑄：《春秋時代的軍事制度（上）》，《社會科學戰線》1980 年第 2 期。

26 《左傳・成公三年》《左傳・成公七年》《左傳・成公十六年》。

三、鄭國對盟主承擔的義務

伐鄭、爭鄭獲勝的大國，即與鄭國訂立不平等盟約，強迫它承擔各項義務，滿足盟主的種種要求。通常包括：

（一）交納貢賂

盟主向鄭國勒索的財物，主要項目名為"職貢"，大約每年一次。顧頡剛先生曾對此考證道："晉自文公為侯伯後，凡從晉之國莫不向其君納其貢賦，一若西周諸國之對周王然；其多少之數則晉君規定之，晉官分徵之，晉司馬掌其事而接收之。"[27] 楚國對從屬諸侯也是如此。另外還有不時奉獻的禮物，"納幣"、"納賂"，包括玉帛、牲畜、甲兵、女樂、工匠、禮器等，負擔非常沉重。如《左傳·襄公二十四年》載晉國"范宣子為政，諸侯之幣重，鄭人病之"；晉平公死，鄭國被迫為新君送去厚禮，出動了百輛千人的龐大車隊[28]。盟主對鄭國貪得無厭的徵斂，使其君臣發出"貢獻無極，亡可待也"[29]的哀歎。

（二）調發兵馬

列強在中原地區發動戰爭，往往要求鄭國出兵助陣，以增強軍力，取得優勢。春秋時齊楚、晉楚之間的幾次著名戰役，如召陵之役、城濮之戰、邲之戰、鄢陵之戰，鄭國作為附庸都派兵參加了。如鄭臣子產所稱："不朝之間，無歲不聘，無役不從。"[30] 有時鄭國甚至受盟主的差遣，單獨出兵征伐敵國。如《左傳·宣公二年》載："鄭公子歸生受命於楚，

27　顧頡剛：《史林雜識（初編）·職貢》，中華書局，1977年，第22頁。

28　《左傳·昭公十年》。

29　《左傳·昭公十三年》。

30　《左傳·襄公二十二年》。

伐宋。"《左傳・襄公二十四年》載:"鄭師侵宋,楚令也。"

（三）提供軍旅、使團的過境費用

春秋時期大國爭霸作戰的費用開支是驚人的。《孫子兵法・用間》曾說當時"凡興師十萬,出征千里,百姓之費,公家之奉,日費千金,內外騷動,怠於道路,不得操事者七十萬家"。而鄭國位處中原要樞,屢屢被兵,不但人畜財舍要受死傷焚掠之禍,還要為過境的盟主國軍隊提供物資補給,"共其資糧屝屨"[31]。如齊桓公伐楚返國時路過陳、鄭,兩國大臣就因為勞軍負擔太重,而計議誘使齊師繞道東方回國,以減輕費用:"師出於陳、鄭之間,國必甚病。若出於東方,觀兵於東夷,循海而歸,其可也。"[32] 但密謀泄露,未能成功。此外,盟主派使臣到他國訪問、交聘,路過鄭國境內時,也要索取給養,已成慣例。燭之武請降於秦時,即稱:"若舍鄭以為東道主,行李之往來,共其乏困,君亦無所害。"[33]

（四）政治、外交受盟主操縱

鄭國被迫訂立的不平等盟約通常規定它必須絕對服從盟主的命令。例如公元前564年,晉率諸侯聯軍伐鄭,強迫其立盟,盟誓辭曰:"自今日既盟之後,鄭國而不唯晉命是聽,而或有異志者,有如此盟!"[34] 鄭國不得與盟主之敵國結盟,不得向其納貢朝聘,否則會再次受到征伐。盟主甚至有權力決定鄭國儲君的廢立、執政大臣的任免,實際上完全操縱了鄭國在政治、外交上的主權。

---

31 《左傳・僖公四年》。
32 《左傳・僖公四年》。
33 《左傳・僖公三十年》。
34 《左傳・襄公九年》。

由此可見，建立從屬關係以後，盟主能夠從鄭國那裏得到經濟、政治、軍事、外交等諸多方面的好處，增強其對外擴張的實力，在爭霸鬥爭中處於更為有利的地位。

四、列強為爭奪、控制鄭國而採取的策略與手段

春秋列強由於國力所限，既不能完全吞併鄭國，也無法長期供養一支駐鄭大軍，故通常情況下出師伐鄭，迫使它結盟降服後就撤軍回國。敵國若來爭鄭，盟主要派兵救援。鄭國如果背盟投敵，原來的盟主再出動人馬去征討。這是列強為了爭鄭、保鄭所採用的基本手段。但是，鄭國的外交原則是"唯強是從"[35]。照大臣子駟的話講："敬共幣帛以待來者，小國之道也。犧牲、玉帛待於二竟，以待強者而庇民焉。"[36] 實屬朝晉暮楚，反覆無常，"與大國盟，口血未乾而背之"[37] 的事情常有發生。齊、晉、秦、楚四強的統治中心分別在膠萊、河東、關中和江漢平原，距鄭千里，又有山水相阻，進軍中原要耗費大量的人力、財力，若是頻繁出師伐鄭、救鄭，國家和民眾都是難以承受的。再者，列強距鄭較遠，訂盟後遇到敵國來爭，徵發人馬、籌集糧草均需時間，再跋涉千里相救，是很難及時趕到、逐退敵兵的，往往時隔數月才姍姍來遲，而鄭國早已叛盟降敵了。另外，試觀列強爭鄭的歷史，雙方全力相搏，以會戰勝負決定鄭國歸屬的情況並不常見，只有少數幾次，更多的則是相峙、相避，小心翼翼地迴避決戰，如顧棟高所言："春秋時，晉楚之大戰三，曰城濮，曰邲，曰鄢陵，其餘偏師凡十餘遇，非晉避楚則楚避晉，未嘗連兵苦戰如秦晉、吳楚之相報復無已也。其用兵嘗以爭陳、鄭

---

35 《左傳‧襄公九年》。
36 《左傳‧襄公八年》。
37 《左傳‧襄公九年》。

與國，未嘗攻城入邑，如晉取少梁、秦取北征之必略其地以相當也。何則？晉、楚勢處遼遠，地非犬牙相錯，其興師必連大眾，乞師於諸侯，動必數月而後集事。故其戰嘗不數，戰則動關天下之向背。”[38] 因為中原會戰對全國的政治形勢有着極其重要的影響，爭霸雙方又勢均力敵，均沒有必勝的把握，且害怕承擔決戰失敗的巨大風險，所以非到萬不得已，不願意對陣廝殺。鑑於以上原因，列強為了減少兵員和物資的損失，免受往來奔波之苦，在正面運動作戰之外，還採用了其他策略與鬥爭手段來控制鄭國、挫敗對手。

（一）在都城留駐監控軍隊

西周王室曾派遣官兵監控被征服的畿外諸侯，防其反叛，如武王滅商後置管叔等“三監”。春秋時列強對屬國、屬邑有時也實施這種制度，如楚佔領齊地穀邑，置傀儡公子雍為君，留申公叔侯領兵監戍。[39] 楚取宋邑彭城，置宋國叛臣魚石等，又派甲兵三百乘監戍。[40] 公元前 630 年，鄭國降秦後，秦穆公亦留杞子、逢孫、楊孫三大夫率領軍隊駐鄭，“掌其北門之管”[41]，接管了都城北門的防務，給養由鄭國負擔[42]。從後果來看，對鄭國的監戍並不成功。盟主駐軍若多，鄭國供養不起；兵馬若少，又起不到威懾鎮服的作用。鄭國兵車千乘，也有相當實力，一旦反目為仇，兵戈相見，少數外國駐軍不是對手。所以當鄭穆公向秦將杞子等下逐客令後，他們只好逃之夭夭。參與爭鄭活動歷時最久的齊、晉、楚三國，都沒有採用這種做法。

---

38 〔清〕顧棟高：《春秋大事表》卷 32《春秋晉楚交兵表·敍》，中華書局，1993 年。

39 《左傳·僖公二十六年》。

40 《左傳·成公十八年》。

41 《左傳·僖公三十二年》。

42 《左傳·僖公三十三年》鄭皇武子謂秦將：“吾子淹久於敝邑，唯是脯資，餼牽竭矣。”

（二）在鄭國統治集團中清除異己、扶植傀儡、扣押人質

列強為了操縱鄭國，根據其君臣的政治傾向，對他們採取打擊或扶植的策略。如公元前 654 年齊師伐鄭，曾迫使鄭國處死大夫申侯。[43] 公元前 630 年晉師伐鄭，逼鄭伯殺掉大臣叔詹，改立親晉的公子蘭為太子。[44] 公元前 606 年，楚國對鄭公子士不滿，下毒將他暗害。[45] 另外，有時還拘留鄭國君臣為人質，以此為要挾，來保證盟約的執行。[46] 不過，由於鄭國的對外政策是擇強而從，所以不管甚麼人當政，是否提供人質，做決策時還是要看列強的實力對比和鄭國的利益需要，來決定留在哪個陣營。上述的幾種手段也沒有取得明顯的效果。

（三）佔據鄭國邊境要衝，築城戍守

公元前 561 年，晉國率諸侯之師伐鄭後，在虎牢（今河南省滎陽市汜水鎮）築城戍守。《左傳・襄公十年》載："諸侯之師城虎牢而戍之，晉師城梧及制，士魴、魏絳戍之。"楊伯峻注："梧當在虎牢附近。制即虎牢，晉又為小城，以屯兵及糧食武器。"[47] 虎牢北臨黃河，南側山嶺綿延，崗巒高峻，難以築路通行，其旋門關至板渚數十里長的路段為東西交通幹線的咽喉。晉軍佔領這一戰略要地，可以守住豫西走廊的門戶，楚軍若來爭鄭，晉國能夠以逸待勞，隨時從這裏發兵反擊，不用再於河東興師動眾，跋山涉水進入中原。另外，虎牢距鄭都新鄭不遠，皆為坦途，在此駐軍即形成威懾，將鄭國統治中心置於控制範圍之內，使它不會輕易背盟投敵。顧棟高曾稱讚晉國此舉："戍虎牢者，所以保鄭，非

---

43 《左傳・僖公七年》。
44 《左傳・僖公三十年》，《史記》卷 42《鄭世家》。
45 《左傳・宣公三年》。
46 《左傳・宣公十二年》《左傳・成公九年》《左傳・成公十年》。
47 楊伯峻：《春秋左傳注》，中華書局，1981 年，第 981 頁。

以爭鄭也。鄭未嘗不願服於晉，特慮為楚所擾，故欲兩事以苟免，其心蓋不得已。戍之則鄭在晉之宇下，楚不敢北向以爭鄭，以鄭屏楚，而東諸侯始得晏然。攘楚以安中夏，其計無出於此。"[48]

楚國也採取了相應的對策。據《左傳·昭公元年》載："楚公子圍使公子黑肱、伯州犁城犫、櫟、郟，鄭人懼。"這三個聚邑本屬鄭國，分別在今河南省魯山縣東南、禹州市和郟縣，位於楚國方城隘口北通鄭都新鄭的路上。於此地築城戍守，能夠作為拱衛方城通道的外圍據點，抵禦北方諸侯的入侵；更為重要的是，它們成為楚軍北上中原的前哨基地，擺出隨時可以長驅直入鄭國腹地的態勢，使鄭國南境門戶洞開，經常受到三城駐軍的威脅，所以引起了其君臣的恐懼。

晉國佔據南陽、虎牢等地後，進兵中原要比楚國方便得多，距離鄭、宋、衛等國很近，控御諸侯的能力明顯增強。楚國深切地意識到自己在這方面的劣勢，從而不斷將邊境軍事據點向北推移，於方城之外修築大城，斂賦聚兵，藉此扭轉不利的局面。如《左傳·昭公十二年》載楚靈王語："昔諸侯遠我而畏晉，今我大城陳、蔡、不羹，賦皆千乘，子與有勞焉，諸侯其畏我乎？"《左傳·昭公十九年》亦載："費無極言於楚子曰：'晉之伯也，邇於諸夏，而楚辟陋，故弗能與爭。若大城城父而置太子焉，以通北方，王收南方，是得天下也。'王說，從之。故太子建居於城父。"據勘查，不羹有東西兩城，西城在河南省襄城縣東，東城在河南省舞陽縣北，城父故城在河南省寶豐縣東[49]，俱在方城以北，臨近鄭境，也起到震懾中原諸侯的作用。

48　〔清〕顧棟高：《春秋大事表》卷 28《春秋晉楚爭盟表·晉悼公論》，中華書局，1993 年。
49　尚景熙：《楚方城及其與楚國的軍事關係》，《中原文物》1992 年第 2 期。

（四）分兵輪番伐鄭，以疲憊敵軍

公元前 564 年，晉國會合齊、魯、宋、衛等諸侯聯軍伐鄭，楚軍未能及時救援，鄭國被迫求和。晉國將領荀偃建議暫不撤軍，繼續圍鄭，待楚軍來救時與之決戰，否則鄭國事後又會背盟投楚。但是，"諸侯皆不欲戰"[50]，晉軍統帥荀罃認為戰無必勝把握，不如與鄭結盟後退兵，誘楚來爭；再把諸侯聯軍分為三部，輪流伐鄭，使敵人疲於奔命，這樣，"於我未病，楚不能矣"[51]。此計確定後，晉師回國，楚軍來爭時鄭國果然再次投降。於是，以晉為首的諸侯聯軍於公元前 563 至前 562 年三次伐鄭，楚軍則兩次被動進軍救援，又找不到作戰機會，因而士卒疲憊，人力、財力大受損耗。公元前 562 年周曆九月，晉、鄭再次訂盟；十二月，華夏諸侯在鄭地蕭魚（今河南省原陽縣東）舉行大會，奉晉悼公為盟主。楚國元氣大傷，無力北上爭霸，只好聽任鄭國附晉，不再出兵競奪。史載晉"三駕而楚不能與爭"[52]，荀罃"不戰而屈人之兵"的策略獲得了完全成功。此後直到"弭兵之會"，南北立盟休戰，鄭國再未叛晉。

（五）聯合敵國的強鄰，共同打擊對手

長期爭鄭的晉、楚兩國沒有交界，交兵需要遠涉千里，無力牽制和削弱對手。它們一方面在中原角逐，做直接的軍事對抗；另一方面，又分別施展外交手段，拉攏和敵國接壤的強鄰，結成聯盟，利用其兵力襲擾對方的側翼。

城濮之戰時，晉與齊、秦等國聯合抗楚，取得勝利。而殽之戰後，秦、晉交惡，聯盟瓦解，楚國則迅速利用這種形勢，化敵為友，與秦國

---

50 《左傳‧襄公九年》。
51 《左傳‧襄公九年》。
52 《左傳‧襄公九年》。

結盟修好，"絆以婚姻，袗以齋盟"[53]，並發誓世世代代永不相攻："葉（億）萬子孫，毋相為不利。"[54] 此後，秦軍不斷侵擾晉境，兩國在河曲廝殺不已。楚國則全力北伐，反覆攻鄭。晉國兵力分散，顧此失彼，結果連連失敗。至公元前 594 年，楚師圍困三月，終於攻克鄭國都城，又在邲之戰中打敗晉軍，成為諸侯霸主。

事後晉國吸取教訓，亦以其人之道還治其人之身。晉景公聽從楚國降將巫臣的建議，派他出使吳國，教授吳軍射箭、御馬駕車、佈置戰陣等軍事技術，鼓動吳國襲擾楚境。自公元前 584 年吳師伐巢、徐、州來，楚將"子重自鄭奔命"[55]，顧救不暇，一歲曾往返七次。此後，"楚之邊鄙無歲不有吳師"[56]。在雙方的交鋒中楚國負多勝少，已處於劣勢，再沒有足夠的力量北進中原、控制鄭國。鄭最終留在以晉為首的華夏諸侯陣營，而沒有像陳、蔡那樣被楚吞併，也是由於晉國"聯吳制楚"外交策略的成功。正如顧棟高所言："晉悼之世，楚不敢北向爭鄭，中國得以安枕者，通吳之力也。"[57]

五、春秋後期爭鄭戰事的沉寂

公元前 546 年，列國代表在宋舉行"弭兵之會"，承認晉、楚兩國平分霸權，鄭國和其他中小諸侯一樣，"晉楚之從交相見"[58]，輪流向兩國朝聘納貢。以後百餘年間，中原的局勢緩和，鄭國也擺脫了屢受列強征伐的困境。其中主要原因是各大國內部矛盾激化，無力再為爭鄭投入重

53　姜亮夫：《秦詛楚文考釋 —— 兼釋亞駝、大沈久湫兩辭》，《蘭州大學學報》1980 年第 4 期。

54　姜亮夫：《秦詛楚文考釋 —— 兼釋亞駝、大沈久湫兩辭》，《蘭州大學學報》1980 年第 4 期。

55　《左傳・成公七年》。

56　《左傳紀事本末》卷 49。

57　〔清〕顧棟高：《春秋大事表》卷 26《春秋齊楚爭盟表》，中華書局，1993 年。

58　《左傳・襄公二十七年》。

兵。晉、齊等國的舊貴族日趨沒落，人民不堪忍受其腐朽統治，激烈反抗；以六卿、田氏為代表的新興地主階級乘機展開了奪權鬥爭，社會動盪加劇。楚國政治也非常腐敗，奸佞掌權，讒害忠良，盤剝百姓，"民之贏餒，日已甚矣，四境盈壘，道殣相望"[59]。隨着楚國勢力的衰落，其南方霸主的地位逐漸被吳國取代。公元前 506 年，吳軍在柏舉之役後五戰五勝，直取郢都，楚昭王奔隨以避。兩年後，"吳復伐楚，取番；楚恐，去郢，北徙都鄀"[60]。面對吳軍咄咄逼人的攻勢，楚國僅得自保，沒有餘力北伐中原，恢復舊日的霸業。據《左傳·哀公十六年》的記載，白公勝曾請求楚令尹子西出兵伐鄭，子西認為楚國喪亂之後力量尚未恢復，不宜勞師動眾，只得遺憾地拒絕了這個建議，說："楚未節也，不然，吾不忘也。"春秋末期稱雄東南的吳、越兩國，主要是向其北方擴張，與齊、魯等國發生衝突，爭奪對蘇北、皖北和魯南地區的控制，它們的勢力範圍和政治影響均未能波及鄭國。綜上所述，春秋末葉的百餘年裏，鄭國不再是諸侯爭奪的熱點區域，往日列強大軍雲集、對峙廝殺的景象一去不返。直到戰國以降，韓、魏南渡黃河，侵入中原，才敲響了鄭國滅亡的喪鐘。

---

59 《國語·楚語下》。

60 《史記》卷 40《楚世家》。

第四章

春秋地理形勢與列強爭奪中原地帶的戰略

　　我國歷史發展到春秋時期，由於奴隸制的衰敗與封建生產方式的成長，引發了劇烈的社會動盪，令各國政治力量的分佈態勢發生了重大變化，形成新的格局，並持續了二百餘年，直至戰國前期。這一階段的地理形勢具有鮮明的時代特徵。齊、晉、秦、楚等強國為了擊敗對手、奪取霸權，紛紛根據局勢的變化制定出爭奪中原地帶的戰略。

一、春秋時期中國政治力量的分佈態勢

　　中國古代王朝的疆土，是由若干個自然或人為劃分的地理區域構成的，它們在政治生活裏有着不同的地位，發揮的影響也有顯著差別。在某個歷史時期，總是有一個或幾個重點地區佔據着優勢，駐紮着最強的政治勢力，這些勢力的活動對全國政局的演變起着支配作用。西周時期，全國的政治重心是王室直接統治的王畿，包括關中平原和伊洛平原，以及聯絡兩地交通的豫西走廊。首都鎬京（宗周）和別都洛邑（成周）設置在兩地，由周朝的主力軍隊"西六師"和"東八師"分別戍守。天子以豐、鎬為根據地，定期到洛邑接受各方諸侯的朝覲和貢納；分封的諸侯邦國散佈在四周，拱衛着王室，遵從其指揮、調遣。概如清人顧棟高所述："武王既勝殷，有天下，大封功臣宗室。凡山川糾紛形勢禁

格之地，悉周懿親及親子弟，以鎮撫不靖，翼戴王室。自三監監殷而外，封東虢於滎陽，據虎牢之險；西虢於弘農陝縣，阻崤函之固；太公於齊，召公於燕；成王又封叔虞於晉，四面環峙。而王畿則東西長，南北短，短長相覆方千里。無事則都洛陽，宅土中以號令天下；有事則居關內，阻四塞以守，曷嘗不據形勝以臨制天下哉！"[1]

至西周末年，犬戎同申侯、繒侯攻破鎬京，殺死幽王，涇渭平原聽任戎騎橫行，平王被迫放棄豐鎬故地，東遷洛邑。全國政治力量的分佈態勢從而發生了重大變化。王室領土狹小，勢力衰弱，喪失了對諸侯邦國的軍事優勢和統治權力，它所在的伊洛平原因而不再是政治上的重點地域，一時出現了群雄並起的混亂局面。如楚王熊通所稱："今諸侯皆為叛相侵，或相殺。"[2] 經過數十年的兼併戰爭，到公元前7世紀初期，齊、晉、秦、楚實力強盛，脫穎而出，成為對峙爭霸的一流強國。隨着它們的領土擴張，構成了新的政治地理格局，"晉阻三河，齊負東海，楚介江淮，秦因雍州之固。四海迭興，更為伯主"[3]。按照當時各個邦國、部族集團在政治活動中地位、影響的差別，中國大陸可以劃分為三個較大的地理區域：周王室和華夏、東夷中小諸侯所在的中原地帶，戎狄、西南夷、南蠻和越人等少數民族主要活動的周邊地帶，齊、晉、秦、楚及後起的吳國等諸強盤踞的弧形中間地帶。

（一）中原地帶

其範圍由東往西，以沂山、泰山、黃河中游河段為北界，至洛陽盆地的西端折向東南；以伏牛山、桐柏山、大別山脈到長江下游為南界，順流而至東海。其外圍是齊、晉、秦、楚及吳等爭霸強國的疆土。

1　〔清〕顧棟高：《春秋大事表》卷4《春秋列國疆域表·後敍》，中華書局，1993年。

2　《史記》卷40《楚世家》。

3　《史記》卷14《十二諸侯年表·序》。

中原地帶的西部，尤其是中部為其主要部分，包括伊洛平原，豫西山地的東段，嵩高、外方以東的豫東平原，魯西南平原和豫南汝、潁流域的丘陵地區，居住有周王室和鄭、宋、魯、衛、陳、蔡、曹、許等眾多華夏中小邦國。其地理位置處於東亞大陸的核心，就自然條件來說，是當時全國最為優越的，有着溫暖濕潤的氣候，適宜人們居住及農作物的生長；黃河從孟津以下流勢漸緩，支流分瀉而出，經過多年的堆積，形成遼闊的黃淮海平原及汝、潁流域的丘陵坡地，土質肥厚軟沃，易於耕作，早在新石器時期便得到了開發。

豫東、魯西南平原在古代地勢卑濕，湖沼密佈。據譚其驤先生統計，自鴻溝、汝、潁以東，泗、濟以西，黃河以南，長淮以北，曾有較大的湖泊約 140 個[4]，較為著名的有孟諸、巨野、雷夏、滎澤等。湖沼附近草木叢生，鳥獸繁息，有利於採集、漁獵活動的開展，可以作為農業生產的補充。

中原的西部、中部河流眾多，除了黃河、濟水、淮河等巨川之外，還交織着伊、洛、汴、睢、濮、渦、汝、潁等諸條水道，對發展航運和灌溉事業亦較為理想。因為當地具有許多優越條件，自武王克商、周公東征以後，西來的征服民族周族便逐步佔據了這片沃土，原有的東夷、殷人則受到周族的驅逐或統治。如楊伯峻先生所言：“姬姓所封諸國，多在古黃土層或沖積地帶，就當時農業生產而論，是最好或較好之土地。”[5]

在經濟活動方面，中原華夏諸邦有着“重農”的歷史傳統，如宋地居民“好稼穡”[6]，鄒魯等國“地陋民眾，頗有桑麻之業”[7]。手工業的發

4　譚其驤：《黃河與運河的變遷》，《地理知識》1955 年 8 月。

5　楊伯峻：《春秋左傳注》，中華書局，1981 年，第 423 頁。

6　《史記》卷 129《貨殖列傳》。

7　《漢書》卷 28 下《地理志下》。

展水平也很高，很多產品聞名遐邇，"鄭之刀，宋之斤，魯之削，……遷乎其地而弗能為良"[8]。這裏的地勢平坦，人眾車馬行馳便利，周之洛陽與曹、宋的陶均被稱為"天下之中"，這兩地與鄭都是交通樞紐，道路交會，是四方邦國、部族貿易往來的必經之處，因而成為春秋時期繁榮的商業都市。

不過在當時的政治領域裏，中原諸侯只扮演着二三流的附庸角色，受到弧形中間地帶諸強的操縱和壓榨，不能獨立自主。王室在西周為天下共主，西有六師，東有八師，其實力足以震懾海內，征討不庭；魯、衛也是周公所褒封的大國，為天子股肱。然而到了春秋，它們在激烈的社會變革中迅速衰落，王室僅僅保持着虛有的頭銜，"禮樂征伐自諸侯出"[9]，由霸主掌握最高的統治權力。魯、衛、宋等國必須倚仗晉國的保護，以免被齊、楚吞併；而陳、蔡、許等皆仰楚國之鼻息，乃至社稷幾度覆滅。

在意識形態方面，中原地帶為華夏古邦所萃聚，有着較高的文明程度和教育水準，周、魯藏有豐富的典籍[10]，成為春秋兩大思想家老子、孔子的主要活動地點。從社會風尚和民間習俗的地域差別來看，可以分為兩類：一類是偏近東部的魯、鄒、宋等以農為本的國家，好學重禮，民風淳樸平和，可參見《史記》卷129《貨殖列傳》：

> 而鄒、魯濱洙、泗，猶有周公遺風，俗好儒，備於禮。……（宋地）昔堯作於成陽，舜漁於雷澤，湯止於亳，其俗猶有先王遺風，重厚，多君子。

---

8 《周禮·冬官·考工記》。

9 《論語·季氏》。

10 《左傳·昭公二年》："春，晉侯使韓宣子來聘，且告為政而來見，禮也。觀書於太史氏，見《易》《象》與《魯春秋》，曰：'周禮盡在魯矣，吾乃今知周公之德與周之所以王也。'"《左傳·昭公二十六年》："王子朝及召氏之族、毛伯得、尹氏固、南宮囂奉周之典籍以奔楚。"

《漢書》卷 28 下《地理志下》：

> （魯地）其民有聖人之教化，……是以其民好學，上禮義，重
> 廉恥。

《管子‧水地》：

> 宋之水，輕勁而清，故其民間（簡）易而好正。

這類邦國民風之弊有二：一是被傳統禮教束縛，顯得拘謹、保守、
膽怯，甚至有些愚鈍。如《管子‧大匡》載："魯邑之教，好邇而訓於
禮。"《史記》卷 129《貨殖列傳》稱鄒、魯濱洙、泗"猶有周公遺風，俗
好儒，備於禮，故其民齪齪。……畏罪遠邪。"先秦寓言中的"守株待
兔""揠苗助長"，都是諷刺宋人愚拙的著名作品；而最典型的代表就是
宋襄公行"仁義之師"，作戰中"不禽二毛"、不擊半渡、不鼓不成列的
事例。二是過於注重節儉而演化為小氣、吝嗇，如《史記‧貨殖列傳》
載鄒魯"地小人眾，儉嗇"，宋人"能惡衣食，致其蓄藏"，顯得缺乏大
度和勇於進取的精神。

另一類是周、鄭、衛、陳等地，處於四通五達之衢。商業活動較為
發達的周、鄭，民風受其影響，特點之一是居民的頭腦精明靈活，如當
時俗稱"鄭昭宋聾"[11]，《呂氏春秋‧孟冬季第十‧異寶》亦載伍員"登太
行而望鄭曰：'蓋是國也，地險而民多知（智）。'"其弊病則在於投機
取巧，唯利是圖，"周人之失，巧偽趨利，貴財賤義。"[12] 社會習俗對於

---

11 《左傳‧宣公十四年》。
12 《漢書》卷 28 下《地理志下》。

國家政治亦有重要作用，如宋、鄭兩國相鄰，而對外政策卻截然不同。宋國從晉抗楚的態度始終很堅決，甚至在邲之戰後晉國無力庇宋的情況下，做出不理智的舉動，殺掉不肯假道的楚使，招來兵禍，幾至亡國。鄭國則是朝晉暮楚，反覆無常，如其大臣子展所言，"犧牲玉帛，待於二竟，以待強者而庇民焉。"[13] 顧棟高曾分析過鄭、宋兩國的外交情況，將其各自特點概括為"黯（狡獪）"和"狂（發昏）"，見《春秋大事表》卷25《春秋鄭執政表‧敍》：

> 世嘗謂鄭莊公鍊事而黯，宋襄公喜事而狂。然此二者，兩國遂成為風俗。宋之狂，非始於襄公也，殤公受其兄之讓，而旋仇其子，至十年十一戰，卒召華督之弒，此非狂乎？下及莊公馮以下諸君，以及華元，不忍鄙我之憾，而旋致析骸易子之慘。……至鄭則不然，明事勢，識利害，常首鼠晉、楚兩大國之間，視其強弱以為向背，貪利若鶩，棄信如土。故當天下無伯則先叛，天下有伯則後服。

這兩國施政方針的強烈反差，恐怕與各自重農、重商傳統所形成的不同性格心理有密切的關係。

特點之二是流行淫逸之風，和魯、宋之民的淳樸、重厚有別。《漢書‧地理志》稱鄭之西境"土陋而險，山居谷汲，男女亟聚會，故其俗淫"，"衛地有桑間濮上之阻，男女亦亟聚會，聲色生焉，故俗稱鄭衛之音"。《詩經》中有《陳風》十章，專敍陳國風俗。當地的統治者信巫鬼，喜歌舞，"民風化之"；而君臣往往遊蕩無度，荒淫昏亂。《漢書‧地理志》亦言陳國："婦人尊貴，好祭祀，用史巫，故其俗巫鬼。《陳詩》曰：'坎其擊鼓，宛丘之下，亡冬亡夏，值其鷺羽。'又曰：'東門之枌，宛

---

13 《左傳‧襄公八年》。

丘之栩,子仲之子,婆娑其下。'此其風也。吳札聞陳之歌,曰;'國亡主,其能久乎!'"

上述各種缺點對中原邦國政治上的發展顯然是非常不利的。

中原地帶的東部是泗水流域和淮河中下游地區,即濱海的魯南、江北平原丘陵。這片區域在春秋時期被稱為"東方",是風姓、任姓和盈姓等少數民族集團居住活動的地方。《左傳·僖公四年》:"陳轅濤塗謂鄭申侯曰:'師出於陳、鄭之間,國必甚病。若出於東方,觀兵於東夷,循海而歸,其可也。'"魯南的邾、薛、鄪、杞等國,雖與夏人雜處,但仍保持着自己的"夷禮"[14]。兩淮居民則統稱"淮夷",如淮北的徐、蕭、同、胡,淮南的群舒、邗等。濱海區域由於偏僻荒涼,地浸鹽鹼,上古時多是被放逐或未開化之民族生活的地方。如《左傳·宣公十二年》鄭伯出降楚師時所言:"孤不天,不能事君,使君懷怒以及敝邑,孤之罪也,敢不唯命是聽?其俘諸江南,以實海濱,亦唯命。"《國語·越語下》范蠡曰:"昔吾先君固周室之不成子也,故濱於東海之陂,黿鼉魚鱉之與處,而蛙黽之與同渚。"

東夷諸邦亦以農業為主要經濟,雜以漁獵、採集,較華夏諸侯落後。在政治上,東方小國林立,分散衰弱,是春秋大國兼併的首要對象。齊、楚、吳都曾向該地積極擴張勢力,魯、宋等中等諸侯也乘機征服和驅逐它們,使其成為自己的屬國,或者乾脆將它們滅掉。《左傳·昭公十三年》即載:"邾人、莒人訴於晉曰:'魯朝夕伐我,幾亡矣。'"《左傳·定公元年》宋仲幾曰:"滕、薛、郳,吾役也。"薛國之宰也說:"宋為無道,絕我小國於周,以我適楚,故我常從宋。"整個春秋時期,東方諸夷的眾多小邦並無作為,它們的活動對全國政局沒有起到重要影響,正如顧棟高在《春秋大事表》卷39《春秋四裔表·敍》中所稱:"東

---

14 《左傳·僖公二十七年》:"杞桓公來朝,用夷禮,故曰子。"

方之夷曰萊，曰介，曰根牟。後萊、介併於齊，根牟滅於魯，不復見經。惟淮夷當齊桓之世，嘗病鄫、病杞，後復與楚靈王連兵伐吳，然皆竄伏海濱，於中國無甚利害。"

總而言之，儘管中原地帶有優越的農業資源條件，生產和貿易比較發達，人口稠密，但是那裏的華夏諸侯與東夷邦族在政治上力量分散，相當軟弱，無法和外圍的弧形中間地帶列強抗衡。

（二）周邊地帶

春秋時期少數民族的主要活動區域位於中國大陸的外緣。這個地帶呈巨大的半環狀，其北部自東北平原、內蒙古高原和冀北山地向西推移，含有楔入晉國領土的太行山脈；經過晉北、陝北、甘肅黃土高原，緣及青海東部；轉而南下，過四川盆地、雲貴高原再折向東方，越過嶺南的珠江流域、浙閩丘陵，抵達東海之濱，將中原和弧形中間地帶的齊、晉、燕、秦、楚、吳等國圍拱起來。

周邊地帶的北部和西北海拔較高，氣候較為寒冷，乾旱少雨。和戰國以降的情況不同，春秋時期北方遊牧民族的主要活動區域不是在蒙古高原，而是在後來長城以南的冀北山地、晉陝北部及隴西的黃土高原與丘陵溝壑區域。這些地段的山坡和溝道上，古代曾生長着茂密的森林，而且草原分佈面積較廣，適於放牧。因為當地嶺谷交錯，土地瘠薄，特別是水源短缺，在三代使用木石農具為主的條件下，華夏農耕民族還未能普遍開發那裏的資源。春秋時期，鐵器剛剛在內地湧現，尚未普及至周邊，所以上述地區仍為遊牧民族佔據。《史記》卷110《匈奴列傳》概述過秦、晉、燕北的戎狄分佈情況："秦穆公得由余，西戎八國服於秦，故自隴以西，有綿諸、緄戎、翟獂之戎；岐、梁山、涇、漆之北有義渠、大荔、烏氏、朐衍之戎。而晉北有林胡、樓煩之戎；燕北有東胡、山戎。各分散居谿谷，自有君長……"顧棟高也做過概略的統計，說戎狄"春秋之世，其見於經傳者名號錯雜，然綜其大概，亦約略可數焉。戎之別有七（驪戎，犬戎，允姓之戎，揚、拒、泉、皋、伊、洛之戎，茅戎，山戎，己氏之戎）……狄之別有三，曰赤狄，曰白狄，曰長狄。長狄兄弟三人，無種類。而赤狄之種有六，曰東山皋落氏，曰廧咎如，曰潞氏，曰甲氏，曰留吁，曰鐸辰。……白狄之種有三，其先與秦同州，在陝之延安，所謂西河之地。其別種在今之真定藁城、晉州者，曰鮮虞，曰肥，曰鼓"[15]。

戎狄以遊牧、射獵為生，食肉衣皮，披髮左衽，語言習俗與中原農耕民族有很大區別，彼此也缺乏正常、友好的交往。如《左傳·襄公十四年》載戎子駒支所言："我諸戎飲食衣服不與華同，贄幣不通，言語不達。"少數戎狄部族被晉、楚等強國征服後，遷徙到內地務農，並和盟主建立了隸屬關係。

在社會組織方面，戎狄多處於原始氏族制末期的軍事民主制階段，文明程度較低，習性強悍好戰，劫掠成風，華夏諸邦多受其害。王國維在《觀堂集林·鬼方昆夷玁狁考》中論道："戎與狄皆中國語，非外族之本名。戎者，兵也。《書》稱：'詰爾戎兵。'《詩》稱：'弓矢戎兵。'其字從戈，從甲，本為兵器之總稱。引申之，則凡持兵器以侵盜者，亦謂之'戎'。狄者，遠也，字本作逖。《書》稱：'逖矣，西土之人。'《詩》稱：'捨爾介狄。'皆謂遠也。引申之為驅除之於遠方之義。……因之凡種族之本居遠方而當驅除者，亦謂之狄。且其字從犬，中含賤惡之意，故《說文》有犬種之說，其非外族所自名，而為中國人所加之名，甚為明白。……（戎狄）為害尤甚，故不稱其本名。"

戎狄多事寇盜又尚未開化，故受到中原民族的仇恨、蔑視，甚至譬為禽獸。其民風的突出特點就是貪婪自私，缺乏仁、義、禮、孝等道德觀念的約束。相關記載可見《左傳·隱公九年》："戎輕而不整，貪而無

---

15 〔清〕顧棟高：《春秋大事表》卷39《春秋四裔表·敍》，中華書局，1993年。

親，勝不相讓，敗不相救。"《左傳·襄公四年》："戎狄無親而貪。"《國語·晉語七》："戎狄無親而好得。"

　　西周末年，北方旱災嚴重，水草枯竭 [16]，迫使遊牧民族紛紛南下，對中原大肆侵掠。當時西周奴隸制王朝的統治已然腐朽沒落，華夏諸邦的防禦能力明顯下降，使戎狄屢佔上風，不斷向黃河流域進逼，至鎬京陷落，幽王被殺而達到頂點。平王東遷後，戎狄繼續為害，"春秋初，曾侵鄭、伐齊，已而又病燕" [17]。顧棟高曾言："蓋春秋時，戎、狄之為中國患甚矣，而狄為最。……然狄之強，莫熾於閔、僖之世，殘滅邢、衛，侵犯齊、魯。" [18] 其勢力滲入弧形中間地帶乃至中原腹地，與華夏民族雜居並處。如晉國在獻公時，"景、霍以為城，而汾、河、涑、澮以為渠，戎狄之民實環之" [19]。晉文公率師赴洛邑勤王，還要行賂於"草中之戎""麗土之狄"才能順利通過。[20]《左傳·哀公十七年》亦載："（衛莊）公登城以望，見戎州。"《通典·州郡七》河南府睢陽郡"楚丘縣"條曰："古之戎州己氏之邑，蓋昆吾之後別在戎翟中，周衰入居中國。己氏，戎君姓也。" 王畿之內亦雜有諸戎，見《後漢書》卷 87《西羌傳》："齊桓公征諸侯戍周，後九年，陸渾戎自瓜州遷於伊川，允姓戎遷於渭汭，東及轘轅，在河南山北者號曰陰戎。" 就是在齊、晉、秦、楚崛起之後的一段時間內，"戎"還能和它們並列稱強 [21]。然而，戎狄本身在政治上有無法克服的弱點，難以發展成為主宰中國政局的支配力量。其原因如下：

16　《古本竹書紀年》周厲王二十二年至二十六年"大旱"，周宣王二十五年"大旱"。又《詩經》載周末時旱狀，見《大雅·雲漢》："旱既太甚，滌滌山川，旱魃為虐，如惔如焚。"《小雅·谷風》："無草不死，無木不萎。"

17　〔清〕顧棟高：《春秋大事表》卷 39《春秋四裔表·敘》，中華書局，1993 年。

18　〔清〕顧棟高：《春秋大事表》卷 39《春秋四裔表·敘》，中華書局，1993 年。

19　《國語·晉語二》。

20　《國語·晉語四》。

21　《左傳·成公十六年》晉范文子曰："吾先君之亟戰也，有故。秦、狄、齊、楚皆強，不盡力，子孫將弱。"

其一，部族分立、不相統屬。春秋時期北方的遊牧民族分裂為許多部落或小邦，相互聯繫比較鬆散，不像後代的匈奴、突厥、蒙古那樣，能夠統一為強大的國家，這和他們主要居住地域的環境特點有關。太行山區、冀北、晉北、陝北及隴西的山地、高原中峽谷縱橫、地形崎嶇，交通不便，使遊牧部族之間難以溝通交往和建立起密切的聯繫，這阻礙了它們政治上的發展，以致邦族眾多，名號繁雜。如《史記》卷110《匈奴列傳》稱春秋諸戎"往往而聚者百有餘戎，然莫能相一"，《風俗通義》亦稱羌戎"無君臣上下，健者為豪，不能相一，種別群分"[22]。顧棟高也對此評論說："意其種豪自相攜貳，更立名目，如漢之匈奴分為南北單于，而其後遂以削弱易制。"[23]戎狄的分散孤立，減弱了其自身的力量和政治影響。

其二，文明程度較低。戎狄多數處在原始氏族制向奴隸制社會過渡的階段，對於華夏文明的先進內容，遠未普遍吸收。與中原的農耕民族相比，戎狄沒有較為完備的國家政治組織和法令制度，"無城郭、宮室、宗廟、祭祀之禮，無諸侯幣帛饔飧，無百官有司。"[24]在上層建築方面還不具備作為統治民族所必需的條件，就像秦穆公所言："中國以詩、書、禮、樂、法度為政，然尚時亂，今戎夷無此，何以為治，不亦難乎？"[25]

受以上情況的局限，春秋的戎狄很難成長為一支有王者風範的堂堂之師，而始終充當着往來劫掠的草寇角色。如《左傳·昭公四年》司馬侯所稱："冀之北土，馬之所生，無興國焉。"齊、晉、秦等諸侯通過改革內政，富國強兵，很快扭轉了局勢，在與戎狄的交鋒中掌握了主動

22 《太平御覽》卷794引《風俗通義》佚文。
23 〔清〕顧棟高：《春秋大事表》卷39《春秋四裔表·敍》，中華書局，1993年。
24 《孟子·告子下》。
25 《史記》卷5《秦本紀》。

權，並逐步驅迫它們，將自己的領土向北方、西方擴張。自春秋中葉，許多戎狄部族淪為弧形中間地帶諸強的附庸，受其號令驅使。如戎子駒支所言："晉之百役，與我諸戎相繼於時。"[26] 它們對中國的政局也不再產生重大影響。

周邊地帶的南部氣候潮濕炎熱，平原地區在夏季多為水鄉澤國，丘陵山地則往往覆蓋着原始森林；東南地域的紅壤質地較硬，又難於翻耕。當時鐵器剛剛在中原出現，至春秋後期才隨着楚人勢力的南漸而流入江南一帶，尚未得到推廣。南方多數地區的生產力仍處在青銅時代，以木石農具為主，砍伐叢林、開墾農田均有較大難度，多採用"火耕水耨"的原始耕作法，農業發展水平很低，居民經常要兼營採集、漁獵活動。社會組織也相當落後，基本處於氏族部落階段，"揚、漢之南，百越之際，……多無君"[27]。居民的族稱有越（粵）、夷、群蠻、百濮等，俗為"剪髮文身，錯臂左衽"[28]，或椎髻箕踞。政治上亦普遍呈分散孤立的弱小狀態，除了浙地的越人在春秋末葉強盛起來之外，其餘的蠻夷百越在與楚人的衝突中始終處於下風，被征服、驅逐者甚眾，在全國的政治領域內沒有甚麼地位，如顧棟高所言："南方之種類不一，群蠻在辰、永之境，百濮為夷，盧戎為戎。群蠻當楚莊王時，從楚滅庸，自後服屬於楚，鄢陵之役，從楚擊晉。而盧戎與羅兩軍屈瑕，後卒為楚所滅，率微甚無足道者。"[29]

在周邊地帶的南部，自然條件和經濟開發較好的區域是四川盆地。那裏資源豐富，灌溉便利，農業、手工業、採礦業和商業均有一定程度的發展。《史記》卷129《貨殖列傳》稱："巴蜀亦沃野，地饒巵、薑、丹

---

26 《左傳·襄公十四年》。
27 《呂氏春秋·恃君覽第八》。
28 《史記》卷43《趙世家》。
29 〔清〕顧棟高：《春秋大事表》卷39《春秋四裔表·敍》，中華書局，1993年。

沙、石、銅、鐵、竹木之器。"《漢書》卷 28 下《地理志》下亦載："巴、蜀、廣漢本南夷，秦併以為郡，土地肥美，有江水沃野，山林、竹木、疏食、果實之饒。南賈滇、僰僮，西近邛、筰馬旄牛。民食稻魚，亡凶年憂。"早在商代，這裏就出現了像三星堆文化那樣發達的文明社會。春秋時當地有巴、蜀等小國，經濟、文化水平均高於越、群蠻。但是民眾缺乏剛勇的氣質，"俗不愁苦，而輕易淫泆，柔弱褊厄"[30]。在東邊受到楚人的壓迫，亦沒有大的作為。

(三) 弧形中間地帶

從齊國所在的山東半島、魯西北平原向西方延伸，經過晉國的東陽與河內（豫北、冀南平原）、河東（晉南河谷盆地），至秦國的涇渭平原、商洛山地，再向東南過楚國的南陽盆地、江漢平原，到大別山以東與吳國交界的淮南，在東亞大陸上構成了一個巨大的弧形。春秋中葉，齊、晉、秦、楚的領土逐漸接壤，對中原地帶形成了半包圍的狀態。

弧形中間地帶的內緣，大致北在齊、晉兩國的南疆 —— 泰山、沂山與黃河中游河段，向西延至伊洛平原的西端，再沿着伏牛山、桐柏山、大別山脈至長江下游河道。其外緣北邊即齊、燕、晉、秦等國的北疆，約在冀北山地、晉北及陝北高原的南端，西至隴阪，再向東南折至秦嶺、巴山及巫峽東段。南邊隨着楚國勢力的擴張，由長江中游推移到五嶺。東到楚吳邊境的昭關、州來、居巢。

春秋初年，這個地帶的齊、晉、秦、楚等國領土狹小，與魯、衛、鄭、宋等中原諸侯相比並不佔有多少優勢。但是它們都在數十年內脫穎而出，成為地方千里，甚至數千里的一流強國，在政治舞台上叱咤風雲，更迭稱霸。從其疆域的發展過程來看，齊國初封於營丘，不過區區百里

---

30 《漢書》卷 28 下《地理志下》。

之地，桓公建立霸業時吞併弱小，領土劇增。[31]《管子·小匡》載當時齊國正其封疆："南至於岱陰，西至於濟，北至於海，東至於紀隨，地方三百六十里。"春秋後期齊國領土進一步擴大，景公時晏子稱齊國疆域的範圍是"聊、攝以東，姑、尤以西"[32]。據楊伯峻先生考證，"聊在今山東聊城縣西北。'攝'亦作'聶'，僖元年《經》'次於聶北救邢'是也，當在今聊城縣境內"，"姑即今大姑河，源出山東招遠縣會仙山，南流經萊陽縣西南。尤即小姑河，源出掖縣北馬鞍山，南流注入大姑，合流南經平度縣為沽河。至膠縣與膠萊河合流入海"[33]。齊滅掉東萊後，遂佔據了整個山東半島，東疆亦達於海濱，西境至黃河下游河道，與晉國隔岸相峙。

晉國初封於唐，領土亦為偏狹。《國語·晉語一》載郭偃曰："今晉國之方，偏侯也，其土又小，大國在側。"自獻公時起，屢屢兼併鄰近小國，及驅逐戎狄，疆域顯著擴大。顧棟高曾論曰："晉所滅十八國。又衛滅之邢、秦滅之滑皆歸於晉。景公時翦滅眾狄，盡收其前日蹂躪中國之地。又東得衛之殷墟、鄭之虎牢。自西及東，延袤二千餘里。"[34]其基本統治區域在太行山脈兩側，西、南、東三面受黃河環繞，與秦、周、鄭、衛、齊等國夾河相鄰。繼獻公滅虢，搶佔豫西走廊西端後，悼公時又城虎牢而戍之，從而控制了豫西走廊的東端，並在伊洛之上的山間谷地保有一線領土，即所謂"陰地"。楊伯峻在《春秋左傳注·宣公二年》中說："陰地，據杜注，其地甚廣，自河南省陝縣至嵩縣，凡在黃河以南、秦嶺以北者皆是，此廣義之陰地也。然亦有戍所，戍所亦名陰地，哀四年，'蠻子赤奔晉陰地'。又'使謂陰地之命大夫士蔑'是也。今河南省盧氏縣東北，舊有陰地城，當是此地。此狹義之陰地也。"

---

31 《荀子·仲尼》："齊桓公併國三十五。"《韓非子·有度》："齊桓公併國三十。"《國語·齊語》："桓公即位數年，東南多有淫亂者，萊、莒、徐夷、吳、越，一戰帥服三十一國。"

32 《左傳·昭公二十年》。

33 楊伯峻：《春秋左傳注》，中華書局，1981年，第1417頁。

34 〔清〕顧棟高：《春秋大事表》卷4《春秋列國疆域表》，中華書局，1993年。

秦在西周時期被孝王封為附庸，立國在今甘肅省清水縣的秦亭附近。[35] 周室東遷洛邑後，秦襄公得賜 "岐以西之地" [36]。秦經過上百年與戎狄的奮戰，控制了甘肅中部東至華山、黃河的廣闊領土，至穆公時為全盛，"東平晉亂，以河為界，西霸戎翟，廣地千里，天子致伯，諸侯畢賀，為後世開業" [37]。後又佔據商南、秦嶺北麓，與楚國隔少習山相對。但其東進的要道豫西走廊被晉國佔領，無法與列強逐鹿中原，只能偏居西陲一隅。[38]

　　楚原居於荊山（今湖北省南漳縣西北）漳水流域，自西周末年吞併弱鄰，發展壯大。清人高士奇在《左傳紀事本末》中說："春秋滅國最多者，莫若楚矣。"據何浩先生統計，約有 48 國為楚所滅 [39]。楚在春秋全盛時，東抵豫章、番、巢、州來及贛江上游，北據陳、頓、應、不羹，至汝水流域，西北到商於，西起巫峽東段、神農架，南到今長沙、常德、衡陽一帶，方圓近三千里 [40]。即當今湖北、湖南及江西大部，安徽（江北的西半部）、河南南部及陝西東南一隅，及廣西東北角與廣東北部，為春秋列國中疆域最廣者。

　　"弭兵之會" 以後，齊、晉、秦、楚因為國內社會矛盾激化，勢力略衰；而東南崛起的吳國先後挫敗楚、齊兩強，成為新興的霸主。弧形中間地帶的範圍得以從楚國東境繼續向東方延伸，經過吳國佔據的太湖流域、江北平原而抵達海濱，徹底完成了對中原地帶的封閉。

---

35 《史記》卷 5《秦本紀》載周孝王封秦時曰："朕其分土為附庸，邑之秦。"《史記正義》："《括地志》云秦州清水縣本名秦，嬴姓邑。"

36 《史記》卷 5《秦本紀》。

37 《史記》卷 5《秦本紀》。

38 "秦以西陲小國，乘衰周之亂，逐戎有岐山之地。是時兵力未盛，西周故物未敢覬覦也。值平、桓懦弱，延及寧公、武公、德公以次蠶食，盡收虢、鄭遺地在西畿者。垂及百年至穆公，遂滅芮築壘為王城，以塞西來之路，而晉亦滅虢，東西京隔絕。由是據豐、鎬故都，判然為敵國，與中夏抗衡矣。"〔清〕顧棟高：《春秋大事表》卷 4《春秋列國疆域表・秦疆域表》，中華書局，1993 年。

39 何浩：《楚滅國研究・楚滅國表》，武漢出版社，1989 年。

40 《韓非子・有度》："荊莊王併國二十六，開地三千里。"

與中原地帶的華夏諸邦相比，弧形中間地帶諸強領土的經濟發展環境（包括自然條件和外部社會條件）要略差一些。齊、秦、楚為異姓諸侯；晉、吳雖為姬姓，但和王室的關係比較疏遠，因此起初受封的國土偏遠荒涼，又緊鄰蠻夷戎狄等落後民族，屢受其侵擾，戰事不斷。即使到後來擴張為大國時，其農業資源（除了秦國）也多不如中原豐衍。例如《漢書》卷28《地理志》稱："齊地負海舄鹵，少五穀而人民寡。"《鹽鐵論‧輕重》亦載："昔太公封於營丘，辟草萊而居焉，地薄人少。"故在建國之初便與萊夷展開了激烈的戰鬥。

晉國統治的兩大區域，太行山以東的河內、東陽，處於黃河下游支流分佈地段，《尚書‧禹貢》稱其"北播為九河，同為逆河，入於海。"夏季洪水橫溢，湖沼羅列，沖積土層中亦含有鹽鹼，《尚書‧禹貢》稱其為"白壤"，肥力不高。《漢書‧地理志》也說："趙、中山，地薄人眾。"太行山以西的晉南地區，河谷丘陵縱橫分割，間雜小塊盆地，並無遼闊的平原沃野，又屢受遊牧民族侵襲。如《左傳‧昭公十五年》籍談所言："晉居深山，戎狄之與鄰，而遠於王室，王靈不及，拜戎不暇。"

秦國起初遠在隴西，平王率眾東遷後，關中平原淪為戎騎出沒之地，田地多荒，周族遺民難以正常生活。王室僅許秦以空頭人情，"秦能攻逐戎，即有其地"[41]。秦與戎狄的戰爭頻繁殘酷，相持了近百年才得以在涇渭流域立足。

楚建國之初，"辟在荊山，篳路藍縷，以處草莽"[42]，也經歷過艱苦的努力。其統治中心區域的江漢平原在古代川澤密佈，草木繁茂，夏秋季節亦飽受洪水泛濫之害。顧祖禹曾引方志談到當地的情況："漢水由荊門州界折而東，大小群川咸匯焉，勢盛流濁，浸淫蕩決，為患無已。

---

41 《史記》卷5《秦本紀》。

42 《左傳‧昭公十二年》。

而潛江地居污下，遂為眾水之壑，一望瀰漫，無復涯際。漢水經其間，重湖浩淼，經流支川，不可辨也。"[43] 明清時尚且如此，先秦時代開發之難可以想見。《史記‧貨殖列傳》也記載了楚地的貧瘠："夫自淮北、沛、陳、汝南、南郡，此西楚也。其俗剽輕，易發怒，地薄，寡於積聚。衡山、九江、江南、豫章、長沙，是南楚也，其俗大類西楚。"《漢書‧地理志》亦載："沛楚之失，急疾顓己，地薄民貧。"楚國西、南部鄰近百濮、群蠻，雖然楚勢力佔優，但是國內若遇到災變，也常常會遭受他們的襲擊。如《左傳‧文公十六年》載："楚大饑，戎伐其西南，至於阜山，師於大林。又伐其東南，至於陽丘，以侵訾枝。庸人帥群蠻以叛楚，麇人率百濮聚於選，將伐楚。於是申、息之北門不啟。"

《左傳‧昭公三十年》曰："吳，周之胄裔也，而棄在海濱，不與姬通。"吳國所在的太湖流域，也是水網交織，荊莽叢生，直到春秋中葉尚未得到充分治理，《吳越春秋‧闔閭內傳》載吳王光對伍子胥言："吾國僻遠，顧在東南之地，險阻潤濕，又有江海之害，君無守禦，民無所依，倉庫不設，田疇不墾。"

弧形中間地帶諸強的興起，需要一定的經濟實力作為基礎，而在西周，由於青銅時代的農業生產工具主要是木器、石器，因此這一地帶（除了關中平原）的耕墾開發要比中原困難得多。春秋時代鐵器的推廣為這些區域的普遍墾殖和繁榮提供了必要條件，如齊地的鹽鹼瘠土逐漸得到改造利用，"自泰山屬之琅邪，北被於海，膏壤二千里"[44]，不復當初的情景了。

儘管生存的自然、社會環境要比中原諸邦艱難惡劣，弧形中間地帶的列國卻在春秋政局中發揮着最為重要的影響。較之另外兩個地帶，這

---

43 〔清〕顧祖禹：《讀史方輿紀要》卷 127《川瀆四》漢水，中華書局，2005 年。
44 《史記》卷 32《齊太公世家》太史公曰。

個區域佔據着國力上的明顯優勢，對於當時的歷史進程起主導作用，是名副其實的政治重心地區。首先，春秋的時代特點是王室衰弱，其原有的地位和統治權力被霸主所取代。爭霸戰爭中獲勝的諸侯主持盟會，向與盟的中小邦國、部族責納財賦、調發兵馬，操縱其政治、外交，主盟國家的領土實際上發揮着以往周室王畿的政治影響。而春秋時期的霸主全部出於弧形中間地帶，又沒有一個強國能夠長期壟斷霸主的位置，自齊桓公、晉文公至吳王夫差（勾踐滅吳稱霸已進入戰國初年），是由這一地帶內的各個大國更替稱霸的，所謂"五伯迭興，總其盟會"[45]。可見這個地帶在中國大陸的政治格局中佔據着優勢地位。

其次，弧形中間地帶的各個大國處於勢均力敵的對峙狀態，雖然在每個階段只有一個國家稱霸，但是其他諸強仍能大體上和盟主國維持着均勢，它們或是霸主的盟友，或保持中立，而即使被擊敗，也只是暫時退出爭霸的行列，並沒有降為附庸、朝請納貢，仍然具有可觀的實力和獨立自主的政治地位。霸主只能統率中小諸侯，無法支配弧形中間地帶內的其他強國。如《左傳・襄公二十七年》載趙孟所言："晉、楚、齊、秦，匹也。晉之不能於齊，猶楚之不能於秦。"像鞌之戰後，齊被晉國挫敗，遣使求和。但是當晉提出苛刻的條件，要求齊國母后蕭同叔子做人質，把田畝改成東西走向時，立即遭到齊使的嚴詞拒絕，並聲稱不惜為此再戰："請收合餘燼，背城借一。"魯、衛兩國都認為晉無必勝把握："齊、晉亦唯天所授，豈必晉？"[46]說服晉國讓步，使雙方媾和。

在中原爭霸中受挫的強國，可以繼續在自己的勢力範圍內對弱小鄰邦盤剝役使，充當局部地區的宗主國。如秦穆公受挫於晉，無法東進，

---

45 《漢書》卷 28 上《地理志上》。

46 《左傳・成公二年》。

還可以稱霸西戎。鄢陵之戰楚國失敗後，暫無力量與晉國角逐，卻也還能向南方擴張，征服和統治周邊的蠻夷。

出於爭霸戰略的需要，諸強對失敗的鄰國有時並不落井下石，反而伸出援助之手，拉攏、扶植它們，以便共同對付自己的主要敵人。如齊在鞌之戰受挫後，被迫退出侵佔魯國的汶陽之田。而晉國為了聯齊抗楚，事後又逼着魯國將其地返還於齊。[47] 柏舉之戰後吳師入郢，楚國危在旦夕，秦亦出兵車五百乘助其復國，以牽制自己的強鄰晉國。齊、晉、秦、楚之間的抗衡均勢一直延續到春秋末葉，因為四強實力相當，它們的政治地位比較接近，但是和另外兩個地帶的中小諸侯、少數民族則有明顯的差別。春秋時期中國政局的發展變化，主要是由這幾個國家（加上後起的吳國）的活動所支配、決定的，所以應把弧形中間地帶視為那個歷史階段的政治重心區域。

二、春秋戰爭之地域分析

春秋時期的軍事衝突非常頻繁，幾乎無歲不戰。就對當時全國政局變化的影響而言，不同地帶的邦國、部族、聯盟集團之間的戰爭作用有很大區別。下面試將這些戰爭按照爆發的地域加以分類，分析其各自的目的、規模和結果，進而探討哪類戰爭所起的影響最大。

其一，中原地帶內部華夏、東夷諸侯之間戰事不斷。特別是鄭、魯、宋等中等國家，一有機會便侵吞鄰近小邦，彼此亦屢屢交手。但是自從弧形中間地帶大國對峙爭雄的局面形成以後，這些國家的領土逐漸被外圍的諸強蠶食，力量日益削弱，因而緩和了它們之間的戰鬥。這種戰爭通常規模不大，結果也只是保持了相互的均勢，並沒有通過這類戰爭提

---

47 《左傳・成公八年》："八年春，晉侯使韓穿來言汶陽之田，歸之於齊。"

高自己的實力和地位，躍升到大國的行列。再者，諸強爭霸的形勢出現後，中原地帶的諸侯基本上都要受齊、晉、楚、吳等強國的支配，投入某個陣營，成為霸主手中的棋子。它們的人力、財力多被盟主榨取，參加的戰爭也主要是跟隨列強之師出征，協助盟主爭奪霸權。如顧棟高所言："當是時，宋、鄭之君俱共玉帛，以從容於壇坫之上，間一用兵，不過帥敝賦以從大國之後，無兩君對壘，朝勝夕負，報復無已者。"[48] 即使它們之間的單獨較量，也常常是受盟主的指使[49]。所以，這類戰爭對全國政治形勢的影響，並不是決定性的。

其二，周邊地帶內部夷狄邦族之間的戰爭亦始終存在。西戎"強者凌弱，轉相抄盜"[50]。南方的百越、群蠻也是如此，"粵人之俗，好相攻擊"[51]。但是總的來看，由於經濟、文化上的落後，以及政治上的分散孤立，周邊民族相互間戰爭的結果，未能像後世那樣形成強盛的區域性民族政權，如秦漢時的匈奴、南越，可以割據一方，與中原王朝抗衡。因此這類戰爭也不具備重要的意義。

其三，弧形中間地帶內部諸強之間的邊界戰爭。分別有齊晉、秦晉、秦楚和吳楚間的作戰。自殽之戰後，秦與晉國決裂，轉而和楚通婚結好，世為盟國，終春秋之世不再有邊界衝突。齊、晉隔河相峙，兩國關係的主流是聯合抗楚，交戰次數不多，也未給疆界帶來大的變動，基本上維持着原有的態勢。秦晉、吳楚間的對陣則是頻繁激烈的，因為雙方邊境犬牙交錯，或有山川阻隔，彼此國勢又大致相當，所以戰爭多呈膠着狀態，通常限制在局部地段，你來我往，很難攻入對方腹地。如秦晉韓原之戰、殽之戰，都是一方獲得大勝，但均未能進逼敵人國都，

48 〔清〕顧棟高：《春秋大事表》卷 37《春秋宋鄭交兵表‧敍》，中華書局，1993 年。
49 《左傳‧宣公二年》："鄭公子歸生受命於楚，伐宋。"《左傳‧襄公二十四年》："鄭師侵宋，楚令也。"
50 《太平御覽》卷 794 引《風俗通義》佚文。
51 《漢書》卷 1 下《高帝紀下》。

置其於死地或迫使對方簽訂城下之盟。此外，受南北對抗地理形勢的影響，晉與齊、秦與楚之間都有聯盟抗敵的政治需要，這個因素對弧形中間地帶列國的邊境戰爭也起着制約作用，使其結果往往是有限的，不會破壞原有格局。例如，鞌之戰晉國獲勝，但為了拉攏齊國共同抗楚，甚至強迫魯國將汶陽之田重新割讓予齊，齊國的領土、實力並未因戰敗而受到很大損失。吳師在柏舉之戰中大勝楚軍，長驅入郢，可以說獲得了這場戰爭的最大勝利。但是楚在秦國的支持下很快擊退吳軍，基本上恢復了原有的對峙狀態，吳國亦未能在領土方面撈到許多好處。在南北兩大陣營的對抗態勢下，齊、晉或是楚、吳要想登上霸主的寶座，奪取統率中小諸侯的最高權力，不僅要制服或結好於鄰邦，更重要的是，必須打敗沒有共同疆界的對方地域之強敵，而這種戰爭只能在南北強國相隔的中間區域 —— 中原地帶發起，齊晉、秦晉、秦楚、吳楚之間邊界戰爭的有限勝利，並不能達到稱霸天下的目的。

其四，弧形中間地帶列國與周邊地帶邦族的戰爭也貫穿着整個春秋時期。當時，南方的蠻夷、越人未能對楚國構成嚴重威脅；戎狄雖然一度深入黃河流域，但是限於自身的弱點，難以在政治、軍事上取得更大的成就。弧形中間地帶的諸強崛起之後，對夷狄的戰爭常以勝利告終；齊、晉、秦、楚能夠成為地方千里乃至數千里的泱泱大國，有許多領土是得自鄰近少數民族的。不過，它們所追求的最高政治目標是"帥諸侯而朝天子"，充當霸主，即諸侯盟會的領袖，而這裏的"諸侯"主要是指中原地帶的華夏中小諸侯。對列強來說，如果只是戰勝、降服了周邊的落後民族，而沒有取得中原逐鹿的勝利，還是不能稱霸諸侯、號令天下的。像秦穆公儘管重創西戎，"益國十二，開地千里"[52]，但仍得不到華夏諸侯的尊重和服從。楚共王兵敗鄢陵之後，雖然對南方蠻夷作戰大獲

---

52 《史記》卷5《秦本紀》。

成功，但也無法動搖晉國的主盟地位。僅僅在這類戰爭中獲勝的強國，至多能充當“偏霸”，即某個邊遠地區的“方伯”，算不上諸侯公認的盟主，其政治影響還是大受局限的。

其五，弧形中間地帶列強向中原地帶用兵。齊、晉、秦、楚對峙的局面形成以後，中原地帶的夷夏諸侯通常不敢向外圍的強國尋釁滋事，主動挑起戰端，那樣做無疑是自討苦吃。這兩個地帶之間發生的軍事衝突往往是單方面的，即弧形中間地帶的諸強向中原進軍，從用兵的目的和規模來看，可以分為以下幾種：

一是短時間、小範圍的邊境襲擊。焚掠破壞，劫取鄰邦的人口、財物，造成其經濟損失，但不以侵佔領土為目標。

二是兼併土地，攻佔中原中小鄰國的領土，據為己有。這種戰爭出動兵力較多，得手後要在當地留駐軍隊，一般要築城或因舊城戍守。列強對待中等諸侯主要採取蠶食的策略，而對弱小鄰邦則經常一舉滅亡，藉以擴張自己的疆域。在這方面，齊、晉、楚三國的收穫最為顯著，如《荀子·仲尼》稱齊桓公“併國三十五”，《呂氏春秋·貴直論第三·貴直》載晉國趙簡子曰“昔吾先君獻公即位五年，兼國十九”，《韓非子·有度》則說“荊莊王併國二十六，開地三千里”。它們滅亡的小國，大部分是在中原地帶。

三是建立對中原諸侯的統治權，即霸權。通常是派遣重兵進攻鄭、宋、魯、衛、陳、蔡等中等國家，直逼其都城，迫使它們投降，服從某個強國的支配。這種戰爭在春秋歷史上規模最大，往往歷時很久，其原因首先是鄭、宋、魯等國亦有一定實力，兵車約在千乘上下，如果據城固守，強國也很難速勝，通常要經過數月的圍攻才能見效。再者，春秋列強爭霸的重點，就是爭奪對華夏中小諸侯的統治權，齊、晉、秦、楚之間處於均勢，如若能把中原各國拉進自己的陣營，勢力將明顯擴大，會改變爭霸雙方原有的力量對比，引起政治天平的傾斜，因此，這種戰爭常常會引發大國間直接的軍事衝突。一方進攻某個中小諸侯，另一方前來救援，於是在中原腹地發生大戰。春秋歷史上意義重大的幾次戰役，如城濮之戰、邲之戰、鄢陵之戰，都是由此爆發的。戰爭的規模、參戰軍隊的數量相當可觀，除了晉楚兩國各出動兵車數百、千乘之外，還有各自的附庸諸侯、戎夷派兵助陣。另外，春秋兩次聲勢浩大的"兵車之會"，也屬於同種性質的軍事行動。前者為齊桓公的"召陵之役"，動員了九國之師[53]；後者為晉平公的"平丘之會"，出動了兵車四千乘[54]，規模空前。由於對手楚國怯陣，未敢應戰，齊、晉兩國順利得到了盟主的地位和權力。此類戰爭的結果，將決定霸主是否易位，涉及中國最高統治權力的歸屬問題，所以，它帶來的政治影響最為重要。

春秋列強在不同地域開展的軍事較量，其後果有着明顯的差別。顧棟高曾敏銳地發現了這一點，即大國間的邊界戰爭儘管頻繁，但多數是小規模的報復行動，效果不大，不像在中原地帶的會戰那樣具有決定意義。見顧棟高《春秋大事表》卷 32《春秋晉楚交兵表・敘》：

> 春秋時，晉楚之大戰三，曰城濮，曰邲，曰鄢陵，其餘偏師凡十餘遇，非晉避楚則楚避晉，未嘗連兵苦戰如秦晉、吳楚之相報復無已也。其用兵嘗以爭陳、鄭與國，未嘗攻城入邑，如晉取少梁、秦取北征之必略其地以相當也。何則？晉、楚勢處遼遠，地非犬牙相錯，其興師必連大眾，乞師於諸侯，動必數月而後集事。故其戰嘗不數，戰則動關天下之向背。城濮勝而天下諸侯翕然從晉，邲勝而天下諸侯翕然從楚。

---

53 《尉繚子・制談》曰："有提十萬之眾，而天下莫當者誰？曰桓公也。"按桓公之世齊國兵力實為 3 萬一5 萬，見《國語・齊語》管仲曰："君有此士也三萬人，以方行於天下，以誅無道，以屏周室，天下大國之君莫之能禦也。"《吳子・圖國》："昔齊桓募士五萬，以霸諸侯。"《尉繚子》所言十萬人，可能是指召陵之役齊會九國之師所達到的軍隊數量，這在當時是規模空前的。

54 《左傳・昭公十三年》："七月丙寅，治兵於邾南。甲車四千乘。"

中原之所以成為爭霸戰爭的主要爆發地域，其原因首先是南北對抗的雙方（齊或晉／楚或吳）沒有共同的疆界相連，被中原地帶隔開。中原的西側為豫西山地和秦嶺，東側是大海，都不利於部隊的迂迴運動與後勤供應。吳曾嘗試發舟師從海上攻齊，結果遭到慘敗 [55]。楚亦威脅過晉國，"不然，將通於少習以聽命" [56]，實則為虛言恫嚇，根本無力做到。對雙方來說，通過中原地帶接觸、較量才是最現實、最直接便利的。

其次，中原地帶平坦遼闊，少有山川阻隔，便於車馬驅馳，人眾跋涉；其位置又在東亞大陸的核心，屬於樞紐地區，控制了這一地帶，可以向幾個戰略方向用兵，又能阻擋敵方侵襲自己的領土，禦敵於國門之外，所以在軍事上具有很高的利用價值。特別是在當時，軍隊的主要作戰方式是車戰，對於兵車的運動和列陣，中原廣闊平坦的地形條件也是最為適合的。

再次，中原的華夏諸邦有着悠久的歷史文明，經濟發達，人口眾多，較為富庶，又有一定的兵力；諸強如果征服或控制了它們，將其納入自己的勢力範圍，不僅能夠榨取到豐厚的財物，還能明顯擴大軍事力量和政治影響，以便擊敗對手，成為霸主。因此，在春秋時期的各種戰爭中，弧形中間地帶列強向中原的用兵具有最為重要的意義，它對全國政治形勢的發展變化起着決定性的支配作用，是其他地域的軍事行動不能比擬的。條件許可時，齊、晉、秦、楚等強國總是力圖向中原進攻、擴張，以謀求霸權；而往往是在不得已的情況下才把征伐的矛頭指向周邊地帶。

---

55 《左傳·哀公十年》。
56 《左傳·哀公四年》。

三、從地理角度所見列強爭奪中原地帶的戰略

春秋歷史表明，那些挫敗群雄、執盟會牛耳的國家之所以能取得勝利，不僅是由於內政、外交和會戰的成功，在相當程度上也得益於制定了合理的戰略。一方面，其統帥、將領們正確認識和利用了當時的地理形勢，根據不同時期的客觀情況來部署兵力，選擇進軍方向、路線及交鋒的戰場，造就了對本國有利的態勢。另一方面，這些國家也儘量利用自然、人文地理等種種條件來遏制對手，給敵人的軍事行動帶來困難，促成自己在作戰中的勝利。從地理角度來觀察，齊、晉、秦、楚等強國採取的戰略，其主要內容是圍繞着爭奪中原地帶這個目標來實施各種舉措、手段，大致有以下幾項：

（一）兼併弱鄰、蓄勢待發

弧形中間地帶諸強在其發展的最初階段，因為國力有限，不敢貿然向中原地帶進軍，觸犯那些傳統大邦；都是先征服、吞併鄰近的小國弱族，擴充和鞏固後方。如楚國"克州、蓼，服隨、唐，大啟群蠻"[57]。晉國則如叔侯所言："虞、虢、焦、滑、霍、楊、韓、魏，皆姬姓也，晉是以大。若非侵小，將何所取？武、獻以下，兼國多矣，誰得治之？"[58] 待到羽翼豐滿，再實行下一步驟。

（二）佔領、控制出入中原的通道門戶

弧形中間地帶與中原之間有河流、山脈等天然障礙，如齊之泰山，晉之中條、太行山及黃河，秦之殽函，楚之伏牛山與淮陽山地，相互的

---

57 《左傳·哀公十七年》。
58 《左傳·襄公二十九年》。

往來必須沿着一定的交通路線。因此，佔領或控制兩大地帶交界處的孔道，既可以保障本國的軍隊自由進出中原，又能阻止敵方兵力攻入自己的腹地。諸強能否實現稱霸天下的戰略目的，很大程度上取決於這項舉措的成敗。而諸強謀求通道門戶的具體過程與手段，可分為兩類：

一類是直接佔領——楚滅申、息，晉據南陽。楚人征服江漢平原後，開始圖謀北進，以成霸業，如楚武王對隨侯言："我有敝甲，欲以觀中國之政。"[59] 當時，楚國與中原的交通路線主要有兩條：

其一，通過南襄夾道和方城隘口。自楚都郢城（今湖北江陵）溯漢水而上，至襄陽後進入申、呂等國所在的南陽盆地，然後穿過伏牛、桐柏山脈之間的方城隘口，到達華北大平原的南端。在那裏北過葉、許，即兵臨鄭國，飲馬黃河。東越汝、潁流域，經陳、宋、曹地，可達泰山以南的魯國。南陽盆地不僅是江漢地區通往黃淮平原的門戶，由此北上輶轅，還能直抵洛陽以窺周室；或西出武關，穿越商洛山地進入關中平原。南陽地區的經濟環境亦很優越，被古人稱為"割周楚之豐壤，跨荊豫而為疆"[60]，可以為戰爭提供必要的財賦。在自然地形方面，南陽區域西、北、東三面環山，敞開的南方正對着江漢平原的北門——襄樊盆地。楚國佔據南陽，能夠利用其外圍山地的有利條件組織防禦，阻止北敵侵入漢水流域。如《左傳·成公七年》所載："楚圍宋之役，師還，子重請取於申、呂以為賞田，王許之。申公巫臣曰：'不可。此申、呂所以邑也，是以為賦，以禦北方。若取之，是無申、呂也，晉、鄭必至於漢。'王乃止。"

正是因為南陽地區在交通、軍事上的重要作用，楚國在由丹陽遷都至郢的第二年（公元前 689 年），便假道於鄧以伐申（今河南省南陽市附

---

59 《史記》卷 40《楚世家》。

60 《文選》卷 4 張衡《南都賦》。

近），逐步滅申、呂（今河南省方城縣）、應（今河南省魯山縣），將南陽盆地全部佔領[61]，隨即在當地設縣。楚王亦常至申地，策劃指揮對中原的作戰[62]，並在那裏召見中小諸侯，與之會盟。滅申使楚國獲得了諸多好處，為後來向中原北方和東方的軍事擴張奠定了基礎。《春秋大事表》曾言："楚之強橫莫制，實始於滅申也。"[63] 其卷 4《楚疆域論》中對此亦有精闢的議論：

> 余讀《春秋》至莊六年楚文王滅申，未嘗不廢書而歎也。曰："天下大勢盡在楚矣！"申為南陽，天下之脊，光武所發跡處。是時齊桓未興，楚橫行南服，由丹陽遷郢，取荊州以立根基。武王旋取羅、鄀，為鄢郢之地，定襄陽以為門户。至滅申，遂北向以抗衡中夏。然其始要，非一朝一夕之故也。平王東遷，即切切焉。戍申與甫、許，豈獨內德申侯為之遣戍，亦防維固圍之計，有不獲已。逮桓王、莊王六七十年之久，楚之侵擾日甚，卒為所滅。自後滅呂、滅息、滅鄧，南陽、汝寧之地悉為楚有。如河決魚爛，不可底止，遂平步以窺周疆矣。

其二，通過淮陽山地的城口諸隘。淮陽山地包括豫、鄂、皖三省交界處的桐柏山、大洪山、大別山等廣闊低山丘陵，是長江、淮河水系的分水嶺。楚國與中原交往的另一條通道，是從江漢平原的東北，經隨（今湖北省隨縣）穿過桐柏、大別山脈會合處的城口諸隘（大隧、直轅、冥阨），即今河南省信陽市與湖北省廣水市之間的義陽三關──大

61　楚滅申的時間約在公元前 687 年至前 682 年間。參見宋公文：《春秋前期楚北上中原滅國考》，《江漢論壇》1982 年第 1 期。

62　"楚有圖北方之志，其君多居於申。"〔清〕顧棟高：《春秋大事表》卷 9《春秋列國地形險要表》，中華書局，1993 年。

63　〔清〕顧棟高：《春秋大事表》卷 9《春秋列國地形口號・列國險要二十二首》，中華書局，1993 年。

勝關、武勝關、平靖關，到達蔡國所在的汝水流域。由蔡而發，可以北趨召陵，分赴許、鄭或陳、宋等國，也能沿淮而下，抵達諸夷所居的東方和吳國境界。公元前512年，吳王闔廬就是在蔡、唐軍隊的引導下，"次注林，出於冥隘之徑，戰於柏舉，中楚國而朝宋與及魯"[64]，走這條道路擊敗楚師，攻入郢都的。

由隨地北出城口中的直轅（今武勝關），經東申（今河南省信陽市）沿溮河東北而行，在其匯入淮水之處，便是息國（今河南省息縣）；該地既是城口諸隘的屏藩，又東通淮域，北連陳、蔡，故而成為楚國爭霸戰略中首先考慮佔領的另一個重要據點。楚文王在滅申之後，立即與蔡國合謀，以詐襲取了息國。

申、息是楚國北進中原的前哨陣地，楚於兩邑設縣置公，調發兵馬軍賦，組織了兩支地方部隊——"申、息之師"，在其北境遙相呼應，擔當國防重任。如顧棟高所言："楚出師則申、息為之先驅，守禦則申、呂為之藩蔽。"[65]《左傳》對這兩支部隊的活動亦多有記載。[66]

晉國的經濟、政治重心在山西南部，進兵中原必須南渡黃河，由於中條山、王屋山和太行山脈的阻隔，晉軍渡河主要通過三座要津：

甲、茅津。又稱陝津、大陽津，位於今山西省平陸縣的古茅城，對岸是今河南省三門峽市會興鎮。但是渡河後要穿過數百里豫西山地才能進入中原，行路艱險，並非理想的途徑。

乙、孟津。在今河南省孟津縣東北，孟州市西南。武王伐紂時曾在此地會盟諸侯，渡河而趨朝歌。孟津南臨洛邑，是東周王畿的北門。晉國聘問王室、出兵勤王及與伊洛流域的戎狄作戰時多走這條道路。

丙、延津。古黃河流經今河南省延津縣西北至滑縣間的河段，有靈

---

64 《墨子·非攻中》。

65 〔清〕顧棟高：《春秋大事表》卷4《春秋列國疆域表·楚疆域論》，中華書局，1993年。

66 《左傳》僖公二十五年、二十六年、二十八年，文公三年、十六年，成公六年，襄公二十六年。

昌津、南津等數處渡口，總稱為延津。晉師若從孟津渡河後奔赴鄭、宋，要經過豫西走廊的東端，越虎牢之險，易受阻礙。而由延津渡河後，即達鄭國北郊，進入豫東平原，行軍較為方便，所以晉國往往採用這條路線。如《左傳·僖公二十八年》載城濮之戰時，晉師伐曹救宋，"假道於衛，衛人弗許，還，自南河濟，侵曹，伐衛。"楊伯峻注："南河即南津，亦謂之棘津、濟津、石濟津，在河南省淇縣之南，延津縣之北，河道今已湮。"晉師擊敗楚軍後回國時亦走此途，並在南津附近的衡雍（今河南省原陽縣西）停留，作"踐土之盟"。據《左傳·宣公十二年》所載，邲之戰時晉軍也由此往來渡河，楚師追擊時輜重至邲（今河南省滎陽市北），兵馬"遂次於衡雍"。楊伯峻注："《韓非子·喻老》云：'楚莊王既勝，狩於河雍。'河雍即衡雍也，戰國時又曰垣雍，在河南原武縣（今併入原陽縣）西北五里。黃河舊在其北二十二里。"

從晉國絳都所在的運城盆地前往延津或孟津，都要向東南穿越王屋山至晉之南陽。《水經注·清水》引馬融曰："晉地自朝歌以南至軹為南陽。"《左傳·僖公二十五年》楊伯峻注曰："朝歌，今河南淇縣治；軹，今濟縣東南十三里軹城鎮，則南陽大約即河南省新鄉地區所轄境，亦陽樊諸邑所在地。其地在黃河之北，太行山之南，故晉名之南陽。"

周襄王十六年（前636），王子帶勾結狄人攻進洛邑，自立為天子，襄王出奔居氾。晉文公利用這個機會，於次年率兵勤王，攻克溫邑，誅王子帶，"晉侯朝王，（王）與之陽樊、溫、原、欑茅之田，晉於是始啟南陽。"[67]《國語·晉語四》亦載："（王）賜公南陽陽樊、溫、原、州、陘、絺、鉏、欑茅之田。"陽樊在今河南省濟源市東南古陽城，溫在今河南省溫縣西，原在河南省濟源市北，州在河南省沁陽市東，陘在沁陽

---

67 《左傳·僖公二十五年》。

市西北，絺在沁陽市西南，鉏無考，攢茅在河南省修武縣北。[68] 上述城邑所在的南陽地區位於太行山南麓與黃河北岸之間的狹長走廊，其中原邑南屏孟津，軹邑在走廊西端，為太行第一陘——"軹道"所在地，山險路狹，是豫北、晉南間的交通咽喉。經軹道過溫、攢茅之後，便抵達河內（豫北、冀南平原），可以由南津渡河兵臨鄭、宋，或從白馬津渡河經衛地至齊、魯。實際上，當時的南陽諸邑大多屬於王子帶的勢力範圍，不肯聽命於王室，襄王以其賜晉，只是空頭人情[69]。晉國是用武力征服溫、原、陽樊諸邑的反抗之後，才在當地建立起自己的統治的。晉國佔領南陽後，掌握了出入中原的通道，對其軍事擴張非常有利。顧棟高曾在《春秋大事表》卷 4《春秋列國疆域表·晉疆域論》中談道："（晉）自滅虢據崤、函之固，啟南陽扼孟門、太行之險，南據虎牢，北據邯鄲，擅河內之殷墟，連肥、鼓之勁地，西入秦域，東軼齊境，天下扼塞鞏固之區，無不為晉有。然後以守則固，以攻則勝，擁衛天子，鞭笞列國。"史念海先生也論述過晉國此舉的重要意義："這條道路開通後，晉兵才能直下太行，伐衛，伐曹，又和楚人戰於城濮。城濮之戰，晉國固然獲齊、宋、秦諸國的贊助，增加若干勝利的信心。然太行南陽一途的開通，出兵便利，在戰爭上也容易獲得優勢。後來晉兵一再耀武中原，也都是由這條道路出師的。"[70]

從歷史記載來看，晉國大軍出征中原時，南陽為其通行的孔道、門戶。如果是範圍有限的戰役，則只需徵發黃河以北沿岸幾個城邑的地方軍隊就可以應付，不必再從絳都腹地勞師遠行了。如公元前 533 年晉國

---

68 地名考證參見楊伯峻《春秋左傳注》僖公二十五年、昭公三十年。

69 "而南陽肩背澤潞，富甲天下，……至襄王以溫、原畀晉，而東都之事去矣。然論者謂襄王之失計，此又非也。在桓王時，已嘗以十二邑易鄔邢之田於鄭，鄭不能有，而復歸諸周，周復不能有而強以與晉。如豪奴悍僕，主人微弱不能制，而擇巨室之能者使治之。至襄王時已視為棄地，固不甚愛惜也。晉得之而日以強，周日以削。"〔清〕顧棟高：《春秋大事表》卷 4《春秋列國疆域表·周疆域論》，中華書局，1993 年。

70 史念海：《春秋時代的交通道路》，《河山集》，人民出版社，1978 年，第 70 頁。

出兵平定周室內亂，就是由 "籍談、荀躒帥九州之戎及焦、瑕、溫、原之師，以納王於王城" [71]。

另一類是間接控制——齊、秦的假道過境。齊、秦兩國與晉、楚不同，它們在春秋的鼎盛階段（齊桓公、秦穆公在位時），主要採用和通道所在地的國家建立聯盟，左右其政治的辦法來獲得通往中原的便利，而未能直接佔領門戶地段。齊國自襄公至桓公初年，不斷兼併弱小鄰邦，由泰山西側沿濟水南岸向中原擴張，先後滅掉譚（今山東省濟南市）、遂（今山東省寧陽縣西北），推進至穀（今山東省東阿縣）[72]，但是遭到了魯國的激烈抵抗。公元前 684 年春，齊國伐魯，兵敗於長勺；六月齊與宋師再次伐魯，又受挫而返。此後，齊桓公放棄了使用武力打開中原大門的做法，接受了管仲的建議，一方面內修國政，富國強兵，對外以 "尊王攘夷" 為號召，拉攏諸侯入盟，向鄰近的魯、衛兩國施加壓力；另一方面，又與魯、衛兩國重新修好，退還侵地，以求獲得它們的支持，能夠自由出入中原。參見《國語・齊語》："桓公曰：'吾欲南伐，何主（韋昭注：主，主人，共軍用也）？'管子對曰：'以魯為主。反其侵地棠、潛，使海於有蔽，渠弭於有渚，環山於有牢。'桓公曰：'吾欲西伐，何主？'管子對曰：'以衛為主。反其侵地台、原姑與漆里，使海於有蔽，渠弭於有渚，環山於有牢。'"

公元前 681 年，齊桓公與魯侯在柯地會盟；公元前 678 年，齊又爭取魯國參加了諸侯在幽地的盟會，尊桓公為盟主；公元前 672 年，齊桓公又以其女嫁魯侯，用通婚來鞏固兩國的聯盟關係。衛國曾有不聽齊命

---

71 《左傳・昭公二十二年》。

72 穀邑為齊邊境重鎮，桓公築城在公元前 672 年，為管仲封地。見《左傳・莊公三十二年》："城小穀，為管仲也。"《左傳・昭公十一年》："齊桓公城穀而置管仲焉，至於今賴之。"又見《水經・濟水注》："濟水側岸有尹卯壘，南去魚山四十餘里，是穀城縣界，故春秋之小穀城也，齊桓公以魯莊公二十三（應為'三十二'）年城之，邑管仲焉。城內有夷吾井。"

的表現，齊桓公便於公元前 666 年藉天子名義出兵討伐，迫使衛國納賄求和。公元前 660 年，赤狄滅衛，殺死衛懿公，衛之遺民逃至曹邑。齊國派公子無虧領兵車三百乘助其戍守，又率諸侯在楚丘為其築城，通過種種努力保護了衛國，同時也控制了它。所以終桓公之世，齊多次出兵中原（四伐鄭，一伐宋，一伐蔡、楚），均未受到魯、衛阻礙，順利假道成行。

但是用這種手段過境，能否成行畢竟要聽從魯、衛兩國的決定，總是不如自己直接掌握通道來得可靠、方便。桓公死後，齊與魯、衛關係惡化，兩國利用列強之間的均勢和矛盾，先後藉助楚、晉的軍事力量來抵制齊國。齊雖然侵佔了魯、衛一些城邑，但是其勢力始終被封閉於兩國境外，不能任意將兵力投入到中原的核心區域——鄭、宋，使齊國的爭霸活動大受影響，直到春秋末年也未能重登諸侯盟主的寶座。

秦國驅逐戎狄，佔領關中平原時，東進中原的通道——豫西走廊的西段已被晉國佔領。秦穆公起初的做法與齊桓公相似，也想通過操縱鄰國來獲得出入中原的通行權。為此他對晉國軟硬兼施，曾先後扶立惠公、文公，與晉國聯姻，送糧助晉度過災年。當惠公不肯聽命時，秦出兵韓原敗晉，並扣押其太子做人質，但是收效不大。晉國實力很強，又靠近中原，不願讓秦軍自由穿越豫西通道；秦與晉國的幾次聯合軍事行動只是促成了晉文公的霸業，自己並未撈到多少好處。晉文公死後，秦國改變戰略，冒險發兵越過晉境襲鄭，企圖在中原建立自己的據點，結果在殽之戰中被晉軍全殲。此後兩國絕交，兵戈相見，秦多次攻晉未能取勝，只得轉向西方發展，被屏於中原諸侯盟會之外。

齊、秦兩國"近交遠攻"的戰略先後失敗，表明依靠與鄰邦結盟修好來假道通行的做法是難以實現或不能持久的。爭奪中原霸業，還是像晉、楚進據南陽那樣，直接佔領通道門戶，才能出入自由、攻守自若，不會受制於人。

（三）封堵對手進兵中原的途徑

對列強來說，自己掌握進出中原的主動權固然是有利的，不過，如果爭霸的對手也能順利來往，和自己在中原馳騁角逐，那就難說鹿死誰手了，即使會戰獲勝，兵員、物資的損耗也是驚人的。若是能把敵人的軍事力量阻止在中原地帶之外，不給對手登場競技的機會，迫使它們向周邊或偏遠的地方發展勢力，即可不戰或小戰而屈人之兵，應該是最為理想的解決辦法。實行這種戰略，必須率先佔領或控制敵人進入中原的通道路口。中原地帶橫長縱短，晉、楚分據南北，疆域遼闊，晉“自西及東，延袤二千餘里”[73]，楚境則更勝於晉。它們和中原地帶接壤的邊境較長，相互來往的通道較多，距離中原的核心地段——鄭、宋、陳、蔡、衛、曹的距離也比較近，處在相對有利的地位。而偏居東、西兩端的齊、秦則要困難得多，秦和中原地帶沒有共同邊界，來往的豫西走廊要穿過數百里山地，艱險狹促；齊國本土被渤海、泰山所挾，其兵力向中原方向的投送亦受到限制，只能在一個不夠寬闊的正面來運動，難以展開。在爭霸作戰中，晉、楚兩國分別抓住了齊、秦地理位置上的弱點，對它們加以遏制。

其一，楚之抑齊。齊桓公死後，楚國乘齊與魯、衛關係緊張，聯魯伐齊，攻佔了齊國邊境重鎮穀邑，扶植齊反叛勢力公子雍、易牙，使其居穀，並留兵助守[74]，又讓魯國出師助戍衛地，將齊之兵力封閉於境內，無法染指中原事務，從而把黃河以南的鄭、宋、魯、衛、陳、蔡、曹、許諸國都納入自己的勢力，“天下幾不復知有中夏”[75]。

---

73 〔清〕顧棟高：《春秋大事表》卷 4《春秋列國疆域表·晉疆域表》，中華書局，1993 年。

74 《左傳·僖公二十六年》：“(楚)置桓公子雍於穀，易牙奉之，以為魯援，楚申公叔侯戍之。”杜注：“雍，本與孝公立，故使居穀以逼齊。”

75 〔清〕顧棟高：《春秋大事表》卷 4《春秋列國疆域表·衛疆域論》，中華書局，1993 年。

其二，晉之抑秦。獻公初興晉國時，廣地略土，"兼國十九"[76]。其中最重要的一步是搶先滅亡虢國（今河南省三門峽市附近），佔領豫西走廊西端，關上了秦國東進中原的門戶。公元前628年，秦軍偷越殽函襲鄭，即遭殲滅。公元前614年，"晉侯使詹嘉處瑕，以守桃林之塞"[77]，又把防秦的戍所向西推移。顧棟高曾評論晉滅虢國所產生的重要影響："獻公滅耿，滅霍，滅魏，拓地漸廣。而最得便利者，莫如伐虢之役，自澠池迄靈寶以東崤函四百餘里，盡虢略之地。晉之得以西向制秦，秦人抑首而不敢出者，以先得虢扼其咽喉也。"[78]

其三，晉之抑齊。晉對齊國的遏制手段有所不同，並非直接出兵佔領其鄰境，而是聯合齊國進軍中原必經的魯、衛兩邦，共同制齊。公元前592年，晉邀請魯、衛、曹、邾四國之君在斷道（今山西省沁縣西）會盟，確定了聯手對齊的方略。三年後，齊伐魯取隆邑，復而伐衛。晉國立即出兵，會合魯、衛、曹師在鞌（今山東省濟南市北）大敗齊軍，迫使其求和。此後，晉國長期實行聯魯、衛以制齊的政策，魯、衛兩國畏懼齊之入侵，不得不附晉以求自安。《左傳·昭公四年》載楚靈王在申召會諸侯，曾問鄭相子產："諸侯其來乎？"對曰："必來。從宋之盟，承君之歡，不畏大國，何故不來？不來者，其魯、衛、曹、邾乎！曹畏宋，邾畏魯，魯、衛逼於齊而親於晉，唯是不來。其餘，君之所及也，誰敢不至？"即表明了晉國對魯、衛的政治影響。

通過軍事、外交上的努力，晉國堵住了齊國出入中原的通道，將其擴張範圍局限在較為荒僻的東方，遠離繁盛富庶、交通便利的中原核心區域，無法和自己爭奪霸權，使其只能做晉國的盟友和助手，從而取得了滿意的效果。

---

76 《呂氏春秋·貴直論第三·貴直》。

77 《左傳·文公十三年》。

78 〔清〕顧棟高：《春秋大事表》卷4《春秋列國疆域表·敍》，中華書局，1993年。

（四）控制中原地帶的樞紐地區

在軍事地理學上，往往把位於某個作戰地區核心、各方道路交會的"兵家必爭之地"稱為"樞紐地區"或"鎖鑰地點"。它是交戰雙方對峙爭奪的熱點，其得失對戰爭的結局影響甚大。如果率先奪取、控制這個區域，會使自己處於有利的地位。春秋軍事家孫武在其兵法《九地篇》裏，把這種敵、我與第三國接壤、道路四通的地區稱為"衢地"，認為它具有最高的戰略價值。若是先敵佔領，就能得到中小諸侯的服從和支持，形成優勢局面，"諸侯之地三屬，先至而得天下之眾者，為衢地。"春秋時期，中原地帶領域遼闊，水旱路線交織如網，樞紐地區也並非一處，根據它們地理位置的重要程度，可以分成兩類：

一類是鄭、宋。顧棟高曾言："中州為天下之樞，而宋、鄭為大國，地居要害，國又差強。故伯之未興也，宋與鄭常相鬥爭。逮伯之興，宋、鄭常供車賦，潔玉帛犧牲以待於境上，亦地勢然也。"[79] 在中原諸侯裏，鄭、宋兩國受列強侵略的次數最多，罹禍最深，是爭霸各方的首要征服對象。這兩個國家位於東亞大陸的核心，鄭國"西有虎牢之險"[80]，扼守豫西通道的東段出口，可以封鎖兩大經濟區域華北平原與關中平原的交通往來，"北有延津之固，南據汝、潁之地"[81]；其國境臨近晉、楚出入中原的重要門戶——黃河南津與方城隘口，是這兩個大國通商貿易、發兵交戰的必經之地。"南北有事，鄭先被兵，地勢然也。"[82] 無論哪一方控制了鄭國，都會威脅對方的邊境，形成軍事壓力，並給對方部隊的調遣運動帶來困難。"中國得鄭則可以拒楚，楚得鄭則可以窺中國。"[83]

---

79 〔清〕顧棟高：《春秋大事表》卷 24《春秋宋執政表·敍》，中華書局，1993 年。
80 〔清〕顧棟高：《春秋大事表》卷 4《春秋列國疆域表·鄭疆域論》，中華書局，1993 年。
81 〔清〕顧棟高：《春秋大事表》卷 4《春秋列國疆域表·鄭疆域論》，中華書局，1993 年。
82 〔清〕顧棟高：《春秋大事表》卷 4《春秋列國疆域表·鄭疆域論》，中華書局，1993 年。
83 〔清〕顧棟高：《春秋大事表》卷 26《春秋齊楚爭盟表》，中華書局，1993 年。

所以在春秋歷史上，齊楚、秦晉、晉楚都為爭奪鄭國而發生過激烈的衝突。

宋國也處在幾條交通幹線會合的十字路口。楚與北方東部的大國齊、魯的往來途徑，是出方城隘口，東經召陵過陳（今河南省高丘市淮陽區一帶）向東北行，經宋都睢陽（今河南省商丘市）而達魯境，再到泰山以北的齊國。如《左傳·宣公十四年》所載："楚子使申舟聘於齊，曰：'無假道於宋！'亦使公子馮聘於晉，不假道於鄭。"過宋而不假道，以示對宋的蔑視與挑釁。宋國因長期與齊、晉結盟，故屢次受到楚國的進攻。

此外，晉國與東南吳國的聯繫路線，是由延津渡過黃河，也要經過宋國，越兩淮、長江而至太湖流域。春秋後期，晉、吳結盟抗楚，兩國使臣來往頻繁，國君亦數次相會[84]。楚國對此深感威脅，故在公元前573年乘宋國內亂而出兵征伐，取其朝郟、幽丘、城郜、彭城，並納宋國叛臣魚石等人於彭城（今江蘇省徐州市），助以兵車三百乘戍守，企圖切斷晉、吳之間的交通線。晉國為了與吳保持聯絡，於次年會宋、衛、曹、莒、邾、滕、薛，共八國之師，攻克彭城，交還宋國。[85]公元前563年，晉國又會合諸侯聯軍，攻滅附楚妘姓小國偪陽（今山東省棗莊市嶧城區南），並將此邑給予宋國，以加強它的力量，確保這條交通路線的暢通。[86]

鄭、宋兩國不僅地理位置重要，它們的國力在中原諸侯裏也是較為強盛的，各有兵車千乘左右，在列強爭霸作戰中投向何方，至關重要。春秋的幾次重大戰役，城濮之戰、邲之戰、鄢陵之戰是因為晉、楚爭宋

84　晉、吳兩國在春秋後期頻繁交往的情況可參《左傳》成公十五年，襄公三年、五年、十年、十四年，昭公十三年。

85　《左傳》成公十八年、襄公元年。

86　《左傳·襄公十年》。

而起，而殽之戰則緣於晉與秦爭鄭。至於齊、晉、楚各自出兵伐鄭、伐宋的行動則不勝枚舉。

在對鄭、宋兩國的控制方式上，諸強均不採取直接軍事佔領的做法。即使鄭、宋城防陷落或瀕於崩潰，已經唾手可得，強國也不肯將其滅為屬縣，建立自己的統治，而只是要求它們降服歸順，結盟確立從屬關係，便收兵回國。如公元前 630 年，"秦、晉圍鄭，鄭既知亡矣"[87]，但鄭表示歸降後，秦、晉便先後撤兵。公元前 597 年，楚師克鄭，鄭伯肉袒出降，楚莊王"引兵去三十里而舍，遂許之平"[88]，群臣建議滅掉鄭國，"莊王曰：'所為伐，伐不服也。今已服，尚何求乎！'卒去。"[89]公元前594 年，楚師圍宋九月，危在旦夕，宋君遣華元入楚師告曰："敝邑易子而食，析骸以爨。雖然，城下之盟，有以國斃，不能從也。去我三十里，唯命是聽。"[90]楚亦退兵與宋立盟而還，並未乘機滅宋。其主要原因是：鄭、宋距離列強的統治中心區域較遠，往來跋涉艱難，如楚大夫所言："自郢至此（鄭），士大夫亦久勞矣。"[91]兩國疆域各數百里，亦不算小。如果直接佔領，需要留駐大量軍隊來防禦敵對強國的攻擊和當地居民的反叛，並長途供應給養，這是當時列強無力承擔的。若只留下少量軍隊監戍，則鄭、宋國力又較強，起不到實際控製作用。例如，秦曾留下杞子、逢孫、楊孫三將率兵戍鄭，"掌其北門之管"[92]，後來鄭國下令逐客，他們無力抗拒，只得逃之夭夭。在這種情況下，列強不得不採取征服後收兵回國、遙控統治，待鄭、宋受到敵人威脅，再出兵救援的方式。由於鄭、宋兩國的戰略地位非常重要，南北抗衡的爭霸各方都不能容忍對

---

87 《左傳・僖公三十年》。
88 《史記》卷 40《楚世家》。
89 《史記》卷 42《鄭世家》。
90 《左傳・宣公十五年》。
91 《史記》卷 42《鄭世家》。
92 《左傳・僖公三十二年》。

手獨據該地。所以自齊桓稱霸後的百餘年內，鄭、宋頻頻受兵，被列強反覆爭奪，直到公元前 546 年，諸侯召開"弭兵之會"，約定鄭、宋等中小國家兩屬晉、楚，輪流向它們朝聘納貢，才算平息了戰事。

另一類是陳、衛。此兩國戰略地位略遜於鄭、宋，但也是交通樞紐，為列強所矚目。它們的共同特點之一，是臨近晉、楚兩國出兵中原的通道門戶，如"陳在楚夏之交，通魚鹽之貨"[93]。陳國位居楚方城隘口之東，楚赴宋以至齊、魯，要經過陳國。《國語·周語中》："定王使單襄公聘於宋，遂假道於陳，以聘於楚。"韋昭注："假道，自宋適楚，經陳也。"楚師北上伐鄭，也要考慮用兵方向側翼的安全，提防北方之敵從陳地西趨召陵，威脅方城隘口，斷其糧道、歸途。征服了陳國，楚國才能放心對鄭、宋用兵。正如卓爾康所言："陳、鄭、宋皆在河南為要樞，鄭處其西，宋處其東，陳其介於鄭、宋之間。得鄭則可以致西諸侯，得宋則可以致東諸侯，得陳則可以致鄭、宋。"[94]

晉、楚兩國在作戰中很重視對陳國的控制，如《左傳·襄公四年》載魏絳向晉悼公說明，應與宿仇戎狄和好，集中兵力與楚爭奪陳國，因為陳之歸屬影響中原諸侯對晉的叛從，"諸侯新服，陳新來和，將觀於我。我德，則睦；否，則攜貳。勞師於戎，而楚伐陳，必弗能救，是棄陳也。諸華必叛。戎，禽獸也。獲戎失華，無乃不可乎！"悼公因而接受了魏絳"和戎"的建議。楚國為了爭取陳國的服從，不惜殺掉施政大臣，見《左傳·襄公五年》："楚人討陳叛故，曰：'由令尹子辛實侵欲焉！'乃殺之。"

衛地"西鄰晉，東接齊，北走燕，南拒鄭、宋"[95]，與晉之南陽為鄰，和延津渡口近在咫尺。衛國若與楚國結盟，就會威脅晉師南下中原的交

93 《史記》卷 129《貨殖列傳》。

94 〔清〕顧棟高：《春秋大事表》卷 28《春秋晉楚爭盟表》，中華書局，1993 年。

95 〔清〕顧棟高：《春秋大事表》卷 4《春秋列國疆域表·衛疆域論》，中華書局，1993 年。

通幹線。晉國在沒有控制衛國，保障其後勤與運兵路線的安全時，是不敢貿然渡河至鄭、宋，與楚交鋒的。如城濮之戰時，晉軍並未直接開赴前線，解除宋國所受的圍困，而是先打敗附楚的曹、衛兩國，鞏固了後方，才與楚軍決戰。顧棟高曾評論道："晉文城濮之戰，楚始得曹而新昏於衛，蓋欲為遠交近攻之計，結衛以折晉之左臂，使晉不得東向爭鄭也。故晉文當日汲汲焉首事曹、衛，豈惟報怨之私，亦事勢有不得不爾。晉欲救宋，則不得不先伐衛；晉欲服鄭，則不得不先服衛，衛服而鄭、魯諸國從風而靡矣。蓋衛踞大河南北，當齊、晉、鄭、楚之孔道，晉不欲東則已，晉欲東則衛首當其衝。曹、衛以北方諸侯而為楚之役，天下幾不復知有中夏，此晉之用兵所以不獲已也。" [96]

陳、衛的共同特點之二，就是都處於中原地帶邊緣，坐落在弧形中間地帶兩個相鄰強國間的交通路線上。如衛介於齊、晉之間，"其曹、濮之地，與齊犬牙錯互。宣、成之世，衛屢受齊師。每有齊師，則乞援於晉。" [97] 自晉文稱霸之後，衛附屬於晉，成為晉國阻止齊兵進入中原的前線陣地。而陳介於吳、楚之間，弭兵之會以後，南北休戰，吳、楚兩國的戰爭愈演愈烈。春秋時期，長江航運尚在草創階段，吳、楚交兵多由陸路，陳國因此屢受雙方的攻伐爭奪，叛屬無常。例如《左傳·哀公六年》載吳國伐陳，"楚子曰：'吾先君與陳有盟，不可以不救。'乃救陳，師於城父。"《左傳·哀公九年》曰："夏，楚人伐陳，陳即吳故也。"《左傳·哀公十年》曰："冬，楚子期伐陳，吳延州來季子救陳。"

無論哪一方控制了陳國，都會使對手深感不安。如《左傳·哀公元年》載："吳師在陳，楚大夫皆懼，曰：'闔廬惟能用其民，以敗我於柏舉，今聞其嗣又甚焉，將若之何？'"為了與吳國爭陳，楚王不惜冒性命

96 〔清〕顧棟高：《春秋大事表》卷4《春秋列國疆域表·衛疆域論》，中華書局，1993年。
97 〔清〕顧棟高：《春秋大事表》卷4《春秋列國疆域表·衛疆域論》，中華書局，1993年。

危險，《左傳・哀公六年》："秋七月，楚子在城父，將救陳。卜戰，不吉；卜退，不吉。王曰：'然則死也。再敗，楚師不如死。棄盟，逃仇，亦不如死。死一也，其死仇乎！'……將戰，王有疾。庚寅，昭王攻大冥。卒於城父。"

陳、衛兩國最後的歸屬，則是由晉、楚平分秋色。城濮之戰結束後，衛服於晉，楚不能越鄭、宋而與之爭。"自是以後，衛幾同晉之鄙邑"[98]，疆土多被晉國侵蝕，其外交、軍事也受到晉國操縱，晉之君臣視之同屬縣，見《左傳・定公八年》載晉臣成何曰："衛，吾溫、原也，焉得視諸侯？"杜注："言衛小，可比晉縣，不得從諸侯禮。"而陳國近於楚，距晉較遠，晉國亦難以頻繁出師與楚爭陳，如《左傳・襄公五年》記載："楚子囊為令尹。范宣子曰：'我喪陳矣。楚人討貳而立子囊，必改行，而疾討陳。陳近於楚，民朝夕急，能無往乎？有陳，非吾事也，無之而後可。'"

晉國若想與楚爭陳，必須先取得鄭國的服屬和支持，因為鄭在晉、陳之間，為晉出師所必經，鄭之國力又強於陳，它既能輔助晉軍伐陳，又能單獨對陳施加壓力，逼其附晉。如《左傳・文公十七年》載鄭國大臣子家對晉卿趙宣子所言："以陳、蔡之密邇於楚，而不敢貳焉，則敝邑之故也。"楊注："謂鄭事晉殷勤，陳、蔡不敢專事楚。"弭兵之會以後，鄭國中立，晉國無法對陳施以影響，只得聽任楚國侵佔。

（五）在中原地帶建立軍事據點

由於中原各邦在外交上多采取"唯強是從"的政策，強國來伐，即納貢結盟，權且聽命；待盟主收兵回國，則往往是"口血未乾而背之"[99]，

---

98 〔清〕顧棟高：《春秋大事表》卷4《春秋列國疆域表・衛疆域論》，中華書局，1993年。
99 《左傳・襄公九年》。

並不確守盟約。為了保障對中原屬國的控制，諸強紛紛在其邊境修築城堡，留駐軍隊，構成近在的威脅，使它們不敢輕易叛盟。此種措施被稱為"逼"，對待不肯服從又暫時無法攻克的小國，諸強也採取過這種做法。例如《左傳・襄公二年》曰："齊侯使諸姜、宗婦來送葬，召萊子，萊子不會，故晏弱城東陽以逼之。"《左傳・哀公十五年》曰："成叛於齊，武伯伐成，不克，遂城輸。"杜注："以逼成。"

晉國在與楚爭霸的作戰中，曾於鄭國邊境重鎮虎牢築城戍兵，迫使鄭國屈服。見《左傳・襄公十年》："諸侯之師城虎牢而戍之，晉師城梧及制，士魴、魏絳戍之。書曰戍鄭虎牢，非鄭地也，言將歸焉。鄭及晉平。"後來晉國又在伊洛上游的陰地（今河南省盧氏縣）設置戍所，以大夫轄領[100]。公元前 525 年，晉出兵滅掉汝水北岸的陸渾之戎，後亦在其地築城戍軍，見《左傳・昭公二十九年》："冬，晉趙鞅、荀寅帥師城汝濱。"杜注："汝濱，晉所取陸渾地。"這是晉國在春秋時期軍事力量南戍的極點。

楚國在這方面的舉措最多，曾於方城之外廣築城池。其前期針對北方敵國，主要在鄭國南境和陳、蔡所居的汝、潁流域築城。可見：

《左傳・僖公二十三年》：

　　秋，楚成得臣帥師伐陳，討其貳於宋也，遂取焦、夷，城頓而還。

《左傳・宣公十一年》：

　　令尹蒍艾獵城沂。（筆者注：沂在今河南省正陽縣。）

100　楊伯峻：《春秋左傳注》宣公二年，中華書局，1981 年。

《左傳‧昭公元年》：

　　楚公子圍使公子黑肱、伯州犂城犨、櫟、郟，鄭人懼。（筆者
　　注：三城分別在今河南省魯山縣東南、新蔡縣北及郟縣。）

《左傳‧昭公十一年》：

　　楚子城陳、蔡、不羹，使棄疾為蔡公。

　　《左傳‧昭公十九年》載楚平王大城城父（今河南省寶豐縣東），令
太子建居之。並使令尹子瑕再度城郟，將周地屬楚的陰戎遷至下陰（今
湖北省老河口市西）。此時因吳國襲擾日甚，楚對北方收縮兵力，以防
禦為主，不再擺出進攻的態勢，魯國叔孫昭子聞訊曰：“楚不在諸侯矣，
其僅自完也，以持其世而已。”

　　從晉、楚上述築城的地點來看，分別散佈於黃河以南及方城之外，
是兩國邊境的屏藩，與山川等天然防線唇齒相依，不但對中原鄰邦形成
威脅，還掩護着本國的疆界，在軍事上可謂一舉兩得。

　　楚國後期的築城多是為了防禦東邊的強鄰吳國，地點多在淮河及潁
水流域。例如《左傳‧昭公四年》：

　　楚子欲遷許於賴，使鬥韋龜與公子棄疾城之而還。……冬，吳
　　伐楚，入棘、櫟、麻，以報朱方之役。楚沈尹射奔命於夏汭，箴尹
　　宜咎城鍾離，蔿啟疆城巢，然丹城州來，東國水，不可以城，彭生
　　罷賴之師。（筆者注：賴在今湖北省隨縣東，鍾離在今安徽省鳳陽
　　縣，巢在今安徽省壽縣南，州來在今安徽省鳳台縣。）

《左傳‧昭公十九年》：

> 楚人城州來。

《左傳‧昭公二十五年》：

> 楚子使蓬射城州屈，復茄人焉。城丘皇，遷訾人焉。使熊相禖郭巢，季然郭卷。（筆者注：州屈在今安徽省鳳陽縣西，丘皇在今河南省信陽市，卷在今河南省葉縣西。）

《左傳‧昭公三十年》載吳國二公子奔楚，楚王"使居養，莠尹然、左司馬沈尹戌城之。……楚沈尹戌帥師救徐，弗及，遂城夷，使徐子處之。"養在今河南省沈丘縣，鄰安徽省界首市；夷在今安徽省亳州市東南[101]。

弧形中間地帶諸強在中原的築城活動，主要是晉、楚兩國；秦國無載，齊國甚少，和這兩個國家受到晉國遏制有關。

（六）遷徙屬國、降國

春秋諸強在爭霸作戰中，除了將本國的軍隊部署在有利的地理位置上，以滿足攻防需要之外，還可以調遣另一種軍事力量，即在政治上不太可靠的附屬國、戰敗國及少數民族，根據戰略的安排，將其君民遷出原有居住地，轉移到其他區域。《春秋》《左傳》中關於"遷"的記載很多，基本上都是在強國的逼迫下做出的。劉師培《春秋左氏傳答問》曰：

101　地名考證參見楊伯峻：《春秋左傳注》昭公三十年，中華書局，1981 年。

《春秋》之例，自遷弗書，經書所遷，均逼於外勢者也。許四遷，三由楚命。蔡遷迫於吳，邢、衛之遷迫於狄。"有些諸侯國甚至被盟主強制遷徙了許多次。例如，"許國本來在現在河南的許昌市東，它始遷於葉，為現在河南葉縣，在楚國方城之外。再遷於夷，在現在安徽亳縣東南。三遷於荊山，在現在湖北中部。四遷由荊山復歸於葉。五遷於析，在現在河南內鄉縣西。六遷於容城，在現在葉縣西北。輾轉遷徙最後歸於方城之外。"[102]

從那些國家、民族遷徙的方向、位置來看，大致可以分為以下幾類：

第一類，驅逐。征服者佔領對方的城邑後，將原有的君民驅趕出去，任其所往，不安排遷移地點。這是一種比較原始的做法，戰勝國重新安排佔領的土地，並不打算在經濟、軍事上利用被征服邦國、民族的人力資源。下文以齊國、晉國、吳國為例。

其一，齊國。《春秋・莊公元年》："齊師遷紀郱、鄑、郚。"杜注："無傳，齊欲滅紀，故徙其三邑之民而取其地。"楊伯峻注："郱、鄑、郚為紀國邑名，齊欲滅紀，故遷徙其民而奪取其地。郱音瓶，故城當在今山東省安丘市西。鄑音貲，故城當在今山東省昌邑縣西北二十里。郚音吾，故城當在今安丘市西南十里。"《春秋・閔公二年》："春正月，齊人遷陽。"楊伯峻注："陽故城在今山東沂水縣西南，此蓋齊人逼徙其民而取其地。"

其二，晉國。《國語・周語中》載，公元前635年，晉出兵平定周室內亂，"王至自鄭，以陽樊賜晉文公，陽人不服，晉侯圍之。倉葛呼曰：'王以晉君為能德，故勞之以陽樊，陽樊懷我王德，是以未從於晉。謂君其何德之佈以懷柔之，使無有遠志？今將大泯其宗祊，而蔑殺其

102　史念海：《中國歷史人口地理與歷史經濟地理》，台灣學生書局，1991年，第173頁。

民人，宜吾不敢服也！……'晉侯聞之，曰：'是君子之言也。'乃出陽民。"韋昭注："放令去也。"

其事又見《左傳・僖公二十五年》："陽樊不服，圍之。蒼葛呼曰：'德以柔中國，刑以威四夷，宜吾不敢服也。此，誰非王之親姻，其俘之也？'乃出其民。"楊伯峻注："出者，放之令去也，取其土地而已。"

其三，吳國。《左傳・昭公三十年》載吳師滅徐，"徐子章禹斷其髮，攜其夫人以逆吳子"。此舉表示徐人願意改俗為吳國臣民[103]，但是吳王不予接受，迫其離去："吳子唁而送之，使其邇臣從之，遂奔楚。"

第二類，內遷。將服屬邦族居民向宗主國的領土方向遷移，以便加強控制。這類遷徙還可以細分為兩種：

一種是入境。由境外遷至宗主國境內，往往是人煙稀少的荒僻之地，可以利用他們來開發本土的資源，增強國力。其情況分述如下：

甲、楚國。楚在春秋滅國最多，經常採取內遷的措施，如《左傳》所載楚之遷權、鄀、羅、賴、陰戎、蔡等。楚國內遷諸侯規模最大的一次是在靈王時期，《左傳・昭公十三年》載："楚之滅蔡也，靈王遷許、胡、沈、道、房、申於荊焉。"杜注"滅蔡在（魯昭公）十一年，許、胡、沈，小國也；道、房、申，皆故諸侯，楚滅以為邑"，然後把它們徙至境內。楊伯峻注："道，國名，其故城當在今河南確山縣北，或云在息縣西南。""胡，媯姓，故國在今安徽阜陽市及阜陽縣；沈，姬姓，故國在今河南沈丘縣東南沈丘城，即安徽阜陽市西北。……房，故國，在今河南遂平縣治。申，姜姓，故國，在今河南南陽市北，荊即楚。"

乙、晉國。晉對部分境外降服的邦族也採取了遷移內地，就近監管並使之開荒闢土的做法。如惠公時曾徙姜戎於晉國南鄙，見《左傳・襄

103　吳國民俗斷髮文身，見《史記》卷 31《吳太伯世家》："太王欲立季歷以及昌，於是太伯、仲雍二人乃奔荊蠻，文身斷髮，示不可用，以避季歷。"《左傳・哀公七年》稱吳 "大伯端委以治周禮，仲雍嗣之，斷髮文身，裸以為飾"。

公十四年》。公元前 563 年，晉率諸侯聯軍滅偪陽（東夷小國），《左傳·襄公十年》載："以偪陽子歸，獻於武宮，謂之夷俘。偪陽，妘姓也。使周內史選其族嗣，納諸霍人。"楊伯峻注："霍人，晉邑，在今山西省繁峙縣東郊，遠離其舊國，防其反叛。"

公元前 520 年，晉國出兵滅掉位於今河北省晉州市的白狄鼓國[104]。《國語·晉語九》載晉滅鼓後，遷其故君與臣屬於晉國南境墾殖："既獻，言於公，與鼓子田於河陰，使夙沙釐相之。"韋昭注："河陰，晉河南之田，使君而田也。"

不過，從春秋歷史發展趨勢來看，上述內遷的情況越來越少，楚平王甚至把原來遷入楚境的許、胡、沈、道、房、申等小國全部遣出境外[105]。

另一種是近境。此種遷徙的移動方向與前一種相同，區別在於被遷邦族並不進入宗主國境內，只是靠近其邊境。這種措施的目的在於使被遷者易於獲得盟主的軍事支援，避免或減輕敵對國家的侵害。以楚之屬國為例，計有頓、許、徐、潛等，見《漢書》卷 28《地理志》汝南郡"南頓"條及注，《水經注·潁水》及《左傳》僖公二十五年，成公十五年，昭公三十年、三十一年。

吳國遷蔡亦是一例，見《史記》卷 35《管蔡世家》："楚昭王伐蔡，蔡恐，告急於吳。吳以蔡遠，約遷以自近，易以相救；昭侯私許，不與大夫計。吳人來救蔡，因遷蔡於州來。"《史記索隱》："州來在淮南下蔡縣。"從表面上看，上述事例有一些是被遷國自己提出來的，但宗主國同意其向內遷移，靠近邊境，是經過仔細考慮，認為符合自身的利益需要才答應的。這樣做除了便於出兵救援，還加強了對這些屬國的控制，

---

104 《左傳·昭公十五年》："晉荀吳帥師伐鮮虞，圍鼓。"楊伯峻注："鼓，國名，臣姓，白狄之別種，時屬鮮虞，國境即今河北晉縣。"

105 《左傳·昭公十三年》。

楊伯峻先生曾這樣評論楚國遷許至葉的行動："此後，許為楚附庸，晉會盟侵伐，許皆不從；楚有事，許則無役不從。"[106] 另外，宗主國還可以利用這些小邦來騷擾、牽制敵國。如《左傳·襄公四年》載："楚人使頓間陳而侵伐之，故陳人圍頓。"杜注："間，伺間缺。"

第三類，徙邊。被遷邦族從宗主國的域內徙至境外，或者從其境外的某處遷到另一處。從遷移地點來看，分成以下幾種：

一是遷往宗主國與中原交界的地域。如晉國曾向周室所在的伊水流域遷徙陸渾（允姓）之戎，見《左傳·僖公二十二年》："秋，秦、晉遷陸渾之戎於伊川。"杜注："允姓之戎，居陸渾，在秦晉西北。二國誘而徙之伊川。遂從戎號，至今為陸渾縣也。"《左傳·昭公九年》亦載周使詹桓伯辭於晉曰："先王居檮杌於四裔，以禦螭魅，故允姓之奸居於瓜州。伯父惠公歸自秦，而誘以來，使逼我諸姬，入我郊甸，則戎焉取之。"實際上晉國是將允姓諸戎佈置在對楚作戰的前沿，成為防禦楚師北上的一道屏障。楚莊王爭霸中原時，就曾出兵伐陸渾之戎，並問鼎於周室。[107] 但後來陸渾之戎懾於楚國的脅迫，不再堅持為晉賣命，採取了兩面敷衍的投機政策，因而在公元前 525 年被晉國派兵襲滅。《左傳·昭公十七年》載："（九月）庚午，遂滅陸渾，數之以其貳於楚也。"

又如許國在楚靈王時被內遷於荊（楚國境內），平王時又令其遷葉（今河南省葉縣南），《左傳·昭公十八年》載王子勝言曰："葉在楚國，方城外之蔽也。"杜注："為方城外之蔽障。"也是用許進駐防備晉、鄭等國南侵的前哨陣地，保護楚國的方城隘口。

二是遷往弧形中間地帶諸強交界的邊境。如晉國遷原，見《左傳·僖公二十五年》："冬，晉侯圍原，命三日之糧。原不降，命去之。……

106　楊伯峻：《春秋左傳注》，中華書局，1981 年，第 877 頁。
107　《左傳·宣公三年》。

退一舍而原降。遷原伯貫於冀，趙衰為原大夫。"原在今河南省濟源市北，南遮孟津渡口。而冀在今山西省河津市東北，與秦國隔黃河相對。晉國此舉是用自己的親信來統轄這個通往中原的要地，而把原伯及族眾置於受秦威脅的邊境充當防盾。

楚也曾多次向與吳國交界的淮河流域遷徙屬國，如《左傳‧昭公二十五年》載："楚子使蘧射城州屈，復茄人焉。"楊伯峻注："據高士奇《地名考略》，州屈在今安徽省鳳陽縣西。茄音加，近淮水小邑。"許國原居葉，被楚遷至夷（今安徽省亳州市東南）。《左傳‧昭公九年》載："二月庚申，楚公子棄疾遷許於夷，實城父。取州來、淮北之田以益之，伍舉授許男田。然丹遷城父人於陳，以夷濮西田益之。遷方城外人於許。"楊伯峻注："楚有兩城父，此所謂夷城父，取自陳。……州來即今安徽鳳台縣，亦在淮水北岸。淮北範圍甚廣，疑此僅指鳳台至夷一帶。"

四年後，許國又自夷地復遷回葉。王子勝認為許與鄭國有宿仇，居於楚邑，容易引起晉、鄭的侵襲，建議將許遷出楚境，平王同意，於是把許遷到秦楚交界的析（今河南省淅川縣）。見《左傳‧昭公十八年》："楚左尹王子勝言於楚子曰：'許於鄭，仇敵也，而居楚地，以不禮於鄭。晉、鄭方睦，鄭若伐許，而晉助之，楚喪地矣。君盍遷許。……土不可易，國不可小，許不可俘，仇不可啟，君其圖之！'楚子說。冬，楚子使王子勝遷許於析，實白羽。"

以上兩種遷徙，主要是出於軍事防禦的考慮，將服屬的諸侯或少數民族安置在境外，作為藩屏。這種戰略部署可以上溯到三代，是古老的政治傳統。可見《左傳‧昭公二十三年》沈尹戌所言："古者，天子守在四夷；天子卑，守在諸侯。諸侯守在四鄰；諸侯卑，守在四竟。"儘量讓"非我族類"的勢力在前線先行迎敵，以節省、保護自己的兵力。與此相似的措施還有將政治上不信任的本國貴族或敵國降臣置於邊境，迎擊入侵，承擔最危險的軍事任務。例如晉國驪姬欲立己子為嗣，就說服獻公讓公子"重耳居蒲城，夷吾居屈"[108]，守邊禦狄。

《左傳‧襄公二十八年》載齊國內亂，大臣慶封奔魯，"既而齊人來讓，奔吳。吳句餘予之朱方，聚其族焉而居之，富於其舊。"楊伯峻注："朱方，今江蘇鎮江市東丹徒鎮南。"吳國的意圖是以慶封禦楚，後竟為楚師所滅。見《左傳‧昭公四年》："秋七月，楚子以諸侯伐吳，宋大子、鄭伯先歸，宋華費遂、鄭大夫從。使屈申圍朱方，八月甲申，克之，執齊慶封而盡滅其族。"

吳公子光刺殺王僚，即位之後遣使捉拿領兵在外的燭庸、掩餘（或作"蓋餘"），"二公子奔楚，楚子大封，而定其徙，使監馬尹大心逆吳公子，使居養，莠尹然、左司馬沈尹戌城之；取於城父與胡田以與之，將以害吳也。"《史記》卷31《吳太伯世家》則載楚封二人於淮南之舒地，後亦遭到吳軍進攻，被殺，"二人將兵遇圍於楚者，聞公子光弒王僚自立，乃以其兵降楚，楚封之於舒。……三年，吳王闔廬與子胥、伯嚭將兵伐楚，拔舒，殺吳亡將二公子。"

三是遷往諸強與周邊地帶交界之處。《左傳‧宣公十二年》載楚師克鄭，鄭伯出降時言："孤不天，不能事君，使君懷怒以及敝邑，孤之罪也，敢不唯命是聽？其俘諸江南，以實海濱，亦唯命；其翦以賜諸侯，使臣妾之，亦唯命。"春秋時征服者處置亡國君民的手段之一，就是將他們遷到偏遠的化外之地，或驅往接近周邊的地帶。這樣做在經濟上可以利用被遷邦族來開荒拓境；在政治上，考慮到他們如果留在戰勝國與中原或強鄰的交界地段，則容易與敵對勢力相互勾結，發生叛亂。遷往周邊地帶，就使他們和自己的強敵失去直接聯繫；當地生活環境惡劣，也會限制其經濟發展與人口繁衍，從而削弱被遷邦族的力量。即便發生叛亂，造成的威脅也不大。下文以楚為例，介紹這種遷徙的情況。

---

108 《左傳‧莊公二十八年》。

麇，亦作"麇"，其國原在陝南漢中。《左傳·文公十一年》："楚子伐麇，成大心敗麇師於防渚。潘崇復伐麇，至於錫穴。"杜注："防渚，麇地。""錫穴，麇地。"《漢書》卷 28《地理志》漢中郡錫縣本注曰："莽曰錫治。"顏師古注："應劭曰：音陽。師古曰：即春秋所謂錫穴。"《水經注·沔水》："漢水又東合甲水口，……又東徑魏興郡之錫縣故城北，為白石灘。"小注："縣故春秋之錫穴地也，故屬漢中，王莽之錫治也。"何浩先生考證道："麇國當在今白河至鄖縣一帶，或者說是今白河、鄖西、鄖縣、房縣之間。其中心區域在漢水以北，其南境伸入漢水以南的今房縣北境。"[109] 後被楚滅亡，南遷至今湖南岳陽。《通典·州郡典》巴陵郡"岳州"條即稱岳陽為"麇子國"，又見於《太平寰宇記》。

蔡，春秋前期國都在蔡（今河南省上蔡縣）。公元前 531 年，蔡靈侯被楚誘殺於申，國滅。兩年後復國，蔡平侯遷於新蔡（今河南省新蔡縣）；昭侯時遷於州來（今安徽省壽縣北），稱為"下蔡"。《史記》卷 35《管蔡世家》記載，蔡侯齊四年滅於楚。但是程恩澤根據《戰國策·楚策》《荀子·強國》《淮南子·道應訓》等史料，考證出蔡國實際上被楚由下蔡遷到其西部邊境山區，稱"高蔡"，最終在蔡聖侯時被楚令尹子發率兵滅掉。[110]

羅，初被楚由今湖北宜城遷到枝江，後又徙至湖南長沙。見《漢書》卷 28《地理志》長沙國"羅縣"條，顏師古注："應劭曰：楚文王徙羅子自枝江居此。"又見《水經注·江水》："（江水）又東過枝江縣南……（注：其地夷敞，北據大江，江汜枝分，東入大江，縣治洲上，故以枝江為稱。《地理志》曰：江沱出西南，東入江是也。其民古羅徙，羅故居

---

109 何浩：《楚滅國研究》，武漢出版社，1989 年，第 227 頁。
110 "蓋蔡雖一滅於靈王，再滅於惠王，復併於悼王，其後仍國於楚之西境所謂高蔡者。相其地望，當在今湖北之巴東、建始一帶，故曰北陵巫山，飲茹溪流，食湘波魚；而荀子亦云西伐蔡也。……迨至子發獲蔡侯歸，而蔡乃真不祀矣。"〔清〕程恩澤：《國策地名考》卷 16。

宜城西山，楚文王又徙之於長沙，今羅縣是矣。）"

顧棟高《春秋大事表》卷7《春秋列國都邑表》曰："今湖廣襄陽府宜城縣西二十里有羅川城，又荊州府枝江縣、岳州府平江縣皆其所遷處。"

（七）與爭霸對手的鄰國結盟，迫使敵人兩面作戰

弧形中間地帶的諸強彼此間勢均力敵，要想單獨打敗對手，摘取霸主的桂冠，是相當困難的。此外，在南北對抗的形勢下，齊、晉與吳、楚之間被中原地帶分隔，沒有領土接壤，互相的交鋒需要長途跋涉，費時勞苦，大軍的糧草物資供應也很難解決。如果能夠和敵國的鄰邦結盟，在兩條戰線上進攻對手，這樣既改變了雙方的力量對比，又會造成敵人兵力分散、顧此失彼，陷入非常被動的局面。因此，這種戰略在春秋諸侯的爭霸鬥爭中獲得了廣泛的運用，具體情況分述如下：

其一，晉合秦、齊以敗楚。晉文公與楚爭霸時，先聯合秦國出師以伐都，從側翼襲擊楚國，取得了攻克商密，俘獲楚軍子儀、子邊的勝利[111]。晉兵在城濮與楚決戰時，亦有齊國的歸父、崔夭、秦小子慭領軍相助，促成其獲勝。

其二，楚與秦結盟抗晉。秦國在殽之戰後與晉反目為仇，楚國則乘機與秦聯盟，"嫁子取婦，為昆弟之國"[112]。如秦《詛楚文》追述："昔我先君穆公與楚成王，是僇力同心，兩邦若壹，絆以婚姻，衿以齋盟。"他們進行了一系列軍事合作，楚國從中獲益甚多。例如：

秦軍長期襲擾晉國西境，牽制和削弱了晉的兵力，有助於楚國在中原地帶開展爭霸作戰行動。秦國還曾直接派兵協同楚師進攻中原，如公

---

111 《左傳‧僖公二十五年》。
112 《戰國策‧齊策一》。

元前 547 年，秦楚合兵侵鄭[113]。楚國幾次遇到危難，得到秦軍的有力支持。如公元前 611 年，"楚大饑，戎伐其西南，至於阜山，師於大林。又伐其東南，至於陽丘，以侵訾枝。庸人帥群蠻以叛楚，麇人率百濮聚於選，將伐楚。"[114] 而秦國出師會合楚人滅庸，消除了重患。公元前 506 年，楚軍慘敗柏舉，吳師長驅入郢，楚國危在旦夕，秦亦派子蒲、子虎率兵車五百乘救楚，擊退吳師，扭轉了戰局，使楚國收復失地。

其三，晉聯齊、吳以制楚。秦楚結盟後，晉國腹背受敵，陷於被動；終在邲之戰中慘敗於楚，丟掉盟主地位。事後晉國總結教訓，調整戰略部署，積極與其他大國結盟，共同對付楚國。

晉聯齊。晉國在文公去世以後，西與秦國交惡，東與齊國的聯系也日趨淡漠。邲之戰失利，晉國霸業被楚取代，和失去齊國的支持也有一定關係。趙孟何曾就此論道："自晉文公卒，齊不復從晉盟，晉是以不競於楚，而歷三君，問不及齊。齊，東方大國也，晉不得齊，則諸侯不附。"[115] 楚國為了孤立晉國，亦與齊通使結好。[116] 晉國為了扭轉不利的局面，對齊採取了軟硬兼施的手段。一方面，伙同魯、衛、狄人，在鞌之戰中打敗齊軍，迫使齊與楚絕交，轉而支持自己；另一方面，為了籠絡齊國，又逼魯國割汶陽之田予齊。此後齊國多次參加晉國主持的盟會，並派兵助師伐秦、伐鄭，為晉厲公、悼公的復霸作出了貢獻。

晉通吳。晉景公派楚降將巫臣出使吳國，幫其訓練軍隊，並慫恿吳攻楚。"與其射御，教吳乘車，教之戰陳，教之叛楚。置其子狐庸焉，使為行人於吳。吳始伐楚、伐巢、伐徐……蠻夷屬於楚者，吳盡取

---

113 《左傳・襄公二十六年》："楚子、秦人侵吳，及雩婁，聞吳有備而還，遂侵鄭。"

114 《左傳・文公十六年》。

115 〔清〕顧棟高：《春秋大事表》卷 28《春秋晉楚爭盟表》，中華書局，1993 年。

116 《左傳・成公元年》魯臧宣叔言："齊楚結好，我新與晉盟，晉楚爭盟，齊師必至，雖晉人伐齊，楚必救之，是齊、楚同我也，知難而有備，乃可以逞。"

之" [117]，開闢了另一條對楚戰線。此後，楚國頻繁出兵應付吳之襲擾，疲於奔命，難以再投入大量兵員、財力與晉國在中原逐鹿了。

其四，楚聯越擊吳。"弭兵之會"以後，晉、楚平分霸權，在中原休戰；而楚國與東鄰吳國的交兵卻屢遭敗績，繼柏舉之戰失利、郢都棄守之後，公元前504年楚國水陸兩軍又受吳國重創，被迫遷都於鄀（今湖北省宜城市東南）以避其鋒 [118]。為了減緩吳國的軍事壓迫，楚與太湖之南的越國結盟，挑動它在背後襲擊吳境，牽制吳軍。楚王曾娶越女。《史記》卷40《楚世家》載昭王領兵救陳禦吳時患病，死於軍中，楚大臣相謀，"伏師閉塗，迎越女之子章立之，是為惠王。"《史記集解》服虔曰："越女，昭王之妾。"楚國群臣立庶出之子為君，主要考慮其母是越人，想以此來發展兩國的盟友關係，共同對吳作戰。

另外，輔助越王勾踐臥薪嘗膽、打敗吳國的兩位股肱之臣范蠡、文種都是楚人，還出任過要職。《史記》卷41《越王勾踐世家》《正義》引《吳越春秋》曰："大夫種姓文名種，字子禽。荊平王時為宛令。""（范）蠡字少伯，乃楚宛三戶人也。"二人由楚至越後主持軍政事務 [119]，《史記》卷41《越王勾踐世家》載："（勾踐）欲使范蠡治國政，蠡對曰：'兵甲之事，種不如蠡；鎮撫國家，親附百姓，蠡不如種。'於是舉國政屬大夫種。"越本是蠻夷小邦，能夠在二十餘年內富國強兵，滅亡吳國，范蠡、文種二人居功甚偉，楚國亦因此除掉了心腹大患。

---

117 《左傳‧成公七年》。

118 《左傳‧定公六年》："四月己丑，吳大子終累敗楚舟師，獲潘子臣、小惟子及大夫七人。楚國大惕，懼亡。子期又以陵師敗於繁揚。令尹子西喜曰：'乃今可為矣。'於是乎遷郢於鄀，而改紀其政，以定楚國。"

119 《史記》卷41《越王勾踐世家》《正義》引《越絕書》稱范蠡、文種二人推曆望氣而投奔越國，恐不足信；根據當時的軍事形勢和楚國的對越政策來看，他們應是接受楚國助越攻吳的使命而成行的。

四、餘論

春秋時期中原地帶的華夏、東夷諸侯及周朝王室在政治上呈分散衰弱的狀態，自大國爭霸的局面形成後，它們都要依附、服從於某個弧形中間地帶的強國，是後者兼併、役使和壓榨的首要對象。周邊地帶南部的蠻夷無足稱道，北部的戎狄雖然在春秋初年囂張一時，但不久便隨着齊、晉、秦等國的崛起而處於頹勢，向北方、西方步步退縮。"自宣迄昭六七十年，晉滅陸渾，兼肥、鼓，剗潞氏、留吁、鐸辰，戎狄之在河朔間者稍稍盡矣，獨無終以請和得存。"[120] 從地理角度來看，春秋的歷史主要是弧形中間地帶諸強領土由點到面的擴張史。齊、晉、秦、楚興起後，彼此保持着均勢，相互間的邊界變動也不大，它們的疆域擴展基本是靠"內取諸夏"和"外攘夷狄"來實現的，即兼併中原弱小諸侯和周邊少數民族的土地。降服中原各邦是諸強的首選作戰任務，它們制定的種種戰略也受到上述地理形勢的制約影響，多數內容圍繞着"盡力去佔領、控制中原地帶，將對手驅除或阻隔於中原之外"的目的。"弭兵之會"以後，隨着各個大國內部社會矛盾的激化，以及吳、越的崛起，諸強對中原核心區域 —— 鄭、宋等地的爭奪暫時停止，交戰的熱點地段向東轉移到了吳楚、吳齊之間的淮河、泗水流域，這一趨勢延續到戰國前期。列國變法、改革、圖強後再次掀起兼併狂潮，齊取泗上，韓國滅鄭，魏渡河據梁地，楚國進佔淮北，中原地帶被瓜分得所剩無幾，南北列強的軍事力量發生直接碰撞，不再通過第三國的中間地帶。更為重要的是，西方的秦國日益強盛，頻頻越過黃河、殽函和武關向東方進攻，六國被迫多次結盟抗秦，出現了東西兩大武裝集團對抗的形勢，舊的政治地理格局被徹底打破，而"合縱""連橫"等新的地緣戰略也開始登場了。

---

120 〔清〕顧棟高：《春秋大事表》卷 39《春秋四裔表·敍》，中華書局，1993 年。

魏在戰國前期的地理特徵與作戰方略

　　公元前 453 年，趙、魏、韓三家滅掉執政的智氏，瓜分了晉國的絕大部分領土，成為戰國前期政治舞台上最為活躍的新興勢力。它們一改春秋末葉晉國衰弱不振的頹勢，迅速向四鄰擴張，其中，魏國作為三晉聯盟的領袖，變法圖強，頻頻擊敗秦、齊、楚等大國，廣拓疆土。延至惠王時，他遷都大梁，戰功赫赫，鄰近諸侯多來聽命，甚至"乘夏車，稱夏王，朝為天子，天下皆從"[1]，登上盟主的寶座，使魏國的霸業升到頂點；但是不久後，其便在對外戰爭中連連告負，國勢一蹶不振，退居二流，被迫充當齊、秦等強國的附庸，而不再扮演主角。魏國崛起和暴跌的原因，前人有所分析。筆者則試從地理角度探討魏國作戰方略的形成背景和得失成敗。

一、三家分晉後的魏國疆域及其主要特徵

　　魏氏為姬姓，其祖係周文王之子，名高。武王伐紂，建立周朝後，分封高於畢（今陝西省西安市長安區附近），後代淪為庶民[2]。春秋時，畢

1　《戰國策・秦策四》。

2　《史記》卷 44《魏世家》："武王之伐紂，而高封於畢，於是為畢姓。其後絕封，為庶人，或在中國，或在夷狄。"

第五章　魏在戰國前期的地理特徵與作戰方略　*129*

萬從晉獻公征伐有功，受封於魏（今山西省芮城縣），為大夫，便以邑名為氏。至魏悼子時徙封於霍（今山西省霍州市），其子魏絳為晉悼公名臣，曾徙治安邑（今山西省夏縣），自後直到戰國初年更未遷都。

春秋後期，晉國已從汾澮流域的百里之地發展為北方首屈一指的大邦，綿延兩千餘里，跨有太行山脈兩側，並在黃河西岸、南岸佔據了若干領土，作為防禦秦、楚的外圍屏障[3]。三家分晉時，趙多得其北，韓獲其南，魏氏則佔有其中部地域，主要疆土可分為四處，程恩澤《國策地名考》曾引管同曰："魏地兼有河東、河內、河西、河外，約言之，龍門以東，據汾為河東，今汾、蒲、吉、解諸府州是；龍門以西為河西，今同、鄜等州是；太行之南，殷墟為河內，今彰德、衛輝、懷慶等府是；太華以東，虢略為河外，今陝州是。"下文予以詳述。

（一）河東

其主體在今山西省南部的運城盆地，以都城安邑為中心，西及南境面臨黃河河曲，東至垣曲與韓相鄰，北接晉君保有的領地——故都新田、絳、曲沃（今山西聞喜、絳縣、翼城、曲沃等，後三家滅絕晉祀，其地多入於魏）[4]。西北越過汾水，沿黃河東岸北上，又有北屈、蒲陽、猇（今山西省吉縣、隰縣、蒲縣、大寧縣及霍州市等地），與趙、韓領土接壤。河東是魏國諸部中面積最大的一塊，土厚水深，物產豐饒，又有河山環繞，利於阻滯敵人的進攻，顧祖禹稱其"東連上黨，西略黃河，南通汴、洛，北阻晉陽，宰孔所云景、霍以為城，汾、河、涑、澮以為淵，而子犯所謂表裏山河者也"[5]。《戰國策·魏策一》亦載："魏武侯與諸大夫浮於西河，稱曰：'河山之險，豈不亦信固哉？'王鍾侍王曰：

3　〔清〕顧棟高《春秋大事表》卷4《春秋列國疆域表·晉疆域表》後案，中華書局，1993年。

4　《史記》卷39《晉世家》："幽公之時，晉畏，反朝韓、趙、魏之君。獨有絳、曲沃，餘皆入三晉。"

5　〔清〕顧祖禹：《讀史方輿紀要》卷41《山西三》平陽府，中華書局，2005年，第1872頁。

'此晉國之所以強也！若善修之，則霸王之業具矣。'" 河東在春秋時便是晉國的經濟、政治重心。戰國時期，人們仍然習慣稱魏都安邑所在的河東地區為"晉國"[6]，或稱魏為"晉國"[7]，魏也自視為春秋晉之霸業的後繼者。

（二）河內

位於今豫北冀南的狹長地帶，北鄰趙境，東抵齊界，南臨黃河，與鄭、衛接壤。據鍾鳳年考證，該地"在河以北，西以濟源、孟、溫、武陟、獲嘉、新鄉、汲、淇、濬、臨漳為'河內'"，"並涉有河北之大名、廣平，山東之冠縣。"[8] 河內可分為兩部分，西部為晉之南陽，即今河南焦作、新鄉地區，因在太行山脈南麓、黃河北岸而得名[9]。此地原屬周朝王畿，公元前 635 年，晉文公出師勤王，天子"與之陽樊、溫、原、攢茅之田，晉於是始啟南陽"[10]。其治所在修武，《水經注·清水》曰："修武，故寧也，亦曰南陽矣。馬季長曰：晉地自朝歌以北至中山為東陽，朝歌以南至軹為南陽，故應劭《地理風俗記》云：河內，殷國也，周名之為南陽，又曰晉始啟南陽，今南陽城是也。"《修武縣志》亦曰："春秋南陽城在縣北三十里，又名安陽城。"戰國時南陽入魏，《史記》卷 5《秦本紀》載昭王三十三年，"魏入南陽以和"。《史記集解》引徐廣曰："河內修武，古曰南陽，秦始皇更名河內，屬魏地。"

6　《戰國策·趙策一》："且夫說士之計，皆曰：'韓亡三川，魏滅晉國，恃韓未窮而禍及於趙。'" 鮑彪注："晉國，謂安邑。"

7　《孟子·梁惠王上》："晉國，天下莫強焉，叟之所知也。" 清人劉寶楠著《愈愚錄》卷 4："《孟子》，梁惠王自稱'晉國'，魏人周霄亦自稱'晉國'。此晉國即指魏國也。" 清人程恩澤著《國策地名考》卷 18："案《元和志》，晉遷新田，今平陽絳邑縣也，戰國時屬魏。即晉涵曰：三家分晉，魏得之故都，故獨稱晉國。"

8　鍾鳳年：《〈戰國疆域變遷考〉序例》，《禹貢》第六卷第十期。

9　《左傳·僖公二十五年》。

10　《左傳·僖公二十五年》杜預注："在晉山南河北，故曰南陽。"

東部在太行山脈南端的東麓，包括今河南安陽地區與河北邯鄲以南的臨漳、魏縣、大名、廣平等地。該地為商朝故都近畿，春秋時屬衛國，後轉入晉。《漢書》卷28《地理志》載："（衛）懿公亡道，為狄所滅。齊桓公帥諸侯伐狄，而更封衛於河南曹、楚丘，是為文公。而河內殷虛，更屬於晉。"

河內的著名城市為鄴（今河北省臨漳縣），曾作為魏文侯的封邑和魏武侯的別都[11]，賢臣西門豹為令，多有治績。此外還有共（今河南省輝縣），是發現魏國墓群的集中地點之一，其中1950年以來發掘的固圍1、2、3號墓，在已知的魏國墓葬中規格最高，被認為是王室的異穴合葬墓[12]。汲縣在西晉時發現過魏國王墓，出土大量竹簡及鐘磬、玉器、銅劍，古書稱為"汲塚"。20世紀30年代汲縣山彪鎮亦發掘出戰國前期的魏國大墓，有隨葬的車馬，僅青銅器就有1447件之多，包括五件一組的列鼎[13]。

（三）河西

指魏國在晉陝交界之黃河河段西岸的若干領土，《史記》卷110《匈奴列傳》曰："（趙氏）其後既與韓魏共滅智伯，分晉地而有之，則趙有代、句注之北，魏有河西、上郡，以與戎界邊。"魏之河西亦可分為南北兩部。北為上郡，在今陝西延安地區；南部在渭水以北的少梁等地（今陝西省韓城市附近）。戰國初年，魏建立上郡、西河兩個行政區域，設守治理。如名將吳起曾任西河守，李悝曾任上郡（或作"上地"）守[14]。

---

11 《水經注》卷10《濁漳水》："（鄴）本齊桓公所置也，故《管子》曰：築五鹿、中牟、鄴，以衛諸夏也。後屬晉，魏文侯七年始封此地，改曰魏也。"《漢書》卷28上《地理志上》魏郡魏縣注引應劭曰："魏武侯別都。"

12 中國社會科學院考古研究所：《新中國的考古發現和研究》，文物出版社，1984年，第292頁。

13 李學勤：《東周與秦代文明》，文物出版社，1984年，第54—55頁。

14 《韓非子·內儲說上》《韓非子·外儲說左上》。

春秋前期，晉獻公兼併鄰邦，廣拓疆土，為了阻止秦人東進，不僅佔據殽函之險，並且越過黃河，在西岸建立了若干據點，構築城池保護幾處渡口。《史記》卷 39《晉世家》載："當此時，晉強，西有河西，與秦接境，北邊翟，東至河內。"秦穆公扶立晉惠公時，曾要求取得河西之地作為報酬，而後者深知該地的重要性，不惜在返國後食言拒絕，"惠公夷吾元年，使邳鄭謝秦曰：'始夷吾以河西地許君，今幸得入立，大臣曰：地者先君之地，君亡在外，何以得擅許秦者？寡人爭之弗能得，故謝秦。'" [15] 公元前 645 年，秦師伐晉，兵至韓原（今陝西省韓城市），尚未東渡黃河，晉惠公居然說："寇深矣，若之何？" [16] 顧棟高就此評論道："可見晉之幅員廣遠，鬥入陝西內地，不始於文公時，此亦可為秦晉疆域之一證也。" [17] 自殽之戰後，秦晉兩國干戈日興，河西城池成為雙方爭奪的重點，晉挾諸侯之師，佔有上風 [18]。

另外，晉國在文公時出兵驅逐白狄，佔領了陝北部分地區，便是後來的上郡。見《史記》卷 110《匈奴列傳》："當是之時，秦晉為強國，晉文公攘戎翟，居於河西圁洛之間。"《史記集解》引徐廣曰："圁在西河，音銀。洛在上郡、馮翊間。"《春秋大事表》卷 4《春秋列國疆域表·秦疆域論》亦曰："後晉文公初伯，攘白翟，開西河，魏得之為西河、上郡。白翟之地，為今陝西延安府，東去山西黃河界四百五十里。"《史記》卷 44《魏世家》載襄王五年："秦敗我龍賈軍四萬五千於雕陰。"《史記集解》引徐廣曰："在上郡。"《史記正義》引《括地志》云："雕陰故縣在鄜州洛交縣北三十里，雕陰故城是也。"其地在今陝西省甘泉縣南。

---

15 《史記》卷 39《晉世家》。

16 《左傳·僖公十五年》。

17 〔清〕顧棟高：《春秋大事表》卷 4《春秋列國疆域表·秦疆域論》，中華書局，1993 年。

18 《左傳·文公二年》："冬，晉先且居、宋公子成、陳轅選、鄭公子歸生伐秦，取汪及彭衙而還。"兩地在今陝西白水、澄城縣境。《左傳·文公十年》："春，晉人伐秦，取少梁。"

（四）河外

魏在黃河河曲、渭水以南的領土。廣義的"河外"包括河南與河西地區，而狹義的"河外"僅指今豫陝交界地區，西至華陰，東抵陝縣，南達上洛。如《左傳·僖公十五年》曰："賂秦伯以河外列城五，東盡虢略，南及華山。"杜預注："河外，河南也。東盡虢略，從河南而東盡虢界也。"楊伯峻注："今河南省靈寶市治即舊虢略鎮。""華山為秦、晉之界。"《史記》卷5《秦本紀》："魏將無忌率五國兵擊秦，秦卻於河外。"《史記正義》："河外，陝、華二州也。"《史記》卷69《蘇秦列傳》："秦攻趙，則韓軍宜陽，楚軍武關，魏軍河外。"《史記索隱》："河外謂陝及曲沃等處也。"

晉國初興時，獻公曾假道於虞，襲滅虢國，控制了豫西通道西段。虢國所在的陝地（今河南省三門峽市），西周時即被看作是天下之中，王畿以此分界，"自陝以東，召公主之；自陝以西，周公主之"[19]。該地北臨黃河，南據殽函，扼守關中通往豫東平原的要途，地理位置非常重要。公元前614年，"晉侯使詹嘉處瑕，以守桃林之塞"[20]，楊伯峻《春秋左傳注》曰："桃林塞在今河南省靈寶縣閿鄉以西，接陝西潼關界。瑕在今山西省芮城南，於桃林隔河相對，故處瑕即可守桃林，以遏秦師之東向。"此外，還有陝地附近的焦和曲沃。《史記·秦本紀》《正義》曰："《括地志》云：'焦城在陝州城內東北百步，因焦水為名。'周同姓所封，《左傳》云虞、虢、焦、滑、霍、陽、韓、魏皆姬姓也。杜預云八國皆為晉所滅。""《括地志》云：'曲沃在陝州陝縣西南三十二里，因曲沃水為名。'按：焦、曲沃二城相近，本魏地。"

魏之河外還有陝城以東、以南的"陰地"，原屬晉國。《左傳·哀

---

19 《史記》卷34《燕召公世家》。
20 《左傳·文公十三年》。

公四年》載楚襲蠻氏，"蠻子赤奔晉陰地"，杜預注："陰地河南山北，自上洛以東至陸渾。"《左傳·宣公二年》亦載："秦師伐晉，以報崇也，遂圍焦。夏，晉趙盾救焦，遂自陰地及諸侯之師侵鄭。"楊伯峻《春秋左傳注》："陰地，據杜注，其地甚廣，自河南省陝縣至嵩縣凡在黃河以南、秦嶺山脈以北者皆是。此廣義之陰地也。然亦有陰地，哀四年'蠻子赤奔晉陰地'，又'使謂陰地之命大夫士蔑'是也。今河南省盧氏縣東北，舊有陰地城，當是此地，此狹義之陰地也。"該地西南伸入陝南商洛地區，見《太平寰宇記》卷141《山南西道九》商州"上洛縣"條："《竹書紀年》曰：晉烈公三年（即魏文侯三十三年），楚人伐我南鄙，至於上洛。"

晉國曾把河外的西界推至華山之北，設立武城，用來保護豫西通道的出口；秦與晉、魏曾反覆爭奪該地，《讀史方輿紀要》卷54《陝西三》載華州"周畿內地，鄭始封邑也……後屬於晉……戰國為秦魏二國之境"，"武城，《括地志》云故城在鄭縣東北十三里。《左傳》文八年，秦伐晉，取武城。《史記》秦康公二年伐晉，取武城，以報令狐之役。又秦厲公二十一年，晉取武城。魏文侯三十八年伐秦，敗我武下，即武城下也。"

在上述四個地區之外，魏在今山西省東南部的上黨還有一些領土，參見：

《戰國策·秦策二》：

秦有安邑，則韓、魏必無上黨哉。

《戰國策·趙策一》：

秦盡韓魏之上黨，則地與國都邦屬而壞掣者七百里。

《戰國策·西周策》：

犀武敗於伊闕，周君之魏求救，魏王以上黨之急辭之。……
綦母恢謂魏王曰："秦悉塞外之兵，與周之眾，以攻南陽，而兩上
黨絕矣。"吳師道注："是時魏上黨被兵，若周、秦攻南陽，則魏
又當禦其攻而上黨必絕。"顧祖禹曰："上黨跨韓魏兩境，故曰兩
上黨。"[21]

《史記》卷 44《魏世家》：

今魏螫得王錯，挾上黨，固半國也。

《史記正義·趙世家》：

秦上黨郡，今澤、潞、儀、沁等四州之地，兼相州之半，韓總
有之。至七國時，趙得儀、沁二州之地，韓猶有潞州及澤州之半，
半屬趙、魏。

《史記》卷 43《趙世家》：

秦廢帝請服，反高平、根柔於魏。（《史記正義》曰："反，還也。
《括地志》云：'高平故城在懷州河陽縣西四十里。'《紀年》云魏哀
王改向曰高平也。"）

21 〔清〕顧祖禹：《讀史方輿紀要》卷 49《河南四》懷慶府，中華書局，2005 年，第 2285 頁。

出土魏國布幣文字又有"高都"，地在山西晉城東北。魏在晉東南佔地甚少，周圍與韓境相鄰，其地理位置處於河東與河內之間；戰國初年，聯繫兩地的太行要徑——軹道尚在韓人手中，來往不得自由。

三家分晉時，趙氏因在消滅智氏的戰爭中犧牲慘重，貢獻最大，故所獲領土較多。如《戰國策・趙策一》載"昔者知氏之地，趙氏分則多十城"。魏國疆域雖不如趙之廣袤，但是具有很多有利條件。

一是資源豐足。韓、趙兩家的領土，總的來說較為貧瘠，物產欠乏。如《漢書》卷28《地理志》載："趙、中山地薄人眾。"張儀則稱："韓地險惡，山居，五穀所生，非麥而豆；民之所食，大抵豆飯藿羹；一歲不收，民不饜糟糠。地方不滿九百里，無二歲之所食。"[22] 而魏國的情況有所不同，河東所在的運城盆地土壤肥沃，並有涑、澮、汾諸水的灌溉，利於農作物的墾殖。戰國初年，李悝為相，推行"盡地力之教"，發展精耕細作，提高土地的利用率和單位面積產量，遂使國家富強。

魏國東部的河內，背依太行山麓，有淇水、洹水、漳水的溉注。當地土壤中含有鹽鹼，即所謂"斥鹵之地"，《尚書・禹貢》稱其為"白壤"，本來是不利於墾種的。但在戰國時期，由於鐵製工具的普遍推廣，為水利的開發提供了條件。魏國先後任命西門豹、史起為鄴令，開鑿灌渠，治理洪患，並引水沖洗土壤中的鹽分，促成了河內的農業繁榮[23]，甚至在河東受災時，能夠向其支援餘糧，並接收那裏的移民[24]。

魏國還蘊藏着豐富的礦產資源。《漢書》卷28下《地理志》稱："河東土地平易，有鹽鐵之饒。"著名的鹽池在魏都安邑之南，"池長

---

22 《戰國策・韓策一》。

23 《史記》卷126《滑稽列傳》："西門豹即發民鑿十二渠，引河水灌民田，田皆溉。……至今皆得水利，民人以給足富。"《漢書》卷29《溝洫志》："於是以史起為鄴令，遂引漳水溉鄴，以富魏之河內。民歌之曰：'鄴有賢令兮為史公，決漳水兮灌鄴旁，終古舄鹵兮生稻粱。'"

24 《孟子・梁惠王上》載惠王曰："寡人之於國也，盡心焉耳矣。河內凶，則移其民於河東，移其粟於河內。河東凶亦然。"

五十一里，廣六里，周一百一十四里。紫色澄渟，渾而不流，水出石鹽，自然凝成，朝取夕復，終無減損。……又有女鹽池，在解州西北三里，東西二十五里，南北二十里，其西南為靜林等澗。服虔曰：土人引水沃畦，水耗土自成鹽處也”[25]。《左傳·成公六年》載晉國朝議遷都時，“諸大夫皆曰：必居郇、瑕氏之地，沃饒而近監，國利君樂，不可失也”。楊伯峻《春秋左傳注》：“監即鹽池，今曰解池。《穆天子傳》：至於監。《說文》：監，河東鹽池。均可以為證。”河東鹽池儲量巨大，加工簡單方便，是當時內陸最大的產鹽地，有着廣闊的銷售市場。《史記》卷 129《貨殖列傳》稱“山東食海鹽，山西食鹽滷”，後者主要指的是河東鹽池所產的硝鹽，它給魏國帶來的利潤是非常可觀的。

　　河東的銅礦資源在北方亦有名聲，據成書於戰國時期的《山海經》記載，天下產銅之山共有 29 處。經郝懿行《山海經箋疏》和吳任臣《山海經廣注》研究，在河東者有兩處，即今山西省平陸縣境的陽山和垣曲縣的鼓鐙之山[26]。另外，1958 年，考古工作者在山西運城的洞溝還發現了一座古代銅礦遺跡，據分析，其開採歷史可從先秦延續到東漢。[27] 河東又“有鹽鐵之饒”，南部的中條山脈是我國北方冶鐵的發源地之一。[28] 較為豐富的鐵礦儲量使魏國得以開採冶煉，促進其經濟的發展。魏都安邑的故地 —— 山西夏縣曾發現過大批戰國時期冶銅的陶範，以及不少戰國前期的鐵工具，表明當地金屬鑄造業的發達。後來西漢政府在安邑、絳、皮氏等地設置鐵官，就是對前代魏、秦鐵官的繼承。

---

25 〔清〕顧祖禹：《讀史方輿紀要》卷 39《山西一》，中華書局，2005 年，第 1792—1793 頁。

26 史念海：《河山集》，人民出版社，1978 年，第 86 頁注②。

27 安志敏、陳存洗：《山西運城洞溝的東漢銅礦和題記》，《考古》1962 年第 10 期。

28 “據研究，最初的鐵冶脫胎於銅冶，故而先秦的鐵銅共生帶如秦嶺北緣、中條山、太行山、桐柏山、魯山都是鐵冶的發軔地。”郭聲波：《歷代黃河流域鐵冶點的地理佈局及其演變》，《陝西師範大學學報》1984 年第 4 期。

河東等地的沃饒，為魏國早期的對外征伐提供了充足的兵員勞力和糧草財賦，奠定了其霸業興盛的經濟基礎。

二是交通便利。魏國的地理位置處於中國大陸的核心，水道旱路四通八達，和其他地域的往來十分方便。魏國境內的汾水、涑水、澮水均可航行舟船，入河溯渭，溝通秦晉兩地。魏都安邑處在幾條道路交會的中心，北過絳、平陽、晉陽，即可直達代北。東去垣曲，逾王屋山，穿過軹道，便進入華北平原。南由茅津（今山西省平陸縣）或封陵（今山西省風陵渡鎮）渡河，經豫西走廊東出殽函，就是號稱“天下之中”的周都洛陽。西越桃林、華下，又能抵達關中平原。還可以從西境的岸門（今山西省河津市）、蒲阪（今山西省永濟市）等地渡河入秦。交通條件的便利，不僅使魏國商旅雲集，貿易發達，而且便於軍隊調遣，有助於各個方向的兵力運動。

三是多據要樞。魏國的疆土南北狹而東西長，多在黃河中游兩岸，佔據了許多關塞津渡，能夠控制當時的幾條主要交通幹線，在軍事上處在極為有利的位置。例如，黃河自河曲折向東流，阻隔南北，為天下巨防。顧祖禹曾論述道：“河南境內之川，莫大於河；而境內之險，亦莫重於河；境內之患，亦莫甚於河。蓋自東而西，橫亙幾千五百里，其間可渡處，約以數十計，而西有陝津，中有河陽，東有延津，自三代以後，未有百年無事者也。”[29] 這裏提到的最為重要的三處渡口 —— 陝津、河陽（孟津）、延津，都在魏國的版圖之內，由此可見魏國掌握着南北交通要道上的幾座樞紐。

戰國時期，聯繫東、西方（山東、山西）兩大經濟區域的陸路幹線，主要有兩條。

一是豫西通道。從關中平原沿渭水南岸東行，過華陰，入桃林、殽

---

29 〔清〕顧祖禹：《讀史方輿紀要》卷 46《河南一》，中華書局，2005 年，第 2102—2103 頁。

函之塞，穿越豫西的丘陵山地，經洛陽、成皋、滎陽至管城（今河南省鄭州市），到達豫東平原。魏國佔領了豫西走廊的西段，並屯兵於號稱"關中喉舌" [30] 的華下，既保護了通道的出口，阻止秦人東進，又能威脅無險可守的涇渭平原，從而把握了作戰的主動權。

二是晉南豫北通道。由渭水北岸的臨晉（今陝西省大荔縣）東渡黃河，沿中條山北麓東行，從軹（今河南省濟源市西北）穿過太行山南麓與黃河北岸之間的狹長走廊，便進入河內所在的冀南平原。走廊的西端為軹道，戰國初年屬韓；其東段的南陽歸屬魏國。《讀史方輿紀要》卷49《河南四》稱該地"南控虎牢之險，北倚太行之固，沁河東流，沇水西帶，表裏山河，雄跨晉衛，舟車都會，號稱陸海"，形勢十分重要。而河內東部的安陽、鄴地屏護延津，隔阻趙、齊，扼守南北要途，也具有極高的戰略地位，顧祖禹稱其"西峙太行，東連河濟，形強勢固，所以根本河北而襟帶河南者也" [31]。

上述兩條幹線的幾處關鍵路段被魏國控制，給它西方和東方的鄰國 —— 秦、齊、趙的兵力運動帶來了很大困難，使各國無法將軍隊順利投送到當時諸侯爭奪的熱點區域 —— 中原地帶。受制最為嚴重的要屬秦國，顧棟高曾指出，春秋乃至戰國前期，秦與晉、魏交戰雖互有勝負，"然終不能越河以東一步，蓋有桃林以塞秦之門戶，而河西之地復犬牙於秦之境內，秦之聲息，晉無不知。二百年來秦人屏息而不敢出氣者，以此故也" [32]。

魏國在戰國初年能夠迅速發展壯大，成為三晉領袖、諸侯盟主，除了政治、經濟等方面的原因，地理條件的積極影響也是不容忽視的。但

---

30 "（華）州前據華嶽，後臨涇渭，左控桃林之塞，右阻藍田之關，自昔為關中喉舌，用兵制勝者必出之地也。"〔清〕顧祖禹：《讀史方輿紀要》卷 54《陝西三》，中華書局，2005 年，第 2583 頁。

31 〔清〕顧祖禹：《讀史方輿紀要》卷 16《北直七》"大名府"條，中華書局，2005 年，第 696 頁。

32 〔清〕顧棟高：《春秋大事表》卷 4《春秋列國疆域表・秦疆域論》，中華書局，1993 年。

是，**魏國**的領土狀況也有不利因素，制約和局限了它的防禦及擴張，詳述如下：

其一，土狹民眾。**魏**在戰國之初的主要疆土 —— 河東、河內，盡管農業發達，可是由於人口繁衍，居住密集，致使耕地面積相對不足，成為突出的社會矛盾。如《史記》卷 129《貨殖列傳》所稱：“夫三河在天下之中，若鼎足，王者所更居也，建國各數百千歲。土地小狹，民人眾。”《商君書·徠民》亦稱：“秦之所與鄰者三晉也，所欲用兵者韓、魏也。彼土狹而民眾，其宅參居而並處，其寡萌賈息民，上無通名，下無田宅，而恃奸務末作以處。人之復陰陽澤水者過半。此其土之不足以生其民也。”李悝在魏推行“盡地力之教”，就是希望利用有限的耕地資源，提倡精耕細作，來克服上述困難。再者，對**魏國**來說，急需向外開疆拓土，像齊、秦、楚、越那樣，成為地方千里乃至數千里的泱泱大國，從根本上解決問題。

其二，分割零散。**魏**在三家分晉後的疆土，除了河東地區較為完整，其他各處面積不大，又受到黃河與中條、王屋、太行諸山及韓、趙、秦等國領土的分隔，顯得支離破碎，相互間的來往聯繫多有不便。如河內、陝、華、西河、上郡等地，孤懸於河東本土之外，有山川相阻，且遭到強鄰的嚴重威脅，處境險惡。鍾鳳年先生曾對此評論道：“（魏國）諸部最大者為河東，跨今縣二十三；餘者，或微逾十縣，或五六縣，最小者不及三縣。地勢如此畸零，平時需逐處設備，一部告警，則徵調困難，實不易於立國。”[33] **魏國**君臣面臨的要務之一，就是需將河東以外的各地拓展相連，藉以鞏固國防，保障安全。

33　鍾鳳年：《〈戰國疆域變遷考〉序例（續）》，《禹貢》第七卷第六、七合期。

二、從戰國前期魏之用兵方向和次序分析其地緣戰略

戰國初年，魏國的疆域和人口有限，擁有的兵力並不充足[34]。因為領土分割零散，四處設防，佔用了不少常備軍隊，能夠集中起來投入進攻的只有 5 萬—7 萬人[35]。這個因素造成了當時魏國用兵的一些特點：

第一，維持三晉聯盟，共同對外作戰。由於魏兵員不足，又屬於"四戰之國"，不能樹敵太多。三家分晉以後，尚未得到周天子的承認，在政權統治上還有待鞏固，所以有必要聯合盟友，以增強自己的力量。有鑒於此，魏文侯一向把鞏固韓、趙兩家的睦鄰關係作為基本國策。例如："韓、趙相難，韓索兵於魏，曰：'願得借師以伐趙。'魏文侯曰：'寡人與趙兄弟，不敢從。'趙又索兵以攻韓，文侯曰：'寡人與韓兄弟，不敢從。'二國不得兵，怒而反，已乃知文侯以講於己也，皆朝魏。"[36] 另一方面，魏文侯在對秦、齊、楚國作戰時，往往是和韓、趙兩國一起行動，其結果是獲得了戰爭的勝利[37]。

第二，集中兵力，依次打敗對手。除了盟友韓、趙，魏的鄰國多是宿仇舊敵，如秦、齊、楚等，且地廣兵強，不易戰勝。魏國此時還沒有足夠的力量同時出擊，為了確保獲勝，總是把有限的軍隊集結起來，每

---

34 春秋後期晉國的兵力，據《左傳·昭公十三年》載平丘之會，晉"治兵於邾南，甲車四千乘"。按《左傳·成公元年》《正義》引《司馬法》："長轂一乘，馬四匹，牛十二頭，甲士三人，步卒七十二人。"四千乘合三十萬人，還應加上留守部隊千乘左右，共有五千乘，約四十萬人。見《左傳·昭公五年》："（晉）因其十家九縣，長轂九百。其餘四十縣，遺守四千。"還可參見童書業：《春秋左傳研究》（94）軍數，上海人民出版社，1980 年。韓連琪：《周代軍賦及其演變》，《文史哲》1980 年第 3 期。三家分晉後，魏國有軍隊十餘萬人，除去守境者，其機動兵力只有數萬人。

35 《吳子·勵士》載吳起曰："今臣以五萬之眾，而為一死賊，率以討之，固難敵矣。"《尉繚子·制談》："有提十萬之眾，而天下莫當者誰？曰吳起也。"

36 《戰國策·魏策一》。

37 《史記》卷 5《秦本紀》載孝公元年令曰："會往者厲、躁、簡公、出子之不寧，國家內憂，未遑外事，三晉攻奪我先君河西地。"《水經注·瓠子河》引《竹書紀年》："晉烈公十一年，……（齊）田布圍廩丘，（魏）翟角、趙孔屑、韓師救廩丘，及田布戰於龍澤，田布敗逋是也。"《水經注》卷 26《汶水》引《竹書紀年》："晉烈公十二年，王命韓景子、趙烈子、（魏）翟員伐齊，入長城。"《史記》卷 40《楚世家》："悼王二年，三晉來伐楚，至乘丘而還。"

次只在一個戰略方向發動攻勢。從魏文侯在位時對外的戰況來看，魏國先後主動進攻秦、中山、齊與中原地帶的鄭、宋等國，其用兵具有階段性，作戰意圖十分明顯，都是在取得預期的目標後轉移兵力，投入另一戰場，其他地區隨即改為防禦。按時間順序為：公元前419—前408年，於河西、河外伐秦；公元前408—前406年，伐滅中山；公元前405—前404年，伐齊；公元前400年以後，伐鄭、宋、楚等。

此後魏武侯、魏惠王繼續向鄭、宋等國所在的中原地帶投入主力軍隊，廣拓疆土，取得了赫赫戰果，直至"逢澤之會"，惠王率諸侯朝天子，登上了霸主的寶座。可以說，魏國在戰國前期實施的戰略收效顯著，獲得了很大的成功。但是，魏國統治者為甚麼要採取這樣的用兵次序和作戰方向？它和當時的地理形勢及魏國的領土特徵有何必然聯繫？筆者將在下文試作分析。

戰國前期的政治勢力，大致可以分為三類：

一類是華夏與東夷中小諸侯。立國於中原地帶（黃河、泰山以南，嵩高、外方以東，桐柏、大別山及淮河以北）的鄭、宋、魯、衛等華夏舊邦，以及淮北、泗上的眾多小國 —— 莒、鄒、杞、蔡、薛、郯、任、滕、邿等。這些國家國力較為弱小，自春秋諸侯爭霸以來，就是強國吞噬、奴役的主要對象。

另一類是戎狄蠻夷。活動於中國大陸周邊地帶的部族、邦國，如北方的遊牧民族東胡、樓煩、林胡、義渠、烏氏、西羌等，南方務農又兼營漁獵的百越、群蠻和文明程度略高的巴、蜀等。它們也是大國兼併、驅除的目標。

第三類是強國。如齊、晉（三晉）、秦、楚、越等大國，地廣兵強，歷史上充當過海內或地區性的霸主，是戰國前期政治舞台上最為活躍的主角。它們的疆土從山東半島向西推移，經過河北平原、山西及陝北高原、關中平原，再由陝南和豫西丘陵折而向南，括南陽盆地、江漢平原轉向東方，經江淮平原抵達海濱，呈現出一個巨大的弧形。在地理位置上，上述強國的領域正好位於中原和周邊地帶之間，將華夏與東夷中小諸侯國家包圍起來，而這些強國則又被外圍的戎狄蠻夷所環繞。

上述的地理格局和春秋時期政治力量的地域分佈態勢基本相同。從春秋歷史來看，齊、晉、秦、楚、吳幾大強國間的戰爭互有勝負，維持着均勢狀態；它們的領土擴張主要是靠兼併弱鄰完成的，即所謂"內取諸夏，外攘夷狄"，向中原和周邊地帶發展勢力。從春秋時期的歷史來看，大國成長稱霸都需要一定的地理條件，即與實力相對較弱的中小諸侯、戎狄蠻夷有着較長的共同邊界。列強崛起的首要步驟，是選擇弱小邦國、部族作為用兵對象，在不太耗費兵員財力的情況下擴展領土，充實國力，待到羽翼豐滿時再與其他強國交鋒。如《左傳・襄公二十九年》魯叔侯曰："虞、虢、焦、滑、霍、楊、韓、魏，皆姬姓也，晉是以大。若非侵小，將何所取？"豫東、魯南和淮北平原，地勢平坦，沃野千里，經過華夏與東夷中小邦國的開發，經濟富庶，物產豐饒，軍事力量又比較弱小，因此是強國侵略爭奪的首選對象。在向中原用兵不利的情況下，諸強還可以轉而侵吞戎狄蠻夷的土地，如晉國群臣所言："狄之廣莫，於晉為都，晉之啟土，不亦宜乎。"[38] 秦、楚兩國進兵中原受挫後，也轉而出師夷狄，亦大有收穫。像秦穆公"用由余謀伐戎王，益國十二，開地千里，遂霸西戎"[39]；楚共王敗於鄢陵，還能"撫有蠻夷，奄征南海"[40]。但是，魏國在戰國初年的疆域卻沒有這種便利條件，其地北臨趙，西臨秦，與戎狄少有接壤，河內又東與齊國交界。它在河外的陰地南鄰楚、韓，東進中原的豫西通道出口被韓國控制。魏國大部分的疆界和強國接壤，多處遭受嚴重威脅，交鋒亦難以獲勝。只有東南方向的河

---

38 《左傳・莊公二十八年》。

39 《史記》卷5《秦本紀》。

40 《左傳・襄公十三年》。

內一隅，面對黃河以南的鄭、宋、衛等弱鄰；不過，在這個理想的用兵方向上作戰，正面比較狹窄，使魏國的發展受到很大局限。

戰國前期，諸強的主要用兵方向仍然是在中原地帶，力圖兼併和支配當地的華夏與東夷中小諸侯。例如，齊國極力進攻泰山以南的魯、莒、薛、鄒等，佔據了大片土地。《史記·魯仲連鄒陽列傳》《索隱》注"齊南陽"曰："即齊之淮北、泗上之地也。"《史記》卷46《田仲敬完世家》載齊威王曰："吾臣有檀子者，使守南城，則楚人不敢為寇東取，泗上十二諸侯皆來朝。"

楚國也積極地在這一區域展開軍事行動。《史記》卷40《楚世家》載："（惠王）四十二年，楚滅蔡。四十四年，楚滅杞，與秦平。是時越已滅吳，而不能正江、淮北；楚東侵，廣地至泗上。……簡王元年，北伐滅莒。"《史記正義》曰："《括地志》云：'密州莒縣，故國也。'言'北伐'者，莒在徐、泗之北。"

遠在江南立國之越，亦頻頻向淮北出擊。《孟子·離婁下》載："曾子居武城，有越寇。或曰：'寇至，盍去諸？'……寇退，曾子反。"武城在今山東省費縣西南。據《竹書紀年》記載，越王朱句三十四年（前419）滅滕（今山東省滕州市西南），次年滅郯（今山東省郯城縣北）[41]；越王翳時（約前404）滅繒國（今山東省棗莊市東）[42]。

魏之盟友韓國也對東略鄭、宋，向中原擴張領土早有預謀，《戰國策·韓策一》載："三晉已破智氏，將分其地。段規謂韓王曰：'分地必取成皋。'韓王曰：'成皋，石溜之地也，寡人無所用之。'段規曰：'不然。臣聞一里之厚而動千里之權者，地利也；萬人之眾而破三軍者，不意也。王用臣言，則韓必取鄭矣。'王曰：'善。'果取成皋。至韓之取

---

41 《史記》卷41《越王勾踐世家》《索隱》引《竹書紀年》，《水經注·沂水》載《竹書紀年》。

42 《戰國策·魏策四》："繒恃齊以悍越，齊和子亂而越人亡繒。"蒙文通：《越史叢考》，人民出版社，1983年，第129—130頁。

鄭也，果從成皋始。"韓武子即位後，把都城由平陽（今山西省臨汾市西北）遷到河南的宜陽，後又徙至陽翟[43]，便於向東、南發展，與楚爭奪鄭、宋的土地。

從魏國的歷史來看，它也和諸強一樣，把黃河以南的中原地帶作為重點進攻區域，投入大量兵力；並於公元前 361 年遷都至大梁，將河南地區作為新的根據地，完成了統治重心的轉移。但是，魏國並沒有在一開始就南向作戰，而是先打敗東西兩翼的鄰國秦、中山、齊，原因主要有以下幾點。

其一，直接進軍中原，必然激化魏與齊、楚及鄭、宋等國的矛盾，受到多股敵對力量的抗擊，難以獲勝。魏在東方的主要敵人是齊國，齊在戰國初年所奉行的策略之一，便是遠交近攻，侵略較近的魯、衛及淮泗小國，與距離自己較遠而迫近晉地的鄭國結盟，來阻撓晉（或是後來的三晉）對河南的攻掠。如公元前 468 年，"晉荀瑤帥師伐鄭，次於桐丘，鄭駟弘請救於齊"[44]，齊師來援，晉人不願同時與兩國交鋒，統帥智伯曰："我卜伐鄭，不卜敵齊。"[45] 只得被迫退兵。公元前 464 年，晉國再次伐鄭，齊兵"救鄭，晉師去"[46]。《史記》卷 15《六國年表》又載齊宣公四十八年，"與鄭會於西城。伐衛，取毌。"對魏國來說，不先打敗齊國，中原方向的軍事行動是無法順利推進的。

其二，魏國的本土河東，受到秦國的嚴重威脅。秦是晉國的宿敵，自春秋中葉以來，兩國隔河相峙，互有征伐百餘年。晉國阻秦東進之路，使其不能得志於中原。而秦國在晉臥榻之側，僅有一水相隔，晉之

43 《戰國策·秦策二》："宜陽未得，秦死傷者眾，甘茂欲息兵。"高誘注："宜陽，韓邑，韓武子所都也。"《呂氏春秋·審分覽第五·任數》高誘注："（韓）康子與趙襄子共滅智伯而分其地，生武子，都宜陽。"《元和郡縣圖志》卷 5《河南道一》："陽翟縣，本夏禹所都，春秋時鄭之櫟邑，韓自宜陽移都於此。"

44 《左傳·哀公二十七年》。

45 《左傳·哀公二十七年》。

46 《史記》卷 15《六國年表》。

都城腹地的安全亦得不到可靠保障。戰國以降，晉國先後爆發了六卿的混戰與韓、趙、魏滅智氏的鬥爭，內亂不斷。三家分晉後，又在 30 餘年內忙於鞏固統治，恢復發展力量，無暇外顧。所以秦在戰國初年乘機發動攻勢，頻頻削弱晉及後來之魏國的勢力和影響。具體表現為以下幾方面：

（1）招納亡叛。智氏集團被韓、趙、魏打敗後，殘餘勢力逃奔秦國，得到秦之庇護，繼續與三晉為敵。如《史記》卷 15《六國年表》載公元前 452 年，"晉大夫智開率其邑來奔"；公元前 448 年，"晉大夫智寬率其邑人來奔"。

（2）伐大荔，取臨晉。大荔是春秋戰國之際較強的西戎部族，活動在黃河以西的洛水下游地區[47]，其王城在河西的重要渡口臨晉（今陝西省大荔縣），對岸便是魏國要津蒲阪（今山西省永濟市），在此渡河後沿涑水而行即可抵達魏都安邑，是秦晉之間的交通樞紐，為兵家所必爭。《元和郡縣圖志》卷 2《關內道二》載："朝邑縣，本漢臨晉縣地。大荔國在今縣東三十步，故王城是也。……縣西南有蒲津關。河橋，本秦後子奔晉，造舟於河，通秦晉之道，今屬河西縣。"大荔戎盤踞此地，築城固守，立國二百餘年。公元前 461 年，秦國打敗大荔，兵臨黃河之濱。《史記》卷 5《秦本紀》載是年"以兵二萬伐大荔，取其王城"，《史記集解》引徐廣曰："今之臨晉也。"秦據此地，作為侵伐河東的橋頭堡，一來直接威脅魏國腹地、都城的安全；二來逼迫大荔部族屈服，成為秦之附庸，共同對魏作戰（公元前 338 年，秦孝公出兵與大荔之戎共圍魏之合陽城，即是一例），使形勢發生了對魏國不利的變化。

---

47 《後漢書》卷 87《西羌傳》："洛川有大荔之戎。……是時（戰國）義渠、大荔最強，築城數十，皆自稱王。"李賢注："洛川即洛水。大荔，古戎國，秦獲之，改曰臨晉，今同州城是也。"

（3）沿河修築城塹，加強防務。《史記》卷 15《六國年表》載秦厲共公十六年（前 461），"塹阿（河）旁，伐大荔，補龐戲城"。舒大剛指出："阿旁即河旁，阿、河古字通用。龐戲城即彭衙，亦即龐戲氏。《秦本紀》武公元年'伐彭戲氏'。《正義》云：'戲音許宜反，戎號也。蓋同州彭衙故城是也。'繆公三十四年，'孟明視等伐晉，戰於彭衙'。《集解》引杜預：'馮翊合陽縣西北有衙城。'《正義》引《括地志》：'彭衙故城在同州白水縣東北六十里。'……彭衙即彭戲之異譯。彭又與龐同聲，故彭戲城即龐戲城。地望在白水、合陽之間，即今大荔縣北。大荔、河旁、龐戲臨近，因此，秦師一出，乃得塹河旁、伐大荔、補龐戲城，一石三鳥，緣其同在一域之故。"[48] 彭衙亦為河西要鎮，在大荔之北，春秋時於秦晉之間數次易手，戰國初年被秦出師滅大荔時順勢攻克，因其舊城駐守，僅加以修補。

《史記》卷 15《六國年表》秦靈公十年（前 415），"補龐，城籍姑"，《史記索隱》案："龐及籍姑皆城邑之名。補者，修也，謂修龐而城籍姑也。"《史記·秦本紀》靈公十三年（前 412）"城籍姑"，《史記正義》引《括地志》云："籍姑故城在同州韓城縣北三十五里。"這裏提到的"籍姑"在魏國河西重鎮少梁之北，秦派兵奪取後築城屯兵，對少梁形成半包圍，使其呈背水作戰之劣勢。

（4）越河侵襲晉（魏）國城邑。《史記》卷 15《六國年表》載公元前 467 年，"（秦）庶長將兵拔魏城"。魏城在今山西省芮城縣境，濱於黃河。《元和郡縣圖志》卷 6《河南道二》載："芮城縣，……黃河在縣南二十里。故魏城，春秋晉滅之，封畢萬是也，在縣北五里。"

秦國經過上述一系列的軍事行動，南服大荔，佔領臨晉、彭衙，切斷了少梁與渭水以南的魏河外諸城之聯繫；北奪籍姑，又阻隔了少梁

48　舒大剛：《春秋少數民族分佈研究》，文津出版社，1994 年，第 170—171 頁。

與上郡的交通；使魏國在河西、河外的領土分為三段，其中部的西河僅剩少梁一座孤城。秦國的防線已推至河旁，與魏共有黃河天險，隨時可以進軍河東，攻擊魏國腹地，對魏形成嚴重威脅，使其如鯁在喉，不得不除。相形之下，齊、楚等強國距離魏本土河東較遠，威脅並不大；臥榻之側的秦國則是心腹之患，如果置之不理，出師東方，國內兵力空虛，很可能遭受秦國的致命襲擊。因此，魏國把與齊、楚爭奪中原的宏遠目標暫且擱置，而首先選擇秦國作為打擊對象，以解決門庭之患。

況且，齊國的田襄子執政以來，忙於將親屬派往各地執掌官職，篡奪權力，因為害怕受到諸侯的干涉，故對外採取睦鄰政策，息事寧人；只要三晉不發兵東向，不侵犯其利益，齊國則儘量避免和它們發生衝突[49]，魏國也可以暫時不用擔心東方的侵襲。而秦國自厲公去世以後，因君主廢立問題多次發生動亂，受到內耗的削弱，客觀上有利於魏國向河西的進攻。如《史記》卷5《秦本紀》所稱："秦以往者數易君，君臣乖亂，故晉復強，奪秦河西地。"所以，魏國便開始了對秦作戰的軍事行動。

（一）伐秦

公元前419年，魏國在河西重鎮少梁築城，加強這個渡口的防衛，以此作為向西方進攻的前哨基地，結果引起了秦國的猛烈反擊。《史記》卷5《秦本紀》載，靈公六年"晉城少梁，秦擊之"。《史記》卷15《六國年表》則載秦在第二年（前418）再次發動攻勢，"與魏戰少梁"，但是沒有取得預期的效果。魏國保住了陣地，並在下一年（前417）"復城少

---

49 《史記》卷46《田敬仲完世家》："田襄子既相齊宣公，三晉殺知伯，分其地。襄子使其兄弟宗人盡為齊都邑大夫，與三晉通使，且以有齊國。"

梁",繼續強化該地的防衛。秦國同年則"城塹河瀕,初以君主妻河",即在黃河沿岸築城設壘,削陡河岸使之成為防禦工事,並以公主殉祭河神,藉以祈求神靈保佑秦國在和魏國的交戰中獲勝。

籌備數年之後,魏國正式向秦發動進攻,於公元前413年出兵河外,在鄭(今陝西省渭南市華州區)大敗秦軍。見《史記》卷15《六國年表》秦簡公二年(前413),"與晉戰,敗鄭下"。次年,魏太子擊率軍圍攻少梁以北的繁龐(今陝西省韓城市境),得手後即將不可靠的原地居民逐出,更以魏人駐守。公元前409—前408年,魏文侯任用名將吳起領兵,自少梁南伐,拔秦五城,渡過渭水後到達鄭地,在先後攻佔的臨晉、元里(今陝西省澄城縣南)、洛陰(今陝西省大荔縣西)、合陽(今陝西省郃陽縣東南)築城戍守,迫使秦人退據洛水,"塹洛",又築長城以拒魏師。通過上述進攻,魏國廣拓領土,全據河西之地,將西河與上郡、河外三地連成一片,使黃河河曲成為魏國的內河,消除了秦國對河東的直接威脅,建立了鞏固的外圍安全屏障。

(二)伐中山

吳起在河西作戰大獲全勝後,魏國迅速改變了用兵的主攻方向,於公元前408年轉移主力,進攻中山,而對秦國只留下少數兵力,採取防禦態勢。究其原因,這和魏國側重在東方、中原地帶擴張發展的戰略構想有關。

中山是白狄鮮虞部建立的國家,位於今河北省中部。張琦《戰國策釋地》曰:"考中山之境,自今直隸保定府之唐縣、完縣,真定府之獲唐、井陘、平山、靈壽、無極、定州、新樂、行唐、曲陽,兼有冀州之地。《通典》曰中山都靈壽。《世本》則曰:中山武公居顧,桓公徙靈壽。"其地西倚太行,扼守井陘要道,控制了山西高原通往河北的一條險途;又北屏燕境,南臨趙國的東陽、邯鄲,東與強齊相鄰,處在黃河以北幾大強國之間的樞紐地段，位置相當重要。《戰國策·秦策二》稱："中山之地方五百里。"疆土亦不算小。鮮虞原是遊牧民族，自春秋時入居河北平原後，吸收了華夏族的先進經濟、文化，擁有較為發達的農業、手工業，軍力也很強勁。王先謙曰："中山為國歷二百餘年，晉屢戰而不服，魏滅之而復興。厥後七雄並驅，五國相王，兵力抗燕、趙而勝之，可謂能用民矣。"[50] 各個強國如果能夠佔領或控制利用中山，不僅可以明顯增強己方陣營的力量，改變實力對比關係，還能威懾鄰國，向幾個戰略方向用兵，形成十分有利的態勢。如郭嵩燾所言："戰國所以盛衰，中山若隱為轄樞，而錯處六國之間，縱橫捭闔，交相控引，爭衡天下如中山者，抑亦當時得失之林也。"[51] 正因如此，春秋戰國之際，中山便成為幾大強國競相爭奪的焦點。鮮虞曾利用齊、晉間的矛盾，與齊聯盟，對抗晉國，多次襲擊其河內之地。例如公元前 494 年，齊、魯、衛及鮮虞共同伐晉，取其棘蒲（今河北省趙縣）[52]。

公元前 491 年，齊國又出兵伐晉，連陷八城，鮮虞再次派兵配合作戰[53]。三家分晉前，楚國曾派司馬子期率兵，不遠千里伐滅中山[54]，然未能久駐。晉國的智伯也攻佔過中山的仇由和窮魚之丘。三家滅智氏後，中山之地多為趙國吞併。魏在東方僅有河內一隅，又受到齊、趙、鄭、衛的擠迫，勉可容足，急需擴大地盤，建立一塊穩固的前哨基地來抗衡諸強，進據中原。因此，在趙襄子時，魏文侯提出"殘中山"，要求瓜分原中山國的領土，此舉未得到滿足，趙氏僅同意納魏公主為正妻，將原

50 〔清〕王先謙：《鮮虞中山國事表 疆域圖說》，上海古籍出版社，1993 年，第 7 頁。

51 〔清〕王先謙：《鮮虞中山國事表 疆域圖說》，郭嵩燾序，上海古籍出版社，1993 年，第 5 頁。

52 《左傳·哀公元年》："夏四月，齊侯、衛侯救邯鄲，圍五鹿。……齊侯、衛侯會於乾侯，救范氏也。師及齊師、衛孔圉、鮮虞人伐晉，取棘蒲。"

53 《左傳·哀公四年》十二月，"（齊）國夏伐晉，取邢、任、欒、鄗、逆畤、陰人、盂、壺口，會鮮虞，納荀寅於柏人"。

54 《戰國策·中山策》；天平、王晉：《試論楚伐中山與司馬子期》，《河北學刊》1988 年第 1 期。

中山部分國土封給她做采邑，使魏國獲得一些收入[55]。當時趙氏勢力強盛，魏只好妥協，先以秦國作為進攻對象來籌備戰略計劃。

正當魏在河西展開攻勢時，東方的政局卻發生了變化。公元前414年，中山復國；《史記》卷43《趙世家》載此年，"中山武公初立"。宋人呂祖謙所撰《大事記》對此解釋道："中山武公初立，意者其勢益強，遂建國備諸侯之制，與諸夏伉歟。"中山為了得到外界支持，以對抗趙、魏，和舊日盟友齊國結約修好。齊國意欲削弱三晉在東方的影響，也積極配合，向趙、魏發動進攻，藉此牽制它們對中山用兵。公元前413年，"（齊）伐晉，毀黃城，圍陽狐"[56]。《竹書紀年》載公元前410年，"齊田盼及邯鄲韓舉戰於平邑，邯鄲之師敗逋，遂獲韓舉，取平邑、新城"。

這時的趙國經歷了襄子死後十餘年的內亂[57]，三易其君，元氣大傷，尚未復原，無力單獨應付齊與中山的進攻。中山的復國，使魏喪失了公子傾的封邑，又多了一個勁敵；中山與齊國結成聯盟，改變了東方地域的政治力量對比，魏國的河內孤懸在外，與本土河東聯繫不便，受到嚴重威脅。這種局面如果延續下去，不僅河內的安全無法保障，魏國的兵力也會被牽制，不能順利執行預想的戰略 —— 南渡黃河向中原擴張，這對魏國來說是十分被動的。

為了改變東方的不利形勢，魏國在河西作戰獲勝，實現預定目標（將河外、西河、上郡連成一片，有效地保障魏國西境的安全）後，立即將軍隊主力調往太行山東，投入對中山的攻擊。從史籍的記載來看，魏

---

55 《戰國策‧中山策》："魏文侯欲殘中山，常莊談謂趙襄子曰：'魏併中山，必無趙矣！公何不請公子傾以為正妻，因封之中山，是中山復立也。'"高誘注："公子傾，魏文之女，封之於中山以為邑，是則中山不殘也。故云'中山復立'，猶存也。"鮑彪注："（公子傾）魏君女，魏不殘其女之封。"金正煒《戰國策補釋》曰："按'常莊談謂趙襄子曰'，《寰宇記》作'張孟談謂趙襄子'。"

56 《史記》卷46《田敬仲完世家》。

57 《史記》卷43《趙世家》："襄子立三十三年卒，浣立，是為獻侯。獻侯少即位，治中牟。襄子弟桓子逐獻侯，自立於代，一年卒。國人曰：'桓子立非襄子意。'乃共殺其子，而復迎立獻侯。"

國對中山的進攻經過了精心策劃，準備充分[58]；與中山一戰遇到了頑強的抵抗，戰事相當激烈，持續了三年[59]，也因此引起群臣的激烈反對[60]，但魏文侯不為所動，先後派遣樂羊、吳起等名將，又得到中山叛臣白圭的幫助[61]，才取得了最後的勝利。

（三）伐齊

魏國在滅亡中山後，留太子擊駐守，並順勢展開了對齊國的戰略進攻。從前一段歷史來看，田氏代齊後，曾有數十年的時間忙於鞏固內部統治，擔心諸侯前來干涉，而採取了睦鄰政策，不敢貿然對外略地用兵。《史記》卷46《田敬仲完世家》載："田常既殺簡公，懼諸侯共誅己，乃盡歸魯、衛侵地，西約晉韓、魏、趙氏，南通吳、越之使，修功行賞，親於百姓，以故齊復定。"中山復立之後，齊國在東方地域的政治、軍事力量得到了有力支持，因此擺脫了以往的沉悶狀態，活躍起來，開始頻頻向泰山、黃河以南的魯、衛等小國發動攻擊，並與鄭國聯合，抑制趙、魏勢力在這一地區的發展。例如：

---

58 《韓非子·外儲説左上》："田子方從齊之魏，望翟璜乘軒騎駕出，方以為文侯也，移車異路而避之，則徒翟璜也。方問曰：'子奚乘是車也？'曰：'君謀欲伐中山，臣薦翟角而謀得。果且伐之，臣薦樂羊而中山拔。得中山，憂欲治之，臣薦李克而中山治。是以君賜此車。'方曰：'寵之稱功尚薄。'"由此可見中山在魏文侯心中的重要地位，以及伐中山之事的運籌策劃。

59 《戰國策·秦策二》："魏文侯令樂羊將，攻中山，三年而拔之。"《史記·甘茂列傳》所載略同。《説苑·尊賢》載魏文侯曰："我欲伐中山，吾以武下樂羊，三年而中山為獻於我，我是以知友武之功。"《先秦諸子繫年·吳起為魏將拔秦五城考》："余考魏伐中山，當在周威烈王十八年。且《國策》諸書，皆言樂羊圍中山三年拔，則中山之滅，猶在後。蓋樂羊主其事，而吳起將兵助攻。"《先秦諸子繫年·魏文滅中山考》："孫氏《墨子年表》魏滅中山在周威烈王二十年，《周季編略》亦然，蓋據樂羊圍中山，三年而克之。"錢穆：《先秦諸子繫年》，中華書局，1985年。

60 《戰國策·秦策二》："魏文侯令樂羊將，攻中山，三年而拔之。樂羊反而語功，文侯示之謗書一篋，樂羊再拜稽首曰：'此非臣之功，主君之力也。'"《呂氏春秋·先知覽第四·樂成》："魏攻中山，樂羊將。已得中山，還反報文侯，有貴功之色。文侯知之，命主書曰：'群臣賓客所獻書者，操以進之。'主書舉兩篋以進，令將軍視之，書盡難攻中山之事也。將軍還走，北面再拜曰：'中山之舉，非臣之力，君之功也。'當此時也，論士殆之日幾矣，中山之不取也，奚宜二篋哉？一寸而亡矣。文侯，賢主也，而猶若此，又況於中主邪？"

61 《史記》卷83《魯仲連列傳》："白圭戰亡六城，為魏取中山，何則？誠有以相知也。……白圭顯於中山，中山人惡之魏文侯，文侯投之以夜光之璧。"《史記集解》張晏曰："白圭為中山將，亡六城，君欲殺之，亡入魏，文侯厚遇之，還拔中山。"

（齊）宣公四十三年，伐晉，毀黃城，圍陽狐。明年，伐魯、葛
及安陵。明年，取魯之一城。……宣公四十八年，取魯之郕。明年，
宣公與鄭人會西城。伐衛，取毋丘。[62]

面對齊國咄咄逼人的攻勢，魏不能等閒視之；只有打敗齊國，消
除了側翼的威脅，魏國才可以把主力軍隊投入中原地帶，放手與鄭、
宋及楚國一搏。因此，魏在滅亡中山後的公元前405年，即命令翟角
（員）率兵協同趙國攻齊，解救廩丘之圍，獲得大勝[63]。次年（前404），
魏又會合趙、韓軍隊攻入齊國長城，事見羌鐘銘文及《水經注·汶水》
引《竹書紀年》："晉烈公十二年，王命韓景子、趙烈子、翟員伐齊，入
長城。"方詩銘先生云："《呂氏春秋·下賢》：'（魏文侯）故南勝荊於
連堤，東勝齊於長城，虜齊侯，獻諸天子，天子賞文侯以上聞。'與《紀
年》所記為一事。翟員即上條之翟角，魏將。晉烈公十二年當魏文侯
四十二年。時三晉之中，文侯最強，此役實以魏為主，故《呂氏春秋》
僅舉文侯。"[64]

魏滅中山，又率領韓、趙兩次重創了齊這個傳統大國，使東方的政
治地理格局發生了重大改變。三晉，尤其是魏國聲威大震，周王室不得
不在次年正式承認他們為諸侯。齊國受此打擊後，實力大為削弱，被迫
退出與魏的競爭；整整十年之後，才恢復對外的軍事行動[65]。而獲勝的魏
國則可以放心從河內南下，實施其中原逐鹿、稱霸天下的戰略構想。

---

62 《史記》卷46《田敬仲完世家》。

63 《水經注》卷24《瓠子河》引《竹書紀年》："晉烈公十一年，田悼子卒，田布殺其大夫公孫孫，公孫會
以廩丘叛於趙。田布圍廩丘，翟角、趙孔屑、韓師救廩丘，及田布戰於龍澤，田師敗逋是也。"《呂氏
春秋·慎大覽第三·不廣》："齊攻廩丘，趙使孔青將死士而救之。與齊人戰，大敗之。齊將死，得車
二千，得屍三萬，以為二京。"《孔叢子·論勢》："齊攻趙，圍廩丘，趙使孔青帥五萬擊之，克齊師，
獲屍三萬。"

64 方詩銘、王修齡：《古本竹書紀年輯證》，上海古籍出版社，1981年，第94頁。

65 《史記·田敬仲完世家》《集解》引徐廣曰："（齊康公）十一年，伐魯，取最。"當公元前394年，最在
今山東省曲阜市南。

（四）伐鄭、宋與楚

魏國接連戰勝秦、中山與齊，而東西兩側的勁敵暫時不能為患。在有利的形勢下，魏國全力向中原進兵，以奪取鄭、宋、衛及淮泗間小國的土地，迫使它們臣服。上述中小諸侯勢微力弱，無法組織有效的抵抗，魏國的主要對手是南方的強楚。據《史記》卷 15《六國年表》記載，魏文侯晚年的用兵，基本上是在河南與楚國爭鄭。如楚悼王二年（前400），"三晉來伐我，至乘丘"，《史記》卷 40《楚世家》記載悼王十一年"三晉伐楚，敗我大梁、榆關"。這是魏國獲得的一場決定性勝利，此役之後，魏在豫東平原站穩了腳跟，奪取了大梁附近的大片土地。

《史記・六國年表》載次年（前 399），楚國為了拉攏鄭國抗魏，曾"歸榆關於鄭"。在沒有收到效果的情況下，又於次年（前 398）"敗鄭師，圍鄭"，逼迫鄭國殺掉執政的大臣子陽後投靠自己。魏國則在公元前 393 年"伐鄭，城酸棗"。酸棗是黃河渡口延津西南的重要軍事據點，原屬鄭國，被魏佔領後作為南略中原、抗衡齊楚的前哨基地 [66]。魏文侯去世後，武侯及惠王即位之初，繼續在這一地區用兵，向東、南擴展，逐步開拓出一塊物產豐饒、面積遠遠超過河東本土的新疆域。公元前 361 年，距魏文侯協韓、趙伐楚，初次向河南出師還不到 40 年，魏在中原的疆土已然頗具規模，惠王把都城從安邑遷到大梁 [67]，建立了新的政治中心。國都東移的原因，並非像有些史家所說的"避秦"，而是由於河南地區在經濟、政治上的地位影響已經超過了河東，魏在那裏與齊、楚、韓、趙等強國角逐激烈，形勢緊迫，但兩地相隔千里，交通不便，從安邑對河南實行遙控是難以收到滿意成效的。遷都大梁，有利

---

66 《説苑・臣術》翟璜曰："昔者西河無守，臣進吳起而西河之外寧。鄴無令，臣進西門豹而魏無趙患。酸棗無令，臣進北門可而魏無齊憂。"

67 《水經注》卷 22《渠水》引《竹書紀年》："梁惠成王六年四月甲寅，從都於大梁。"

於魏國對中原的開拓和鞏固，可以實現其圖霸爭雄的宏偉抱負，如朱右曾所言：“惠王之徙者，非畏秦也，欲與韓、趙、齊、楚爭強也。安邑迫於太行、中條之險，不如大梁平坦，四方所走集，車騎便利，易與諸侯爭衡。趙之去耿徙中牟，又徙邯鄲，志在滅中山以抗齊、燕。韓之去平陽徙陽翟，又徙新鄭，志在包汝潁以抑楚趙。豈皆為避秦哉。”[68]戰國前期魏國的領土擴張，主要是在這個戰略方向完成的。《戰國策·魏策一》載蘇秦說魏王曰：“大王之地，南有鴻溝、陳、汝南、許、鄢、昆陽、邵陵、舞陽、新郪；東有淮、潁、沂、黃、煮棗、海鹽、無疏……”《漢書》卷 28 下《地理志下》載魏地“南有陳留及汝南之召陵、濦強、新汲、西華、長平，潁川之舞陽、郾、許、鄢陵，河南之開封、中牟、陽武、酸棗、卷，皆魏分也”。上述領土，基本都是魏國在遷都大梁前後的數十年間，從鄭、宋、楚等國手中奪來的。這一顯赫功業，是其先邦 —— 春秋時晉國 —— 遠未達到的。魏也因為佔據中原沃土，大大增強了實力，從而一躍成為稱霸諸侯的頭號強國。《戰國策·齊策五》載：“昔者魏（惠）王擁土千里，帶甲三十六萬，其強而拔邯鄲，西圍定陽，又從十二諸侯朝天子。”甚至採用天子的服制，“身廣公宮，制丹衣，柱建九斿，從七星之旗，此天子之位也，而魏王處之”。公元前 344 年，魏惠王召集諸侯，舉辦“逢澤之會”。《戰國策·秦策四》載：“魏伐邯鄲，因退為逢澤之遇，乘夏車，稱夏王，一朝為天子，天下皆從。”魏王儼然成為戰國第一代霸主，鄰近中小諸侯都來朝見，服從並受其驅使調遣[69]。戰國前期，魏國在政治、軍事上取得的巨大成功，和其實施的戰略有着密不可分的關係。魏文侯、武侯比較客觀地判斷了當時的地理形勢，決定了合理的主攻作戰方向與用兵次序，先後打敗

---

68 〔清〕朱右曾輯錄：《汲塚紀年存真》。

69 《戰國策·齊策五》：“衛鞅見魏王曰：‘大王之功大矣，令行於天下矣。今大王之所從十二諸侯，非宋、衛也，則鄒、魯、陳、蔡，此固大王之所以鞭笞使也。”

了秦、中山、齊、楚等國，獲得預期的效果，為其霸業的建立奠定了基礎。

三、從地理角度分析魏國的戰略失誤

魏自武侯至惠王前期，東方的戰事進展順利，不斷開疆拓土，捷報頻傳，但是政治、軍事形勢逐漸變得複雜、惡化起來。魏在中原與齊、楚、趙、韓交兵，多獲勝績，卻也受過桂陵之戰那樣的重創。隨着秦國的崛起，魏在西線的作戰接連告負，被迫築長城以加強防禦，陷入兩面受敵的不利局面。公元前 341 年馬陵之戰，魏慘敗於齊，十萬大軍被殲，統帥太子申、龐涓陣亡。次年又遭到秦國的打擊，主將公子卬被俘，喪師失地。魏之局勢從此江河日下，退出了一流強國的行列，被迫充當齊、秦的附庸，再未能恢復往日的偉績。短短數十年間，魏國經歷了由盛入衰的劇變，令惠王痛心疾首。他曾不勝感慨地對孟子說：“晉國，天下莫強焉，叟之所知也。及寡人之身，東敗於齊，長子死焉；西喪地於秦七百里；南辱於楚。寡人恥之，願比死者一灑之。”[70] 魏國霸業跌落的原因，前人多有評論，大致有以下幾點。

一是魏在兵制上推行“武卒”制度，免除了戰士的賦稅、繇役，並賜給田宅，因此使財政收入顯著減少[71]，以致削弱了國家的經濟基礎。

二是外交上樹敵太多。魏文侯時尚注意聯合韓、趙，每次用兵只針對一個敵國。而魏武侯和惠王卻未能處理好與鄰邦的關係，常常同時交惡數國，導致敵眾我寡，戰事頻繁，大大損耗了人力、財力。

---

70 《孟子・梁惠王上》。

71 《荀子・議兵》：“魏氏之武卒，以度取之，衣三屬之甲，操十二石之弩，負服矢五十個，置戈其上，冠軸帶劍，贏三日之糧，日中而趨百里。中試則復其戶，利其田宅，是數年而衰而未可奪也，改造則不易周也，是故地雖大，其稅必寡，是危國之兵也。”

三是作戰指揮上有重大失誤。如馬陵之戰時，龐涓受"減灶"之計的蒙蔽，中伏而亡；公子卬在西河為商鞅欺騙，赴會遭擒，致使軍隊潰敗。

除此種種，筆者試從地理角度來分析一下魏國戰略的失誤。

（一）對河西戰場缺乏足夠的重視

對魏國來說，河東是根據地，而秦與其隔河相峙。較之齊、楚等國，秦所構成的威脅要嚴重得多。實際上，秦為魏國最險惡的敵人，雙方絕不能共存，如商鞅對秦孝公所言："秦之與魏，譬若人之有腹心疾，非魏併秦，秦即併魏。"[72] 魏國從公元前 408 年吳起伐秦獲勝後，便在河西採取守勢，主力盡調東方，未能徹底解決西方的潛在威脅，以致留下隱患，使秦國東山再起。魏國的這一戰略部署雖然收效於中原，卻在西方暗伏敗筆。鍾鳳年曾就此論道："魏文侯力爭秦河西，首將渭南北地連為一部，蓋已深知全局如此非持久之計而然也。奈終未及逐秦遠徙，佈置周備，即捨而之他；武侯則直不以秦為慮。故傳至惠王，一旦秦日暴興，魏則拙勢立見，從此處處失敗，地或殘或喪，無一片得寧靖者矣。"[73]

就戰國前期情況而言，魏文侯末年至惠王即位之初，形勢明顯對魏國伐秦有利。原因主要有以下幾點：

第一，秦自厲公以後，懷公至出子五代國君期間（前 429—前 385），統治集團內部鬥爭激烈，廢立君主頻繁出現，國內政局不穩，"群賢不說（悅）自匿，百姓鬱怨非上"[74]；致使國力衰弱，對外作戰連連失敗，使得魏國繼續向河西進攻，擴大戰果。

72　《史記》卷 68《商君列傳》。

73　鍾鳳年：《〈戰國疆域變遷考〉序例（續）》，《禹貢》第七卷第六、七合期。

74　《呂氏春秋・不苟論第四・當賞》。

第二，秦與其傳統盟友楚國此時關係冷淡。《史記》卷40《楚世家》載悼王二年（前400），"三晉伐楚，敗我大梁、榆關；楚厚賂秦，與之平。"看來兩國之間存在着衝突，楚為了應付三晉的進攻，被迫向秦厚納財物以求緩和關係。楚國當時正與齊、魏、韓在方城之外激烈爭奪，亦無暇助秦。

第三，秦國在外交上處於孤立狀態，華夏諸侯多予鄙視。《史記》卷5《秦本紀》言戰國初年，"周室微，諸侯力政，爭相併。秦僻在雍州，不與中國諸侯之會盟，夷翟遇之。……諸侯卑秦，醜莫大焉。"魏國若大舉伐秦，鄰國多會袖手旁觀，不會助秦抗魏；韓、趙為了參與瓜分秦地，很可能像往日那樣，出兵協魏攻秦[75]。

所以，魏國較為理想的戰略步驟應是首先全力伐秦，即使不能滅亡其國，也可以將秦遠逐到隴阪以西，佔據關中這塊寶貴的"四塞之地"；北連上郡，南抵秦嶺，然後再東進中原，這樣形勢要有利得多。從當時的情況來看，魏國確實有能力和條件完成驅秦的軍事行動。如商鞅對秦孝公所言："夫魏氏其功大而令行於天下，有十二諸侯而朝天子，其與必眾。故以一秦而敵大魏，恐不如。"[76]可惜魏國沒有把握住這個難得的機會。

（二）未能鞏固對中山的統治

魏國對中山的用兵持續三年，人馬財粟損耗甚眾；佔領之後，盡管曾派太子擊和李悝前往鎮守，但事後對這塊國土以外的"飛地"未給予足夠的關注與支持。《說苑·奉使》載："魏文侯封太子擊於中山，三年使不往來。"竟然不聞不問。後又將太子擊召回，委任少子摯守中山，

75 《呂氏春秋·不苟論第四·當賞》。
76 《戰國策·齊策五》。

其人年少，尚無經驗，擔不起這個重任。再者，中山與魏之間被趙國阻隔，來往需要假道，受制於人，運送兵員財粟相當困難；且又受到燕、齊、趙等強鄰的包圍，本來就難以堅守。魏國君臣再不加重視，未能及時打通道路，鞏固統治，後來喪失其地在所難免。

（三）沒有處理好三晉的聯合或統一問題

魏與韓、趙壤土交錯，又同出於晉，在政治、疆域和歷史淵源上都有實行聯盟或統一的條件。反之，魏如不能兼併韓、趙或與韓、趙結盟，後果則是嚴重的。首先，領土被分割破碎的狀況無法根本改變，各地區之間交通不便，難以相互支援，做有效的防禦。其次，與韓、趙敵對會牽制和消耗魏國有限的兵力，這對魏的發展十分不利。

戰國初年，魏文侯注意維持與韓、趙的友好關係，三家協同對外作戰，魏國多有受益。但是自武侯即位後，支持趙國逃亡貴族公子朔，發兵偷襲邯鄲，受挫而返。此後三晉聯盟破裂，交戰不已，魏國亦因此遭受了重大損失。如惠王初立，"（韓懿侯）乃與趙成侯合軍併兵以伐魏，戰於濁澤，魏氏大敗，魏君圍。趙謂韓曰：'除魏君，立公中緩（公子緩），割地而退，我且利。' 韓曰：'不可，殺魏君，人必曰暴；割地而退，人必曰貪。不如兩分之。魏分為兩，不強於宋、衛，則我終無魏之患矣。' 趙不聽，韓不說，以其少卒夜去。"[77] 司馬遷對此評論道："惠王之所以身不死、國不分者，二家謀不和也。若從一家之謀，則魏必分矣。"

因為三晉之間存在着利益衝突，相互覬覦領土，很難實行長久的聯合。而它們的分立又導致勢單力孤，難以在與諸強的抗衡中佔有優勢，容易被敵人各個攻破。顧祖禹曾論道："嗚呼！秦之能滅晉者，以晉分

---

77 《史記》卷 44《魏世家》。

為三，而力不足以拒秦也。假使三晉能知天下之勢，其於安邑、於上黨、於晉陽也，如捍頭目而衛心腹也，即不能使秦人之不我攻，必當使我之不可攻。"[78] 對魏國來說，即使暫時無法吞併韓、趙，至少應聯合其中一家，來制約、削弱另一家，形成有利的局面。但在實際上，往往是韓、趙兩家共同對抗魏國，魏曾多次以一敵二，陷於被動。

（四）過早向中原擴張和遷都

戰國前期，魏把中原地帶當作戰略主攻方向，投入大量主力軍隊，並把都城遷到大梁，這一選擇和舉措在事實上是利弊各半的。黃淮平原地勢平坦，便於部隊的運動；土壤肥沃豐饒，立國者多為中小諸侯，力量不強；向這一地帶用兵直接損失較少，收益較多，是其誘人之處。不過，也有不利因素，詳述如下：

豫東平原位於天下之中，車馬輻輳，皆為坦途，又無名山大川之險阻，實為易攻難守的四戰之地。魏國在河南開闢的疆土，被齊、楚、韓三面包圍，北邊的河內也受到趙國的威脅；魏與韓、趙關係惡化後，已處在四面受敵的尷尬境地。《商君書‧兵守》對這種情況加以分析後，指出"四戰之國"應該側重於防禦，不宜到處出擊，"四戰之國貴守戰，負海之國貴攻戰。四戰之國好興兵以距四鄰者，國危。四鄰之國一興事，而己四興軍，故曰國危。四戰之國不能以萬室之邑舍巨萬之軍者，其國危。故曰：四戰之國務在守戰。"上述議論實際是對魏在中原屢次輕舉妄動，結怨眾多鄰國，而最終招致失敗的總結與批評。

惠王遷都大梁，雖然有利於控制中原的軍政國務，但是該地四面臨敵，又無險可守，易被敵軍長驅直入，造成兵臨城下的危險局面。大梁車騎四通，道路交會，屬於軍事地理學上的樞紐地區，戰時即成為兵家

---

78 〔清〕顧祖禹：《讀史方輿紀要‧山西方輿紀要序》，中華書局，2005 年，第 1775 頁。

必爭的熱點，衝突頻繁，安全很難得到保障。都城是國家的政治中樞，設置在這樣的地點是不適合的。顧祖禹即在《讀史方輿紀要‧河南方輿紀要序》中強調，不宜在河南那樣的"四戰之地"建都，否則會陷於危難；河南的防務有賴於周圍地區，特別是關中、河北等地作為其屏障，"河南，古所稱四戰之地也。當取天下之日，河南在所必爭；及天下既定，而守在河南，則岌岌焉有必亡之勢矣。周之東也，以河南而衰；漢之東也，以河南而弱；拓拔魏之南也，以河南而喪亂。……然則河南固不可守乎？曰：守關中，守河北，乃所以守河南也！"

　　戰國時期的中原，對魏國來說，一旦過早置身於此，便會受到諸多強鄰的圍攻，無法擺脫困境。後來秦國發動統一戰爭時，也出現過類似的戰略失誤。秦昭王時魏冉執政，亦曾把主攻方向定在中原，頻頻出兵圍攻魏都大梁，又與齊國爭奪陶邑，結果並不理想。由於燕、趙、韓等諸侯來救，"穰侯十攻魏而不得傷"[79]。陶邑雖然得手，但因距離關中太遠，有韓、魏阻隔，日後還是被魏國奪走。范雎獻"遠交近攻"之策後，秦國及時調整戰略，以主力進攻鄰近的河東、河內、南陽，與三晉和楚國分別作戰，待掃清外圍後，便勢如破竹地攻佔了中原地帶。

---

79 《戰國策‧秦策三》。

第六章

戰國中葉秦、齊、楚諸強
對"天下之樞"韓、魏的爭奪

戰國中葉[1]，中國的政治形勢發生了重大變化，出現了群雄並立對峙的複雜局面。其中最為強大的齊、秦、楚國各展圖謀，競成帝業；它們實行的軍事外交戰略的一項重要內容，就是力求控制位處中原要樞的韓、魏兩國，以此成就對敵鬥爭的有利態勢。本章探討的是這一歷史階段韓、魏在地理位置上的樞紐作用與軍事價值，以及諸強為爭奪兩國所實施的戰略特點及其成敗原因。

公元前 334 年，魏國在接連慘敗於齊、秦之後，惠王被迫協同韓及其他小國赴徐州朝見齊威王，承認齊國的霸主地位，即所謂"徐州相王"。此後中國進入了群雄角逐、縱橫捭闔的混戰時期。其概況如《史記》卷 5《秦本紀》所載，秦國虎踞關中，"河山以東強國六，與齊威、楚宣、魏惠、燕悼、韓哀、趙成侯並。淮泗之間小國十餘。……周室微，諸侯力政，爭相併"。由於政治改革和經濟發展的不平衡，戰國"七

---

1 戰國時代大致可以分為前、中、後三期，前期又可以分成兩個階段：1. 公元前 475—前 420 年，齊、晉（及後來的"三晉"）、楚、越四強並立，秦國因內亂等緣故勢力衰弱，被屏於外；2. 公元前 419 —前 334 年，魏國從積極向外擴張、獨霸中原到敗於齊、秦，被迫投靠強國，淪為附庸。中期也可以分為兩個階段：1. 公元前 333—前 284 年，從齊魏"徐州相王"到秦國支持五國伐齊獲勝，樂毅率燕軍滅亡齊國；2. 公元前 283—前 260 年，從秦國首次兵圍大梁，又攻陷楚都鄢郢，到長平之戰中全殲趙軍四十餘萬，山東再也沒有能夠單獨與其抗衡的政治勢力。後期則由公元前 259—前 221 年，秦國逐步消滅對手，兼併六國，完成了統一天下的大業。

雄"中的齊、秦、楚三國地廣兵強，各自的綜合實力超過其他諸侯。三強之間實力相對均衡，誰都沒有絕對把握戰勝對手。因為統一條件尚未成熟，任何一強要想吞併鄰國，都會遭到其他數國的聯合抵制與阻擊，難以一舉成功。既然兼併天下的時機未到，齊、秦、楚便暫且奉行徐圖進展、謀求霸權的策略。一方面，它們脅迫或拉攏其他中小國家加入本方陣營，以壯大自己的力量，形成對敵優勢，即所謂"合縱""連橫"；另一方面，它們蠶食鄰土以增強國力，打擊並削弱爭霸對手，待到時機成熟，再來掃清寰宇，一統海內。

在這一歷史階段的政治鬥爭裏，韓、魏兩國顯得尤為重要，它們所附從的強國往往會取得作戰的勝利，甚至能夠不戰而迫使對手割地求和。齊、秦、楚為了達到控制韓、魏的目的，在軍事和外交活動中各施謀略。而齊、楚爭霸失利，秦國最終獲勝，得以獨步天下，這一結果與它們爭奪韓、魏的成敗有着密切的關係。韓、魏之所以引起列強矚目，緣於這兩個國家的樞紐地位和戰略價值，以下予以詳述。

一、韓、魏兩國的樞紐地位和戰略價值

軍事地理學上的"樞紐地區"也叫做"鎖鑰地帶"，指的是處於交通要道，在對立作戰的雙方或數方中間的"兵家必爭之地"；其地理位置十分重要，如果奪取、控制了這一區域，就可以阻擋敵方的進擊，並使自己能夠向多個戰略方向運動兵力，獲得戰爭的主動權。戰國中期的樞紐地區，由位居中原腹地的韓、魏兩國構成。

（一）魏國

"徐州相王"之時，魏國的主要疆域在豫東、冀南豫北平原及晉南河谷盆地，分佈於黃河中游南北兩岸，與韓地錯處其間。黃河以西雖然

屢屢失地於秦，但還保有西河、上郡的部分領土，以及殽函北道的最後幾個據點——陝、曲沃、焦。《漢書》卷 28 下《地理志下》載魏地：“其界自高陵以東，盡河東、河內，南有陳留及汝南之召陵、濦強、新汲、西華、長平，潁川之舞陽、郾、許、鄢陵，河南之開封、中牟、陽武、酸棗、卷，皆魏分也。”國土西接秦、韓，北臨趙，東拒齊，南面與楚交界。魏國地多平原，農業資源豐富，人口密集，“然而廬田廡舍，曾無所芻牧牛馬之地。人民之眾，車馬之多，日夜行不休已，無以異於三軍之眾。”[2]

（二）韓國

韓國國土分佈於豫西和豫南的丘陵山地、晉南谷地，以及國都新鄭所在的豫東平原。《漢書》卷 28 下《地理志下》曰：“韓地，角、亢、氐之分野也。韓分晉得南陽郡及潁川之父城、定陵、襄城、潁陽、潁陰、長社、陽翟、郟，東接汝南，西接弘農得新安、宜陽，皆韓分也。”蘇秦曰：“韓北有鞏、洛、成皋之固，西有宜陽、常阪之塞，東有宛、穰、洧水，南有陘山，地方千里，帶甲數十萬。”[3]

（三）韓、魏兩國在軍事地理方面的特點

首先是兩國處於東亞大陸的中心，控制了當時中國幾條重要的水陸交通幹線。如通往東西方的陸路有：甲、豫西走廊，西端的重鎮臨晉、陝、焦、曲沃屬魏，宜陽和東端的成皋、滎陽與管屬韓。乙、晉南豫北通道，其西端的少梁（臨晉）、蒲阪、皮氏，東端的寧、共、汲屬魏，中段的上黨、軹道分屬韓、魏。

---

2 《戰國策・魏策一》。

3 《戰國策・韓策一》。

連接南北方的大道則由燕趙南下，進入魏地的鄴、朝歌，渡過黃河，經韓之管城（今河南省鄭州市）、國都鄭（今河南省新鄭市），直赴楚國的方城。魏都大梁處於豫東平原，交通便暢，無往而不利，"地四平，諸侯四通，條達輻湊，無有名山大川之阻。從鄭至梁，不過百里；從陳至梁，二百餘里。馬馳人趨，不待倦而至。"[4] 聯繫全國兩大經濟區域 —— 關中與山東的水路，由渭水入黃河，歷三門、孟津，到達韓之滎陽、魏之延津，黃河中游河段兩岸多是韓、魏領土，幾處重要渡口如陝津、武遂、河陽、白馬俱在其內。滎陽又是黃河與濟水的分流之處，魏惠王時開鑿鴻溝運河，把濟水與汝水、泗水、淮水連接起來，在河淮之間構成了一個巨大的水運交通網，韓之滎陽與魏之大梁都是總緝幾條河道的樞紐。從那裏出發，既能溯河而上，進入秦境；又可以沿黃河、濟水或鴻溝諸渠到達山東與江南。如《史記》卷 29《河渠書》所言："滎陽下引河，東南為鴻溝，以通宋、鄭、陳、蔡、曹、衛，與濟、汝、淮、泗會。於楚，西方則通渠漢水、雲夢之野，東方則通溝江淮之間。於吳，則通渠三江五湖。於齊，則通菑濟之間。"

因為韓、魏特殊的地理位置在交通方面具有極高的戰略價值，而兩國的兵力又不夠強大，所以引起了政治家、軍事家們的矚目，成為戰國中葉幾大強國爭奪、控制的熱點，被認為是"天下之樞"。特別是爭霸的兩個主要對手 —— 齊、秦之間沒有共同邊界，只有假道韓、魏才能交鋒，如"秦假道韓、魏以攻齊，齊威王使章子將而應之"[5]；蘇秦曰："夫齊威、宣，世之賢主也，德博而地廣，國富而民用，將武而兵強。宣王用之，後富（逼）韓威魏，以南伐楚，西攻秦。"[6] 另外，韓、魏又是它們抗禦對手的屏障，司馬光在《資治通鑑》卷 7 中說："夫三晉者，齊、楚

4　《戰國策·魏策一》。
5　《戰國策·齊策一》。
6　《戰國策·趙策二》。

之藩蔽；齊、楚者，三晉之根柢；形勢相資，表裏相依。"在這樣的政治地理形勢下，諸強對韓、魏的覬覦也就不足為怪了。

其次，是韓、魏的綜合實力略弱於齊、秦、楚。洪邁《容齋隨筆》卷 10 曰："魏承文侯、武侯之後，表裏山河，大於三晉，諸侯莫能與之爭。而惠王數伐韓、趙，志吞邯鄲，挫敗於齊，軍覆子死，卒之為秦困，國日以蹙，失河西七百里，去安邑而都大梁，數世不振，訖於珍國。"張儀則稱："魏地方不至千里，卒不過三十萬人。"[7] 韓的疆域在七雄中最小，而且多山，土地瘠薄，不利於種植業的發展，國家亦因此貧弱。張儀為秦連橫說韓王曰："韓地險惡，山居，五穀所生，非麥而豆；民之所食，大抵豆飯藿羹；一歲不收，民不饜糟糠；地方不滿九百里，無二歲之所食。料大王之卒，悉之不過三十萬，而廝徒負養在其中矣，為除守徼亭障塞，見卒不過二十萬而已矣。"[8]

再次，韓、魏兩國因位於天下之中，四面受敵，尤其是被齊、秦、楚三強包圍，在軍事上處於十分不利的態勢，使本來不足的兵力更加捉襟見肘。例如《韓非子‧存韓》曾言："夫韓，小國也，而以應天下四擊，主辱臣苦，上下相與同憂久矣。"《戰國策‧魏策一》載："（梁）南與楚境，西與韓境，北與趙境，東與齊境，卒戍四方，守亭障者參列，粟糧漕庾，不下十萬。魏之地勢，故戰場也。魏南與楚而不與齊，則齊攻其東；東與齊而不與趙，則趙攻其北；不合於韓，則韓攻其西；不親於楚，則楚攻其南。此所謂四分五裂之道也。"《吳子‧料敵》亦載魏君曰："今秦脅吾西，楚帶吾南，趙衝吾北，齊臨吾東，燕絕吾後，韓據吾前。六國兵四守，勢甚不便，憂此奈何？"韓、魏較弱的國力與地理特點使它們在群雄割據混戰中陷於被動，不得不在軍事戰略上注重守備，較多地

7　《戰國策‧魏策一》。

8　《戰國策‧韓策一》。

採取守勢，《商君書》詳細論證了這個問題[9]，總結說："四戰之國務在守戰。"從史實來看，若無大國支持，韓、魏尚不具備與其他強國（齊、秦、楚）對抗的能力。公元前 318 年，以三晉為主的五國合縱攻秦失敗就表明了這一點。

最後，由於韓、魏四面臨敵，國力較弱，在複雜激烈的兼併戰爭中，不得不注重審時度勢，結交和依托強國，以求生存發展。韓、魏重要的地理位置和數十萬兵力，對周圍鄰國的安全及爭霸擴張具有重大影響，與其聯盟，控制和利用韓、魏，被這些國家當作軍事外交政策的基本方針。故此，韓、魏所在的樞紐地區是這一歷史階段列國縱橫捭闔的政治外交活動中心，成為"合縱""連橫"思想的發源地。戰國時期的縱橫家多出於韓、魏，司馬遷在《史記》卷 70《張儀列傳》中說："三晉多權變之士，夫言從衡強秦者，大抵皆三晉之人也。"如張儀、公孫衍、范雎、姚賈，以及蘇秦與蘇代、蘇厲兄弟（周人，國土被韓包圍）。劉師培在《南北文學不同論》中亦稱："春秋以降，諸子並立。……故河北、關西，無復縱橫之士。韓、魏、陳、宋，地界南北之間，故蘇、張之橫放（蘇秦為東周人，張儀為魏人），韓非之宕跌（非為韓人），起於其間。"這既取決於當時險惡多變的國際形勢，也和當地居民善於機巧權詐的風俗對政治的影響有關[10]。

如前所述，由於韓、魏所在的樞紐地區具有重要的戰略價值，對於齊、秦、楚來說，打敗對手，確立自己的優勢地位之關鍵。一方面在於勤修內政，富國強兵；另一方面就在於軍事、外交活動的成功，其中很重要的一項內容就是能否控制和利用韓、魏兩國，當時明智的政治

9　《商君書·兵守》："四戰之國貴守戰，負海之國貴攻戰。四戰之國好興兵以距四鄰者，國危。四鄰之國一興事，而己四興軍，故曰國危。四戰之國不能以萬室之邑舍巨萬之軍者，其國危。故曰：四戰之國務在守戰。"

10　《漢書》卷 51《鄒陽傳》："鄒魯守經學，齊楚多辯知，韓魏時有奇節。"《戰國策·秦策三》載秦王曰："寡人欲親魏，魏，多變之國也，寡人不能親。"

家和統帥多這樣認為。如甘茂言："楚、韓為一，魏氏不敢不聽，是楚以三國謀秦也，如此則伐秦之形成矣。"[11] 范雎對秦王稱："今韓、魏，中國之處而天下之樞也。王若欲霸，必親中國而以為天下樞，以威楚、趙。趙強則楚附，楚強則趙附。楚、趙附則齊必懼，懼必卑辭重幣以事秦。"[12] 頓子也說："韓，天下之咽喉；魏，天下之胸腹。王資臣萬金而遊，聽之韓、魏，入其社稷之臣於秦，即韓、魏從。韓、魏從，而天下可圖也。"[13] 事實上，在這一歷史階段三強爭霸的戰爭中，得到韓、魏支持的一方往往在激烈的角逐中獲勝。例如：

公元前 313 年，秦國聯合韓、魏，與齊、楚、宋作戰；秦利用魏國擋住了齊、宋的攻勢，並出師助魏反擊到濮水，虜齊將聲子（或曰"贅子"）。韓國助秦攻楚，圍柱國景差。秦又在丹陽大敗楚軍，俘楚將屈丐等七十餘人。次年秦、楚戰於藍田，韓、魏襲擊楚國後方，迫使楚國撤兵。[14]

公元前 303—前 299 年，齊挾韓、魏攻楚，在垂沙之役中大勝楚軍，殺其將唐蔑（或曰"唐昧"），攻佔了楚國宛、葉以北的大片領土。[15]

公元前 298—前 296 年，齊與韓、魏聯軍大舉攻秦，破函谷關，迫使秦國求和，歸還前所侵佔的韓、魏之河外、封陵、武遂等地。[16]

公元前 288—前 287 年，齊國主持五國（齊、韓、魏、燕、趙）伐秦。迫於其聲勢，秦未敢應戰，再次退地於三晉，以求息兵；宋也被齊國滅亡。[17]《戰國策·秦策一》曾追述："昔者齊南破荊，中破宋，西服秦，北

---

11 《戰國策·韓策二》。

12 《戰國策·秦策三》。

13 《戰國策·秦策四》。

14 《史記》卷 5《秦本紀》、卷 15《六國年表》、卷 40《楚世家》、卷 44《魏世家》、卷 45《韓世家》《集解》引《竹書紀年》，《戰國策·齊策六》。

15 《史記》卷 5《秦本紀》、卷 15《六國年表》、卷 40《楚世家》，《呂氏春秋·似順論第五·處方》，《戰國策·秦策四》。

16 《史記》卷 15《六國年表》、卷 44《魏世家》、卷 45《韓世家》、卷 46《田敬仲完世家》。

17 《史記》卷 43《趙世家》，《戰國縱橫家書》第二十一，《戰國策·趙策一》。

破燕,中使韓、魏之君,地廣而兵強,戰勝攻取,詔令天下。”

公元前285—前284年,秦國得到韓、魏的附從,假道出兵,攻佔齊地九城。又操縱五國聯軍伐齊,大獲全勝,打敗並削弱了齊國,使之不再成為抗秦的主力,徹底退出了競爭行列。[18]

如上所言,韓、魏在當時的合縱、連橫戰爭裏,雖然不是一流強國,卻因為地控樞要,擁兵數十萬,從而具有舉足輕重的地位,故此引起齊、秦、楚諸強的重視,成為它們競相爭奪的首選目標。

二、列強爭奪韓、魏的政治、外交鬥爭

戰國中期,列強為了控制韓、魏,採取了多種手段,第一種是聯合,即依靠利誘或武力懾服使韓、魏加入自己主持的軍事聯盟,來與敵人鬥爭。在當時群雄力量均衡、戰事酷烈的形勢下,各國都注重採用“合縱”與“連橫”的謀略,這是這一歷史階段的顯著特點。“合縱”“連橫”的宗旨都強調“擇交”[19],即在審時度勢的情況下選擇和結交盟友,以求聯合制敵,形成力量上的優勢,作為強化自己、削弱敵人的手段。《韓非子‧五蠹》稱:“從(縱)者,合眾弱以攻一強也;而衡(橫)者,事一強以攻眾弱也。”徐中舒先生對此解釋道:“所謂合縱連橫,原是以三晉為主,北聯燕,南聯楚為縱,東連齊或西連秦為橫。合縱既可以對秦也可以對齊,連橫既可以連秦也可以連齊。”[20]這是因為“合縱”“連橫”思想源於三晉,它們在國力上略遜齊、秦、楚一籌,需要彼此結盟或與強國結盟來保護自己,求生存,圖發展。如《戰國策‧燕策二》載說客曰:“又譬如車士之引車也,三人不能行,索二人,五人而車因行矣。今山東三

18 《史記》卷5《秦本紀》、卷15《六國年表》、卷46《田敬仲完世家》。
19 《戰國策‧趙策二》蘇秦曰:“安民之本,在於擇交。擇交而得則民安,擇交不得則民終身不得安。”
20 徐中舒:《論〈戰國策〉的編寫及有關蘇秦諸問題》,《歷史研究》1964年第1期。

國弱而不能敵秦，索二國，因能勝秦矣。"但是這種策略很快流行開來，也被其他國家的統治者們接受採用了。

齊、秦、楚三強實力相侔，任何一方都無法消滅韓、魏，完全兼併其領土。韓、魏如果受到大舉進攻，面臨滅亡的危險，通常會向其他強國求助，而後者不願讓爭霸對手奪取這塊戰略要地，往往發兵支援。如《戰國策·魏策四》載說客獻書於秦王曰："梁者，山東之要（腰）也。有蛇於此，擊其尾，其首救；擊其首，其尾救；擊其中身，首尾皆救。今梁王，天下之中身也。秦攻梁者，是示天下要斷山東之脊也，是山東首尾皆救中身之時也。"諸侯救兵到來後，即能扭轉戰局的不利，迫使來犯者撤軍休戰。如公元前 312 年，"楚圍雍氏五月，韓令使者求救於秦，冠蓋相望也。……（秦）果下師於崤以救韓。"[21] 齊、秦、楚迫於彼此國力的相對均衡和互相牽制，只能選擇聯合而不是消滅韓、魏的策略。若是能夠迫使韓、魏不戰而降服，加入自己的陣營，不僅可以減少本國的傷亡，壯大己方的軍事力量，從而打破均勢，還能在部隊的運動和部署上造就有利的態勢，迅速、順暢地開赴敵境，甚至發動多點攻擊，使對方腹背受敵，難以應付。因此，通過非軍事的政治外交手段來控制韓、魏，以達到利用其地域、兵力和財富的目的，是齊、秦、楚諸強在爭霸活動中經常使用的辦法。下面具體論述其內容。

（一）諸強控制韓、魏的各種非軍事手段

為了操縱韓、魏，使這兩個國家留在自己的陣營裏，齊、秦、楚三強除了使用軍事征服之外，還採取以下各種措施來影響韓、魏的政治與外交。

---

21 《戰國策·韓策二》。

一為置相。派遣本國的貴族、近臣到韓、魏出任宰相，以影響該國的政策。如秦曾遣張儀相魏，樗里疾相韓；楚遣昭獻相韓；齊曾遣田文、周最相魏。他們在執政中帶有明顯的傾向，如《戰國策・魏策二》所載：「蘇代為田需說魏王曰：‘臣請問（田）文之為魏，孰與其為齊也？’王曰：‘不如其為齊也。’」

二為質子。強迫對方提供人身抵押。魏國在馬陵之戰失敗後，被迫使太子鳴質於齊。《戰國策・魏策二》載秦、楚共攻魏國，圍皮氏，「（楚）乃倍秦而與魏，魏內太子於楚」。《戰國策・秦策五》：「樓㭽約秦、魏，魏太子為質。」韓曾有太子倉質於秦，公子蟣蝨等人質於楚。

三為立儲。扶植某位公子擔任王儲，以培養親己的政治勢力。如魏惠王年邁，太子鳴質於齊；楚欲扶植公子高為儲，以密切兩國關係，抵消齊國的影響。朱倉說服齊相田嬰送太子鳴回國：「魏王之年長矣，今有疾，公不如歸太子以德之。不然，公子高在楚，楚將內而立之，是齊抱空質而行不義也。」[22]《史記》卷45《韓世家》亦載韓襄王十二年，「太子嬰死，公子咎、公子蟣蝨爭為太子。時蟣蝨質於楚。蘇代謂韓咎曰：‘蟣蝨亡在楚，楚王欲內之甚。……’」

四為伙同韓、魏侵略他國後分贓。這樣可以一舉兩得，用他國領土使自己和韓、魏同時得到好處，以達到拉攏的目的。如張儀說韓王曰：「今王西面而事秦以攻楚，為敝邑，秦王必喜。夫攻楚而私其地，轉禍而說秦，計無便於此者也。」[23]齊國也屢次挾韓、魏攻楚，並把佔領的許多土地給予韓、魏。

五為儘量拆散韓、魏與對手的聯盟。三強運用遊說、欺詐等方法，促使韓、魏附從自己，從爭霸對手的軍事集團中脫離出來，以削弱敵人

---

22 《戰國策・魏策二》。

23 《戰國策・韓策一》。

的力量。這一歷史階段內，韓、魏在三強之間左右搖擺，時叛時合，很大程度上是受到它們外交活動的影響。

齊、秦、楚通過以上手段，輔以武力威脅，曾先後迫使韓、魏加入本國所在的軍事集團，從而在爭霸角逐中獲得主動。

（二）秦國為爭奪韓、魏所採取的特殊手段

在三強爭奪韓、魏的激烈鬥爭裏，秦國能夠擊敗齊、楚，最終控制樞紐地區，是因為採取了和其他兩強不同的政治措施，收到了滿意的效果。

一是招誘韓、魏貧民。韓、魏耕田面積不足，秦國則地廣人稀，因此秦王接受了商鞅的建議，利用自己的有利條件，用田宅、復除等優惠吸引三晉移民入秦，以削弱韓、魏，增強國力。"今秦之地方千里者五，而穀土不能處二，田數不滿百萬，其藪澤、溪谷、名山、大川之材物、貨寶，又不盡為用，此人不稱土也。秦之所與鄰者三晉也，所欲用兵者韓、魏也。彼土狹而民眾，其宅參居而並處，其寡萌賈息民，上無通名，下無田宅，而恃奸務末作以處。人之復陰陽澤水者過半。此其土之不足以生其民也，似有過秦民之不足以實其土也。……今利其田宅，而復之三世，此必與其所欲而不使行其所惡也。然則山東之民無不西者矣。"[24]杜佑在《通典》卷174《州郡四》中也記載道："商鞅佐秦，以一夫力餘，地利不盡，於是改制，二百四十步為畝，百畝給一夫矣。又以秦地曠而人寡，晉地狹而人稠，誘三晉人發秦地利，優其田宅，復及子孫，而使秦人應敵於外，非農與戰不得入官。大率百人則五十人為農，五十人習戰，兵強國富，職此之由。"

---

24 《商君書·徠民》。

二是退還或交換其被佔領土地。值得注意的是，秦國佔領韓、魏領土後，經常使用交換或退還部分土地的手法，以拉攏兩國留在自己的陣營之內，這種欺騙伎倆時有收效。例如，《史記》卷70《張儀列傳》載："秦惠王十年，使公子華與張儀圍蒲陽，降之。（張）儀因言秦復與魏，而使公子繇質於魏。儀因說魏王曰：'秦王之遇魏甚厚，魏不可以無禮。'魏因入上郡、少梁，謝秦惠王。"《史記》卷44《魏世家》載秦惠王時攻佔了魏國的汾陰、皮氏、曲沃和焦，後將曲沃與焦歸魏。秦攻克韓國重鎮宜陽後，為了防止韓倒向齊、楚，就把武遂退與韓國，三年後又奪回。

　　三是遷徙移民。秦國攻佔韓、魏一些重要領土後，一方面將原地的被征服居民逐出，另一方面把本國的釋放囚犯、奴隸遷到當地居住，以鞏固在那裏的統治。例如《史記》卷5《秦本紀》載惠文君十三年（前325），"使張儀伐取陝，出其人與魏"；昭王二十一年（前286），"（司馬）錯攻魏河內，魏獻安邑，秦出其人，募徙河東賜爵，赦罪人遷之"；昭王三十四年（前272），"秦與魏、韓上庸地為一郡，南陽免臣遷居之"。《戰國策・韓策一》亦載秦攻佔韓宜陽後，"許公仲以武遂，反宜陽之民"，鮑注曰："取其地而還其民也。"

　　四是離間韓、魏。韓、魏的聯合、結盟，對秦是極為不利的。故此，秦多次採取挑撥離間的做法，支持一國，打擊另一國，以達到分散削弱其抵抗力量的目的。即使不直接進攻，也能坐收漁人之利。《戰國策・趙策一》載："三晉合而秦弱，三晉離而秦強，此天下之所明也。秦之有燕而伐趙，有趙而伐燕；有梁而伐趙，有趙而伐梁；有楚而伐韓，有韓而伐楚，此天下之所以明見也。"公元前308年，秦國在攻打韓國重鎮宜陽時，便先採取分化政策，派甘茂、向壽赴魏國修好，使韓國孤立無援，再出兵進攻得手。

　　五是聘用韓、魏智士。在戰國歷史上，秦國很重視從文化發達的中原各國招賢納士，其中以魏人居多，從商鞅到張儀、范雎、姚賈、尉繚等，不勝枚舉，紛紛出任宰相、客卿等要職。這些人熟悉本土的情況，既運用自己的聰明才智為秦之軍事、外交做出許多貢獻，同時又使韓、魏人才外流，可謂一舉兩得。

秦國所以能夠在與齊、楚爭奪韓、魏的鬥爭中獲得成功，以上措施起了重要作用。

三、從地理角度分析齊、秦、楚的進攻戰略

（一）對主要用兵方向的選擇

齊、秦、楚諸強控制韓、魏的第二種手段是軍事進攻，即用武力奪取其部分領土。能不戰而屈人之兵，說服韓、魏與自己結盟對敵，自然是上策；但是，韓、魏兩國在外交方面唯利是圖，無信義可言，所謂朝秦暮楚，反覆無常。如《戰國策・趙策一》所載："秦、楚戰於藍田，韓出銳師以佐秦。秦戰不利，因轉與楚。不固信盟，唯便是從。"秦王亦說過："魏，多變之國也，寡人不能親。"[25] 當時人們對韓、魏的背盟欺詐已經習以為常，甚至說："三晉百背秦，百欺秦，不為不信，不為無行。"[26] 與通過脅迫或利誘使韓、魏加盟的辦法相比，軍事征服的手段更為可靠，因為如能奪取韓、魏的某些交通樞紐，既可以擴大自己的邊界，增強國力，又能夠自由地調動部隊進出一些戰略要地，根據形勢的需要組織攻擊或防禦，還可以削弱韓、魏的力量，迫使其服從自己，簽訂城下之盟。所以，軍事進攻實際上是強國政治、外交活動的必要支持手段，如果沒有武力威懾，與韓、魏的結盟是得不到切實保證的。《史

---

25 《戰國策・秦策三》。
26 《戰國策・秦策二》。

記》卷79《范雎蔡澤列傳》的記載就是一個很好的例證。秦昭王對魏國外交政策的多變感到無計可施，向范雎請教。范雎獻策曰："王卑詞重幣以事之，不可；則割地而賂之，不可；因舉兵而伐之。"這種軟硬兼施的策略得到昭王認可，獲得了明顯的成效，"王曰：'寡人敬聞命矣。'乃拜范雎為客卿，謀兵事，卒聽范雎謀，使五大夫綰伐魏，拔懷。後二歲，拔邢丘。"當然，採取這種手段也有許多困難，韓、魏是萬乘之國，擁有數十萬軍隊，如果據險而守，攻佔其領土要付出沉重的代價，何況可能還有其他強國發兵前來支援。因此，只有運籌帷幄，克服軍事、外交上的諸多障礙，孤立對手，並堅持對這一戰略方向投入主要兵力，才能取得預期的效果，兼併韓、魏的邊境衝要，控制這一樞紐地區。

儘管齊、秦、楚都在一定程度上認識到爭奪韓、魏的重要性，但是因為它們在地理位置和外部環境方面各有特點，三國統治集團關於政治、軍事形勢的主觀判斷也有正確和失誤的區別，所以在選擇主攻方向和部署兵力時，這些因素促使它們做出了不同的戰略抉擇，結果導致秦國爭霸的勝利與齊、楚的失敗。下面筆者將對三國做具體分析。

1. 齊國

齊國本土在山東半島與泰山以北的魯西北平原，東臨大海，其南部越泰山、泗水，到達豫東和蘇北平原；疆界在襄陵（今河南省睢縣）、彭城（今江蘇省徐州市）與下邳（今江蘇省睢寧縣），與魏、楚相拒，統稱為"南陽"[27]；西部在今冀南、豫北，與趙、魏隔黃河為鄰[28]；北有徐州、狸、桑丘，在今河北中部的大城、任丘、徐水一線以南，與燕國接壤。齊之形勢較為完備，如《戰國策·秦策四》所稱："齊南以泗為境，東負

---

27 《孟子·告子下》："一戰勝齊，遂有南陽，然且不可。"趙岐注："就使慎子能為魯一戰取齊南陽之地，且猶不可。山南曰陽，岱山之南謂之南陽也。"《史記》卷41《越王勾踐世家》載無彊曰："願齊之試兵南陽、莒地。"《史記索隱》："此南陽在齊之南界，莒之西。"

28 《漢書》卷29《溝洫志》載："齊與趙、魏，以河為竟。趙、魏瀕山，齊地卑下，作堤去河二十五里。"

海，北倚河，而無後患。天下之國，莫強於齊。"齊國因東邊及東北瀕臨渤海，無從用兵；主要有南（對楚）、西（對趙）和北（對燕）三個攻防作戰方向。如齊威王所言："吾臣有檀子者，使守南城，則楚人不敢為寇東取，泗上十二諸侯皆來朝。吾臣有盼子者，使守高唐，則趙人不敢東漁於河。吾吏有黔夫者，使守徐州，則燕人祭北門，趙人祭西門，徙而從者七千餘家。"[29]

在戰國中葉這一歷史階段，齊國和秦、楚相比，兼併的領土較少。它對趙、中山的西境和對燕的北境基本上維持原狀，未有大擴張，主要是向泰山以南的豫兗徐平原（今魯西南平原、豫東平原、蘇北平原）發展勢力，開闢疆域。齊國為甚麼會做出這種選擇？下面予以分析：

其一，北方。齊之北鄰燕國都薊（今北京市西南），其領土有今冀北和遼寧西南部，兼有晉東北一角。因為生產和貿易不夠發達，其國力在七雄中顯得最為弱小。如蘇代曰："凡天下之戰國七，而燕處弱焉。"[30]時人所稱："燕，弱國也，東不如齊，西不如趙。"[31]燕國的財力匱乏，地理位置又遠離中原的樞紐地區，在經濟、軍事、交通上利用價值不高，因此並非當時大國爭奪的重點對象，戰事稀少，"夫安樂無事，不見覆軍殺將之憂，無過燕矣"[32]。

此外，燕國雖然勢力較弱，但畢竟也是"萬乘之國"，不可輕視。如蘇秦所言："燕東有朝鮮、遼東，北有林胡、樓煩，西有雲中、九原，南有呼沱、易水。地方二千餘里，帶甲數十萬，車七百乘，騎六千匹。"[33]此外，秦為了抑制齊國，與燕聯姻結好，在燕、齊對抗中支援燕國，這使齊國在北方的用兵不得不有所顧忌。齊在南方的勁敵楚國也和燕有聯

29 《史記》卷 46《田敬仲完世家》。
30 《戰國策‧燕策一》。
31 《戰國策‧燕策一》。
32 《戰國策‧燕策一》。
33 《戰國策‧燕策一》。

盟關係，如《戰國策・燕策三》載："齊、韓、魏共攻燕，燕使太子請救於楚，楚王使景陽將而救之。"後來齊趁燕國內亂而北伐，佔有其地，也是迫於外界的壓力撤兵回國。鑒於以上因素，齊國對燕用兵的收益並不豐厚，又有列強的牽制，故此未把燕當作主要的進攻目標。

其二，西方。齊之西境臨近趙和中山，只有少許與魏相鄰。趙國擁有陝北一部，晉中及晉東北、東南部分，其主體在冀南平原和魯西、豫北一角。中山是白狄鮮虞部族建立的國家，位於太行山以東的冀中平原，西、南與趙國相鄰，東界齊，北臨燕。戰國前期，中山曾被魏將樂羊、吳起率軍攻滅，但後來又得以復國。其地約方五百里[34]。這兩個國家的特點，首先是土壤貧瘠，資源不夠豐富，而人口相對密集，見《漢書》卷 28 下《地理志下》："趙、中山地薄人眾。"兩國的經濟實力較為薄弱。其次是地理位置比較重要。兩國均處於中原偏北區域，為諸侯各邦所圍繞。尤其是趙國西距強秦，北凌弱燕，南臨韓魏，亦屬四戰之地，故被人稱為"中央之國"[35]。而郭嵩燾亦論中山"錯處六國之間，縱橫捭闔，交相控引"[36]。兩國在軍事戰略上的重要性僅次於當時的"天下之樞"——韓、魏。再次，兩國均有尚武之風，軍隊戰鬥力較強。"千乘之國"的中山，依然保持着原來遊牧民族勇猛善戰的風俗，兵力強勁。郭嵩燾言："中山前後百二十年，與燕、趙交兵爭勝為強國。及周顯王四十六年，燕、韓、宋相與稱王，中山與焉。"[37] 中山還積極參與了當時的"合縱""連橫"活動，如"五國相王""五國伐秦"等。趙國因為地近北邊，常與遊牧民族發生戰鬥，有着尚武輕文、驍勇樂戰的民風。司馬遷在《史記》卷 129《貨殖列傳》中曾說："種、代，石北也，地邊胡，數

<hr>

34 《戰國策・秦策三》："且昔者，中山之地方五百里，趙獨擅之。"
35 《韓非子・初見秦》曰："趙氏，中央之國也，雜民所居也。"
36 〔清〕王先謙：《鮮虞中山國事表 疆域圖説》，郭嵩燾序，上海古籍出版社，1993 年。
37 〔清〕王先謙：《鮮虞中山國事表 疆域圖説》，郭嵩燾序，上海古籍出版社，1993 年。

被寇。人民矜懻忮，好氣，任俠為奸，不事農商。……其民羯羠不均，自全晉之時固已患其僄悍，而（趙）武靈王益厲之。"趙之實力雖不及齊，但是強於燕國，蘇秦曰："（趙）北有燕國，燕固弱國，不足畏也。"[38]俗稱："一趙尚易燕。"[39] 趙人勇悍善戰，從兵力上看，曾出動二十萬軍隊征伐中山，持續五年[40]，是齊的強勁對手。齊若大舉攻趙略地，必須聚集眾多軍隊，並得到其他強國的支援，否則難以進展。如時人所言："齊、魏雖勁，無秦不能傷趙。……秦、魏雖勁，無齊不能得趙。"[41]

另外，在戰國的歷史上，齊的兩個爭霸對手曾經屢次拉攏趙國，藉以對抗和削弱齊國的力量。如秦多次與趙結盟修好，並交換質子，企圖利用趙國來牽制打擊和自己沒有共同邊界的齊國。楚也曾多次出兵救趙[42]，使其保持國力，從而對勁敵齊、魏側翼與背後構成威脅。

在此情況下，齊國知難而退，也沒有把趙當作主攻方向，對燕、趙基本上採取維持現有邊境的守禦態勢，如蘇代所說："（齊）濟西不役，所以備趙也；河北不師，所以備燕也。"[43]

齊曾組織過幾次大規模用兵，都是聯合韓、魏攻秦，作戰目的和投入的兵力是有限的，並不是為自己開拓疆土，而是打擊和抑制主要爭霸對手秦國。雖然幾次合縱伐秦獲勝，但齊國本身寸土未得，僅僅滿足於迫使秦國退還侵佔的部分三晉領土。齊國採取這種適可而止的態度，首先是因為它不與秦國接壤，即便秦割地再多也只是增加三晉的疆域，所

---

38 《戰國策·趙策二》。

39 《史記》卷 89《張耳陳餘列傳》。

40 《戰國策·趙策二》："趙以二十萬之眾攻中山，五年乃歸。"

41 《戰國策·趙策三》。

42 楚救趙之事，參見《戰國策·楚策一》魏攻邯鄲，"楚因使景舍起兵救趙，邯鄲拔，楚取睢、濊之間"；《戰國策·齊策五》："魏王身被甲底劍，挑趙索戰。邯鄲之中驚（驚），河山之間亂。……趙氏懼，楚人救趙而伐魏，戰於州西，出梁門，軍舍林中，馬飲於大河。趙得是藉也，亦襲魏之河北，燒棘溝，墜黃城。"

43 《戰國策·燕策一》。

以並未全力以赴。其次，齊國不願使秦過分削弱，讓近鄰韓、魏獲利太多而強大起來，對自己構成威脅。所以往往秦只要表示屈服求和，齊即收兵休戰，而不是將其徹底打垮。如《戰國策·西周策》載韓慶謂主持伐秦的齊相薛公曰：「『君以齊為韓、魏攻楚，九年而取宛、葉以北，以強韓、魏，今又攻秦以益之。韓、魏南無楚憂，西無秦患，則地廣而益重，齊必輕矣。夫本末更盛，虛實有時，竊為君危之。君不如令弊邑陰合於秦而君無攻，又無藉兵乞食。……秦不大弱，而處之三晉之西，三晉必重齊。』薛公曰：『善。』因令韓慶入秦，而使三國無攻秦。」

其三，南方。齊國的南境，是位於淮泗流域的諸多小國，如《史記》卷5《秦本紀》孝公元年所載：「淮泗之間小國十餘。」包括宋、魯、衛、鄒、薛、邾、莒、滕、杞、任、郯等，亦稱「泗上十二諸侯」。這一地帶多是平原曠野，土壤肥沃，河流湖泊縱橫，擁有豐富的農業資源。《史記》卷129《貨殖列傳》載：「鄒、魯濱洙、泗，猶有周公遺風，俗好儒，備於禮，故其民齪齪，頗有桑麻之業。……夫自鴻溝以東，芒、碭以北，屬巨野，此梁、宋也。陶、睢陽亦一都會也。昔堯作於成陽，舜漁於雷澤，湯止於亳。其俗猶有先王遺風，重厚多君子，好稼穡。」但在政治上，這些諸侯皆為小國寡民，軍事力量相當衰弱。戰國前期，淮泗之間先後受到越人與楚人北伐、魏人東進和齊師南下，多次被諸強宰割兼併，或者淪為附庸，朝聘納貢，服從軍役。如《戰國策·秦策五》所載：「梁君伐楚勝齊，制趙、韓之兵，驅十二諸侯以朝天子於孟津。」徐州相王以後，齊國取代了魏在這一區域的霸主地位。

在這一地帶中，宋、魯、衛是周初分封的舊日望國，號稱「千乘」；而它們至戰國中葉大多衰弱不堪，僅有宋的實力略強。《戰國策·宋衛策》載墨子曰：「荊之地方五千里，宋方五百里。」宋建都於彭城（今江蘇省徐州市），並擁有東方著名的商業都市——陶，號稱「天下之中」，農業、手工業和商業較為發達。

淮泗流域地勢空曠，無名山大川之險阻，便於軍隊的運動。當地經濟繁榮，饒有財富，眾多小國的兵力又相當薄弱，所以在齊國看來，是最理想的進攻對象。《戰國策·齊策四》載蘇秦勸齊王曰："伐趙不如伐宋之利……夫有宋則衛之陽城危，有淮北則楚之東國危。"齊在馬陵之戰勝魏以後，長期把主要兵力投到南方，致力於侵略和控制破碎地帶，與楚國爭奪淮北、泗上的弱小諸侯。如《戰國策·燕策一》載蘇代所言："（齊）南面而舉五千乘之勁宋，而包十二諸侯，此其君之欲得也。"《戰國縱橫家書·八》："薛公之相齊也，伐楚九歲，攻秦三年，欲以殘宋取淮北。"在齊國南征的強大攻勢下，"泗上十二諸侯皆來朝"[44]。齊在這一地帶與楚國的反覆爭奪中，通常佔有上風。公元前288—前286年，齊國經過數次征伐，終於滅宋，取得其豫東和淮北之地，達到南方疆域擴張的鼎盛狀態。但好景不長，到了湣王末年（前284年），樂毅率五國聯軍攻齊，齊一度亡國，宋之故地得而復失，被楚、魏兩國瓜分。

2. 楚國

自東向西與齊、魏、韓、秦交界，東南與越國接壤。楚在七雄中疆域最廣。《戰國策·楚策一》："楚地西有黔中、巫郡，東有夏州、海陽，南有洞庭、蒼梧，北有汾陘之塞、郇陽。地方五千里，帶甲百萬，車千乘，騎萬匹，粟支十年，此霸王之資也。"楚全盛時在威王至懷王初年，領土東至於海；東北抵淮泗之間；北達河南太康、襄城、魯山；西到秦嶺以南的漢中，及川東、三峽；南至五嶺、兩廣。其疆域包括長江中下游、淮河與珠江流域，幾乎統一了整個南方。《淮南子·兵略訓》曰："昔者楚人地南捲沅湘，北繞潁泗，西包巴蜀，東裹郯邳。潁汝以為洫，江漢以為池，垣之以鄧林，綿之以方城。山高尋雲，溪肆無景，地利形便，卒民勇敢。……楚國之強，大地計眾，中分天下。"楚在戰國中葉

---

44 《史記》卷46《田敬仲完世家》。

的七雄裏疆域最為遼闊，"荊之地方五千里"[45]。但是由於邊境漫長，敵國較多，造成兵力分散。

此外，楚的經濟開發和貿易相對落後，富裕程度不高，人口密度較低。如司馬遷所說："楚越之地，地廣人希，飯稻羹魚，或火耕而水耨。……地勢饒食，無饑饉之患，以故呰窳偷生，無積聚而多貧。是故江淮以南，無凍餓之人，亦無千金之家。"[46] 這使軍隊人數較少，加大了國防上的困難。《戰國策‧楚策三》載杜赫說楚之不利形勢："東有越累，北無晉（韓、魏），而交未定於齊、秦，是楚孤也。"楚國對兵力部署和主攻方向的選擇情況如下：

其一，北方。戰國之初，楚在北方的強敵晉國正值內亂，"三家滅智"後各自鞏固政權，未暇旁顧。楚國得以北上中原，奪取鄭、宋土地，乃至黃河之濱。但三晉迅速崛起，韓、魏兵進河南後，楚師數次戰敗，丟失了大梁、榆關與豫東、豫南等大片領土，處於不利形勢。楚悼王時任吳起為令尹，改革政治，振興軍旅，曾經"南平百越，北併陳蔡，卻三晉，西伐秦"[47]，局面有所改觀，但旋因吳起被殺而回復舊狀。馬陵之戰後，魏國勢力衰弱，楚乘機北伐獲勝。《戰國策‧齊策二》載楚懷王初年，"昭陽為楚伐魏，覆軍殺將，得八城。"魏隨即附從齊國，楚仍未能取得很大進展。楚在方城之外的北部防線橫貫千里，作戰正面過於寬大，兵力部署比較分散，如果在一處集中軍隊，勢必會削弱其他區域的守備，容易被敵人乘虛而入，所以楚在北方戰線基本上處於防禦態勢，和韓、魏相持，並未把這一地帶作為擴張的主要方向。

其二，西方。楚在西方的敵對勢力首先是強鄰秦國。春秋時期因為晉國的強大，楚與秦深受其威脅，故而結成同盟，聯姻修好，並協調對

---

45 《戰國策‧宋衛策》。
46 《史記》卷 129《貨殖列傳》。
47 《史記》卷 65《孫子吳起列傳》。

晉作戰。兩國的睦鄰關係延續到戰國中葉，發生了重大變化。一方面，魏國的勢力削弱，對秦、楚的軍事壓力明顯減輕；另一方面，秦在商鞅變法後國勢日盛，已經具備了對外兼併的能力，楚國為其近鄰，自然成為它進攻的目標；兩國又都有爭霸的野心，無法調和。如張儀所言："凡天下強國，非秦而楚，非楚而秦。兩國敵侔交爭，其勢不兩立。"[48] 從實力上來說，楚不如秦；兩國交界的秦嶺和商洛、豫西山區地形複雜，不利於調動軍隊、運輸給養，楚國因此沒有攻秦略地的打算，一直處於守勢。直到懷王受了張儀的欺騙，盛怒之下喪失理智，不聽陳軫等人的勸阻，兩次出師伐秦，結果在秦和韓、魏的聯手夾擊下慘敗。

楚在西方的另一個敵人是四川盆地的蜀國。公元前 377 年，吳起被殺，發生內亂，蜀乘機伐楚，取茲方（今湖北省松滋市西），距郢僅百餘里，"於是楚為捍關以距之"[49]。楚曾吞併蜀之漢中，但未能進軍滅蜀，看來是戰略上的失策。後來，秦捷足先登，在公元前 316 年佔領了蜀地，對楚構成了側翼攻擊的威脅。如果楚國搶先滅蜀，將蜀與漢中連成一片，那麼戰略形勢就會有利得多。

其三，南方。楚之南方是蠻夷和越人居住的周邊地區，經濟文化比較落後，邦族分散，力量弱小，難以抵抗楚軍的攻勢，故也是楚國用兵擴張的一個重要方向。楚向南方的發展多有勝利。《後漢書》卷 86《南蠻西南夷列傳》載："吳起相悼王，南併蠻越，遂有洞庭、蒼梧。"威王、懷王時進攻越國也取得成功。《史記》卷 41《越王勾踐世家》載："越以此散，諸族子爭立，或為王，或為君，濱於江南海上。"

不過，越人仍不斷襲擾楚國後方，牽制了楚的部分兵力。《戰國策‧楚策一》載張儀謂懷王曰："且大王嘗與吳（即越）人五戰三勝而亡之，

---

48 《戰國策‧楚策一》。
49 《史記》卷 40《楚世家》。

陳（陣）卒盡矣。"《史記》卷 15《六國年表》載楚懷王十年（前 319），在廣陵築城，為防越人。

其四，東方。這是戰國中葉楚國投入大量兵力的主要擴張方向。早在春秋時期，面對以齊、晉為首的華夏諸侯強大聯盟，楚國的北進接連受阻，便轉而向小國林立、抵抗較弱的東方開拓。兵出陳、蔡，征服江淮流域，是楚國的一項基本戰略。春秋戰國之際，楚曾奪取江淮間的大片領土，進至泗水流域。《史記》卷 40《楚世家》載："越已滅吳而不能正江淮北，楚東侵，廣地至泗上。"公元前 447 年楚滅蔡（今安徽省壽縣北）；公元前 445 年，滅杞（今山東省安丘市北）；公元前 441 年滅莒（今山東省莒縣），勢力一度進入膠東半島。魏、齊等大國相繼崛起後，東方局勢嚴峻，迫使楚在這一地區投入更多的兵力爭奪霸權。楚宣王、威王時，又北滅邾（今山東省鄒城市南）、小邾（今山東省滕州市東），在徐州戰役中擊敗齊軍。

不過，齊國滅薛（今山東省滕州市南），將其封給田嬰、田文父子後，在當地築城置守，有效地遏止了楚國對泗上的進攻，東方的戰局呈現膠着狀態。《元和郡縣圖志》卷 9《河南道五》徐州"滕縣"條載："故薛城，在縣東南四十三里。薛，侯國也。孟嘗君時，薛中六萬家，其中富厚，天下無比，此田文以抗禦楚、魏也。"

春秋時期，楚在東方的統治區域稱為"東國"[50]，大約在淮水南北兩岸。而戰國時楚之"東國"的面積更為廣大，《戰國策·西周策》姚本注："東國，近齊南境者也。"其新兼併的領土又稱"下東國"或"新東國"。金正煒曰："蓋楚後得之東地，故或言'下'，或言'新'以別之。"[51]楚之東國多為平原沃野，物產豐饒，已成為新的經濟重心，在楚國全境

50　春秋時期楚"東國"的記載可參見《左傳》昭公四年、十四年，《國語·吳語》。
51　諸祖耿：《戰國策集注匯考·齊策三》引金正煒語，江蘇古籍出版社，1985 年，第 835 頁。

中有着十分重要的地位。《戰國策·楚策二》載："昭常入見，（楚）王曰：'齊使來求東地五百里，為之奈何？'昭常曰：'不可與也。萬乘者，以地大為萬乘。今去東地五百里，是去戰國之半也，有萬乘之號而無千乘之用也，不可。臣故曰勿與。'"齊國在控制泗上以後，始終覬覦宋及楚之東國。《戰國策·西周策》與《齊策三》《楚策四》中即有齊率韓、魏攻楚東國和脅楚強索東國的記載。為了保衛這塊領土，楚國需要在當地部署大量兵力；另外，由於當時西鄰秦國的強盛，以及北部戰線過於寬闊，難以擴張的局勢，楚仍然選擇了將東方作為進攻的主要戰略方向。楚在屢挫於秦後還與秦國結盟，就是考慮到在東方與齊的尖銳對立，同意與秦連橫，分兵東進的戰略構想。如張儀所稱："秦下兵攻衞、陽晉，必開扃天下之匈。大王悉起兵以攻宋，不至數月而宋可舉。舉宋而東指，則泗上十二諸侯盡王之有已。"[52] 楚國東地的軍隊數量，有 30 餘萬。[53] 後來楚國的統治重心郢都及江漢流域被秦將白起攻佔，它仍能堅持與列國對抗，所依賴的主要就是"東國"的人口、財富和兵力。

3. 秦國

秦國的統治重心在關中平原，自然條件豐饒；邊境又有黃河與秦嶺為天然屏障，有利於國防。如蘇秦對秦王所稱："大王之國，西有巴、蜀、漢中之利，北有胡貉、代馬之用，南有巫山、黔中之限，東有肴、函之固。田肥美，民殷富，戰車萬乘，奮擊百萬，沃野千里，蓄積饒多，地勢形便，此所謂天府，天下之雄國也。"[54] 秦在東境與魏國的西河、上郡相連，南與楚國隔秦嶺相持。《史記》卷 5《秦本紀》載："楚魏與秦

---

52 《戰國策·楚策一》。

53 《戰國策·楚策二》："齊使人以甲受東地，昭常應齊使曰：'我典主東地，且與死生。悉五尺至六十，三十餘萬，弊甲鈍兵，願承下塵。'"

54 《戰國策·秦策一》。

接界。魏築長城，自鄭濱洛以北，有上郡。楚自漢中，南有巴、黔中。"馬陵之戰以後，秦把握時機，利用魏國衰弱的形勢，逐漸奪回了河西故地，與三晉以黃河、殽函為界。秦在戰國中葉的主要戰線是其東境，自北而南，由陝北高原沿黃河而下，至豫西的殽函山區和陝南的商洛山地及秦嶺，大致可以分為三個區域。

其一，北部。包括河西、河東與陝北的上郡，主要敵人是魏國。秦、魏兩國從三晉分裂以來戰鬥激烈，秦在戰國前期處於被動，在河西連連喪失領土，被迫退至洛水據守。商鞅變法成功後，形勢發生逆轉。魏軍慘敗於馬陵，實力大損，秦國藉此機會，首先向河西、上郡發動攻勢，力圖將魏之勢力逐過黃河，奪回這道天然防線，以保證關中統治地區的完整與穩定。從歷史記載來看，在戰國中葉初期，秦國把主要兵力投入到這一作戰區域，戰略目標是收復河西與上郡，並在河東奪取幾個東進的立足點。據《史記》中《秦本紀》《魏世家》《商君列傳》，以及《古本竹書紀年》所載：

公元前 340 年，齊、趙攻魏，秦相商鞅乘機攻魏西鄙，誘擒其將公子卬，大敗魏軍。

公元前 338 年，秦勝魏軍於岸門（今山西省河津市南），虜其將魏錯。

公元前 330 年，秦在雕陰（今陝西省富縣北）擊敗魏軍四萬五千人，擒魏將龍賈，迫使魏獻河西餘地。

公元前 329 年，秦師東渡黃河，攻佔魏之汾陰（今山西省萬榮縣西北）、皮氏（今山西省河津市西）及焦、曲沃（均在今河南省三門峽市附近）。

公元前 328 年，秦命公子華與張儀率軍再次渡河攻魏，佔領蒲陽（今山西省永濟市北）。魏國被迫把上郡 15 縣及河西孤鎮少梁（今陝西省韓城市）獻出，秦則將焦、曲沃退還與魏。至此，秦已佔有黃河以西的全部土地。

不過，秦在河東的作戰有很多困難，如背倚黃河，不便向前線運送兵員和給養；敵方往往是三晉聯合抵抗、反擊，還幾次得到了齊國的有力支援，使秦國在河東攻佔的城邑旋得旋失，不易取得明顯的進展。秦對此認識得很清楚，因此在預期目標實現之後，即將軍隊主力南調，重點攻擊殽函山區的魏、韓城池，以打通豫西走廊。

其二，中部。秦國所在的關中盆地東端，正對着聯繫東西方交通的主要陸路幹線 —— 豫西走廊之西段，殽函山區坐落其中。自春秋前期晉獻公假途滅虢，佔領這塊戰略要地以來，便堵住了秦國東進中原的門戶。秦收復河西、上郡之後，即在中部發動攻勢，竭盡全力打通殽函山區的南北兩道。公元前 324 年，張儀領兵攻陷魏之陝城（今河南省三門峽市）；公元前 314 年，重新佔領魏在殽函北道最後的據點 —— 焦、曲沃。這時，魏國河外的領土喪失殆盡，秦國轉而把韓國當作頭號敵人。

秦佔殽函北道後，豫西走廊的其餘地段都在韓國的控制之下，韓成為秦師出關的最大障礙。秦若想兵進中原，必須要制服韓國，才能取得軍隊的通行權。山東諸侯合縱攻秦的主要進軍路線也是穿過韓國的豫西走廊，才能打開關中的大門。出於攻防兩面的需要，秦確認了伐韓的主攻方向，為達此目的，甚至要與宿敵魏國緩和關係，並聯絡楚國伐韓。如張儀提出的計劃："親魏善楚，下兵三川，塞轘轅、緱氏之口，當屯留之道。魏絕南陽，楚臨南鄭，秦攻新城、宜陽，以臨二周之郊。"[55] 公元前 308 年，秦歷經數月苦戰，打下韓國在殽函南道的要塞宜陽，終於

---

55 《戰國策・秦策一》。

控制了豫西走廊的西段。此後，秦時而在函谷設防，以待諸侯西伐之師；時而與韓連橫，兵出豫東攻魏擊齊。對秦國來說，這一作戰區域具有最為重要的意義。

其三，南部。秦國的南境，與楚之漢中隔秦嶺相對；東南則臨之以商洛、武關。秦國若沿豫西通道東進中原，其南方的側翼會受到楚之威脅，成為潛在的隱患，勢所必除。因此，秦在設計這一階段的軍事行動時，精心籌劃了對楚的戰略包圍，為最終滅亡楚國做好準備。秦國南向對楚作戰的計劃是構設三個進攻方面。

甲、巴。巴、蜀位處秦國西南，居於四川盆地。公元前 316 年，兩國相互攻擊，都來向秦求援。秦惠文王接受了司馬錯的建議，派他和張儀領兵伐蜀，大獲全勝，遂佔有該地。司馬錯認為，伐蜀不僅名正言順，還能拓廣國土，飽斂財富，增強秦國的實力。尤為重要的是，控制巴蜀後可以沿江順流而下，攻取楚國，進而兼併海內。如《華陽國志》卷 3《蜀志》載司馬錯所言："（巴蜀）水通於楚，有巴之勁卒，浮大舶船以東向楚，楚地可得；得蜀則得楚，楚亡則天下併矣。"得蜀數年後，秦即在藍田之戰打敗楚國，陷其漢中，使秦之本土與巴蜀連成一片，對楚之西境構成了嚴重威脅。

乙、武關。武關在秦楚交界的少習山下，方圓數百里都是丘陵山地，形勢險要，不利於大軍的行動和運輸糧草。因此，戰國中葉之初，秦在這裏擺出了防禦態勢，並不主動進攻。公元前 312 年，楚軍大舉來犯，秦國放棄武關，採取了誘敵深入的策略，在藍田大敗楚軍，使楚之國勢從此一蹶不振。自後，秦楚攻守易勢，武關隨即成為秦師攻楚的主要路線之一。如張儀對楚王所言："秦西有巴蜀，方船積粟，起於汶山，循江而下，至郢三千餘里。舫船載卒，一舫載五十人與三月之糧，下水而浮，一日行三百餘里；里數雖多，不費馬汗之勞，不至十日而距扞關；扞關驚，則從竟陵已東，盡城守矣，黔中、巫郡非王之有已。秦舉甲出之武關，南面而攻，則北地絕。秦兵之攻楚也，危難在三月之內。"[56]

丙、宜陽。楚之西北的南陽盆地，鄰近韓國。公元前 308 年，秦國不惜巨大犧牲，攻佔韓國重鎮宜陽。此舉一箭雙雕，既打通殽函南道，可以下兵三川，以窺周室，繼而東出中原，又能威脅楚國北境的新城[57]，形成對楚進攻的第三個作戰方面，使其受到包圍，形勢極為被動。張儀說楚連橫時即以此恫嚇道："大王不與秦，秦下甲兵，據宜陽，韓之上地不通；下河東，取成皋，韓必入臣於秦。韓入臣，魏則從風而動。秦攻楚之西，韓、魏攻其北，社稷豈得無危哉？"[58]

不過，在藍田、垂沙戰役後，秦國暫時停止了對楚的大舉進攻，轉而全力與東方的齊國角逐。其原因有三：一是楚國實力業已大衰，對秦不再構成嚴重威脅；而齊國挾持韓、魏，勢力強勁，是秦國當時最危險的敵手，需要認真對待。如《戰國策·燕策一》所載："秦五世以結諸侯，今為齊下；秦王之志，苟得窮齊，不憚以一國都為功。"二是秦國對楚的戰略包圍已經完成，隨時可以發動總攻，只是因為時機尚不成熟，所以並不急於草率行事。三是秦欲聯楚以制齊。楚國衰弱之後，秦、齊兩大對立集團形成，在雙方的激烈鬥爭中，楚國倒向何方，其作用是舉足輕重的。秦國清醒地認識到這一點，在齊國勢力強大的情況下，秦有賴楚國的協助與齊對抗。如果楚國殘破，齊與韓、魏則更加強盛，會愈發難以應付。如說客對秦相魏冉所言："楚破，秦不能與齊縣衡矣。"[59]

鑒於以上緣故，秦在這一時期奉行的連橫策略之一就是"和楚"，用秦、楚聯盟抗衡齊、韓、魏集團。秦國通過休兵息戰，派遣張儀等遊說來誘使楚國加入自己的陣營，並支持楚在東方擴張，以吸引和削弱齊

國的軍事力量[60]。秦在南部的戰事因而沉寂下來，集中兵力在中部與齊、韓、魏等國較量。直到樂毅破齊，秦在東方暫無勁敵，才移師南下，攻陷鄢、郢，佔領了楚國的江漢平原。

（二）對齊、秦、楚進攻戰略得失的分析

1. 齊、楚的失誤

齊、楚兩國在主攻方向的選擇上出現了嚴重的錯誤，偏離了樞紐地區——韓、魏。群雄逐鹿，必爭中原，這個道理列強都很清楚，但是實施起來卻會遇到許多不易克服的困難。韓、魏擁兵數十萬，又有深溝堅城，還可能獲得他國的有力支援，攻佔其領土的難度之大可想而知。但這是稱霸天下乃至統一海內的必由之途，並無其他可以取巧的捷徑。與秦國對崤函山區的殊死搏爭相比，齊、楚顯然犯有"知難而退"的決策失誤，即沒有竭盡全力攻佔韓、魏的戰略要地（豫西和冀南豫北），以便直接控制交通樞紐，抑制秦國勢力的發展，並作為伐秦大軍的出發基地。齊、楚都把擴張的主要目標放在阻力較小的淮泗流域，儘管在那裏拓地千里，收穫很大，但是由於地理位置偏僻，這一局部成功對於爭霸天下的整個計劃來說，並不具有決定性的作用。秦國的政治家對此已有洞察。《戰國策·齊策五》即載商鞅謂魏惠王曰："今大王之所從十二諸侯，非宋、衛也，則鄒、魯、陳、蔡，此固大王之所以鞭箠使也，不足以王天下。"所以秦一再慫恿齊、楚攻宋，加劇對淮北、泗上的爭奪，藉此減輕自己所受的軍事壓迫，便於向中原進展，以佔據有利的形勢。而齊、楚兩國的君主和統帥缺乏遠見，做出錯誤的用兵決策，導致失去

---

60 《戰國策·楚策二》載："齊王大興兵，攻（楚）東地，伐昭常，未涉疆，秦以五十萬臨齊右壤。"這裏記載的兵力數量雖然多有誇張，但是秦國越韓、魏而出師，攻齊援楚是確有其事的。如公元前 286 年齊國滅宋，又"南割楚之淮北"；次年（前 285）秦國即假道韓、魏出兵，攻佔齊地九城。參見《史記》卷 5《秦本紀》、卷 15《六國年表》、卷 46《田敬仲完世家》。

對樞紐地區的控制，在與秦國的角逐中先後遭到重創，一蹶不振。

齊國與韓並不接壤，與魏只有很少的領土相鄰，要想佔領"天下之樞"——三河地區（河內、河南、河東），應該先把主攻方向對準西鄰的趙國。趙國地跨太行山兩側，東憑邯鄲，西據晉陽，縱橫之士說趙"嘗抑強齊四十餘年，而秦不能得所欲。由是觀之，趙之於天下也不輕。"[61] 齊如不能破趙，便無法打開挺進中原的大門，攻佔魏、韓所居的樞紐地區。但是齊國在爭霸戰爭中主要採取"近交遠攻"的做法，即與鄰邦燕、趙以和為主，甚至在滅亡燕國之後又將駐軍撤回國內；而多與遠方的秦、楚交戰，結果在中原的擴張未有明顯的進展。一方面，儘管齊國多次役使韓、魏伐秦攻楚，取得過數次成功，可是得到的土地不與本國接壤，皆為韓、魏所獲，自己的領土得不到擴展。如范雎所述："昔者，齊人伐楚，戰勝，破軍殺將，再闢千里，膚寸之地無得者，……以其伐楚而肥韓、魏也。"[62] 而齊國兩次組織聯軍伐秦，迫使秦割地求和，也都劃入了韓、魏及趙國的版圖。

另一方面，齊國把主要兵力投入淮泗流域的作戰，忽視了臥榻之側的燕、趙，結果為其所乘。燕對齊有亡國之恨。燕昭王"居處不安，食飲不甘，思念報齊"[63]，嘗言："齊者，我仇國也，故寡人之所欲伐也。"[64] 為此廣招天下賢士，勵精圖治，籌劃伐齊報怨。齊國受到間諜蘇秦等人的欺騙，盲目相信燕國附從自己，全力南下攻宋，甚至將濟西、河北防備燕、趙的兵力南調，以致國防空虛[65]。此外，在五國伐齊之前，燕、趙兩國做了大量軍事、外交上的準備活動，燕昭王"於是使樂毅約趙惠

---

61 《戰國策·趙策三》。
62 《戰國策·秦策三》。
63 《戰國策·燕策一》。
64 《戰國策·燕策一》。
65 《戰國策·燕策一》載蘇代言齊國："異日也，濟西不役，所以備趙也；河北不師，所以備燕也。今濟西、河北盡以役矣，封內弊矣。"

文王，別使連楚、魏，令趙啖說秦以伐齊之利"[66]，他還親自赴趙聯絡定盟。而齊國竟對此肘腋之變毫無察覺，在敵軍來襲時倉促迎戰，導致慘敗。

楚國在兵力部署和主攻方向選擇上的錯誤，則是忽略了秦的威脅與韓國在秦楚交戰時的作用。楚與齊雖有爭奪東地的矛盾衝突，但是比起秦國兵臨漢中和南陽盆地的壓迫要緩和得多。對楚來說，齊國在淮泗流域的威脅並不是致命的，最危險的敵人是秦國。魏被秦逐出殽函之後，韓國由於控扼秦軍東進中原的豫西通道，又迫近楚國的北部門戶方城隘口，戰略地位極為重要。正如張儀所言："秦之所欲，莫如弱楚，而能弱楚者莫如韓。非以韓能強於楚也，其地勢然也。"[67] 楚在這一時期遭受的兩次重創 —— 藍田之戰、垂沙之戰，都和韓國加入敵對陣營，攻擊宛、鄧地區有着密切的關係。楚國要想有效地抵禦來自秦國武關的進攻，在當時的形勢下可以有兩種選擇。

第一，北上攻韓。即動用軍隊主力從南陽盆地直出進攻韓國，設法佔據黃河南岸的某個要點（如宜陽），藉以切斷豫西通道。這樣能夠一箭雙雕，既控制了交通要途，給秦國東進中原的捷徑設下障礙，又可以在西北方向（武關—丹陽一線）與秦軍交戰時保護自己北方側翼的安全。但是楚國君臣沒有採取這種戰略，而是把主要兵力投入到東方戰場。

第二，聯韓抗秦。對楚國來說，抵抗秦的侵略必須要聯合韓國共同作戰，才能取得有效的戰果。楚與秦在武關方向交戰時，韓如加入楚國陣營，可以威脅函谷關方向，吸引和分散秦國的兵力；又能減輕楚國在宛、鄧以北的防禦負擔，將軍隊西調與秦國作戰。可是由於楚國統治者的短視，未能與韓聯合抗秦，而且常常見韓危而不救，致使兩國關係惡

---

66 《史記》卷 80《樂毅列傳》。
67 《戰國策・韓策一》。

化。例如公元前 308 年，秦攻韓國重鎮宜陽，死傷甚眾，因畏懼楚國援韓，使馮章偽許楚以漢中之地，楚亦貪利而不救韓；秦攻佔宜陽之後不予楚地。《戰國策·秦策二》載：“楚王以其言責漢中於馮章，馮章謂秦王曰：‘王遂亡臣，固謂楚王曰：寡人固無地而許楚王。’”《戰國策·韓策一》載秦、韓戰於濁澤，楚王坐觀其成敗，假稱援韓：“儆四境之內，選師言救韓，發信臣，多其車，重其幣。謂韓王曰：‘弊邑雖小，已悉起之矣。願大國遂肆意於秦，弊邑將以楚殉韓。’”結果，“楚救不至，韓氏大敗”。楚的上述做法加深了它與韓國的矛盾，一來促使韓國投入齊或秦國的軍事集團，與楚對抗，增加了自己的敵對勢力；再者，秦國佔領宜陽，便把那裏作為南下伐楚的出發基地。此後不久，秦就出兵攻陷了與其相鄰的楚國北方主郡新城 [68]。楚國既不能伐韓奪邑以抑秦師東出，又不能聯韓拒秦於武關、函谷之內，造成了自身的被動和失利。

齊、楚兩國和秦選擇的擴張方向不同，這與各自政治目的不同也有密切關係。秦順應中國社會發展需要統一的歷史趨勢，以兼併海內為己任，大肆攻佔諸侯領土。如說客對韓王曰：“秦之欲併天下而王之也，不與古同。事之雖如子之事父，猶將亡之也。行雖如伯夷，猶將亡之也。行雖如桀紂，猶將亡之也。雖善事之無益也，不可以為存，適足以自令亟亡也。” [69]

齊、楚兩國的最高理想仍是做傳統的霸主，如《戰國策·趙策三》曾載：“昔齊威王嘗為仁義矣，率天下諸侯而朝周。周貧且微，諸侯莫朝，而齊獨朝之。”齊宣王亦“欲闢土地，朝秦楚，莅中國而撫四夷也。” [70]《新書·春秋》載：“楚懷王心矜，好高人，無道而欲有伯王之號，鑄金以象諸侯人君，令大國之王編而先馬。”齊、楚雖然吞併小國不遺

---

68 《史記》卷 5《秦本紀》昭王七年，《睡虎地秦墓竹簡·編年記》秦昭王六至八年。
69 《戰國策·韓策三》。
70 《孟子·梁惠王上》。

餘力，但是仍承認七雄中其他六國的獨立地位，維持列強割據的基本政治局面；僅僅滿足於充當諸侯聯盟的領袖，沒有完成統一大業的雄心和氣魄，對於三強中的另外兩個對手，只是削弱而不是消滅它們。齊國在這方面表現得最為突出，齊與三晉、燕等中原諸侯同受華夏文化熏陶，政教、習俗和意識形態相近，又與周王室有甥舅關係，歷史上齊桓公曾"九合諸侯，為五伯首，名高天下，光照鄰國"[71]，因此在政治影響和號召力上略勝秦、楚一籌。馬陵之戰齊擊敗魏國，"其後三晉之王皆因田嬰朝齊王於博望，盟而去"，"齊最強於諸侯，自稱為王，以令天下"[72]，形勢本來對齊相當有利，但是由於傳統稱霸意識的影響，韓、魏等國一旦表示服從、跟隨，齊國也就不再堅持對其用兵略地，甚至把共同掠奪來的大部分城邑賞給它們，以資鼓勵，顯示霸主的決決風範。正如齊客所責魏王曰："王之事齊也，無入朝之辱，無割地之費。齊為王之故，虛國於燕、趙之前，用兵於二千里之外，故攻城野戰，未嘗不為王先被矢石也。得二都，割河東，盡效之於王。自是之後，秦攻魏，齊甲未嘗不歲至於王之境也。請問王之所以報齊者可乎？"[73]這樣做的結果，則是兵力耗費，國土的擴張與軍隊主攻方向偏離中原重地，使敵人得以佔據優勢。

2. 秦國進攻戰略籌劃的成功

與齊、楚兩國相比，秦國在兵力部署和戰略進攻方向的選擇上顯然是成功的，下面對此問題予以詳述：

一是主攻目標明確無誤。在這個階段，秦國把韓、魏當作自己的主要攻擊和佔領對象，這一選擇無疑是非常正確的。一方面，秦與韓、魏相鄰，從歷史上看，韓、魏的前身晉國長期以來是秦的死敵，數百年來

---

71 《戰國策·齊策六》。
72 《史記》卷 46《田敬仲完世家》。
73 《戰國策·趙策四》。

兵戈相見。戰國以降，魏佔河西、上郡，嚴重威脅着地處關中的秦國。另一方面，秦國若想成就霸業，進而統一天下，必須兵進中原；而當時聯絡關中平原和華北平原的兩條主要陸路交通幹線 —— 豫西通道和晉南豫北通道，都控制在韓、魏的手裏，如不征服這兩國，就無法向東方推進。如昭忌所稱："夫秦強國也，而韓、魏壤梁，不出攻則已，若出攻，非於韓也，必魏也。"[74] 因此，在秦國統治者眼裏，韓、魏是最主要的敵人，也是首選的進攻目標。商鞅曾對秦孝公談論了他的戰略構想："秦之與魏，譬若人之有腹心疾，非魏併秦，秦即併魏。何者？魏居嶺阨之西，都安邑，與秦界河而獨擅山東之利。利則西侵秦，病則東收地。今以君之賢聖，國賴以盛。而魏往年大破於齊，諸侯畔之，可因此時伐魏。魏不支秦，必東徙。東徙，秦據河山之固，東鄉以制諸侯，此帝王之業也。"[75] 他的構想得到了孝公的同意和實施。范雎也向秦昭王建議伐韓："'秦韓之地形，相錯如繡。秦之有韓也，譬如木之有蠹也，人之有心腹之病也。天下無變則已，天下有變，其為秦患者孰大於韓乎？王不如收韓。'昭王曰：'吾固欲收韓，韓不聽，為之奈何？'對曰：'韓安得無聽乎？王下兵而攻榮陽，則鞏、成皋之道不通；北斷太行之道，則上黨之師不下。王一興兵而攻榮陽，則其國斷而為三。夫韓見必亡，安得不聽乎？若韓聽，則霸事因可慮矣。'王曰：'善。'"[76]

二是用兵策略得當。秦國不僅正確地決定了主要進攻方向，在用兵的過程中還成功地運用了各種謀略，使其計劃得以順利施行。

一曰蠶食兼併。秦若大舉進攻韓、魏，它們往往因懼怕亡國而傾全力抵抗；還將引起齊、楚兩強的警惕，有可能派遣兵馬前來支援。故此，秦國採取了緩進的戰略，侵蝕韓、魏領土，藉以麻痹對手，達到逐步兼

---

74 《戰國策·魏策四》。
75 《史記》卷 68《商君列傳》。
76 《史記》卷 79《范雎蔡澤列傳》。

併的目的。如《戰國策・魏策三》載須賈對魏冉所言：“夫秦，貪戾之國而無親，蠶食魏，盡晉國，戰勝暴子，割八縣，地未畢入而兵復出矣。”

二曰背盟突襲。秦國經常採用背信棄義的手段，在與韓、魏結盟後乘其不備，突然發動進攻，使對方措手不及，從而佔領其領土。例如商鞅欺騙魏將公子卬，在會盟飲酒時伏兵擒之，襲破其軍。據《史記》卷5《秦本紀》所載，惠文王後十年，韓遣公子倉來秦為人質，表示附從修好，而秦卻乘機發兵攻取了韓國的石章。公元前 308 年，秦武王與韓襄王在臨晉會盟，隨後即遣甘茂等將兵伐韓宜陽。

三曰鍥而不捨。對於韓、魏具有戰略意義的樞紐地點，秦國不惜投入重兵，付出巨大的犧牲，直至奪取這一要衝。例如公元前 308 年，秦國派甘茂率兵攻打宜陽，歷時五月不下，秦軍死傷甚眾。武王不顧大臣們的反對，“因大悉起兵，使甘茂擊之。斬首六萬，遂拔宜陽”[77]。

四曰一張一弛。秦國雖然把攻佔韓、魏領土放在首要，但是並非不注意客觀形勢的變化，一味進攻韓、魏，而往往是因勢利導，根據現實情況對主攻方向做出調整。例如公元前 316 年，秦國君臣討論作戰方略，張儀力主攻韓，挾持周天子以號令諸侯。而惠王採納司馬錯的建議，先利用巴、蜀之間的衝突，出兵攻滅了有“天府”之稱的這兩個小國，擴充自己的實力。“蜀既屬，秦益強富厚，輕諸侯”[78]，然後再揮師東進，與韓、魏作戰。

公元前 294—前 290 年，秦國對韓、魏連續發動攻勢，奪取多座城池，在伊闕大敗兩國聯軍，斬首二十四萬，韓國被迫割讓武遂二百里地予秦，魏國也向秦獻河東四百里地。在此形勢下，秦國並沒有繼續攻打韓、魏，而是抓住勁敵齊國滅宋後引起諸侯疑懼的有利時機，拉攏韓、

---

77 《史記》卷 71《樗里子甘茂列傳》。

78 《戰國策・秦策一》。

魏、燕、趙，組織五國聯軍伐齊，在濟西擊潰齊兵，使齊一度亡國。後來齊雖然得以復國，但實力大損，再也無法與秦國抗衡。

秦國運用上述手段，結合軍事力量的威懾，得以有效地操縱了韓、魏，打敗齊、楚這兩個主要競爭對手，從群雄對峙的混亂局面中脫穎而出，獨佔鰲頭。

綜上所述，戰國中期的合縱連橫戰爭裏，秦國一方面在兵力部署和進攻的主要方向上做出了正確的判斷與選擇，通過種種手段部分奪取和控制了韓、魏所在的樞紐地區，取得了軍事的主動權。另一方面，秦國運用謀略拆散了齊、楚與其他諸侯之間的聯盟，削弱了它們的勢力；又威逼、利誘一些中小國家投入自己的陣營，改變和齊、楚的力量對比。秦國因軍事、外交戰略上的成功，得以在爭雄角逐中擊敗對手，確立自身的優勢地位，為其後來統一戰爭的勝利奠定了基礎。

第七章

秦對六國戰爭中的函谷關和豫西通道

函谷關故址在豫西靈寶市舊城西南，因"路在谷中，深險如函，故以為名"[1]。由該地西至潼關，東抵崤山，古稱桃林或殽（崤）函，戰國初年屬魏。商鞅變法後秦國勢力強盛，於公元前 329—前 314 年逐步攻佔了附近的曲沃、焦和陝城。函谷關就是秦在此期間建立起來的，它的名稱最早出現於公元前 318 年。此後秦與六國近百年的戰爭裏，函谷關所在的殽函地區由於軍事意義的重要，成為雙方爭奪的熱點。諸侯聯軍伐秦的進軍路線，主要是自滎陽、成皋西行，經鞏、洛，穿過崤山後攻打函谷關，以求進入秦國腹地關中平原。例如《史記》卷 40《楚世家》載懷王十一年（前 318），"蘇秦約從山東六國共攻秦，楚懷王為從（縱）長，至函谷關，秦出兵擊六國。"《史記》卷 45《韓世家》載襄王十四年（前 298），"與齊、魏王共擊秦，至函谷而軍焉。"又見《史記》卷 77《魏公子列傳》："公子率五國之兵破秦軍於河外，走蒙驁。遂乘勝逐秦軍至函谷關，抑秦兵，秦兵不敢出。"《史記》卷 78《春申君列傳》："春申君相二十二年，諸侯患秦攻伐無已時，乃相與合從，西伐秦，而楚王為從（縱）長，春申君用事，至函谷，秦出兵攻，諸侯兵皆敗走。"因為合縱攻秦多走此途，秦王才會威脅楚王說："寡人積甲宛，東下隨，知者不

1　〔唐〕李吉甫：《元和郡縣圖志》卷 6《河南道二》引《西征記》，中華書局，1983 年，第 158 頁。

及謀，勇者不及怒，寡人如射隼矣。王乃待天下之攻函谷，不亦遠乎！"[2]
此外，秦與山東六國作戰，也多次兵出函谷，穿越豫西山區進軍中原，
所以縱橫家有言："六國從（縱）親以擯秦，秦必不敢出兵於函谷關以害
山東矣。"[3]"且夫秦之所以不出甲於函谷關十五年以攻諸侯者，陰謀有
吞天下之心也。"[4]

眾所周知，正確認識和利用地理條件，是交戰獲勝的重要原因之
一。秦與六國的軍隊統帥在策劃、指揮戰爭時，也充分考慮了山川、道
路、城市、人口、資源等各種地理因素對軍事行動的影響，從而選擇了
函谷關所在的豫西通道作為主要的行軍路線和作戰方向，筆者試對其原
因作一初步探討。

一、戰國中葉的地理形勢與函谷關、豫西通道的重要軍事價值

從戰國中葉的歷史背景來看，華北平原和涇渭平原生產、貿易飛速
發展，形成了山東和關中兩大基本經濟區。山東地域寬廣，自燕山以南
到長江以北，東達海濱，西抵晉陝邊界的黃河與殽函山區。春秋以來鐵
器牛耕的普遍推廣與水利灌溉事業的開發，使黃河下游兩岸的農耕區迅
速向北、東、南三面推進，除了雁北、冀北和渤海沿岸的部分地段，華
北大地到處是良田沃野，各地的鹽、鐵、紡織等手工業與物資交流、交
通幹線和城市建設也隨之發展起來。華北平原的開發與繁榮，促使韓、
趙、魏三國紛紛將都城遷出了河山環阻、土地偏狹的晉南，移到了遼闊
的中原。

關中地區雖然面積小得多，自然條件卻很優越，"有鄠、杜竹林，

---

2 《戰國策・燕策二》。
3 《戰國策・趙策二》。
4 《戰國策・楚策一》。

南山檀拓，號稱陸海，為九州膏腴。"[5] 秦在當地興修水利，發展農業，使關中經濟出現了空前的繁榮，可以與山東分庭抗禮。憑藉這一雄厚的物質基礎，"秦據河山之固，東向以制諸侯"[6]。山東六國危亡之際也屢次合縱聯盟，反擊秦國的兼併。這樣，中國的政治格局和軍事鬥爭在地域上呈現出東西對立的基本特點，由戰國初期群雄的割據混戰演變為山東、關中兩大集團爭雄的局面。

華北平原的經濟繁榮與三晉國都的東遷，使山東六國的經濟、政治重心區域轉移和分佈在我國地貌第三階梯的範圍之內，包括華北平原、膠萊平原和江漢平原；它們和秦國的基本統治區域 —— 關中平原之間，被海拔較高、地形複雜的中間地帶隔開，即山西高原、豫西丘陵山地和商洛山區、南陽盆地。和兩大基本經濟區相比，中間地帶人口較少，物產不夠豐饒，自然地形也不利於大部隊的運動和展開。秦或六國發動進攻時，都想迅速通過這一地帶，將其優勢兵力開進對方的平原作戰，威脅和打擊敵人的心腹要地。防禦時為了確保己方基本經濟區的安全，也要把軍隊部署在中間地帶與敵交界之處，儘量利用當地的複雜地形阻滯敵軍進入自己的平原區域。這一中間地帶雖然縱貫南北、綿延千里，但是因為地形、水文條件的限制，橫貫東西的陸路幹線只有三條：

第一條，晉南豫北通道。由陝晉邊界的臨晉（今陝西省大荔縣）東渡黃河，經過運城盆地，在其北部折向東南，翻越王屋山，從軹（今河南省濟源市）穿過太行山麓南端與黃河北岸之間的狹長走廊，即可進入河內，來到趙都邯鄲所在的冀南平原。走廊的西端為太行第一徑，古稱軹道，山險路狹；東端是寧邑（今河南省修武縣），戰國時屬魏。《修武縣志》稱當地"西扼秦韓，北達燕趙，兵車衝為之區也"，戰略地位相當重要。

---

5 《漢書》卷 28 下《地理志下》。
6 《史記》卷 68《商君列傳》。

第二條，豫西通道。自咸陽渡過渭水東行，在潼關進入豫西丘陵山地，沿黃河南岸經函谷、陝城（今河南省三門峽市）抵達崤山，分為南北二途，南路沿雁翎關河、永昌河谷隘路東南行，再沿洛河北岸達宜陽，東行至洛陽盆地；北路沿澗河河谷而行，經硤石、澠池、新安抵達洛陽。東過鞏、成皋、滎陽的低山丘陵，便進入豫東平原。韓都新鄭、魏都大梁俱在鄰近。這條通道還可以由洛陽北渡孟津，過黃河經溫、軹，入河內，武王伐紂時走的就是這條路線，而他滅商後即由朝歌南下至管（今河南省鄭州市），再穿過豫西通道回到關中。這條道路是我國先秦時代東西方聯繫的主要交通幹線。

第三條，商洛、南陽通道。由咸陽沿灞水、丹水東南行，穿過秦嶺、商洛山區，經藍田、商縣、丹鳳，在今陝、豫、鄂交界處出武關，進入楚國的南陽盆地，東行至宛（今河南省南陽市）後，南下穰、鄧，可達楚都郢城所在的江漢平原。自宛東行夏路，出方城，又能進入華北平原的南端，即汝水、穎水流域，北上到達韓都新鄭，東進便是楚國名都上蔡、陳。江漢平原後來被秦佔領，楚國便遷都於陳，作為新的統治中心。

公元前 330 年，秦國收復全部河西失地，隨即開始東進擴張。它與六國軍隊的往來交戰基本都是沿着這三條通道展開的。秦為了守衛關中，憑藉黃河、殽函、少習山的險要地勢，在這三條通道的西端修建了臨晉關、函谷關和武關，以阻攔敵軍的入侵。如《新書·壹通》所言：

> 所謂建武關、函谷、臨晉關者，大抵為備山東諸侯也。天子之制在陛下，今大諸侯多其力，因建關而備之，若秦時之備六國也。

函谷關之所以受人重視，成為兵家必爭之地，是因為它扼守的豫西通道具有十分重要的軍事價值。當時秦與六國都認為經過豫西通道進攻對方是最為有利的，原因大致有以下幾點：

其一，經豫西通道距離最短。華北平原、江漢平原與關中平原之間距離最短的便是豫西通道，其路線幾乎是筆直的。《通典》卷177《州郡七》載函谷關東至洛陽六百四十里，洛陽至滎陽二百七十里。秦國由這條路線東進中原乃一捷徑，對企圖攻入關中的諸侯聯軍來說也是如此。《史記》卷45《韓世家》記載公元前273年趙、魏攻韓，秦自關中出兵相救，僅用八日便穿過豫西通道，來到華陽（今河南省新密市）。而晉南豫北通道和商洛、南陽通道距離要長得多，路線曲折，行軍費時費力。

其二，距離韓、魏的國都最近。從六國的地域分佈來看，燕、齊和秦沒有領土相鄰，無法直接交戰。趙國與秦在陝北的上郡接壤，離關中平原較遠。楚國以往長期與秦結盟通婚，進入戰國後百餘年內雙方未發生戰爭，兩國交界的漢中、商於等地與關中有秦嶺巨防相隔，所以楚對秦亦威脅不大。與秦利害相關的是韓、魏兩國，它們在晉南、豫西的土地與關中平原相鄰，在秦臥榻之側，邊境衝突不斷，如商鞅和范雎所言："秦之與魏，譬如人之有腹心之疾，非魏併秦，秦即併魏。"[7] "秦韓之地形，相錯如繡。秦之有韓，若木之有蠹。"[8] 這是秦面臨的最現實、最直接的威脅。要想向東方擴張，首要的就是利用韓、魏的領土。

韓、魏國都所在的豫東平原位處東亞大陸的核心，軍事價值很高。頓弱曾說："韓，天下之咽喉；魏，天下之胸腹。"[9] 秦國若要統一海內，必須先征服或控制韓、魏在河南、山西的領土，才能進一步對齊、趙、燕等偏遠國家用兵。秦軍出函谷，穿過豫西通道，韓都新鄭即在近旁，

7　《史記》卷68《商君列傳》。
8　《戰國策‧秦策三》。
9　《戰國策‧秦策四》。

"從鄭至梁，不過百里。……馬馳人趨，不待倦而至"[10]。走這條路線東征，可以直搗韓、魏心喉，迫使其俯首就範。

此外，秦國這時實力強盛，山東各國大多不敢單獨向秦主動進攻，往往是組成聯軍，合縱伐秦。韓、魏都城所在的豫東位置適中，交通便利，"地四平，諸侯四通，條達輻湊，無有名山大川之阻"[11]，燕、趙、齊、楚等國軍隊奔赴集結較為方便，此地又離豫西通道甚近，所以諸侯聯軍多選擇這條路線伐秦，函谷關一線自然也就成為秦國的主要防禦方向了。

其三，可以利用周王室統治的洛陽地段。豫西通道中途的洛陽盆地是周王室的領土，戰國時分裂為西周、東周兩個小國。對秦和六國來說，將豫西通道作為大軍的行動路線還能從中獲得以下好處：

首先，周王室力量微弱，只能保持中立，任憑各國軍隊假道通過，進軍一方出入鞏、洛不用攻城奪邑，既節省了時間，又保存了兵力。其次，軍隊過境時還可以向周索取給養，減輕後方長途運輸的負擔，此時的周通常不敢拒絕。如"楚攻雍氏，周糧秦、韓"[12]，"（薛公）又與韓、魏攻秦，而藉兵乞食於西周"[13]。再次，周王雖然實力弱小，但名義上仍為天下共主，還有諸侯去朝見，三晉、田齊稱侯還要請周王冊封，說明周王在政治上還有一定影響。秦若想征服六國，成就帝業，操縱和接替周王室是必不可少的兩步舉措。兵出函谷，走豫西通道東進，能夠順勢控制周室，加以脅迫利用，如張儀所言："據九鼎，案圖籍，挾天子以令於天下，天下莫敢不聽，此王業也。"[14]時機一旦成熟則取而代之，名正言順地易鼎登極。秦國國君對此方案朝思暮想，視為終生奮

10 《戰國策·魏策一》。
11 《戰國策·魏策一》。
12 《戰國策·東周策》。
13 《戰國策·西周策》。
14 《史記》卷70《張儀列傳》。

鬥的目標。言者曾對趙王講：“秦之欲伐韓、梁，東窺於周室甚，惟寐亡（忘）之。”[15] 秦武王也說：“寡人欲車通三川，以窺周室，而寡人死不朽乎！”[16]

其四，不用涉渡江河。商洛、南陽通道和晉南豫北通道除了路線曲折、距離較遠之外，後者還有晉陝邊界的黃河天險阻攔。在古代技術條件下，大軍渡過無法徒涉的河流是相當困難的，架橋、舟濟繁苦，需要花費大量的人力、物力，後續部隊和給養的運輸也是個難題，渡河的先頭部隊還會陷入背水而戰、被半渡而擊的危險境地。秦如選擇晉南豫北通道為主攻路線，自然地理條件不利，山東六國也不願走北道伐秦。事實上，自公元前 330 年秦收復河西失地後，三晉或諸侯聯軍沒有一次從蒲津、夏陽或龍門強渡黃河向秦討戰。所以，這條路線也不是秦的主要防禦方向。穿過豫西通道則不必涉渡江河，軍隊的運動較為方便，張儀即認為：“秦之攻韓、魏也則不然。無有名山大川之限，稍稍蠶食之，傅之國都而止矣。韓、魏不能支秦，必入臣於秦。”[17]

其五，受到的抵抗較為薄弱。在秦國東進的三條路線中，豫西的敵人實力稍弱。秦攻佔殽函以後，魏在豫西幾乎沒有城邑，黃河以南的通道均為韓國和兩周的領土。周室微不足道，“韓，小國也，而以應天下四擊”[18]，兵員本來有限，還要分散防守周邊，因此難以抵抗秦的強攻。若求諸侯相助，則沒有把握，或因路遠未能及時赴救，或應以虛言而兵不至。來助陣者也多是心懷鬼胎，為了保存實力不肯死戰，如《尉繚子·制談》所言：“今國被患者，以重寶出聘，以愛子出質，以地界出割，得

---

15 《戰國策·趙策一》。
16 《戰國策·秦策二》。
17 《戰國策·趙策二》。
18 《韓非子·存韓》。

天下助卒，名為十萬，其實不過數萬爾。其兵來者，無不謂其將曰：'無為人下先戰。'其實不可得而戰也。"所以秦國兵出函谷，進攻豫西通道，沿路遇到的抵抗相對較弱。如走晉南豫北通道，河東乃三晉舊都所在，韓、趙、魏列城參差其間，唇齒相依，赴救解圍朝發夕至。歷史上三晉曾是兄弟之國，長期與秦交戰，積怨甚深。當時人稱"三晉百背秦，百欺秦，不為不信，不為無行"[19]，容易結盟抗秦。而秦軍渡河攻城作戰則相當艱苦，往往奪取了城池也很難守住，像武遂、藺、離石等城曾數次易手。

如經過商洛、南陽通道進攻，當時楚國尚強，"地方五千里，帶甲百萬，車千乘，騎萬匹，粟支十年"[20]，俗稱"天下莫強於秦、楚"[21]。秦軍若進攻南陽盆地，將面臨惡戰，勝負難料。從後來的情況看，公元前312年，楚軍攻秦曾長驅直入，破武關，抵藍田，秦國靠韓、魏相助才勉強獲勝。此後南陽盆地成了秦、楚、韓、魏四國爭戰之地，反覆爭奪了數十年，直到韓國滅亡前夕，秦國才完全征服了該地。

綜上所述，豫西通道對秦與合縱諸侯進攻兵力的運動利多弊少，所以被當作主攻的行軍路線；而函谷關又是這條通道西段的咽喉要地，因而成為秦與六國諸侯殊死相爭的戰略樞紐。桃林地段的大路，"東自崤山，西至潼津，通名函谷，號曰天險"[22]。函谷關設在這條谷道的中途，背依稠桑原，面臨弘農澗，群山雄峙，澗水橫流，"其中劣通，東西十五里，絕岸壁立，崖上柏林蔭谷中，殆不見日。"[23]敵軍無論從崤山南北哪條道路而來，都要經過這座關隘，而險要的地勢加上重兵防守，足以使其卻步。

---

19 《戰國策·秦策二》。
20 《戰國策·楚策一》。
21 《戰國策·秦策四》。
22 〔唐〕李吉甫：《元和郡縣圖志》卷6《河南道二》，中華書局，1983年。
23 〔唐〕李吉甫：《元和郡縣圖志》卷6《河南道二》，中華書局，1983年。

秦如控制函谷，退可以守住關中門戶，保八百里秦川不失；進可以出兵豫東，爭雄天下。如果該地被敵國佔領，秦則被封閉在潼關以西，難以東進，而且隨時面臨着敵軍入侵，馳踏關中平原的危險。春秋之時，晉獻公假途滅虢，先據桃林，秦兵屢爭不得，以穆公國勢之強亦無法東進中原，與華夏諸侯爭霸。"二百年來秦人屏息而不敢出氣者，以此故也"[24]。顧棟高讀《過秦論》曾感歎道："賈生有言：'秦孝公據崤函之固，擁雍州之地，君臣固守以窺周室。'嗚呼！此周、秦興廢之一大機也。考春秋之世，秦晉七十年之戰伐，以爭崤函。而秦之所以終不得逞者，以不得崤函。"[25] 正因該地在軍事上具有重要意義，秦國在收復河西的第二年便全力進攻此地，志在必得。函谷關設立後，由於地勢險要，防衛堅固，抵禦諸侯聯軍進攻時多有勝績；僅在公元前 296 年被齊、韓、魏合兵攻破，引起秦國朝野恐慌，被迫退地求和。

二、范雎獻 "遠交近攻" 之策以前，秦在豫西通道 沿線的作戰方略

在秦對六國近百年的征服戰爭中，受形勢變化的影響，函谷關及豫西通道的戰略地位曾有過重大變化，前後可以分為兩個階段。從公元前 314 年秦完全佔領函谷地區，到公元前 270 年范雎拜相，獻 "遠交近攻" 之策是第一階段。在此期間，秦對六國的進攻和防禦皆以函谷關、豫西通道為主要作戰方向，分別採取了下列步驟。

第一，逐步蠶食，佔領通道西段。秦國佔據函谷地區後集中力量打通崤山南北二途，進佔豫西通道的西段。崤山一帶地形險峻，通行不

---

24 〔清〕顧棟高：《春秋大事表》卷 4《秦疆域論》，中華書局，1993 年。

25 〔清〕顧棟高：《春秋大事表》卷 31《春秋秦晉交兵表‧敍》，中華書局，1993 年。

便，當年秦國千里襲鄭，就是回師至此遭到晉國伏擊而全軍覆沒的。如不奪取，東進仍會受阻。公元前 308 年，秦以傾國之師，圍攻"城方八里，材士十萬，粟支數年"[26] 的韓國重鎮宜陽，歷時五月才將其攻克，從此控制了崤山南路。北路也將邊境推進到澠池，並在新安谷口"築壘當大道"[27]，屯兵駐守，遺址名為"白起壘"。

第二，與韓國結盟，暫不進佔通道東段。秦在此時對六國陣營並不具有優勢，蘇秦曾說："諸侯之地五倍於秦，料諸侯之卒十倍於秦，六國併力為一，西面而攻秦，秦破必矣。"[28] 六國當中，齊在威王、宣王時期國家強盛，馬陵之戰打敗魏國後成為中原霸主，實力與秦相侔。齊湣王曾南滅"五千乘之勁宋"，聲震天下，與秦昭王同時稱帝，並兩度主持合縱伐秦，迫使秦國割地求和。秦國君臣審時度勢，看清自己的力量尚不足以單獨打敗齊國，更不用說與六國合縱對抗了，因此採取"連橫"的策略，一方面進攻蠶食韓、魏的領土，迫使它們屈服；另一方面通過部分退地、結盟修好等外交手段來換取它們的支持，承認自己的霸主地位，使韓、魏在政治、軍事上成為自己的附庸，分化瓦解以齊為首的合縱聯盟。錢穆先生在《先秦諸子繫年・蘇秦考》中曾說："秦之外交，常主折齊之羽翼，散齊之朋從，使轉而投於我。"在"連橫"思想的指導下，這一階段秦國不急於滅掉兩周，進佔豫西通道東段。由於韓、魏倒向秦國陣營，"稱東藩，築帝宮，受冠帶，祠春秋"[29]，特別是韓國對秦"出則為捍蔽，入則為席薦"[30]，秦國以向周、韓假道的方式獲得了豫西通道東段的通行權。此後，秦多次越韓、魏而攻齊，奪城佔地。齊欲伐秦卻屢被韓、魏阻攔，無法兵進函谷。

---

26 《戰國策・東周策》。
27 《水經注》卷 16《穀水》。
28 《戰國策・趙策二》。
29 《戰國策・魏策一》。
30 《韓非子・存韓》。

在此期間，韓、魏與秦的關係雖有反覆，但秦聯合諸侯以孤立、削弱齊國的戰略方針始終未變，終於在公元前 284 年促成五國聯軍伐齊，大獲全勝。齊被燕軍滅亡後雖然復國，但實力明顯衰落，不再是秦的勁敵。而秦通過對齊作戰，奪取了中原許多城邑，包括東方最富庶的商業都市——陶，還佔領了韓國迫近豫西通道東段出口的重鎮管邑，形勢非常有利。

第三，大舉攻魏。齊國破敗之後，秦便開始全面出擊，先後攻取趙國的藺、祁、離石和包括楚都郢城在內的江漢平原，但是主攻方向仍放在豫東。公元前 283—前 273 年，秦軍多次伐魏，三圍大梁，企圖一舉滅掉魏國，使自己在齊地的城邑和豫西通道相接，隔斷燕、趙與韓、楚的聯繫。"拔梁則魏可舉，舉魏則荊、趙之意絕，荊、趙之意絕則趙危，趙危而荊孤，東以弱齊、燕，中以陵三晉。然則是一舉而伯王之名可成也，四鄰諸侯可朝也。"[31] 然而這幾次進攻都沒有達到滅魏的戰略目的，領兵的秦相穰侯魏冉"引軍而退，復與魏氏為和"[32]。

三、戰國後期秦軍主攻目標的改變與進兵路線的轉移

公元前 270 年，范雎在秦拜相，獻"遠交近攻"之策，使秦對六國的作戰方略發生了重大變化，改變了出兵豫東的主攻方向，把晉南豫北通道作為主要進軍路線，奪取和鞏固沿途的三晉城市，以趙國為首要的打擊對象。表現如下：

其一，秦於公元前 269 年發動閼與之戰開始，隨後又發動上黨之戰、邯鄲之圍等，這一系列大規模戰役主要是與趙國交鋒。

---

31 《韓非子·初見秦》。
32 《韓非子·初見秦》。

其二，從《史記》卷5《秦本紀》、卷15《六國年表》、諸侯世家的記載來看，第二階段（前269—前221）秦國發動的進攻多數集中在河東—河內方向，大約30次，而豫西—豫東方向和南陽方向僅各有數次。

其三，《史記》卷5《秦本紀》中關於秦軍作戰斬首數量的記載，第二階段河東—河內方向的戰鬥殺敵60餘萬，而其他方向不過10萬，表明這個地區的交戰異常激烈，秦軍和六國的軍隊主力往往在此對陣。

秦軍主攻方向改變的原因，據筆者分析有以下幾點：

第一，大梁城池堅固，魏又調集境內全部兵力拼死抵擋，使秦難以速勝。《戰國策·魏策三》載須賈對魏冉說："臣聞魏氏悉其百縣勝兵，以止戍大梁，臣以為不下三十萬。以三十萬之眾，守十仞之城，臣以為雖湯、武復生，弗易攻也。"再者，秦滅魏"以絕從（縱）親之要（腰）"[33]的戰略意圖被六國識破，"秦攻梁者，是示天下要斷山東之脊也，是山東首尾皆救中身之時也"[34]。大梁三次被圍，燕、趙、韓等諸侯紛紛來救，使秦未能得手。

第二，此時齊、楚新遭國破，抱殘守缺，已無力與秦爭雄；而趙國經過胡服騎射的軍事改革和整頓內政，壯大了力量，北滅中山，屢挫齊、魏，如縱橫家所言："當今之時，山東之建國，莫如趙強。"[35]趙國成為合縱的中心和策源地，是新的抗秦中堅。如《韓非子·存韓》曰："夫趙氏聚士卒，養從（縱）徒，欲贅天下之兵，明秦不弱。"《戰國策·秦策三》曰："天下之士，合從相聚於趙，而欲攻秦。"所以范雎向秦昭王指出原來的戰略部署有誤，兵出豫西通道，越韓、魏而攻齊，"非計也，少出師，則不足以傷齊，多之則害於秦"[36]；伐魏圍梁也未收到預期

33 《戰國策·秦策四》。

34 《戰國策·魏策四》。

35 《戰國策·趙策二》。

36 《戰國策·秦策三》。

的效果，"穰侯十攻魏而不得傷"[37]。事實上，趙國才是秦征服山東的最大障礙，"應侯謂秦王曰：王得宛、葉、藍田、陽夏，斷河內，困梁、鄭，所以未王者，趙未服也"[38]，應該改變戰略方針，把趙國當作進攻的主要目標。

趙國的統治中心邯鄲地區在冀南平原，秦軍如走豫西通道出滎陽北上攻趙，需要連續渡過濟水、黃河、漳水三條河流，多有不便；而且進軍的側翼是敵對的魏國，糧草、兵員的補給線要穿過韓境，也有後顧之憂。李斯曾說："夫韓雖臣於秦，未嘗不為秦病；今若有卒報之事，韓不可信也。"[39] 秦王也說韓國："不固信盟，唯便是從。韓之在我，心腹之疾。"[40] 因此秦不願走豫西通道伐趙，正如《戰國策·趙策二》載蘇秦說過的那樣，"然而秦不敢舉兵甲而伐趙者，何也？畏韓、魏之議其後也。然則韓、魏，趙之南蔽也。"

秦國伐趙的主攻路線是走晉南豫北通道，"秦舉安邑而塞女戟，韓之太原絕；下軹道、南陽而伐魏絕韓，包二周，即趙自消爍矣"[41]。女戟在太行西，此處的南陽是指晉之南陽——修武地區，軹道和修武南陽皆屬魏，故曰"伐魏絕韓"，然後再由河內出師北攻邯鄲。河東的汾城（今山西省臨汾市）被秦當作關中至河內用兵的中轉站，伐趙的先頭部隊、後續部隊經過汾城到前線，增援部隊也在此屯集待命，前方部隊後撤時亦回到這裏休整。公元前 257 年邯鄲戰役時，秦"益發卒軍汾城旁"[42]。胡三省注《資治通鑒》卷 5 曰："汾城，即漢河東臨汾縣城也，去邯鄲尚遠。秦蓋屯兵於此，為王齕聲援。"後來秦軍失利，"攻邯鄲不拔，去，

---

37 《戰國策·秦策三》。
38 《韓非子·內儲說上》。
39 《韓非子·存韓》。
40 《戰國策·趙策一》。
41 《戰國策·趙策四》。
42 《史記》卷 5《秦本紀》昭王五十年。

還奔汾軍。"[43] 由於這條通道的人員、物資交通流量顯著增大,從臨晉渡河的困難更加突出。為了解決這個矛盾,公元前 257 年,秦"初作河橋"[44]。《史記正義》載:"此橋在同州臨晉縣東,渡河至蒲州,今蒲津橋也。"這項措施大大提高了晉南豫北通道的運輸能力。

通道東端的河內原屬衛地,戰國時入魏,是趙、魏、齊三國交界之處。秦佔領河內,在黃河以北建立了一個楔入中原的橋頭堡,截斷了趙、燕與韓、魏、楚國的聯繫。東邊陳兵迫近齊境,使齊不敢加入合縱聯盟。有識之士曾評論奪取這個地段的重要性:"秦下甲攻衛、陽晉,必大關天下之匈(胸)。"[45]《史記索隱》曰:"夫以常山為天下脊,則此衛及陽晉當天下胸,蓋其地是秦、晉、齊、楚之交道也。以言秦兵據陽晉,是大關天下胸,則他國不得動也。"

第三,豫西通道附近多是丘陵山地,土狹民貧,物產匱乏。如張儀所言:"韓地險惡,山居,五穀所生,非菽而麥,民之食,大抵菽飯藿羹;一歲不收,民不饜糟糠。"[46] 大軍通過時沿途的補給相當困難。晉南地區則比較富庶,"河東土地平易,有鹽鐵之饒"[47],且此時大部分已被秦軍佔領,運輸線亦很安全。長平之戰後,"秦盡韓、魏之上黨,則地與國都邦屬而壞契者七百里"[48]。通道東端的河內地區經濟也很發達,秦國可以利用當地的人員、糧草補給前線,減輕關中後方的沉重壓力。如《史記》卷 73《白起王翦列傳》載長平之戰中,"秦王聞趙食道絕,王自之河內,賜民爵各一級,發年十五以上悉詣長平,遮絕趙救及糧食";《史記正義》曰:"(河內)時已屬秦,故發其兵。"

---

43 《史記》卷 5《秦本紀》昭王五十年。

44 《史記》卷 5《秦本紀》昭王五十年。

45 《史記》卷 70《張儀列傳》。

46 《史記》卷 70《張儀列傳》。

47 《漢書》卷 28 下《地理志下》。

48 《戰國策·趙策一》。

第四，從道路的通達性來看，如果只有一條路線能夠到達進攻的目的地，守軍可以集中兵力抗擊，防禦比較容易，一旦堵塞就無法通行。如果在交通幹線之外還有幾條支線可以到達，防禦則比較困難，對攻方比較有利。從這個角度來看，晉南豫北通道具有優越性，秦軍如佔領山西中南部，既能夠兵出河內，又能夠利用橫穿太行山脈的幾條路徑作為進軍邯鄲的輔助路線。軹道以北，還有羊腸、壺口、閼與、井陘等孔道可行。佔有優勢的秦國能採取兩路分兵的辦法，來分散趙國的防禦力量。范雎向秦王提出的戰略設想之一，就是用進佔上黨的軍隊越過太行，奪取趙都以北的東陽以威脅邯鄲，"弛上黨在一而已，以臨東陽，則邯鄲口中蝨也。"[49] 公元前 233—前 229 年，秦國發動三次進攻，都是用一支軍隊自河內北攻邯鄲，另一支軍隊從上黨等地直下井陘，實行夾擊最終滅趙。豫西通道在這方面就相形見絀了，它的東段出口只有成皋、滎陽一線，因為成皋以北是黃河，以南多為縱向山嶺，崗巒連綿不絕，難以逾越通行。

鑒於以上原因，秦國改變了戰略，將軍隊主力部署在河東、河內，與趙國交戰。秦國也企圖佔領豫西通道東段，於公元前 256—前 249 年滅兩周，奪取韓國的滎陽、成皋，設立三川郡。但秦國隨即被信陵君率諸侯聯軍打敗，兵退函谷關內，不敢出戰；沿途據點紛紛失守，連在中原黃河以南的許多城池（如陶、管等）也被魏國攻佔，可以說秦在這個作戰方向遭到慘敗。不過，秦堅持在黃河以北用兵的主攻戰略，逐步佔據了趙之晉陽、上黨與河內的漳水流域，使邯鄲孤立無援，終於在公元前 228 年滅亡趙國，然後北上滅燕，南渡黃河攻佔魏都大梁。在此期間，函谷關與豫西通道方向未見到大規模的軍事行動。韓都新鄭雖然在

---

49 《韓非子·內儲說上》。

通道東端出口近旁，不過秦是由內史騰率兵從南陽郡東出方城，再北上滅韓的。

　　秦國對戰略進攻方向和行軍路線的選擇並非一成不變，而是根據形勢的變化及時加以調整，其結果是成功的，保證了秦統一中國戰爭的順利完成。

第八章

敖倉在秦漢時代的興衰

———

我國封建社會的歷史上，秦、西漢、新莽、東漢四代王朝的統治者都在河南滎陽設置了敖倉，用來囤積糧粟，並修築倉城，派兵駐守。而國內起兵反抗朝廷的政治集團，也多企圖襲取滎陽，"據敖倉之粟"，和敵手爭奪天下。敖倉成為秦漢兵家確定戰略時必然考慮的重要因素，它對於國家的經濟生活亦有不可低估的影響。但是東漢以來，敖倉的地位卻江河日下。魏晉南北朝的數百年間，佔據河南的封建政權都放棄了對它的經營，使它在歷史舞台上銷聲匿跡。敖倉的興衰，幾乎和秦漢王朝的崛起、敗落同始終，其原因何在？筆者在本章對此問題做一些探討，論述如下。

一、敖倉出現的歷史背景

敖倉故地位於漢滎陽縣城西北，以所在的敖山而得名。它北臨黃河和濟水的分流之處，南帶廣武山，西隔汜水，與天險雄關成皋（即虎牢）遙遙相望。因大河多年南侵，沿岸崩坍，倉城舊址早已蕩然無存。據皇甫謐《帝王世紀》記載，商王仲丁曾率眾遷居於此，河亶甲即位後又徙去。西周時，宣王"薄狩於敖"[1]，在該地行獵。春秋戰國期間，滎陽

1　《詩經‧小雅‧車攻》，亦作"搏獸於敖"。

成皋附近的戰事頻繁起來，公元前 249 年，秦莊襄王"使蒙驁伐韓，韓獻成皋、鞏，秦界至大梁"[2]，開始置三川郡來管轄這一地區。秦始皇時，在敖山置倉積穀，"會天下粟，轉輸於此，故名敖倉"[3]。西漢初年重修敖倉，並設滎陽敖倉官治理倉務，直屬中央[4]。秦漢敖倉的規模巨大，藏糧甚多，世人常以敖倉之粟比黃河、東海之水[5]。

從史實來看，當時的封建統治者在敖倉囤糧的主要目的之一，是補給戰爭的消耗。秦和西漢建都關中，但是都把滎陽當作軍事重鎮，嚴加守衛。如秦朝曾派丞相李斯長子李由為三川郡守，領兵駐紮滎陽。陳勝吳廣起義爆發後，六國故地多被起義軍佔領，而滎陽則久攻不下，歷時數月，直到章邯率援軍出關後解圍。

西漢時期，國內一旦發生政治危機，或者函谷關外出現變亂，朝廷往往立即派遣大軍進駐滎陽，搶先控制這一戰略要地。例如，劉邦臨終，使陳平與灌嬰率軍十萬屯駐滎陽[6]。顧祖禹對此解釋道："帝以天下新定，恐易世之際，人心動搖，故以信臣重兵屯南北之衝。"[7]呂后駕崩，"琅邪王澤乃曰：'帝少，諸呂用事，劉氏孤弱。'乃引兵與齊王合謀西，欲誅諸呂。至梁，聞漢遣灌將軍屯滎陽，澤還兵備西界。"[8]文帝三年（前 177）六月，濟北王劉興居起兵造反，"於是詔罷丞相兵，遣棘蒲侯陳武為大將軍，將十萬往擊之。祁侯賀為將軍，軍滎陽。……八月，破濟北軍，虜其王。"[9]景帝三年（前 154），爆發"七國之亂"。太

2　《史記》卷 5《秦本紀》。

3　〔清〕申奇彩：《河陰縣志》卷 2"古跡"。

4　《漢書》卷 2《惠帝紀》六年，"起長安西市，修敖倉"。

5　《淮南子·精神訓》："今贛人敖倉，予人河水，飢而餐之，渴而飲之，其入腹者不過簞食瓢漿，則身飽而敖倉不為之減也，腹滿而河水不為之竭也。"柳宗元《與李睦州書》："鹽東海之水以為鹹，醯敖倉之粟以為酸。"

6　《史記》卷 8《高祖本紀》、卷 56《陳丞相世家》。

7　〔清〕顧祖禹：《讀史方輿紀要》卷 47《河南二》，中華書局，2005 年，第 2197 頁。

8　《史記》卷 51《荊燕世家》。

9　《史記》卷 10《孝文本紀》。

尉周亞夫領兵平叛，"將乘六乘傳，會兵滎陽"[10]，在那裏集結軍隊，然後分兵進擊，留大將軍竇嬰鎮守滎陽，以為後援。新莽地皇三年（22），赤眉、綠林起義軍連獲勝利，聲威大振。王莽亦遣大將軍陽浚率兵至滎陽鎮守[11]。可見，敖倉所在的滎陽，被秦、西漢王朝的統治者視為咽喉要地、臨戰必守之所。究其原因，與當時的政治形勢和滎陽的地理位置有密切關係。

秦、西漢時期，幅員遼闊的中國剛剛建立起統一的中央集權國家，國內各地區的經濟發展很不平衡，在生產活動、文化傳統和風俗習慣等方面具有明顯的差別。司馬遷在《史記》卷 129《貨殖列傳》中把全國分成了山西、山東、江南和龍門碣石以北四大區域。其中江南地廣人稀，"或火耕而水耨"；龍門碣石以北半農半牧，"多馬、牛、羊、旃裘、筋角"，這兩個地區比較落後。最為發達的是山東和山西的關中兩個經濟區。山東又稱關東，地域廣大，西至函谷，東達海濱，南緣長江，北抵燕山；此地又是龍山文化的發祥地，有着悠久的農業生產的歷史傳統，在秦漢時代長期保持經濟繁榮。關中地區雖然面積較小，卻有優越的自然條件，涇渭流域"膏壤沃野千里，自虞夏之貢以為上田"。戰國以來，秦在當地興修水利，發展農業，使關中經濟獲得空前發展，可以與山東比肩。正如司馬遷所說："故關中之地，於天下三分之一，而人眾不過什三，然量其富，什居其六。"

關中經濟力量的崛起，對古代中國歷史發展產生了深刻的影響，使數百年間各國政治鬥爭在地域上表現出東西對峙的時代特點。這一格局始於商鞅變法後的戰國中期。秦國吞併漢中、巴蜀，逐步向東方擴張，引起"諸侯恐懼，會盟而謀弱秦，不愛珍器重寶肥美之地，以致天下之

---

10 《史記》卷 106《吳王濞列傳》。
11 《漢書》卷 99 下《王莽傳下》。

士，合從（縱）締交，相與為一"[12]，山東六國形成反秦聯盟，由原來的群雄割據混戰演變成關中、山東兩大政治勢力互相抗爭的局面。秦以關中為本，虜西戎而兼山東，滅亡六國。西漢王朝的建立亦是如此，漢高帝雖起兵山東，但是後來他打敗項羽和其他諸侯，統一天下，也是依靠了關中人力、財力的支持。鄂君曾說："夫上與楚相距五歲，常失軍亡眾，逃身遁者數矣。然蕭何常從關中遣軍補其處，非上所詔令召，而數萬眾會上之乏絕者數矣。夫漢與楚相守滎陽數年，軍無見糧，蕭何轉漕關中，給食不乏。陛下雖數亡山東，蕭何常全關中以待陛下，此萬世之功也。"[13]

統一後的秦、西漢政權，都把山東地區的敵對勢力（如六國舊貴族、漢異姓同姓諸侯王）當作國內主要的政治威脅。因此，這兩個王朝制定的基本政策之一，就是"以關中制山東"。定都於咸陽、長安，憑藉關中優越的自然環境和有利地形，作為中央政權統治的地理基礎。山東無事，則徵發那裏的賦稅、勞力輸入關中，補充中央政權的消費。一旦山東發生動亂，中央政權退可以閉關自守，進可以依靠關中雄厚的經濟、軍事力量東出鎮壓。這一政策的指導思想，在漢初一些謀士勸說劉邦建都關中的議論裏表現得十分明顯。如婁（劉）敬曰："且夫秦地被山帶河，四塞以為固，卒然有急，百萬之眾可具也。因秦之故，資甚美膏腴之地，此所謂天府者也。陛下入關而都之，山東雖亂，秦之故地可全而有也。夫與人鬥，不搤其亢，拊其背，未能全其勝也。今陛下入關而都，案秦之故地，此亦搤天下之亢而拊其背也。"[14]劉邦未能決。張良支持婁敬的建議，說："夫關中左殽函，右隴蜀，沃野千里，南有巴蜀之饒，北有胡苑之利，阻三面而守，獨以一面東制諸侯。諸侯安定，河渭

12 《史記》卷6《秦始皇本紀》載賈誼《過秦論》。

13 《史記》卷53《蕭相國世家》。

14 《史記》卷99《劉敬叔孫通列傳》。

漕挽天下，西給京師；諸侯有變，順流而下，足以委輸。此所謂金城千里、天府之國也，劉敬說是也。"[15] 終於打消了劉邦的疑慮，決定在長安建都。

　　滎陽的位置在關中、山東兩大經濟區域的交界地帶，所以，東西對峙的政治形勢與秦、西漢王朝"以關中制山東"的政策，使之成為兵家必爭之地。滎陽以東，即進入空曠遼闊的黃河中下游平原，可任大軍縱橫馳騁；滎陽以西，自成皋至函谷關，則是峰谷交錯的豫西山區，易守難攻。《讀史方輿紀要》卷 46《河南一》曰："今自滎陽而東皆坦夷，西入汜水縣境，地漸高，城中突起一山，如萬斛囷。出西郭，則亂嶺糾紛，一道紆回其間，斷而復續，使一夫荷戈而立，百人自廢。"其中新安至潼關約四百里，"重岡疊阜，連綿不絕，終日走硤中，無方軌列騎處。"如果說豫西山區是關中的屏障，那麼滎陽就是這一屏障的東大門。秦漢關中通往山東的陸路幹線，正是出函谷關，穿過豫西山區，至滎陽分道揚鑣，"東窮燕齊，南極吳楚"[16]。關中通往山東的水路，則是由渭入黃河，歷三門、孟津，到達滎陽，此地正是黃河與濟水的分流之處。自魏惠王開鑿鴻溝運河，將濟水與汝水、泗水、淮水連接起來，河淮之間形成了一個巨大的水運交通網，滎陽是總綰這幾條河道的地方。從這裏沿着黃河、濟水和鴻溝諸渠順流而下，能夠到達山東各地。如《史記》卷 29《河渠書》所言："滎陽下引河，東南為鴻溝，以通宋、鄭、陳、蔡、曹、衛，與濟、汝、淮、泗會。於楚，西方則通渠漢水、雲夢之野，東方則通溝江淮之間。於吳，則通渠三江五湖。於齊，則通菑濟之間。"由此可見，不論水路、旱路，滎陽都是當時關中、山東兩大經濟區間交通往來的樞紐，故桑弘羊稱其"居五諸侯之衢，跨街衝之路也"[17]。對於

---

15 《史記》卷 55《留侯世家》。
16 《漢書》卷 51《賈山傳》。
17 《鹽鐵論·通有》。

奉行"以關中制山東"政策的秦、西漢王朝來說,控制滎陽顯然具有非常重要的意義。和平時期,國家的主力軍隊在函谷關內,如果山東諸侯發生叛亂,搶先佔據滎陽,"絕成皋之口,天下不通"[18],東西交通的主要幹線即被截斷,朝廷的大軍就會堵塞在成皋以西的山區裏,無法迅速東進中原;繞道武關而出,則曠日費時,容易貽誤戰機。相反,如果中央政權控制了滎陽,就能掌握較大的主動權,不利時可以拒敵於國門之外,保關中不失;得勢時可以由該地水陸並進,以高屋建瓴之勢,開往山東各處。正是由於滎陽具有十分重要的戰略地位,吳楚七國之亂爆發後,漢將周亞夫馳往該地,未受敵人阻截,喜悅之情溢於言表,得意地說:"吾據滎陽,滎陽以東無足憂者!"[19]

秦、西漢時期國內遇到戰亂,滎陽地區就會大軍雲集,而部隊的糧食供應則是關鍵問題。孫子曾說:"軍無輜重則亡,無糧食則亡,無委積則亡。"[20]戰時風雲驟變,軍隊要搶佔要地,倉促運糧往往措手不及,所以俗語說"兵馬未動,糧草先行"。事先在可能爆發戰爭,需要集結軍隊的前哨陣地囤積糧草,作為備戰的重要手段,這在秦漢歷史上是常見的。例如,漢文帝採納晁錯的建議,令天下入粟拜爵,輸糧於北邊以備匈奴;宣帝時,趙充國在金城屯田儲糧,運入郡倉,準備將來出兵平定羌亂時所用;鄭吉"以侍郎田渠黎,積穀,因發諸國兵攻破車師"[21]。看來,設置在重鎮滎陽的敖倉,也具有明顯的軍事補給性質,是關中的中央政權為了鎮壓山東叛亂而採取的預防措施。

統治者在滎陽設置敖倉的另一個目的,和漕運轉輸有關。《十七史商榷·諸倉》曰:"秦都關中,故於敖置倉,以為溯河入渭地。"秦、西

---

18 《史記》卷 118《淮南衡山列傳》。
19 《漢書》卷 35《荊燕吳傳》。
20 《孫子兵法·軍爭》。
21 《漢書》卷 70《鄭吉傳》。

漢王朝建都的關中地區儘管農業發達，物產豐饒，但由於是京師所在，人口眾多，加上帝室貴族、百官豪富的奢靡，當地的出產是不足以供給的。秦代咸陽已經"當食者多，度不足，下調郡縣轉輸菽粟芻藁"[22]。西漢時這一矛盾更加突出。如《鹽鐵論·園池》中所說："三輔迫近於山河，地狹人眾，四方並湊，粟米薪菜不能相贍。"在很大程度上需要依靠渭水、黃河漕運山東的糧食來彌補。秦朝在這方面消耗的人力、物力很多，二世時"盜多，皆以戍漕轉作事苦，賦稅大也"[23]，成為社會矛盾激化的重要原因之一。西漢漕運事業出現空前的興盛。《漢書》卷51《賈鄒枚路傳》曰："夫漢併二十四郡、十七諸侯，方輸錯出，運行數千里不絕於道……轉粟西鄉，陸行不絕，水行滿河。"武帝至宣帝時每年輸往關中的山東漕糧常有四百萬石，甚至高達六百萬石。對於秦、西漢來說，漕運水道是維繫政權的重要生命線，其所提供的物資是封建國家不可缺少的支柱。

當時，山東的幾個主要農業區域，如華北平原、山東半島、淮河流域，所產的漕糧由黃河、濟水和鴻溝諸渠溯流而上，總會於滎陽，再沿黃河西行，轉至關中。鴻溝水系的入河口就在滎陽的廣武山北麓，而在這裏設倉儲糧，還可以減輕黃河漕運的難度。首先，滎陽以西，自孟津至三門、砥柱，黃河兩岸峽谷聳立，水面狹窄，河流湍急，又有暗礁淺灘，是漕船航行的危險地段，多有毀亡。船隻運行的數量和速度在這一帶驟然下降，各條水道的漕船如果同時大量地駛進，會出現擁擠堵塞，容易造成事故。其次，黃河各季節的水量差距很大，對漕運亦有影響。冬季河面結冰，不能行船；春夏之際為枯水期，也對航行不利。《漢書》卷29《溝洫志》載："今西方諸郡，以至京師東行，民皆引河渭山川水漑

22 《史記》卷6《秦始皇本紀》。
23 《史記》卷6《秦始皇本紀》。

田。春夏乾燥，少水時也，故使河流遲，貯淤而稍淺。"而盛夏初秋，黃河中游又多降暴雨、陰雨，不時出現較大的洪峰，即所謂"伏秋大汛"。汛期水勢洶湧，"兩涘渚崖之間，不辨牛馬"[24]，難以逆流而行。遇到上述情況，濟水、鴻溝諸渠的漕船無法入河行駛，如果靠岸等待又虛耗時日，浪費人力、物力。在滎陽修築敖倉，可以讓不能西行的漕船卸下糧食，貯存入倉，或者轉為陸運，或者等待能夠通航時再行裝船，不致造成汴渠航道內船隻的積壓堵塞。後人提到這種"行來已久"的轉運辦法時，說它的益處在於"水通利則隨近運轉，不通利則且納在倉，不滯遠船，不生隱盜"[25]。可見，緩和黃河不能常年航運的矛盾，是敖倉屯糧的另一個作用。

綜上所述，敖倉的出現有着深刻的歷史背景。鑒於秦、西漢時期特殊的政治形勢與漕運路線，滎陽成了國內首屈一指的軍事重鎮和水陸運輸的中轉碼頭，統治集團在這裏設置敖倉，既有助於保障封建國家的安全，又維持了經濟命脈的搏動，敖倉稱得起"一身繫天下之安危"了。

二、敖倉對關中、山東勢力軍事影響的異同

自秦朝建立敖倉之後，滎陽地區的戰略意義就更大了。秦漢時代關中與山東兩大政治勢力的角逐中，佔據滎陽者，不僅能夠控制國內水陸交通的中心樞紐，而且能夠得到充足的糧食補給。有利的地理位置和巨量的物質財富綜合在一起，使敖倉對秦漢的軍事家們產生了強烈的吸引力。內戰爆發時，有識之士常常提出建議或採取行動，搶先佔領敖倉，以此來左右戰局的發展。秦、西漢、新莽時期，關中的封建政權與山東

---

24 《莊子·秋水》。

25 〔唐〕李吉甫：《元和郡縣圖志》卷 5《河南道一》"河陰縣" 條，中華書局，1983 年，第 136 頁。

勢力（農民起義軍或地方割據集團）之間爆發的戰爭，主要有以下幾次：

（1）	秦王朝同陳勝、吳廣起義軍的戰爭
（2）	秦王朝同劉邦、項羽起義軍的戰爭
（3）	楚漢戰爭
（4）	漢高帝平定異姓諸侯王叛亂的戰爭
（5）	漢文帝平定濟北王叛亂的戰爭
（6）	漢景帝平定吳楚七國之亂的戰爭
（7）	新莽王朝同綠林、赤眉起義軍的戰爭

　　其中關中的封建政權獲勝五次，為（1）（3）（4）（5）（6），原因固然是複雜和多方面的，但是我們看到，這幾次戰爭中，關中勢力都控制、利用了敖倉和滎陽地區，使自己在軍事上佔據了主動。

　　陳勝、吳廣起義軍西進關中時，未能攻克滎陽，大軍被牽制在那裏。周文貿然分兵入關，被秦軍擊敗後，滎陽城下的吳廣所部即陷入腹背受敵的不利局面。田臧殺吳廣後，"自以精兵西迎秦軍於敖倉。與戰，田臧死，軍破"[26]，義軍主力喪亡殆盡。

　　楚漢戰爭中，敖倉所起的作用最為顯著。劉邦在彭城慘敗之後，退據滎陽，"築甬道屬之河，以取敖倉粟"[27]，充分利用了那裏的存糧，扼守該地，"楚以故不能過滎陽而西"[28]，使戰局進入了相持階段。後來，楚軍截斷了敖倉對滎陽的糧食供應。《史記》卷8《高祖本紀》載："項羽數侵奪漢甬道，漢軍乏食，遂圍漢王。漢王請和，割滎陽以西者為漢。"遭到拒絕以後，劉邦接連敗走成皋、鞏、洛，而獲勝的楚軍

26　《史記》卷48《陳涉世家》。

27　《史記》卷7《項羽本紀》。

28　《史記》卷7《項羽本紀》。

卻不重視對敖倉和滎陽地區的守衛。漢謀士酈食其發現後,立即向劉邦建議:"夫敖倉,天下轉輸久矣,臣聞其下乃有藏粟甚多。楚人拔滎陽,不堅守敖倉,乃引而東,令適(謫)卒分守成皋,此乃天所以資漢也。……願足下急復進兵,收取滎陽,據敖倉之粟,塞成皋之險,杜大行之道,距蜚狐之口,守白馬之津,以示諸侯效實制之勢,則天下知所歸矣。"[29] 劉邦採納其策,"復取成皋,軍廣武,就敖倉食"[30]。後來楚軍反攻,未能奪回,糧道又被彭越所斷,迫於乏食,只好與漢軍議和撤兵。可見,漢軍收復敖倉的成功,帶來了戰爭形勢的重大轉折。

漢高帝十一年(前196),淮南王英布發動叛亂,這是漢初諸侯王規模最大的一次造反。謀士薛公分析了英布可能採取的三種戰略,其言見《史記》卷91《黥布列傳》:"上曰:'何謂上計?'對曰:'東取吳,西取楚,併齊取魯,傳檄燕趙,固守其所,山東非漢之有也。''何謂中計?''東取吳,西取楚,併韓取魏,據敖倉之粟,塞成皋之口,勝敗之數未可知也。''何謂下計?''東取吳,西取下蔡,歸重於越,身歸長沙,陛下安枕而臥,漢無事矣。'"這裏所說的"上計",是迅速控制華北平原、山東半島、江淮流域等廣闊的重要經濟區,擴大自己的領土和人力、財力,以便和漢朝對抗;"中計"是搶佔關中、山東交界的樞紐地區 —— 韓、魏,依靠敖倉的糧食供應,把漢軍堵在成皋以西,使其不能東進中原;"下計"只是佔領吳、楚、越等窮鄉僻壤,不能給關中的西漢政權造成致命的威脅。而英布無謀,恰恰採用了下計,所以劉邦率軍順利出關,很快就平息了這次叛亂。

濟北王劉興居在公元前177年起兵反漢。據《漢書》卷4《文帝紀》載:"濟北王興居聞帝之代,欲自擊匈奴,乃反,發兵欲襲滎陽。"但是

---

29 《史記》卷97《酈生陸賈列傳》。

30 《史記》卷7《項羽本紀》。

漢朝政府行動迅速，任命"祁侯（繒）賀為將軍，軍滎陽"，保住了這一戰略要地，使濟北王的計劃未能得逞，僅過兩月，叛亂就被鎮壓。

吳王劉濞發動"七國之亂"時，部下桓將軍說王曰："吳多步兵，步兵利險。漢多車騎，車騎利平地。願大王所過城邑不下，直棄去，疾西據雒陽武庫，食敖倉粟，阻山河之險以令諸侯。雖毋入關，天下固已定矣。"[31] 謀士應高也主張"略函谷關，守滎陽敖倉之粟，距漢兵。"[32] 吳王未從其計，全力攻梁，屯兵於睢陽城下。而漢將周亞夫則疾速出關，會兵於滎陽，扼住吳楚軍隊西進關中的要道，先使自身立於不敗之地，然後進軍反擊，掌握了戰局的主動權。

看來，這幾次戰爭裏，秦漢政權苦心經營的巨倉堅城，在一定程度上鞏固了中央王朝的統治。控制敖倉和滎陽地區，使關中的封建王朝在和山東政治勢力的角逐中，不僅佔據"地利"，還能為大軍就地補充糧餉，對於它們的軍事勝利，起到了推波助瀾的作用。

關中勢力失敗的兩次戰爭，是劉邦、項羽起義軍滅秦和綠林、赤眉起義軍誅莽之役。值得注意的是，這兩次戰爭裏，獲勝的山東義兵所採取的戰略和進軍路線，具有某些共同特點。他們（如項羽、赤眉）都沒有從正面攻擊敖倉、滎陽，自成皋、鞏、洛西進函谷關，而是有意無意地用一個重兵集團在滎陽以東和敵人交戰，消滅或牽制對方的兵力，轉移其視線。另一路人馬（如劉邦、綠林）先佔領關中和山東的另一個交界地區南陽，然後從敵人兵力守備相對薄弱的武關進軍，打入關中，推翻盤踞在那裏的封建朝廷。

以上情況反映了以下問題：首先，敖倉和滎陽對於當時國內戰爭的影響雖然重要，但它的作用畢竟是有限的。在（2）（7）兩次戰爭裏，

31　《史記》106《吳王濞列傳》。

32　《漢書》卷 35《荊燕吳傳》。

關中的政權在山東義軍入關之前，並沒有失掉滎陽、敖倉，但是也擺脫不了失敗的命運。因為決定戰爭勝負的是人而不是物，秦、新莽王朝的橫徵暴斂、嚴刑苛法，激起了天下大眾的憤怒反抗，它們的覆滅是必然的。險要的關塞和充足的糧粟，對於戰爭的勝敗只是起輔助作用的客觀條件，並不能保證倒行逆施的殘暴統治 "二世、三世至於萬世，傳之無窮" [33]。

其次，山東勢力攻打關中的進軍路線，如果是全力沿着黃河南岸的馳道西行，攻擊滎陽、成皋，穿過豫西山區入關，雖然路程較近，可是也有一些不利因素。因為在秦、西漢政權 "以關中制山東" 的戰略當中，三川 —— 河南郡（豫西山區）是重點防禦地帶。滎陽敖倉、洛陽武庫平時就派兵守衛，一旦東方有變，國家立即派遣大軍到那裏集結，已經成了既定的作戰方針；山東勢力起兵造反後，很難用奇襲的手段佔領它。如果以堂堂之師進攻滎陽，當地既有重兵堅城，又有敖倉的囤糧供應，實在是不易攻克。即使像楚漢戰爭中，山東軍隊（楚軍）付出很大代價佔領了滎陽，關中勢力的軍隊還可以退守成皋，再敗又能退守鞏、洛。即便是再次失敗後撤，通往關中的大道上還有新安、澠池、函谷、桃林等許多險峻的關口。防守的一方能夠利用豫西山區數百里的險要地勢，步步為營，和敵手相抗。而山東勢力則要面對一系列的攻堅戰，傷亡和物資消耗無疑是巨大的。從劉邦、綠林的入關路線來看，他們都採取了避實就虛的做法，不從滎陽至函谷關的大路上進軍，而是繞開關中勢力在豫西山區的堅固防禦體系，佔領南陽，出兵武關，進入渭河平原。這種作戰計劃大大削弱了敖倉、滎陽對關中地區的保護作用，收到了很好的效果。

由以上七次戰爭的結果來看，敖倉和滎陽在秦、西漢、新莽時期的國內戰爭中，對於東西方軍事力量的影響並不是均等的。關中勢力在滎

---

33 《史記》卷6《秦始皇本紀》。

陽集結部隊，既能守住入關的主要通道，又能沿着水陸諸路開赴山東，還可以利用敖倉的積粟供給大軍；無論是防禦還是進攻，這裏都是咽喉重地，所以每戰必爭必守。而對山東勢力來說，敖倉和滎陽地區儘管很重要，卻不是必爭之地。在敵人重兵防守的情況下，強攻往往得不償失，何況滎陽以西還有道道雄關擋住去路，難以逾越。採取兵進南陽、武關的行動，由於沿途敵軍守備較弱，入關戰鬥會更為順利。如前所述，英布反漢時，薛公認為對他來說，"據敖倉之粟，塞成皋之險"，只是中計，而不是上計；原因也在於攻佔滎陽、敖倉的把握並不大，即便佔領了，也未必能夠再克險阻，進入函谷關。所以說實行此計是"勝敗之數未可知也。"

三、東漢敖倉軍事意義的削弱

東漢時期，政府依舊經營敖倉，將其作為漕運的重要中轉站。光武帝劉秀定都洛陽之後，先後派王梁、張純主持開鑿陽渠，引洛水環繞京師，以發展漕運事業。由於關中地區經歷了新莽末年戰亂的浩劫，殘破不堪，所以首都洛陽的消費主要依靠山東經濟區，即黃河、濟水中下游與江淮平原出產的各種物資的供應。漕運也是維繫東漢政權生存的一條命脈。如洛陽建春門石橋柱上銘刻的漢順帝陽嘉四年（135）詔書所稱："城下漕渠，東通河濟，南引江淮，方貢委輸，所由而至。"[34]山東漕糧的運輸路線，仍是經黃河、濟水、鴻溝諸渠溯流而上，會於滎陽後再沿着黃河西行，由洛口入洛水，至偃師以東入陽渠，穿鴻池陂後抵達洛陽。滎陽的水運交通樞紐地位並沒有消失。東漢政府為了保證漕運的暢通，於永平十二年（69）治理汴渠、黃河，"遂發卒數十萬，

---

34 《水經注》卷16《穀水》。

遣（王）景與王吳修渠築堤，自滎陽東至千乘海口千餘里"[35]。後又在汴渠渠口修建石砌水門，以節制引水。敖倉也繼續發揮着貯存轉運作用，僅在永初七年（113）就有"濱水縣彭城、廣陽、廬江、九江穀九十萬斛送敖倉"[36]。

不過，敖倉在東漢時期的軍事意義，比以前有所減弱了。它和滎陽地區的防務，並不像秦、西漢時期那樣受重視。安帝時，"朝歌賊寧季等數千人攻殺長吏，屯聚連年，州郡不能禁"。官員虞詡言道："朝歌者，韓魏之郊，背太行，臨黃河，去敖倉百里，而青冀之人流亡萬數，賊不知開倉招眾，劫庫兵，守成皋，斷天下右臂，此不足憂也。"[37] 儘管起義者威脅着敖倉和滎陽的安全，朝廷卻沒有直接派軍隊去鎮壓，平亂的事情始終是委派地方郡縣官吏處理。此外，看來敖倉的守軍人數並不多，所以虞詡對"賊不知開倉招眾"的舉動感到詫異。黃巾起義爆發時，靈帝命令加強京師的守備，詔"自函谷、大谷、廣城、伊闕、轘轅、旋門、孟津、小平津諸關，並置都尉"[38]，派大將軍何進率羽林軍屯駐洛陽附近的都亭[39]，而敖倉和滎陽卻根本沒有提到。這和秦、西漢、新莽時國內一有動亂，政府馬上調兵遣將據守滎陽、敖倉的情況迥然不同。筆者分析，這種現象的出現，與東漢時期經濟政治形勢的變化有密切聯繫。關中地區的經濟遭到王莽末年戰亂的破壞以後，又頻頻受到隴西羌人起義的衝擊，始終比較低落，沒能恢復到昔日富甲天下的景象。山東地區卻繼續保持着經濟繁榮。崔寔在《政論》中寫道："今青、徐、兗、冀，人稠土狹，不足相供。而三輔左右及涼、幽州內附近郡，皆土曠人稀……"可見它們的差距已經十分明顯。關中的衰落，喪失了它支持中

---

35 《後漢書》卷 76《循吏列傳·王景》。
36 《後漢書》卷 5《安帝紀》注引《東觀漢記》。
37 《後漢書》卷 58《虞詡傳》。
38 《後漢書》卷 71《皇甫嵩傳》。
39 《後漢書》卷 69《何進傳》。

央政權與山東勢力抗衡的經濟基礎。這樣，就使數百年國內東西對峙的政治形勢淡化乃至消失了。

東漢的開國者劉秀，不像秦、西漢王朝那樣以關中為根本而定天下。他所依靠的主要是山東的河內地區（今河南北部、河北南部和山東西部）人力、物力的支持。劉秀起兵後，任寇恂為河內太守，謂之曰："河內完富，吾將因是而起。昔高祖留蕭何鎮關中，吾今委公以河內，堅守轉運，給足軍糧，率厲士馬，防遏它兵，勿令北度而已。"劉秀出征後，寇恂在河內"講兵肄射，伐淇園之竹，為矢百餘萬，養馬二千匹，收租四百萬斛，轉以給軍"[40]，保證了前線的物資供應。後來東漢定都洛陽，沒有選擇長安，主要原因就在於山東的經濟力量大大超過了關中，在洛陽建都，臨近東方的幾個重要產糧區，可以減輕轉運之勞。因此，東漢的統治者放棄了前代"以關中制山東"的基本國策。

由於洛陽處在豫西山區中一塊不大的河谷平原上，"其中小，不過數百里"[41]，地理位置又在天下之中，交通便利，一旦國內出現較大規模的變亂，就有四面受敵之虞。所以，洛陽號稱"八關都邑"，防守體系呈環狀，守在四周，並不偏重於哪一方面，和西漢定都長安，"阻三面而守，獨以一面東制諸侯"的情況大不相同。敖倉的所在地滎陽成為洛陽周圍諸多關隘中的一個，甚至排在八關之外，不再具有原來那種非常重要的軍事意義，也就得不到封建政權的特殊重視了。

四、敖倉在魏晉南北朝廢置的原因

東漢末年，自董卓進京以後，軍閥混戰連年不絕。敖倉過去雖然屢經血雨腥風的洗沐，但是這一次的戰火卻令它走向了末日。當時中原烽

---

40 《後漢書》卷 16《寇恂傳》。
41 《史記》卷 55《留侯世家》。

煙遍地，暴骨如莽，加上天災疾疫流行，使社會經濟受到嚴重的破壞。各地的割據武裝都困於乏糧，被迫以桑葚、螺蚌充飢，甚至出現了"吏士大小自相啖食"[42]的慘劇。敖倉由於留有餘粟，又引起兵家的覬覦。梟雄曹操捷足先登，他佔領滎陽後，把敖倉作為對河北用兵的前方基地，利用那裏殘存的倉粟補給軍需，與冀州軍閥袁紹相持[43]。不過，此時敖倉的積粟畢竟有限，無法供大軍長期使用，所以曹操對利用此處只是權宜之計。他解決軍糧的根本辦法是實行屯田。建安元年（196），曹操挾天子遷都許昌，即募民屯田許下，得穀百萬餘斛。後來又將此制推廣到附近州郡，大獲成效，"數年中所在積粟，倉廩皆滿"[44]。自此，曹操便採取"積穀於許都以制四方"[45]的戰略來統一中原，防禦河北的軍事重鎮也轉移到靠近許昌且補給方便的官渡。此後，敖倉的名稱便在魏晉南北朝數百年的歷史中消逝了。佔據河南的歷代封建政權都沒有重新在敖山置倉，轉輸糧粟，倉城碼頭漸漸變成了廢墟。

敖倉在漢末的廢置，首先和當時經濟區域的變化有關。東漢時期的主要經濟區，包括三河（河南、河內、河東）與豫、冀、兗、青、徐五州的山東。關中、巴蜀、江南、隴西等地，由於種種情況，農業、手工業生產水平較低，經濟力量和山東相比有很大差距，因此，在這一地域上沒有出現兩大政治勢力對峙的形勢。尤其是南方的地主階級，在國內政治領域中的地位和影響遠遠不如北方地主階級，人稱："吳楚之民脆弱寡能，英才大賢不出其土。"[46]但是這一格局在東漢末年被打破了，頻繁激烈的軍閥混戰，給北方經濟區造成了嚴重破壞；而南方，特別是

---

42 《三國志》卷32《蜀書·先主傳》。

43 《三國志》卷1《魏書·武帝紀》建安四年（199），《三國志》卷6《魏書·袁紹傳》注引《魏氏春秋》，《後漢書》卷74《袁紹傳》。

44 《三國志》卷16《魏書·任峻傳》。

45 《三國志》卷28《魏書·鄧艾傳》。

46 《三國志》卷4《魏書·三少帝紀》注引《漢晉春秋》。

江東和巴蜀地區受戰亂的影響比較小，成為北方士民的避難之所。那裏的生產活動經過多年的發展，也有很大的提高，足以分別支持一個割據政權與中原的曹魏相抗。南北經濟力量的此消彼長，使中國的政治地理結構出現了新的態勢，由戰國至新莽時期的東西（山東—關中）對峙，演變成南、北勢力的角逐。四川盆地與長江中下游的經濟繁榮，不僅提供了三國鼎立的物質基礎，而且開創了東晉至隋統一前數百年間南北割據的局面。

秦、西漢、新莽時期大規模的內戰中，雙方爭奪的要地，首推關中、山東兩大經濟區的交界之處——豫西山區，即秦之三川、漢之河南，所以統治集團在滎陽設敖倉屯糧以供軍需。三國時期，由於政治形勢的變化，內戰的相持地帶轉移到南北方經濟區交界的淮南、江漢和秦嶺。《三國志》卷3《魏書·明帝紀》載曹叡曰："先帝東置合肥，南守襄陽，西固祁山，賊來輒破於三城之下者，地有所必爭也。"上述諸地就是軍事衝突爆發的焦點。三方為了備戰，平時或在這些地區屯田積穀，或從後方運來糧草，設置軍倉（邸閣）儲存起來。如秦嶺戰區有蜀國的斜谷邸閣；魏國則把長安作為對蜀作戰的大本營，置橫門邸閣，積糧甚多[47]。青龍三年（235），關東大饑，司馬懿曾"運長安粟五百萬斛輸於京師"[48]。吳在江夏置安陸邸閣，在南郡置雄父邸閣[49]。魏在淮北有南頓邸閣，在淮南有安城邸閣[50]。其中曹魏在兩淮建立的倉群規模最大，積粟約三千萬斛。"每東南有事，大軍興眾，泛舟而下，達於江淮，資食有儲，而無水害，（鄧）艾所建也"[51]。

魏晉南北朝時期，除了西晉的短期統一，中國長期處於南北分裂的

47 《三國志》卷33《蜀書·後主傳》建興十一年（233）"冬"條，卷40《蜀書·魏延傳》注引《魏略》。

48 《晉書》卷1《宣帝紀》。

49 《三國志》卷60《吳書·周魴傳》，卷27《魏書·王基傳》。

50 《三國志》卷27《魏書·王基傳》，卷47《吳書·吳主傳》赤烏四年（241）。

51 《三國志》卷28《魏書·鄧艾傳》。

狀態。南方政權的國都始終設在臨江的建康（今南京），防務"必內以大江為控扼，外以淮甸為藩籬"[52]。淮南一直是南北雙方爭奪激烈的戰略要地。如唐庚所言："自古天下裂為南北，其得失皆在淮南。晉元帝渡江迄於陳，抗對北敵者五代，得淮南也。……吳不得淮南而鄧艾理之，故吳併於晉。陳不得淮南而賀若弼理之，故陳併於隋。南得淮，則足以拒北；北得淮，則南不可復保矣。"[53]無論南北是戰是和，兩淮都是雙方軍事力量集結活動的主要地區之一，所以軍倉的設置也多在此地。康基田在《河渠紀聞》卷4中說："晉及六朝，俱屯守淮陰，修塘堰，備儲糒。祖逖以三千軍屯淮陰，兵食足而後能遂其力治中原之志。謝玄先屯淮陰，次屯邳、徐，兵食足而後能接肥（淝）水以入洛陽。晉之平吳，亦屯田江北，以為兵食之資。北齊穀貴，議修石鱉等屯，自是淮南軍防食足。"隋伐陳之前，先在山陽設大倉屯糧，儲積穀百萬石。新的時代出現了新的軍事樞紐地區，從敖倉所在的豫西轉移到淮南，大型軍倉的設置也自然集中到這一地區，這是中央政權不再經營敖倉的一個重要原因。

另外，秦漢時代敖倉的另一個作用是充當漕運的中轉站，囤積經黃河、鴻溝水系運來的山東漕糧，再轉輸到京師長安、洛陽。而東漢以後，我國歷史進入了長達數百年的分裂割據時代。黃、淮之間兵禍連年，內河航行和漕運常常受到破壞。即使在和平時期，由於南北方的軍事對峙，淮河流域成為屯兵的重鎮，非但不能向北方政權的首都地區提供漕糧，相反，還需要往這裏運送兵員物資。像苻堅伐晉，"水陸齊進，運漕萬艘，自河入石門，達於汝、潁"[54]。北魏宣武帝時，也"修汴、蔡二渠以通邊運"[55]。據《魏書》卷110《食貨志》記載，北魏政府還在黃河、

---

52 〔清〕顧祖禹：《讀史方輿紀要》卷19《南直一》，中華書局，1993年，第918頁。

53 〔清〕顧祖禹：《讀史方輿紀要》卷19《南直一》，中華書局，1993年，第916頁。

54 《晉書》卷113《苻堅載記》。

55 《魏書》卷66《崔亮傳》。

汴渠、漳水沿岸設邸閣八所儲糧，"每軍國有須，應機漕引"，其目的也不是供應京師，而是為了"經略江淮"，"轉運中州，以實邊鎮"。前面說過，秦漢時建立敖倉的原因之一，是解決黃河不能常年航運，中游河道過於狹窄，船隻容易在滎陽附近堵塞的問題。魏晉南北朝時期黃河與鴻溝諸渠的漕運，不僅規模比秦漢時小得多，而且運輸的主要航向也不同。舊時漕運遇到的那些嚴重困難，此刻並不很突出。因此，也就沒有必要在滎陽設置"轉輸天下糧粟"的大倉了。

如果說東漢時期敖倉的軍事意義已經不十分顯著，經營它主要為了漕運轉輸的經濟需要，那麼到三國以後，由於黃河、汴渠航運事業的衰落，維繫它存在的另一根紐帶也斷裂了。敖倉於是廢置，昔日兵民雲集、車船交湊的盛況化為過眼煙雲。直到隋唐定都長安，重新統一中國，黃河、汴河的漕運再度興盛起來，中央政府才又在滎陽附近築起巨大的轉運糧倉，如虎牢倉、河陰倉等，以儲備和轉運山東、江南的漕米，敖倉的名稱也重新出現在中國歷史上 [56]。

---

56 《八瓊室金石補正》卷 30《傳太倉出土銘磚一》："貞觀八年十二月廿日，街東從北向（南）第二院，北向南第二行，從西向東第十三窖納轉運敖倉粟四千碩。"《唐會要》卷 88："（咸亨）三年六月十七日，於洛州柏崖置敖倉，容二十萬石，至開元十年九月十一日廢。"從以上史料記載來看，唐代確有"敖倉"之稱，但似乎不專指敖山之倉，這個問題尚待進一步研究。

第九章

合肥與曹魏的禦吳戰爭

三國時期，曹魏與吳、蜀長期對峙，互有攻守，其接壤疆界東起廣陵，西達臨洮，綿延數千里。曹魏的防禦兵力並非在國境沿線平均配置，而是集中扼守幾處要樞，成功阻止了吳、蜀兩國的多次北伐。如魏明帝曹叡所稱："先帝（曹操）東置合肥，南守襄陽，西固祁山，賊來輒破於三城之下者，地有所必爭也。"[1] 其中東方重鎮合肥自赤壁之戰以後，頻頻遭受孫吳大軍的侵襲，由於防衛方略得當，儘管守軍在數量上經常處於劣勢，卻能多次挫敗強敵、粉碎其北進的企圖。綜觀曹魏對吳防禦作戰的歷史，合肥這一要塞發揮了突出的作用，不過，它在三國戰爭中的地位價值前後卻有所不同。筆者將在這一章裏，分析探討魏、吳雙方爭奪該地的過程、原因，以及曹魏在合肥及淮南地區的兵力部署、防禦戰略之演變。

一、孫吳在合肥—壽春方向的歷次進攻戰役

根據《三國志》及裴注、《資治通鑑》等史籍的記載，孫吳軍隊在208—278 年間，共對曹魏（及西晉）發動過 34 次進攻作戰（含主動出

1　《三國志》卷 3《魏書‧明帝紀》。

擊，但未與敵交戰即撤退的幾次）；合肥方向的進攻為 12 次，佔總數的 35%。其中國君（孫權、孫皓）親征的有 6 次，權相（諸葛恪、孫峻、孫綝）領兵的有 3 次，包括東吳歷次進攻戰役中出動兵力最多的一次（253 年諸葛恪率軍 20 餘萬伐淮南），以及三國區域性戰役參戰人數最多的一次（257 年諸葛誕反壽春，魏、吳雙方投入軍隊共計超過 50 萬），可見這一地區是魏、吳兩國戰略攻防的主要目標。吳軍對合肥——壽春方向的進攻，從時間和戰役目的、作戰特點等來看，可以劃分為以下幾個階段。

（一）孫、劉結盟攻魏

此階段為漢建安十三年（208）至二十四年（219）。赤壁之戰以後，孫吳對魏的戰略進攻方向有所改變，由荊州一路改為荊、揚兩路。西線由周瑜領兵與劉備所部配合進攻，佔領江陵後，孫權即表奏劉備為荊州牧。在這一區域的作戰中以劉氏軍隊為主，吳軍僅投入偏師，充當劉備的後援。東線則由孫權親統吳軍主力，向合肥等地發動激烈攻擊。曹操亦迅速調整戰略，命曹仁自江陵撤兵至襄樊，將淮南作為主要作戰方向，屢率大軍南征，掀起了魏、吳在巢湖南北的第一次交戰高潮。這一階段孫吳對合肥發起了三次進攻，分述如下。

初攻合肥。事在建安十三年十二月[2]。據《三國志》卷 15《劉馥傳》、卷 47《吳主傳》的記載，赤壁之戰結束後，孫權便親率十萬大軍進攻合肥，圍城百餘日，並遣張昭率領偏師攻擊當塗（一說為匡琦）[3]，但皆在攻城中受挫。曹操又派遣張憙率援軍到來，吳師被迫撤退。

二攻合肥。事在建安二十年（215）八月。孫權對合肥的首次進攻

2　《三國志》卷 1《魏書・武帝紀》載攻合肥事在赤壁之戰期間，裴松之注引孫盛《異同評》曰："二者不同，《吳志》為是。"

3　張昭偏師的作戰情況可參見《三國志》卷 52《吳書・張昭傳》注引《吳書》。

雖然失利，但是引起了曹操對這一戰略方向的充分關注。建安十四年（209）、十七年（212）至十八年（213）、十九年（214），曹操率大軍三越巢湖攻吳。孫權在兵力上處於劣勢，只是屯據濡須以抗魏軍，無力北伐。建安二十年三月至十二月，曹操西征漢中張魯，孫權乘東線魏軍空虛，再次領兵十萬進攻合肥，結果被守將張遼等擊退，大挫銳氣。孫權在撤軍時為張遼所襲，險些被擒[4]。

三攻合肥。事在建安二十四年（219）。是歲，曹操引眾至漢中討伐劉備，關羽圍曹仁於樊城，水淹于禁所率七軍精銳，迫使曹魏救兵雲集襄樊。孫權此時做出重大戰略決策，與曹魏聯合攻蜀，傾注全力奪取荊州，消滅關羽。《三國志》卷47《吳書‧吳主傳》建安二十四年載：“權內憚羽，外欲以為己功，箋與曹公，乞以討羽自效。……閏月，權征羽，先遣呂蒙襲公安。”孫權在主力西征之前，為了迷惑魏、蜀兩家，遮掩自己的真實意圖，曾派遣一支部隊北越巢湖佯攻合肥。曹魏方面儘管接到孫權的降書，但是考慮到兵不厭詐，有可能是敵人的詭計，為了防止受騙，仍調遣了鄰近諸州的援軍前往合肥助守[5]。

（二）吳、蜀相應攻魏

此階段為曹魏太和四年（230）至正始二年（241）。曹魏黃初元年（220）至魏太和三年（229），合肥地區沒有吳軍來襲。孫權佔領荊州後，與蜀漢戰事激烈，爆發了夷陵之戰。在此期間吳國與曹魏修好，主力幾乎全部開往西線禦蜀。夷陵之戰以後，吳、魏關係破裂，雙方又進入了交戰狀態；但是吳國的主要兵力——中軍部署在當時的國都武昌附近，

---

4 戰役詳細情況可參見《三國志》卷1《魏書‧武帝紀》建安二十年“八月”條，卷17《張遼傳》，卷18《李典傳》，卷47《吳書‧吳主傳》及《吳主傳》注引《獻帝春秋》《江表傳》，卷54《呂蒙傳》，卷55《凌統傳》《潘璋傳》，卷60《賀齊傳》及其注引《江表傳》。

5 其事可見《三國志》卷15《魏書‧溫恢傳》。

對魏作戰的主攻方向是武昌東北的盧江、西北的江夏[6]，濡須—巢湖方向則以防禦為主，因此合肥在此 10 年內未曾受到吳軍的進攻。

公元 229 年，孫權自武昌遷都建業。中軍也隨之東移，其進攻魏國的主要作戰方向亦發生改變，又恢復到距離建業較近的濡須—巢湖—合肥一線，由水路北伐，並且往往與蜀國的出擊東西呼應。這一階段孫吳對合肥方向的大規模進攻有四次。

第一次，太和四年。見《三國志》卷 26《魏書·滿寵傳》："（太和）四年，拜寵征東將軍。其冬，孫權揚聲欲至合肥，寵表召兗、豫諸軍，皆集。賊尋退還，被詔罷兵。寵以為今賊大舉而還，非本意也，此必欲偽退以罷吾兵，而倒還乘虛，掩不備也，表不罷兵。後十餘日，權果更來，到合肥城，不克而還。"

第二次，青龍元年（233）。當年魏築合肥新城以守之，棄其舊城。《三國志》卷 47《吳書·吳主傳》載："是歲，（孫）權向合肥新城，遣將軍全琮征六安，皆不克還。"

第三次，青龍二年（234）。諸葛亮出五丈原，孫權亦遣兵將三路伐魏，自己統軍圍攻合肥；魏明帝親率水軍來救，孫權聞訊後撤回。

第四次，正始二年（241）。吳國在揚州、荊州方向同時發動進攻。其中全琮率軍經舒城、六安繞過曹魏的合肥到達芍陂，嚴重破壞了當地的水利、倉儲設施，後為魏將王凌所敗，被迫退兵[7]。

全琮入侵淮南之後，至 252 年孫權去世，11 年內合肥方向未曾發生過激戰。據史書記載，此時孫權年邁，朝內政局不穩，故建業的中軍

6　《三國志》卷 15《魏書·賈逵傳》曰："時孫權在東關，當豫州南，去江四百餘里。每出兵為寇，輒西從江夏，東從盧江。"文中的 "東關" 乃武昌，其說可參見第十一章《孫吳武昌又稱 "東關" 考》。

7　《三國志》卷 47《吳書·吳主傳》赤烏四年（241）"夏四月"條，卷 24《魏書·孫禮傳》、卷 28《魏書·王凌傳》。

主力不敢外遣。見《資治通鑑》卷75正始八年（247）：“吳主大發眾集建業，揚聲欲入寇。揚州刺史諸葛誕使安豐太守王基策之。基曰：‘今陸遜等已死，孫權年老，內無賢嗣，中無謀主，權自出則懼內釁卒起，癰疽發潰；遣將則舊將已盡，新將未信。此不過欲補綻支黨，還自保護耳。’已而吳果不出。”又見同書同卷嘉平二年（250）：“吳主遣軍十萬，作堂邑、塗塘以淹北道。”胡三省注：“淹北道以絕魏兵之窺建業。吳主老矣，良將多死，為自保之規摹而已。”濡須—合肥方向因此並無戰事。魏、吳雙方只是在襄樊、塗中等地出現了一些小規模衝突。

（三）吳、魏淮南大戰

此階段為曹魏嘉平五年（253）至甘露三年（258）。這是合肥所在的淮南地區戰事最為激烈、雙方動用兵力最多的階段，其間爆發過三次大戰，情況分述如下。

1. 諸葛恪伐淮南

嘉平四年（252）四月孫權去世，輔政權臣諸葛恪遂定北伐之策。十月，吳發兵於巢湖之南修東興堤，築東關，引魏兵三道來攻，大敗其眾。嘉平五年三月，諸葛恪與蜀漢姜維配合北伐，率舉國之兵20餘萬眾進攻淮南。曹魏方面的防禦戰略做了一些調整，將揚州守軍主力與來援諸軍集結於壽春附近，以避敵鋒；而在合肥留下數千守軍，用犧牲少數兵力的做法來遲滯和消耗敵軍，收效極佳。諸葛恪圍攻合肥新城數月不下，又遇疾疫，喪師損眾，慘敗而歸。此次作戰的激烈程度超過了以往，據《三國志》卷28《魏書·毌丘儉傳》注引毌丘儉、文欽等表曰：“賊舉國悉眾，號五十萬，來向壽春，圖詣洛陽，會太尉孚與臣等建計，乃杜塞要險，不與爭鋒，還固新城。淮南將士，衝鋒履刃，晝夜相守，勤瘁百日，死者塗地，自魏有軍已來，為難苦甚，莫過於此。”

2. 毌丘儉、文欽反淮南

正元二年（255）正月，魏駐守揚州的鎮東大將軍毌丘儉、前將軍文欽以討司馬師為名，反於壽春。《三國志》卷28《魏書·毌丘儉傳》載其"遂矯太后詔，罪狀大將軍司馬景王，移諸郡國，舉兵反。迫脅淮南將守諸別屯者及吏民大小，皆入壽春城，為壇於城西，歃血稱兵為盟，分老弱守城，儉、欽自將五六萬眾渡淮，西至項。儉堅守，欽在外為游兵。"東吳丞相孫峻聞訊後與將軍呂據、留贊等率兵北襲壽春，而吳師行動遲緩，"軍及東興，聞欽等敗。壬寅，兵進於橐皋，欽詣峻降，淮南餘眾數萬口來奔。魏諸葛誕入壽春，峻引軍還"[8]。

《資治通鑑》卷76正元二年"閏正月"條亦載："吳孫峻至東興，聞儉等敗，壬寅，進至橐皋，文欽父子詣軍降。"胡三省注"橐皋"："杜預曰：在九江逡遒縣東南，今其地在巢縣界，亦謂之柘皋。"

3. 諸葛誕反淮南

甘露二年（257）五月，魏征東大將軍諸葛誕反於壽春，"召會諸將，自出攻揚州刺史樂綝，殺之。斂淮南及淮北郡縣屯田口十餘萬官兵，揚州新附勝兵者四五萬人，聚穀足一年食，閉城自守。遣長史吳綱將小子靚至吳請救。吳人大喜，遣將全懌、全端、唐咨、王祚等，率三萬眾，密與文欽俱來應誕。"[9]司馬昭則召集魏國中外諸軍26萬人前往壽春，吳國援兵入城後，魏軍隨即合圍，並與吳將朱異率領的後續部隊展開激戰，接連獲勝，還燒掉吳軍輜重。吳相孫綝無法解圍，惱羞成怒，殺掉敗將朱異後被迫退兵。諸葛誕堅守壽春至次年三月，因為絕糧，被魏軍攻克，"誕及左右戰死，將吏已下皆降"[10]。

魏、吳在淮南的這場會戰是三國戰爭史上投入兵力最多（雙方合計

---

8 《三國志》卷48《吳書·孫亮傳》。
9 《三國志》卷28《魏書·諸葛誕傳》。
10 《三國志》卷48《吳書·孫亮傳》太平二年（257）。

50餘萬)、歷時最久(10個月)的一次區域性戰役,也是吳軍在合肥方向歷次北伐中進軍距離最遠、形勢最為有利的。從有關史料來看,合肥的魏國守軍被諸葛誕調走,致使吳國的援兵未受阻擊,先後順利進入壽春,或抵達黎漿。吳國的戰略意圖,最初是守住壽春,佔據淮南,與曹魏隔淮相持。後來戰事不利,又想將壽春的10餘萬守軍撤回本土。可是由於作戰指揮的失誤,行動遲緩,投入的兵力亦有不足,導致戰役完全失敗。相形之下,曹魏的決心果斷,行動迅速,又集中了傾國之師,動用全力與吳爭奪壽春,雖然在兵員財物上損失嚴重,但是寸土未失,保住了淮南這塊戰略要地,取得了戰役的成功。

(四)孫休、孫皓擾魏(晉)

此階段為曹魏景元四年(263)至晉咸寧四年(278)。曹魏平諸葛誕之叛後,淮南局勢恢復穩定。吳在有利形勢下損兵折將,北伐的信心由此大減。263年,曹魏滅蜀。264年,吳主孫皓即位,為政暴虐,大失臣民所望。孫吳政局不穩,國力削弱,在經濟、政治和軍事力量的對比上劣勢日益明顯。如魏元帝曹奐咸熙元年(264)十月丁亥詔中所言:"又孫休病死,主帥改易,國內乖違,人各有心。偽將施績,賊之名臣,懷疑自猜,深見忌惡。眾叛親離,莫有固志,自古及今,未有亡徵若此之甚。"[11]

此前孫吳的北伐多和蜀漢相互呼應,東西出兵,兩線配合作戰。蜀漢滅亡之後,吳國勢單力孤,加上自身的衰弱,所以對敵人重兵盤踞的合肥—壽春方向發動的進攻寥寥無幾,僅有的幾次也多是象徵性的騷擾行動,均未構成真正的威脅,其情況如下。

其一,景元四年(263)丁奉北伐。是年曹魏伐蜀,蜀國形勢危急,

---

11 《三國志》卷4《魏書·三少帝紀》。

遣使赴吳請求發兵相救，《三國志》卷48《吳書‧孫休傳》載當年“冬十月，蜀以魏見伐來告。……甲申，使大將軍丁奉督諸軍向魏壽春，將軍留平別詣施績於南郡，議兵所向，將軍丁封、孫異如沔中，皆救蜀。蜀主劉禪降魏問至，然後罷”。

其二，西晉泰始四年（268）丁奉攻合肥。是年吳主孫皓親至東關前線督師，命丁奉、諸葛靚攻合肥。丁奉用離間計，使晉撤掉了征東將軍石苞之職，但軍事行動受阻，被迫還兵 [12]。

此後，合肥地區再未有吳軍來襲。據史籍所載，孫吳方面還策劃了兩次對合肥—壽春方向的進攻戰役，但由於種種原因均未得到完全實施。

第一次，西晉泰始七年（271）正月，吳主孫皓聽信方士胡編的讖語，認為自己上應天命，能夠統一中國，便親率後宮嬪妃與兵眾北伐。西晉方面則做好了迎擊的準備，為了防範吳兵進犯合肥，遣義陽王司馬望領中軍來救，屯於壽春。孫皓從建業至牛渚 [13]，“行遇大雪，道塗陷壞，兵士被甲持仗，百人共引一車，寒凍殆死，兵人不堪，皆曰：‘若遇敵，便當倒戈耳。’皓聞之，乃還” [14]，結束了這次軍事行動。

第二次，西晉咸寧四年（278），吳國預備在淮南發動進攻，事先派遣軍隊於廬江皖城一帶大舉屯田，企圖在江北積聚軍糧，以供進兵所用。晉朝察覺了此項計劃，先發制人，遣壽春駐軍前往，打垮了東吳的這支部隊，使其圖謀未能得逞。事見《資治通鑒》卷80晉武帝咸寧四年“十月”條：“吳人大佃皖城，欲謀入寇。都督揚州諸軍事王渾遣揚州

---

12 詳情可參見《三國志》卷48《吳書‧孫皓傳》寶鼎三年（268）“秋九月”條、卷55《丁奉傳》；《資治通鑒》卷79晉武帝泰始四年九月至十一月。

13 《資治通鑒》卷79晉武帝泰始七年“正月”條胡三省注：“《水經注》：牛渚在姑孰、烏江兩縣界中，今太平州當塗縣北三十里有牛渚山，山下有牛渚磯，與和州橫江渡相對。杜佑曰：牛渚圻即今當塗縣采石。”

14 《三國志》卷48《吳書‧孫皓傳》注引《江表傳》。

刺史應綽攻破之，斬首五千級，焚其積穀百八十餘萬斛，踐稻田四千餘頃，毀船六百餘艘。"

在這次戰役後一年，晉朝便六路兵馬齊發，大舉征吳，滅亡了江東的孫氏政權，再次統一中國。

二、合肥在軍事上備受重視的原因

在三國的戰爭中，合肥被當作兵家必爭之地，魏、吳長期頻繁地於此組織攻防戰鬥，其原因何在？這一地區在戰略上具有怎樣的意義和影響，以至於引起兩國的關注和爭奪？

（一）合肥所處之淮南西部對於東吳的安全保障極為重要

在三國南北對抗的政治形勢下，東吳的基本經濟區在太湖流域，都城常設在建業，它和曹魏的統治重心 —— 冀、兗、豫州（黃河中下游平原）之間，被淮水及淮南江北的廣闊地帶相隔。江淮之間的這一地段又以今洪澤湖、張八嶺為界，分為東西兩個區域：東部是蘇北平原，即曹魏徐州的南部、廣陵郡與下邳郡的南端，有中瀆水（古邗溝）貫穿其間，地勢低窪潮濕，水網縱橫，湖沼密佈，不利於行軍作戰，故魏、吳都對此區域不大重視；西部是江淮丘陵、皖西山地與長江沿岸平原，即曹魏的揚州，設有淮南、廬江兩郡，地形多為低山丘陵，有肥水、施水、濡須水溝通江淮，這一區域是魏、吳軍事力量對峙衝突的焦點。

對於東吳來說，合肥所在的淮南西部具有極為重要的戰略意義。從防禦方面來講，淮南是江東的外圍屏障，東吳若不能佔據這一區域，僅僅與北方之敵隔江相持，那麼可倚仗的長江天險則失去其半，都城建業直接暴露在敵軍的威脅之下。而吳國的陸軍由於數量有限，無法沿江千里處處設防，往來調動又有很大的困難，處境將十分被動。正如趙範所言："有淮則有江，無淮則長江以北港汊蘆葦之處，敵人皆可潛師以濟，江面數千里，何從而防哉。"[15] 所以東吳最可靠的守江辦法是控制江北、淮南的土地，把防線前移，使敵軍水師不能順利入江，只能沿着幾條南北方向的水道運動；這樣吳軍可以使作戰的正面防線大大縮短，有利於兵力的集中。合肥的地理位置處於淮南西部地區的中心，吳國若想實現上述戰略意圖，勢必要努力奪取合肥。如李燾在《六朝通鑑博議》中所言："吳之與陳，雖皆守江，吳圍合肥，陳攻壽春，所爭常在於淮甸。"

從進攻的角度來看，孫吳如欲北伐中原，擊敗對手而統一天下，第一步也必須要控制淮南，作為北進的出發基地和跳板。而從江東建業出兵，攻擊曹魏的統治重心洛陽、許昌等地，途經合肥所在的淮南西部，是距離最近、對敵人威脅最大的。所以孫吳多次經此地區進軍北向，力圖奪取合肥並控制整個淮南。

（二）合肥處於南北水陸交通的要衝

三國時期，社會政治、軍事衝突的地域表現主要是曹魏與吳、蜀的南北對抗，魏、吳兩國交戰對峙的疆界沿江上下，自東向西橫貫數千里。由於受到山陵、川澤等自然條件的限制，雙方的軍事行動基本上是經過幾條水陸交通幹線展開的。吳國的北伐多依賴水軍的優勢，沿着以下三條南北走向的河流部署：

一為中瀆水，從江都北入水道，過精湖、射陽湖等，至廣陵進入淮河。

二為濡須水—巢肥運河—肥水，自濡須口逆流而上，過東關、入巢湖，沿施水過合肥，再沿肥水過芍陂、壽春入淮。

---

15 〔清〕顧祖禹：《讀史方輿紀要》卷 19《南直一》，中華書局，2005 年，第 887 頁。

三為漢水，自沔口溯漢江西進，至竟陵北上，過荊城、郢縣、宜城，抵達襄樊。

單純使用陸路交通線的情況，在魏、吳之間的大規模軍事行動中出現得較少，主要原因是陸運兵員、糧草給養的方式通常為步行、畜馱和車載，費時費力。相比之下，船隻航運因為能夠利用水、風等自然力，效率要比陸運高得多。如漢朝人稱："一船之載，當中國（原）數十兩車。"[16] 而孫吳軍隊又以水師、水戰見長，以致被曹魏方面統稱為"水賊"[17]，即使步兵陸戰，也經常依托船隊，所謂"上岸擊賊，洗足入船"[18]，所以北伐的路線往往要選擇水道。

在上述三條水道中，合肥方向的濡須水—施水、肥水航線為吳國北伐道路之首選，運用的次數最多，投入的軍隊數量與作戰規模最大，統帥多為親征的國君或權臣，可見其備受東吳軍事指揮集團的重視。其中原因又是甚麼呢？分析起來主要有以下幾點：

第一，中瀆水道及其經過的湖泊通常較淺，受季節和雨量的影響，時有乾涸淤塞，不能保證船隊常年通航。如黃初六年（225）魏文帝曹丕領舟師經廣陵征吳，蔣濟便上表稱"水道難通，又上《三州論》以諷帝，帝不從"，結果返途至精湖時擱淺，"戰船數千皆滯不得行"[19]。建安十六年（211），曹操對江北地區實行移民後，中瀆水道附近人煙稀少，給養難覓，加上船隻航行的困難，因此不是吳軍北伐的理想途徑。曹魏也深知這一點，故對徐州地區的防務並不重視，部署的守軍很少[20]。

第二，漢水一路，船隻溯流抵達襄樊後，由於水道折而向西，無法

---

16 《史記》卷 118《淮南衡山列傳》。

17 《三國志》卷 14《魏書‧劉放傳》注引《孫資別傳》。

18 《三國志》卷 54《吳書‧呂蒙傳》注引《吳錄》。

19 《三國志》卷 14《魏書‧蔣濟傳》。

20 《三國志》卷 54《吳書‧呂蒙傳》："（孫權）又聊復與論取徐州意，蒙對曰：'……徐土守兵，聞不足言，往自可克。然地勢陸通，驍騎所騁，至尊今日得徐州，操後旬必來爭，雖以七八萬人守之，猶當懷憂。'"

北進中原。吳國軍隊即使佔領了重鎮襄陽，還需要棄船陸行，打通豫西丘陵或方城隘口，才能進入華北大平原。在地形不利的條件下連續作戰，又無法發揮水軍的優勢，這對吳國來說，阻力和難度是很大的。

第三，合肥所在的這條水陸通道是當時南北交通最重要的幹線，由於巢肥運河的開鑿，肥水與濡須水將長江與淮河溝通起來。曹操在赤壁之戰後數次南征，都曾利用水路，船隊由河北的鄴城出發，經白溝入黃河，進陰溝水、蒗蕩渠、渦水入淮，再浮肥水，過壽春、合肥，越巢湖，入濡須水而達長江，若非孫吳設置的塢壘障礙，沿途可以暢行無阻。吳國水師如能由這條航道入淮，那麼，沿淮上下具有多條通往北方的水路，如東有渦、泗，西有潁、汝等，可供進兵選擇。在水道的通達性方面，這條行軍路線顯然要更為有利。因此，它被當作吳軍攻魏的首選戰略方向，其主力北伐多經此途。

合肥所在的地理位置，正好處於這條水陸交通幹線的要衝。首先，合肥位於巢肥運河的修建之處，即施水與肥水的連接地段。合肥名稱的來歷，據《水經注》記載，是因為它乃施水合於肥水之所；這兩條河流原本不相通，只是在夏水暴漲時才匯合到一起。後來經過人工開鑿疏浚，使肥水與施水、巢湖及濡須水連接起來，形成了邗溝之外另一條貫通江淮的水道。據劉彩玉考證，這段運河即在合肥以西的將軍嶺，平均長度約 4 千米。[21]

其次，就地形而言，合肥西邊是大別山脈東端的隆起地帶 —— 皖西山地，主峰天柱山、白馬尖等海拔都在千米以上。大別山餘脈向東北延伸為江淮丘陵，合肥以東的張八嶺一帶地勢較高，散佈着老嘉山、琅邪

---

21 "'江淮運河'故道究竟在甚麼地方呢？具體地說，在東肥河與南肥河的發源地 —— 分水嶺，即將軍嶺。它通過淮南丘陵蜂腰地帶，平均長度約 4 千米。……'江淮運河'是怎樣維持水量水位和通航的呢？毫無疑問是在將軍嶺西肥河源流處處建有閘壩蓄泄來維持航道通行和溉田的。"劉彩玉：《論肥水與江淮運河》，《歷史研究》1960 年第 3 期。

山、尤王尖等嶺峰。江淮丘陵的蜂腰地段也在合肥西面的將軍嶺附近，水道及沿河的陸路即由此經過。合肥坐落在這一狹窄通道上，因而成為道路要衝。早在春秋戰國時期，這裏就是南北商旅往來的萃居之所，從而形成了一個繁榮的貿易都市。如《史記》卷 129《貨殖列傳》所稱："合肥受南北潮，皮革、鮑、木輸會也。"《史記正義》曰："合肥，縣，盧州治也。言江淮之潮，南北俱至盧州也。"在地理條件上，合肥左右兩側受地形、水文等不利因素的限制，難以做大規模的兵力運動，部隊行進往往要途經這個咽喉要地。所以，佔據了合肥，即控制了南北交通的主要幹線，可以在軍事上獲得很大的主動權。

（三）合肥位於淮南（西部）的中心，是數條道路匯集的交通樞紐

合肥的地理位置，正處在江淮之間的中心地段，不僅是南北水陸幹線的衝要，而且四通五達，為數條路途的會聚之所，屬於"鎖鑰地點"，即交通、軍事上的樞紐。控制了合肥，便可以向幾個戰略方向用兵，或堵住幾個方面的來敵。如顧祖禹所言："府為淮右噤喉，江南唇齒。自大江而北出，得合肥，則可以西問申、蔡，北向徐、壽，而爭勝於中原。中原得合肥，則扼江南之吭而拊其背矣。……蓋終吳之世，曾不能得淮南尺寸地，以合肥為魏守也。"[22] 這也是它備受軍事家重視的原因。

從合肥出發，除了北上壽春抵達淮濱、經南越巢湖進入長江之外，還有以下幾個方向的道路。

一為東路。由合肥東去，沿着江淮丘陵的南麓而行，過大、小峴山（春秋楚國曾在小峴山上設置著名要塞"昭關"），就到了長江北岸又一處重要渡口 —— 歷陽的橫江渡。此地原為漢朝揚州刺史治所，對岸便是建業以西的關津門戶 —— 牛渚（采石磯）。魏軍如果兵臨歷陽，就

---

22 〔清〕顧祖禹：《讀史方輿紀要》卷 26《南直八》盧州府，中華書局，2005 年，第 1270 頁。

會直接威脅東吳的國都。黃初三年（222），曹魏復合肥之守，即由此派遣兵馬至橫江，與吳軍接戰，孫權驚恐，上書詢問曹丕[23]。後來西晉滅吳時，揚州都督王渾所率南征大軍，也是由合肥走這條陸路到橫江，打敗了吳師主力中軍，迫使吳國投降。

二為西南路。由合肥南下，沿着巢湖西岸及皖西山地的邊緣向西南而行，即可到達皖城（今安徽省潛山市），這是魏、吳長期交戰爭奪的另一個重要地點。皖城所在的安慶地區亦為江北要衝，被兵家譽為"中流天塹"。曹魏如果佔據皖城，既可以向西南威脅孫吳在長江中游的重鎮武昌、夏口，又可以向東逼迫牛渚、建業，取得有利的形勢。在三國的戰爭史上，曹魏方面曾數次派遣大將（如曹休、司馬懿、滿寵等）領軍經過合肥，對此地發動攻擊。

三為西路。自合肥西去，經廬江郡之六安，陸路可達豫州南部諸郡。建安十三年（208）冬，曹操從荊州遣張憙救合肥，即由此途東來，並順路帶上汝南郡兵增援。豫州南境的汝南、弋陽、安豐等郡，在大別山之北麓，吳軍若從其南邊發動進攻，則背臨大江，穿越峰嶺，多有不利因素。但若能佔領合肥，由該地出發西行，一路皆為坦途，並無名山大川之阻，交通條件優越得多。

就以上情況來看，合肥乃四方道路交會之所，是兵法所言的"衢地"，具有很高的軍事價值。因此魏、吳雙方均竭盡全力爭奪這一戰略要樞。

---

23 《三國志》卷47《吳書·吳主傳》黃武元年（222）九月魏文帝報孫權書條注引《魏略》載孫權與曹丕書："近得守將周泰、全琮等白事，過月六日，有馬步七百，徑到橫江，又督將馬和復將四百人進到居巢，琮等聞有兵馬渡江，視之，為兵馬所擊，臨時交鋒，大相殺傷。……又聞張征東、朱橫海今復還合肥，先王盟要，由來未久，且權自度未獲罪釁，不審今者何以發起，牽軍遠次？"

(四)合肥對魏、吳兩國在淮南的屯墾事業影響重大

　　曹魏與孫吳在淮南西部連年征戰對峙，投入重兵，消耗的大量糧草軍資，都需要從後方輾轉千里運來，耗費的人力財力甚多。如果在前線附近就地屯墾，生產軍糧，則能大大減輕內地的繁重負擔。從地形水文情況來看，魏、吳雙方在淮南西部的領土大致上是被皖西山地、巢湖和江淮丘陵的東段所隔開。曹魏控制的壽春地區，地勢平坦，土壤肥沃，又有肥水、黎漿水、沘水等河流經過，自然條件有利於農業墾殖。自春秋楚相孫叔敖在此修建芍陂以來，稻作農業大為發展。正始年間，魏國採納了鄧艾的建議，以壽春為中心，在淮南、淮北大興屯田水利，積聚軍糧，取得了顯著成效。吳國佔領的廬江皖城地區，則是在皖西山地以南的長江沿岸平原，土壤肥美，灌溉便利，宜於耕種。孫吳也多次於此駐軍屯墾，頗有收穫。魏、吳兩國在淮南發動的戰役，有些就是以破壞對方的前線屯墾事業為目的。如青龍三年（235）孫權派兵數千家佃於江北，八月秋收時，魏征東將軍滿寵"遣長吏督三軍循江東下，摧破諸屯，焚燒穀物而還"[24]。正始二年（241）全琮伐魏，"決芍陂，燒安城邸閣，收其人民"[25]。

　　由於地形的阻隔，巢湖以南的吳師進攻壽春，或是江淮丘陵以北的魏軍攻擊皖城，最為便利的進軍路線都要經過合肥；在兩國都不能獨佔淮南的情況下，控制合肥的一方顯然可以在軍事上獲得很大的收益。從史實來看，吳國因為不能佔領合肥，在廬江皖城一帶的屯墾得不到安全保障。魏軍掌握着出擊的主動權，多次從合肥南下，順利摧破孫吳的江北諸屯，焚燒積穀，使其無法利用當地的經濟資源。此外，魏國由於長期佔據着合肥，屢次將吳師阻於城下，使對方難以逾越江淮丘陵；這

24　《三國志》卷 26《魏書·滿寵傳》。
25　《三國志》卷 47《吳書·吳主傳》赤烏四年（241）"夏四月"條。

樣，魏在壽春地區的農墾經濟只受到過少數短暫的破壞，並未傷及元氣。三國後期，魏、吳雙方的軍事實力對比發生了較大的變化，曹魏在淮南的軍事優勢漸漸變得不可動搖，其重要原因之一就是在兩淮地區屯墾事業的巨大成功。而這項成功的地理保障，便是佔據合肥這塊前哨陣地，既能夠進擊破壞吳國的江北屯墾，又可以阻止敵軍穿越江淮丘陵，保護本國在淮南的經濟建設。

綜合以上幾項因素，合肥對於魏、吳雙方的戰爭行動有着舉足輕重的意義，所以受到兩國統帥的重視，多次調兵遣將，爭奪激烈。這是由合肥在地理位置、自然地形、交通和軍事上的特殊價值所決定的。

三、曹魏防守合肥的兵力部署與戰略的演變

曹魏在與孫吳交戰的數十年內，對於合肥的駐兵與援軍部署做過幾次較大的調整，反映出魏國防禦淮南的戰略方針有所變化。筆者在下文探討的問題，主要是從動態方面考察魏軍在合肥及揚州的兵力配置，包括不同時期曹魏派駐合肥的守軍數量、遇到優勢敵人入侵時調遣何處的軍隊前來增援、合肥軍事地位和作用的前後差別等。根據魏軍在淮南地域分佈情況的變動，能夠看出其禦吳戰略發生過以下幾次調整：

（一）合肥防務的草創

此階段為東漢建安五年（200）至十四年（209）。曹魏對合肥地區的控制，始於建安五年。此前淮南曾被軍閥袁術佔領，他稱帝號，都壽春，"荒侈滋甚，後宮數百皆服綺縠，餘梁肉，而士卒凍餒，江淮間空盡，人民相食。"[26] 袁術後為呂布、曹操所敗，憂懼病死。淮南各地豪強召集人

---

26 《三國志》卷6《魏書·袁術傳》。

馬，形成割據混戰的局面。"廬江太守李述攻殺揚州刺史嚴象，廬江梅乾、雷緒、陳蘭等聚眾數萬在江、淮間，郡縣殘破。"[27] 江東孫策、孫權曾先後消滅盤踞廬江的劉勳和李述，但是都未留駐軍隊佔領江北，而是把上游荊州的劉表當作主要敵人，頻頻與其部將黃祖交戰，以致在淮南形成了政治上的短暫真空。當時曹操正在官渡與袁紹激戰，無暇南征，但是他認識到這一地區的重要性，迅速任命能臣劉馥為揚州刺史，治合肥，在紛亂的棋局上先投下一子，搶佔了戰略要點，反映出他的遠見卓識。

劉馥到任後積極活動，在當地建立行政機構，招撫流亡，勸課農桑。"數年中恩化大行，百姓樂其政，流民越江山而歸者以萬數。"[28] 通過種種努力，使曹魏政權在揚州的統治逐漸鞏固。劉馥雖然積勞成疾而死，但是繼任官員依靠其積聚的經濟、軍事力量，在建安十三年至十四年（208—209）抵抗住了孫權的初次進攻，堵住吳兵的北進道路，確保了淮南地區的安全。

這一階段魏軍在合肥與揚州的軍事部署，具有以下內容及特點：

其一，興水利，辦屯田。《晉書》卷 26《食貨志》載曹操"既而又以沛國劉馥為揚州刺史，鎮合肥，廣屯田，修芍陂、茹陂、七門、吳塘諸堨，以溉稻田，公私有蓄，歷代為利"。這樣不僅恢復發展了經濟，而且可以利用屯田的准軍事化組織將流亡百姓收編起來，增強地方武裝。

其二，守軍為州郡地方軍隊。劉馥未曾從朝中帶兵赴任，而是"單馬造合肥空城"[29]，逐步建立了一支由當地郡縣壯丁組成的地方部隊，人數不詳。建安十三年冬，孫權首次進攻合肥時，曹魏守軍不敢迎戰，僅和當地百姓一起困守孤城，反映出這支駐軍數量相當有限（後來曹操增

---

27 《三國志》卷 15《魏書·劉馥傳》。

28 《三國志》卷 15《魏書·劉馥傳》。

29 《三國志》卷 15《魏書·劉馥傳》。

強合肥防守兵力,派張遼率七千餘人屯駐,此前的守軍應明顯低於這個數目),戰鬥力也不強。

其三,以合肥為揚州的防禦中心。揚州刺史的治所原來在近江的歷陽,受孫吳的威脅較為嚴重。劉馥就任後,將州治西移合肥,該州的常備武裝也駐紮在這裏。他還修葺合肥舊城,增高加固,儲存了大量守城作戰的器械,準備以此為據點,迎接孫吳軍隊的進攻,"又高為城壘,多積木石,編作草苫數千萬枚,益貯魚膏數千斛,為戰守備。"[30] 劉馥的備戰工作意義重大,為後來合肥與淮南的固守奠定了基礎。《三國志》卷15《魏書·劉馥傳》載:"(劉馥)建安十三年卒。孫權率十萬眾攻圍合肥城百餘日,時天連雨,城欲崩,於是以苫蓑覆之,夜然脂照城外,視賊所作而為備,賊以破走。揚州士民益追思之,以為雖董安于之守晉陽,不能過也。"

其四,佔據皖城、歷陽等臨江津要。劉馥對淮南的佈防,雖是以合肥為中心,另一方面則儘量把防線的前沿推至長江岸邊。合肥以南的廬江郡界,舊有雷緒、陳薄等豪強土寇。劉馥在暫時無力消滅他們的情況下,對其加以招撫,說服他們歸順朝廷。《魏書·劉馥傳》載:"馥既受命,單馬造合肥空城,建立州治,南懷(雷)緒等,皆安集之,貢獻相繼。"此舉不僅緩和了境內的緊張局勢,而且打開了曹魏勢力南下擴張的門戶。劉馥在合肥西南興辦的屯田及水利重點設施有龍舒的七門堰,《太平寰宇記》卷126《淮南道四》曰:"七門堰在(廬州廬江)縣南一百一十里,劉馥修築,斷龍舒水,灌田千五百頃。"還有皖城的吳塘(或作"吳陂"),《太平寰宇記》卷125《淮南道三》載,吳塘陂在舒州懷寧縣西二十里,有吳陂祠,劉馥開吳陂以溉稻田。皖城一帶位處長江沿岸平原,土質肥沃,易於耕墾,還是"濱江兵馬之地",西控武昌、夏口,

---

30 《三國志》卷15《魏書·劉馥傳》。

東逼采石、建業。皖城自劉馥在任時被曹魏佔據後[31]，直到建安十九年（214）才為孫權所攻克。

建安九年（204），吳將丹陽都督媯覽、郡丞戴員叛變，"遣人迎揚州刺史劉馥，令住歷陽，以丹陽應之。"[32] 胡三省注："歷陽與丹陽隔江，使馥來屯，以為聲援。"劉馥由合肥帶兵進駐這個重要渡口，亦造成了對江東的威脅。

其五，未事先安排支援兵力。從建安十三年至十四年（208—209）合肥守城戰役魏方增援的情況來看，曹操此前對這個戰略方向的關注仍有忽略之處，在南征荊州時，沒有做好援救合肥的兵力部署，這從以下幾個方面可以看出來：

一是曹操率軍南征劉表時，後方留守的部隊主要由張遼、于禁、樂進三將統領，分別駐紮在長社、陽翟和潁陰[33]，其意圖明顯是保衛許昌、洛陽等中原重鎮，距離合肥很遠。合肥如出現危難，即使想救也鞭長莫及。

二是此時合肥為揚州刺史治所。該州地方軍隊的有限兵力大部集中在這裏，被孫權圍入城內，其他郡縣自顧不暇，所以沒有多餘兵馬來救，鄰近州郡亦未能及時派出軍隊支援解圍。

三是當時曹操在赤壁戰敗，滯留荊州，尚未還師。因為剛剛遭受了慘重損失，兵員不多，故僅派張憙領騎兵千人往救合肥，並補充了沿途豫州汝南郡的少數軍隊，但兵力仍很單薄，難以擊退孫權的數萬人眾。後來還是依靠蔣濟的計策，虛張聲勢，才驚走敵人。

---

31 謝鍾英：《〈補三國疆域志〉補注》卷五按："建安四年孫策拔廬江，策亡，廬江太守李術（述）不肯事（孫）權。五年，攻術於皖城，梟術首，徙其部曲三萬餘人。皖城入魏，當在此時。"

32 《資治通鑒》卷64漢獻帝"建安九年"條。

33 《三國志》卷23《魏書·趙儼傳》："入為司空掾屬主簿。時于禁屯潁陰，樂進屯陽翟，張遼屯長社，諸將任氣，多共不協；使儼並參三軍，每事訓喻，遂相親睦。太祖征荊州，以儼領章陵太守，從都督護軍，護于禁、張遼、張郃、朱靈、李典、路招、馮楷七軍。"又見《資治通鑒》卷65建安十三年"六月"條。

以上史實表明，以前孫吳的主要用兵方向始終在荊州，曹操沒有預料到敵人會突然大舉進攻合肥，對此準備不足，以致應付得相當被動，用兵捉襟見肘，只是勉強守住了該地。為了改變不利局面，曹操及時改變戰略，迅速調整了合肥及淮南地區的兵力配置。

（二）合肥防務的強化

此階段為東漢建安十四年（209）至曹魏太和六年（232）。赤壁之戰以後，孫權改變戰略部署，荊州方向僅以偏師配合劉備軍隊作戰，而自己親率主力攻打合肥，力圖奪取淮南，以窺許、洛。面對東方的危急形勢，曹操迅速做出了相應的對策：荊州地區改為防禦，率主力北還，留下曹仁領少數軍隊駐守；後又命令曹仁撤出江陵，退守襄陽，以此縮短運輸線，以便集中兵力，加強防禦。

此外，針對孫吳的主要進攻方向 —— 揚州地區，即合肥—濡須一線，曹操投入重兵，予以反擊。建安十四年，曹操見揚州形勢嚴峻，便親率大軍南下。《三國志》卷1《魏書·武帝紀》記載這次行動曰："（建安）十四年春三月，軍至譙，作輕舟，治水軍。秋七月，自渦入淮，出肥水，軍合肥。……十二月，軍還譙。"曹操此次南征未與吳軍交戰，到達揚州後，為了鞏固當地的軍事防禦，採取了以下措施：

一是恢復地方行政組織。"置揚州郡縣長吏，開芍陂屯田"[34]。據前引《魏書·劉馥傳》所載，劉馥在建安五年（200）出任揚州刺史後，曾建立地方行政組織，並興屯田、修芍陂。看來在孫權對合肥等地的初次進攻中，淮南地區曹魏原有的郡縣官府和典農（屯田）機構受到了嚴重的破壞或削弱，所以這次予以重建。

二是消滅豪強割據勢力。合肥西南的廬江郡界，有陳蘭、梅成、陳

---

34 《三國志》卷1《魏書·武帝紀》建安十四年"七月"條。

策等土豪草寇，各擁人馬數萬，依阻山險，發動叛亂，對曹魏在淮南的統治構成威脅。曹操領兵到達後，隨即派遣于禁、臧霸、張遼、張部諸將分兵征討，經過多次激戰將其剿滅，除掉了合肥的肘腋之患。[35]

三是留駐精兵強將。揚州原有的守軍乃地方州郡兵，訓練較差，作戰能力不強，在與孫吳軍隊的對抗中處於下風，屢屢陷入被動。曹操還師時，將張遼、李典、樂進三員大將及所屬中軍一部留駐合肥，顯著增強了當地守備力量。建安二十年（215），孫權乘曹操西征漢中，大舉進犯合肥。張遼以少敵眾，指揮得當，兩度領兵主動出擊，使孫吳軍隊慘敗而回。

曹操此次南征後，對合肥及揚州地區的兵力部署和防禦戰略做了重要調整，基本格局大致延續到魏明帝太和六年（232），其主要內容與特點如下：

1. 增加合肥駐軍人數。張遼等將統領的軍隊為七千餘人[36]，雖然在與吳軍主力的對抗中獲勝，但是兵力對比懸殊（吳軍約為十萬人）[37]。事後，曹操再次南征揚州時，了解到來犯吳軍具有數量上的絕對優勢，為了確保安全，又增加了張遼所部的兵員。《三國志》卷 17《魏書·張遼傳》載："建安二十一年，太祖復征孫權，到合肥，循行遼戰處，歎息者良久。乃增遼兵。"具體數目不詳，估計新添約數千人，總數可能超過萬人。

需要指出的是，這一階段魏軍在合肥的兵力配置發生過兩次短暫的變化：第一次在建安二十二年（217），曹操三越巢湖之後，留夏侯惇領

---

35 魏軍平定廬江等地叛亂的情況可參見《三國志》卷 17《魏書·張遼傳》，《資治通鑑》卷 66 建安十四年（209）"十二月"條，《三國志》卷 14《魏書·劉曄傳》。

36 《三國志》卷 17《魏書·張遼傳》："（建安十四年）太祖既征孫權還，使遼與樂進、李典等將七千餘人屯合肥。"

37 《三國志》卷 17《魏書·張遼傳》："太祖征張魯，教與護軍薛悌，署函邊曰：'賊至乃發。'俄而（孫）權率十萬眾圍合肥……"

二十六軍屯居巢，駐紮在巢湖以南[38]，將防禦孫吳的前哨陣地大大南移，對敵人形成進攻的威脅態勢。此時，合肥原有的大部守軍在張遼率領下進駐居巢，留下的兵力自然減少了許多[39]。

第二次在建安二十四年（219），孫權決定與曹魏聯合，上書請降，調遣主力謀襲荊州。曹操下令"除合肥之守"，這樣做的目的，一方面是表示相互信任，自己不打算利用淮南駐軍攻擊吳國的江北；另一方面也相信孫權沒有進攻合肥的企圖，從而使其放心西征，在背後偷襲關羽，以削弱蜀漢的嚴重威脅。如孫權與曹丕書所言："先王以權推誠已驗，軍當引還，故除合肥之守，著南北之信，令權長驅不復後顧。"[40] 此外，曹操此時正與關羽在樊城激戰，形勢緊張，亦急需兵力增援。撤除合肥、居巢等地的守軍後，立即將夏侯惇、張遼所部西調，緩解荊襄前線的軍事壓力[41]。

樊城解圍後，曹操拉攏孫權，挑動吳、蜀交戰而從中漁利的策略未變，因此仍未在合肥駐軍。夏侯惇所部返回壽春，又北撤到召陵。張遼屬軍亦徙屯陳郡，直到曹丕即位後，魏、吳交惡，他才領兵重返合肥[42]。黃初二年（221）後，曹魏數次伐吳，合肥恢復屯戍，又成為進攻的出發基地。但隨即揚州軍政中心北遷壽春，合肥的駐兵再度減少（詳見下文"4. 改變揚州的兵力配置"）。

2. 確立鄰州救援制度。這一階段，曹魏各州的最高軍事長官是都

38　《三國志》卷1《魏書·武帝紀》："（建安）二十二年春正月，王軍居巢，二月，進軍屯江西郝溪。權在濡須口築城拒守，遂逼攻之，權退走。三月，王引軍還，留夏侯惇、曹仁、張遼等屯居巢。"

39　《三國志》卷9《魏書·夏侯惇傳》："（建安）二十一年，從征孫權還，使惇都督二十六軍，留居巢。"《三國志》卷17《魏書·張遼傳》："建安二十一年，太祖復征孫權，到合肥，循行遼戰處，歎息者良久。乃增遼兵，多留諸軍，徙屯居巢。"

40　《三國志》卷47《吳書·吳主傳》黃武元年（222）九月"魏文帝報孫權書"條注引《魏略》。

41　《三國志》卷9《魏書·夏侯惇傳》："（建安）二十一年，從征孫權還，使惇都督二十六軍，留居巢。……二十四年，太祖破呂布軍於摩陂，召惇，常與同載，特見親重，出入臥內，諸將莫得比也。拜前將軍，督諸軍還壽春，徙屯召陵。"

42　《三國志》卷9《魏書·夏侯惇傳》。

督，《晉書‧職官志》載：「魏文帝黃初三年，始置都督諸州軍事，或領刺史。」而都督揚州軍事者多為征東將軍，清人洪飴孫所著《三國職官表》載：「魏征東將軍一人，二千石，第二品。武帝置，黃初中位次三公，領兵屯壽春。統青、兗、徐、揚四州刺史，資深者為大將軍。」如果遇到吳軍大眾來攻，揚州的兵力不足以抵擋，則由都督迅速上表，奏明情況，請朝廷調動鄰近各州的兵馬來援（主要是兗、豫等州），通常由該州刺史率領前往。可見《三國志》卷 17《魏書‧張遼傳》：

> 關羽圍曹仁於樊，會權稱藩，召遼及諸軍悉還救仁。遼未至，徐晃已破關羽，仁圍解。遼與太祖會摩陂。遼軍至，太祖乘輦出勞之，還屯陳郡。文帝即王位，轉前將軍。……孫權復叛，遣遼還屯合肥，進遼爵都鄉侯。給遼母輿車，及兵馬送遼家詣屯。

《三國志》卷 15《魏書‧溫恢傳》：

> 建安二十四年，孫權攻合肥，是時諸州皆屯戍。恢謂兗州刺史裴潛曰：「此間雖有賊，不足憂，而畏征南方有變。今水生而子孝縣（懸）軍，無有遠備。關羽驍銳，乘利而進，必將為患。」於是有樊城之事。詔書召潛及豫州刺史呂貢等……

《三國志》卷 26《魏書‧滿寵傳》：

> （太和）四年，拜寵征東將軍。其冬，孫權揚聲欲至合肥，寵表召兗、豫諸軍，皆集。賊尋退還，被詔罷兵。寵以為今賊大舉而還，非本意也，此必欲偽退以罷吾兵，而倒還乘虛，掩不備也，表不罷兵。後十餘日，權果更來，到合肥城，不克而還。

這一階段曹魏受到吳、蜀東西夾攻，不得不分兵抵禦。東吳軍隊對合肥的攻擊經常是在曹魏的主要機動兵力中軍開往西線征蜀時發動的，由於距離遙遠，魏軍主力往往來不及撤回救急，所以援助的任務多由揚州的壽春駐軍和鄰近的兗、豫等州軍隊承擔。另外，合肥方向的作戰區域相當狹窄，吳軍基本只是沿着濡須水—巢湖—施水等河流一線前進，到了合肥這個瓶頸地帶，兵力難以展開，魏軍的防守相對比較容易。因此本州軍隊加上兗、豫等州的援兵通常就能勝任。

3. 遷徙民眾，使江淮之間形成無人地帶。在對吳作戰中，曹操意識到沿江防禦有很多不利因素。首先，大軍若在江淮、江漢持久作戰，根據地遠在北方，向前線運輸糧草給養有很大的困難。其次，吳軍在江東建業等地集結後，乘船進犯淮南比較容易，又可以在江北沿岸的魏國境內掠奪人力、糧餉作為補給。而曹魏的主力中軍平時屯駐在河北的鄴城，必須做應付東（揚州）、中（荊州）、西（漢中）三個方向的作戰準備，往往需要千里赴援，疲於奔命；重兵不能長期屯駐於江淮之間，實際上沒有足夠的兵力來保衛江北沿岸的廣闊邊境。在這種局面下，曹操決定將徐、揚兩州南部的居民內遷，放棄長江以北至皖西山地—江淮丘陵—淮水下游河段的大片領土，形成一個縱深數百里的無人地帶，其間僅保留少數軍事據點。消息傳出後，引起江淮民眾的恐慌，大量百姓南逃至吳國境內。見《三國志》卷 14《魏書·蔣濟傳》：

> 明年（建安十四年）使於譙，太祖問濟曰：“昔孤與袁本初對官渡，徙燕、白馬民，民不得走，賊亦不敢鈔。今欲徙淮南民，何如？”濟對曰：“是時兵弱賊強，不徙必失之。自破袁紹，北拔柳城，南向江、漢，荊州交臂，威震天下，民無他志。然百姓懷土，實不樂徙，懼必不安。”太祖不從，而江、淮間十餘萬眾，皆驚走吳。後濟使詣鄴，太祖迎見大笑曰：“本但欲使避賊，乃更驅盡之。”

《三國志》卷47《吳書·吳主傳》建安十八年（213）"正月"條曰：

> 初，曹公恐江濱郡縣為權所略，徵令內移。民轉相驚，自廬江、九江、蘄春、廣陵戶十餘萬皆東渡江，江西遂虛，合肥以南惟有皖城。

而皖城在建安十九年（214）也被孫權攻克，魏廬江太守朱光就擒，曹魏失去了揚州沿江的最後一座城池。

曹魏方面儘管損失了不少人眾，但是這一巨大的隔離地帶卻按照其戰略意圖形成了。《宋書》卷35《州郡志》記述秦漢魏晉時期淮南郡縣政區演變時稱，"三國時，江淮為戰爭之地，其間不居者各數百里，此諸縣並在江北淮南，虛其地，無復民戶。"曹操通過放棄部分土地、收縮兵力的做法，緩和了徐、揚兩州駐軍分散的矛盾，使防務得到加強，並且大大縮短了前線與後方的距離，明顯改善了兵員、糧餉的運輸狀況。

這種形勢的出現也給孫吳的北伐帶來了很大的困難，由於野無所掠，不能取敵之資供己之需，增加了進攻合肥及淮南的難度。從史實來看，孫吳在揚州地區的軍事行動往往不能持久，這和供給困難有密切聯系。到三國後期，甚至出現了這樣的局面：曹魏棄守合肥，吳國亦沒有能力對其實行長期的佔領，無法把它變成己方的前哨陣地。例如，毌丘儉及諸葛誕前後據壽春反魏，撤除了合肥駐軍，吳國都未能乘機控制該地，並佔領魏國在江淮丘陵以南的領土。在上述兩次叛亂期間，吳師雖然出動策應，但後見戰況不利，便退回境內，並未堅持與魏軍做爭奪合肥及淮南的持久努力。

4. 改變揚州的兵力配置。曹魏揚州駐軍的主力原來常在合肥。建安十四年（209）後，曹操在淮南實行移民措施，合肥以南成為無人地帶，而魏國揚州的人口、經濟重心則轉移到江淮丘陵以北。這樣一來，合肥若要繼續充當該地區的軍政中心，就面臨以下困難。

（1）距離敵境較近。淮南徙民之後，合肥直接受到敵人的威脅，在它南面沒有一座強固的邊境要塞作為屏障緩衝吳軍的進攻。作為一州的行政首府，合肥的地理位置距離敵境較近，缺乏必要的安全保障。

（2）失去附近郡縣的人力、財賦支援。合肥左近的居民多被遷徙，人口稀少，農業荒廢，無法像過去那樣提供賦役。揚州駐軍主力若要長期屯集合肥，準備抵禦吳軍入侵，其消耗的大量給養必皆由後方調來，在運輸上需要投入許多人員和物力。

針對這一矛盾，曹魏在黃初年間又調整了揚州的軍事、政治部署，將州治和最高軍事長官征東將軍的駐所北移到壽春。前引洪飴孫《三國職官表》"征東將軍"條，提到征東將軍領兵屯壽春是在黃初年間，據筆者分析，應是黃初四年（223）三月之後[43]。上述調整的結果是，合肥由軍政中心變為前線要塞，守軍減少，主力隨征東將軍駐所轉移到壽春，其表現有二：

其一，揚州魏軍主力南下進攻吳國時，是從壽春出發的。《資治通鑒》卷71載太和二年（228）曹休率兵十萬攻吳廬江，"初，休表求深入以應周魴，帝命賈逵引兵東與休合。"胡三省注："按《逵傳》，逵自豫州進兵，取西陽以向東關，休自壽春向皖。"此外，魏文帝黃初五年（224）伐吳之役，也是由許昌"循蔡、穎，浮淮，幸壽春"[44]，會合揚州軍隊後再到廣陵，南下臨江的。

43　關於魏征東將軍駐所移至壽春的時間，洪飴孫的《三國職官表》稱在黃初年間，筆者認為應在黃初四年三月之後。理由如下：首先，這次遷移應是曹休就任征東將軍以後，前引《三國職官表》魏"征東將軍"條下曰："曹休：黃初三年由鎮南將軍遷，使持節，領揚州刺史，行都督軍。是年進號征東大將軍，都督揚州如故。"據《三國志》卷17《魏書·張遼傳》所載，在曹休任職以前，張遼率領的揚州守軍於黃初元年（220）由陳郡進駐合肥，次年還屯雍丘。《資治通鑒》卷69載黃初三年（222）孫權復叛，"九月，命征東大將軍曹休、前將軍張遼、鎮東將軍臧霸出洞口，大將軍曹仁出濡須"。兩路魏軍皆到達江邊，與吳師接戰後，於次年二月退兵。其中曹仁所統步騎數萬仍屯合肥，見《三國志》卷9《魏書·曹仁傳》："文帝遣使即拜仁大將軍。又詔仁移屯臨潁，進大司馬，復督諸軍據烏江，還屯合肥。"黃初四年三月曹仁病死。筆者據此分析揚州守軍主力北移壽春的時間，應在這次征吳作戰與曹仁去世之後。

44　《三國志》卷2《魏書·文帝紀》。

其二，遇到強敵入侵合肥，由壽春駐軍或集中於壽春的各路援兵前往支援。這在史籍中多有記載。如滿寵於太和二年至景初二年（238）都督揚州諸軍事，此間曾數次領兵援救合肥。《三國志》卷 26《魏書·滿寵傳》："（太和）四年，拜寵征東將軍。其冬，孫權揚聲欲至合肥，寵表召兗、豫諸軍，皆集。賊尋退還，被詔罷兵……（青龍二年）權自將號十萬，至合肥新城。寵馳往赴……賊於是引退。"

又田豫為殄夷將軍、督青州諸軍，孫權攻合肥時，他曾領所部至壽春救援，在滿寵麾下，並提出作戰建議[45]。

通過上述改動，使揚州的兵力配置趨於合理。原來的軍政中心合肥距離敵境較近、不夠安全，而且與地區經濟重心（壽春）相互脫離，這些矛盾都由此得到了解決。

5. 北兵南駐。劉馥出任揚州刺史時，並未帶領軍隊前來，揚州駐軍基本上是由當地壯丁組成的。自從曹操南征合肥，留張遼、李典所部鎮守後，揚州軍隊的主力變為來自北方的"士家"，其家屬住在中原，作為人質受到監管。將士如有叛逃、作戰不力等情況，親屬會受到株連。如《三國志》卷 24《魏書·高柔傳》即載："鼓吹宋金等在合肥亡逃。舊法，軍征士亡，考竟其妻子。太祖患猶不息，更重其刑。金有母妻及二弟皆給官，主者奏盡殺之……"

在這種殘酷制度的脅迫下，前方將士多有必死不降之心，作戰相當英勇[46]。即使發生叛亂，那些受裹脅捲入者通常也會顧忌家屬的命運，

---

45 《三國志》卷 26《魏書·田豫傳》載："後孫權號十萬眾攻新城，征東將軍滿寵欲率諸軍救之。……豫輒上狀，天子從之。會賊遁走。"

46 《三國志》卷 4《魏書·三少帝紀》："（嘉平）六年春二月己丑，鎮東將軍毌丘儉上言：昔諸葛恪圍合肥新城，城中遣士劉整出圍傳消息，為賊所得，考問所傳，語整曰：'諸葛公欲活汝，汝可具服。'整罵曰：'死狗，此何言也！我當必死為魏國鬼，不苟求活，逐汝去也。欲殺我者，便速殺之。'終無他辭。又遣士鄭像出城傳消息，或以語恪，恪遣馬騎尋圍跡索，得像還。四五人夾頭面縛，將繞城表，敕語像，使大呼，言'大軍已還洛，不如早降。'像不從其言，更大呼城中曰：'大軍近在圍外，壯士努力！'賊以刀築其口，使不得言，像遂大呼，令城中聞知。整、像為兵，能守義執節，子弟宜有差異。詔曰：……今追賜整、像爵關中侯，各除士名，使子襲爵，如部曲將死事科。"

因而投順朝廷。如毌丘儉反魏時，"淮南將士，家皆在北，眾心沮散，降者相屬"[47]，致使叛亂很快失敗。

以上幾項措施的實行，顯著地加強了合肥與揚州地區的防禦能力。孫吳在這一階段對合肥發動了幾次進攻，曹魏方面都能應付裕如，有驚無險，這在很大程度上有賴於其戰略部署調整得當。

（三）兩淮增兵，合肥防務漸弱

此階段為曹魏青龍元年（233）至晉咸寧四年（278）。229年，孫吳自武昌遷都建業，其部隊的主力中軍也隨之轉移，由此帶來了北伐戰略的一些改變，合肥所在的淮南西部又成了吳國進攻的重點。230—258年，魏、吳在合肥—壽春地區發生過數次大戰，用兵規模、持續時間和激烈程度均超過以往。根據戰爭形勢的改變，曹魏對合肥與揚州的軍事部署陸續做了調整，其基本格局一直延續到西晉與吳國滅亡。這一階段，魏國合肥與揚州的兵力配置發生了以下變化。

1. 棄合肥舊城，遷移新址

吳軍對合肥的攻擊，總是儘量發揮其水軍的優勢，步兵乘船渡過巢湖，逆施水而臨合肥城下。如果戰況不利，可及時登舟撤走，來往甚便。據《三國志》卷26《魏書·滿寵傳》記載，揚州主將滿寵注意到這一情況後，上疏請求放棄合肥舊城，將防務西移，在離施水三十里處依山險修築新城。這樣可以削弱敵人水軍的優勢，迫使他們在登陸後遠離船隊作戰，以便截斷其歸路。起初，他的建議遭到部分大臣的反對，未獲批准，"護軍將軍蔣濟議，以為：'既示天下以弱，且望賊煙火而壞城，此為未攻而自拔。一至於此，劫略無限，必以淮北為守。'帝未許。"滿寵再次上表奏明利害，得到了朝廷的贊同，"寵重表曰：'孫子言，兵者，

---

47 《三國志》卷28《魏書·毌丘儉傳》。

詭道也。故能而示之以弱不能，驕之以利，示之以懦。此為形實不必相應也。又曰：善動敵者形之。今賊未至而移城卻內，此所謂形而誘之也。引賊遠水，擇利而動，舉得於外，則福生於內矣。'尚書趙咨以寵策為長，詔遂報聽。"

經現代考古發掘確定，三國合肥新城位於今合肥市西北郊大約 15 公里處，"遺址東距合肥至淮南市際公路約 9 公里，南臨肥水故道，西距雞鳴山約 2 公里，北為起伏連綿的崗地，新城遺址坐落在崗地頂部。"[48] 關於合肥移城的時間，史籍記載有所不同[49]。據《三國志》卷 26《魏書・滿寵傳》所錄，滿寵上疏和移城皆在青龍元年（233）。移城之後，果然形成了魏國防禦有利的形勢，給吳軍的進攻帶來不便，"其年，（孫）權自出，欲圍新城，以其遠水，積二十日不敢下船。"

2. 中軍加入支援部隊

這一階段，吳國頻頻進攻合肥，"時權歲有來計"[50]，投入的兵力眾多，少則數萬，多則十萬甚至二十萬，又是吳軍的主力。而曹魏諸州邊兵戰鬥力較弱，遠不如精銳的中軍[51]；另外，揚州士兵時有返回北方休假者，種種原因致使魏軍的應戰相當吃力。為了扭轉這種被動的局面，確保淮南的安全，魏國開始動用駐紮在洛陽附近的中軍直接支援揚州的守兵。

魏中軍對揚州的首次救援行動發生在青龍二年（234），事見《三國志》卷 21《魏書・劉劭傳》：

---

48 安徽省文物考古研究所：《合肥市三國新城遺址的勘探和發掘》，《考古》2008 年第 12 期。

49 《資治通鑒》卷 72 載上疏與詔書報聽事在太和六年（232）。而《三國志》卷 47《吳書・吳主傳》則曰："（黃龍）二年春正月，魏作合肥新城。"稱其事在 230 年。

50 《三國志》卷 26《魏書・滿寵傳》。

51 《晉書》卷 37《安平獻王孚傳》："（司馬）孚以為擒敵制勝，宜有備預。每諸葛亮入寇關中，邊兵不能制敵，中軍奔赴，輒不及事機，宜預選步騎二萬，以為二部，為討賊之備。"

青龍中，吳圍合肥，時東方吏士皆分休，征東將軍滿寵表請中軍兵，並召休將士，須集擊之。劭議以為："賊眾新至，心專氣銳。寵以少人自戰其地，若便進擊，不必能制。寵求待兵，未有所失也。以為可先遣步兵五千，精騎三千，軍前發，揚聲進道，震曜形勢。騎到合肥，疏其行隊，多其旌鼓，曜兵城下，引出賊後，擬其歸路，要其糧道。賊聞大軍來，騎斷其後，必震怖遁走，不戰自破賊矣。"帝從之。

《資治通鑑》卷72亦載其事，不過，魏國根據劉劭建議派出的只是數千人的一支先遣部隊，中軍主力是隨後由明帝曹叡御駕親統出征的。孫權聞訊退走，未敢迎戰。見《三國志》卷3《魏書·明帝紀》青龍二年："五月，太白晝見。孫權入居巢湖口，向合肥新城，又遣將陸議、孫韶各將萬餘人入淮、沔。六月，征東將軍滿寵進軍拒之。……秋七月壬寅，帝親御龍舟東征，權攻新城，將軍張穎等拒守力戰，帝軍未至數百里，權遁走，議、韶等亦退。"

此次戰役之後，淮南如果有急，曹魏便動用中軍前往平叛或援救，這一戰略部署基本上保持到西晉時期。例如：

嘉平三年（251）魏征東將軍王淩謀反，"宣王（司馬懿）將中軍乘水道討淩，先下赦赦淩罪，又將尚書廣東使為書喻淩，大軍掩至百尺逼淩。"[52]

嘉平五年（253）諸葛恪伐淮南。《三國志》卷28《魏書·毌丘儉傳》曰："吳太傅諸葛恪圍合肥新城，儉與文欽禦之，太尉司馬孚督中軍東解圍，恪退還。"

---

52 《三國志》卷28《魏書·王淩傳》。

正元二年（255）毌丘儉反淮南，"帝（司馬師）統中軍步騎十餘萬以征之，倍道兼行。"[53]

甘露二年（257）諸葛誕據壽春反，"大將軍司馬文王督中外諸軍二十六萬眾，臨淮討之。"[54]

《資治通鑒》卷 79 載晉武帝泰始四年（268）吳攻合肥，"（九月）吳主出東關；冬十月，使其將施績入江夏，萬彧寇襄陽。……十一月，吳丁奉、諸葛靚出芍陂，攻合肥"，晉武帝"詔義陽王望統中軍步騎二萬屯龍陂，為二方聲援。會荊州刺史胡烈拒績，破之，望引兵還。"

泰始七年（271）吳侵淮南。《晉書》卷 37《義陽成王望傳》載："孫皓率眾向壽春，詔望統中軍二萬，騎三千，據淮北。皓退，軍罷。"《資治通鑒》卷 79 晉武帝泰始七年"正月"條載："帝遣義陽王望統中軍二萬、騎三千屯壽春以備之。聞吳師退，乃罷。"

針對合肥—淮南戰事日益激烈的情況，曹魏及時改變部署，投入中軍給予有力的支援或鎮壓，保障了這一戰略樞紐地區的安全，使得吳軍多次大舉北伐與敵對勢力的叛亂均未能獲得成功。

3. 移兵兩淮，大興屯田水利

曹魏的根據地在鄴城、許昌、洛陽一帶，距離淮南甚遠。一旦與吳國在淮南交戰，魏軍主力從內地馳援，不僅耗費時日，還有需要後方轉運給養的困難。正始二年（241），鄧艾調查兩淮的軍情後，向朝廷上奏，指出了中原和揚州地區兵力部署上存在的問題，"今三隅已定，事在淮南，每大軍征舉，運兵過半，功費巨億，以為大役。"[55]並提出解決辦法，即於淮南、淮北實行大規模屯田，儘量在當地解決所需糧草和兵

---

53 《晉書》卷 2《景帝紀》。

54 《三國志》卷 28《魏書·諸葛誕傳》。

55 《三國志》卷 28《魏書·鄧艾傳》。

員，改善中原到淮南的水運交通條件，這樣就能節省大量人力、物力，使揚州地區的對吳作戰態勢處於有利地位。這項建議得到權臣司馬懿的贊同，隨即推行。其內容包括：

一是自許昌等地遷徙大量士家於兩淮。"可省許昌左右諸稻田，並水東下，令淮北屯二萬人，淮南三萬人。"[56]

二是建立軍屯組織。"北臨淮水，自鍾離而南，橫石以西，盡沘水四百餘里，五里置一營，營六十人，且佃且守。"[57]

三是設置邸閣，積儲軍糧。兩淮具有優越的土壤、水利資源，"陳、蔡之間，土下田良"[58]；其收穫供屯田官兵食用之外還多有結餘。曹魏因此在淮水南北設倉儲糧，以備大軍抵達邊境與吳國交戰時消費。"水豐常收三倍於西，計除眾費，歲完五百萬斛以為軍資。六七年間，可積三千萬斛於淮上，此則十萬之眾五年食也。以此乘吳，無往而不克矣。"[59]

四是改變分休制度。揚州的駐軍多是北方士兵，享有定期返鄉的假期，為輪換休整，稱為"分休"。分休具體內容不詳，但是從《三國志》的記載來看，在鄧艾的建議實施之前，揚州守軍分休時往往有許多將士返回北方，致使前線空虛。吳國經常利用這種機會對淮南發動進攻，使魏軍陷於被動。可見《三國志》卷21《魏書·劉劭傳》：

> 青龍中，吳圍合肥，時東方吏士皆分休，征東將軍滿寵表請中軍兵，並召休將士，須集擊之。

《三國志》卷24《魏書·孫禮傳》：

---

56 《三國志》卷28《魏書·鄧艾傳》。
57 《晉書》卷26《食貨志》。
58 《三國志》卷28《魏書·鄧艾傳》。
59 《三國志》卷28《魏書·鄧艾傳》。

（正始二年）吳大將全琮帥數萬眾來侵寇，時州兵休使，在者無幾。禮躬勒衛兵禦之，戰於芍陂，自旦及暮，將士死傷過半。禮犯蹈白刃，馬被數創，手秉枹鼓，奮不顧身，賊眾乃退。

鄧艾建議，屯田官兵改為“十二分休”，即每次允許駐軍的十分之二返鄉休假，“令淮北屯二萬人，淮南三萬人，十二分休，常有四萬人，且田且守。”[60] 這樣就使大部分將士在邊境保持戰備，消除了原有制度的弊病。

五是拓寬南北水道。“兼修廣淮陽、百尺二渠，上引河流，下通淮、潁”[61]，使連接黃河、淮水之間的渠道轉運便利。

六是廣修水利灌溉設施，促進兩淮地區的經濟發展。“大治諸陂於潁南、潁北，穿渠三百餘里，溉田二萬頃，淮南、淮北皆相連接，自壽春到京師，農官兵田，雞犬之聲，阡陌相屬。”[62]

曹魏淮河流域軍屯區的建成，實質上是將其在黃河中下游的經濟重心區域向東南延伸。這一戰略舉措顯著增強了揚州的經濟、軍事力量，經過這次北方士家向兩淮的遷徙，揚州兵力顯著增加，諸葛誕作亂時，曾“斂淮南及淮北郡縣屯田口十餘萬官兵，揚州新附勝兵者四五萬人。”[63]

如此龐大的軍隊，用來對付吳師的進攻，稱得起綽綽有餘了。淮陽、百尺二渠的修廣，提高了由中原直達江淮的水運輸送能力。兩淮屯墾事業的發展，也使當地守軍的糧草和北方大軍南下所需的給養能夠在很大程度上就地解決。由於上述各項條件的改善，曹魏在東南戰場逐漸

---

60 《三國志》卷 28《魏書·鄧艾傳》。
61 《晉書》卷 26《食貨志》。
62 《晉書》卷 26《食貨志》。
63 《三國志》卷 28《魏書·諸葛誕傳》。

扭轉了被動局面，這在很大程度上應歸功於鄧艾的遠見卓識。如《晉書》卷 26《食貨志》所言："每東南有事，大軍出征，泛舟而下，達於江淮，資食有儲，而無水害，艾所建也。"

4. 合肥多次捐棄或僅留少量軍隊駐守

自正始二年（241）起，揚州地區的戰事出現了一些新的特點，反映出曹魏對合肥—淮南兵力部署的變更。和以往不同的是，吳軍數次越過或繞過合肥，在芍陂、安豐，甚至壽春附近的黎漿作戰。這表明魏國曾數次放棄合肥的防務，或僅留下少數部隊來牽制、消耗敵人，主力並不去那裏救援或阻擊，而是集結在壽春，等待吳軍開到江淮丘陵以北，距離自己較近時再出動迎敵。下面我們看看揚州魏軍自正始二年以後的歷次禦吳作戰情況。

其一，芍陂戰役。有關歷史記載見《三國志》卷 4《魏書·三少帝紀》曰："（正始二年）夏五月，吳將朱然等圍襄陽之樊城，太傅司馬宣王率眾拒之。六月辛丑，退。"注引干寶《晉紀》曰："吳將全琮寇芍陂，朱然、孫倫五萬人圍樊城，諸葛瑾、步騭寇柤中；琮已破走而樊圍急。（司馬懿救之）……然等聞之，乃夜遁。追至三州口，大殺獲。"又見《三國志》卷 47《吳書·吳主傳》：

> （赤烏四年）夏四月，遣衛將軍全琮略淮南，決芍陂，燒安城邸閣，收其人民。威北將軍諸葛恪攻六安。琮與魏將王凌戰於芍陂，中郎將秦晃等十餘人戰死。車騎將軍朱然圍樊，大將軍諸葛瑾取柤中。

《資治通鑒》卷 75 曹魏嘉平四年（252）：

> 初，吳大帝築東興堤以遏巢湖，其後入寇淮南，敗，以內船，

遂廢不復治。（胡三省注："謂正始二年芍陂之敗也。過巢湖所以利舟師，而反為湖內之船所敗，故廢而不治。"）

《三國志》卷52《吳書·顧譚傳》曰：

> 先是，譚弟承與張休俱北征壽春，全琮時為大都督，與魏將王凌戰於芍陂，軍不利，魏兵乘勝陷沒五營將秦晃軍，休、承奮擊之，遂駐魏師。時琮群子緒、端亦並為將，因敵既住，乃進擊之，凌軍用退。

《三國志》卷28《魏書·王凌傳》曰：

> 正始初，為征東將軍，假節都督揚州諸軍事。二年，吳大將全琮數萬眾寇芍陂，凌率諸軍逆討，與賊爭塘，力戰連日，賊退走。

《三國志》卷27《魏書·王基傳》曰：

> 昔孫權再至合肥，一至江夏，其後全琮出廬江，朱然寇襄陽，皆無功而還。

值得注意的是，孫吳的這次北伐沒有走巢湖至合肥的舊途，而是改由西邊的皖城北進，經舒縣（今安徽省廬江縣）西北穿越江淮丘陵到達六安，然後再沿沘水與芍陂西岸之間的陸路北上，到達壽春以南的安城[64]，破壞堤壩，燒毀邸閣。皖城自建安十九年（214）被孫權攻陷後，一

---

64 《三國志》卷27《魏書·王基傳》載諸葛誕據壽春叛亂時，"（王）基累求進討。會吳遣朱異來救誕，軍於安城。基又被詔引軍轉據北山"。盧弼注引趙一清曰："《吳志·孫綝傳》云，朱異率三萬人屯安豐城為文欽勢。安城在壽州南，安豐城在壽州西南，兩城相近，故二傳各書之。"參見盧弼：《三國志集解》，中華書局，1982年，第622頁。

直為吳軍佔領。早在吳嘉禾六年（237），孫權曾派遣全琮領兵經此道伐魏，又令諸葛恪進駐皖城地區，"冬十月，遣衛將軍全琮襲六安，不克。諸葛恪平山越，事畢，北屯廬江。"[65] 據諸葛恪本傳記載，他向孫權建議在皖水流域屯田，並以此為基地抄掠和偵察魏境，準備進攻壽春，"恪乞率眾佃廬江皖口，因輕兵襲舒，掩得其民而還。復遠遣斥候，觀相徑要，欲圖壽春，權以為不可。"[66] 看來當時孫權認為襲擊壽春時機還不成熟，但是後來同意並實施了諸葛恪的上述作戰計劃，在正始二年（241）四月發動了較大規模的出征，自皖城經舒縣、六安進攻壽春，"威北將軍諸葛恪攻六安，（全）琮與魏將王凌戰於芍陂，中郎將秦晃等十餘人戰死。"[67] 這樣就避開了魏軍在合肥一帶的堅固防守，較為順利地進抵壽春南郊。不過，由於皖城到舒縣、六安沿途都是陸路，沒有水道，孫吳使用這條路線進攻淮南，軍隊補充給養和兵員運輸相當困難，因此難以維持較長時間的戰鬥，此後吳國也沒有派遣大軍經此道路北伐壽春。

其二，諸葛恪攻新城。嘉平五年（253），吳相諸葛恪召集江東兵馬 20 餘萬，號稱 50 萬，全力北伐，是孫吳立國以來規模最大的一次出征，並聯絡蜀漢姜維在西方出兵相助，志在奪取淮南。吳軍的戰略和以往相同，即用大軍圍困合肥新城，迫使魏國援兵從壽春來救，再予以迎擊。見《三國志》卷 64《吳書·諸葛恪傳》，"恪意欲曜威淮南，驅略民人，而諸將或難之曰：'今引軍深入，疆場之民，必相率遠遁，恐兵勞而功少，不如止圍新城。新城困，救必至，至而圖之，乃可大獲。'恪從其計，回軍還圍新城。"

魏之合肥與揚州受到前所未有的嚴重威脅，司馬師等統帥經過商議，認為敵軍勢大，難以爭鋒，所採取的對策與上一次相似，內容包括：

---

65 《三國志》卷 47《吳書·吳主傳》。
66 《三國志》卷 64《吳書·諸葛恪傳》。
67 《三國志》卷 47《吳書·吳主傳》。

第一，收縮防守。淮南堅壁清野，誘敵深入，由司馬孚所督揚州軍隊的主力及各路援兵20餘萬屯於壽春，避免和吳軍過早決戰[68]，待敵人兵士疲憊衰弱時再出動給予打擊。第二，以新城委吳。合肥僅留下3000人左右的守軍[69]，用來牽制敵人主力，在他們受到圍攻時不做救援，準備犧牲掉這有限的兵力，消耗吳師的攻擊力量和糧草給養，挫其銳氣。見《三國志》卷4《魏書‧三少帝紀》注引《漢晉春秋》曰：

> 是時姜維亦出圍狄道。司馬景王問虞松曰："今東西有事，二方皆急，而諸將意沮，若之何？"松曰："昔周亞夫堅壁昌邑而吳楚自敗，事有似弱而強，或似強而弱，不可不察也。近恪悉其銳眾，足以肆暴，而坐守新城，欲以致一戰耳。若攻城不拔，請戰不得，師老眾疲，勢將自走，諸將之不徑進，乃公之利也。姜維有重兵而縣（懸）軍應恪，投食我麥，非深根之寇也。且謂我併力於東，西方必虛，是以徑進。今若使關中諸軍倍道急赴，出其不意，殆將走矣。"景王曰："善！"乃使郭淮、陳泰悉關中之眾，解狄道之圍；敕毌丘儉等案兵自守，以新城委吳。姜維聞淮進兵，軍食少，乃退屯隴西界。

魏軍的這次部署調整，從實戰效果來看，是大獲成功的。吳國20餘萬大軍越過巢湖以後，求戰不得，野無所掠，而合肥的攻城戰鬥曠日持久，損耗了大量兵力，士氣嚴重受挫，被迫還師。《三國志》卷64《吳書‧諸葛恪傳》載：

---

68 《晉書》卷37《安平獻王孚傳》："時吳將諸葛恪圍新城，以孚進督諸軍二十萬防禦之。孚次壽春……故稽留月餘乃進軍，吳師望風而退。"
69 《三國志》卷4《魏書‧三少帝紀》正始五年（244）"七月"條裴松之注："是時張特守新城。《魏略》曰：……及諸葛恪圍城，特與將軍樂方等三軍眾合有三千人，吏兵疾病及戰死者過半。"

攻守連月，城不拔。士卒疲勞，因暑飲水，泄下流腫，病者大半，死傷塗地。諸營吏日白病者多，恪以為詐，欲斬之，自是莫敢言。恪內惟失計，而恥城不下，忿形於色。將軍朱異有所是非，恪怒，立奪其兵。都尉蔡林數陳軍計，恪不能用，策馬奔魏。魏知戰士罷病，乃進救兵。恪引軍而去。士卒傷病，流曳道路，或頓仆坑壑，或見略獲，存亡忿痛，大小呼嗟。

這次戰役，曹魏並未出動主力與吳軍交戰，損失很小，取得了不戰而屈人之兵的理想結果。本來魏國是準備丟棄合肥要塞，犧牲數千守兵的，不料因為他們的奮勇作戰和吳軍指揮的拙劣，使城池與半數守軍得以保全 [70]。

其三，毌丘儉、諸葛誕反壽春。諸葛恪伐魏失敗後不久，相繼爆發了毌丘儉與諸葛誕在壽春的叛亂，吳國則乘機出兵北伐淮南。值得注意的是，在這兩次軍事行動中，魏國均未在合肥駐兵，南逃的叛將與北援的吳軍於該地暢行無阻。正元二年（255）毌丘儉造反時，"迫脅淮南將守諸別屯者，及吏民大小，皆入壽春城，為壇於城西，歃血稱兵為盟，分老弱守城，儉、欽自將五六萬眾渡淮，西至項。" [71] 合肥的魏軍亦被調走，無人守城，所以吳國孫峻的援兵直向壽春，而不用圍攻合肥，"魏將毌丘儉、文欽以眾叛，與魏人戰於樂嘉，（孫）峻帥驃騎將軍呂據、左將軍留贊襲壽春，會欽敗降，軍還。" [72] 吳軍先鋒曾進至壽春以南的

---

70 《三國志》卷 4《魏書·三少帝紀》正始五年（244）七月注引《魏略》："及諸葛恪圍城，特與將軍樂方等三軍眾合有三千人，吏兵疾病及戰死者過半，而恪起土山急攻，城將陷，不可護。特乃謂吳人曰：'……此城中本有四千餘人，而戰死者已過半，城雖陷，尚有半人不欲降，我當還為相語之，條名別善惡，明日早送名，且持我印綬去以為信。'乃投其印綬以與之。吳人聽其辭而不取印綬。不攻。頃之，特還，乃夜徹諸屋材柵，補其缺為二重。明日，謂吳人曰：'我但有鬥死耳！'吳人大怒，進攻之，不能拔，遂引去。"

71 《三國志》卷 28《魏書·毌丘儉傳》。

72 《三國志》卷 64《吳書·孫峻傳》。

黎漿，"吳大將軍孫峻等號十萬眾，將渡江，鎮東將軍諸葛誕遣（鄧）艾據肥陽，艾以與賊勢相遠，非要害之地，輒移屯附亭，遣泰山太守諸葛緒等於黎漿拒戰，遂走之。"[73] 按黎漿在芍陂附近，位於壽春東南數十里。[74] 另外，文欽兵敗奔吳時曾經過合肥到達橐皋（今安徽省巢湖市西北柘皋鎮），途中並未受到阻攔；其後餘眾數萬又陸續沿此道路逃至吳境，也沒有在合肥遭到堵截，證明那裏確實無人把守[75]。

甘露二年（257）諸葛誕反壽春時，亦將所屬揚州各地魏軍與壯丁調入城內，"斂淮南及淮北郡縣屯田口十餘萬官兵，揚州新附勝兵者四五萬人，聚穀足一年食，閉城自守。"[76] 合肥再次成為空城。從史籍所載來看，吳國先後遣文欽、朱異等各率數萬人來援，均順利越過江淮丘陵抵達壽春城下。文欽突圍入城，朱異的部隊則在壽春附近的都陸、黎漿等地與魏軍激戰[77]，失利撤兵時亦未遇到阻礙。上述史實反映了上述兩次戰役中魏國未曾故意放棄合肥，但事實上該地無人把守，吳軍可以自由通過。

其四，丁奉對淮南的兩次征伐。諸葛誕叛亂失敗之後，直到西晉滅吳前夕，吳軍還對淮南發動了兩次進攻。雖然有關戰役的史料記載不甚詳細，但是根據一些跡象可以做出如下判斷：曹魏（或西晉）揚州地區

---

73 《三國志》卷28《魏書‧鄧艾傳》。

74 "(芍)陂有五門，吐納川流，西北為香門陂水，北徑孫叔敖祠下。謂之芍陂瀆。又北分為二水：一水東注黎漿水，黎漿水東徑黎漿亭南。文欽之叛，吳軍北入，諸葛緒拒之於黎漿，即此水也。東注肥水，謂之黎漿水口。"楊守敬按："水在今壽州東南。"〔北魏〕酈道元注，〔民國〕楊守敬、熊會貞疏：《水經注疏》卷32《肥水》。

75 《三國志》卷48《吳書‧孫亮傳》五鳳二年："閏月壬辰，（孫）峻及驃騎將軍呂據、左將軍留贊率兵襲壽春，軍及東興，聞欽等敗。壬寅，兵進於橐皋，欽詣峻降，淮南餘眾數萬口來奔。魏諸葛誕入壽春，峻引軍還。"

76 《三國志》卷28《魏書‧諸葛誕》。

77 《三國志》卷64《吳書‧孫綝傳》："魏大將軍諸葛誕舉壽春叛，保城請降。吳遣文欽、唐咨、全端、全懌等帥三萬人救之。……孫綝於是大發卒出屯鑊里，復遣（朱）異率將軍丁奉、黎斐等五萬人攻魏，留輜重於都陸。異屯黎漿，遣將軍任度、張震等募勇敢六千人，於屯西六里為浮橋夜渡，築偃月壘。為魏監軍石苞及州泰所破。"《三國志》卷28《魏書‧諸葛誕傳》："吳人大喜，遣將全懌、全端、唐咨、王祚等，率三萬眾，密與文欽俱來應誕。以誕為左都護、假節、大司徒、驃騎將軍、青州牧、壽春侯。是時鎮南將軍王基始至，督諸軍圍壽春，未合。咨、欽等從城東北，因山乘險，得將其眾突入城。"

兵力配置的上述格局未有大的變化，敵人來攻時，魏（晉）軍主力仍然屯於壽春待機而動。合肥或放棄不守，或僅留駐少量部隊守城。

第一次是景元四年（263）丁奉為了救蜀而北伐，此次軍事行動有兩點值得注意。首先，孫吳本無伐魏之意，只是迫於蜀漢求援的外交壓力，不得已擺出了進攻姿態，實際上虛張聲勢，聊作敷衍，並未與魏軍接仗，拖延到蜀漢亡訊傳來，便收兵回境。如《三國志》卷55《吳書·丁奉傳》所稱："奉率諸軍向壽春，為救蜀之勢。蜀亡，軍還。"胡三省也在《資治通鑒》卷78注中評論此舉曰："然亦猶激西江之水以救涸轍之魚耳。"其次，丁奉此次領兵北伐，通常情況下，進軍路線應該是沿着濡須水道出東關，入巢湖，先抵合肥，再北向壽春。但據《吳書·孫休傳》與《吳書·丁奉傳》所載，丁奉率領諸軍徑直開往目的地壽春，並未提到中途必經的要塞合肥。這很有可能表明：曹魏當時仍未在合肥派駐守兵，吳軍可以暢行無阻，所以它的直接攻擊目標是壽春。

第二次是泰始四年（268）丁奉寇芍陂之役。據《三國志》卷48《吳書·孫皓傳》"寶鼎三年"（268）條所載，當年九月，孫皓督師到東關，丁奉率領前軍攻打合肥。隨後，丁奉所率吳軍又出現在合肥以北的芍陂，與晉將司馬駿相持不下後退兵。又見《晉書》卷38《扶風王駿傳》："武帝踐阼，進封汝陰王，邑萬戶，都督豫州諸軍事。吳將丁奉寇芍陂，駿督諸軍距退之。"據《資治通鑒》卷79晉武帝泰始四年記載："十一月，吳丁奉、諸葛靚出芍陂，攻合肥；安東將軍汝陰王駿拒卻之。"由此看來，當時合肥守兵的數量仍然不多，可能還是像諸葛恪伐淮南時的那種情況，魏軍只留下少量部隊牽制、消耗敵人。吳國也吸取了以往的教訓，並未把全部主力用來圍攻這座孤城，即分為兩股，一部圍困合肥，另一部繼續北進，開到芍陂附近，破壞敵方的經濟區。

綜上所述，在這一階段，曹魏把經營兩淮屯田當作首要任務，通過增派屯田官兵和調遣中軍支援等部署，竭力加強壽春周圍地區的軍事和經濟力量。合肥的駐軍人數再次被削減,甚至有時不設防禦。吳師來犯時,揚州魏軍不再傾注全力到合肥阻擊,而是誘使敵人穿越巢湖和江淮丘陵,自己在壽春附近以逸待勞,就近迎戰。這樣可以使魏軍處於更為有利的形勢。

　　曹魏在揚州地區防守戰略和兵力配置的改變,使合肥的軍事樞紐作用明顯削弱了。對於魏、吳來說,爭奪合肥的意義並不像從前那樣重要。從這一階段兩國在淮南交戰的情況來看,第一,曹魏方面審時度勢,並未一味向合肥派駐重兵,死守此地,而是根據整個戰局形勢變化的需要,做出切合實際的決定:或不派救兵支援,聽任吳軍圍攻;或直接放棄,誘敵深入到壽春附近,再給予反擊。結果收效是相當令人滿意的,幾乎每次戰役都以吳國的失敗或無功而返告終。這說明魏國更改戰略部署的成功,以及合肥的得失並沒有給淮南戰局帶來重大影響。第二,曹魏平定毌丘儉、諸葛誕叛亂的情況表明,吳國先後有兩次機會佔領合肥,但是其統帥孫峻、孫綝卻相繼做出了放棄的選擇。孫峻在橐皋受降文欽後便退兵回境,沒有進佔無人把守的合肥。孫綝指揮朱異等救援諸葛誕時,吳軍順利越過江淮丘陵,直抵壽春城下,但被魏軍燒掉輜重後,也被迫撤回本土,未能留下軍隊守住合肥空城,把它作為自己的前線要塞。實際上,吳國不是不想佔領合肥,而是由於三國後期魏、吳之間的實力差距拉大了,吳國若要在合肥長期屯駐重兵與魏國對抗,就得克服糧草運輸、兵力補充等巨大困難,但這是吳國的國力無法承受的,因此只得放棄合肥,回師江東。以前,諸葛亮曾分析過孫吳“限江自保”的原因非是志滿意得、不思進取,而是“智力不侔”,在人才和綜合國力方面都和曹魏存在顯著差距,尚不具備進據江北的客觀條件,“(孫)權之不能越江,猶魏賊之不能渡漢,非力有餘而利不取也。”[78]孫

---

78 《三國志》卷35《蜀書·諸葛亮傳》注引《漢晉春秋》。

權死後的東吳，國勢每況愈下，更是沒有力量與曹魏在合肥一帶做長期對抗，所以，唾手可得，甚至已經在握的要塞也不得不放棄。這說明在吳軍統帥眼裏，合肥在軍事上的地位價值明顯下降了：不再是必爭之地，而是可爭可棄之地了。

在營救諸葛誕的行動失敗之後，吳國對合肥—壽春方向的進攻基本喪失了信心。此後吳軍在淮南地區的北伐，或是在合肥一線虛張聲勢，騷擾破壞，而不再強攻要塞，也避免和魏軍正面交鋒，如前述丁奉在景元四年（263）、泰始四年（268）的入寇；或是轉移進攻方向，經中瀆水至廣陵入淮，對魏國的淮北地區發動攻勢。如孫吳建衡元年（269）丁奉率眾進攻西晉穀陽，"穀陽民知之，引去，奉無所獲"[79]。穀陽原為漢縣，屬九江郡，在清朝安徽靈璧縣境[80]。錢林書考證云："穀陽縣故城，在今安徽省固鎮縣西北。"[81]《晉書》卷 3《武帝紀》載泰始六年（270）正月，"吳將丁奉入渦口，揚州刺史牽弘擊走之。"渦口在今安徽省懷遠縣北，即渦水入淮之口，六朝時有城戍。顧祖禹曰："渦口城，（懷遠）縣東北十五里。"[82]《晉書》卷 29《五行志下》言泰始六年："孫皓遣大眾入渦口。"可見丁奉的軍隊數量較多。穀陽與渦口皆在壽春東北的淮河西岸，吳軍無法經合肥陸道越過壽春進攻，應是走中瀆水道一路入淮，再發起襲擊的。司馬光認為，丁奉進攻穀陽和渦口或並非在兩年內接連北征，可能只是同一次戰役行動。參見《資治通鑒》卷 79 晉武帝泰始六年正月"吳丁奉入渦口"條胡三省注："《考異》曰：《吳志·丁奉傳》：'建衡元年，攻晉穀陽。'晉帝紀不載，奉傳不言入渦口，疑是一事。"

79 《三國志》卷 55《吳書·丁奉傳》。

80 "《郡國志》：豫州沛國穀陽。《一統志》：今安徽鳳陽府靈璧縣西南。趙一清曰：《方輿紀要》卷二十一，穀陽城在宿州靈璧縣西北七十五里，漢縣，屬沛郡。應劭曰：縣在穀水之陽，穀水即睢水。晉省。"盧弼：《三國志集解》卷 55，中華書局，1982 年，第 1035 頁。

81 錢林書編著：《〈續漢書·郡國志〉匯釋》，安徽教育出版社，2007 年，第 88 頁。

82 〔清〕顧祖禹：《讀史方輿紀要》卷 21《南直三》，中華書局，2005 年，第 1004 頁。

第十章

孫吳的抗魏重鎮 —— 濡須和東關

濡須本是古代水名，在今安徽省中部，自巢湖東口宛轉而下，匯入長江。三國時期，濡須流域是魏、吳頻繁用兵的熱點地區之一。213—252 年，曹魏曾數次出動大軍進攻該地，企圖由此打開臨江的通道。孫吳則在濡須口夾水築塢，設立軍鎮，置濡須（都）督統轄當地防務。後又在其北面的東興，即東關（今安徽省含山縣西南）修建巨堤堅城，作為抗擊魏軍入侵的前哨陣地。每有危難，孫吳常遣全國之師趕赴救援，力保該鎮不失。綜觀魏、吳交戰的歷史，濡須和東關為保障孫吳的江防安全發揮了突出作用。顧祖禹《讀史方輿紀要》卷 26《南直八》曾引述前人的評論：

> 宋周氏曰："孫氏既夾濡須而立塢，又堤東興以遏巢湖，又堰塗塘以塞北道，然總不過於合肥、巢湖之左右，遏魏人之東而已。魏不能過濡須一步，則建業可以奠枕，故孫氏之為守易。"
>
> 唐氏曰："曹公以數十萬眾再至居巢，逡巡而不能進；諸葛誕以步騎七萬失利而退，以濡須、東興之扼其吭也。"

濡須和東關為甚麼會在當時產生重要的軍事影響？孫吳在當地的防禦部署情況如何？魏、吳兩國在那裏歷次交兵的過程怎樣，其攻防的作戰方略有何變化？這些都是本章將要分析、研究的問題，下面分別展開論述。

一、吳國所置濡須督將考述

三國時期，各個軍事集團為了適應征伐的需要，紛紛建立了領兵的"都督"一職。《宋書》卷 39《百官志上》載："建安中，魏武帝為相，始遣大將軍督軍。"孫吳政權也設置了不同類型的都督，其中有統管全國軍務的都督中外諸軍事，如孫峻[1]；有臨時帶兵作戰的征討都督，如韓當、蔣欽等[2]。此外，還有負責各地駐屯防務的軍鎮都督，亦稱"督""督將""督軍"。胡三省曰："吳保江南，凡邊要之地皆置督。"[3]王欣夫《補三國兵志》稱吳國"遇征伐之事，則置大都督，或稱中部督、中軍督、前部督，又有左、右二部督，其督水軍者則為水軍督、水軍都督，又有監軍使者、督軍使者，皆將兵者也。……而又邊鎮設監督"，自注："胡三省曰：吳之邊鎮有督有監，督者督諸軍之職，監者監諸軍事之職。"[4]

濡須乃東吳邊陲衝要，其得失會影響長江防線的穩固甚至都城、社稷的安危，故受到統治集團的特殊重視，多遣能征善戰的忠勇之士出任督將。據《三國志·吳書》所載，自建安十七年（212）孫權築濡須塢後，曾有朱然、蔣欽、呂蒙、周泰、朱桓、駱統、張承、鍾離牧八人主管過該地的軍務，歷任情況分述如下：

1　《三國志》卷 64《吳書·孫峻傳》。

2　《三國志》卷 55《吳書·蔣欽傳》："（建安十三年）賀齊討黟賊，欽督萬兵，與齊併力，黟賊平定。"《三國志》卷 55《吳書·韓當傳》："黃武二年，封石城侯，遷昭武將軍，領冠軍太守。後又加都督之號，將敢死及解煩兵萬人，討丹陽賊，破之。"

3　《資治通鑒》卷 71 太和三年（229）"九月"條胡三省注。

4　王欣夫：《補三國兵志》，《中國歷史文獻研究集刊》（第二集），岳麓書社，1982 年，第 137—141 頁。

朱然。顧祖禹《讀史方輿紀要》卷 19《南直一》"東關"條記載，濡須的首任主將為呂蒙：

> 建安十七年，呂蒙守濡須，聞曹公欲東下，勸權夾水口立塢。諸將皆曰："上岸擊賊，洗足入船，何用塢為？"蒙曰："兵有利鈍，戰無百勝，如有邂逅，敵步騎蹙人，不暇及水，其得入船乎！"權曰："善。"遂作濡須塢。

實際上，這段史料的來源是《三國志》卷 54《吳書·呂蒙傳》：

> （呂蒙）後從（孫）權拒曹公於濡須，數進奇計，又勸權夾水口立塢，所以備禦甚精，曹公不能下而退。裴松之注引《吳錄》曰：權欲作塢，諸將皆曰："上岸擊賊，洗足入船，何用塢為？"蒙曰："兵有利鈍，戰無百勝，如有邂逅，敵步騎蹙人，不暇及水，其得入船乎！"權曰："善。"遂作之。

從上述原始史料來看，只是記述了建安十七年至十八年（212—213）呂蒙跟隨孫權至濡須作戰並提出立塢建議，並未寫到他擔任該地駐軍的主將。據《三國志》卷 56《吳書·朱然傳》所載，守塢的將領是吳國另一位名將朱然："曹公出濡須，然備大塢及三關屯，拜偏將軍。"盧弼《三國志集解》引趙一清曰："大塢即濡須塢也。"曹操曾在建安十八年、二十二年（217）兩次進攻濡須，據前引《吳書·呂蒙傳》記載，魏軍第二次進攻濡須時，吳國由呂蒙任都督，據塢抵抗："後曹公又大出濡須，權以蒙為督，據前所立塢，置強弩萬張於其上，以拒曹公。"那麼，朱然守塢肯定是在首次濡須會戰之時，即建安十八年了。這次戰役干係重大，所以孫權親自統兵出征，朱然分管濡須塢與三關屯的防務，但未被授予都督之銜。

蔣欽。《三國志》卷55《吳書‧蔣欽傳》曰："從征合肥，魏將張遼襲權於津北，欽力戰有功，遷蕩寇將軍，領濡須督。"此次合肥戰役是在建安二十年（215）八月，蔣欽因為陣前立功而升任濡須督。就現存史料而言，這是孫吳在濡須設置軍鎮都督的最早記載。

呂蒙。建安二十二年（217），曹操再次進攻濡須時，孫權任命呂蒙為濡須督，挫敗了魏軍的攻擊，事見前引《吳書‧呂蒙傳》。

周泰。魏、吳第二次濡須會戰結束後，孫權在還師之前留下勇將周泰督濡須諸軍。由於周泰出身寒門，部下將領多有不服，孫權特為其設宴行酒，歷數戰功，並賜御幘青蓋以示恩寵。此事見《三國志》卷55《吳書‧周泰傳》及注引《江表傳》。

朱桓。《三國志》卷56《吳書‧朱桓傳》載朱桓"後代周泰為濡須督"。《資治通鑒》卷69載其事在黃初三年（222）："九月，命征東大將軍曹休、前將軍張遼、鎮東將軍臧霸出洞口，大將軍曹仁出濡須，上軍大將軍曹真、征南大將軍夏侯尚、左將軍張郃、右將軍徐晃圍南郡。吳建威將軍呂範督五軍，以舟軍拒休等，左將軍諸葛瑾、平北將軍潘璋、將軍楊粲救南郡，裨將軍朱桓以濡須督拒曹仁。"次年二月，朱桓在濡須調度自如，擊敗來犯的優勢魏軍，受到孫權的嘉獎升遷，本傳載："權嘉桓功，封嘉興侯，遷奮武將軍，領彭城相。"

駱統。駱統原為朱桓部將，在抵禦曹仁軍隊的作戰中立功封侯。朱桓調離後，駱統繼任濡須督，黃武七年（228）去世。《三國志》卷57《吳書‧駱統傳》："以隨陸遜破蜀軍於宜都，遷偏將軍。黃武初，曹仁攻濡須，使別將常雕等襲中洲，統與嚴圭共拒破之，封新陽亭侯，後為濡須督。數陳便宜，前後書數十上，所言皆善，文多故不悉載。……年三十六，黃武七年卒。"

另據《三國志》卷56《吳書‧朱桓傳》記載，朱桓於黃龍元年（229）任前將軍，至嘉禾六年（237）前後，曾統率兵馬駐紮在濡須中洲，很可能是在駱統死後復任濡須督之職。

張承。東吳重臣張昭之子，曾任濡須都督，出任年代不詳。見《三國志》卷 52《吳書·張承傳》："權為驃騎將軍，辟西曹掾，出為長沙西部都尉。討平山寇，得精兵萬五千人。後為濡須都督、奮威將軍，封都鄉侯，領部曲五千人。"據本傳所載，他死於赤烏七年（244）。

鍾離牧。永安六年（263）任平魏將軍，領武陵太守，討平五溪夷人叛亂。《三國志》卷 60《吳書·鍾離牧傳》載其因功"遷公安督、揚武將軍，封都鄉侯，徙濡須督。復以前將軍假節，領武陵太守。卒官。"

濡須的守將或稱"督"，或稱"都督"，洪飴孫《三國職官表》與陶元珍《三國吳兵考》皆謂權輕者曰督。而據嚴耕望先生考證，軍鎮主將稱"都督"者，權位視"督"為重，除掌管本轄區的軍務外，還兼統鄰近數"督"，即史籍中所言的"大督"。其說見《中國地方行政制度史》乙部上冊：

> 按樂鄉都督始於朱然。《吳志·朱然傳》云："蒙卒，權假然節，鎮江陵。……諸葛瑾子融，步騭子協，雖各襲任，權特復使然總為大督。赤烏十二年卒。"據《步騭傳》，協為西陵督；據《諸葛瑾傳》，融為公安督；則然為大督，除督江陵外，又兼統西陵、公安兩督也。大督即都督之謂。

如按嚴耕望所言，濡須守將稱"督"者，其統轄範圍僅限於本地區；稱"都督"者，則兼統附近數位督將，職權較重。

二、孫吳在濡須駐軍的人數

吳國在濡須地區駐軍的人數未有明確記載。從現有史料分析，平時約在萬人，後期曾減至數千人。如《三國志》卷 56《吳書·朱桓傳》載其"與人一面，數十年不忘，部曲萬口，妻子盡識之。"部曲是隸屬於朱桓個人的將士，他所統率的還有直屬國家的軍隊[5]，合計應超過萬人。

《吳書·朱桓傳》記載黃初四年（223）濡須之戰時，也提到朱桓曾中魏將曹仁誘敵之計，誤認為敵軍主力東攻羡溪，分調兵將赴救。"既發，卒得仁進軍拒濡須七十里間。桓遣使追還羡溪兵，兵未到而仁奄至。時桓手下及所部兵，在者五千人，諸將業業，各有懼心"。由於濡須大部分守軍前往羡溪，塢城兵少，才引起諸將的恐慌。朱桓以五千人留守，也反映出原有駐軍的總數會超過萬人。

張承任濡須都督時，其私屬兵士為五千人。《三國志》卷 52《吳書·張承傳》："後為濡須都督、奮威將軍，封都鄉侯，領部曲五千人。"加上國家直屬的軍隊，所領可能也在萬人左右。

另，《三國志》卷 55《吳書·周泰傳》注引《江表傳》載孫權至濡須塢，與周泰宴飲，"坐罷，住駕，使泰以兵馬導從出，鳴鼓角作鼓吹。"按照漢朝制度，統率兵馬至萬人的將軍才有資格使用此樂。見《資治通鑒》卷 68 胡三省注："劉昫曰：'鼓吹，本軍旅之音，馬上奏之。自漢以來，北狄之樂，總歸鼓吹署。'余按漢制，萬人將軍給鼓吹。"也可以說明濡須守兵為萬人左右。

又，駐守濡須的最高將領為督或都督，按吳國兵制，一般的"督將"統轄兵馬在萬人左右。可參見《三國志》卷 55《吳書·蔣欽傳》注引《江表傳》載蔣欽曰：

> （徐）盛忠而勤強，有膽略器用，好萬人督也。

5　張鶴泉曾通過研究指出："這些國家軍隊只受軍鎮都督的指揮，並沒有人身隸屬關係。《吳書·孫奐傳》說：'（孫）綝遣朱異潛襲（孫）壹。壹至武昌，壹知其攻己，率部曲千餘口過將胤妻奔魏。'這說明，在孫吳軍鎮都督降敵時，他只能號令自己的部曲，並不能控制國家的軍隊。因此在軍鎮戍守的國家士兵只同軍鎮都督有軍事上的聯繫，他們與軍鎮都督所領部曲是完全不同的。"張鶴泉：《孫吳軍鎮都督論略》，《史學集刊》1996 年第 2 期。

《三國志》卷 55《吳書·蔣欽傳》：

> （建安十三年）賀齊討黟賊，欽督萬兵，與齊併力，黟賊平定。

《三國志》卷 55《吳書·韓當傳》：

> 黃武二年，封石城侯，遷昭武將軍，領冠軍太守。後又加都督之號，將敢死及解煩兵萬人，討丹楊賊，破之。

《資治通鑒》卷 69 黃初三年（222）：

> 吳將孫盛督萬人據江陵中洲，以為南郡外援。

統率數萬人者則又稱為"大督"。軍鎮都督有時也僅領數千人。吳國後期政治腐敗，邊境各鎮守軍多不足額，荊州主將陸抗曾上奏請求補兵："又黃門豎宦，開立佔募，兵民怨役，逋逃入佔。乞特詔簡閱，一切料出，以補疆場受敵常處，使臣所部足滿八萬，省息眾務，信其賞罰，雖韓、白復生，無所展巧。"[6] 據《三國志》卷 60《吳書·鍾離牧傳》注引《會稽典錄》所載，濡須的駐軍在永安六年（263）以後，只有督將鍾離牧所屬的五千人；鄰近沿江的諸將，並不歸他指揮，也不向濡須派兵支援、補充。如鍾離牧對侍中朱育發怨所稱："大皇帝時，陸丞相討鄱陽，以二千人授吾，潘太常討武陵，吾又有三千人，而朝廷下議，棄吾於彼，使江渚諸督，不復發兵相繼。蒙國威靈自濟，今日何為常。"

6　《三國志》卷 58《吳書·陸抗傳》。

由於濡須的戰略地位十分重要，遇到魏軍大舉進犯時，東吳往往出動駐紮在都城附近的中軍主力來援，力保該地不失。例如建安二十二年（217）曹操南征濡須，孫權領兵七萬赴前線應敵[7]。嘉平四年（252）胡遵、諸葛誕進攻東關，太傅諸葛恪"興軍四萬，晨夜赴救"[8]。這樣就使當地的兵力大大增強了。

三、濡須守軍的兵力部署

濡須都督組織防禦作戰時，其統轄區域的範圍如何？所屬兵力（步騎、水軍）配置在哪些地點？據史書記載來看，濡須地區的吳軍分佈在以下據點。

（一）濡須塢（城）

濡須塢是該地區的防禦核心，濡須督將的治所[9]，守軍主力的駐地，後又稱"濡須城"。濡須塢的軍事作用，主要是保護登陸作戰的步兵撤退上船。吳軍將士往往依托水邊的船隊開展陸戰，利則進取，不利則登舟還師，所謂"上岸殺賊，洗足入船"。若是遇到優勢敵人的襲擊，"步騎蹙人，不暇及水"，則可以利用塢壘防守掩護，使自己的部隊安全撤到舟中。所以這種塢是緊靠岸邊，背水而立，面向平地的，實際上是半

7　《三國志》卷55《吳書·甘寧傳》注引《江表傳》曰："曹公出濡須，號步騎四十萬，臨江飲馬。權率眾七萬應之，使寧領三千人為前部督。"

8　《三國志》卷64《吳書·諸葛恪傳》。

9　孫吳濡須督將平時與戰時的治所均在塢內，可見《三國志》卷54《吳書·呂蒙傳》："後曹公又大出濡須，權以蒙為督，據前所立塢，置強弩萬張於其上，以拒曹公。"《三國志》卷55《吳書·周泰傳》："荊州平定，將兵屯岑。曹公出濡須，泰復赴擊，曹公退，留督濡須，拜平虜將軍。時朱然、徐盛等皆在所部，並不伏也，權特為案行至濡須塢，因會諸將，大為酣樂。"《三國志》卷56《吳書·朱桓傳》："後代周泰為濡須督。黃武元年，魏使大司馬曹仁步騎數萬向濡須，……桓因偃旗鼓，外示虛弱，以誘致仁。仁果遣其子泰攻濡須城，分遣將軍常雕督諸葛虔、王雙等，乘油船別襲中洲。中洲者，部曲妻子所在也。仁自將萬人留橐皋，復為泰等後拒。桓部兵將攻取油船，或別擊雕等，桓等身自拒泰，燒營而退。"

水半陸。濡須塢又被稱為"偃月塢""偃月城"[10]，即表明它僅在水邊築起一道狀如新月的弧形塢牆，作為防禦工事。臨江一側，船只可以駛入塢內，靠岸停泊。因為水中無法築牆，故在淺水之處立柵，留有柵口，以供船隻出入。這也是濡須水和濡須口古稱"柵水"和"柵口"的來歷。濡須塢的上述情況可見《元和郡縣圖志·闕卷逸文》卷2《淮南道》和州含山縣"濡須塢"條："建安十八年，曹公至濡須，與孫權相拒月餘。權乘輕舟，從濡須口入偃月塢。"[11]《讀史方輿紀要》卷19《南直一》"東關"條："（濡須塢）亦曰偃月城，以形如偃月也。（建安）十八年，曹操至濡須，與權相拒月餘。權乘輕舟入偃月塢，行五六里，迴環作鼓吹，操不敢擊。"

濡須塢南扼濡須水入江之口，該城的軍事意義非常重要，孫吳為守軍配備充足、精良的武器，增強其戰鬥力，在防禦中發揮明顯的作用。《三國志》卷54《吳書·呂蒙傳》載呂蒙"又勸（孫）權夾水口立塢，所以備禦甚精，曹公不能下而退"，"後曹公又大出濡須，權以蒙為督，據前所立塢，置強弩萬張於其上，以拒曹公。曹公前鋒屯未就，蒙攻破之，曹公引退。"

據魏晉以後的歷代地理書籍所載，濡須塢有兩處地點：

一處在濡須水入江之口，即今安徽省無為縣東南，距離舊巢縣二百餘里。《元和郡縣圖志·闕卷逸文》卷2《淮南道》載："濡須塢，在（含山）縣西南一百十里。濡須水，源出巢縣西巢湖，亦謂之馬尾溝，東流經亞父山，又東南流注於江。……塢在巢縣東南二百八里濡須水口。"[12]《太平寰宇記》卷126《淮南道四》廬州巢縣："偃月塢在縣東南二百八

---

10 〔唐〕李吉甫：《元和郡縣圖志》，中華書局，1983年，第1078頁。〔清〕顧祖禹：《讀史方輿紀要》卷19《南直一》"東關"條、卷26《南直八》無為州"偃月城"條，中華書局，2005年。

11 〔唐〕李吉甫：《元和郡縣圖志》，中華書局，1983年，第1078頁。

12 〔唐〕李吉甫：《元和郡縣圖志》，中華書局，1983年，第1078頁。

（十）里濡須水口。初，呂蒙守濡須，聞曹操將來，欲夾水築塢。……遂築塢如偃月，故以為名。”

另一處位置在前者之北，位於今安徽省無為縣東北的濡須山南麓，距離舊巢縣僅數十里。參見《資治通鑑》卷66建安十七年（211）“九月”條胡三省注：“（李）賢曰：濡須，水名，在今和州歷陽縣西南。孫權夾水立塢，狀如偃月。杜佑曰：濡須水，在歷陽西南百八十里。余據濡須水出巢湖，在今無為軍北二十五里，濡須塢在今巢縣東南四十里。”又見《讀史方輿紀要》卷26《南直八》無為州“濡須山”條：“州東北五十里，接和州含山縣界，濡須之水經焉。三國吳作塢於此，所謂濡須塢也。”及無為州“偃月城”條：“州東北五十里，與巢縣接界，即濡須塢也。”

為甚麼會出現兩處塢址，位置相距百餘里呢？筆者認為，這可能反映了孫吳前後修築兩處塢城的情況。根據史料記載來看，濡須塢的地理位置和構造在不同時期發生過變化。如下所述：

首先，建安十七年築塢在濱江的濡須水口。《元和郡縣圖志》與《太平寰宇記》中記載的塢址，是在濡須水的南口，匯入長江之處；與《三國志》卷54《吳書・呂蒙傳》“夾水口立塢”的記載相合，它表現的是濡須塢在建安十七年初立時的地理位置，即濱江而建，距巢縣和濡須山較遠。

濡須塢“夾水口而立”，即在濡須水入江之口兩側各建造一座塢壘，數量是兩座。見《無為州志》“柵口”條引顧野王《輿地志》：“柵江口，古濡須口也，吳築兩塢於北岸。”夾水築塢的意圖是阻擊順流而下的敵人船隊，以及防禦在河流兩岸陸行的魏軍。這種築壘部署還可以參見《三國志》卷64《吳書・諸葛恪傳》所載建興元年（223）吳軍在東興作堤斷濡須水，左右“俠（夾）築兩城”的情況。

另外，史籍中又有濡須“大塢”之名，這一名稱應該是與其他較小的塢城相對而產生的。由此推斷，有可能上述儒須兩塢是一大一小。《三國志》卷 56《吳書·朱然傳》載："曹公出濡須，然備大塢及三關屯，拜偏將軍。"據趙一清解釋，大塢即濡須塢，三關屯即東關。朱然任濡須主將時，和守軍主力屯駐在大塢，位於濡須水道的左岸，兼管三關屯的防務。

其次，建安二十二年（217）又於濡須口築城。據《三國志》卷 1《魏書·武帝紀》所載，濡須城始築於建安二十二年，是年二月，曹操"進軍屯江西郝溪，權在濡須口築城拒守，遂逼攻之，權退走。"時間在濡須塢初築五年之後。舊說以為濡須城即濡須塢。如《資治通鑒》卷 68"建安二十二年"亦載："春正月，魏王操軍居巢，孫權保濡須。二月，操進攻之。"胡三省注："孫權所保者，十七年所築濡須塢也。"盧弼所著《三國志集解》所注《三國志·魏書·武帝紀》建安二十二年"二月"條，與胡三省之言相同。他們都認為孫權此次築城及防禦作戰和建安十七年（212）立塢是在同一地點。

為甚麼濡須塢建立之後，孫權又要在當地築城呢？就字義而言，"城"和"塢"兩者有別。"塢"的含義最初為駐紮軍隊的小城，服虔《通俗文》曰："營居曰塢，一曰庫城也。"[13]《字林》曰："塢，小障也，一曰小城。字或作'隝'。"[14] 其記載始見於西漢中後期的居延漢簡[15]，為邊郡駐軍的一種防禦設施。漢末三國時期長期戰亂，各地軍閥、豪強出於防暴禦敵的需要，普遍築塢，以求自保。例如，《元和郡縣圖志》卷 5《河南道一》載："白超故城，一名白超壘，一名白超塢，在（新安）縣西北十五里，壘當大道，左右有山，道從中出。漢末黃巾賊起，白超築此壘以自固。"《三國志》卷 6《魏書·董卓傳》載卓"築郿塢，高與長安城垺，

---

13 《後漢書》卷 9《孝獻帝紀》李賢注。

14 《後漢書》卷 24《馬援列傳》李賢注。

15 《居延漢簡釋文合校》6·8 簡文："五鳳二年八月辛巳朔乙酉甲渠萬歲隧長成敢言之乃七月戊寅夜隨（墮）塢陛傷要有廖即日視事敢言之"。

積穀為三十年儲。云事成，雄據天下；不成，守此足以畢老。"《三國志》卷16《魏書‧杜畿附恕傳》注引《杜氏新書》載杜恕因病辭官，"去京師，營宜陽一泉塢，因其壘塹之固，小大家焉"。郡縣城池屬於某個地區的政治、經濟、軍事、文化中心，住有居民，人口眾多。而照前引各家注釋所言，"塢"屬於小城，用於應急，其規模不大，牆壘不高。從築城學的觀點來看，"塢"是一種與城池、營壘相同的環形軍事防禦工程，範圍小，防禦設施比較簡單。"所以其規模、牢固性及設施無法與郡縣城池相比。一般說，塢壁僅有四隅及塢門的簡單樓台設施和較薄的塢牆，類似近代有些地區所築的土寨子。因而，當時的郡縣城池，有些至今尚有遺存，而當時曾遍及各地的塢壁，現在卻已無遺跡可尋。"[16] 陳寅恪先生曾說："《說文》所謂小障、庫城，略似歐洲的堡（castle），非城。城講商業交通，塢講自給自保。城大塢小。《孟子》言及'三里之城，七里之郭'，而董卓所築最大的郿塢，周圍也不到三里、七里之數。"[17] 由此可見，孫權在濡須後築之"城"，比起原有的"塢"，肯定是添高加固了，藉此來增強其防禦能力。

再次，黃初四年（223）朱桓據守濡須城在水口以北的濡須山麓。《三國志》卷56《吳書‧朱桓傳》記載黃初四年濡須戰役時，也提到"濡須城"，"（曹）仁果遣其子泰攻濡須城，分遣將軍常雕督諸葛虔、王雙等，乘油船別襲中洲。"就該傳中反映的一些情況來看，筆者認為朱桓據守的濡須城和孫權在濡須口所築之城有些區別，似是兩處要塞，因為《吳書‧朱桓傳》載該城位置時稱"桓與諸軍，共據高城，南臨大江，北背山陵。"這裏有兩點值得注意：

第一，此處所說的濡須城，位置有所移動，由依水改為"傍山"，很

---

16 《中國軍事史》編寫組：《中國軍事史》第六卷《兵壘》，解放軍出版社，1991年，第138—139頁。
17 陳寅恪：《魏晉南北朝史講演錄》，黃山書社，1999年，第140頁。

可能離開了河岸，完全建造在陸地上，四面環牆，不再是原來那種半水半陸的塢壘。因為是在山麓築城，地勢較高，再加上城牆的增高，故被朱桓稱為"高城"，這一改動使敵軍進攻城池的難度加大了。

第二，濡須城所在之山麓，即濡須山的南麓，這片丘陵山地距離長江北岸還有近百里的路程。而原濡須塢所在的水口附近是濱江平原，無山可傍，很難築起高城。由此看來，《吳書‧朱桓傳》所言之濡須城，恐怕不會是建安二十二年（217）孫權在水口舊塢基礎上改建的那座塢城，而是向北推移至濡須山麓重新築造的；這座城池看來應是前引《資治通鑒》胡三省注和《讀史方輿紀要》所講的"濡須塢"，在無為縣東北、舊巢縣東南數十里處。

從軍事地理的角度來分析，孫吳方面此舉是相當有利的。吳國起初在濡須口築塢，把防禦兵力重點部署在背水的濱江平原上，地形開闊，以步騎為主的敵軍來去較為便利。如果把防區向北推移，在濡須山的南麓築城固守，不僅擴展了防禦陣地的縱深，還可以利用當地的險要地勢和狹窄的水陸通道阻擊魏軍，使敵人的優勢兵力不容易展開。另外，在濡須山麓築城鎮守，又使防禦重心和北面的東關諸屯縮短了距離，能夠向後者提供有力的支援，構成了一個完整緊密的防守體系。經過這次兵力部署的調整，吳國在濡須地區的防禦態勢得到了改善，增強了抗擊魏軍入侵的能力。

濡須水口之塢與濡須山南麓之城，相距百餘里，因為年代久遠，史書所載又不甚明了，兩處要塞往往被混為一談。筆者分析，它們應當是孫吳在不同時期分別建造的。古代地志中關於濡須塢地點的矛盾記載，可以據此做出合理的解釋。

（二）中洲（州）

中洲（州）是長江中心的沙洲，位於濡須水口附近。見《三國志》卷

47《吳書・吳主傳》:"(黃武)二年春正月,曹真分軍據江陵中州。……三月,曹仁遣將軍常雕等,以兵五千,乘油船,晨渡濡須中州。"盧弼《三國志集解》引趙一清曰:"凡曰中州皆江中之洲也,下文濡須中州正同。"

因中洲在濡須塢的後方,孫吳最初對它並沒有設防。建安十八年(213),曹操初次進攻濡須時,曾派遣一支數千人的船隊乘夜渡江,佔領中洲,企圖截斷大塢與江東聯繫的水道,但隨即被吳國水師殲滅。[18]

後來,中洲被孫吳用來安置濡須駐軍的家屬,《三國志》卷56《吳書・朱桓傳》載:"黃武元年,魏使大司馬曹仁步騎數萬向濡須,仁欲以兵襲取州上,偽先揚聲,欲東攻羨溪。……桓因偃旗鼓,外示虛弱,以誘致仁。仁果遣其子泰攻濡須城,分遣將軍常雕督諸葛虔、王雙等,乘油船別襲中洲。中洲者,部曲妻子所在也。"朱桓屬下部曲就有萬人,若僅按每卒一妻一子計算,家屬也有兩萬人之眾。由此可見,中洲的面積是相當可觀的。

把將士親屬安排到某地居住,主要是出於政治上的考慮,將他們作為人質控制起來,以防止前線官兵投敵,而集中宿營則便於監管。三國時期,各方都採取了類似的措施。在這種情況下,襲取敵方將士的家屬,往往會起到瓦解其軍心士氣的作用。例如,呂蒙偷襲江陵,"盡得(關)羽及將士家屬,……故羽吏士無鬥心"[19]。曹仁進攻濡須中洲也是出於同樣目的。

《三國志》卷56《吳書・朱桓傳》載嘉禾六年(237),朱桓因與全琮、胡琮等將領發生爭執,"刺殺佐軍,遂託狂發,詣建業治病。權惜其功能,故不罪。使子異攝領部曲,令醫視護。數月復遣還中洲。"由於朱桓患病未愈,故回到軍隊的家屬駐地休養。

---

18 《三國志》卷47《吳書・吳主傳》建安十八年"正月"條注引《吳歷》。

19 《三國志》卷54《吳書・呂蒙傳》。

（三）羨溪

位於濡須塢之東，即今安徽省裕溪口，孫吳在此有駐軍。黃初四年（223）曹仁攻濡須時，曾散佈魏軍主力東攻羨溪的流言，誘使吳師分兵救援。《資治通鑒》卷70黃初四年"二月"條："曹仁以步騎數萬向濡須，先揚聲欲東攻羨溪。朱桓分兵赴之。"胡三省注："羨溪在濡須東，而蜀本注以為沙羨，誤矣。杜佑曰：羨溪在濡須東三十里。"

顧祖禹認為羨溪就是中洲。《讀史方輿紀要》卷26《南直八》"無為州"條："羨溪，在州東北，亦謂之中洲。三國吳黃武初，朱桓戍濡須，其部曲妻子皆在羨溪。魏曹仁來侵，率萬騎向濡須，先揚聲欲東攻羨溪是也。"其說有誤，按《三國志》卷56《吳書·朱桓傳》所載："黃武元年，魏使大司馬曹仁步騎數萬向濡須，仁欲以兵襲取州上，偽先揚聲，欲東攻羨溪。桓分兵將赴羨溪，既發，卒得仁進軍拒濡須七十里間。"羨溪與中洲分明是兩處，因此曹仁採取了"聲東擊西"的策略，意在將濡須人馬調至羨溪，以便乘虛佔領中洲。

另外，《三國志》卷14《魏書·蔣濟傳》寫得清楚，曹仁在實施此項計劃時，曾派蔣濟佯攻羨溪，吸引吳軍，而將主力投向中洲，"黃初三年，與大司馬曹仁征吳，濟別襲羨溪，仁欲攻濡須洲中。"可見羨溪與中洲乃兩地，並非一處。

（四）東關（興）

孫吳東關故址在今安徽省巢湖市東南濡須山，位於濡須塢之北，臨近巢湖濡須水口。魏國則於十里以外對岸的七寶山上建立西關，與之相拒。參見：

> 東關口，在（巢）縣東南四十里，接巢湖，在西北至合肥界，東南有石渠，鑿山通水，是名關口，相傳夏禹所鑿，一號東興。今其

地高峻險狹，實守扼之所，故天下有事，必爭之地。[20]

《讀史方輿紀要》卷 19《南直一》"東關"條曰：

> 東關在廬州府無為州巢縣東南四十里，東北距和州含山縣七十里，其地有濡須水，水口即東關也，亦謂之柵江口，有東西兩關……東關之南岸，吳築城；西關之北岸，魏置柵。李吉甫曰：濡須水出巢湖，東流出濡須山、七寶山之間，兩山對峙，中有石樑，鑿石通流，至為險阻，即東關口也。濡須水出關口，東流注於江，相傳夏禹所鑿。三國吳於北岸築城，魏亦對岸置柵。

《讀史方輿紀要》卷 26《南直八》"巢縣"條：

> 東關，縣東南四十里，即濡須山麓也，與無為州、和州接界。又西關在縣東南三十里七寶山上，三國時為吳魏相持之要地。

《三國疆域表》注吳廬江郡"東關"條曰：

> 今含山縣西南七十里，濡須塢之北。

東關又稱"東興"，為吳國與魏交界之邊境要塞。孫權在位時，此地屢有得失，僅作為前哨營寨，稱為"三關屯"，並未修築關城。參見《三國志》卷 56《吳書・朱然傳》：

---

20 〔唐〕李吉甫：《元和郡縣圖志》，中華書局，1983 年，第 1082 頁。

曹公出濡須，然備大塢及三關屯，拜偏將軍。（盧弼《三國志集解》引趙一清曰："大塢即濡須塢也，三關屯即東興關也，關當三面之險，故吳人置屯於此。"）

《讀史方輿紀要》卷 26《南直八》巢縣"東關"條曰：

又有三關屯，即東關也。關當三面之險，故吳人置屯於此。《吳志》：曹公出濡須，朱然備大塢及三關屯。皆東關矣。

曹操四越巢湖，進攻濡須時，吳軍兩度退保大塢，放棄了塢北的三關屯——東關，該地被魏軍佔領。《太平寰宇記》卷 124《淮南道二》和州"含山縣"條："魏武帝祠在縣西南九十里，按《魏志》，建安十八年曹公侵吳，樓船東泛巢湖，將逼歷陽，至濡須口，登東關以望江山，後人因立祠焉。江水在縣南一百七十里。"建安二十二年（217），曹操攻濡須塢不利，收兵北還時，曾留夏侯惇領二十六軍屯居巢。兩年之後魏、吳聯合，共同對荊州的關羽作戰。曹操下令撤除居巢、合肥的守軍，西調至荊襄前線，居巢以南的東關看來也不會有魏軍留守了。

吳黃龍二年（230），孫權遣眾在東興築造大堤，遏止濡須水流，藉此阻擋魏國船隊南下。後來吳軍北伐淮南，其舟師要溯濡須水而上，進入巢湖，為此又毀掉堤壩，以利行船。孫權晚年，吳軍數次進攻合肥、芍陂不利，還師後仍然據守濡須，東興堤廢而不修[21]，該地重被魏國佔領。謝鍾英據《三國志》卷 47《吳書·吳主傳》、卷 48《吳書·孫晧傳》和卷 64《吳書·諸葛恪傳》的有關記載，在《〈補三國疆域志〉補注》中

---

21 《三國志》卷 64《吳書·諸葛恪傳》："初，（孫）權黃龍元年遷都建業，二年築東興堤遏湖水。後征淮南，敗以內船，由是廢不復修。"

總結道："據三傳所言，黃龍後，阜陵、東興皆為魏地。至建興元年恪敗魏師，復為吳有。終魏之世，淮南郡與吳以巢湖為界，吳守東興，魏守合肥，湖濱之居巢、橐皋皆為隙地。"

吳國重新控制東關，駐軍屯守，是在太元二年（252）。孫權死後，太傅諸葛恪執掌朝政，為了向北擴張，在那裏築堤阻水，建立關城。其事可見《三國志》卷64《吳書・諸葛恪傳》："恪以建興元年十月會眾於東興，更作大堤，左右結山俠築兩城，各留千人，使全端、留略守之，引軍而還。"《三國志》卷48《吳書・孫亮傳》建興元年（223）記載此事為："冬十月，太傅恪率軍遏巢湖，城東興，使將軍全端守西城，都尉留略守東城。"魏國認為吳師此舉侵犯了自己的領土，便興兵予以反擊："魏以吳軍入其疆土，恥於受侮，命大將胡遵、諸葛誕等率眾七萬，欲攻圍兩塢，圖壞堤遏。"[22] 吳國的關城地勢險要，魏軍屢攻不克，隨即慘敗於孫吳的援兵。魏國此戰失利後，該地即被東吳牢牢控制，直至東吳滅亡。

《水經注》卷28《沔水》曾提到孫吳的"東關三城"，文字如下："湖水又東徑右塘穴北，為中塘，塘在四水中，水出格虎山北，山上有虎山（城），有郭僧坎城，水北有趙祖悅城，並故東關城也。昔諸葛恪帥師，作東興堤以遏巢湖，傍山築城，使將軍全端、留略等各以千人守之。魏遣司馬昭督鎮東諸葛誕，率眾攻東關三城，將毀堤遏，諸軍作浮梁，陳於堤上，分兵攻城，恪遣冠軍丁奉等，登塘鼓噪奮擊，朱異等以水軍攻浮梁，魏征東胡遵軍士爭渡，梁壞，投水而死者數千。塘，即東興堤，城，亦關城也。"楊守敬疏曰："此云'三城'，按《朱然傳》：'曹公出濡須，然備大塢及三關屯。'大塢即濡須塢，三關即東興關也。是東興本有三城，其後元遜更分築兩城耳。'三'字亦非誤也。"

---

22 《三國志》卷64《吳書・諸葛恪傳》。

按照楊守敬的解釋和他所繪的《水經注圖》，格虎山即濡須山，"東關三城"有兩座在山上，即虎山城、郭僧坎城，一座在山陰水北，即趙祖悅城，是孫吳在三關屯的舊址上建立起來的。諸葛恪修建東興堤後，又在堤之左右另築了兩座關城。值得注意的是，上述情況亦反映了東關諸城和濡須城不在一處。《三國志》卷 56《吳書·朱桓傳》中的濡須城是在山的南麓，"南臨大江，北背山陵"；而東關三城當中，兩座在山上，一座在山北，皆與其位置不合。

（五）新附城

在今安徽省無為縣南，即濡須山西南數十里處，乃吳國權臣諸葛恪所建，屯駐軍隊由魏國降人組成。見《讀史方輿紀要》卷 26《南直八》"無為州"條："新附城在州南十五里，三國吳諸葛恪築此以居新附者，因名。"

"新附"指新近歸附者，漢代已有此稱。見《後漢書》卷 22《王梁傳》："拜山陽太守，鎮撫新附，將兵如故。"三國時亦有把來降之敵眾編入軍隊的事例，可見《三國志》卷 28《魏書·毌丘儉傳》載毌丘儉反壽春，"淮南將士，家皆在北，眾心沮散，降者相屬，惟淮南新附農民為之用。"《三國志》卷 28《魏書·諸葛誕傳》載諸葛誕反壽春，"斂淮南及淮北郡縣屯田口十餘萬官兵，揚州新附勝兵者四五萬人，聚穀足一年食，閉城自守。"

當時還有將歸降之敵單獨編成一支部隊作戰的情況，見《三國志》卷 48《吳書·孫休傳》："（永安七年）夏四月，魏將新附督王稚浮海入句章，略長吏貲財及男女二百餘口。"此事又見《資治通鑒》卷 78 魏元帝咸熙元年："夏，四月，新附督王稚浮海入吳句章，略其長吏及男女二百餘口而還。"胡三省注："新附督，蓋以吳人新附者別為一部，置督以領之。句章縣屬會稽郡。"

魏國兵民亦多有降吳者，可見《三國志》卷 24《魏書・高柔傳》："鼓吹宋金等在合肥亡逃。舊法，軍征士亡，考竟其妻子。太祖患猶不息，更重其刑。"《三國志》卷 48《吳書・孫亮傳》載五鳳二年（255）正月魏將毌丘儉、文欽反淮南，吳丞相孫峻率兵向壽春，"軍及東興，聞欽等敗。壬寅，兵進於橐皋，欽詣峻降，淮南餘眾數萬口來奔"。

由此看來，"新附城"這座前線的軍事據點，士眾多是魏國降人，被孫吳納入城內，擔負屯駐守衛之任。

（六）水軍泊地

濡須守軍臨江作戰，還擁有一支船隊，其泊地有以下幾處：

一為濡須塢。由於塢城是夾水而立，船隻可以駛入塢內停泊。見《元和郡縣圖志・闕卷逸文》卷 2《淮南道》"濡須塢"條："建安十八年，曹公至濡須，與孫權相拒月餘。權乘輕舟，從濡須口入偃月塢。塢在巢縣東南二百八里濡須水口。"[23]

二為上流。濡須塢內水域狹窄，難以容納大量的船隻。據《三國志》卷 14《魏書・蔣濟傳》所載，朱桓守濡須時，其所屬水軍船隊停泊在濡須口外長江上流某處，以便在大塢和中洲受到攻擊時順水駛來支援。蔣濟認為吳軍這樣部署相當有利，魏兵若冒險對中洲發動襲擊，會因為敵人洲上駐軍與水師的夾攻而導致失敗，故反對此項作戰計劃，但未被曹仁接受，果然失利而還，"黃初三年，與大司馬曹仁征吳，濟別襲羨溪。仁欲攻濡須洲中，濟曰：'賊據西岸，列船上流，而兵入洲中，是為自內地獄，危亡之道也。'仁不從，果敗。"

三為濡須水口。孫權領兵抵禦魏軍時，曾命令董襲率樓船巨艦停在濡須水口，準備阻擊敵兵船隊順流入江，不幸遇風傾覆。見《三國志》

---

23 〔唐〕李吉甫：《元和郡縣圖志》，中華書局，1983 年，第 1078 頁。

卷55《吳書·董襲傳》："曹公出濡須，襲從權赴之，使襲督五樓船住濡須口。夜卒暴風，五樓船傾覆，左右散走舸，乞使襲出。襲怒曰：'受將軍任，在此備賊，何等委去也，敢復言此者斬！'於是莫敢干。其夜船敗，襲死。權改服臨殯，供給甚厚。"

四、魏、吳在濡須地區的歷次攻防作戰

三國時期，曹魏大兵曾屢次南征孫吳，濡須流域是其重要的主攻方向。魏軍共對濡須—東關一線發動了四次大規模的進攻，所採用的方略前後亦有變化。但由於吳師防守得當，魏國的攻勢均被挫敗。

（一）曹操初攻濡須

此次戰役發生在建安十八年（213）正月至二月。赤壁之戰以後，孫權改變了對魏的主要作戰方向，在荊州西線僅派周瑜率領的偏師與劉備軍隊配合攻擊江陵，自己則親統主力，大舉進攻合肥等地。針對孫吳的戰略調整，曹操也迅速做出反應，在江陵留下曹仁的少數人馬轉入防守（後又撤至襄樊），而將大軍調到東線。建安十四年（209），曹操率兵南下揚州，在譙地製造戰船、訓練水軍，恢復淮南的郡縣行政組織，在合肥留駐張遼所率的精兵強將，並消滅了當地陳蘭、梅成、陳策等豪強割據勢力，以上種種措施，極大地鞏固了揚州的軍事防禦。[24] 建安十六年（211）七月至十七年（212）正月，曹操為了安定後方，佔領關中，驅逐了馬超、韓遂勢力，隨即準備征伐淮南，與強敵孫權作戰。其目的一是挫敗吳軍在江北擴張的企圖，確保中原東南的安全；二是佔領濡須水口

---

24 《三國志》卷1《魏書·武帝紀》記載這次行動曰："（建安）十四年春三月，軍至譙，作輕舟，治水軍。秋七月，自渦入淮，出肥水，軍合肥。……置揚州郡縣長吏，開芍陂屯田。十二月，軍還譙。"

這座交通衝要，對孫吳的都城建業與三吳經濟重心造成威脅。

孫權得知曹軍即將南征的消息後，也開始積極備戰。《三國志》卷47《吳書·吳主傳》建安十七年載：“聞曹公將來侵，作濡須塢。”據《三國志》卷54《吳書·呂蒙傳》裴松之注引《吳歷》所言，當時眾將習慣於乘船水戰和登陸游擊，多不贊成在濡須築塢設防，呂蒙力陳其便，才獲得孫權的首肯。

建安十七年十月，曹操出動大軍南征[25]，次年正月到達濡須。孫權亦率領吳軍主力抵此阻擊，雙方互有勝負。孫權起初試圖與曹兵正面交鋒，但戰果不佳。見《三國志》卷51《吳書·孫瑜傳》：“後從權拒曹公於濡須，權欲交戰，瑜說權持重，權不從，軍果無功。”本傳又載孫瑜“年三十九，建安二十年卒”，可見所言是建安十八年（213）濡須戰役之事。孫吳方面的失利情況還見於《三國志》卷1《魏書·武帝紀》：“（建安）十八年春正月，進軍濡須口，攻破（孫）權江西營，獲權都督公孫陽，乃引軍還。”

吳軍曾殲滅偷襲濡須中洲的曹兵近萬人，也是不小的勝利。見《三國志》卷47《吳書·吳主傳》建安十八年“正月”條注：“《吳歷》曰：曹公出濡須，作油船，夜渡洲上。權以水軍圍取，得三千餘人，其沒溺者亦數千人。”

孫吳轉入防禦後，兩軍在濡須相持了月餘，由於塢城守備嚴密，曹兵屢攻不下[26]。其間孫權駕輕舟冒險窺測曹營。《三國志》卷47《吳書·吳主傳》建安十八年（213）“正月”條注引《吳歷》曰：“權數挑戰，公堅守不出。權乃自來，乘輕船，從濡須口入公軍。諸將皆以為是挑戰者，

---

25 《三國志》卷1《魏書·武帝紀》建安十七年，“冬十月，公征孫權”。

26 《三國志》卷54《吳書·呂蒙傳》：“後從權拒曹公於濡須，數進奇計，又勸權夾水口立塢，所以備禦甚精，曹公不能下而退。”

欲擊之。公曰：'此必孫權欲身見吾軍部伍也。'敕軍中皆精嚴，弓弩不得妄發。權行五六里，迴還作鼓吹。公見舟船器仗軍伍整肅，喟然歎曰：'生子當如孫仲謀，劉景升兒子若豚犬耳！'"裴松之注又引《魏略》曰："權乘大船來觀軍，公使弓弩亂發，箭著其船，船偏重將覆，權因回船，復以一面受箭，箭均船平，乃還。"

最後，曹操見吳軍守備甚嚴，無隙可乘，只得撤軍北還。可參見《三國志》卷 47《吳書・吳主傳》：

> （建安）十八年正月，曹公攻濡須，權與相拒月餘。曹公望權軍，歎其齊肅，乃退。（裴松之注引《吳歷》曰：權為箋與曹公，說："春水方生，公宜速去。"別紙曰："足下不死，孤不得安。"曹公語諸將曰："孫權不欺孤。"乃徹軍還。）

這次戰役雙方出動的兵力，《三國志》及裴注中未有明確記載。據《資治通鑒》所言，曹兵號四十萬，吳軍為七萬。見該書卷 66 建安十八年："春，正月，曹操進軍濡須口，號步騎四十萬，攻破孫權江西營，獲其都督公孫陽。權率眾七萬禦之，相守月餘。"司馬光此處記載可能有誤，因為該段文字明顯來自《三國志》卷 55《吳書・甘寧傳》注引《江表傳》："曹公出濡須，號步騎四十萬，臨江飲馬。權率眾七萬應之，使寧領三千人為前部督。權密敕寧，使夜入魏軍。寧乃選手下健兒百餘人，徑詣曹公營下，使拔鹿角，逾壘入營，斬得數十級。"而據《吳書・甘寧傳》所載，夜劫魏營之事發生於建安十九年（214）甘寧參加攻皖戰鬥以後，應該是在建安二十年（215）曹操再攻濡須之時，《資治通鑒》則錯把《江表傳》對這次戰役雙方的兵力記載當作是建安十八年（213）的情況了。

（二）曹操再攻濡須

此次會戰的時間是建安二十二年（217）。建安十九年五月，孫權統兵攻克皖城，拔除了曹魏在揚州長江北岸的最後一個據點。[27] 次年，他又趁曹操西征漢中，親領十萬大軍進攻合肥，雖然被魏將張遼所卻，但是揚州地區的軍事形勢依然緊張，孫吳在兵力方面佔有很大的優勢，隨時可以捲土重來。據《三國志》卷1《魏書・武帝紀》所載，曹操於建安二十一年（216）二月返回鄴城，五月進爵魏王後，便再次籌備南征；當年十月發兵，次年正月抵達居巢，二月向濡須發動攻擊，沒有取得明顯的戰果。[28] 據《江表傳》所稱，曹兵號四十萬，估計實際兵力可能有十餘萬人；孫吳迎戰的軍隊有七萬人，處於劣勢。其交戰經過如下：

曹操的軍隊渡過巢湖以後，駐紮在濡須水北口的居巢，然後向吳軍發動攻擊。孫權仍然以濡須塢為防禦的核心，任命吳國當時最為出眾的將軍呂蒙為督，在塢內配置了強弩萬張。曹兵前鋒到塢前立營未就時，被呂蒙率眾擊潰。參見《資治通鑑》卷68建安二十二年：

> 春正月，魏王操軍居巢，孫權保濡須。二月，操進攻之。（胡三省注：「孫權所保者，十七年所築濡須塢也。」）

《三國志》卷54《吳書・呂蒙傳》曰：

> 後曹公又大出濡須，權以蒙為督，據前所立塢，置強弩萬張於其上，以拒曹公。曹公前鋒屯未就，蒙攻破之，曹公引退。拜蒙左護軍、虎威將軍。

---

27 《三國志》卷47《吳書・吳主傳》：「(建安)十九年五月，權征皖城。閏月，克之，獲廬江太守朱光及參軍董和，男女數萬口。是歲劉備定蜀。」

28 《三國志》卷1《魏書・武帝紀》：「(建安)二十一年春二月，公還鄴。夏五月，天子進公爵為魏王。……冬十月，治兵，遂征孫權，十一月，至譙。二十二年春正月，王軍居巢。」

曹操大軍抵達濡須後，孫權命勇將甘寧率部下百人夜襲魏營，大挫敵軍銳氣。曹兵主力屯駐在長江西岸的郝溪，隨即向濡須發動進攻。孫權見敵人勢大，便領兵後撤，見《三國志》卷1《魏書·武帝紀》："（建安）二十二年春正月，王軍居巢，二月，進軍屯江西郝溪。權在濡須口築城拒守，遂逼攻之，權退走。"盧弼《三國志集解》引謝鍾英曰："郝溪在居巢東、濡須之西。"不過，據《吳書·呂蒙傳》《吳書·徐盛傳》的記載來看，曹兵雖然到達江邊，但未能攻克濡須塢城。

　　在兩軍對峙交戰的過程中，曾經遇到風暴，孫吳停泊在濡須水口的樓船艦隊顛覆，水軍將領董襲溺亡。曹操還派兵襲擊歷陽的橫江渡（在濡須東北），孫權遣徐盛等人乘船赴救，也遭遇颶風，將戰船吹至敵岸。徐盛率兵登陸作戰，殺退敵軍，待風停後駛回。

　　魏、吳相持一段時間後，孫權見形勢不利，"令都尉徐詳詣曹公請降，公報使修好，誓重結婚。"[29]曹操也認為無法取勝，便接受了孫權的偽降，率兵撤退，留下夏侯惇統曹仁、張遼等二十六軍屯於居巢[30]，繼續威脅濡須。

（三）曹仁進攻濡須

　　222年夷陵之戰以後，魏、吳關係惡化，曹丕決心攻吳，他在進攻戰略上做了一些調整。曹操的幾次南征，如赤壁之戰、四越巢湖，都是集中兵力為一路；這樣部署的缺陷，是使自己的眾多軍隊局限在一個進攻點上，難以展開，因此兵員數量上的優勢不能完全得到體現，無法充分發揮兵多將廣的長處。而吳軍每次迎敵，卻可以相應地將主力集結於一處，給予阻擊。對孫吳來說，曹魏的這種作戰部署易於應付，由於是

29　《三國志》卷47《吳書·吳主傳》。

30　《三國志》卷1《魏書·武帝紀》："（建安二十二年）三月，王引軍還，留夏侯惇、曹仁、張遼等屯居巢。"
　　《三國志》卷9《魏書·夏侯惇傳》："（建安）二十一年，從征孫權還，使惇都督二十六軍，留居巢。"

集中防禦，吳國兵員短缺的弱點得以掩蓋，暴露得不太明顯。為了分散敵人的兵力，曹丕採取了多路進攻的戰略，孫權亦遣將分頭抵禦。《資治通鑒》卷 69 黃初三年（222）記載了雙方的部署："九月，（魏）命征東大將軍曹休、前將軍張遼、鎮東將軍臧霸出洞口，大將軍曹仁出濡須，上軍大將軍曹真、征南大將軍夏侯尚、左將軍張郃、右將軍徐晃圍南郡。吳建威將軍呂範督五軍，以舟軍拒休等，左將軍諸葛瑾、平北將軍潘璋、將軍楊粲救南郡，裨將軍朱桓以濡須督拒曹仁。"

　　進攻濡須的魏軍由曹仁指揮，屬下有數萬人，次年（223）二月，到達濡須前線。據《三國志》卷 56《吳書·朱桓傳》和卷 14《魏書·蔣濟傳》的記載，曹仁制定了兵分三路、聲東擊西的作戰計劃，其內容如下：

　　1. 派遣蔣濟率少數人馬偽裝成主力，大張旗鼓地去攻打羨溪（今安徽省裕溪口），企圖把濡須的吳軍吸引出來救援，達到削弱其防禦力量的目的。

　　2. 待吳國援兵出動後，命其子曹泰帶領主力進攻濡須塢城，即使攻城不下，也能牽制住留守的吳軍。

　　3. 派常雕、諸葛虔、王雙領兵五千，乘油船襲擊濡須中洲，欲俘虜吳國守軍的家屬，作為人質來脅迫敵兵投降。

　　4. 曹仁自己統兵萬人屯駐橐皋（今安徽省巢湖市西北柘皋鎮），作為曹泰攻城部隊的後援。

　　《三國志》卷 56《吳書·朱桓傳》記載吳國儒須守將朱桓起初被魏軍主力進攻羨溪的流言欺騙，"分兵將赴羨溪，既發，卒得仁進軍拒濡須七十里間。桓遣使追還羨溪兵，兵未到而仁奄至。時桓手下及所部兵，在者五千人，諸將業業，各有懼心。"朱桓臨危不懼，對部將侃侃而言，詳析了敵兵之弊與吳軍的有利條件，使得眾心安定，"桓喻之曰：'凡兩軍交對，勝負在將，不在眾寡。諸君聞曹仁用兵行師，孰與桓邪？兵法所以稱客倍而主人半者，謂俱在平原，無城池之守，又謂士眾勇怯齊等故耳。今人既非智勇，加其士卒甚怯，又千里步涉，人馬罷困，桓與諸軍，共據高城，南臨大江，北背山陵，以逸待勞，為主制客，此百戰百勝之勢也。雖曹丕自來，尚不足憂，況仁等邪！'"

隨後，朱桓又做出應敵的部署，"因偃旗鼓，外示虛弱，以誘致仁"。待敵軍到來後，"桓部兵將攻取油船，或別擊雕等，桓等身自拒泰，燒營而退，遂梟雕，生虜雙，送武昌，臨陳斬溺，死者千餘"。

這次戰役的結果是吳國獲勝，偷襲中洲的魏軍被殲，常雕等將或死或俘；攻擊大塢的曹泰所部也受挫而退。因為恥於言敗，《三國志》卷9《魏書·曹仁傳》中對此戰只字未提。而吳軍的損失很小，只有千餘人[31]。

（四）胡遵、諸葛誕攻東關

252 年四月，孫權病逝，執政的吳國太傅諸葛恪意欲北伐淮南，於是年十月派兵至濡須以北的東興修築大堤和兩座關城，各留千人，遣將全端、留略駐守，將防線向北推移，接近巢湖。參見《三國志》卷 64《吳書·諸葛恪傳》：

> 恪以建興元年十月會眾於東興，更作大堤，左右結山俠築兩城，各留千人，使全端、留略守之，引軍而還。

《三國志》卷 48《吳書·孫亮傳》建興元年：

---

31 曹丕在 223 年三月丙午日詔書中稱曹仁在濡須前線消滅了上萬吳軍，見《三國志》卷 2《魏書·文帝紀》黃初四年三月"丙申"條注引《魏書》載丙午詔曰："今征東諸軍與權黨呂範等水戰，則斬首四萬，獲船萬艘。大司馬據守濡須，其所禽獲亦以萬數。"其實是一種虛報戰功的宣傳，曹魏方面歷來有此傳統。《三國志》卷 11《魏書·國淵傳》中曾解釋其原因曰："夫征討外寇，多其斬獲之數者，欲以大武功，且示民聽也。"又曰："破賊文書，舊以一為十。"由此判斷，魏軍在這次濡須之戰中可能只消滅了千餘吳兵。

冬十月，太傅恪率軍過巢湖，城東興，使將軍全端守西城，都尉留略守東城。

吳國此舉引起了曹魏的強烈反應，鎮東將軍諸葛誕上書司馬師，主張對吳軍的入侵予以反擊，採取兵分三路的策略，先攻擊江陵、武昌，使其守軍無法東調；然後再派精銳部隊圍攻東關諸城，待敵人援兵到來時將其殲滅。這項建議得到了司馬師的贊同。參見《三國志》卷4《魏書·三少帝紀》注引《漢晉春秋》："諸葛誕言於司馬景王曰：'致人而不致於人者，此之謂也。今因其內侵，使文舒逼江陵，仲恭向武昌，以羈吳之上流，然後簡精卒攻兩城，比救至，可大獲也。'景王從之。"

當時，曹魏征南大將軍王昶、征東將軍胡遵、鎮南將軍毌丘儉等都上報了伐吳的作戰計劃，內容各不相同，"昶等或欲泛舟徑渡，橫行江表，收民略地，因糧於寇；或欲四道並進，臨之以武，誘間攜貳，待其崩壞；或欲進軍大佃，逼其項領，積穀觀釁，相時而動。"[32] 朝廷因此下詔徵求尚書傅嘏的意見，傅嘏在回奏中詳細地分析了孫吳的軍事形勢和魏國多年對吳交戰的教訓後，認為立即向吳國進攻的主張是不可取的，"自治兵已來，出入三載，非掩襲之軍也。賊喪元帥，利存退守，若撰飾舟楫，羅船津要，堅城清野，以防卒攻，橫行之計，殆難必施。賊之為寇，幾六十年，君臣偽立，吉凶同患，若恪蠲其弊，天去其疾，崩潰之應，不可卒待。今邊壤之守，與賊相遠，賊設羅落，又持重密，間諜不行，耳目無聞。夫軍無耳目，校察未詳，而舉大眾以臨巨險，此為希幸徼功，先戰而後求勝，非全軍之長策也。"[33] 傅嘏認為，只有"進

---

32 《三國志》卷21《魏書·傅嘏傳》注引司馬彪《戰略》。

33 《三國志》卷21《魏書·傅嘏傳》注引司馬彪《戰略》。

軍大佃",即在邊境地區駐軍屯田,才是較為完善的策略,但是司馬師未予聽從[34],仍然堅持伐吳的主張。

魏主曹芳在嘉平四年(252)十一月,"詔王昶等三道擊吳。十二月,王昶攻南郡,毌丘儉向武昌,胡遵、諸葛誕率眾七萬攻東興。"[35]胡遵所部到達東吳(興)後,隨即"敕其諸軍作浮橋度,陳於堤上,分兵攻兩城。城在高峻,不可卒拔。"[36]吳國迅速派兵來援,"甲寅,(諸葛)恪以大兵赴敵。戊午,兵及東興。"[37]援軍的人數為四萬,由將軍留贊、呂據、唐咨、丁奉為前部,自建業而來,晝夜兼行。[38]吳軍前鋒到達東興後,利用敵人的輕敵發動突襲,擊潰魏兵,殲滅數萬人,大獲全勝。在西線進攻江陵和武昌的王昶、毌丘儉得到魏軍大敗於東關的消息後,也立即燒營退走[39]。

這次戰役的慘重失敗,給予魏國朝野很大的震動。執政的司馬師承擔了責任,並貶削了其弟司馬昭(擔任監軍)的爵位[40]。另外,東關(興)及濡須地區的險要地勢和魏軍屢攻不克的戰績也使其後繼的統帥吸取了教訓。此後直到吳國滅亡,曹魏和西晉南征時,再也沒有直接對東關、濡須發動進攻。

---

34 《三國志》卷21《魏書・傅嘏傳》注引司馬彪《戰略》。

35 《資治通鑒》卷75魏邵陵厲公"嘉平四年"條。

36 《三國志》卷64《吳書・諸葛恪傳》。

37 《三國志》卷48《吳書・孫亮傳》。

38 《三國志》卷64《吳書・諸葛恪傳》:"恪興軍四萬,晨夜赴救。……恪遣將軍留贊、呂據、唐咨、丁奉為前部。"

39 《三國志》卷4《魏書・三少帝紀》注引《漢晉春秋》曰:"毌丘儉、王昶聞東軍敗,各燒屯走。"

40 《三國志》卷4《魏書・三少帝紀》注引《漢晉春秋》曰:"毌丘儉、王昶聞東軍敗,各燒屯走。朝廷欲貶黜諸將,景王(司馬師)曰:'我不聽公休,以至於此。此我過也,諸將何罪?'悉原之。時司馬文王為監軍,統諸軍,唯削文王爵而已。"

五、濡須地區在軍事上備受重視的原因

魏、吳雙方為甚麼屢次投入重兵，激烈爭奪濡須地區呢？這主要是由濡須特殊的地理位置、地形條件及其對交通的重要影響決定的，控制該地的一方將會在軍事上獲得明顯的主動權。

三國戰爭的基本形勢，是魏與吳、蜀之間的南北對抗。曹魏統一北方，佔據了中原沃土，三分天下已有其二，在國力、人口、兵員的數量上佔有優勢，因此在對吳作戰中往往採取攻勢。儘管魏軍以步騎為主，長於陸戰，但是考慮到江淮多為水鄉澤國，河道縱橫，如果能夠利用船只運送軍隊和糧草，效率要比人畜駄載的陸運高出許多[41]。另外，吳國的舟師是江防中堅，曹魏若沒有水軍參與征伐，不僅難以和敵人的船隊交戰，而且無法運送大軍渡江。因此，曹魏對吳作戰經常是水陸並發。例如建安十三年（208）曹操南征荊襄前，"作玄武池以肄舟師"[42]；次年兵進揚州，"春三月，軍至譙，作輕舟，治水軍。秋七月，自渦入淮，出肥水，軍合肥"[43]。黃初五年（224）、六年（225）魏文帝兩次伐吳，亦出動戰船數千艘[44]，兵眾十餘萬[45]。曹魏後期與吳國的大規模用兵，也以水路運輸為主，"每東南有事，大軍興眾，泛舟而下，達於江淮"[46]。

由於依賴水運，魏軍的南下作戰多途經以下三條南北流向的河道進入長江。

一曰東路：中瀆水，即古邗溝，自淮陰至廣陵。

---

41 《史記》卷 45《淮南衡山列傳》："一船之載，當中國（原）數十兩車。"

42 《三國志》卷 1《魏書·武帝紀》。

43 《三國志》卷 1《魏書·武帝紀》。

44 《三國志》卷 14《魏書·蔣濟傳》。

45 《三國志》卷 2《魏書·文帝紀》黃初六年："（三月）辛未，帝為舟師東征。……八月，帝遂以舟師自譙循渦入淮，……冬十月，行幸廣陵故城，臨江觀兵，戎卒十餘萬，旌旗數百里。是歲大寒，水道冰，舟不得入江，乃引還。"

46 《三國志》卷 28《魏書·鄧艾傳》。

二曰西路：漢水，自襄樊至沔口。

三曰中路：肥水—巢湖—濡須水，自壽春、芍陂過合肥入巢湖，經居巢、東興（關）至濡須口。

其中"中路"最受重視，常被選用。例如，曹操在赤壁之戰後"四越巢湖"的軍事行動，黃初四年（223）曹仁率眾數萬進攻濡須，嘉平四年（252）胡遵、諸葛誕領兵七萬圍攻東關等。這是因為肥水—巢湖—濡須水道是當時南北交通幹線的重要航段。

東漢三國時期，江南的經濟、政治重心地區是三吳，即太湖流域。中原與該地如通過漢水、長江往來，是繞行千里、耗費時力而得不償失的。從軍事方面考慮，曹操統一北方後，原以冀州，即鄴城地區為根本。曹丕稱帝後定都洛陽，又遷冀州士家五萬戶於河南[47]，軍隊主力集中在許、洛一帶[48]。南征的大軍從河北或河南出發，若經襄樊，沿漢水而下進入長江，距離孫吳的都城建業與三吳根據地太遠，難以對敵人的心腹地帶構成致命威脅，所以漢水一途並不是魏軍主力征吳路線的最佳選擇，往往是偏師在使用。

中瀆水道雖然距離吳都建業和太湖流域較近，但是它的航行使用卻存在着一些嚴重困難。首先，航路附近由於地處卑濕，靠近黃海，常常發生水患，從而造成淤塞。"這一水道南高北下，兩側區域地勢低窪，遍佈湖泊沼澤。兩岸不設堤防，水盛時所在漫溢，水枯時以至乾涸。水道及其穿行的湖泊都很淺，不能常年順利通航。七國之亂以後到東漢時期，中瀆水道情況不見於歷史記載，大概是湮塞不通或通而不暢"[49]。黃初六年（225）曹丕由此征吳，蔣濟曾表奏廣陵"水道難通，又上《三州

---

47 《三國志》卷25《魏書·辛毗傳》。

48 曹丕以後，魏國軍隊的主力——中軍平時駐紮在河南許昌、洛陽一帶，可見《三國志》卷35《蜀書·諸葛亮傳》注引《漢晉春秋》載諸葛亮對群臣言交好吳國可以牽制曹魏兵力，有利於蜀漢的作戰，"若就其不動而睦於我，我之北伐，無東顧之憂，河南之眾不得盡西，此之為利，亦已深矣。"

49 田餘慶：《秦漢魏晉史探微》，《漢魏之際的青徐豪霸》，中華書局，1993年，第109頁。

論》以諷帝，帝不從”[50]，結果整支船隊在精湖擱淺。其次，廣陵一帶江面寬闊[51]，又瀕臨海口，時有奔騰澎湃的潮水，渡江的難度較大。例如黃初五年（224）九月，曹丕征吳至廣陵，“時江水盛長，帝臨望，歎曰：‘魏雖有武騎千群，無所用之，未可圖也。’帝御龍舟，會暴風漂蕩，幾至覆沒”[52]。

　　鑒於上述原因，中瀆水道在魏軍對吳作戰裏使用不多，僅有曹丕的兩次南征，還都遇到了不小的麻煩。由於漢水和中瀆水在溝通江南（三吳地區）與中原聯絡方面的種種不利因素，肥水—濡須水一線便成為當時南北交通最為重要的幹道。這條路線水陸兼行，自華北大平原南下，可以通過黃河以南的泗、渦、潁、汝等諸條水道入淮，至壽春後沿肥水而行，經巢肥運河過合肥，進巢湖，再沿濡須水入江，順流直下，即可到達建業、京口及太湖流域。此路比漢水一途距離縮短了許多，又沒有中瀆水航道的各種自然障礙，故漢末三國時北方人士南遊，常走這條路線。如：“崔琰字季珪，清河東武城人也。……琰既受遣，而寇盜充斥，西道不通。於是周旋青、徐、兗、豫之郊，東下壽春，南望江湖。”[53]魏、吳使臣在洛陽、建業之間往來，亦經此途。如元興元年（264）曹魏遣徐紹出使東吳，徐紹回國途中就是在濡須被追截，召回建業後處死的。[54]出於上述緣故，魏國軍隊的南下作戰，也就頻頻採用這條道路了。

50　《三國志》卷 14《魏書·蔣濟傳》。

51　“大江，西北自六合縣界流入，晉祖逖擊楫中流自誓之所，南對丹徒之京口，舊闊四十餘里，今闊十八里。”〔唐〕李吉甫：《元和郡縣圖志》下冊，《闕卷逸文》卷 2《淮南道》揚州，中華書局，1983 年，第 1072 頁。“初，自廣陵揚子鎮濟江，江面闊，相距四十餘里。唐立伊婁埭，江闊猶二十餘里。宋時瓜洲渡口猶十八里。今瓜洲渡至京口不過七八里。”〔清〕顧祖禹：《讀史方輿紀要》卷 23《南直五》，中華書局，2005 年。

52　《資治通鑒》卷 70 魏文帝黃初五年九月。

53　《三國志》卷 12《魏書·崔琰傳》。

54　《三國志》卷 48《吳書·孫皓傳》：“（元興元年）是歲，魏置交阯太守之郡。晉文帝為魏相國，遣昔吳壽春城降將徐紹、孫彧銜命齎書，陳事勢利害，以申喻皓。甘露元年三月，皓遣使隨紹、彧報書曰：‘……今遣光祿大夫紀陟、五官中郎將弘璆宣明至懷。’紹行到濡須，召還殺之，徙其家屬建安，始有白紹稱美中國者，故也。”

濡須口所在的地理位置，正好處於這條水陸交通幹線的終點。魏軍如果進據水口，把它作為前方基地，入江攻吳，還能在軍事上獲得多種益處。例如：

第一，濡須口附近港汊眾多，風浪較小，江中沒有礁石磯頭的險阻，易於強渡。在對岸登陸後東進，便可直插孫吳的腹地蘇湖平原。正如顧祖禹所言："濡須口，三吳之要害也，江流至此，闊而多夾；闊則浪平，多夾則無風威，繇此渡江而趨繁昌，無七磯三山之險也。石白湖、黃池之水，直通太湖，所限者東壩一壞（抔）土耳；百人剖之，不逾時也。陸則寧國縣及涇縣皆荒山小邑，方陣可前；一入廣德，自宜興窺蘇常，長興窺嘉湖，獨松關窺杭州，三五日內事耳。然則濡須有警，不特建鄴可虞，三吳亦未可處堂無患也。"[55]

第二，濡須口的位置適中，正處在吳國兩大經濟、政治區域——荊、揚二州之間，魏軍由此地可以向多個戰略方向用兵。除了南渡之外，順江東北而去，會威脅沿岸津要蕪湖、牛渚及吳都建業的安全。溯流西上，則逼迫中游的皖城、武昌、夏口等重鎮。

第三，佔領濡須，還能堵住吳軍北上進攻的道口。肥水—巢湖—濡須水一途，不僅屢為魏國南征所用，同時也是吳師北伐的首選途徑。王象之曾曰："古者巢湖水北合於肥河，故魏窺江南，則循渦入淮，自淮入肥，繇肥而趨巢湖，與吳人相持於東關。吳人撓魏，亦必繇此。"[56]吳國若想逐鹿中原，戰勝曹魏而一統寰宇，也必須首先控制淮南，將其作為前進的跳板。吳軍的優勢在於舟師，經濡須水入巢湖後抵達合肥，再沿肥水進至壽春，是他們攻擊淮南時最重要的一條途徑；濡須若被魏國佔據，航道封閉，孫吳船隊滯於江內，不得北上，就無法發揮其軍事上的長處了。

---

55 〔清〕顧祖禹：《讀史方輿紀要》卷 26《南直八》，中華書局，2005 年，第 1283 頁。
56 〔清〕顧祖禹：《讀史方輿紀要》卷 19《南直一》，中華書局，2005 年，第 891 頁。

總之，在曹魏與孫吳的對抗當中，濡須地區具有很高的戰略價值，奪取該地會使魏軍處於攻防俱便的有利形勢之下，所以曹魏多次在這一方向出動重兵，力圖攻佔這片水域。

　　對孫吳來說，自然不能讓敵人的圖謀得逞。吳國的兵力相對不足，比起曹魏來明顯處於劣勢；它所守禦的長江儘管號稱天塹，但是防線過長，實際上沒有力量在沿江處處派兵屯駐。如果與敵人劃江而守，天險即失其半；長江綿延數千里，其間可渡之處甚多，會顧此失彼，防不勝防。僅僅依靠江中的水戰來阻止強敵南渡，也是把握不大的。如建安十三年（208），曹兵雲集赤壁，瀕江待發，就給孫吳君臣帶來極大的恐慌，"諸議者皆望風畏懼，多勸（孫）權迎之。"[57]《三國志》卷54《吳書·周瑜傳》記載當時群臣主降的重要理由，就是曹操兵強，又已佔領沿江地帶，因此使孫吳處於十分不利的局面，"議者咸曰：'曹公豺虎也，然託名漢相，挾天子以征四方，動以朝廷為辭，今日拒之，事更不順。且將軍大勢，可以拒操者，長江也。今操得荊州，奄有其地，劉表治水軍，蒙衝鬥艦，乃以千數，操悉浮以沿江，兼有步兵，水陸俱下，此為長江之險，已與我共之矣。而勢力眾寡，又不可論。愚謂大計不如迎之。'"

　　為了保障江東的安全，從軍事上考慮，較為理想的策略是在淮南建立外圍防線，不讓敵人到達江畔。史實表明，赤壁之戰以後，吳國調整了守江戰略，主要就是縮短戰線，把有限的軍隊集中到江北幾處樞紐地點，努力奪取或扼守一些交通衝要，如江陵、濡須、沔口、廣陵等，儘量阻止敵人的兵馬水師入江。曹操曾稱孫吳此舉為"臨江塞要，欲令王師終不得渡"[58]。張栻曾評論道："自古倚長江之險者，屯兵據要，雖在江南，而挫敵取勝，多在江北。故呂蒙築濡須塢，而朱桓以偏將卻曹仁

57　《三國志》卷47《吳書·吳主傳》。
58　《文選》卷42《書中·阮元瑜為曹公作書與孫權》。

之全師。諸葛恪修東興堤，而丁奉以兵三千破胡遵七十（"十"字為衍文）萬。轉弱為強，形勢然也。"[59] 這種作戰意圖，在後來吳臣紀陟出使魏國時與司馬昭的對話裏明確地表現出來，見《三國志》卷 48《吳書·孫皓傳》注引干寶《晉紀》："（司馬昭）又問：'吳之戍備幾何？'對曰：'自西陵以至江都，五千七百里。'又問曰：'道里甚遠，難為堅固。'對曰：'疆界雖遠，而其險要必爭之地，不過數四，猶人雖有八尺之軀靡不受患，其護風寒亦數處耳。'"

　　肥水—巢湖—濡須水一線，既然是魏軍南征的主要途徑，那麼堵住這條水陸幹道，便成了孫吳防禦作戰的一項重任。吳軍在這條路線上的哪個地點駐紮人馬、阻擊敵人最為理想呢？從史實來看，孫吳的歷任統帥是很想奪取合肥的，如果控制了該地，就可以扼守將軍嶺一帶狹窄的水陸通道，把魏軍擋在江淮丘陵以北，並且使巢湖東、南的幾處濱江渡口（歷陽、羨溪、濡須口、皖口）得到掩護。為了達此目的，孫權曾多次親率大軍圍攻合肥，但是由於軍事實力及作戰指揮等方面的原因，吳國始終未能攻克該城，不得已而退求其次，即選擇了固守濡須地區的戰略。濡須口是濡須水入江之處，其北面的東興（關）有濡須、七寶兩山對峙，河道狹窄，地勢險要，曹魏的優勢兵力難以展開和做迂迴運動，有利於吳軍的防守作戰。如張浚所言："武侯謂曹操四越巢湖不成者，巢湖之水，南通大江，濡須正扼其衝；東西兩關，又從而輔翼之，餽舟難通；故雖有十萬之師，未能寇大江也。"[60] 另外，孫吳要想在這一航線沿途加以阻擊，這裏是最後的地點。如果濡須失守，魏軍主力再次集結江畔，吳國"臨江塞要"戰略部署中最重要的一環即被打破，又得被迫在廣闊的長江防線上以弱敵強，面對類似赤壁之戰前夕的不利局勢。

59　〔清〕顧祖禹：《讀史方輿紀要》卷 19《南直一》，中華書局，2005 年，第 915—916 頁。
60　〔清〕顧祖禹：《讀史方輿紀要》卷 19《南直一》，中華書局，2005 年，第 915 頁。

這是它絕對不願意看到的。因此，孫吳在濡須設塢置防，來阻止敵人入江，每當這一作戰方向情勢危急，往往會迅速調遣軍隊前來援救，竭盡全力保衛該地。吳國的這種戰略部署，是根據濡須地區在當時具備的重要軍事意義和樞紐作用而決定的。

六、結語

綜上所述，濡須地區位於交通樞要，北憑山險，南控江口，所扼之水路是當時中原與江南來往的主要途徑，在軍事上具有重要的地位，因而成為魏、吳兩國頻繁交兵的必爭之地。吳國利用濡須、東關一帶的狹窄水道和險要地勢，設置軍鎮，建築塢城，並在戰時及時赴援，故能屢次以弱抗強，挫敗曹魏優勢兵力的進攻。不過，地理條件並非決定戰爭勝負的全部因素。吳國末年政治腐敗，昏君孫皓濫施酷刑，橫徵暴斂，導致民怨沸騰；加上軍隊指揮無方，士氣低落，"吳之將亡，賢愚所知"[61]。因此西晉大軍南征時，孫吳諸鎮人馬一觸即潰，昔日固若金湯的要塞紛紛陷落，只好在石頭城上樹起降幡了。

值得注意的是，西晉滅吳之役，兵分六路，"遣鎮軍將軍琅邪王伷出塗中，安東將軍王渾出江西，建威將軍王戎出武昌，平南將軍胡奮出夏口，鎮南大將軍杜預出江陵，龍驤將軍王濬、巴東監軍魯國唐彬下巴、蜀，東西凡二十餘萬。"[62] 揚州的晉軍是攻吳的主力，大軍指向塗中（今安徽省滁河流域）和橫江（今安徽省和縣東南），地點皆在濡須和東關的東北。其意圖很明顯，就是避實就虛，攻佔孫吳防禦比較薄弱的一些津要，不在守衛堅固的濡須、東關損耗大量兵力，貽誤時間。看來，

---

61 《三國志》卷 48《吳書‧孫皓傳》注引《襄陽記》。
62 《資治通鑒》卷 80 晉武帝咸寧五年（279）冬十一月。

西晉軍隊的統帥吸取了曹魏時期強攻濡須地區屢屢受挫的經驗教訓，這一戰略調整獲得了成功。晉軍順利抵達橫江，在沒有關險可守的濱江平原上消滅了來援的孫吳中軍主力，致使建業門戶洞開，孫皓無兵可調，只得俯首稱臣。

第十一章

孫吳武昌又稱"東關"考

一、對太和二年孫吳"東關"地理位置的疑問

三國時期，曹魏明帝太和二年（228）發生了魏、吳石亭之戰，其整個過程為：孫權令吳鄱陽太守周魴施詐降計，誘使魏揚州牧曹休領兵十萬深入皖地（今安徽省潛山市），至石亭（今安徽省潛山市北）被吳將陸遜擊敗，"因驅走之，追亡逐北，徑至夾石，斬獲萬餘，牛馬騾驢車乘萬兩，軍資器械略盡。"[1] 由於魏豫州刺史賈逵及時率兵援救，曹休的部隊才避免了全軍覆沒的厄運。因為恥言其敗，《三國志·魏書》中的《明帝紀》和《曹休傳》載此事甚略，僅寥寥數語。從其他記載來看，曹魏發動的這次進攻規模很大，實際上是兵分三路，由豫州、揚州、荊州轄區的魏軍主將賈逵、曹休和司馬懿親自出征，企圖分別攻擊孫吳的要鎮東關、皖城和江陵。參見《三國志》卷 15《魏書·賈逵傳》："太和二年，帝使逵督前將軍滿寵、東莞太守胡質等四軍，從西陽直向東關，曹休從皖，司馬宣王從江陵。"《資治通鑒》卷 71 魏明帝太和二年（228）亦載周魴詐降後，"（曹）休聞之，率步騎十萬向皖以應魴；（明）帝又使司馬懿向江陵，賈逵向東關，三道俱進。"後來魏國方面發現曹休孤軍深入，

1　《三國志》卷 58《吳書·陸遜傳》。

有覆滅的危險，才命令司馬懿所部停止前進，並派遣賈逵引兵與曹休會合。

賈逵起初領兵所向的"東關"，過去史家一直認為是孫吳於東興（今安徽省含山縣東關鎮）設立的邊境要塞，地點在巢湖東南、含山縣西南的濡須水北口附近。胡三省注《資治通鑒》卷 71 魏明帝太和二年（228）五月"賈逵向東關"條曰："東關，即濡須口，亦謂之柵江口，有東、西關；東關之南岸，吳築城，西關之北岸，魏置柵。後諸葛恪於東關作大堤以遏巢湖，謂之東興堤，即其地也。"[2] 盧弼注《三國志》卷 15《魏書‧賈逵傳》"時孫權在東關"條亦曰："東關在今安徽和州含山縣西南七十里，濡須塢之北。"[3] 長期以來，這種看法並無爭議。目前流行的一些軍事史著作對此也是這樣解釋的[4]。筆者近讀《三國志》《晉書》等史籍後，覺得此說可疑之處甚多，特提出與學界同人探討。

疑點之一：如按上述說法來解釋，賈逵所率魏軍進攻東關的舉動顯得有些反常。因為從魏、吳兩國交戰的歷史來看，曹魏各州駐防軍隊出境的作戰行動可以分為三類。

1. 援救鄰州

曹魏與孫吳接壤的南部地域，自東而西劃分為徐州、揚州、豫州、荊州四個軍政轄區，守軍平時負責本州的防務，不得隨意離境。在鄰近州郡遭到入侵或發生動亂、形勢十分危急時，他們才根據朝廷的調遣出境救援。例如，《三國志》卷 15《魏書‧溫恢傳》載建安二十四年（219）關羽圍攻襄樊，溫恢提醒兗州刺史裴潛準備率兵出境支援，"於是有樊城之事，詔書召潛及豫州刺史呂貢等"，"潛受其言，置輜重，更為輕裝

2　《資治通鑒》卷 71 魏明帝太和二年。

3　盧弼：《三國志集解》卷 15《魏書‧賈逵傳》，中華書局，1982 年，第 430 頁。

4　《中國軍事史》編寫組：《中國軍事史》附卷，《歷代戰爭年表（上）》，解放軍出版社，1991 年，第 328 頁。武國卿：《中國戰爭史》（第四冊），金城出版社，1992 年，第 305 頁。

速發"。又《三國志》卷 14《魏書・蔣濟傳》：

> 建安十三年，孫權率眾圍合肥。時大軍征荊州，遇疾疫，唯遣
> 將軍張憙單將千騎，過領（豫州）汝南兵以解圍。

《三國志》卷 26《魏書・滿寵傳》：

> （太和）四年，拜寵征東將軍。其冬，孫權揚聲欲至合肥，寵表
> 召兗、豫諸軍，皆集。賊尋退還，被詔罷兵。

《三國志》卷 4《魏書・三少帝紀》咸熙元年（264）：

> 初，自平蜀之後，吳寇屯逼永安，遣荊、豫諸軍掎角赴救。七
> 月，賊皆遁退。

2. 合兵進攻

曹操在世時，因為力量有限，向孫吳發動進攻時基本上是用其主
力——中軍，再調集部分州郡的兵員，會聚一路南下征伐，如赤壁之戰
和後來的"四越巢湖"。此外，曹丕於黃初五年（224）、六年（225）發動
的兩次"廣陵之役"，也是這種情況。

3. 分道進兵

曹丕代漢後至西晉初期，國勢日盛，經常採取向吳國分兵幾路發動
進攻的策略。如果不算太和二年（228）的這次出征，還有四次，基本上
都是駐紮各州的軍隊分別向自己防區正面的敵境進兵。例如：

黃初三年（222）三道征吳。當年九月，文帝派遣征東大將軍曹休
（鎮壽春）出洞口，大將軍曹仁（屯合肥）出濡須，中軍大將軍曹真、征

南大將軍夏侯尚（屯宛）出南郡。[5]

嘉平二年（250）征南將軍王昶所屬的荊州軍隊分兵三路南征。"乃遣新城太守州泰襲巫、秭歸、房陵，荊州刺史王基詣夷陵，昶詣江陵"[6]。

嘉平四年（252）三道征吳。魏國派遣征南大將軍王昶（屯宛）攻南郡，鎮南將軍毌丘儉（屯豫州項城）攻武昌，鎮東將軍諸葛誕、征東將軍胡遵（屯壽春）攻東關。[7]

西晉太康元年（280）六路平吳。鎮軍將軍司馬伷（鎮下邳）出塗中，安東將軍王渾（鎮壽春）出江西橫江，建威將軍王戎（鎮豫州安城）出武昌，平南將軍胡奮（鎮荊州江夏）出夏口，鎮南大將軍杜預（鎮襄陽）出江陵，龍驤將軍王濬下巴蜀。[8]

若按上述的戰役分類方法來區別，賈逵此次向東關的攻擊屬於第三類——分道進兵。但就此類其他戰例來看，若是分道進兵，豫州地區的曹魏軍隊通常是南下，向武昌、夏口對岸的孫吳江北境界出擊，沒有發生過出境到本國鄰州後再單獨向敵邦邊境發動進攻的情況。因此，在太和二年（228）三道征吳時，如果朝廷命令賈逵領兵越過州界，遠赴揚州地區獨自進攻東興，似乎與當時的用兵慣例不合。

疑點之二：曹休攻皖，是從壽春向巢湖西南進軍；若賈逵從西陽進攻巢湖東南的東興，那麼，在地圖上畫出曹、賈兩軍行進的路線，就會發覺它們交叉起來，呈 "X" 形，反映出這兩支部隊在開往戰場時捨近赴遠，即東兵向西南出征、西兵向東南進發，實在是有悖軍事指揮與部

5　《三國志》卷2《魏書·文帝紀》黃初四年（223）三月癸卯注引《魏書》載《丙午詔》，《三國志》卷47《吳書·吳主傳》和《資治通鑑》卷69魏文帝黃初三年（222）九月。

6　《三國志》卷27《魏書·王昶傳》。

7　《三國志》卷4《魏書·三少帝紀》嘉平四年五月注引《漢晉春秋》，《三國志》卷4《魏書·三少帝紀》嘉平四年十一月，《資治通鑑》卷75魏邵陵厲公嘉平四年十一月、十二月。

8　《晉書》卷3《武帝紀》咸寧五年（279）十一月，《三國志》卷48《吳書·孫皓傳》天紀三年（279）"冬"條。

隊調動的常情。東興距離曹魏的揚州駐軍最近，從壽春乘船出發，順肥水、施水入巢湖後即可到達，相當便利。從三國歷史來看，魏國向孫吳的濡須口岸發動攻擊基本上都是走這條路線，以中軍或揚州的部隊擔任進攻主力。如曹操的"四越巢湖"，曹仁對濡須、諸葛誕和胡遵對東興的進攻等。而賈逵統領的兵馬遠在西陽（治在今河南省光山縣西），如奔赴東興，無水路可通，需要遠途跋涉，甚為不便。魏軍的戰略決策者們為甚麼要捨近求遠，不使用鄰近的揚州駐軍，而讓賈逵的豫州軍隊出境去進攻東興呢？從常理上講，他們不應該犯這種低級錯誤。

再者，魏、吳主要是沿着幾條南北流向的水道──漢水，肥水、巢湖、濡須水、中瀆水交戰，多在荊、揚二州境內。曹魏對吳的兵力部署，也是以這兩州為重點。豫州南部有大別山脈的阻隔，境內又沒有直接通航入江的河流，南北交通不便，所以軍事地位不甚重要，敵寇的入侵不多，州郡駐軍的數量也比較少。和緣邊他州相比，豫州對國家安全提供的主要支持是在財賦方面，而不是武備。如杜恕在太和年間上疏所云："今荊、揚、青、徐、幽、并、雍、涼緣邊諸州皆有兵矣，其所恃內充府庫外制四夷者，兗、豫、司、冀而已。"[9] 從敵國的情況來看，濡須口岸是孫吳對魏作戰的主要防禦方向，塢城堅固，駐有重兵。曹操在世時，"四越巢湖"均未得手。建安二十二年（217）一役，曹操曾出動四十萬大軍攻打濡須，仍受阻而退。《資治通鑑》卷 68 載是年三月，"操引軍還，留伏波將軍夏侯惇、都督曹仁、張遼等二十六軍屯居巢"。相形之下，賈逵所率出征東關的豫州部隊數量很少，僅有滿寵、胡質等統領的區區四軍，又未得到揚州魏兵的補充，如果讓他們進攻濡須重鎮，根本沒有取勝的希望。很難設想魏軍的統帥們會不明白這一點，做出以弱旅攻堅的決定。

疑點之三：在漢晉史書中，"直"字表示的道路或行進路線，在地

9　《三國志》卷 16《魏書·杜恕傳》。

圖上往往呈現為南北方向的垂直線段。此類歷史記載的例證很多，如秦朝開拓的"直道"，就是從關中的甘泉宮向北直抵邊防重鎮九原（今內蒙古包頭市西）[10]。又如《漢書》卷29《溝洫志》載賈讓奏言："民居金堤東，為廬舍，往十餘歲更起堤，從東山南頭直南與故大堤會。"《後漢書》卷17《岑彭傳》載建武十一年（35）岑彭伐蜀，攻拔江州後，"留馮駿守之，自引兵乘利直指墊江，攻破平曲，收其米數十萬石"。按江州即今重慶，墊江在其北面，為今四川的合川。又《晉書》卷34《羊祜傳》載羊祜上奏伐吳方略亦曰：

> 今若引梁益之兵水陸俱下，荊楚之眾進臨江陵，平南、豫州，直指夏口，徐、揚、青、兗並向秣陵，鼓旆以疑之，多方以誤之，以一隅之吳，當天下之眾，勢分形散，所備皆急。

由此看來，《魏書·賈逵傳》中的"從西陽直向東關"，應該理解為從西陽南下開赴東關。也就是說，這座"東關"的位置當在豫州西陽的正南方向，而東興在其東面略為偏南，方位並不符合。

賈逵如果是統兵自西陽向東興進軍，按照《三國志》的寫法，不應稱為"直向"。類似的情況可見《三國志》卷36《蜀書·關羽傳》所載：建安十三年（208）曹操南征荊州，劉備自樊城退往江陵，"曹公追至當陽長阪，先主斜趣漢津，適與羽船相值，共至夏口。"雖然劉備從當陽逃往漢津的路徑也是直線，但因在地圖上標示出來不是垂直的，所以被陳壽寫作"斜趣"，而非"直向"。

疑點之四：這是最重要的一點，當時孫吳尚未在東興建立東關。252年以前，孫吳是在濡須水的南口瀕臨長江處立塢，抵抗曹魏軍隊南

---

10 《史記》卷15《六國年表》秦始皇三十五年（前212）："為直道，道九原，通甘泉。"《史記》卷88《蒙恬列傳》太史公曰："自直道歸，行觀蒙恬所為秦築長城亭障，塹山堙谷通直道，固輕百姓力矣。"

征的。塢城附近有長江的中洲，洲上居住着濡須守軍的家屬[11]。該地在東興之南，相距有百餘里[12]。建安十七年（212）魏軍南征時，孫權曾在東關設立前哨營寨，稱為"三關屯"。見《三國志》卷56《吳書・朱然傳》："曹公出濡須，然備大塢及三關屯。"盧弼《三國志集解》卷56注引趙一清曰："大塢即濡須塢也，三關屯即東興關也。關當三面之險，故吳人置屯於此。"[13] 又見《讀史方輿紀要》卷26《南直八》盧州府無為州巢縣"東關"條[14]。曹操兵抵濡須，吳軍退保大塢，塢北的三關屯即被放棄了。此後，東興屬於魏境，吳軍只是在進攻合肥時經過該地，並未在那裏設置關塞，留駐守兵。孫權黃龍二年（230）曾於東興築堤以遏巢湖，隨即敗壞，但其事在石亭之戰以後。直到曹魏嘉平四年，即吳建興元年（252），孫吳權臣諸葛恪為了向北擴張，才在濡須水北口築堤阻水，建立關城。其事可見《三國志》卷47《吳書・孫亮傳》建興元年：

> 冬十月，太傅恪率軍過巢湖，城東興，使將軍全端守西城，都尉留略守東城。

《三國志》卷64《吳書・諸葛恪傳》：

> 初，（孫）權黃龍元年遷都建業，二年築東興堤遏湖水。後征淮南，敗以內船，由是廢不復修。恪以建興元年十月會眾於東興，更作大堤，左右結山俠（夾）築兩城，各留千人，使全端、留略守之，

---

11 《三國志》卷47《吳書・吳主傳》黃武二年（223）"三月"條，《三國志》卷56《吳書・朱桓傳》。

12 "（濡須）塢在巢縣東南二百八十里濡須水口。""東關口，在（巢）縣東南四十里，接巢湖，在西北至合肥界，東南有石渠，鑿山通水，是名關口，相傳夏禹所鑿，一號東興。"〔唐〕李吉甫：《元和郡縣圖志・關卷逸文》卷2《淮南道》，中華書局，1983年，第1078頁、1082頁。

13 盧弼：《三國志集解》卷56《吳書・朱然傳》，中華書局，1982年，第1038頁。

14 "又有三關屯，即東關也。關當三面之險，故吳人置屯於此。《吳志》：曹公出濡須，朱然備大塢及三關屯。皆東關矣。"〔清〕顧祖禹：《讀史方輿紀要》卷26《南直八》盧州府巢縣"東關"條，中華書局，2005年，第1289頁。

引軍而還。魏以吳軍入其疆土，恥於受侮，命大將胡遵、諸葛誕等率眾七萬，欲攻圍兩塢，圖壞堤遏。……丹楊太守聶友，素與恪善，書諫恪曰：“大行皇帝（孫權）本有過東關之計，計未施行。今公輔贊大業，成先帝之志……”

如前所述，在太和二年（228），濡須水北口的東關尚未建立，該地既不存在吳國的城堡要塞，也沒有“東關”這個名稱，賈逵領兵所向的“東關”自然不會在那裏。如果認為他是率軍進攻濡須水南口的孫吳塢城，也是無法自圓其說的。因為在《三國志》及裴注的記載裏，當地只稱作“濡須”，從未叫過“東關”。

綜上所述，主張太和二年賈逵領兵所赴之“東關”即東興的傳統觀點缺乏根據，與史實不符，是無法成立的。

二、三國有三“東關”，賈逵所向之“東關”乃武昌

那麼，諸葛恪在東興設關築堤之前，吳國是否另有一處“東關”，又位於曹魏豫州境域的南面呢？筆者檢索《三國志》及裴注，發現其中共有16處提到“東關”，就其時間和地點可以分為三類。

一是東興之東關，計有13條，其時間背景皆在建興元年（252）諸葛恪於當地築堤建城之後。或為魏、吳述論當年的東興之戰，或為記載寶鼎三年（268）吳主孫皓督師北征到東關的事跡。這組史料的文字內容較多，不便贅舉，故將出處列入注釋，以備讀者檢索查閱。[15]

---

15 《三國志》卷4《魏書·三少帝紀》嘉平四年（252）“冬十一月”條、卷11《魏書·王修傳》注引王隱《晉書》、卷13《魏書·王肅傳》、卷21《魏書·傅嘏傳》、卷21《魏書·傅嘏傳》注引司馬彪《戰略》、卷22《魏書·桓階傳》、卷27《魏書·王基傳》、卷28《魏書·毌丘儉傳》、卷28《魏書·毌丘儉傳》注、卷28《諸葛誕傳》、卷48《吳書·孫皓傳》載吳寶鼎三年（268）“秋九月”條、卷60《吳書·全琮傳》注引《吳書》、卷64《吳書·諸葛恪傳》。

二是蜀漢之江州（今重慶市）。《三國志》卷 40《蜀書·李嚴傳》注引諸葛亮又與嚴子豐教曰："吾與君父子戮力以獎漢室，此神明所聞，非但人知之也。表都護典漢中，委君於東關者，不與人議也。"盧弼《三國志集解》："胡三省曰東關謂江州。"[16] 其事見《三國志》卷 40《蜀書·李嚴傳》："（建興）四年，轉為前將軍。以諸葛亮欲出軍漢中，嚴當知後事，移屯江州……八年，遷驃騎將軍。以曹真欲三道向漢川，亮命嚴將二萬人赴漢中。亮表嚴子豐為江州都督督軍，典嚴後事。"

以上兩組記載都和賈逵領兵"直向東關"沒有直接聯繫。

三是孫吳都城武昌，《三國志》卷 15《魏書·賈逵傳》中可見兩條記載，所敘為明帝太和元年（227）、二年（228）事，時間均在諸葛恪於東興設關之前。文中談到的"東關"，地點在曹魏的豫州之南，反映了當時這座"東關"實際上是孫吳的都城武昌。

《三國志》卷 15《魏書·賈逵傳》的第一條記載：

> 明帝即位，……時孫權在東關，當豫州南，去江四百餘里。每出兵為寇，輒西從江夏，東從廬江。國家征伐，亦由淮、沔。是時州軍在項，汝南、弋陽諸郡，守境而已。權無北方之虞，東西有急，併軍相救，故常少敗。逵以為宜開直道臨江，若權自守，則二方無救；若二方無救，則東關可取。乃移屯潦口，陳攻守之計。帝善之。

詳細分析如下：

首先，這條記載中提到的"東關"為吳主孫權的駐蹕之所，也是吳國軍隊主力的所在，常由此處出兵襲擾曹魏的江夏、廬江等郡。魏明帝即位之初，孫權常駐在哪裏呢？眾所周知，是在武昌（今湖北省鄂州

16　盧弼：《三國志集解》卷 40，中華書局，1982 年，第 817 頁。

市），而不是在濡須或東興。漢獻帝建安二十四年（219），孫權遣呂蒙襲取荊州、擒獲關羽後，便由建業徙駐公安（今湖北省公安縣）[17]。《三國志》卷47《吳書·吳主傳》載曹魏黃初二年（221）四月，"（孫）權自公安都鄂，改名武昌，以武昌、下雉、尋陽、陽新、柴桑、沙羡六縣為武昌郡。……八月，城武昌。"至曹魏太和三年（229）四月，孫權在武昌正式稱帝。後因三吳的糧米財賦溯江運輸困難，他才於當年九月將都城遷回建業。

在此期間，吳國的軍隊主力——中軍亦隨孫權西移，部署於武昌附近。《元和郡縣圖志》卷27《江南道三》"鄂州"條曰："三國爭衡，為吳之要害，吳常以重兵鎮之。"[18]《三國志》卷62《吳書·胡綜傳》載："黃武八年夏，黃龍見夏口，於是（孫）權稱尊號，因瑞改元。又作黃龍大牙，常在中軍，諸軍進退，視其所向。"陶弘景的《刀劍錄》亦寫孫權在武昌設立了規模較大的兵器作坊，為其軍隊提供裝備，"黃武五年採武昌山銅鐵作十口劍、萬口刀，各長三尺九寸，刀頭方，皆是南鋼越炭作之，上有大吳篆字。"[19]

《三國志》卷60《吳書·周魴傳》所載周魴與曹休書信中也提到孫權調撥兵馬北伐，自領中營（軍）渡江進攻，以致武昌兵力空虛的情況，"呂範、孫韶等入淮，全琮、朱桓趨合肥，諸葛瑾、步騭、朱然到襄陽，陸議、潘璋等討梅敷。東主（孫權）中營自掩石陽，別遣從弟孫奐治安陸城，修立邸閣，輦齎運糧，以為軍儲，又命諸葛亮進指關西，江邊諸將無復在者，才留三千所兵守武昌耳。"周魴為引誘曹休入皖，所供關於吳軍進攻方向、路線的情報是虛假的，但是信中確實反映出孫吳軍隊主力平時駐紮在武昌一帶，曹魏方面也清楚這一點。

---

17 《三國志》卷54《吳書·呂蒙傳》。

18 〔唐〕李吉甫：《元和郡縣圖志》卷27《江南道三》，中華書局，1983年，第643頁。

19 《太平御覽》卷343《兵部七十四·劍中》。

在太和二年（228）的石亭之役中，孫權曾隨迎擊曹休的軍隊主力到皖口[20]，拜陸遜為大都督，"統御六師及中軍禁衛而攝行王事"[21]，後即返回武昌。獲勝後的吳軍諸部也先回到武昌，接受孫權的檢閱和賞賜。見《三國志》卷58《吳書·陸遜傳》黃武七年（228）條："諸軍振旅過武昌，（孫）權令左右以御蓋覆遜，入出殿門，凡所賜遜，皆御物上珍，於時莫與為比。"

上述史實，皆與《魏書·賈逵傳》所言"時孫權在東關"相合，這是筆者認為當時之"東關"即指武昌的第一條理由。

其次，《魏書·賈逵傳》中這條史料所說的"東關"在曹魏豫州的正南方向，而且是在魏江夏郡之東，廬江郡之西，"時孫權在東關，當豫州南。……每出兵為寇，輒西從江夏，東從廬江。"由此看來，這座"東關"絕對不會是濡須或東興，因為這兩地都在曹魏豫州的東南，又在魏廬江郡的東邊，其方位與《魏書·賈逵傳》所載截然不同。但是吳都武昌的地理方位卻與上述記載相符，恰好在曹魏豫州的正南方，其經度位於江夏與廬江兩郡之間。這是第二條理由。

再次，這條史料還反映了曹魏太和二年三道征吳作戰計劃出籠的背景。當時，孫權定都武昌，正在豫州之南。而賈逵所率的州軍駐紮在項（今河南省沈丘縣南），距離江邊甚遠，對於防區正面屯於武昌、夏口等地的吳軍主力並未構成威脅，使敵人東西用兵自如。為了改變軍事上的不利局面，賈逵在太和元年（227），即石亭之戰的前一年上奏魏明帝，請求開闢一條南下臨江的"直道"，遣兵進駐江北，逼迫武昌之敵，使其不敢輕易向東西兩個作戰方向分兵，"逵以為宜開直道臨江，若權自守，則二方無救；若二方無救，則東關可取。乃移屯潦口，陳攻守之計，

---

20 《三國志》卷47《吳書·吳主傳》黃武七年："夏五月，鄱陽太守周魴偽叛，誘魏將曹休。秋八月，權至皖口，使將軍陸遜督諸將大破休於石亭。"

21 《三國志》卷58《吳書·陸遜傳》注引陸機《遜銘》。

帝善之。"此計得到了魏明帝的贊同，這才有了次年三道伐吳的軍事舉措：豫州兵馬直向東關（武昌），揚州曹休襲皖，荊州司馬懿攻江陵，這一戰役的部署基本上是按照賈逵建議的作戰方案執行的。只是由於後來曹休中計，深入絕地，形勢突然變化，才改調賈逵所部急赴夾石救援。

《魏書·賈逵傳》中涉及"東關"的這條史料並不是孤證，還可以參見其他史籍的記載。如《晉書》卷1《宣帝紀》"太和元年"條後，曾載司馬懿到洛陽朝見魏明帝，言及征吳方略，其文曰：

> （天子）又問二虜宜討，何者為先？（司馬懿）對曰："吳以中國不習水戰，故敢散居東關。凡攻敵，必扼其喉而摏其心。夏口、東關，賊之心喉。若為陸軍以向皖城，引（孫）權東下，為水戰軍向夏口，乘其虛而擊之，此神兵從天而墜，破之必矣。"天子並然之，復命帝屯於宛。

這次談話的時間，盧弼認為當在太和二年（228）正月至三月期間，即同年九月三道伐吳之前。見《三國志集解》卷3《魏書·明帝紀》注：

> 魏之攻吳，三道進兵，本用懿策。曹休統率無方，遂有夾石之敗。趙氏言魏君臣怵於硤石之役，謀吳甚急，則前後事實顛倒矣。仲達此策，蓋在攻破孟達之後，街亭戰勝之前。若馬謖已敗，三郡皆平，魏明必不詢二虜宜討何者為先矣。

《晉書》卷1《宣帝紀》的記載表明：第一，孫權當時所駐的"東關"在皖城之西，故司馬懿曰："夏口、東關，賊之心喉。若為陸軍以向皖城，引（孫）權東下……"這也是該地即為武昌的明證。文中的"東關"若是東興，則應該在皖城之東。這裏提到孫權"散居東關"，應是指武昌所在臨江依山，地域狹隘[22]，吳國軍隊主力實際上分散駐紮在武昌及附近幾處沿江要鎮，如西鄰的夏口、沙羨及對岸的魯山等，故稱為"散居"[23]。第二，司馬懿提出的征吳方案與賈逵的建議內容相近，即主張以陸軍一部進攻江北的皖城，吸引武昌的吳軍主力東下救援，再遣水軍乘虛而入，沿漢江順流直搗夏口，打擊敵人的心臟。由此可見，曹魏太和二年（228）的征吳行動，在兵力部署上綜合採納了賈逵與司馬懿的建議，先派遣曹休率軍入皖，豫州和荊州的軍隊隨即開拔，進逼武昌、夏口與江陵。但是由於曹休的輕敵冒進，另外兩路兵馬尚未到達攻擊目標時，他已被吳軍擊潰，致使整個作戰計劃失敗。

《三國志》卷15《魏書·賈逵傳》的這條記載存有一個疑問，就是其中"去江四百餘里"一句，說的是哪個地點呢？如果僅從上文來看，它似乎是指當時孫權所駐的東關，"時孫權在東關，當豫州南，去江四百餘里……"但若仔細考察，這種理解存在着許多矛盾，是難以解釋清楚的。

如前所述，《三國志》中提到的"東關"有三處，其中蜀漢的江州與此無涉；孫吳的武昌雖在豫州之南，可是位於江邊，並非"去江四百餘里"，與《魏書·賈逵傳》的記載不合。若按傳統的觀點來解釋，此處的東關指東興，則問題更多。首先是方位不對。東興並不在曹魏豫州的南面，而是在其南境的東方；其次，東興距離長江岸邊也遠不到四百里，只有一百餘里；再次，孫權當時駐留在武昌，並未率兵前往東興。

---

22 《三國志》卷61《吳書·陸凱傳》載陸凱所言："又武昌土地，實危險而堉确，非王都安國養民之處，船泊則沉漂，陵居則峻危。"

23 吳軍在武昌附近的分佈情況可以參見《水經注》卷35《江水三》載夏口（今湖北省武漢市武昌區）有黃軍浦："昔吳將黃蓋軍師所屯，故浦得其名，亦商舟之所會也。"又"（黃）鵠山東北對夏口城，魏黃初二年，孫權所築也。"魯山城在今漢陽龜山上，亦見《水經注》卷35《江水三》："江水又東徑魯山南，古（右）翼際山也。……山上有吳江夏太守陸渙所治城也。"沙羨城在今武漢市武昌區西之金口鎮北，赤壁之戰後，程普領江夏太守，治沙羨。後又築城。見《三國志》卷47《吳書·吳主傳》赤烏二年（239）："夏五月，城沙羨。"

總之，這三處"東關"都與《魏書·賈逵傳》所載"去江四百餘里"的條件不符。

那麼，孫權是否有可能在豫州之南、距離長江四百餘里的某個地點另設置過一座東關，並在那裏親駐過呢？答案顯然是否定的。這不僅因為史籍中沒有這方面的記載，而且從三國的史實來看，孫權在魏、吳戰爭期間的幾處都址——京（鎮江）、建業（南京）、武昌（鄂城），都在沿江上下，非有數百里之遙。綜觀孫權的戰時行蹤，除了在上述三處都城常駐之外，主要是在"濱江兵馬之地"——柴桑、陸口、公安、皖城、夏口等處臨時停留活動，僅有幾次統兵短暫攻擊過江北的石陽與合肥，從未在遠離長江數百里處久駐。另外，豫州之南及長江以南四百餘里的地點，即屬於孫吳的大後方，並無設置對魏作戰的軍事重鎮之必要，事實上，吳國也沒有在那一帶建立過著名的關塞。

怎樣才能合乎史實與邏輯地解釋《魏書·賈逵傳》的這條記載呢？從整段史料的敍述情況和當時的地理形勢來看，筆者認為，"去江四百餘里"指的是賈逵統領的豫州南境，陳壽在撰寫《三國志》時，可能在此句之前省略了"豫州"二字，致使後人在理解上出現了一些困難。

當時，曹魏的豫州南以大別山脈為界，和長江之間隔有原來漢朝揚州的盧江郡，相距數百里。建安十七年（212），曹操命令濱江郡縣居民內遷，引起騷亂。《三國志》卷47《吳書·吳主傳》載："民轉相驚，自盧江、九江、蘄春、廣陵戶十餘萬皆東渡江，江西遂虛，合肥以南惟有皖城。"這樣，就在江北形成了一條人煙絕少的隔離地帶，兩國邊境上只有一些軍事據點，曹魏的軍隊主力和居民繁眾之地離長江較遠。例如《三國志》卷51《吳書·孫韶傳》載魏"淮南濱江屯候皆徹兵遠徙，徐、泗、江、淮之地，不居者各數百里"。《三國志》卷62《吳書·胡綜傳》亦曰："吳將晉宗叛歸魏，魏以宗為蘄春太守，去江數百里，數為寇害。"豫州南境的汝南、弋陽兩郡，其治所距離江邊約四百里，未與孫吳邊境相鄰。也正是由於這個緣故，如前引《三國志》卷 16《魏書·杜恕傳》所言，曹魏在太和年間並沒有把豫州看作"緣邊諸州"。

在這種形勢下，吳國的軍隊若想攻擊曹魏的豫州南境，必須捨舟陸行，不僅要放棄水戰的特長，又要長途跋涉、轉運糧草，困難是很多的。所以《魏書·賈逵傳》記載孫權在考慮進攻的戰略目標時，通常選擇豫州兩翼臨水的廬江、江夏，"每出兵為寇，輒西從江夏，東從廬江。"另一方面，曹魏的豫州州軍遠在項城（今河南省沈丘縣），距離江畔有數百里之遙，對武昌、夏口的吳軍並未構成威脅。因此《魏書·賈逵傳》中寫道："權無北方之虞，東西有急，併軍相救，故常少敗。"

如果用補注的方式標出《魏書·賈逵傳》這段史料中省略的某些詞語，其內容便易於理解了。試閱："時孫權在東關，當豫州南，（豫州）去江四百餘里；（孫權）每出兵為寇，輒西從江夏，東從廬江。"這樣認識既符合此時的歷史狀況，也不妨礙筆者對當時"東關"即武昌的解釋。這裏存在以下可能性，即陳壽撰寫這段文字時，因為"去江四百餘里"一句的主語"豫州"，與前一句"當豫州南"的詞句有重疊，所以把它省略了。

《三國志》卷 15《魏書·賈逵傳》的第二條記載：

> 太和二年，帝使逵督前將軍滿寵、東莞太守胡質等四軍，從西陽直向東關，曹休從皖，司馬宣王從江陵。逵至五將山，休更表賊有請降者，求深入應之。詔宣王駐軍，逵東與休合進。逵度賊無東關之備，必併軍於皖；休深入與賊戰，必敗。乃部署諸將，水陸並進，行二百里，得生賊，言休戰敗，（孫）權遣兵斷夾石。……（逵）乃兼道進軍，多設旗鼓為疑兵，賊見逵軍，遂退。逵據夾石，以兵糧給休，休軍乃振。

這條史料提到賈逵曾督率滿寵、胡質等所屬的四支軍隊進攻東關。

《三國志》卷 26《魏書·滿寵傳》也敘述了此次軍事行動，但誤作太和三年，盧弼在《三國志集解》卷 26 中已作糾正。《魏書·滿寵傳》的記載明確地反映了他領兵征吳的方向並非東進，而是由豫州南下，直逼武昌附近的夏口，"（太和二年）秋，使曹休從盧江南入合肥，令寵向夏口。"滿寵發覺曹休若孤軍深入，處境極為危險，便及時上疏請求朝廷準備給予支援。"寵表未報，休遂深入。賊果從無強口斷夾石，要休還路。休戰不利，退走。會朱靈等從後來斷道，與賊相遇。賊驚走，休軍乃得還"。這也可以證明《魏書·賈逵傳》中的"直向東關"並不是去進攻濡須或東興，而是前往武昌、夏口方向作戰。

三、"東關（武昌）"名稱來歷的探討

武昌在當時為甚麼又被稱作"東關"呢？史籍當中對此並無明文記載，筆者只能做些分析與推測。據《古今圖書集成》所載，孫權將鄂縣名稱改為"武昌"，是為了使這個地名帶有褒揚之義，表示孫吳政權將要"以武而昌"，"章武元年，吳孫權自公安徙都，更鄂曰武昌。按縣南有山名武昌，權欲以武而昌，故名。"[24] 曹魏與吳為敵，雙方兵戈相見，對立仇視。魏國若在當時承認"武昌"這個名稱，則在政治影響上多少助長了敵人的氣焰，對自己有損無益。所以，如果魏方對此地點採取另一種叫法，也是合乎情理的。

值得注意的是，《三國志》的《吳書》中，並沒有出現把武昌稱為"東關"的記載，此類情況僅存在於《三國志》的《魏書》裏，很可能反映了

---

24 〔清〕陳夢雷編撰，〔清〕蔣廷錫校訂：《古今圖書集成》第 15 冊卷 1115《方輿匯編·職方典·武昌府部匯考一·武昌府建置沿革考》"武昌縣"條，中華書局、巴蜀書社，1985 年，第 17723 頁。

在此特定時期（孫權遷都武昌到諸葛恪於東興築堤建城），"東關"只是曹魏單方面用來稱呼武昌的。從《三國志》的成書背景來看，陳壽修此書時，魏、吳兩國先已有史，如官修的王沈《魏書》、韋昭《吳書》，以及魚豢私撰的《魏略》。這三種書是陳壽所依據的基本材料，雖然做了某些改動，但是仍在很大程度上保留了原有的內容。《三國志‧吳書》源於吳人的著作，吳人並不稱武昌為"東關"，所以在其中見不到這類記載。而《魏書‧賈逵傳》中涉及"東關"的兩條史料則帶有較多的原始性，它們更為直接地反映了歷史的實際情況，表明當時魏人對武昌的叫法是與吳人有別的。

此外，從地理位置來看，武昌被稱作"東關"可能還有以下理由：

武昌、夏口附近地域在周代曾稱為"鄂"，因為鄂城位於鄂地之東，在過去被稱作"東鄂"。如《晉書》卷 15《地理志下》武昌郡武昌縣注曰："故東鄂也。楚子熊渠封中子紅於此。"《太平寰宇記》卷 112《江南西道十》鄂州"武昌縣"條亦云："舊名東鄂，《系本》云：'楚子熊渠封中子紅於鄂'，漢為鄂縣。"黃初二年（221）孫權遷都武昌後，在當地築城，自此"武昌"成為鄂地東部的軍事重鎮，這或許是它被稱為"東關"的原因。

另一種可能性是，當時武昌和鄰近的夏口並峙江上，成為相鄰的兩座雄關。後人蘇軾的《前赤壁賦》曾云："西望夏口，東望武昌，山川相繆，郁乎蒼蒼。"也許是由於武昌在夏口之東，因此魏人把它叫做"東關"。

建興元年（252）諸葛恪於東興築堤建城之後，"東關"這個地名開始被用來稱呼東興，並且得到了魏、吳雙方的認可。而作為武昌別稱的"東關"則漸漸湮晦，以致後來被人們淡忘了。

第十二章

蜀國在漢中的兵力部署與對魏戰略之演變

在三國時代的長期混戰裏，漢中是蜀、魏雙方頻頻用兵、爭奪激烈的戰略要地。從 214 年劉備佔領成都、統治益州開始，到 263 年蜀國滅亡為止，在這 50 年的時間裏，蜀漢對曹魏的多次大規模軍事行動和漢中有關。建安二十二年（217）至二十四年（219），劉備用法正之謀，舉傾國之師，歷時歲餘奪取了漢中。《華陽國志》卷 2 曰："是後處蜀、魏界，固險重守，自丞相、大司馬、大將軍皆鎮漢中。"蜀國常以該郡作為北伐的屯兵基地，屢次由當地發兵進攻曹魏。計有：

次數	時間	行動
第一次	建安二十四年（219）	劉封自漢中乘水東下，與孟達配合，佔領西城、上庸、房陵三郡。
第二次	建興六年（228）	諸葛亮初出祁山，佔據天水、隴西、南安三郡後，兵敗街亭退還。
第三次	建興六年至七年（229）	諸葛亮自故道進攻陳倉之役。
第四次	建興七年	陳式攻取武都、陰平。
第五次	建興八年（230）	魏延、吳壹出兵陽溪擊敗郭淮。
第六次	建興九年（231）	諸葛亮再出祁山，退兵時射殺張郃。
第七次	建興十二年（234）	諸葛亮自斜谷兵出五丈原之役。
第八次	延熙二十年（257）至二十一年（258）	姜維領兵出駱谷，與鄧艾、司馬望相持於渭濱。

曹魏方面這一時期也對漢中地區很重視，數番出動大軍進攻漢中，兵力多在十萬以上[1]。計有：

次數	時間	行動
第一次	建安二十年（215）	曹操統兵攻破陽平關，迫降張魯，佔領漢中。
第二次	建安二十四年（219）	曹操率眾經褒斜道入漢中，救援張郃、郭淮諸軍。
第三次	太和四年（230）	曹真、司馬懿率兵自斜谷、駱谷、西城三道進攻漢中，遇雨被迫退兵。
第四次	正始五年（244）	曹爽、夏侯玄率眾自駱谷入漢中，受到蜀將王平、費禕阻擊，不利而還。
第五次	景元四年（263）	鍾會統大軍自斜谷、駱谷、子午谷伐蜀，直入漢中，攻陷關城，敲響了蜀國滅亡的喪鐘。

歷史事實表明，對於蜀漢政權來說，漢中一地的得失，實與國家的安危有着極為密切的關係。這一地區為甚麼會在蜀、魏戰爭中具有如此重要的作用？蜀國在漢中的軍事部署前後發生過何種演變？這些變化給當時的政治軍事形勢帶來了哪些影響？上述問題，筆者試在下文中分析研究。

1　《三國志》卷8《魏書·張魯傳》注引《魏名臣奏》楊暨表曰："武皇帝始征張魯，以十萬之眾，身親臨履，指授方略……"《三國志》卷40《蜀書·魏延傳》載魏延曰："若曹操舉天下而來，請為大王拒之；偏將十萬之眾至，請為大王吞之。"據此估計，曹操第二次兵臨漢中時所領軍隊總數也應在十萬以上。又見《三國志》卷43《蜀書·王平傳》："（延熙）七年春，魏大將軍曹爽率步騎十餘萬向漢川，前鋒已在駱谷。"《三國志》卷28《魏書·鍾會傳》："（景元）四年秋，乃下詔使鄧艾、諸葛緒各統諸軍三萬餘人，艾趣甘松、沓中連綴維，緒趣武街、橋頭絕維歸路。（鍾）會統十餘萬眾，分從斜谷、駱谷入。"

一、漢中郡的地理特點及戰略影響

秦漢時期的漢中郡地域遼闊，西起沔陽的陽平關（今陝西省勉縣武侯鎮），東至鄖關（今湖北省十堰市鄖陽區）和荊山，綿延千里。秦、西漢時其郡治在西城（今陝西省安康市），屬下有西城、錫、安陽、旬陽、長利、上庸、武陵、房陵、南鄭、成固、褒中、沔陽 12 縣，東漢時裁至 9 縣，郡治移在南鄭（今陝西省漢中市）。漢獻帝初平二年（191），張魯割據漢中，改稱為漢寧郡。建安二十年（215），曹操兵入南鄭，逐降張魯，復設漢中郡，但劃出該郡東部的西城、安陽二縣設西城郡（後稱魏興郡），割錫、上庸二縣及武陵地設上庸郡，另設有房陵郡；上述三郡納入荊州版圖，時稱為"東三郡"。至此，漢中郡的管轄領域大致與今漢中地區相同，僅剩下南鄭、褒中、沔陽、成固四縣。劉備在 219 年奪取該郡後，又增設了若干縣級轄區，數目說法不一，據《〈補三國疆域志〉補注》考訂，蜀漢漢中郡有七縣，為南鄭、褒中、沔陽、城固、蒲池 [2]、南鄉、西鄉。

漢中地區之所以受到蜀、魏雙方的重視，成為軍事要鎮，和以下幾個方面有着密切關係：

（一）漢中處於蜀、魏兩國的交界地帶

三國時期，政治力量的地域分佈態勢是南北對峙，由南方的吳蜀聯盟與佔據北方中原的曹魏相抗衡。關中平原是魏國西部的經濟、政治重心區域。自曹操擊敗馬超、韓遂，佔有此地後，任用衛顗等良吏，招撫流亡、勸課農桑、興修水利、大興屯田，又多次從臨近地區向那裏遷徙

2　"據唐孫樵《興元新路記》一文所錄晉太康元年（280）褒谷內摩崖文字，記載徵調褒中、蒲池縣石佐修治褒斜谷道事，可知蒲池縣當在褒中縣以北的褒斜道沿線，不會遠在它處，約今留壩縣東北、鳳縣、太白縣交界處至眉縣南部一帶。"郭鵬：《漢中歷史政區建置沿革研究》，《漢中師院學報》1998 年第 3 期。

人口，使當地的生產迅速恢復，軍事力量逐步增強，成為對蜀作戰的強大基地。蜀漢的基本統治區域則是以成都平原為中心的四川盆地，漢中郡坐落在關中和巴蜀之間，屬於兩大區域交界的中間地帶，蜀、魏兩國為了保衛自己根據地的安全，有必要把重兵部署在敵我接壤之處，以便阻止對方軍隊入境踐踏劫掠；同時，也造就了己方軍隊可以迅速開赴敵境的有利態勢。佔據漢中，具有防止敵人入侵和準備出擊的雙重作用，所以這一地區成了蜀、魏盡力爭奪的前哨陣地。如顧祖禹所言："府北瞰關中，南蔽巴蜀，東達襄鄧，西控秦隴，形勢最重。春秋以來屬楚，故楚為最強，秦不能難也。秦惠文君十三年攻漢中，取地六百里，置漢中郡，而楚始見陵於秦矣。"[3]

例如，劉備在建安十九年（214）佔領益州後，曹操立刻意識到關中所受的威脅。為了不讓劉備搶先奪得漢中，進逼秦隴，曹操迅速在第二年率軍西征，打敗張魯，控制了這一戰略要地，並派遣張郃領兵侵入巴中，"割蜀股臂"。劉備隨即採取了針鋒相對的措施，傾注全力與曹操爭奪漢中，經過歲餘的反覆交鋒，終於迫使曹軍撤退，獲得了這塊寶貴的領土。在此後數十年內，該郡的防禦為蜀國的安全提供了切實的保障。如樂史所稱："漢中實為巴蜀捍蔽，故先主初得漢中，曰曹操雖來，無能為也。是以巴蜀有難，漢中輒沒。自公孫述、先主、李雄、譙縱據蜀，漢中皆為所有。氐虜接畛，又為威禦之鎮。"[4]

（二）漢中是道路匯集、通往幾個戰略方向的交通樞紐

漢中地區之所以受到蜀、魏兩國統帥的重視，另一個原因就是該郡四通八達，川陝之間的多條交通路線經過此地，並且可以東出襄樊，西

3　〔清〕顧祖禹：《讀史方輿紀要》卷 56《陝西五》，中華書局，2005 年，第 2660 頁。

4　《太平寰宇記》卷 133《山南西道一》"興元府"條。

抵隴右，是兵家所謂的“衢地”，即現代軍事學所言的戰略樞紐。

關中平原通往四川盆地的道路中，較為近捷的是穿越秦嶺山脈中間的幾條通道，即褒斜道、儻駱道和子午道，到達漢中後，再通過金牛道或米倉道，分別進入川西（成都平原）和川東（嘉陵江以東的巴地）。這五條道路匯集在漢中盆地，以南鄭為中心[5]。下面予以詳述。

其一為雍州方向，在漢中之北，通往關中平原，主要有三條道路。

一是褒斜道。以南循褒谷、北走斜水而得名[6]。此道路程五百餘里[7]，由南鄭出發，向西北行至褒中縣（今陝西省勉縣褒城鎮），進入褒水（今褒河）河谷北行，過石門、三交城、赤崖（又稱赤岸），抵達褒水源頭。此處和與它對應的斜水（今石頭河）河谷有分水嶺相隔，古稱五里阪[8]。出谷便是魏國扶風郡郿縣的五丈原，面臨渭水。在秦嶺諸道當中，這條道路的旅途最短，有利於節省通行時間，故漢代關中通往巴蜀的驛路就設在此道。就傳世的金石銘文來看，兩漢修築褒斜道路的次數比較多，反映出其往來利用頻繁，是秦嶺諸道中較為重要的一條。如司馬遷在《史記》卷129《貨殖列傳》裏所言：“（巴蜀）然四塞，棧道千里，無所不通，唯褒斜綰轂其口。”

二是儻駱道。由漢中盆地東端的城固（今陝西省洋縣）入儻水河谷，過分水嶺後，再沿駱谷進入關中平原。《讀史方輿紀要》卷56《陝西五》

5　“《志》曰：漢中入關之道有三，而入蜀中之道有二。所謂入關中之道三者，一曰褒斜道，二曰儻駱道，三曰子午道也。所謂入蜀中之道二者，一曰金牛道，二曰米倉關道也。今繇中以趨漢中，繇漢中以趨蜀中者，謂之棧道。其北道即古之褒斜，南道即古之金牛。而子午、儻駱以及米倉之道，用之者或鮮矣。”〔清〕顧祖禹：《讀史方輿紀要》卷56《陝西五》，中華書局，2005年，第2663頁。

6　“褒斜道，今之北棧，南口曰褒，在褒城縣北十里。北口曰斜，在鳳翔府郿縣西南三十里。總計川陝相通之道，谷長四百七十里，昔秦惠王取蜀之道也。”〔清〕顧祖禹：《讀史方輿紀要》卷56《陝西五》，中華書局，2005年，第2663頁。

7　《史記》卷29《河渠書》：“天子以為然，拜（張）湯子卬為漢中守，發數萬人作褒斜道五百餘里。”

8　“褒、斜二水在今太白縣五里坡相近，一在坡西，一在坡東。五里坡古稱五里阪，是一個長五六華里的一面斜坡，坡下為斜水中游桃川谷的平坦川道，坡上則為紅岩河上游虢川平地的寬闊草灘與農田。短短五六華里的坡路，就把褒、斜二水的河谷貫通，成為‘褒斜道’。”王開主編：《陝西公路交通史》，陝西人民出版社，1989年，第99頁。又《史記》卷29《河渠書》：“漕從南陽上沔入褒，褒之絕水至斜，間百餘里。”其說與之不同。

漢中府："儻駱道，南口曰儻，在洋縣北三十里。北口曰駱，在西安府
盩厔縣西南百二十里。谷長四百二十里，其中路屈曲八十里，凡八十四
盤。"儻駱道的路程雖然短促，但是中間的絕水地段較褒斜道為長，山
路險峻，通行困難。

三是子午道。該道在長安正南，經子午谷循池水而行，到達漢中盆
地。《讀史方輿紀要》卷56《陝西五》漢中府："子午道，南口曰午，在
洋縣東百六十里。北口曰子，在西安府南百里，谷長六百六十里，或曰
即古蝕中也。項羽封沛公為漢王，都南鄭。漢王之國，從杜南入蝕中，
去輒燒絕棧道，蓋即此。漢元始五年，王莽通子午道，從杜陵直絕南山，
徑漢中。後漢順帝初，詔罷子午道，通褒斜路。"其漢魏時路線由今西
安市向南，沿子午谷入山後轉入灃水河谷，翻越秦嶺，經洵河上游，南
過腰竹嶺，順池河到漢江北岸的池河鎮附近，又陡轉西北，大致沿漢江
北岸，繞黃金峽西到南段的終端，即城固縣東的龍亭，此處與儻駱道的
南口相近，這兩條道路在城固會合後，再西行至盆地的中心南鄭。見
《讀史方輿紀要》卷56《陝西五》漢中府洋縣："子午谷，胡氏曰在縣東
百六十里。《寰宇記》：縣東龍亭山，由此入子午道是也。又儻谷，在
縣北三十里，即駱谷之南口也。"

其二為益州方向，在漢中之南，通往四川盆地。主要有兩條道路。

一是金牛道，又稱"劍閣道""石牛道"。自漢中盆地西端的古陽平
關（今陝西省勉縣武侯鎮）西南行，穿越巴山至葭萌（即蜀漢之"漢壽"，
在今四省川廣元市老昭化北）與陳倉道會合[9]，南行穿過劍門山，即天險
劍閣，經梓潼、涪（今四川省綿陽市）、雒（今四川省廣漢市）到達成都。

9　"這條古道應從古南鄭（漢中）經勉縣西南烈金壩。烈金壩'一名金牛驛，即秦人置石牛處也'。接着又
　　入寧強東北的五丁峽（金牛峽）。其地'山如斧劈，臨壁凌空，步步絚而上下'，古道出五丁峽經今七盤
　　關、龍門閣和明月峽的古棧道入古葭萌（廣元昭化），再經劍門、柳池驛、武連驛、梓潼送險亭、五婦
　　嶺、石牛鋪入成都。"藍勇：《四川古代交通道路史》，西南師範大學出版社，1989年，第9頁。

這是巴山通道中較為重要的一條，也是歷史上聯繫長安和成都的一條主要交通動脈。《讀史方輿紀要》卷56《陝西五》漢中府曰："金牛道，今之南棧。自沔縣而西，南至四川劍州之大劍關口，皆謂之金牛道，即秦惠王入蜀之路也。自秦以後，繇漢中至蜀者，必取途於此，所謂蜀之喉嗌也。"

二是米倉道。自南鄭向南行，溯漢水的支流濂水而進，穿越巴山山脈的西段 —— 米倉山，再沿宕渠水（今巴水河上游）而行，即到達巴中[10]。建安二十年（215），曹操兵入漢中，張魯南逃時就是走的這條路線。由此向西，可以到達巴西郡的首府閬中，取道西至成都。若繼續順流而下，則能抵達宕渠（今四川省渠縣）、墊江（今重慶市合川區），匯入西漢水（嘉陵江），南入大江。張魯歸降後，曹操命張郃南徇三巴，曾進軍至宕渠之蒙頭、蕩石，為張飛所敗，逃回漢中。

此外，關中入蜀的另一條重要路線 —— 陳倉道（又稱故道、嘉陵道），也和漢中有着密切的聯繫。陳倉道由長安沿渭水西行至陳倉（今陝西省寶雞市），翻越秦嶺山脈的西端，向西南過散關，沿着嘉陵江的北段而下，經河池（今甘肅省徽縣）、武興（今陝西省略陽縣）、關城（今陝西省陽平關）、白水關（今四川省青川縣東北），至葭萌（漢壽縣）與金牛道會合入蜀。

陳倉道迂迴遙遠，不若褒斜道近捷。如《史記》卷29《河渠書》所言："抵蜀從故道，故道多阪，回遠。今穿褒斜道，少阪，近四百里。"但是較為平坦易行，又有嘉陵江的水運之便，所以歷來頗受人們重視。漢代四川的物資北運秦隴，除了走褒斜道外，也經漕運至沮縣（今陝西

10　"米倉山，在（漢中）府西南百四十里，牟子才云'漢中前瞰米倉'是也。又孤雲山，在米倉西，《志》云'山在褒城縣南二十里，亦曰兩角山'，皆南達巴中之道也。"〔清〕顧祖禹：《讀史方輿紀要》卷56《陝西五》，中華書局，2005年，第2674頁。

省略陽縣），再走陳倉道進入關中[11]。這條道路雖然未入漢中境界，但是其途中的要樞——沮縣，即蜀國之武興臨近漢中西陲的要塞陽平關，並有水路可通漕運。曹魏的軍隊如果未能佔領漢中，想走陳倉道入蜀，會受到東側蜀軍的嚴重威脅，很容易被其出擊阻截。或者蜀軍先放魏師通過，隨後切斷補給供應，使魏軍陷入乏糧的窘境。

另外，巴蜀政權向關中的進軍，也可以從漢中出發，經陽平關、沮縣（武興）北上，走陳倉道穿越秦嶺。漢高祖劉邦的"明修棧道，暗度陳倉"，以及諸葛亮的二次北伐，都使用了這條道路。

其三為涼州方向。由漢中西行，出陽平關至武興後，除了可以沿故道北上陳倉，南下關城之外，還可以經多條道路通往原來漢朝的涼州地區：

一是武都、陰平。這兩郡位於漢中之西，在今甘南藏族自治州境，"土地險岨，有麻田、氐叟，多羌戎之民"[12]。東漢中葉，武都太守虞詡曾動員吏士，開通自沮至武都郡治下辨（今甘肅省成縣）的嘉陵江支流航道[13]，再往西南即到達陰平。二郡北與曹魏的天水、南安、隴西等郡接壤，南臨益州的梓潼郡，陰平有景谷道（又名左擔道）通往江油和涪縣，是蜀漢政權西北的側門，後來鄧艾滅蜀便是經由此途。武都、陰平若是落入敵手，蜀地和漢中西境都會受到威脅，故此劉備曾遣吳蘭、雷

---

11 "四川的布、穀利用嘉陵江水運可以運到沮縣，以上就有兩個去路：一條是沿着嘉陵江支流黑峪河經下辨運到武都、天水等地，這就是虞詡所開的航道；另一條則先出散關、陳倉運往長安，漢析里橋'郙閣頌'：'惟斯析里，處漢之右⋯⋯漢水逆溭，稽滯行旅，路當二州，經用由沮。⋯⋯常車迎布，歲數千兩。'析里的郙閣即今略陽西二十里的臨江崖，這裏的漢水為西漢水即嘉陵江，沮縣就是現在的略陽。四川一向以布帛著名，'常車迎布，歲數千兩'，跟上引虞詡傳漕布穀集中沮縣情形符合。銘文中的'路當二州'，其一指益州，其二則指涼州（隴西、武都諸郡）。銘文最後提到李翕派人造析里大橋，'醳散關之漸溭，從朝陽之平燥'，這就是指由沮縣此上嘉陵道出散關到關中的道路情形，由此可以證明沮縣是當時四川布穀集中之地，從這裏然後分散到隴西跟關中地區。"黃盛璋：《川陝交通的歷史發展》，《地理學報》1957年第11期。

12 〔晉〕常璩撰、劉琳校注：《華陽國志校注》卷2《漢中志》，巴蜀書社，1984年，第155頁。

13 《後漢書》卷58《虞詡傳》："（遷武都太守）先是運道艱險，舟車不通，驢馬負載，僦五致一。詡乃自將吏士，案行山谷，自沮至下辨數十里中，皆燒石翦木，開漕船道，以人僦直雇借傭者，於是水運通利，歲省四千餘萬。"

銅領兵爭奪該地，但是敗於曹洪。建興七年（229）諸葛亮派陳式自漢中起兵，攻佔二郡。漢中和武都之間有水路相通，諸葛亮再出祁山時，便由此途以舟船運送兵員糧草。見《華陽國志》卷 7《劉後主志》："（建興）九年春，丞相亮復出圍祁山，……盛夏雨水，（李）平恐漕運不給，書白亮宜振旅。"劉琳解釋道："這裏說的漕運即後漢虞詡所開的從沮縣到下辨的漕運河道。《後漢書·虞詡傳》：虞詡為武都太守，住下辨，'先是運道艱險，舟車不通，驢馬負載，僦五致一。詡乃自將吏士，案行川谷，自沮至下辨數十里中，皆燒石翦木，開漕船道，以人僦直雇借傭者，於是水運通利。'沮縣在今陝西略陽東，下辨在今甘肅成縣西。虞詡所開漕運道蓋自今略陽溯嘉陵江、青源河及成縣南河而達下辨。以後漢中的糧食經由此漕運到武都。"[14]諸葛亮病逝後，武都、陰平又成為姜維北伐的主要屯兵地。

二是祁山、天水。由武興至下辨（今甘肅省成縣）或河池（今甘肅省徽縣），均有陸路北行，經祁山（今甘肅省禮縣東北）一帶進入隴西的天水郡界。這組道路可以繞過秦嶺的西側，避開其險峻難登的不利地形。蜀漢後主建興六年（228）諸葛亮初次北伐，未聽魏延"直從褒中出，循秦嶺而東，當子午而北"的建議，就是採用了這條較為安全的進軍路線，"亮以為此縣（懸）危，不如安從坦道，可以平取隴右，十全必克而無虞，故不用延計。"[15]

其四為荊州方向。在漢中之東，自盆地東端的成固沿漢水而下，可以從秦嶺、巴山之間的缺口向東到達西城（今陝西省安康市），後人稱為"西城道"。循漢水東進過旬陽、錫縣（今陝西省白河縣）至鄖關（今湖北省十堰市鄖陽區），東去陸路可入南陽盆地，抵達名都宛城（今河

---

14 〔晉〕常璩撰、劉琳校注：《華陽國志校注》卷 7《劉後主志》，巴蜀書社，1984 年，第 560—561 頁。
15 《三國志》卷 40《蜀書·魏延傳》注引《魏略》。

南省南陽市），這就是歷史上的"旬關道"。從郇關東南順流而下，則到達江漢平原的北方門戶重鎮襄陽。自西城東南陸行，還有一條支路可達上庸（今湖北省竹山縣）、新城（今湖北省房縣），然後能夠南下秭歸，或者東去襄陽。

三國時期，這一戰略方向也發生過幾次軍事行動。如建安二十四年（219），劉備奪取漢中後，為了實現"隆中對"時制定的"跨有荊益"作戰計劃，曾令關羽北攻襄陽，又命劉封乘漢水東進，與孟達配合，佔領西城、上庸、房陵三郡。後來孟達降魏，引兵來攻，蜀漢的上庸太守申耽又乘機反叛，劉封才丟棄西城，敗歸成都。

曹魏太和四年（230），荊州都督司馬懿配合曹真伐蜀，亦由宛西進，溯漢水而上，企圖奪取漢中，後來道遇霖雨而還。

諸葛亮死後，蔣琬鎮守漢中時，也曾有過利用漢水航運向東進攻，攻佔魏興、上庸等地的打算。[16]

綜上所述，秦隴與巴蜀、襄樊聯繫的交通道路，大多匯總於漢中。此地實為四通五達之衢，佔領該地攻防俱便，容易掌握軍事上的主動權，因此地位十分重要。張浚曾言："漢中實天下形勢之地。號令中原，必基於此。……前控六路之師，後據兩川之粟，左通荊襄之財，右出秦隴之馬，天下大計斯可定矣。"[17]《讀史方輿紀要》卷56《陝西五》亦引牟子才曰："漢中前瞰米倉，後蔽石穴，左接華陽黑水之壤，右通陰平秦隴之墟。黃權以為蜀之根本，楊洪以為蜀之咽喉者，此也。"曹魏若是佔領漢中，可以從多條道路威脅巴蜀，使其防不勝防。而蜀國如果握有此地，控制這個交通樞要，則能夠阻擊截斷由關中穿越秦嶺的諸條路

---

16 《三國志》卷44《蜀書·蔣琬傳》："琬以為昔諸葛亮數窺秦川，道險運艱，竟不能克，不若乘水東下。乃多作舟船，欲由漢、沔襲魏興、上庸。會舊疾連動，未時得行。"

17 《建炎以來繫年要錄》卷28。

線，保證成都平原的安全。若要採取進攻態勢，向北方中原用兵，可以選擇幾個戰略方向進軍，神出鬼沒，使敵人難以判斷。例如諸葛亮和姜維的多次北伐，都是以弱攻強，雖然和魏軍互有勝負，但是主動權往往掌握在蜀漢方面。原因之一，就是蜀國佔據了漢中要地，能夠利用其通達性，轉換進軍方向，起到出敵不意的效果。如諸葛亮初次北伐，用趙雲、鄧芝所部在箕谷佯動，作為疑兵，然後師出祁山。致使"南安、天水、安定三郡叛魏應亮，關中響震"[18]。諸葛亮在屢次進攻隴右之後，又突然走褒斜道穿越秦嶺，兵臨五丈原。姜維也曾在頻頻出擊隴西之際，揮師由駱谷直入秦川，皆為此類戰例。

（三）漢中地形險要，利於守方防禦

蜀國以區區一州之域對抗雄踞中原的曹魏，在很大程度上得益於地理條件。如《博物志》卷1所言："蜀漢之土，與秦同域，南跨邛筰，北阻褒斜，西即隈礙，隔以劍閣，窮險極峻，獨守之國也。"在與魏軍抗爭時，漢中首當其衝。它的四周群山環繞，峽谷縱橫，地形相當複雜，構成了交通往來的巨大障礙。《棧道銘》稱漢中："秦之坤，蜀之艮，連高夾深，九州之險也。陰溪窮谷，萬仞直下，奔崖峭壁，千里無土。"其北邊的秦嶺雄峙於渭水之南，西起嘉陵江，東至丹水河谷，橫長約400千米，縱寬100—180千米，海拔多在2000米左右，給關中入蜀的各條通道帶來處處險阻。漢中南邊的巴山，自嘉陵江谷向東，綿延千餘里，聳立於川、陝、鄂三省之間，又是四川盆地北部的天然屏障。曹魏軍隊入蜀，必須越過這兩條山脈，或穿行於深峽窮谷，或攀登上座座高阪，其途之艱險可知。尤其是秦嶺諸道的河谷兩側，多有懸崖峭壁，人

---

18 《三國志》卷35《蜀書・諸葛亮傳》。

馬難以立足通行，因此古來常在沿途鑿山架木，修建棧道[19]。漢中西陲的陽平關、東端的黃金戍，也是著名的天險。守禦的一方可以燒絕棧道阻擋敵寇，憑藉山險設置要塞，或利用峽谷以小股游軍抄掠對方的輜重糧草，能夠起到以寡制眾的效果。例如：

建安二十年（215），曹操親率十萬大軍西征漢中，張魯之弟張衛據守陽平關，"橫山築城十餘里，攻之不能拔"[20]。曹操感歎漢中地勢之險，恐怕對峙日久，有全軍覆沒的危險，故下令撤退，稱："作軍三十年，一朝持與人如何？"[21] 後因張衛等聞訊懈怠，被曹軍偷襲得手，才僥倖進入漢中。

建安二十四年（219），劉備在定軍山陣斬夏侯淵，憑險固守，迫使曹操退回關中。參加這兩次戰役的曹魏君臣對當地的絕險深有感觸。曹操事後"數言'南鄭直為天獄，中斜谷道為五百里石穴耳'，言其深險，喜出（夏侯）淵軍之辭也。"[22] 曹丕也說："漢中地形實為險固，四嶽三塗皆不及也。張魯有精甲數萬，臨高塞要，一夫揮戟，千人不得過。"[23] 後來魏明帝欲攻打漢中，大臣孫資亦引曹操西征故事來勸阻，言："今若進軍就南鄭討亮，道既險阻，計用精兵又轉運鎮守南方四州遏禦水賊，凡用十五六萬人，必當復更有所發興，天下騷動，費力廣大，此誠陛下

---

19 秦嶺諸道的棧道情況可見：褒斜道，"李文子曰：'自褒城縣北褒谷至鳳州界一百五十里，始通斜谷，谷中褒水所經，皆穴山架木而行。'《漢中志》曰：'褒斜谷中，宋時有棧閣二千九百八十九間，元時有板閣二千八百九十二間。歷代製作，增損不定。'……自鳳縣至褒城皆大山，緣坡嶺行，有缺處，以木續之成道，如橋然，所謂棧道也。其間喬木夾道，行者遇夜或宿於岩穴間。出褒城地始平。"〔清〕顧祖禹：《讀史方輿紀要》卷 56《陝西五》漢中府，中華書局，2005 年，第 2667 頁。子午道，《水經注》卷 27《沔水上》："（直）水北出子午谷岩嶺下，又南枝分，東注旬水。又南徑徙閣下，山上有戍，置於崇皋之上，下臨深淵，張子房燒絕棧閣，示無還也。又東南歷直谷，徑直城西，而南流注漢。""子午道，……項羽封沛公為漢王，都南鄭。漢王之國，從杜南入蝕中，去輒燒絕棧道，蓋即此。"〔清〕顧祖禹：《讀史方輿紀要》卷 56《陝西五》，中華書局，2005 年，第 2669 頁。又，陳倉道中也有棧道，參見黃盛璋：《川陝交通的歷史發展》，《地理學報》1957 年第 11 期。

20 《三國志》卷 1《魏書·武帝紀》。

21 《三國志》卷 8《魏書·張魯傳》注引《魏名臣奏·楊暨表》。

22 《三國志》卷 14《魏書·劉放傳》注引《孫資別傳》。

23 《太平御覽》卷 352《兵部·戟》引《魏文帝書》。

所宜深慮。"[24] 曹叡因此取消了作戰計劃。

此後，漢中的險要地勢仍給曹魏大軍的西征帶來許多挫折與困難。如太和四年（230），曹真、司馬懿率兵自斜谷、駱谷、西城三道進攻漢中，"兵行數百里而值霖雨，橋閣破壞，後糧腐敗，前軍縣（懸）乏。"[25] 大臣王肅上疏建議撤軍，曰："前志有之：千里饋糧，士有飢色，樵蘇後爨，師不宿飽。此謂平塗之行軍者也。又況於深入阻險，鑿路而前，則其為勞必相百也。今又加之以霖雨，山阪峻滑，眾逼而不展，糧縣（懸）而難繼，實行軍者之大忌也。聞曹真發已逾月而行裁半谷，治道功夫，戰士悉作。是賊偏得以逸而待勞，乃兵家之所憚也。"[26] 後來只得回師。

正始五年（244），曹爽、夏侯玄率眾自駱谷入漢中，在興勢受到蜀軍阻擊，逾月不得進。司馬懿給夏侯玄寫信道："'《春秋》責大德重，昔武皇帝再入漢中，幾至大敗，君所知也。今興平路勢至險，蜀已先據；若進不獲戰，退見徼絕，覆軍必矣。將何以任其責！'玄懼，言於爽，引軍退。費禕進兵據三嶺以截爽，爽爭嶮苦戰，僅乃得過。所發牛馬運轉者，死失略盡，羌胡怨歎，而關右悉虛耗矣。"[27] 魏軍損失重大。

（四）漢中具有豐富的經濟資源

漢中受到蜀、魏雙方重視的另一個原因，在於當地擁有得天獨厚的自然條件。漢中盆地山環水繞，氣候溫潤，土地肥饒，多有利於農業墾殖的河川平原和丘陵、平壩。《華陽國志》卷 2《漢中志》稱其"厥壤沃美，賦貢所出，略侔三蜀"，曾與天府之國四川齊名。境內漢水及其大小支流縱橫交織，便於發展水利事業，稻麥皆宜。盆地周圍的秦巴山地

---

24 《三國志》卷 14《魏書·劉放傳》注引《孫資別傳》。
25 《三國志》卷 27《魏書·王基傳》注引《戰略》。
26 《三國志》卷 13《魏書·王肅傳》。
27 《三國志》卷 9《魏書·曹爽傳》注引《漢晉春秋》。

森林茂盛，"褒斜材木竹箭之饒，擬於巴蜀"[28]。據《漢書‧地理志》《後漢書‧郡國志》及《元和郡縣圖志》記載，漢中有數縣出產鐵礦、銅礦，可以開採冶煉。

種種優越的自然條件，使漢中獲得了較早的開發。戰國時期，當地就已成為天下知名的經濟區域。《戰國策‧秦策一》載蘇秦說秦惠王曰："大王之國，西有巴、蜀、漢中之利，北有胡貉、代馬之用。"秦亡之後，劉邦被項羽封為漢王，都南鄭，曾聽從蕭何的建議，在那裏廣開堰塘，練兵積穀，為後來出兵三秦，東進中原準備了物質基礎。《華陽國志》卷 2《漢中志》載劉邦進軍關中後，"蕭何常居守漢中，足食足兵"。當時修建的水利設施至後代仍得到了長期的修繕沿用。[29] 西漢時武帝曾聽從張湯等人的建議，"拜湯子印為漢中守，發數萬人作褒斜道五百餘里"，為的是"漢中之穀可致（長安）"[30]，可見漢中農業之發達。漢末張魯割據巴漢，多有聚斂。曹操佔領漢中後，曾"盡得魯府庫珍寶"[31]，並用繳獲的物資大饗三軍，隨同出征的文人王粲在詩中描寫當時的情景："陳賞越丘山，酒肉逾川坻，軍人多飫饒，人馬皆溢肥。徒行兼乘還，空出有餘資。"[32] 由此能夠看出當地物產的豐富。

對於蜀、魏兩國來說，如果部署大量軍隊在秦嶺或巴山一帶作戰，糧草供應是一個生死攸關的問題。雖然關中和巴蜀沃野千里，盛產糧粟，但是出征路途險阻，轉運維艱。若是能在前線附近就地解決部分給養，可以節省大量的人力、物力，減少國家的耗費。漢中盆地恰恰是川陝之間理想的屯兵墾殖場所，蜀國奪取漢中後，諸葛亮和他的繼任者都

---

28 《史記》卷 29《河渠書》。

29 漢初水利設施遺跡有山河堰，在今褒城鎮南，原名蕭何堰，相傳為蕭何所建，後傳訛為山河堰，見《宋史》卷 95《河渠志》、卷 173《食貨志‧上一》。又有張良渠，見《水經注》卷 27《沔水》："壻水又東徑七女塚，……水北有七女池，池東有明月池，狀如偃月，皆相通注，謂之張良渠，蓋良所開也。"

30 《史記》卷 29《河渠書》。

31 《三國志》卷 1《魏書‧武帝紀》。

32 《文選》卷 27 王粲《從軍詩五首‧之一》。

曾在那裏大興屯田，並設立督農官職，勸課農桑，利用當地的山水沃土耕種粟穀，顯著減弱了前方軍糧供給不足的矛盾。

綜上所述，漢中地區具有臨近邊界、道路匯集、地形險要、物產豐富等多種優越的地理條件，利於駐兵鎮守和向敵境出擊，具有重要的戰略價值。在三國時期的割據混戰中，佔據漢中的一方可以獲得政治、經濟、軍事等諸方面的好處，有益於鞏固自己的統治地位。如閻圃所稱："漢川之民，戶出十萬，財富土沃，四面險固。上匡天子，則為桓、文；次及竇融，不失富貴。"[33] 因此，該地區受到蜀、魏兩國的高度重視，引起了對該地區的激烈爭奪。

二、蜀國對魏戰略與漢中兵力部署之演變

三國時期，蜀國對漢中地區的兵力部署屢屢做出調整。這和它在各歷史階段對魏作戰方略的不同有着直接關係。分述如下：

（一）劉備親征漢中時期

這一時期從建安二十二年冬（217）劉備發兵進攻漢中，至建安二十四年（219）七月攻佔漢中全境後撤軍回川為止，其特點是向這個戰略方向投入了主力部隊，並且傾注了全蜀人員、財賦的支持，直至取得戰役的勝利。

1. 背景 —— 曹操佔領漢中及劉備的初步應對

赤壁之戰以後，曹操和孫權、劉備形成了南北對峙的局面，在江北沿線相持不下的狀況難以打開，因此都想在敵對勢力較為弱小的西部地區擴張，壯大自己的力量，制約對手。曹操於建安十六年（211）進兵關

---

33 《三國志》卷8《魏書・張魯傳》。

中，驅逐了馬超、韓遂。而孫權和劉備卻企圖佔據益州和涼州，漢中這塊戰略要地也引起了他們的覬覦。《三國志》卷32《蜀書·先主傳》注引《獻帝春秋》曰：“孫權欲與備共取蜀，遣使報備曰：‘米賊張魯居王巴、漢，為曹操耳目，規圖益州。劉璋不武，不能自守。若操得蜀，則荊州危矣。今欲先攻取璋，進討張魯，首尾相連，一統吳、楚，雖有十操，無所憂也。’備欲自圖蜀，拒答不聽。”

建安十九年（214）四月，劉備佔領成都，統治了益州，奠定了蜀漢政權的基業。劉備闖蕩半生，屢受挫折，長期未有立足之地。赤壁之戰以後，他雖然從孫吳手中借得荊州棲身，但是形勢仍然窘迫。正如諸葛亮所言：“主公之在公安也，北畏曹公之強，東憚孫權之逼，近則懼孫夫人生變於肘腋之下；當斯之時，進退狼跋。”[34] 直到攻佔益州後，才“翻然翱翔，不可復制”。曹操始終把劉備視為自己的強勁對手，當初他聽到孫權“以土地業備，方作書，落筆於地”[35]。此時劉備全取益州，自然會給曹操極大的震動。曹操採取的對策，就是針鋒相對地出兵攻佔川陝的中間地帶——漢中。這一舉措既保護了關中腹地，又能對巴蜀造成直接的威脅。

曹操經過準備，乘劉備領兵東下，與孫權爭奪長沙、零陵、桂陽，蜀中兵力空虛之際，於建安二十年（215）三月親率大軍十萬西征；七月抵達陽平關，攻破該城後，張魯被迫逃往巴中；八月，曹操進駐漢中首府南鄭，隨即派遣使者去巴西勸降張魯和當地少數民族首領，此舉獲得了成功。“九月，巴七姓夷王朴胡、賨邑侯杜濩舉巴夷、賨民來附，於是分巴郡，以胡為巴東太守，濩為巴西太守，皆封列侯。……十一月，（張）魯自巴中將其餘眾降。封魯及五子皆為列侯。”[36] 至十二月，曹操

---

34 《三國志》卷37《蜀書·法正傳》。
35 《三國志》卷54《吳書·魯肅傳》。
36 《三國志》卷1《魏書·武帝紀》建安二十年。

留征西將軍夏侯淵、張郃、益州刺史趙顒等鎮守漢中，並命令張郃南侵巴地，強迫遷徙當地居民到漢中，自領大眾撤還鄴城。

曹操進佔漢中對蜀漢造成了嚴重的威脅。益州士民剛剛歸降劉備，眾心未定，聞訊普遍震恐。《三國志》卷14《魏書·劉曄傳》注引《傅子》曰："蜀降者說：'蜀中一日數十驚，備雖斬之而不能安也。'"另外，"曹公使夏侯淵、張郃屯漢中，數數犯暴巴界"[37]，也使川東地區不得安寧。劉備深感局勢危急，便向孫權求和，割長沙、江夏、桂陽東屬，收兵回川；任命黃權為護軍，"率諸將迎（張）魯，魯已降，權遂擊朴胡、杜濩、任約，破之"[38]；又令大將張飛領兵擊敗張郃，收復了巴山以南的失地，使局勢重新穩定。

2. 劉備進攻漢中的兵力部署

兩年之後，劉備在益州的統治基本鞏固。他聽從法正之謀[39]，利用曹軍主力退還中原，漢中守軍薄弱、將帥才略不足的有利形勢，出兵北伐，奪取了這塊戰略要地。蜀漢方面的兵力部署可以根據此次戰役的進展情況劃分為三個階段。

第一，相持階段。自東漢建安二十二年（217）冬劉備發兵進攻漢中，至建安二十四年（219）春，蜀軍逾陽平關進入漢中盆地之前[40]。劉備投入這次戰役的兵力分為東西兩部。

東路為蜀軍主力，由劉備親自統率，具體人數史無詳載。據《三國志》卷32《蜀書·先主傳》所載，劉備在兩年前東征長沙三郡時所領的主力部隊為5萬人，此次可能大致相同。這支隊伍是蜀軍的精銳，以法正為謀主，部將有趙雲、黃忠、魏延、劉封、陳式、張翼、高詳

---

37 《三國志》卷32《蜀書·先主傳》建安二十年。
38 《資治通鑒》卷67漢獻帝建安二十年十一月。
39 《三國志》卷37《蜀書·法正傳》載建安二十二年（217）"法正說先主曰"條。
40 《資治通鑒》卷68漢獻帝建安二十二年十月至二十三年四月。

等人，留諸葛亮在成都鎮守接濟。進軍路線是北出漢壽後走金牛道，企圖攻佔陽平關，由西邊進入漢中。魏將夏侯淵、張郃、徐晃等率兵利用陽平關附近的險要地勢加以阻擊，雙方相持了將近一年[41]。其間劉備曾派陳式帶領小股部隊阻絕馬鳴閣道，欲截斷漢中魏軍的後方補給路線，被徐晃擊敗。[42]據《三國志》卷17《魏書·張郃傳》所載："劉備屯陽平，郃屯廣石。備以精卒萬餘，分為十部，夜急攻郃。郃率親兵搏戰，備不能克。"由於戰事不利，兵力消耗很大，劉備急令諸葛亮發兵支援。《三國志》卷41《蜀書·楊洪傳》載諸葛亮為此事與當地豪族大姓商議，楊洪主張全力以赴，拿下漢中，以保障益州的安全。他說："漢中則益州咽喉，存亡之機會，若無漢中則無蜀矣，此家門之禍也。方今之事，男子當戰，女子當運，發兵何疑！"結果，"亮於是表洪領蜀郡太守，眾事皆辦，遂使即真"。蜀軍在後方的傾力支持下，逐漸扭轉了戰局。

西路。張飛、馬超、吳蘭等人率偏師沿陳倉道北上，經過武興（今陝西省略陽縣），進駐下辨（今甘肅省成縣）。隨後，又命令吳蘭、雷銅率軍西入武都、陰平郡界。由於上次曹操西征時走的是陳倉道，所以張飛等人領兵屯駐下辨，一來可以阻擊隴西和陳倉方面曹魏開往漢中的援軍，掩護劉備主力的側翼；二來能夠保護益州的門戶——白水、劍閣，不使敵軍南下切斷蜀漢後方運往陽平關前線的糧草供應。張飛此次率領

---

41 《三國志》卷9《魏書·夏侯淵傳》："（建安）二十三年，劉備軍陽平關，淵率諸將拒之，相守連年。"

42 《三國志》卷17《魏書·徐晃傳》："太祖還鄴，留晃與夏侯淵拒劉備於陽平。備遣陳式等十餘營絕馬鳴閣道，晃別征破之，賊自投山谷，多死者。太祖聞，甚喜，假晃節，令曰：'此閣道，漢中之險要咽喉也。劉備欲斷絕外內，以取漢中。將軍一舉，克奪賊計，善之善者也。'"馬鳴閣的地點，據胡三省注《資治通鑒》卷68曰："馬鳴閣，在今利州昭化縣。"即當時蜀之葭萌附近，後人多從其說，但其中有疑問。從前引《魏書·徐晃傳》的記載來看，第一，馬鳴閣如在葭萌附近，即不屬於漢中境界，曹操所言"此閣道，漢中之險要咽喉也"就無法解釋。第二，當時劉備已在陽平關一帶與夏侯淵交戰，葭萌在蜀軍的後方；若從胡三省之說，劉備遣陳式絕馬鳴閣豈不成了切斷自家的糧道交通，焉有此理？第三，漢中曹軍既然在陽平關與劉備對峙，怎能繞到蜀軍背後數百里外的葭萌附近去和敵人作戰呢？由此看來，馬鳴閣應在漢中與關中間的秦嶺峽谷之中，而在昭化附近之說是不能成立的。

的兵力數目沒有明確記載，按其本傳所言，他平時屬下軍隊有萬餘人，若加上馬超、吳蘭所部，人數可能將近兩萬。

曹操當時採取的對策，首先是派遣大將曹洪、曹休領兵自隴西攻擊屯駐下辨的張飛所部，企圖打破蜀軍對漢中的封鎖。其中，曹休、曹真率領的是魏軍之精銳騎兵 —— 虎豹騎[43]。建安二十三年（218）正月，張飛屯兵固山（今甘肅省成縣西北），詐稱要截斷曹洪軍隊的後路，但被曹休識破。後者向曹洪提出："賊實斷道者，當伏兵潛行。今乃先張聲勢，此其不能也。宜及其未集，促擊（吳）蘭，蘭破則飛自走矣。"[44]曹洪接受了他的建議，縱兵擊敗吳蘭。三月，張飛、馬超見形勢不利，退出下辨，吳蘭等將被陰平氏族首領強端所殺。[45]不過，張飛、馬超的部下並未遭受重大損失，仍在武都、漢中之間堅持阻擊，使曹洪軍隊未能趕赴陽平關前線救援，基本實現了作戰意圖[46]。其次，據《三國志》卷1《魏書‧武帝紀》所載，當年七月，曹操見漢中戰事膠着，唯恐有失，便親自率領大軍來援。九月，兵至長安。

第二，進攻階段。從建安二十四年（219）正月劉備兵入陽平關，至三月曹操進兵漢中前。在這個階段內，劉備攻入漢中盆地；曹軍失去地利，在兵力和作戰指揮上都處於劣勢，遭到慘敗，督帥夏侯淵陣亡。

劉備打破陽平天險，進入漢川之後，做了如下部署：

43　《三國志》卷9《魏書‧曹休傳》："常從征伐，使領虎豹騎宿衛。劉備遣將吳蘭屯下辨，太祖遣曹洪征之，以休為騎都尉。"《三國志》卷9《魏書‧曹真傳》："太祖壯其鷙勇，使將虎豹騎。……以偏將軍將兵擊劉備別將於下辨，破之，拜中堅將軍。"《三國志》卷9《魏書‧曹純傳》："初以議郎參司空軍事，督虎豹騎從圍南皮。"注引《魏書》曰："純所督虎豹騎，皆天下驍銳。"

44　《三國志》卷9《魏書‧曹休傳》。

45　《三國志》卷1《魏書‧武帝紀》建安二十三年（218）正月："曹洪破吳蘭，斬其將任夔等。三月，張飛、馬超走漢中，陰平氐強端斬吳蘭，傳其首。"

46　"張飛從固山退走後，去向如何，史書雖未明確記載，但是，度當時之勢，張飛可能在武都與漢中之間繼續阻擊曹洪軍。因為張飛、馬超的目的是切斷武都曹軍與漢中的聯系，而在整個戰鬥中，均未見武都的曹軍援救漢中的夏侯淵，說明張飛、馬超儘管在初期失敗了，但仍起到了阻止武都曹兵南下的作用。"李承疇、孫啟祥：《張飛"間道"進兵漢中考辨》，《漢中師院學報》1991年第1期。

一是留部將高詳駐守陽平關，保護後方補給的通道[47]。

二是主力南渡漢水，在定軍山麓紮營，伺機東進。這樣部署的原因有以下幾點：

其一，可以避免陷入背水作戰的不利境地。因為夏侯淵所部在漢水之北，依托褒斜道口來對抗蜀軍；而曹操大兵近在關中，隨時可以經秦嶺諸道南下增援。劉備若背靠漢水與敵人交鋒，一旦戰事不利，退無所據，就有全軍覆沒的危險，所以他不敢在沒有把握的情況下，陳兵於水北與曹軍作戰。即使在定軍山戰役勝利之後，蜀軍和張郃、郭淮所部佔有明顯的優勢時，劉備也不願冒這個風險。可見《三國志》卷26《魏書・郭淮傳》：

> 淵遇害，軍中擾擾，淮收散卒，推蕩寇將軍張郃為軍主，諸營乃定。其明日，（劉）備欲渡漢水來攻。諸將議眾寡不敵，備便乘勝，欲依水為陳以拒之。淮曰："此示弱而不足挫敵，非算也。不如遠水為陳，引而致之，半濟而後擊，備可破也。"既陳，備疑不渡。淮遂堅守，示無還心。

其二，在漢水以南駐營，既可以沿流進攻盆地中心，還能夠誘使敵人渡河來戰，使對方處於背水對陣的不利形勢，以便獲勝。例如，後來曹軍渡漢水來攻蜀營，趙雲"更大開門，偃旗息鼓。公軍疑雲有伏兵，引去。雲雷鼓震天，惟以戎弩於後射公軍，公軍驚駭，自相蹂踐，墮漢水中死者甚多。"[48]

其三，在定軍山麓駐紮，有居高臨下的地勢條件，無論防禦還是反

---

47 《三國志》卷9《魏書・曹真傳》。
48 《三國志》卷36《蜀書・趙雲傳》注引《雲別傳》。

攻都比較有利。事後夏侯淵領兵來攻時，"先主命黃忠乘高鼓譟攻之，大破淵軍，斬淵及曹公所署益州刺史趙顒等"[49]，即反映了蜀軍部署的得當。

劉備在定軍山之役獲勝後，漢中曹軍處於全面劣勢，且有被殲滅的危險。在此情況下，曹操不得不親自出馬，率領大軍到他深感憎惡的"妖妄之國"來解救受困的部下。

第三，防禦和反攻階段。時間為建安二十四年（219）三月至五月，從曹操率眾來到漢中，到他撤回長安、劉備奪得漢中及東三郡為止。曹操前次西征走的是陳倉道，但是這次該途已被張飛所部封鎖，於是改走較為近捷而險阻很多的褒斜道。為了防備蜀軍在中途截擊，曹操先派出部隊遮護險要地段，然後大軍進臨漢中。曹操所率的兵卒數目沒有明確記載，不過可以做一些推斷。《三國志》卷35《蜀書·諸葛亮傳》引《諸葛亮集·正議》曰："夫據道討淫，不在眾寡。及至孟德，以其譎勝之力，舉數十萬之師，救張郃於陽平，勢窮慮悔，僅能自脫，辱其鋒銳之眾，遂喪漢中之地。"此處可能有所誇張，但曹操兵力超過十萬應無問題。另外，曹操前次西征領兵十萬，這次戰役結束後，蜀將魏延曾對劉備說："若曹操舉天下而來，請為大王拒之；偏將十萬之眾至，請為大王吞之。"[50]看來曹操親征所領的兵力應該在十萬以上。如果加上張郃、郭淮所部，那麼他在漢中前線的人馬數量要大大超過劉備。儘管如此，曹操面臨的局面仍然相當棘手。因為魏軍雖眾，可是秦嶺諸道交通困難，糧運難繼；而且東方荊襄地區的戰事頻頻告急，亟待曹操回援，所以他不可能在漢中久駐。劉備分析當前的形勢後，明智地選擇了堅壁不戰、迫使敵人撤兵的做法。他信心十足地對臣下講："曹公雖來，無能

---

49 《三國志》卷32《蜀書·先主傳》建安二十四年。
50 《三國志》卷40《蜀書·魏延傳》。

為也，我必有漢川矣。"[51] 在東路的漢中盆地，蜀軍在漢水之南依據山險而守，不與曹軍交鋒[52]，又派遣兵將毀其糧儲，使敵人的給養更加匱乏[53]。雙方相持月餘，曹營軍心開始渙散，逃兵越來越多。曹操被迫放棄漢中，領兵退還。見《三國志》卷32《蜀書·先主傳》："及曹公至，先主斂眾拒險，終不交鋒，積月不拔，亡者日多。夏，曹公果引軍還，先主遂有漢中。"

　　蜀軍在西路的情況不詳，從曹魏方面的記載來看，夏侯淵戰死後，張郃、郭淮等率領其餘部退往陽平關附近。曹操隨即任命曹真為征蜀護軍，督徐晃等將在陽平擊敗蜀將高詳，打通了去往武都的道路。後來，魏軍從漢中撤退時，曹真、張郃率領部眾自陽平關向西移動，與駐守下辨的曹洪軍隊會合，然後走故道向北退至陳倉。[54] 張飛、馬超所部原來可能駐紮在武興（今陝西省略陽縣）一帶阻擊曹洪。看來，曹操大軍進入漢中以後，張飛等人為了避免遭受兩面夾攻，退出了這一地區，致使曹真、張郃與曹洪能夠合兵一處。據《三國志》卷40《蜀書·魏延傳》記載，建安二十四年（219）七月，張飛曾出現在漢中蜀軍營內，但無法確定他是在曹操退兵關中之前還是之後率眾與劉備會師的。

　　曹軍北撤之後，劉備佔據漢中，但這只是兩漢漢中郡境的西部，其東部的西城、上庸、房陵三郡還在曹魏手裏。為了連接荊、益兩州，保障漢中盆地側翼的安全，劉備乘勝進攻，令副軍中郎將劉封順漢水東

51　《三國志》卷32《蜀書·先主傳》。

52　《三國志》卷1《魏書·武帝紀》建安二十四年（219）："三月，王自長安出斜谷，軍遮要以臨漢中，遂至陽平。備因險拒守。夏五月，引軍還長安。"《三國志》卷17《魏書·張郃傳》："太祖在長安，遣使假郃節。太祖遂自至漢中，劉備保高山不敢戰。"

53　《三國志》卷36《蜀書·趙雲傳》注引《雲別傳》："夏侯淵敗，曹公爭漢中地，運米北山下，數千萬囊。黃忠以為可取，雲兵隨忠取米。忠過期不還，雲將數十騎輕行出圍，迎視忠等。"

54　《三國志》卷17《魏書·張郃傳》："淵遂沒，郃還陽平。……遂推郃為軍主。郃出，勒兵安陳，諸將皆受郃節度，眾心乃定。太祖在長安，遣使假郃節。……太祖乃引出漢中諸軍，郃還屯陳倉。"《三國志》卷9《魏書·曹真傳》："從至長安，領中領軍。是時，夏侯淵沒於陽平，太祖憂之，以真為征蜀護軍，督徐晃等破劉備別將高詳於陽平。太祖自至漢中，拔出諸軍，使真至武都迎曹洪等還屯陳倉。"

下，攻擊上庸；宜都太守孟達從秭歸北攻房陵。孟達進軍順利，殺房陵太守蒯琪，奪取該郡後與劉封合攻上庸，迫使太守申耽投降，並送其妻子和宗族到成都為人質。劉備任命申耽為征北將軍，領上庸太守，其弟申儀為西城太守。[55] 至此，原來漢朝的漢中郡轄區被蜀軍全部佔領，還打開了通往中原荊襄地區的道路。漢中戰役為蜀漢政權奪得了橫越千里的戰略要地，鞏固了它的統治，形成極為有利的形勢。這一重大成功標誌着劉備平生事業到達光輝頂點，而勝利的獲取與其審時度勢、部署得當有着緊密的關聯。

（二）魏延鎮守漢中時期

這一時期從建安二十四年（219）七月劉備撤還成都，命魏延駐守漢中開始，到蜀漢建興五年（227）三月，諸葛亮統眾北駐沔陽之前。當時的形勢與蜀國漢中兵力部署情況論述如下：

1. 形勢的變化

和前一時期相比，魏延鎮守期間的漢中在駐軍數量和外界環境上發生了很大改變。

首先是主力南撤，留守偏師。劉備在佔領漢中和東三郡後，於當年七月在沔陽登壇稱王，任命屢有戰功的魏延為漢中都督、鎮遠將軍領漢中太守，總攬當地軍政要務。然後率領蜀軍主力撤回成都休整，後年（221）為了報荊州丟失、關羽被殺之仇，劉備又親率八萬大軍東征孫吳[56]，在夷陵遭受慘敗。劉禪繼位後，諸葛亮主持國政，與孫吳和好，"務農殖穀，閉關息民"[57]；蜀國軍隊主力平時駐守在成都附近，僅於建

---

55 見《三國志》卷 32《蜀書・先主傳》、卷 40《蜀書・劉封傳》，《資治通鑒》卷 68 建安二十四年夏五月。

56 《三國志》卷 14《魏書・劉曄傳》注引《傅子》："（孫）權將陸議大敗劉備，殺其兵八萬餘人，備僅以身免。"

57 《三國志》卷 33《蜀書・後主傳》建興二年（224）。

興三年（225）三月出征南中，平定當地蠻夷叛亂，事後又回到成都。

在此期間，蜀國在漢中方向採取的是防禦態勢，所以留駐了一支偏師，具體人數不詳。不過，據前引《三國志》卷40《蜀書·魏延傳》所載，劉備臨行時，魏延向他保證，"若曹操舉天下而來，請為大王拒之；偏將十萬之眾至，請為大王吞之"。如果要達到這一作戰目的，漢中的守軍數目不能太少。夷陵之戰以前，蜀漢全國的兵力有十餘萬。張鶴泉曾根據史實推斷，"漢中、江州都督區平時所駐軍隊都不會低於兩萬人"[58]，其說大致可信。

其次是東面側翼喪失。劉備從漢中撤離時，該郡的兩翼都在蜀軍控制之下，東邊的西城、上庸、房陵，由劉封、孟達等鎮守；西邊的武都、陰平雖屬魏境，但是其中的要鎮武興由蜀軍掌握，否則後來諸葛亮不可能由此西出祁山。因為左右提供了保護，魏延最初的防禦任務，只是阻擊北面秦嶺諸道來犯的敵人，相對來說要容易一些。但是，荊州關羽覆亡之後，東三郡與魏、吳接壤，同時受到兩國的威脅，形勢岌岌可危；守將劉封又與孟達發生矛盾，奪其鼓吹，致使孟達降魏，引敵兵來攻。申耽、申儀兄弟本是地方豪族，首鼠兩端，見局面不利即隨之叛變。結果劉封孤軍作戰失敗，逃歸成都，西城、上庸、房陵落入魏國之手。[59]

東三郡的喪失，不僅使蜀國丟掉了一條出入中原的重要通道，而且加重了漢中郡的防禦負擔。魏延不得不從有限的軍隊中分出一部分投入到盆地的東緣，來提防曹魏在西城方向可能發動的進攻。好在當地形勢險要，扼守關塞並不需要太多的人馬。

2. 兵力部署

魏延鎮守漢中的情況，史書的記載很少，因此只能作些簡略的論述。

---

58 張鶴泉：《蜀漢鎮成都督論略》，《吉林大學學報》1998年第6期。
59 《三國志》卷40《蜀書·劉封傳》，《資治通鑒》卷69魏文帝黃初元年（220）"七月"條。

其一，督營駐所。蜀國漢中主將駐紮在南鄭。《三國會要》卷34《輿地一》漢中郡南鄭縣注："蜀置，漢中都督屯此以為重鎮。"此城位於盆地中央較為寬綽的地方，西北距褒斜道南口不過數十里，而儻駱道和子午道會於成固後西行抵達南鄭才能分金牛道、米倉道兩路入川，因而是總緝幾條路線的樞紐，地理位置相當重要。楚漢之際劉邦為漢王時，曾以此為都，建立城池。《水經注》卷27《沔水上》："漢高祖入秦，項羽封為漢王，蕭何曰：'天漢美名也。'遂都南鄭。大城周四十二里，城內有小城，南憑津流，北接環雉，金墉漆井，皆漢所修築，地沃川險。"漢末張魯也居此為首府。魏延屯兵南鄭，既能借用舊有城池，又可以利用交通樞要的位置，在邊界有警時迅速赴救各方。

另外，南鄭附近平川較多，灌溉便利，有屯種墾殖的優越條件，甚至能夠一歲兩熟。《太平寰宇記》卷133《山南西道一》興元府"南鄭縣"條曰："黃牛山在縣西南五十里，……山下有黃牛川，《十道記》云：黃牛川有再熟之稻，土人重之。"漢中都督與帳下軍隊屯駐於此，不僅便於居中策應，還能利用當地的農業資源解決部分給養。

其二，實兵諸圍。據《三國志》卷44《蜀書·姜維傳》記載："初，先主留魏延鎮漢中，皆實兵諸圍以禦外敵，敵若來攻，使不得入。"魏延採用的防禦戰略，是在漢中四周的山險要道以土木築"圍"，即以塹壕、圍牆為主體的營壘，外設鹿角[60]，駐紮守軍，用來阻擋入侵之敵，不讓他們進入盆地內部的平川。諸圍在南鄭以外的漢中各縣，有些在張魯統治時期就建立了關塞，如沔陽的陽平關、成固的黃金戍[61]，是必守之地。有些因為位置重要，劉備在撤離之前就已派兵戍守。例如：興勢。

---

60 當時兩軍設置營圍鹿角的情況，參見《三國志》卷9《魏書·夏侯淵傳》建安二十四年（219）正月條、卷17《魏書·徐晃傳》載"太祖令"。

61 《通典》卷175《州郡五·洋川·黃金縣》："漢安陽縣，故黃金城在縣西北八十里，張魯所築，南接漢川，北枕古道，險固之極。"

見顧祖禹《讀史方輿紀要》卷56《陝西五》漢中府洋縣："興勢山，縣北二十里，亦曰興勢阪。山形如盆，外甚險，中有大谷。漢建安二十四年，先主於興勢作營。其後武侯嘗屯戍於此，為蜀漢之重鎮。"南鄉。《元和郡縣圖志》卷22《山南道三》興元府洋州："本漢漢中郡成固縣地，先主分成固，立南鄉縣，為蜀重鎮。"還有秦嶺諸道的南端路口和途中緊要去處，歷史上雖無蜀漢置圍的記載，但度其形勢，很有屯駐的可能。如《太平寰宇記》卷133《山南西道一》興元府褒城縣載："石門，《輿地志》云石門在褒中之北，漢中之西，是為全蜀之險固也。"這類地點恐怕也不得不派兵戍守。

　　魏延的"實兵諸圍"還有以下情況值得注意：第一，他的這套作戰方案，即堅守外圍以待援兵、阻止敵人進入平川，得到了繼任者的使用，《三國志》卷44《蜀書・姜維傳》載："及興勢之役，王平捍拒曹爽，皆承此制。"並且收到了很好的效果。一直到蜀漢景耀元年（258），才被姜維更改。第二，魏延所修的諸圍依憑地勢，防禦堅固，後來在抵抗魏軍進攻時發揮了重要作用。甚至在蜀國滅亡前夕，鍾會大兵雲集漢中，當地守軍仍能據圍堅守數月，直至成都陷落、劉禪歸降後，才停止抵抗。見《資治通鑑》卷78景元四年（263）："（姜維等聞後主降魏）將士咸怒，拔刀斫石。於是諸郡縣圍守皆被漢主敕罷兵降。"胡三省注："圍守，即魏延所置漢中諸圍之守兵也。"

　　總之，魏延鎮守漢中時期，兵力部署和防禦工事的修建都是合理有效的，確保了蜀國北方門戶的安全。此外，曹魏在這一時期，先是經歷了曹操去世、曹丕篡漢等重大政治事變，後又和孫權交惡，在黃初三年（222）、五年（224）、六年（225）三次動員大軍，南下征吳；面對蜀漢的西線基本上相安無事，沒有發生過大的軍事衝突，使漢中度過了戰亂年代當中少有的和平歲月。

（三）諸葛亮屯兵漢中時期

這一時期從蜀漢建興五年（227）春開始，諸葛亮率領蜀漢大軍北駐漢中，對曹魏擺出進攻態勢，多次兵伐秦隴，又準備迎擊敵人的入侵；至建興十二年（234）秋，諸葛亮在五丈原病逝，蜀軍主力撤還成都結束。

劉備去世後，諸葛亮總攬蜀漢大權。他首先做出外交努力，"遣尚書郎鄧芝固好於吳，吳王孫權與蜀和親使聘，是歲通好"[62]，結束了兩國的敵對狀態，共同抗魏。然後勸課農桑，休養生息，使國計民生得以恢復。既而南渡瀘水，平定四郡的叛亂，穩定益州內部的統治，並從南中少數民族那裏獲得了較為豐厚的貢賦收入，"出其金、銀、丹、漆、耕牛、戰馬給軍國之用"[63]，增強了蜀漢的實力。這時他開始改變原來對魏作戰以防禦為主的方略，着手實現北伐中原、匡復漢室的宏願。由於荊州和東三郡（西城、上庸、房陵）的丟失，蜀軍出川攻魏的途徑只剩下秦隴方向，而漢中作為進軍的出發基地，可以東向新城，北越秦嶺，西出祁山，又遮護着自關中入川的門戶，屯兵十分有利。因此諸葛亮在建興五年（227）三月率大軍進駐漢中，在 7 年之內從該地六次興師伐魏。在此期間，漢中集結了蜀軍的主力，人數前後略有變化，大體維持在 10 萬左右。可參見《三國志》卷 39《蜀書·馬良傳附弟謖傳》注引《襄陽記》載諸葛亮自街亭戰敗後退還漢中，斬馬謖以謝眾，"於時十萬之眾為之垂涕"。建興十二年（234），諸葛亮兵進秦川，《晉書》卷 1《宣帝紀》載此事曰："（青龍）二年，亮又率眾十餘萬出斜谷，壘於郿之渭水南原。"司馬懿與其弟孚書信曰："亮志大而不見機，多謀而少決，好兵而無權，雖提卒十萬，已墮吾畫中，破之必矣。"

---

62 《三國志》卷 33《蜀書·後主傳》建興元年（223）。

63 《華陽國志》卷 4《南中志》。

從歷史記載來看，諸葛亮在漢中期間兵力部署的前後變化，可以劃分為三個階段。

第一階段（227—229）。其特點是大軍主力和丞相府營駐紮在沔陽縣之陽平、石馬。下面分別論述當時的情況：

1. 西部 —— 府營的設置。劉禪即位後，諸葛亮以丞相身份主持國事，隨即建立府署，設置官吏來處理政務。《三國志》卷 35《蜀書·諸葛亮傳》載："建興元年，封亮武鄉侯，開府治事。頃之，又領益州牧。政事無巨細，咸決於亮。"建興五年諸葛亮率諸軍北駐漢中，相府機構一分為二，一部留在成都，由參軍蔣琬和長史張裔等"統留府事"[64]，解決國內的日常政務和大軍的後勤供應事宜；另一部分官員則跟隨他前往漢中，見於本傳的有霍弋、向朗、呂乂、楊儀等人。從三國的史實來看，各國軍隊的主力（中軍）往往部署在最高統帥的居住之處附近。例如，曹操的中軍平時駐紮於鄴，後因曹丕定都洛陽又遷往河南[65]；孫吳的中軍也隨着都城的遷移，或在建業，或在武昌。諸葛亮北駐漢中時期，蜀軍主力因為隨相府所在屯集，合稱為"府營"，起初駐紮在盆地西部的沔陽縣境（今陝西省勉縣）漢水北岸的陽平、石馬。《三國志》卷 33《蜀書·後主傳》："（建興）五年春，丞相亮出屯漢中，營沔北陽平、石馬。"《三國志》卷 35《蜀書·諸葛亮傳》亦曰："（建興）五年，率諸軍北駐漢中，臨發，上疏曰……遂行，屯於沔陽。"

"陽平"即古陽平關，後又稱為陽安關、關口、白馬城、濜口城，在沔陽西境，漢水與濜水（今匯河）交匯之處，即今勉縣武侯鎮。《水經注》卷 27《沔水上》："沔水又東徑白馬戍南，濜水入焉。……濜水又南徑張

64 《三國志》卷 44《蜀書·蔣琬傳》。

65 《三國志》卷 1《魏書·武帝紀》、卷 24《魏書·辛毗傳》。又《三國志》卷 35《蜀書·諸葛亮傳》注引《漢晉春秋》載諸葛亮向群臣陳述與孫吳結好的理由，曾曰："若就其不動而睦於我，我之北伐，無東顧之憂，河南之眾不得盡西，此之為利，亦已深矣。"

魯治東，水西山上有張天師堂，於今民事之。庾仲雍謂山為白馬塞，堂
為張魯治。東對白馬城，一名陽平關。瀁水南流入沔，謂之瀁口。其城
西帶瀁水，南面沔川，城側二水之交，故亦曰瀁口城矣。"

　　"石馬"在陽平關之東，相距 60 里[66]；由於附近有白馬山，山石形狀
如馬而得名。參見《資治通鑒》卷 70 太和元年（227）胡三省注："沔水
徑白馬戍南，謂之白馬城，一名陽平關。又有白馬山，山石似馬，望之
逼真。"又見《〈補三國疆域志〉補注》卷 10 漢中郡"沔陽縣"條：

> 　　有石馬，鍾英按：《水經注》：沔水徑白馬戍南，謂之白馬城，
> 一名陽平關。又有白馬山，山石如馬，望之逼真，疑即石馬。其地
> 當與陽平相近。《方輿紀要》：今沔縣東二十里。

《諸葛亮集・故事》卷 5《遺跡篇》引《雍勝略》：

> 　　石馬城在沔陽東二十里，諸葛亮屯兵處。

《讀史方輿紀要》卷 56《陝西五》漢中府沔縣：

> 　　石馬城在縣東二十里，蜀漢建興五年，武侯伐魏至漢中，屯於
> 沔北陽平、石馬，此即石馬城。

　　陽平、石馬是蜀軍主力分駐之所。另據《水經注》記載，諸葛亮的
相府設置在兩地之間，沔陽故城以西之處，後人稱為"武侯壘"。《水經
注》卷 27《沔水上》：

66　謝鍾英：《〈補三國疆域志〉補注》蜀國漢中郡沔陽縣："陽平關（注：今沔縣西四十里），石馬（注：今
　　沔縣東二十里）。"

沔水又東徑武侯壘南。諸葛武侯所居也。南枕沔水，水南有亮壘，背山向水，中有小城，回隔難解。沔水又東徑沔陽縣故城南。

值得注意的是，諸葛亮的府營駐地選擇了漢中西部的沔陽，而沒有設置在盆地的中心區域南鄭。前文曾經敍述，南鄭原來是漢中都督魏延的駐所，他的屬下有兩萬餘人，除了實兵諸圍的兵員之外，其餘人馬都屯集於此處。諸葛亮領眾軍進駐漢中以後，當地的軍政要務由他本人主持，魏延的都督官職被撤銷，另有任命，其所屬部隊改編為大軍的前部。《三國志》卷40《蜀書‧魏延傳》："諸葛亮駐漢中，更以延為督前部，領丞相司馬、涼州刺史。"後來魏延又因屢立戰功，"遷為前軍師，征西大將軍，假節。"從魏延在蜀漢建興八年（230）進封南鄭侯的情況來看，他統轄的部隊並未移防，應該還是駐紮在南鄭附近，因為三國時期邊境守將的封邑往往就是他自己領兵的駐地[67]。諸葛亮統領的大軍進駐漢中後屯於沔陽，和劉備當年在該地駐營並登壇稱王的情況相似。不過，從一些記載來看，諸葛亮的府營雖在沔陽，但是他本人也曾在南鄭召集過諸將商議軍機。可見《三國志》卷40《蜀書‧魏延傳》注引《魏略》："夏侯楙為安西將軍，鎮長安，亮於南鄭與群下計議。"又《水經注》卷27《沔水上》引《諸葛亮箋》亦云："朝發南鄭，暮宿黑水，四五十里。"

諸葛亮為甚麼選擇沔陽作為府營和大軍主力的駐地呢？筆者分析可能有以下原因：

其一，和西出祁山、平取隴右的進攻戰略有關。《三國志》卷40《蜀書‧魏延傳》注引《魏略》的記載表明，諸葛亮不同意魏延"直從褒中出，

---

67 《三國志》卷54《吳書‧周瑜傳》："(孫)權拜瑜偏將軍，領南郡太守。以下雋、漢昌、劉陽、州陵為奉邑，屯據江陵。"《三國志》卷55《吳書‧程普傳》："拜裨將軍，領江夏太守，治沙羨，食四縣。"《三國志》卷58《吳書‧陸遜傳》："加拜遜輔國將軍，領荊州牧，即改封江陵侯。"

循秦嶺而東，當子午而北"，直接攻擊長安的計劃，認為這樣做太危險。因為蜀漢的兵力、財物有限，如果在關中和魏軍正面交鋒，河南的敵軍主力比較容易增援，自己的後勤供應又難以保證，成功的把握不大，所以他採取的是西出陽平關，經武興、下辨，過祁山，奪取涼州諸郡的戰略。這條路線沒有褒斜、子午諸道中那樣多的險阻，行軍和運輸給養較為容易。如諸葛亮所言，此舉"安從坦道，可以平取隴右"。而且，隴右諸郡士民對曹魏的統治並不心悅誠服，諸葛亮匡復漢室的號召會得到普遍的響應，這可以從後來"南安、天水、安定三郡叛魏應亮"[68]得到證明。另外，敵兵增援則需要遠涉千里，蜀軍迎戰時能夠以逸待勞，還能利用隴山的有利地形組織防禦，截斷關中通往涼州的道路，阻止魏軍登阪西援[69]。如能實現上述戰略意圖，隴右地區就會有不少人叛曹擁漢。正如隴西太守游楚對蜀將所言："卿能斷隴，使東兵不上，一月之中，則隴西吏人不攻自服；卿若不能，虛自疲弊耳。"[70]

　　向西北涼州用兵能夠獲得的益處，諸葛亮看得很清楚，所以他不願走秦嶺諸道進攻關中。在諸葛亮策劃的六次北伐裏（自己領兵四次，陳式、魏延各一次），前五次都是從漢中西出陽平關，向祁山、陳倉或武都、陰平方向進攻。顯然，府營和大軍主力屯駐在沔陽，距離盆地西側的出口較近，便於向上述地區運動兵力。如果是北越秦嶺，走褒斜、儻駱、子午諸道進攻關中，那麼府營和軍隊主力設置在盆地中部或東部就比較有利了。

　　其二，利於陳倉（嘉陵）道與漢中的防禦。曹操此前兩次進軍漢中，一次是走陳倉道經武興入陽平關，一次是走褒斜道過褒中。這兩條道路

68 《三國志》卷35《蜀書·諸葛亮傳》。

69 《三國志》卷22《魏書·陳泰傳》："眾議以（王）經奔北，城不足自固，（姜）維若斷涼州之道，兼四郡民夷，據關、隴之險，敢能沒經軍而屠隴右。宜須大兵四集，乃致攻討。大將軍司馬文王曰：'昔諸葛亮常有此志，卒亦不能。事大謀遠，非維所任也。……'

70 《三國志》卷15《魏書·張既傳》注引《魏略》。

是川陝交通的正途，也是敵兵進攻漢中的主要路線。沔陽的位置在武興東南、褒谷南口的西南，蜀軍主力屯集於此，距離兩處要道都不遠，無論敵兵從哪條路線進攻，迎擊均很方便。尤其是西邊的陳倉道值得注意：首先來說，當時劍閣至武興的道路雖然由蜀軍控制，但是武都、陰平尚在敵手，所以這條路線西邊和北邊受到的威脅較大。敵軍若從陳倉、下辨南下，武興一旦有失，不僅蜀國的門戶關城、白水岌岌可危，就連漢中蜀軍回川的道路也有被切斷的危險。諸葛亮屯兵於沔陽，離陳倉道較近，從防禦的角度來說，能夠及時增援武興，確保漢中與蜀地之間的聯繫。其次，陽平關山水交會，地勢險要，在這裏設置關戍可以有效地阻擊來犯之敵。但它也是漢中盆地西部的最後一道屏障，若被敵人攻破，直入平川，蜀軍即無險可守。此前曹操、劉備都是經由此途佔領漢中的。諸葛亮在制定防禦策略時，肯定會考慮剛剛發生過的這兩次戰例。陽平西北通往武興，西南則是著名的金牛道，至漢壽與陳倉道會合入蜀；因此它是漢中乃至蜀國北方極為重要的戰略樞紐，不容有失。如《資治通鑒》卷74載王平所言："賊若得關，便為深禍。"諸葛亮將大軍部署在這裏，攻防俱便，一舉兩得。

其三，墾殖條件優越。沔陽地處漢水上游，境內有多條支流匯入，土壤肥沃、灌溉便利，具有優越的農業發展條件。近世勉縣老道寺東漢墓中出土的釉陶陂池、水田、陶水塘模型，即反映了當時沔陽水利事業的發達。[71] 蜀軍主力屯駐於此，還能夠利用該地的豐饒資源組織屯田，解決一部分糧餉供應。此後史籍所載的蜀軍黃沙屯田，就是在沔陽東境。

其四，可以利用當地礦產。蜀漢的北伐戰爭勢必要消耗大量兵器，

71 參見文章《十年來陝西文物考古的新發現》。文物編輯委員會：《文物考古工作十年》，文物出版社，1991年。

蜀地雖然盛產鐵礦，但是如果能在前線附近就地製造補充，可以省卻不少運輸上的困難。而漢中產鐵，沔陽是其中一個重點礦區。兩漢時期，政府就已經在這裏開礦冶煉，並設置了負責鑄作事務的機構 —— 鐵官。可見《漢書》卷 28 上《地理志上》漢中郡沔陽縣班固注："有鐵官。"《續漢書·郡國志五》亦曰漢中郡沔陽"有鐵"。《華陽國志》卷 2《漢中志》曰："沔陽縣，州治，有鐵官。"

此外，附近的山地又有"林木竹箭之饒"，冶礦的燃料和弓箭的主要材料都有充分的來源。《諸葛亮集·文集》卷 2 有《作斧教》，載其在北伐戰爭中曾"自令作部（作）刀、斧數百枚"。如今定軍山一帶出土的"扎馬釘"、箭鏃和鐵刀等三國遺物，專家分析它們可能就是諸葛亮在當地鑄造的兵器。

這一時期，蜀漢在沔陽還修築了一座城池，後世號為"諸葛城"。《太平寰宇記》卷 133《山南西道一》興元府"西縣"（今陝西省勉縣，三國時沔陽）條後："諸葛城，即孔明拔隴西千餘家還漢中，築此城以處之，因取名焉。"《三國志》卷 35《蜀書·諸葛亮傳》載建興六年（228）街亭戰役失敗後，蜀軍撤離隴右，"亮拔西縣千餘家，還於漢中，戮（馬）謖以謝眾"。《資治通鑑》卷 71 胡三省注引《續漢志》曰："西縣，前漢屬隴西郡，後漢屬漢陽郡，有嶓塚山、西漢水。"因為這些移民原來屬於敵國，政治上不甚可靠，為了防止其逃亡叛亂，蜀漢在大軍駐地附近專門建築了城池來安置他們，集中居住，便於監管。這種情況在孫吳那裏也能看到，見《讀史方輿紀要》卷 26《南直八》"無為州"條："新附城在州南十五里，三國吳諸葛恪築此以居新附者，因名。"

2. 北部 —— 赤崖（岸）。漢中北部的防務主要是在褒斜道沿線部署兵力，伺機北出秦川，或是阻擊敵人入侵。這一時期的佈防除了沿襲舊制，還在褒斜道途中的赤崖（或稱赤岸）新建了儲備物資給養的軍事據點，見《讀史方輿紀要》卷 56《陝西五·漢中府·南鄭縣》：

赤崖，在府城西北，亦曰赤岸。武侯屯漢中，置赤岸庫以儲軍資。

《三國志》卷 36《蜀書·趙雲傳》注引《雲別傳》曰：

云有軍資餘絹，亮使分賜將士，雲曰："軍事無利，何為有賜？其物請悉入赤岸府庫，須十月為冬賜。"亮大善之。[72]

據現代考古調查，赤岸在今陝西省留壩縣柘梨園村北 7.5 千米處，山石皆呈紅色，人們稱為"紅崖"或"赤崖"[73]。

此外，據《水經注》所載，諸葛亮初臨漢中時，為了加強褒斜道的防務，保護赤崖的物資，派遣趙雲、鄧芝率領一支偏師在附近駐守屯田。建興六年（228）諸葛亮初出祁山，曾令趙雲、鄧芝所部為疑兵，偽稱將從褒斜道進軍，吸引了關中曹真率領的魏師主力，以寡敵眾，結果兵敗於箕谷，退至赤崖；撤軍途中曾燒毀了沿路的棧道[74]，以斷阻追兵。赤崖有守軍和糧秣貯備，防禦較為堅固，是蜀國在褒斜道上的前哨陣地。赤崖以北則屬於隙地 —— 蜀、魏兩國的中間地帶，魏軍來侵時不會遇到頑強的阻擋，但是到了赤崖便是蜀國的勢力範圍，不能輕易通過了。因此，《資治通鑒》卷 72 載諸葛亮病死於五丈原後蜀軍撤退，司馬懿率眾追擊，"追及赤岸，不及而還"。

---

72 《資治通鑒》卷 71 太和二年（228）亦載此事，胡三省注："赤崖即赤岸，蜀置庫於此，以儲軍資。"

73 王開主編：《陝西公路交通史》，陝西人民出版社，1989 年，第 98 頁。

74 《水經注》卷 27《沔水上》："漢水又東合褒水。水西北出衙嶺山，東南徑大石門，歷故棧道下谷，俗謂千梁無柱也。諸葛亮《與兄瑾書》云：'前趙子龍退軍，燒壞赤崖以北閣道，緣谷百餘里。其閣梁一頭入山腹，其一頭立柱於水中。今水大而急，不得安柱，此其窮極，不可強也。'又云：'頃大水暴出，赤崖以南橋閣悉壞。時趙子龍與鄧伯苗，一戍赤崖屯田，一戍赤崖口，但得緣崖與伯苗相聞而已。'後諸葛亮死於五丈原，魏延先退而焚之，謂是道也。自後案舊修路者，悉無復水中柱，徑涉者，浮梁振動，無不搖心眩目也。"《三國志》卷 36《蜀書·趙雲傳》："（建興）五年，隨諸葛亮駐漢中。明年，亮出軍，揚聲由斜谷道，曹真遣大眾當之。亮令雲與鄧芝往拒，而身攻祁山。雲、芝兵弱敵強，失利於箕谷，然斂眾固守，不至大敗。軍退，貶為鎮軍將軍。"

3. 東部。諸葛亮未想從這個方向發動進攻，而是採取防禦態勢，用少數兵力來監視和阻擊可能由儻駱道、子午道和溯漢水而來的敵軍。這一時期當地兵力部署情況的記述不多，因為蜀軍主力駐紮在西部的沔陽，估計東部地區防務沒有發生大的變動，仍然是在成固、南鄉等縣城屯軍，並且注重儻駱道上的興勢圍和子午道南端的黃金圍兩處據點的防守。[75]

第二階段（229—231）。部署特點是通過築漢、樂二城和移動府營來加強漢中盆地沔水南岸的防務，並從蜀中調兵前來增援，準備迎擊入侵的魏軍。其舉措按照時間順序分述如下：

1. 徙府築城。《三國志》卷 33《蜀書·後主傳》載建興七年（229）："冬，亮徙府營於南山下原上，築漢、樂二城。"即將其相府所在的中軍大營由漢水北岸遷移到南岸的定軍山麓（諸葛亮後來的葬身之地）。《三國疆域表》蜀國漢中郡"沔陽縣"條曰："南山，今沔縣直南南江縣北。"漢、樂二城則分別在沔陽和成固兩地，可見《華陽國志》卷 2《漢中志》成固縣："蜀時以沔陽為漢城，成固為樂城。"又見《資治通鑒》卷 71 曹魏太和三年（229）十二月：

> 漢丞相亮徙府營於南山下原上，築漢城於沔陽，築樂城於成固。胡三省注：沔陽、成固二縣，皆屬漢中郡。《水經注》："沔水徑白馬戍城南，城即陽平關也。又東徑武侯壘南，諸葛武侯所居也。又東徑沔陽故城南，城南對定軍山。又東過南鄭縣，又東過成固縣南。"如此，則漢城在南鄭西，樂城在南鄭東也。

---

75 《水經注》卷 27《沔水上》："漢水又東徑小城固南。州治大城固，移縣北，故曰小城固。城北百二十里，有興勢阪。諸葛亮出洛（駱）谷，戍興勢，置烽火樓處，通照漢水，東歷上濤，而徑於龍下，蓋伏石驚湍，流屯激怒，故有上下二濤之名。"《讀史方輿紀要》卷 56《陝西五》漢中府城固縣："興勢山，縣北二十里，亦曰興勢阪。山形如盆，外甚險，中有大谷。漢建安二十四年，先主於興勢作營。其後武侯營屯戍於此，為蜀漢之重鎮。"

這裏的問題是，沔陽、成固兩縣已有漢代舊城。諸葛亮所建漢、樂二城是在原有城址上修築，還是另起城池呢？劉琳在《華陽國志校注》卷2中寫道：「【漢城】《水經注》稱西樂城，在今勉縣之南、漢水之南、洋家河西岸山上。」而沔陽舊城則在漢水北岸。史籍中關於「西樂城」有以下記載。《水經注》卷27《沔水上》：

> 沔水又東徑西樂城北。城在山上，周三十里，甚險固。城側有谷，謂之容裘谷。道通益州，山多群獠，諸葛亮築以防達（遏）。……城東容裘溪注之，俗謂之洛水也。水南導巴嶺山，東北流，水左有故城，憑山即險，四面阻絕。昔先主遣黃忠據之，以拒曹公。溪水又北徑西樂城東，而北流注於漢。

《太平寰宇記》卷133《山南西道一》興元府西縣後：

> 西樂城，古城，甚險固，號為張魯城，在縣西四十里。

《諸葛亮集・故事》卷5《遺跡篇》引《地理通釋》：

> 《通鑒》：（諸葛亮）築漢城於沔陽、樂城於城固，二城屬漢中郡。沔陽，今興元府西縣，城固今城固縣。故西樂城在西縣西南，武侯所立，甚險固。

照《水經注》的記載來看，漢城（西樂城）的地理位置相當重要。由那裏往南，有一條道路穿過巴山山脈可以通往四川盆地，而當地的少數民族與蜀漢政權的服屬關係又不很穩定，在此築城具有「鎮遏蠻夷」的軍事意義。

成固漢代舊城亦在漢水以北，但在南岸也有一座古城遺跡，俗傳為蜀將劉封所築。劉琳在《華陽國志校注》卷2中曾做過考據：〝【成固縣】《秦漢金文錄》著錄有《秦成固戈》，當是秦已置縣。兩漢、蜀、晉因。故城在今陝西省城固縣東六里漢水北岸（《史記‧晁錯傳》《正義》引《括地志》、《元和志》卷二二、《寰宇記》卷一三三、《輿地紀勝》卷一八三等均同）。其城北面與東面皆臨壻水河，南臨漢水（見《水經注》）。《元和志》說是韓信所築。傳說蜀漢時劉封又於漢水南築城，稱為南城（見《輿地紀勝》卷一八三、《紀要》卷五六）。〞筆者認為，劉封在漢中戰役結束後立即東下上庸，至多曾經在成固一帶短暫停留，並沒有時間築城，南城應是諸葛亮所築的樂城，後被訛傳為同時代的劉封所建。

值得注意的是，諸葛亮的上述部署（築城、移府營）都是在漢水南岸實施的，其原因史籍未載。筆者分析，這顯然和加強漢中防務、準備抵禦魏軍入侵有直接關係。府營是指揮中樞，設在漢水北岸有一定危險。如果魏軍依仗兵力雄厚，突破漢中的外圍防禦進入盆地，府營即面臨背水迎敵的不利局面。若是遷徙到水南的定軍山麓，敵兵來攻時必須先涉漢水，蜀軍可以半渡而擊，或是乘其既濟未曾列陣時發動進攻，使對方陷入背水作戰的窘境。這樣部署在防禦上比較有利，和此前劉備率軍入陽平關後渡沔水而南，依定軍山山勢紮營的情況相同。漢、樂二城築於沔南也有同樣的考慮，即準備在敵人攻入漢川平原後在水南堅持作戰，利用城壘固守對抗。

從當時的歷史背景來看，諸葛亮已經向魏國發動了三次北伐，雖未能割據隴右、佔領陳倉，但是也取得了斬王雙、破追兵，攻佔武都、陰平二郡的勝利，引起魏國朝野的震動。魏明帝曹叡在諸葛亮初入漢中之際，就企圖發兵進攻，被孫資等大臣勸阻。[76] 而這時蜀軍的勝利很可能

---

76 《三國志》卷14《魏書‧劉放傳》注引《孫資別傳》。

會引來魏國的報復性反擊，相形之下，敵強己弱，因此孔明未雨綢繆，預先做好防禦的準備。事實上，魏國在第二年（230）便大舉興兵攻打漢中。由此可見諸葛亮確實具有先見之明，事前就對形勢發展做出了正確的預測，使自己立於不敗之地。

2. 增兵漢中。建興八年（230），魏明帝欲遣曹真、張郃、司馬懿兵分三路進攻漢中。消息傳來後，諸葛亮從容應對，命令江州都督李嚴率兵北上，以加強漢中的兵力。見《三國志》卷 40《蜀書·李嚴傳》："（建興）八年，遷驃騎將軍，以曹真欲三道向漢川，亮命嚴將二萬人赴漢中，亮表嚴子豐為江州都督督軍，典嚴後事。"

諸葛亮在初次北伐失利後，有人曾建議從蜀中發兵補充隊伍，被他拒絕了。諸葛亮認為街亭、箕谷之敗的原因是統帥指揮不當，應該裁減兵員，提高將領的指揮藝術。他說："大軍在祁山、箕谷，皆多於賊，而不能破賊，為賊所破者，則此病不在兵少也，在一人耳。今欲減兵省將，明罰思過，校變通之道於將來；若不能然者，雖兵多何益！"[77] 後來他對漢中軍隊採取了輪換休整的制度，"十二更下，在者八萬"[78]，即從原有駐守的十萬大軍中每番遣還十分之二回鄉，期滿依次更替，前線兵力減少到八萬。而此時局面緊張，故從後方調兵增援。

3. 屯軍赤阪。當年秋季，魏軍發動進攻，諸葛亮親率主力由沔陽東移至成固縣境的赤阪，做好迎擊的準備。見《三國志》卷 33《蜀書·後主傳》："（建興）八年秋，魏使司馬懿由西城，張郃由子午，曹真由斜谷，欲攻漢中。丞相亮待之於城固赤阪。"

成固（今陝西省洋縣）位於漢中盆地的東端，曹魏由東方、東北方向進攻漢中的三條道路（即儻駱道、子午道和溯漢水沿線）在盆地邊緣

---

77 《三國志》卷 35《蜀書·諸葛亮傳》注引《漢晉春秋》。
78 《三國志》卷 35《蜀書·諸葛亮傳》注引《郭衝五事》。

的成固縣境會合，越過山險之後，才能進入平川，抵達南鄭。赤阪在成固縣東的龍亭山，正處在交通要衝，屯兵於此，能夠以逸待勞，就近支援興勢、黃金圍守，阻擊敵人進入盆地。可見《資治通鑒》卷71太和四年（230）八月胡三省注：

> 赤阪在今洋州東二十里龍亭山，阪色正赤。魏兵溯漢水及從子午道入者，皆會於成固，故於此待之。

《讀史方輿紀要》卷56《陝西五》漢中府洋縣：

> 龍亭山在縣東二十里，《志》云：龍亭山乃入子午谷之口，其山阪赭色，亦名赤阪。蜀漢建興八年，魏曹真繇子午谷，司馬懿繇西城漢水侵漢，武侯次於城固赤阪以待之。蓋兩道並進，此為總會之地也。

看來，諸葛亮認為褒斜道沿途險阻較多，且此前被趙雲退兵時燒毀棧道，難以通行，易於防守，使用現有的兵力阻擊來寇已經足夠了。而子午道和沿漢水而上的魏軍如會師則人數眾多，被他當作心腹之患，因此親自率領主力開赴赤阪。

後來，魏軍在進兵途中遭遇連日霖雨，"橋閣破壞，後糧腐敗，前軍縣（懸）乏"[79]，又受到阻擊[80]，無法前進，被迫還師，蜀軍主力未曾投入戰鬥就獲得了勝利。不過，諸葛亮準備充分、部署周密得當，而魏軍的兵力優勢在山險之地不得施展，給養運輸又難以維持，即使未遇到天

---

79 《三國志》卷27《魏書·王基傳》注引司馬彪《戰略》。

80 《三國志》卷9《魏書·夏侯淵傳》注引《魏略》："黃初中為偏將軍。子午之役，霸召為前鋒，進至興勢圍，安營在曲谷中。蜀人望知其是霸也，指下兵攻之。霸手戰鹿角間，賴救至，然後解。"

氣的阻礙干擾，這次戰役也沒有多少取勝的可能。

第三階段（232—234）。蜀軍的部署特點是將主力部署在沔陽黃沙一帶屯田，向斜谷邸閣聚集糧草，為從褒斜道北伐做準備。就緒後，諸葛亮即在建興十二年（234）春率大軍直出斜谷，佔據五丈原。

先敍述這次蜀軍部署變動的背景：曹真、司馬懿等退兵後，蜀軍主力也從赤阪撤回沔陽，繼續北伐的準備。隨後魏延出兵陽遂、擊敗郭淮，諸葛亮再攻祁山，這兩次戰役蜀國在交鋒中均有勝績，但未能達到攻佔隴右的目的。首先，是因為路途迂遠，糧餉供應難以維持而被迫退兵。參見《三國志》卷 40《蜀書·李嚴傳》："（建興）九年春，亮軍祁山，平催督運事。秋夏之際，值天霖雨，運糧不繼，平遣參軍狐忠、督軍成藩喻指，呼亮來還；亮承以退軍。"其次，曹魏加強了該地區的防禦力量。諸葛亮一再向隴西用兵，已經引起了魏方的重視，把祁山當作必保之地。如曹叡所稱："先帝東置合肥，南守襄陽，西固祁山，賊來輒破於三城之下者，地有所必爭也。"[81] 故派遣名將司馬懿、張郃等率雍涼勁卒先據地利，而且堅守不戰，使蜀軍難以獲得大勝。

另外，初次北伐時，諸葛亮未聽魏延的建議，不肯直接攻擊關中。其原因之一是自知蜀軍的戰鬥力不如對手，和敵人正面交鋒沒有獲勝的把握。街亭之敗以後，蜀軍經過悉心艱苦的訓練，作戰能力大有提高。如孔明所稱："八陣既成，自今行師，庶不覆敗。"[82] 自陳倉之役伏斬王雙以來，蜀軍未曾在野戰當中輸給過對手，使司馬懿"畏蜀如虎"，所以此時敢於在關中平原上與敵人展開決戰。在這種情況下，諸葛亮考慮放棄實施多年的隴右作戰計劃，準備改變進攻方向和路線，從褒斜道直出秦川。但是蜀道艱難，加上褒斜的險阻，若從後方調運糧草，仍會遇到

81 《三國志》卷 3《魏書·明帝紀》青龍二年（234）。

82 《水經注》卷 33《江水一》。

不少困難。因此，諸葛亮在進軍關中之前，針對給養的解決問題做了以下部署：

一是屯田黃沙，造木牛流馬。《三國志》卷33《蜀書·後主傳》載："（建興）十年，亮休士勸農於黃沙，作流馬木牛畢，教兵講武。"黃沙在沔陽東境，是諸葛亮駐軍屯田的地點。可見《水經注》卷27《沔水上》：

> 漢水又東，黃沙水左注之。水北出遠山，山谷邃險，人跡罕交，溪曰五丈溪。水側有黃沙屯，諸葛亮所開也。

《讀史方輿紀要》卷56《陝西五》寧羌州沔縣：

> 黃沙水，在縣東四十里，有天分堰，引水溉田。《志》云：黃沙水源在縣東北四十里之雲濛山下，流入於漢。又有養家河，在縣南二十里，或曰漾水之支流也。今縣南三十里為白崖堰，又南五里為馬家堰，縣東南三十里又有石燕子堰，俱引以溉田。又舊州河在縣北二十五里，引為石刺塔堰，又羅村河在縣西南百九十里，引為羅村堰，俱有灌溉之利。

可見黃沙附近多為漢水支流交匯之處，利於修築塘堰，灌溉農田。諸葛亮將大軍主力由沔陽西部東遷，是為了利用當地的自然條件屯墾積糧，這裏距離褒斜道的南口也比較近，起程出兵亦很方便。同時為了將來運輸糧草，又建造了不少車輛——木牛、流馬。

二是造斜谷邸閣，使諸軍運米。《三國志》卷33《蜀書·後主傳》載："（建興）十一年冬，亮使諸軍運米，集於斜谷口，治斜谷邸閣。""諸軍"即諸葛亮率領北駐漢中的蜀軍主力，見《三國志》卷33《蜀書·後主傳》載建興十二年（234）孔明死後，"（楊）儀率諸軍還成都"。"邸閣"是三國時軍隊儲糧的大倉，通常設置在前線附近，平時積貯，戰時可就

近取食 [83]。斜谷邸閣的地址，有人以為是在斜谷北口，李之勤提出質疑，認為斜谷北段處於曹魏勢力範圍之內，蜀軍不可能在那裏設倉，"斜谷口"在史籍中也被用來表示褒谷之口，蜀軍的邸閣應是設在該地。[84] 邸閣所在的谷口不僅是屯糧之所，諸葛亮還在此地設置了一座大型武器製造作坊，由名匠蒲元主持。參見《諸葛亮集·故事》卷4《製作篇》引《諸葛亮別傳》：

> （亮）嘗欲鑄刀而未得，會蒲元為西曹掾，性多巧思，因委之於斜谷口，熔金造器，特異常法，為諸葛鑄刀三千口。……刀成，以竹筒密納鐵珠滿中，舉刀斷之，應手虛落，若薙水芻牧，稱絕當世，因曰神刀。

諸葛亮安排蜀軍主力往斜谷邸閣運糧，所運粟米除了漢中屯田所產之外，還應有從後方調運來的糧餉。待大軍出征後，再由此運往秦川。從後來諸葛亮北伐的情況來看，十餘萬軍隊在五丈原與魏師對峙半年之久，而未發生乏糧現象。至孔明死後，蜀軍撤退，司馬懿"乃行其營壘，觀其遺事，獲其圖書、糧穀甚眾" [85]，反映出給養的充足。上述史實表明，諸葛亮屯田積穀的部署獲得成效，基本上解決了困擾蜀軍多年的後勤供給問題。

（四）蔣琬、費禕主持軍政時期

這一時期從建興十二年（234）秋蜀軍主力撤回成都開始，至延熙十六年（253）春費禕出屯漢壽被刺身亡結束。諸葛亮死後，蜀漢"以丞

83　王國維：《觀堂集林·邸閣考》，中華書局，2004年。
84　李之勤：《諸葛亮北出五丈原取道城固小河口說質疑》，《西北大學學報》1985年第3期。
85　《晉書》卷1《宣帝紀》。

相留府長史蔣琬為尚書令，總統國事。……（次年）夏四月，進蔣琬位為大將軍"[86]，蔣琬病重及過世後，其職務又被費禕接替。在此期間，魏國的政局很不穩定，出現了遼東公孫淵的叛亂，曹爽與司馬懿的激烈爭權，以及王淩在淮南的謀反，吳國亦屢屢出兵攻魏，形勢對於蜀漢的北伐是相當有利的。但是，蜀國的治理較諸葛亮在世時遜色，其經濟、軍事力量略有下降，執政的蔣琬、費禕又謹慎持重，不願冒險，所以基本上是採取伺機待發的戰略。這一思想反映在軍事部署上就是：最高統帥大將軍的駐鎮和軍隊主力在成都、漢中、涪縣和漢壽之間頻頻調動，屢次準備出擊魏境，但是猶豫不決，始終沒有投入主力進攻，只是在後期由姜維率領一支偏師向隴西發動了三次攻勢。這一時期，漢中兵力部署情況可以根據變化分為以下幾個階段：

第一階段（234—238）。建興十二年（234）秋，楊儀率領蜀軍主力撤回成都後，漢中僅留下原有規模的駐守軍隊，數量為兩萬餘人，任命吳壹主持當地的防務。《三國志》卷45《蜀書‧楊戲傳》末《季漢輔臣讚》載："（建興）十二年，丞相亮卒，以壹督漢中，車騎將軍，假節，領雍州刺史，進封濟陽侯。"吳壹原是劉璋的屬下，後歸降劉備，擔任過護軍討逆將軍、關中都督，立有戰功，其妹又被劉備納為夫人。[87]由他來鎮守漢中要地，在政治和軍事上都比較可靠。建興十五年（237）吳壹病逝，由其副手王平繼任漢中都督[88]。在此期間，當地的兵力沒有變化，一直處於防禦態勢，也未嘗遇到魏軍入侵。

第二階段（238—243）。延熙元年（238），曹魏出師平定公孫淵的叛

86　《三國志》卷33《蜀書‧後主傳》。

87　《三國志》卷45《蜀書‧楊戲傳》末《季漢輔臣讚》："先主定益州，以壹為護軍討逆將軍，納壹妹為夫人。章武元年，為關中都督。建興八年，與魏延入南安界，破魏將費瑤，徙亭侯，進封高陽鄉侯，遷左將軍。"

88　《三國志》卷43《蜀書‧王平傳》："遷後典軍、安漢將軍，副車騎將軍吳壹住漢中，又領漢中太守。十五年，進封安漢侯，代壹督漢中。"

亂，為此將司馬懿調離長安，領兵趕赴遼東。蜀漢認為有機可乘，便在當年十一月命蔣琬率領諸軍出屯漢中[89]，並開府治事，準備和吳國聯合發兵，東西兩線配合作戰。《三國志》卷44《蜀書·蔣琬傳》載劉禪為此頒發的詔文：

> 寇難未弭，曹叡驕凶，遼東三郡苦其暴虐，遂相糾結，與之離隔。叡大興眾役，還相攻伐。曩秦之亡，勝、廣首難，今有此變，斯乃天時。君其治嚴，總帥諸軍屯住漢中，須吳舉動，東西掎角，以乘其釁。

次年，後主又加封蔣琬為大司馬，表明朝廷對漢中屯兵統帥的重視。由於"吳期二三，連不克果"[90]，幾次攻魏都是試探、騷擾性的，沒有產生重大的影響，雍涼地區的魏軍也未能調赴東線，因此蜀軍主力不敢貿然北伐。蔣琬在等待時機期間，對進攻關中的眾多困難深有感觸，故提出了順漢水東進，攻略曹魏荊州西境的建議，但是遭到了朝內群臣的反對。其事見《三國志》卷44《蜀書·蔣琬傳》：

> 琬以為昔諸葛亮數窺秦川，道險運艱，竟不能克，不若乘水東下。乃多作舟船，欲由漢、沔襲魏興、上庸。會舊疾連動，未時得行。而眾論咸謂如不克捷，還路甚難，非長策也。

延熙四年（241）十月，後主派遣費禕、姜維到漢中說明朝廷反對東伐的意見，並和蔣琬商議制定新的戰略計劃。《三國志》卷44《蜀書·蔣琬傳》記載了關於此事的上奏：

---

[89] 《三國志》卷33《蜀書·後主傳》。

[90] 《三國志》卷44《蜀書·蔣琬傳》。

琬承命上疏曰："芟穢弭難，臣職是掌。自臣奉辭漢中，已經六年，臣既暗弱，加嬰疾疢，規方無成，夙夜憂慘。今魏跨帶九州，根蒂滋蔓，平除未易。若東西併力，首尾掎角，雖未能速得如志，且當分裂蠶食，先摧其支黨。然吳期二三，連不克果，俯仰惟艱，實忘寢食。輒與費禕等議，以涼州胡塞之要，進退有資，賊之所惜；且羌、胡乃心思漢如渴，又昔偏軍入羌，郭淮破走，算其長短，以為事首，宜以姜維為涼州刺史。若維征行，銜持河右，臣當帥軍為維鎮繼。今涪水陸四通，惟急是應，若東北有虞，赴之不難。"

蔣琬和費禕認為，魏國的地域遼闊，勢力強大，與之正面交戰難以獲勝，何況孫吳也不肯盡力北伐來配合蜀軍行動。在此形勢下，二人建議暫時不對曹魏發動大規模進攻，改變兵力部署和作戰計劃。其內容如下。

1. 蜀軍主力從漢中撤退到涪縣（今四川省綿陽市）屯駐。當地有涪水運輸之利，上抵邊關江油，下達重鎮江州（今重慶市）。陸路北通劍閣，西南距成都僅三百餘里 [91]，糧餉供應方便，可以接應四方。漢中若有警急，再趕赴增援。

2. 涼州位於魏國西陲，防禦薄弱，當地羌胡少數民族又和曹魏政權有較深的矛盾。建議先由姜維率領偏師出擊隴右，如有成效，獲得立足之地，主帥再統領大軍隨之北進，佔領這一地區。

上述計劃經朝廷同意後，便付諸實施，次年（242）春從漢中將部分軍隊南撤。見《三國志》卷33《蜀書·後主傳》："（延熙）五年春正月，監軍姜維督偏軍，自漢中還屯涪縣。"《資治通鑑》卷74胡三省注此事

---

91 《三國志》卷31《蜀書·劉璋傳》："先主至江州北，由墊江水詣涪，去成都三百六十里，是歲建安十六年也。"

道："蜀諸軍時皆屬蔣琬，姜維所領偏軍耳。"

延熙六年（243），蔣琬亦率蜀軍主力撤駐涪縣，費禕隨即出任大將軍，從患病的蔣琬手中接掌兵權。漢中的軍政事務仍由王平主持。見《資治通鑒》卷 74 正始四年（243）："冬十月，漢蔣琬自漢中還住涪，疾益甚，以漢中太守王平為前監軍、鎮北大將軍，督漢中。十一月，漢主以尚書令費禕為大將軍、錄尚書事。"

蜀軍兵力部署的此番改動引起吳國震恐。荊州守將步騭、朱然等以為蜀國背棄盟約，欲聯魏伐吳，急報朝廷，但是孫權自有卓識，不信流言，仍然與蜀交好，共同抗魏[92]。

第三階段（243—248）。從延熙六年（243）冬蜀軍主力撤至涪縣，到延熙十一年（248）夏費禕出屯漢中前。其間大司馬蔣琬駐鎮於涪；尚書令、大將軍費禕平時居成都治理國事，邊境有警時便領兵北上增援。漢中都督王平駐守至延熙十一年去世，當地守軍仍保持兩萬餘人的規模。這個階段蜀軍的部署有以下特點：

1. 漢中兵力不足。據《三國志》卷 43《蜀書·王平傳》記載："時漢中守兵不滿三萬。"兵力又分散在數百里範圍內的多處據點之中，呈現出相對薄弱的態勢；若是敵人大舉入侵，後方援軍不及赴救，便有陷落的危險。魏國方面也看出了這一形勢，所以在蜀軍主力南撤後的第二年（244）即發動進攻，"魏大將軍曹爽率步騎十餘萬向漢川"。漢中蜀將聞訊大驚。在軍事會議上，有些將領認為敵眾我寡，"今力不足以拒敵，聽當固守漢、樂二城，遇賊令入，比爾間，涪軍足得救關"，即建議採取收縮兵力，放棄外圍而固守待援的做法。主將王平堅決反對，他主

---

92 《三國志》卷 47《吳書·吳主傳》赤烏七年（244），"是歲，步騭、朱然等各上疏云：'自蜀還者，咸曰欲背盟與魏交通，多作舟船，繕治城郭。又蔣琬守漢中，聞司馬懿南向，不出兵乘虛以掎角之，反委漢中，還近成都。事已彰灼，無所復疑，宜為之備。'權揆其不然，曰：'吾待蜀不薄，聘享盟誓，無所負之，何以致此？又司馬懿前來入舒，旬日便退，蜀在萬里，何知緩急而便出兵乎？……人言苦不可信，朕為諸君破家保之。'蜀竟自無謀，如權所籌。"

張在儻駱道中的險要地段——興勢阻擊魏軍，說："漢中去涪垂千里，賊若得關，便為禍也。今宜先遣劉護軍、杜參軍據興勢，平為後拒；若賊分向黃金，平率千人下自臨之，比爾間，涪軍行至，此計之上也。"從他的話來看，由於漢中的守軍人數有限，又相當分散，王平所率領的"後拒"（機動預備隊）數量少得可憐，如果敵人從興勢前線分出部分兵力改走子午道，由黃金戍進入漢中，身為都督的王平只能帶領千人趕赴援救。

眾將中只有參軍劉敏擁護王平的決策，認為"男女佈野，農穀棲畝，若聽敵入，則大事去矣。"[93] 由於兵力嚴重不足，蜀軍在防禦時不得不採用虛張聲勢的做法，"多張旗幟，彌亙百餘里"[94]。儻駱道內山路狹曲陡峭，魏軍兵力上的優勢得不到發揮，糧草難以運到前線。蜀軍雖處於劣勢，但憑險據守，有地利之便，又頻頻發動夜襲，致使敵人"進不獲戰，攻之不可"[95]，陷入被動境地，這才堅持到後方援軍趕來，扭轉了整個戰局，迫使曹爽退兵。

2. 援軍駐地距離漢中過遠。這次戰役的情況表明，蜀國兵力的戰略部署存在缺陷，即漢中前線與後方援軍的駐地距離太遠，遇有急難赴救時要耗費較多時日。蜀軍主力屯集在涪縣，擔任支援北境的任務。《資治通鑑》卷 74 正始五年（244）"三月"條："漢中守兵不滿三萬，諸將皆恐，欲守城不出以待涪兵。"胡三省注曰："自蔣琬屯涪，蜀之重兵在焉。"而兩地相隔幾近千里，按漢代軍隊每日行程，"輕行五十里，重行三十里"[96]，加上蜀道阻險，行旅艱難，援軍趕赴漢中需要較長時間。

---

93 《三國志》卷 44《蜀書·蔣琬傳附劉敏傳》。

94 《三國志》卷 44《蜀書·蔣琬傳附劉敏傳》。

95 《晉書》卷 2《文帝紀》："大將軍曹爽之伐蜀也，以帝為征蜀將軍，副夏侯玄出駱谷，次於興勢。蜀將王林夜襲帝營，帝堅臥不動。林退，帝謂玄曰：'費禕以據險距守，進不獲戰，攻之不可，宜亟旋軍，以為後圖。'爽等引旋，禕果馳兵趣三嶺，爭險乃得過。"

96 《漢書》卷 70《陳湯傳》。

據《資治通鑑》卷74所載，曹爽大兵三月自駱谷入漢中，"閏月，漢主遣大將軍費禕督諸軍救漢中"；四月，"涪軍及費禕兵繼至"。前後拖延了將近兩月，若不是王平安排得當，竭力死守，漢中就有失陷的危險。

戰役結束後，至九月，費禕見局勢穩定，便撤還成都。此後蜀漢又在軍務上做出調整。《資治通鑑》卷74載："是歲，漢大司馬（蔣）琬以病固讓州職於大將軍（費）禕，漢主乃以禕為益州刺史，以侍中董允守尚書令，為禕之副。"費禕主管軍國大事，朝廷日常公務交給董允處理。次年（245），"十二月，漢費禕至漢中，行圍守"。據胡三省注，"圍守"即"實兵諸圍"，在外圍據點補充兵員，加強防禦。漢代刺史巡視轄區稱為"行部"[97]，費禕"行圍守"，是檢查漢中的戰備情況。看來，蜀漢朝廷對去年的作戰仍然心有餘悸，唯恐該地在防守上還有漏洞，所以再派費禕到那裏視察。次年（246）六月費禕返回成都。

第四階段（248—251）。延熙十一年（248）五月，大將軍費禕率領蜀軍主力再次出屯漢中，當時魏國並未準備侵蜀，看來蜀漢軍事部署變更的目的是為了伺機進攻，這和曹魏政局的動蕩有着密切關係。

首先，費禕北駐漢中的前一年，曹魏朝內鬥爭激化，執政新貴曹爽等人與司馬懿為首的舊臣不和，《資治通鑑》卷75正始八年（247）載："大將軍爽用何晏、鄧颺、丁謐之謀，遷太后於永寧宮，專擅朝政，多樹親黨，屢改制度。太傅（司馬）懿不能禁，與爽有隙。五月，懿始稱疾，不與政事。"

其次，雍、涼二州的羌胡起兵反魏，並派遣使者向蜀漢表示歸順，請兵援助。見《三國志》卷26《魏書·郭淮傳》："（正始）八年，隴西、南安、金城、西平諸羌餓何、燒戈、伐同、蛾遮塞等相結叛亂，攻圍城邑，南招蜀兵，涼州名胡治無戴復叛應之。"蜀國遣姜維領兵赴隴西接

97 《漢書》卷83《朱博傳》。

應，"與魏大將軍郭淮、夏侯霸等戰於洮西。胡王治無戴等舉部落降，維將還安處之。"[98] 費禕原與蔣琬制定了北攻涼州，斷魏關中右臂的計劃，現認為機會將臨，因此親率大軍進駐漢中，待曹魏內亂之際，再出兵隴右。

費禕抵達漢中的第二年（249），魏國發生了高平陵事變，司馬懿誅滅曹爽集團。雖然沒有出現蜀國期待的內戰，但是敵方鎮守雍、涼的主將之一夏侯霸前來投降。費禕認為時機已到，便在當年和次年派姜維兩番伐魏。《三國志》卷 33《蜀書‧後主傳》：

> （延熙十二年）秋，衛將軍姜維出攻雍州，不克而還。將軍句安、李韶降魏。
>
> 十三年，姜維復出西平，不克而還。

這兩次進軍都未獲成功，原因一是魏國的統治仍很穩定，朝內的政變並未削弱邊境的防禦力量；二是蜀漢投入的兵力太少，姜維"每欲興軍大舉，費禕常裁制不從，與其兵不過萬人"[99]，只是派出少數軍隊做試探性進攻，因此難以取得赫赫戰果。

曹魏政局轉危為安和姜維西征的連續失利，使費禕打消了北伐的企圖，在延熙十四年（251）夏從漢中撤出主力，自己回到成都。《三國志》卷 44《蜀書‧姜維傳》注引《漢晉春秋》曰："費禕謂維曰：'吾等不如丞相亦已遠矣，丞相猶不能定中夏，況吾等乎！且不如保國治民，敬守社稷，如其功業，以俟能者，無以為希冀徼幸而決成敗於一舉。若不如志，悔之無及。'"

98　《三國志》卷 44《蜀書‧姜維傳》。

99　《三國志》卷 44《蜀書‧姜維傳》。

第五階段（251—253）。從延熙十四年冬費禕北屯漢壽（今四川省廣元市昭化區北），至十六年（253）春他在當地被刺身亡。這一階段蜀軍主力隨費禕駐紮在漢壽，漢中的守將為都督胡濟，採取防禦態勢，軍隊數量仍是原有的較小規模。

《三國志》卷44《蜀書·費禕傳》載：“（延熙）十四年夏，還成都。成都望氣者云都邑無宰相位，故冬復北屯漢壽。”陳壽把蜀漢軍事的這一部署調動說成是迷信所致，很難令人信服。胡三省在注《資治通鑒》卷75時，就對此種解釋提出了反對，“以禕之才識，乃復信望氣者之說邪！”實際上，費禕屯兵漢壽是對原有防禦部署缺陷的彌補。蔣琬在世時，蜀軍主力駐紮於涪，其優點是距離成都較近，給養運輸方便，而且位置居中，利於策應四方。缺點是離漢中前線較遠，一旦遇警，有赴救不及之虞。而大軍駐於漢中，雖能有效地保護邊陲，震懾敵境，後方的給養供應卻是沉重不堪的負擔。漢壽在涪縣東北數百里，物產豐富[100]，有西漢水（嘉陵江）運輸之便，又南遮劍閣，居陳倉、金牛兩道會合入蜀之口。不僅具有控御樞要、交通便利的條件，還把和漢中的距離縮短了一倍，可以更加迅速地支援前方。費禕將軍隊主力屯於漢壽，是一種攻防俱利的折中辦法，使原來大軍駐紮漢中或涪縣帶來的種種困難得到緩解，改善了北部地區的防禦部署，不失為蜀、魏雙方對弈中的一步妙手。

（五）姜維統軍時期（253—263）

這一時期從延熙十六年（253）春費禕被刺身亡，姜維執掌軍權開始，至景耀六年（263）蜀漢滅亡為止。兵力部署的特點是蜀軍主力由漢壽北移到武都、陰平境內，頻頻向魏國的隴西等地發動進攻；而漢中的

---

100 “葭萌縣，本葭萌城，劉氏更曰漢壽。水通於巴西，又入漢川。有金銀礦，民今歲歲取洗之。蜀亦大將軍鎮之。漆、藥、蜜所出也。”〔晉〕常璩撰、劉琳校注：《華陽國志校注》卷2《漢中志》，巴蜀書社，1984年，第150頁。

防禦力量受到削弱，致使在曹魏大舉入侵時未做有效的抵抗，輕易被敵人佔領。這一時期可以根據漢中守軍人數的更變分為兩個階段：

第一階段（253—258），費禕將蜀軍主力撤至漢壽後，漢中的守兵仍然維持原有兩萬餘人的規模，繼續由胡濟擔任都督，執行防禦任務。但是在費禕死後，曹魏的政局發生了劇烈變化，出現了有利於蜀國進攻的形勢：

首先，司馬氏執政後，廢掉魏主曹芳，殺夏侯玄、李豐等大臣，國內政治鬥爭日趨激烈。擁曹將領毌丘儉、諸葛誕相繼在淮南起兵反抗，並聯絡吳軍來援。這兩次內戰迫使司馬氏將大量軍隊投入揚州地區。

其次，東吳自孫權去世，朝政先後由諸葛恪、孫峻、孫綝等權臣執掌。他們都企圖利用曹魏的內亂，進軍奪取淮南，擴展疆域。其中諸葛恪在 253 年領兵二十萬攻魏，人馬之眾是吳國歷次北伐中空前絕後的。257 年，孫綝為了增援諸葛誕，亦前後發兵十餘萬，欲解壽春之圍。淮南將士的叛亂與孫吳頻頻北犯，使曹魏多次派遣重兵到東線，甚至徵調了關中的駐軍，因此在西方對蜀作戰不得不採取守勢。

蜀漢方面，姜維繼承諸葛亮遺志，始終主張對魏國全力進攻，蠶食雍涼，圖取中原，以興復漢室。《三國志》卷 44《蜀書·姜維傳》曰："維自以練西方風俗，兼負其才武，欲誘諸羌、胡以為羽翼，謂自隴以西可斷而有也。每欲興軍大舉，費禕常裁制不從。"在費禕死後，姜維掌握軍權，蜀漢朝內無人能對其實行制約[101]，所以改變了蔣琬、費禕執政時期謹慎持重的防守戰略，乘魏國內外多事，向其頻繁發動攻勢，在253—258 年這六年中，姜維五次領兵北伐。其概況可見《三國志》卷 33《蜀書·後主傳》：

---

101 《資治通鑒》卷 76 魏邵陵厲公嘉平五年（253）："及禕死，維得行其志。"胡三省注："費禕死，蜀諸臣皆出維下，故不能裁制之。"

（延熙）十六年春正月，大將軍費禕為魏降人郭循所殺於漢壽。夏四月，衛將軍姜維復率眾圍南安，不克而還。

十七年春正月，姜維還成都。大赦。夏六月，維復率眾出隴西。冬，拔狄道、河關、臨洮三縣民，居於綿竹、繁縣。

十八年春，姜維還成都。夏，復率諸軍出狄道，與魏雍州刺史王經戰於洮西，大破之。經退保狄道城，維卻住鍾題。

十九年春，進姜維位為大將軍，督戎馬，與鎮西將軍胡濟期會上邽，濟失誓不至。秋八月，維為魏大將軍鄧艾所破於上邽。維退軍還成都。

二十年，聞魏大將軍諸葛誕據壽春以叛，姜維復率眾出駱谷，至芒水。

景耀元年，姜維還成都。

這五次伐魏，前四次均在隴西作戰，每番戰役結束，姜維都要回到成都覆命，第二年再趕赴前線出征。但是採取如此頻繁的進攻，其帳下的蜀軍主力不可能每次都隨同姜維千里迢迢撤回成都，再開赴隴西。據史籍所載，他們是以蜀國北境的武都、陰平兩郡的一些地點作為屯兵之所，由此出擊或休整的。例如《資治通鑒》卷76嘉平五年（253）：

及（費）禕死，（姜）維得行其志，乃將數萬人出石營，圍狄道。胡三省注：石營在董亭西南，維蓋自武都出石營也。

《三國志》卷28《魏書·鄧艾傳》載正元二年（255）：

（鄧艾）解雍州刺史王經圍於狄道，姜維退駐鍾提。（胡三省注《資治通鑒》卷76曰：鍾提當在羌中，蜀之涼州界也。）

《資治通鑒》卷77魏高貴鄉公甘露元年（256）六月：

> 姜維在鍾提，議者多以為維力已竭，未能更出。

此外，值得注意的是陰平郡的沓中（今甘肅省甘南藏族自治州舟曲縣），早在延熙八年（245）便已是姜維進軍隴西的一個據點。見《三國志》卷26《魏書·郭淮傳》："乃別遣夏侯霸等追維於沓中，淮自率諸軍就攻（廖）化等，維果馳還救化。"後來該地又成為蜀軍屯田練兵的基地。

後一次北伐，是在諸葛誕起兵後，魏軍雲集淮南，關中兵力削弱，姜維欲乘虛而入，故從漢中出發，"復率數萬人出駱谷，徑至沈嶺"[102]。但是鄧艾、司馬望等堅壁不戰，相持逾歲，迫使蜀軍又一次無功而還。

第二階段（258—263）。蜀國滅亡前夕，姜維對軍事部署做出重大調整，漢中兵力受到前所未有的削弱，為隨之而來的失敗埋下禍根。

景耀元年（258），姜維自關中退還成都後，提出了新的對魏作戰計劃，其內容可參見《三國志》卷44《蜀書·姜維傳》：

> 初，先主留魏延鎮漢中，皆實兵諸圍以禦外敵，敵若來攻，使不得入。及興勢之役，王平捍拒曹爽，皆承此制。維建議，以為錯守諸圍，雖合《周易》"重門"之義，然適可禦敵，不獲大利。不若使聞敵至，諸圍皆斂兵聚穀，退就漢、樂二城，使敵不得入平，且重關鎮守以捍之。有事之日，令游軍並進以伺其虛。敵攻關不克，野無散穀，千里縣（懸）糧，自然疲乏。引退之日，然後諸城並出，與游軍併力搏之，此殄敵之術也。於是令督漢中胡濟卻住漢壽，監軍王含守樂城，護軍蔣斌守漢城，又於西安、建威、武衛、石門、武城、建昌、臨遠皆立圍守。

---

102 《三國志》卷44《蜀書·姜維傳》。

這段記述的內容有自相矛盾之處。從整段文字來看，姜維的建議和後來實行的措施，是放棄漢中外圍的據點，將駐軍撤守漢、樂二城，採取堅壁清野、誘敵深入到盆地內部的做法。但是其中又說"使敵不得入平"，這就與前後內容具有截然相反的含義。《華陽國志》卷7也有關於此事的記載，此句作"聽敵入平"。全文如下：

（景耀元年）大將軍維議，以為漢中錯守諸圍，適可禦敵，不獲大利。不若退據漢、樂二城，積穀堅壁，聽敵入平，且重關鎮守以禦之。敵攻關不克，野無散穀，千里懸糧，自然疲退，此殄敵之術也。於是督漢中胡濟卻守漢壽，監軍王含守樂城，護軍蔣斌守漢城，又於西安、建威、武衛、石門、武城、建昌、臨遠皆立圍守。

另外，《資治通鑑》卷77和《蜀鑑》亦作"聽敵入平"，學術界因此判斷今本《三國志》卷44《蜀書·姜維傳》中可能有傳抄錯訛。任乃強先生即認為《華陽國志》的"聽敵入平"是正確的，"《姜維傳》中'不得'二字衍，'重關'，即指樂城、漢城、陽平關、白水關與興勢、黃金諸圍戍鎮守，使敵飢困平原中不得更進，非僅指一陽平關。"[103]《華陽國志》等史籍雖係晚出，但當時撰寫所據的《三國志》可能是善本，沒有今本的一些錯謬。

1. 姜維軍事部署的內容

從前引史籍的記載來看，姜維做出的軍事部署調整，包含以下幾方面內容：

其一，放棄漢中外圍，收縮防守，誘敵深入。更改了自魏延鎮守漢中以來一貫採取的拒敵於盆地邊緣山區的作戰方針，撤銷了外圍的大

103　任乃強：《華陽國志校注圖補》，上海古籍出版社，1987年，第417頁。

部分據點，軍隊集中到漢、樂二城，以其作為防禦核心，分別由蔣斌、王含駐守，各領兵五千人[104]。西陲則嚴守陽安（平）關，主將為傅僉、蔣舒[105]，阻止敵人破關後攻擊武興（今陝西省略陽縣）或南下劍閣。並派遣小股部隊游擊騷擾，待敵軍乏糧撤退時乘勢發動反攻。

其二，削減漢中人馬，退往漢壽。命令漢中都督胡濟率領部分守軍，撤至漢壽駐紮，待命行動。漢中駐軍原來不滿三萬，此時分佈情況大致是：漢、樂二城各有五千人，陽安關可能也有五千人，個別圍守（如黃金、興勢圍）各留少量兵力（千餘人？）駐守，恐怕就不足兩萬了。

其三，加強隴西方向的防禦。姜維所立的西安、建威、武衛、石門、武城、建昌、臨遠諸圍守，皆在隴西前線、蜀國北境，即今甘肅省南部。據劉琳考證，建威在今甘肅省西和縣南，武衛、石門都在今甘肅省甘南藏族自治州境內。武城圍在今甘肅省武山縣西南武城山上。西安、建昌、臨遠三圍具體地點不詳，但亦當在甘肅省南部[106]。

上述七圍當中，有些實際是先前建立的，如建威圍，《三國志》卷35《蜀書·諸葛亮傳》："（建興）七年，亮遣陳式攻武都、陰平，魏雍州刺史郭淮率眾欲擊式，亮自出至建威。"《三國志》卷45《蜀書·張翼傳》載："延熙元年，入為尚書，稍遷督建威，假節，進封都亭侯，征西大將軍。"

西安圍，參見《三國志》卷45《蜀書·楊戲傳》注引《益部耆舊雜記》："（王嗣）延熙世以功德顯著，舉孝廉，稍遷西安圍督、汶山太守，加安遠將軍。綏集羌胡，咸悉歸服，諸種素桀惡者皆來首降，嗣待以恩信，時北境得以寧靜。"

姜維的部署是在上述七圍加強兵力，鞏固防務。可見他還是把對魏作戰的攻防重點放在了武都、陰平以北的隴西前線。

---

104 《三國志》卷28《魏書·鍾會傳》："蜀監軍王含守樂城，護軍蔣斌守漢城，兵各五千。"

105 《三國志》卷44《蜀書·姜維傳》及注引《漢晉春秋》《蜀記》。

106 〔晉〕常璩撰、劉琳校注：《華陽國志校注》，巴蜀書社，1984年，第587頁。

其四，主力屯漢壽，後移沓中。姜維從關中退兵，其所率蜀軍有一部分隨他撤回成都，另一部分留在漢壽待命，仍然沿用了費禕臨終前制定實施的防禦部署。前引《蜀書·姜維傳》及《華陽國志》等書也提到胡濟率領軍隊退駐漢壽。

景耀五年（262），姜維再次出征，北伐侯和（今甘肅省臨潭縣西南），被魏將鄧艾挫敗。朝內諸葛瞻、董厥等人認為"維好戰無功，國內疲敝，宜表後主，召還為益州刺史，奪其兵權。"[107] 而專權的宦官黃皓也想罷免姜維的大將軍職務，讓閻宇擔任。姜維對此疑懼不安，便率領蜀軍主力在沓中屯田，不再返回成都。[108]

2. 姜維調整部署的原因

姜維更改蜀漢兵力的戰略部署，主要目的有以下幾點：

其一，加強西北兵力，鞏固蠶食得來的領土。據姜維本傳所載，他幾次率領北伐的蜀軍主力為"數萬人"，人數並不具體。《晉書》卷2《文帝紀》載司馬昭與群臣謀議伐蜀時，稱"計蜀戰士九萬，居守成都及備他郡不下四萬，然則餘眾不過五萬"，是說蜀國北部對魏作戰的兵力一共五萬，這個數字應包括姜維在隴西作戰的主力和漢中守軍的人數。如果漢中兵力仍保持兩萬餘人的舊有編制，姜維帳下就只有三萬人左右。不過，司馬昭之言是要說服群臣同意他伐蜀的主張，為了打消反對者和猶豫者的顧慮，他很有可能貶低蜀國的軍事力量。實際上，據《三國志》卷33《蜀書·後主傳》注引王隱《蜀記》所載，當時蜀國的兵力是"帶甲將士十萬二千"，略高於司馬昭所說的人數。這樣看來，姜維部下的蜀

---

107 《三國志》卷35《蜀書·諸葛亮傳》注引孫盛《異同記》。

108 《三國志》卷44《蜀書·姜維傳》景耀五年，"是歲，姜維復率眾出漢、侯和，為鄧艾所破，還住沓中。維本羈旅託國，累年攻戰，功績不立，而宦官黃皓等弄權於內，右大將軍閻宇與皓協比，而皓陰欲廢維樹宇。維亦疑之，故自危懼，不復還成都"。《華陽國志》卷7《劉後主志》景耀五年："後主敕皓詣維陳謝，維說皓求沓中種麥，以避內逼。皓承白後主。秋，維出侯和，為魏將鄧艾所破，還駐沓中。皓協比閻宇，欲廢維樹宇，故維懼，不敢還。"

軍主力數目可能也會略有增加，但至多也就四萬人左右。單憑這數量有限的隊伍，要想在隴西開疆拓土，談何容易！因為曹魏在當地也能動員數萬人馬，比起姜維所部的戰鬥力也就是略處下風，但如果能夠堅持到關中援兵到來，那麼蜀軍就沒有優勢可言，何況還有糧運乏濟的困難。事實上，姜維在北伐中取得過一些勝利，甚至是大勝，如延熙十八年（255），"大破魏雍州刺史王經於洮西，經眾死者數萬人"[109]，並一度遠征至金城（今甘肅省蘭州市）、西平（今青海省西寧市），攻佔了狄道城。但最終還是因為兵力不足，糧運難繼，無法擴大戰果或在當地建立持久的統治。

另外，漢中十餘年來未遇入侵，兩萬餘名守軍長期處於待戰的無事狀態，不免給人以兵力閒置的錯覺。而當地山川道路的險阻與曹真、曹爽進犯時受到的重挫，也會使人對漢中的防禦前景做出過於樂觀的判斷。蜀漢國土狹小，兵源匱乏，姜維難以從後方獲得大量的人力補充，所以便產生了調動漢中部分守軍參與北伐，加強自己進攻力量的想法。從前一階段後期的情況來看，姜維這一作戰指導思想的傾向是相當明顯的。例如，延熙十九年（256），姜維自鍾提兵出祁山伐魏，命令漢中都督胡濟率軍和他在上邽會合，結果"濟失誓不至，故維為魏大將鄧艾所破於段谷，星散流離，死者甚眾"[110]。

第二年姜維率數萬人自漢中出駱谷[111]。之所以沒有選擇隴西方向進攻，可能是由於剛剛遭受重創，部下缺少兵員，無法單獨發動攻勢。若調動漢中守軍至隴西作戰，則難保不再出現去年"失誓不至"的情況。從漢中兵出駱谷，可以乘勢帶走當地的部分守軍，增強進攻兵力；而且

---

109 《三國志》卷 44《蜀書·姜維傳》。

110 《三國志》卷 44《蜀書·姜維傳》。

111 姜維此次兵進關中未走較近的褒斜道，是因為前次諸葛亮死後蜀軍撤退時，魏延與楊儀爭權，"率所領徑先南歸，所過燒絕閣道"（見《三國志》卷 40《蜀書·魏延傳》），而事後蜀漢又未曾加以修復，故姜維只能走儻駱道了。

關中的魏軍大部東調，自顧不暇，沒有力量組織反擊，不用擔心漢中的防務問題。

上述兩次北伐，姜維都不同程度地利用了漢中的部分守軍。由此可見，這次放棄漢中外圍、削弱當地兵力以加強隴西方向攻防的部署，是他前一階段作戰思想的延續和發展，也是以貧國弱旅向強敵發動進攻的一種無奈之舉。

其二，誘敵深入，力求多殲來寇。漢中的防禦部署，自魏延鎮守該地以來，始終採取"實兵諸圍以拒外敵"的做法，即利用盆地邊緣的山險，將兵力部署在外圍的各個要塞阻擊敵人，不讓其進入漢中平原。曹真、曹爽兩次伐蜀，蜀軍採用這種戰略都獲得了成功，迫使敵人撤退。但是姜維認為上述部署雖然比較穩妥，符合《周易》中"重門"禦敵的原則，然而在外圍防禦，只能阻敵入境，逼迫其退兵，無法大量殲滅來犯之敵。而隴西的作戰，由於屢屢向該地進兵，曹魏方面已經提高了警惕，預先設有防範，並且以逸待勞，蜀軍的進攻也難以取得較大的戰果。姜維是外邦之人，孤身入蜀，在朝野內外沒有支持的勢力，陳壽說他"本羈旅託國，累年攻戰，功績不立"[112]，故迫切需要一場大勝來提高和鞏固自己的政治地位。客觀形勢的壓力促使他鋌而走險，做出放棄漢中外圍防守，"斂兵聚穀，退就漢、樂二城"的決定，企圖以此誘使敵人重兵進入漢中盆地，待其乏糧撤退時再舉行反攻，力求全殲來寇。實際上，在敵強我弱的形勢下，如果不能依賴漢中外圍地形複雜、難以通行的有利條件部署防禦，讓魏國大軍不受損失地開進平原，得以發揮其兵力上的優勢，那麼這一戰略要地很可能就此陷落，從而打開蜀漢北境的大門。回想建興八年（230）諸葛亮防禦曹真、司馬懿入侵漢中時，儘管手中握有重兵，還急令李嚴帶領兩萬人北上增援，以求做到萬無一失。

---

112 《三國志》卷44《蜀書·姜維傳》。

而姜維不僅撤銷圍守，還把當地有限的守軍再調一部分回到漢壽；相比諸葛亮用兵的謹慎，他的舉措何其輕率冒險！

3. 對姜維改變部署的評價

對於姜維此次軍事部署的調整，歷代史家多認為撤銷漢中圍守是重大失誤。這一措施為後來漢中失守、蜀國滅亡埋下了禍根。可見郭允蹈《蜀鑒》：

> 蜀之門户，漢中而已。漢中之險，在漢魏則陽平而已。武侯之用蜀也，因陽平之圍守，而分二城以嚴前後之防其守也，使之不可窺；而後其攻也，使之莫能禦，此敵所以畏之如虎也。今姜維之退屯於漢壽也，撤漢中之備，而為行險僥倖之計，則根本先撥矣。異時鍾會長驅而入，曾無一人之守，而敵已欣然得志。初不必鄧艾之出江油，而蜀已不支，不待知者而能見。嗚呼，姜維之亡蜀也，殆哉！

《資治通鑒》卷 74 正始五年（244）胡三省注：

> 嗚呼！王侯設險以守其國。其後關城失守，鍾會遂平行至漢中；王平謂賊若得關，遂為深禍，斯言驗矣。

《資治通鑒》卷 77 甘露三年（258）胡三省注：

> 姜維自棄險要以開狡焉啟疆之心，書此為亡蜀張本。

盧弼《三國志集解》卷 44《通鑒輯覽》曰：

> 外户不守，而卻屯以引敵，且俟其退而出搏之，真開門揖盜之見。劉友益以為維之失計，漢所以亡，良然！

先賢的評論是非常中肯的，蜀國與曹魏相比，在兵眾和財力上處於明顯的劣勢，之所以能夠守住漢中，拒敵於國門之外，在很大程度上靠的是依托漢中外圍險要地勢部署防禦作戰，這樣可以用少數兵力扼守山川險隘，阻擊來寇，使之不能入境。魏軍人馬雖眾，但是千里跋涉，糧運難繼，無法做持久的對抗。蜀軍如果棄險不守，拋掉自己的有利條件，使強大的敵人輕易進入平原，得以發揮其兵力上的優勢，那麼，漢、樂二城及陽安（平）關的守禦便岌岌可危了。這是一種極其冒險的戰略部署，要是成功固然能獲得大勝，但是以孤城弱旅應對強敵放開手腳的猛攻，難保不出現疏漏。倘若有失，漢中被敵人佔領，將會對蜀國的安危造成極其嚴重的影響。

此外，蜀軍主力在北伐侯和失利後，沒有返回漢壽，而是留駐沓中屯田，更是一項嚴重的錯誤。蔣琬、費禕執政時期，蜀軍主力平時屯於涪縣、漢壽，位於後方。北部邊境有警後，由於前線守軍的就地抵抗，援兵在趕赴救急時，途中不會遇到敵人的阻擊和干擾，可以按照預定的時間趕到作戰地域。而姜維擔心自己回朝後會失去兵權，又念念不忘北伐隴右，故不願退師漢壽。主力屯於邊陲偏僻的沓中，一則暴露在敵人面前，容易受到攻擊；二則沓中和漢中東西懸隔千里，中間又有山水險阻的諸多障礙，一旦形勢告急，很難及時援救。魏軍統帥正是看出了姜維兵力部署的這一破綻，在第二年分兵進攻，以偏師牽制住沓中的姜維，主力順利地佔領漢中盆地，並攻陷了陽安關。

4. 魏軍滅蜀之役的部署與漢中陷落

先看戰前形勢與魏軍的進攻部署。在發動滅蜀戰役之前，司馬氏已經在魏國國內的幾次奪權和內戰鬥爭中獲得了完全的勝利，徹底擊敗了擁曹勢力，得到各方面的支持，國內政局非常穩定。據孫吳大臣張悌所言：“司馬懿父子自握其柄，累有大功，除其煩苛而佈其平惠，為之謀主而救其疾，民心歸之，亦已久矣。故淮南三叛而腹心不擾，曹髦之死，四方不動，摧堅敵如折枯，蕩異同如反掌，任賢使能，各盡其心，非智勇兼人，孰能如之？其威武張矣，本根固矣，群情服矣，奸計立矣。"[113] 自曹操統一北方以來，中原地區再未發生過大規模的戰亂，經歷數十年的休養生息，魏國的經濟、軍事力量相當強盛，相比於吳、蜀兩國，已然具有壓倒性優勢。如司馬昭所言："今諸軍可五十萬，以眾擊寡，蔑不克矣。"[114] 諸葛誕在壽春的叛亂平息後，吳國損兵折將，大傷元氣，無力再舉北伐。東線的壓力減輕後，魏國可以調集重兵征蜀，徹底改變西線長期以來的被動防禦局面。

蜀國由於奸佞當朝，政治腐敗，大臣不和，又因頻頻北伐而民力衰竭，在與曹魏的對抗中處於明顯劣勢。張悌據此認為魏軍征蜀必勝。他說："今蜀閹宦專朝，國無政令，而玩戎黷武，民勞卒弊，競於外利，不修守備。彼強弱不同，智算亦勝，因危而伐，殆其克乎！"[115]

司馬昭判斷形勢，決心發動滅蜀戰役。他針對姜維軍事部署上的幾處弱點，採取了分兵進攻的戰略。《晉書》卷2《文帝紀》載司馬昭對群臣所言："計蜀戰士九萬，居守成都及備他郡不下四萬，然則餘眾不過五萬。今絆姜維於沓中，使不得東顧，直指駱谷，出其空虛之地，以襲漢中。彼若嬰城守險，兵勢必散，首尾離絕。舉大眾以屠城，散銳卒以略野，劍閣不暇守險，關頭不能自存。以劉禪之暗，而邊城外破，士女內震，其亡可知也。"魏國"於是徵四方之兵十八萬"，所做的戰役部署是：

甲、今征西將軍鄧艾率三萬餘人，自狄道（今甘肅省臨洮縣）出兵，進攻甘松（今甘肅省迭部縣西南）、沓中，牽制住姜維所率的蜀軍主力。

乙、雍州刺史諸葛緒領兵三萬餘人，從祁山（今甘肅省禮縣東北）

---

113 《三國志》卷48《吳書・孫皓傳》天紀四年（280）注引《襄陽記》。

114 《晉書》卷2《文帝紀》。

115 《三國志》卷48《吳書・孫皓傳》天紀四年注引《襄陽記》。

向武街（今甘肅省成縣西北）、橋頭（今甘肅省文縣東南）進軍，以堵截姜維東援漢中或撤回漢壽的去路。

丙、景元四年（263）八月，鎮西將軍鍾會率領的魏軍主力自洛陽出發，經關中進攻漢中："會統十餘萬眾，分從斜谷、駱谷入。……魏興太守劉欽趣子午谷，諸軍數道平行，至漢中。"[116]

再看蜀國的應戰部署。在魏國進攻之前，姜維已然得到消息，並向後主上表，請求增援兵力，加強緊要關戍的防禦，"聞鍾會治兵關中，欲規進取，宜並遣張翼、廖化督諸軍分護陽安關口、陰平橋頭以防未然。"[117] 但是劉禪被奸宦黃皓所蒙蔽，並未發兵，也沒有向朝臣通報。直到魏軍進攻開始，"然後乃遣右車騎廖化詣沓中為維援，左車騎張翼、輔國大將軍董厥等詣陽安關口以為諸圍外助"[118]。

漢中方面：魏軍發動攻勢後，"蜀令諸圍皆不得戰，退還漢、樂二城守"[119]，即執行姜維原來制定的誘敵深入計劃，放棄外圍大部分據點，收縮兵力，依托堅城防守。鍾會順利進入漢中平原後，一面攻打漢、樂二城，一面派遣護軍胡烈領兵穿過盆地進攻關城。守關蜀將蔣舒率部下出城投降，引敵來襲，傅僉格鬥而死。魏軍佔領關城，並繳獲大量糧穀。鍾會聞訊後不再浪費時間和兵力進攻漢、樂二城，只留下了少數部隊圍困，主力則迅速西進："會使護軍荀愷、前將軍李輔各統萬人，愷圍漢城，輔圍樂城。會徑過，西出陽安口。"[120]

沓中方面：廖化率兵到達陰平後，"聞魏將諸葛緒向建威，故住待之"[121]，沒有前往橋頭，而是等待姜維。鄧艾"遣天水太守王頎等直

---

116 《三國志》卷 28《魏書·鍾會傳》。
117 《三國志》卷 44《蜀書·姜維傳》。
118 《三國志》卷 44《蜀書·姜維傳》。
119 《三國志》卷 28《魏書·鍾會傳》。
120 《三國志》卷 28《魏書·鍾會傳》。
121 《三國志》卷 44《蜀書·姜維傳》。

攻（姜）維營，隴西太守牽弘等邀其前，金城太守楊欣等詣甘松"[122]。姜維在引兵東還時，至強川口被魏軍追及戰敗，在橋頭又遭到諸葛緒的阻截。他幾經周折撤退到陰平，與廖化等軍會合，此時漢中早已落入敵手。

這樣，蜀軍自開戰以來節節敗退，未曾組織有效的抵抗。除了漢、樂二城等少數據點，漢中全郡均被鍾會佔領，魏軍長驅直入，通過關城天險向漢壽、劍閣進軍。姜維"積穀聚兵，聽敵入平"，將魏軍主力牽制在漢中盆地加以殲滅的計劃受到了毀滅性的打擊。

5. 漢中丟失對蜀漢防禦的致命打擊

其一，造成蜀國整個北部防線的崩潰。魏軍輕易地佔據漢中，一舉攻克了重鎮陽安關口，取得的戰果是多方面的。

首先，陽安關是漢中防禦體系重要兵站基地，儲存有大量的物資。魏軍破關後，"大得庫藏積穀"[123]，獲得了意外的充足補給。

其次，蔣舒及麾下降卒，至少在千人以上，不僅補充了魏軍的人力，而且為其提供了熟悉蜀漢部署情況的嚮導。

再次，王平曾言"賊若得關，便為深禍"[124]，這是因為陽安關在漢中防禦體系中起着舉足輕重的作用。敵人即使攻陷了漢城或樂城，只要關城不失，就不得進窺蜀道，成都平原和隴南地區的安全還有保證。而魏軍佔領陽安關後，既可以西脅武興，又能夠從金牛道南下，直逼漢壽；駐紮在陰平、武都的蜀軍就有被截斷歸路，陷入鄧艾和鍾會夾擊而覆滅的危險。姜維和廖化只得放棄了苦心經營多年的下辨、武興及西安七圍等要塞，倉皇撤退至漢壽，與張翼、董厥的援兵會合。因為敵軍勢大，姜維等人被迫又退保劍閣。這樣一來，除了個別據點，蜀漢從漢中至陰

---

122 《三國志》卷 28《魏書・鄧艾傳》。
123 《資治通鑒》卷 78 魏元帝景元四年（263）九月。
124 《資治通鑒》卷 74 魏邵陵厲公正始五年（244）三月條。

平綿延千餘里的領土喪失殆盡，設在岷山、摩天嶺、米倉山以北的外圍防線落入敵手。

其二，為後來偷渡陰平、迫降劉禪創造了條件。魏軍佔領漢中及武都、陰平以後，得到了幾處入蜀通道的隘口，可以從多條路線（金牛道、米倉道、嘉陵道、景谷道）進攻巴蜀，形勢極為有利。鍾會的十餘萬大軍在漢中未受重創，全師而進，雲集劍閣，使蜀國面臨着嚴重的威脅。姜維部下僅有四五萬人，處於明顯劣勢，雖然憑險固守，阻擋住敵人的進攻，但是終因全力以赴，旁顧不暇，被鄧艾乘機從景谷道偷渡成功，滅亡了蜀漢政權。

倘若漢中不失，蜀國還能在隴南地區與魏軍繼續對抗。即使姜維撤出了陰平，西安七圍和下辨、武興等地設防堅固，加上後方的支援，鄧艾很難取得速勝。魏軍在隴南作戰，遠離後方，給養運輸困難，大軍是無法持久駐紮的。而且，如果存在着來自東鄰武都的威脅，鄧艾是不敢貿然從陰平懸軍南下的。只是在側翼安全得到保障的情況下，他沒有被敵人斷後的危險，才敢於孤軍深入，偷襲成功。

從經濟、政治、軍事各方面的發展趨勢來看，蜀國的滅亡是必然的，遲早會到來。但是就其亡國前還掌握着十萬兵力和險要的地形、要塞、防線來說，僅僅三個月便土崩瓦解，與漢中地區過早、輕易地丟失有密切的聯繫。

6. 蜀漢應戰部署的種種失誤

當年曹操、曹真、曹爽對蜀作戰時，三次投入十餘萬大軍，耗費巨資無數，歷經歲月，也未能逐走對手，佔領漢中。而此番鍾會伐蜀，魏國沒有損失多少人馬，便一帆風順地攻下漢中，獲得了重大戰果。其中原因，除了魏方兵力佔據壓倒性優勢、將帥又指揮得當之外，蜀漢方面在部署調動上的應對失誤也是不可忽視的重要因素。

其一，主力滯留沓中，未能及時束調。姜維雖然在戰前得知鍾會在關中籌備伐蜀，並奏請守護橋頭和陽安關口，但是他仍然受到涼州情結的困擾，念念不忘北伐隴右，繼續屯兵於偏僻遙遠的沓中，不願提前東移，做好支援漢中的準備。等到戰事爆發，蜀軍主力回撤時，他又受到鄧艾和諸葛緒的截擊，不僅軍隊蒙受了損失，而且耽誤了時間，未能趕到漢中。[125]

其二，後方援兵行動緩慢，赴救不及。魏國發動進攻之後，劉禪派遣廖化、張翼兩路援軍分赴橋頭與陽安關口，可是他們都未能及時趕到指定地點。廖化停留在陰平，而張翼、董厥等在成都集合諸軍後北上，行動過於遲緩，剛剛到達漢壽，漢中和武都、陰平均已丟失。[126] 先後貽誤了戰機。

其三，用人不當。漢中得失與蜀漢政權的安危休戚相關，應該任命智勇兼備的忠貞之士來擔任守將，才能確保萬無一失。而自景耀元年（258）姜維撤漢中圍守之後，都督胡濟退駐漢壽，當地沒有一員得力的大將來全面主持防務，只是在大敵壓境時才匆匆派遣張翼、董厥趕赴陽安關。而鎮守關城的蔣舒素無戰績，又心懷叵測。《三國志》卷44《蜀書·姜維傳》注引《蜀記》曰："蔣舒為武興督，在事無稱。蜀命人代之，因留舒助漢中守。舒恨，故開城出降。"讓這種無能又不可靠的人把守重鎮，導致了陽安關的陷落，確實是一大失策。

需要強調的是，漢中圍守的將士浴血奮戰，抗擊數倍乃至十倍於己的強敵，魏軍始終未能用軍事手段使他們屈服。直至敵兵深入內地、蜀國滅亡後，將士接到劉禪的敕令，才被迫繳械。參見《三國志》卷33《蜀書·後主傳》載炎興元年（263），後主降魏，"（漢中）諸圍守悉被後主敕，然後降下。"又見《三國志》卷44《蜀書·姜維傳》：

---

125 《三國志》卷28《魏書·鍾會傳》："姜維自沓中還，至陰平，合集士眾，欲赴關城。未到，聞其已破，退趣白水。"
126 《三國志》卷44《蜀書·姜維傳》："翼、厥甫至漢壽，維、化亦捨陰平而退，適與翼、厥合。"

鍾會攻圍漢、樂二城，遣別將進攻關口。……會攻樂城，不能克，聞關口已下，長驅而前。

《資治通鑒》卷 78 魏元帝景元四年（263）：

（姜維等聞後主降魏）將士咸怒，拔刀斫石。於是諸郡縣圍守皆被漢主敕罷兵降。胡三省注：圍守，即魏延所置漢中諸圍之守兵也。

《華陽國志》卷 11《後賢志》：

（柳隱）為牙門將、巴郡太守、騎都尉，遷漢中黃金圍督。景耀六年，魏鎮西將軍鍾會伐蜀，入漢川，圍戍多下，惟隱堅壁不動。會別將攻之，不能克。後主既降，以手令敕隱，乃詣會。晉文帝聞而義之。

可惜由於昏君奸臣的腐敗懦弱與軍事指揮上犯下的種種錯誤，漢中將士的忠心和勇氣空付東流了。

三、漢中對蜀、魏兩國作戰影響之區別

綜上所述，在三國時代的長期戰爭中，漢中由於它的特殊地理位置及自然環境，發揮過極為重要的影響。值得注意的是，從蜀、魏兩國的交戰過程來看，漢中所具有的戰略價值對雙方並不是均等的。對處於弱勢的蜀漢來說，漢中是必爭必守之地。從防禦的角度來講，若失掉漢中，武都、陰平亦不能自保，四川盆地與關中、隴右之間就沒有了保護前者安全的緩衝地帶，敵人能夠從多條道路進攻或威脅巴蜀，守衛者顧

此失彼，會陷入非常被動的局面。從進攻的角度來分析，蜀國佔領漢中後的形勢是十分有利的，可以從多條道路攻擊曹魏的荊襄、關中和隴右，魏軍若是分兵防守，自然會削弱力量。事實上，諸葛亮、姜維頻頻發動的北伐，雖然與敵人互有勝負，但是基本上掌握着戰爭的主動權；曹魏的守軍儘管在數量上佔優，卻經常處在被動的境地。其原因之一，就是漢中蜀軍能從幾個方向出擊，聲東擊西，使其防不勝防，疲於奔命，因此陷入被動。蜀漢自劉備佔據益州以來，拓展領土最多的兩次輝煌勝利，都是在把主力部隊投入到漢中地區以後取得的。第一次是劉備兵進漢中，斬夏侯淵，迫退曹操，又東取西城、上庸、房陵三郡；第二次是諸葛亮自漢中北伐，坐鎮建威，派陳式攻佔武都、陰平二郡。這些史實，都證明了漢中對於蜀國進攻曹魏所起的重要作用。

劉備在入川以後，軍事上屢陷被動，幾經慘敗。究其原因，往往和他未對漢中駐防給予足夠的重視有關。建安二十年（215），劉備引兵東下，和孫權爭奪長沙、零陵、桂陽三郡，使曹操乘虛擊敗張魯，奪得漢中，並進軍三巴，致使蜀中驚恐搖動。建安二十四年（219），劉備在苦戰之後佔領了漢中和東三郡，卻又把主力撤回成都，讓關羽在東線孤軍北伐，結果受到魏、吳雙方南北合擊，丟掉了荊州。劉封在上庸抵禦魏國進攻時，由於力量薄弱，無法相抗；而漢中守軍因數量有限，亦不能給予有力的支持，使東三郡又落入敵手，蜀國在四川盆地以東的領土喪失殆盡。廖立曾嚴厲地批評劉備的錯誤決策："昔先帝不取漢中，走與吳人爭南三郡，卒以三郡與吳人，徒勞役吏士，無益而還。既亡漢中，使夏侯淵、張部深入於巴，幾喪一州。後至漢中，使關侯身死無孑遺，上庸覆敗，徒失一方。"[127] 盧弼《三國志集解》曰："此雖忿言，然當日情勢實如此。"

---

127 《三國志》卷 40《蜀書·廖立傳》。

今人吳健曾詳細論述劉備漢中撤兵帶來的惡果。他認為，劉備如果率領益州主力留駐漢中或出擊隴右，曹操的大部兵力是不敢離開關中的，至多只能抽調少數人馬前往襄陽。而對付少數援兵，關羽不需要調走荊州守軍；守軍不調，荊州也就不會丟失。同時，若是關羽形勢不利，身在漢中前沿的劉備君臣也會及時分兵順漢江東援樊城，從側後方夾攻曹軍，關羽軍隊在荊州仍能站穩腳跟。之所以沒有出現這種對蜀漢較為有利的局面，其根本原因就在於劉備率領益州主力離開了漢中前線，造成其既不能及時東援關羽，又無法牽制、打擊曹操主力，導致關羽這支偏師獨抗曹、孫兩大強敵的局面。[128]

景耀元年（258），姜維做出了削減漢中兵力，放棄外圍的防守，退保漢、樂二城，誘敵深入以求全殲的錯誤決定。後來鍾會伐蜀，大軍輕易地進入漢中平原，攻破陽安關，引起蜀國北部防禦體系的全線崩潰。西晉名將羊祜曾對此感歎道："蜀之為國，非不險也，高山尋雲霓，深谷肆無景，束馬懸車，然後得濟，皆言一夫荷戟，千人莫當。及進兵之日，曾無藩籬之限，斬將搴旗，伏屍數萬，乘勝席捲，徑至成都，漢中諸城，皆鳥棲而不敢出。……至劉禪降服，諸營堡者索然俱散。"[129] 蜀國在三月之內土崩瓦解，其重要原因，也和其統帥的部署失當，未能在漢中駐紮重兵，以保證其安全有關。說蜀國安危繫於漢中一身，是一點也不過分的。

對於盤踞在中原和關西的曹魏來說，漢中地區固然也有重要的軍事意義，但是對它的需要和依賴程度並不像蜀漢那樣迫切。曹魏若要進攻巴蜀，那麼漢中是勢在必得的。如前所述，這樣可以從幾條道路入蜀，並使武都、陰平陷入孤懸境外、難以堅守的局面，對魏十分有利。相反，

128　吳健：《劉備漢中撤軍芻議》，《福建師範大學學報》(哲學社會科學版)1988 年第 2 期。
129　《晉書》卷 34《羊祜傳》。

若未取漢中，僅有武都、陰平兩郡，那麼對蜀漢就構不成威脅。但是如果對蜀漢採取防禦戰略，情況就有所不同了。能夠掌握漢中當然很好，但要是付出的代價太高，難以承受，也不妨放棄它。這樣對曹魏雖有些被動，卻還不至於構成致命的威脅。在漢中防禦蜀漢需要不少兵力。例如當年夏侯淵、張郃的數萬人馬便抵禦不了蜀軍的進攻，曹操領大兵到來，其糧草給養需要從關中乃至中原內地運來，經過數百里上千里的跋涉，是極為沉重的負擔，南陽等地甚至因此激起了民變[130]。曹操深知漢中戰略地位的重要，又痛感大軍在此駐防殊為不易，所以把該地形象地稱為"雞肋"[131]。在國力並不十分強大，中原殘破、百廢待舉，又要兼顧東線戰事的情況下，死守漢中對曹魏來說代價太大，有些得不償失，不如把它拋給蜀漢。因此，曹操最終還是採取了放棄漢中的做法，將對蜀作戰的正面防線收縮至關中，把秦嶺難以通行運輸的困難拋給了蜀漢一方，利用"五百里石穴"的天險來阻礙對手，並遷徙百姓，將漢中變成空曠無人的荒野，使蜀軍在北伐時無法在沿途獲得補給；自己則通過防守不戰來休養生息，恢復和增強國力，為將來的統一戰爭做好物質準備。曹操這一戰略構想，在孫資對魏明帝的追述中說得很明白。可見《三國志》卷14《魏書‧劉放傳》注引《孫資別傳》：

> 諸葛亮出在南鄭，時議者以為可因大發兵，就討之，帝意亦然，以問資。資曰："昔武皇帝征南鄭，取張魯，陽平之役，危而後濟。又自往拔出夏侯淵軍，數言'南鄭直為天獄，中斜谷道為五百里石穴耳'。言其深險，喜出淵軍之辭也。又武皇帝聖於用兵，察蜀賊

---

130 《三國志》卷11《魏書‧管寧傳》："建安二十三年，陸渾長張固被書調丁夫，當給漢中。百姓惡憚遠役，並懷擾擾。民孫狼等因興兵殺縣主簿，作為叛亂，縣邑殘破。"

131 《三國志》卷1《魏書‧武帝紀》注引《九州春秋》："時王欲還，出令曰'雞肋'，官屬不知所謂，主簿楊修便自嚴裝，人驚問修：'何以知之？'修曰：'夫雞肋，棄之如可惜，食之無所得，以比漢中，知王欲還也。'"

棲於山岩，視吳虜竄於江湖，皆橈而避之，不責將士之力，不爭一朝之忿，誠所謂見勝而戰，知難而退也。今若進軍就南鄭討亮，道既險阻，計用精兵又轉運鎮守南方四州過禦水賊，凡用十五六萬人，必當復更有所發興。天下騷動，費力廣大，此誠陛下所宜深慮。夫守戰之力，力役參倍。但以今日見兵，分命大將據諸要險，威足以震攝強寇，鎮靜疆場，將士虎睡，百姓無事。數年之間，中國日盛，吳蜀二虜必自罷弊。"帝由是止。

從以後的歷史進程來看，曹操放棄漢中、對蜀採取守勢的戰略，在其死後基本上得到了貫徹（數十年中，只有曹真、曹爽對漢中的兩次短暫進攻），並最終獲得了成功。蜀國奪取漢中後，由於秦嶺的阻隔，諸葛亮和姜維的北伐多次因乏糧而被迫撤兵，在領土擴張方面，數十年來未能取得突破性進展。這說明曹操的上述決定是明智的，他對漢中的戰略地位與軍事價值做出了客觀、正確的判斷，眼光長遠，為魏國將來的強盛與滅蜀統一奠定了基礎。

第十三章

東晉南朝戰爭中的壽春

　　壽春故址在今安徽省中部的壽縣，其地北濱長淮，東依淝水，南有巨澤芍陂。壽春之名初見於戰國，為楚之縣邑。楚考烈王二十二年（前241），因為受到秦國東侵的嚴重威脅，被迫自陳（今河南省周口市淮陽區）遷都於壽春。在秦漢統一帝國的行政區劃當中，壽春縣或屬九江郡，或屬淮南國；東漢、曹魏、西晉時，又作為揚州刺史的治所。自永嘉之亂始，中原遭到燒殺劫掠，士民紛紛避亂南渡。東晉定都建康、偏安江左之後，中國的政治軍事形勢再度演變為南北割據對抗，而雙方爭戰的熱點區域之一，就在淮南的壽春（後因避東晉簡文帝母后鄭阿春名諱而稱壽陽）。東晉南朝的歷代政權皆以其為要鎮，屯駐重兵，修築堅城，作為抗擊北敵入侵的前哨陣地。而十六國及北朝的統治者南征時，也屢屢向這一地區用兵，力圖控制該地，以便打開進軍江南的大門。由於受到各方政治勢力的激烈爭奪，壽春的得失歸屬頻頻發生改變。如《太平寰宇記》卷 129《淮南道七》所稱：

　　（壽春）自東晉以後，常為南北兩朝疆場之地，彼廢此立，改變無恆，各逐便宜，不常厥所。

　　據史籍所載，東晉咸和三年（328）爆發蘇峻、祖約之亂，後趙乘機遣將石聰、石堪領兵攻佔壽春，掠民戶而歸。永和元年（345），東晉"豫州刺史路永叛奔趙，趙王（石）虎使永屯壽春。"[1] 永和五年（349）六月，趙將王浹又以壽春歸晉。八月，"褚裒退屯廣陵，西中郎將陳逵焚壽春而遁。"[2] 太和四年（369）十月，豫州刺史袁真以壽春降燕。咸安元年（371）正月，即為桓溫收復。太元八年（383）前秦苻堅南侵，攻克壽陽；淝水之戰失敗後，該地又為東晉所有。大致說來，東晉至南齊末年，壽春基本上為南方政權所掌握，北人佔據該地的時間都不長，旋得旋失。

南齊滅亡前夕，即東昏侯永元二年（500），豫州刺史裴叔業以壽陽歸降北魏；此次事件之後，南朝對該地的控制逐漸削弱，蕭梁為奪回壽陽多次用兵，皆以失敗告終。直至普通七年（526），梁武帝乘北魏內亂頻仍，無暇顧及邊鎮，才出兵收復壽陽。但到太清二年（548）爆發侯景之亂，壽陽隨即為東魏、北齊所據。陳朝太建五年（573）吳明徹北伐，再度攻佔該城；但至太建十一年（579）又為北周將領韋孝寬所克，隨即成為北朝向江南用兵的前線基地，直到隋渡江滅陳，統一中國。就淮南地區而言，壽春是易手最為頻繁的要鎮，由此可見南北作戰雙方對它的重視，正如顧祖禹《讀史方輿紀要》卷21《南直三》所言："（壽）州控扼淮潁，襟帶江沱，為西北之要樞，東南之屏蔽。……自魏晉用兵，與江東爭雄長，未嘗不先事壽春。及晉遷江左，而壽春之勢益重。……南北朝時，壽春皆為重鎮，隋欲併陳，亦先屯重兵於此。"

壽春地區為甚麼在東晉南朝時期會有突出的戰略地位和重要的軍事價值？江南政權在當地採取了哪些防禦部署措施？南北作戰雙方對壽春的用兵有何特點？本章將對上述問題做一較為詳細、深入的探討。

1　《資治通鑒》卷97東晉穆帝永和元年。

2　《晉書》卷8《穆帝紀》。

一、壽春戰略地位之分析

　　壽春在東晉南朝時期受到作戰雙方青睞，其中的原因是多方面的。歸納起來主要有以下幾項。

（一）處於交通樞要的地理位置

　　筆者根據傅仲俠等執筆的《中國軍事史・歷代戰爭年表（上）》所錄戰事統計，東晉南朝時期北方政權的大規模南征行動為 19 次，主要進攻方向（行軍路線）有四，自東而西為：

　　路線一：彭城—下邳—淮陰—廣陵。即由泗水順流入淮，再經中瀆水（古邗溝）至廣陵入長江。

　　路線二：浚儀—陳、項—壽春—合肥—濡須口。即由浪蕩渠入潁水入淮，再自肥口沿淝水入巢湖，順濡須水入長江。

　　路線三：襄城—上蔡—義陽—江夏。自許昌、襄城一帶集結，順汝水而下，至上蔡懸瓠城（今河南省汝南縣）後分為二道，水道仍順汝水入淮；陸路則南下越桐柏山至義陽（今河南省信陽市），經隨縣、安陸南抵長江。

　　路線四：南陽—襄陽—沔口或江陵。由南陽順清水（今白河）而下，穿過襄鄧走廊至襄陽後入漢水而下，至沔口（今漢口）入長江。或由宜城南下陸行，經當陽至江陵抵達江濱。

　　在這四條路線的用兵當中，壽春方向的次數最多，共有 12 次。需要指出的是，北方政權幾次大規模南征行動多經過壽春，如 383 年前秦的淝水之役，450 年、479 年、494 年、500 年北魏的數次大舉南侵，579 年北周攻佔淮南之役，以及 588 年隋朝發動的滅陳之役。其中最後一次，隋朝進軍江南是分兵八路，設淮南行省，即前敵指揮部於壽春，以晉王楊廣為尚書令，"合總管九十，兵五十一萬八千，皆受晉王節度。"[3] 由此反映出壽春軍事地位之重要。

為甚麼這一歷史階段北方政權向南用兵多走壽春一路呢？大軍出征，將士和戰馬馱畜消耗的糧草給養甚巨，從後方往前線的運輸保證是戰役行動必須解決的首要問題。就投送方式而言，古代舟船航運要比陸地車畜人力轉運效率高得多，而且能夠大大節省費用，因此六朝時期北方政權揮師南征，往往要利用江淮之間的三條水道，即前述路線一、二、四這三條路線；而義陽一途（即路線三），由於過桐柏山前後皆為陸行，道路多有險阻，不通舟船，所以很少被採用。

上述三條水路，對於北方政權的用兵來說，漢水距離南朝的都城建康（今南京）及經濟重心三吳地區過於遙遠，由此道南下，對敵人難以構成致命威脅。中瀆水雖然接近建康與蘇湖平原，但是南方政權也清楚這一戰略方向對其威脅最大，所以對這條航道非常關注，在當地部署了較強的守備力量；而且由於後方很近，兵員和糧草供應方便，有利於組織防禦作戰。另外，即使沿着這條水道抵達江畔，廣陵一帶江面寬闊，常有風濤，會對航行造成影響；若要實行強渡，必須和南朝水師做殊死搏鬥，亦難有勝算。所以北方政權由此進軍也有很大的阻力，如黃初五年（224）九月，魏文帝親率舟師至廣陵，"（孫吳）大浮舟艦於江。時江水盛長，帝臨望，歎曰：'魏雖有武騎千群，無所用之，未可圖也。'帝御龍舟，會暴風漂蕩，幾至覆沒。"[4] 次年十月，曹丕再度統水軍南征，"如廣陵故城，臨江觀兵，戎卒十餘萬，旌旗數百里，有渡江之志。吳人嚴兵固守。時大寒，冰，舟不得入江。帝見波濤洶湧，歎曰：'嗟乎，固天所以限南北也！'遂歸"[5]。

相形之下，沿潁水、淝水、濡須水一線南征具有多種優勢。首先，

3　《隋書》卷 2《高祖下》開皇八年（588）十月。

4　《資治通鑒》卷 70 魏文帝黃初五年。

5　《資治通鑒》卷 70 魏文帝黃初六年。

這條道路的位置居中，如果北方軍隊的主力由此道南征，則便於東西兩線作戰的策應。壽春作為這一路線中途的轉運樞紐，有四通五達之利。如伏滔《正淮論》所言："彼壽陽者，南引荊汝之利，東連三吳之富；北接梁、宋，平塗不過七日；西援陳、許，水陸不出千里。"[6] 而且它距離南朝都城建康也並非很遠，如源懷所言，"壽春之去建康才七百里"，可以"乘舟藉水，倏忽而至"[7]。其次，這條航道的起點在北方王朝的統治中心區域，號稱天下之中的河洛平原，當地水陸輻輳，便於人馬糧草的徵調聚集。再次，壽春總縮渦、潁、淮、淝幾條水道，如果掌握了這一戰略衝要，進則能攻，可以南經淝水而越巢湖，順濡須水過東關而師臨江濱，又能夠沿淮水上下，西迫義陽三關，東逼鍾離、淮陰。若佔據兩地，即打開了江南政權的東西大門；退則利守，能夠有效地威脅或封鎖壽春東西兩條水旱通道的出口，使南軍無法順利北上。北方政權若是不能佔領壽春，則無法有效地控制淮南，即使陷城再多，略地再廣，也不得在當地久駐。如北魏太和十九年（495）孝文帝統大軍南征，攻鍾離、壽陽不克，"欲築城置戍於淮南，以撫新附之民"。相州刺史高閭上書勸阻，言曰：

> 昔世祖以回山倒海之威，步騎數十萬，南臨瓜步，諸郡盡降，而盱眙小城，攻之不克。班師之日，兵不成一城，士不闕一塵。夫豈無人？以為大鎮未平，不可守小故也。夫壅水者先塞其原，伐木者先斷其本；本原尚在而攻其末流，終無益也。壽陽、盱眙、淮陰，淮南之本原也；三鎮不克其一，而留守孤城，其不能自全明矣。敵之大鎮逼其外，長淮隔其內；少置兵則不足以自固，多置兵則糧運

6　《晉書》卷 92《伏滔傳》。

7　《資治通鑑》卷 144 齊和帝中興元年（501）。

難通。大軍既還，士心孤怯；夏水盛漲，救援甚難。以新擊舊，以勞禦逸，若果如此，必為敵擒，雖忠勇奮發，終何益哉！[8]

　　結果說服了孝文帝，放棄屯兵淮南的計劃，班師洛陽。近人徐益棠曾對此加以分析，認為沿淮諸鎮當中，"壽春最為適中，百川歸淮，自中原入江南者，亦以壽春最為便捷。故北人窺南，南人窺北，必先據此城為根基。握南北之咽喉，掣東西之肘腋，其兵要地理上，自有不可磨滅的價值。"[9]

　　六朝立國於江南，皆以三吳，即蘇湖平原為根本，都城設在建康（業）。在這個歷史階段，南方政權不佔天時，由於國力較弱，總的來說處於下風和守勢[10]；而長江綿延數千里，其間港汊灣口可渡之處甚多，南軍兵力有限，無法沿江處處設防，只能集中部署在幾處要樞，阻止敵人的強渡。所以六朝的基本防守戰略，是儘量將防線北移，利用黃河或者淮河作為天然的水利工事與長江的外圍屏障來阻擋北敵。萬不得已，才退守江左；如果與北方之敵劃江而守，那麼對南方政權來說，形勢是極為不利的。如李燾在《六朝通鑒博議》卷 1 所言："吳之備魏，東晉之備五胡，宋、齊、梁之備元魏，陳之備高齊、周、隋，力不足者守江，進圖中原者守淮，得中原而防北寇者守河。"而東晉南朝在其統治的大部分時間內，因為處於弱勢，多奉行守淮的戰略："陳之國勢已弱，不能進取，故其所守止於江。自晉迄梁，惟宋武帝守河，其餘皆保淮為固。"

　　淮河上下千餘里，地域遼闊，而壽春由於位置居中，水旱道路交

8　《資治通鑒》卷 140 齊明帝建武二年（495）三月。

9　徐益棠：《襄陽與壽春在南北戰爭中之地位》，《中國文化匯刊》第八卷，第 62 頁。

10　《六朝通鑒博議》卷 7《宋論》："南北分立幾三百年，地土之形，廣狹不齊。人民之性，勇怯不一。南之不能抗北，五尺童子皆明見之矣。"又云："南北之時，較江南之兵，不居北之一；較江南之地，不居北之五。"

會，是南方政權防守淮南的重心所在。如李燾所言：「兩淮之地南北餘千里，分兵而守則力不足，發兵而守則內可憂，故欲守兩淮莫若守其本，淮北之本在彭城，淮南之本在壽陽。若顧二鎮，聚兵甲，蓄財貨，大佃積穀，守以良將，以勢臨敵，敵人則終不敢越彭城以謀淮南，越壽春以驚江揚，兩淮安則建康可以奠居。」[11]

一旦北方發生變亂，有機可乘，南方政權出兵中原，往往也是經過前述三條路線。即東由廣陵、淮陰、彭城而入三齊，西自江陵、襄樊而趨南陽，中則由合肥、壽春而赴河洛。由於壽春可以呼應東西，震動南北，故為北伐之要途。正因如此，東晉南朝統治者恆以壽春所在的淮南西部為要鎮，開設軍府，駐以重兵，以為京師西北之藩籬。以都督、將軍、豫州或南豫州刺史鎮壽春者，先後有戴逯、殷浩、謝尚、劉裕、檀道濟、劉粹、劉義欣、劉義康、劉義慶、劉休祐、劉鑠、沈文季、蕭遙昌、裴叔業、蕭衍、蕭淵明、吳明徹、黃法氍等，他們或為宗室，或為名將重臣，甚至有兩位成為南朝的開國皇帝。

綜上所述，由於地理位置和交通樞紐的作用，壽春地區及淝水、濡須水航道極受交戰雙方重視，尤其對南方政權來說，更是必爭必守之地。如《讀史方輿紀要》卷21《南直三》引呂祉言：「淮西，建康之屏蔽，壽春又淮西之本源也。壽春失，則出合肥，擾歷陽，建康不得安枕矣。故李延壽以為建業之肩髀，蕭子顯以為淮南之都會，良有以也。」有鑒於此，六朝時期有遠見的統治者都充分了解壽春的戰略地位，如東晉應詹曾建言：「昔高祖使蕭何鎮關中，光武令寇恂守河內，魏武委鍾繇以西事，故能使八表夷蕩，區內輯寧。今中州蕭條，未蒙疆理，此兆庶所以企望。壽春一方之會，去此不遠，宜選都督有文武經略者，遠以振河洛之形勢，近以為徐豫之藩鎮，綏集流散，使人有攸依，專委農功，令

11 《六朝通鑒博議》卷9《梁論》。

事有所局。"[12] 南齊高帝即位後任命垣崇祖為使持節、監豫司二州諸軍事、豫州刺史，曰："我新有天下，夷虜不識運命，必當動其蟻眾，以送劉昶為辭。賊之所衝，必在壽春。能制此寇，非卿莫可。"[13] 陳朝太建五年（573），吳明徹克壽陽，宣帝下詔褒獎曰："壽春者，古之都會，襟帶淮、汝，控引河、洛，得之者安，是稱要害。"[14] 以上論述，都表明古代有識之士對壽春軍事作用的充分了解。

（二）利於防禦的地形和水文條件

在東晉南朝時期的戰爭當中，壽春能夠發揮重要作用，除了地理位置和交通因素，周邊利於防守的自然地理環境也是不可忽視的原因。壽春地處淮河幹流南岸的平原，周圍多有山水環繞，在地理形勢上形成一個相對獨立的區域。壽春之北，臨近淮河有八公山、紫金山、硤石山等低山丘陵，構成一道天然的屏障，可以依憑險要設立城戍，抵抗來犯之敵。特別是西北的硤石山，為淮河中游的著名峽口，雄峙於水流兩岸。《讀史方輿紀要》卷 21《南直三》曰："硤石山，州西北二十五里，夾淮為險，自古戍守要地，上有硤石城。"硤石、下蔡的東西戍所能夠樹柵阻舟，封鎖沿淮上下的交通。如梁天監十五年（516），蕭衍遣趙祖悅率眾偷據硤石，昌義之、王神念等率水軍溯淮來援，逼攻壽春。北魏都督崔亮令崔延伯守下蔡，與別將伊甕生挾淮為營，樹立木障、浮橋。"既斷祖悅等走路，又令舟舸不通，由是衍軍不能赴救，祖悅合軍咸見俘虜"[15]。山陵地帶之外的淮水，也是壽春北境的巨防，"長淮南北大小群

---

12 《晉書》卷 26《食貨志》。

13 《南齊書》卷 25《垣崇祖傳》。

14 《陳書》卷 9《吳明徹傳》。

15 《魏書》卷 73《崔延伯傳》。

川，無不附淮以達海者"[16]。每年三月，"春水生，淮水暴長六七尺"[17]。直至秋季九月，仍會出現"淮水暴長，堰悉壞決，奔流於海"[18]的情景。滔滔洪流對北方入侵之敵來說，亦是難以逾越的障礙。

壽春西境，是大別山北麓平緩坡地向淮北平原的過渡地帶，有決（史河）、灌、沘（淠）河、泄（汲）諸水，北經六安、蓼縣（今安徽省霍邱縣、河南省固始縣）一帶，流注於淮水。其地水網密佈，會對步兵、騎兵的行進產生不利影響，守方還能採取人工決水的方法淹沒道路，斷絕陸上交通。壽春以東的淝水，以南的黎漿水、芍陂，以及西境諸川，都可以利用陂塘堤堰，平時蓄水以防澇救旱，戰時決水以阻滯敵軍。如東晉祖約守壽陽，朝議欲作塗塘以遏胡寇。[19]北魏郁豆眷、劉昶等寇壽春，垣崇祖"堰肥水卻淹為三面之險"[20]，成功打退了優勢之敵。所以伏滔稱其地，"外有江湖之阻，內保淮肥之固"[21]。

壽春南過芍陂，沿淝水而下，是大別山餘脈構成的低山地帶，即江淮丘陵。它向東延伸二百餘千米，是長江與淮河之間的分水嶺。在江淮丘陵中部的將軍嶺附近，有一處狹窄的蜂腰地段，即古代施水、肥水（今東肥河、南肥河）的分流之處。《讀史方輿紀要》卷 26《南直八》引《邑志》曰："肥水舊經（合肥）城北分二流，一支東南入巢湖，一支西北注於淮。"這兩條河流原本不相通，只在夏水暴漲時才匯合。後來經過人工開鑿疏浚，使肥水與施水、巢湖及濡須水連接起來，形成了邗溝之

---

16 〔清〕顧祖禹：《讀史方輿紀要》卷 19《南直一》，中華書局，2005 年，第 886 頁。

17 《梁書》卷 9《曹景宗傳》。

18 《梁書》卷 18《康絢傳》。

19 《晉書》卷 100《祖約傳》。

20 《南齊書》卷 25《垣崇祖傳》。

21 《晉書》卷幻《伏滔傳》。

外的另一條南北水道，能夠貫通江淮。[22] 在這條狹窄通道之上，設有六朝的軍事重鎮合肥。它依托江淮丘陵為道路要衝，是壽春南境的門戶。由於地勢險要，城壘堅固，此地曾經有力地保護了壽春地區的安全，被譽為"淮右襟喉，江南唇齒"。顧祖禹曾云："三國時吳人嘗力爭之，魏主叡曰：'先帝東置合肥，南守襄陽，西固祁山，賊來輒破之於三城之下者，地有所必爭也。'蓋終吳之世，曾不能得淮南尺寸地，以合肥為魏守也。"[23]

四周有利的地形、水文條件，也是壽春具有較高軍事價值的原因之一。所以，西晉永嘉四年（310），中原局勢混亂危急，鎮東將軍周馥與長史吳思、司馬殷識等上書，請求遷都於壽春，認為其地形勢完備，利於帝居。其文曰："方今王都罄乏，不可久居，河朔蕭條，崤函險澀，宛都屢敗，江漢多虞，於今平夷，東南為愈。淮揚之地，北阻塗山，南抗靈嶽，名川四帶，有重險之固。是以楚人東遷，遂宅壽春，徐、邳、東海，亦足戍禦。且運漕四通，無患空乏。"[24]

（三）物產豐饒的自然環境

《南齊書》卷14《州郡志上》曰："壽春，淮南一都之會，地方千餘里，有陂田之饒，漢、魏以來揚州刺史所治。"其西邊的豫南信陽地區岡巒起伏，常年乾旱缺水；其東邊的蘇北裏下河平原地勢低窪，湖澤密佈，多有泛濫之災。如石珩問袁甫曰："卿名能辯，豈知壽陽已西何以恆旱？壽陽已東何以恆水？"[25] 相形之下，壽春的自然條件可以說是得天獨厚了。它位處淮河幹流南岸的平原和丘陵地帶，土質肥沃，地面起

22　劉彩玉：《論肥水與江淮運河》，《歷史研究》1960 年第 3 期。

23　〔清〕顧祖禹：《讀史方輿紀要》卷 26《南直八》，中華書局，2005 年，第 1270 頁。

24　《晉書》卷 61《周馥傳》。

25　《晉書》卷 52《袁甫傳》。

伏不大，坡度和緩，比較適宜大規模的農墾建設。當地的氣候溫暖，降雨量充沛，加上河流眾多，陂塘星列，具有豐富的水利資源，對發展農業極為有利。壽春南境邊緣是大別山北麓的平緩坡地，多有川溪發源於此，蜿蜒北注，匯聚入淮。例如有淝（肥）、決（史河）、灌、沘（淠）河、泄（汲）及黎漿諸水，有名的芍陂，就在沘、泄與淝水之間，與諸水相注，灌溉其南境的沃野。芍陂曾是我國古代淮河流域最大的水利工程。《讀史方輿紀要》卷 21《南直三》鳳陽府壽州曰：

> 芍陂，在安豐城南百步，亦曰安豐塘，亦曰期思陂。《淮南子》：孫叔敖決期思之水，灌雩婁之野。《意林》：孫叔敖作期思陂，而荊之土田贍。《水經注》：淝水東北徑白芍亭東，積而為湖，謂之芍陂，周百二十里，在壽春縣南八十里。陂有五門，吐納川流，西北為香門，陂水北徑孫叔敖祠下，謂之芍陂瀆。又北分為二水，一水東注黎漿，一北至淝水。《皇覽》：楚大夫子思造芍陂。崔實《月令》：叔敖作期思陂。《華彝對境圖》：芍陂周回二百二十四里，與陽泉大業陂並孫叔敖所作。開渠溝水，為子午渠，開六門，灌田萬頃。

《太平寰宇記》卷 129《淮南道七》壽州亦云：

> 芍陂，在縣東一百步，《淮南子》云楚相作期思之陂，灌雩婁之野。又《輿地志》、崔實《月令》云孫叔敖作期思，即此。故漢王景為廬江太守，重修起之，境內豐給。齊梁之代，多屯田於此。又按芍陂上承淠水，南自霍山縣北界騶虞石入，號曰豪水，北流注陂中，凡經百里，灌田萬頃。

壽春地區由於擁有優沃的自然條件，便於農業墾殖，故物產頗豐。東晉伏滔曾稱譽壽春："龍泉之陂，良疇萬頃，舒、六之貢，利盡蠻越，金石皮革之具萃焉，苞木箭竹之族生焉，山湖藪澤之隈，水旱之所不害，土產草滋之實，荒年之所取給。此則系乎地利乎也。"[26] 所以，為了保證前線作戰的物資需要，魏晉南北朝歷代統治者皆於此招募流民，廣開屯田，積聚糧草，作為固守淮南的經濟基礎。如《讀史方輿紀要》卷21《南直三》鳳陽府壽州"芍陂"條載："建安五年，劉馥為揚州刺史，鎮合肥，廣屯田，修芍陂、茹陂、七門、吳塘諸堰，以溉稻田，公私有積，歷代為利。後鄧艾重修此陂，堰山谷之水，旁為小陂五十餘所，沿淮諸鎮並仰給於此。"

《晉書》卷26《食貨志》載曹魏時鄧艾曾向朝廷建議在兩淮大興屯田："可省許昌左右諸稻田，並水東下。令淮北二萬人、淮南三萬人分休，且佃且守。水豐，常收三倍於西，計除眾費，歲完五百萬斛以為軍資。六七年間，可積三千萬餘斛於淮土，此則十萬之眾五年食也。以此乘敵，無不克矣。"獲得執政的司馬懿的批准，"遂北臨淮水，自鍾離而南橫石以西，盡沘水四百餘里，五里置一營，營六十人，且佃且守。兼修廣淮陽、百尺二渠，上引河流，下通淮潁，大治諸陂於潁南、潁北，穿渠三百餘里，溉田二萬頃，淮南、淮北皆相連接。自壽春到京師，農官兵田，雞犬之聲，阡陌相屬"。

西晉劉頌任淮南相，"在官嚴整，甚有政績。舊修芍陂，年用數萬人，豪強兼併，孤貧失業。頌使大小戮力，計功受分，百姓歌其平惠。"[27] 永嘉南渡之後，由於壽春為兵家所必爭，戰事頻繁，民眾多受燒殺劫掠之苦，往往逃亡流散，致使田地荒蕪。當地的水利設施也屢屢毀廢，給農業造成巨大損失。但是因為自然環境相當優越，每當戰事沉寂之時，駐守壽春地區的長官、將領又經常要修復堤堰，招集流亡，屯田積糧，

---

26 《晉書》卷92《伏滔傳》。
27 《晉書》卷46《劉頌傳》。

以供軍用，藉此減輕後方運送給養的沉重負擔。例如東晉應詹曾上表曰：“壽春一方之會，去此不遠，宜選都督有文武經略者，遠以振河洛之形勢，近以為徐豫之藩鎮，綏集流散，使人有攸依，專委農功，令事有所局。”[28] 後毛修之曾“復芍陂，起田數千頃。”[29] 劉宋劉義欣任豫州刺史，“芍陂良田萬餘頃，堤堨久壞，秋夏常苦旱。義欣遣諮議參軍殷肅循行修理。有舊溝引淠水入陂，不治積久，樹木榛塞。肅伐木開榛，水得通注，旱患由是得除。”[30] 此後，南齊垣崇祖、蕭梁裴邃等人亦治理過芍陂，發展當地的農業。

綜上所述，由於壽春地處四通五達的交通樞紐，在南北戰爭的邊界地帶位置居中；周圍山水環繞，便於守備；而其豐饒的自然環境，又能為當地駐軍提供物資；所以它在東晉南北朝期間備受作戰雙方的重視，必欲取之以控制全局，掌握戰爭的主動。如李燾所云：

> 壽春者，淮南之根本，淮北既去，則淮南當守。淮南欲守，則壽春在所先圖。譬之常人之家，必有堂奧之居，收貨財，聚子弟，以壯一室之望。四隅之地雖有傾敗，而堂奧之勢不可不壯。壽春在當時，江淮之堂奧也，南引汝潁之利，東連三江之富，北接梁宋，西通陳許，五湖之阻可以扞外，淮淝之固可以蔽內。壞土富饒，兵甲堅利，壽陽安則淮北有收復之望，河南有平蕩之期。壽陽一去，畫江為守，使敵在吾耳目之前，伺吾轉盼之隙，則江揚荊襄其勢孤矣。故壽陽在敵為吾憂，在我則敵懼，我得亦利，彼得亦利，此兩家之所必爭。[31]

---

28 《晉書》卷 26《食貨志》。
29 《宋書》卷 48《毛修之傳》。
30 《宋書》卷 51《長沙王劉義欣傳》。
31 《六朝通鑒博議》卷 3。

二、壽春的城防與周邊要戍

壽春作為東晉南北朝戰爭中的一方重鎮，據守此地者往往憑藉堅固的城壘來挫敗敵人的進攻。這是南方軍隊尤其擅長的防禦戰術。由於北方遊牧居民自幼接受騎射訓練，軍隊多為騎兵，行動迅速，具有很強的衝擊力，但是"習於野戰，未可攻城"[32]。如果南軍在平原地帶與之對陣廝殺，會使敵人的騎兵得以發揮優勢，不如依托城池防守來迫使對方下馬強攻。這樣可以揚長避短，增大敵人的傷亡，拖延時間以待來援，或者使攻方負擔不起人員和物資消耗而被迫撤兵。事實上，若有可能，雙方都會儘量選擇適宜自己的作戰方式來交鋒。如元嘉二十八年（451）北魏太武帝拓跋燾攻彭城，遣使李孝伯謂城中曰："城守君之所習，野戰我之所長；我之恃馬，猶如君之恃城耳。"[33]

另外，壽春作為南北兩方激烈爭奪的焦點地區，無論是誰佔據了該地，出於防守的需要，都會把修築城壘當作要務。

壽春的城防體系可以分為兩大部分：壽春城及其近郊的若干小城、壽春周邊地區設置的城壘要塞。

（一）壽春與其近郊的城壘

這是壽春城市築壘的主體部分。壽春城依山傍水而建，充分利用了周圍的地形和水文條件。《太平寰宇記》卷 129《淮南道七》言壽州"其城臨淝水，北有八公山，山北即灌水，自東晉至今，常為要害之地。"《讀史方輿紀要》卷 21《南直三》曰："淝水在城北二里，舊引淝水交絡城中，故昔人每恃淝水為攻守之資。齊東昏侯永元二年，豫州刺史裴叔

---

32 《魏書》卷 58《楊侃傳》。
33 《魏書》卷 53《李孝伯傳》。

業以帝數誅大臣，心不自安，乃登壽陽城望淝水。陳太建五年，吳明徹攻壽陽，引淝水灌城。"

壽春城有兩重，即外城（郭），或曰羅城；內城，或曰子城。《通典》卷181《州郡十一·古揚州上》曰："壽州，戰國時楚地。秦兵擊楚，楚考烈王東徙都壽春，命曰郢，即此地也。"杜佑自注："今郡羅城，即考烈王所築。今郡子城，即宋武帝所築。"此說有可疑之處，春秋戰國時諸侯築城，普遍採取內外二層的形制，即孟子所言"三里之城，七里之郭"。尤其是各國的都城，基本上都採用外郭圍繞宮城的建築佈局，考古發掘多有驗證。另外，壽春在西漢前期曾作為淮南國的都城，也應有宮城和外郭兩重。因此，其大小城疊內外相套的設防制度理應出現較早，不會如《通典》所言，遲至南朝才建築內城。據《水經注》卷32《肥水》所言，壽春城內原來就有小城，曰中城或金城，劉裕在東晉末年移鎮壽春時，又在郭內築了另一座內城，曰相國城。由於戰爭的破壞和洪水、暴雨的沖刷侵蝕，壽春城郭屢有傾圮。如干寶《晉紀》曰："壽春每歲雨潦，淮水溢，常淹城邑。……是日大雨，圍壘皆毀。"[34] 東晉永和五年（349）八月，"（褚）裒退屯廣陵。陳逵聞之，焚壽春積聚，毀城遁還"[35]。所以需要經常修葺，才能保持壽春城的完固。例如劉宋元嘉七年（430），長沙王劉義欣任豫州刺史，鎮壽陽，"於時土境荒毀，人民凋散，城郭頹敗"[36]；經過他主持的各項重建工作，"城府庫藏，並皆完實，遂為盛藩強鎮"[37]。

先看壽春的外城。外城，史籍或稱為郭、外郭，《管子·度地》曰："內為之城，城外為之郭。"或稱郛、外郛，《初學記》卷24引《風俗通

---

34 《三國志》卷28《魏書·諸葛誕傳》注。

35 《資治通鑒》卷98東晉穆帝永和五年八月。

36 《宋書》卷51《長沙王劉義欣傳》。

37 《宋書》卷51《長沙王劉義欣傳》。

義》曰："郭或謂之郛，郛者亦大也。"或稱羅城，見前文。郭中的居民亦稱"郭人"。參見《魏書》卷58《楊侃傳》："蕭衍豫州刺史裴邃治合肥城，規相掩襲，密購壽春郭人李瓜花、袁建等令為內應。"城內的空間廣闊，可容納十餘萬人，如曹魏嘉平五年（253）毌丘儉在淮南起兵失敗，"壽春城中十餘萬口，懼誅，或流迸山澤，或散走入吳"[38]。甘露二年（257），諸葛誕反於壽春，"斂淮南及淮北郡縣屯田口十餘萬官兵，揚州新附勝兵者四五萬人，聚穀足一年食，閉城自守"[39]。後吳國遣將全懌、全端等率三萬眾來接應，亦進入城內。

東晉咸和三年（328）七月，後趙石聰、石堪引兵攻壽春，曾經"虜壽春二萬餘戶而歸"[40]。如按一戶五口的比例大致估算，此時壽春城內的居民也應有十幾萬人。劉宋元嘉二十七年（450），北魏拓跋燾率眾南侵，"宋南平王士卒完盛，以郭大難守，退保內城。"[41]又《梁書》卷28《裴邃傳》載："明年（普通五年），復破魏新蔡郡，略地至於鄭城，汝潁之間，所在響應。魏壽陽守將長孫稚、河間王元琛率眾五萬，出城挑戰。"《魏書》卷8《世宗紀》景明元年（500）十月，"甲午，詔壽春置兵四萬人"。這些史料都反映了壽春城郭之內面積甚巨，能夠容納大量的人員和物資。《讀史方輿紀要》卷21《南直三》稱："今州城周十三里有奇。"可供參考當時和前代的情形。

壽春外城的城門，據文獻所載有以下幾座。

一曰長邏門。在壽春城東。《南齊書》卷27《劉懷珍傳》曰："泰始初，除寧朔將軍、東安東莞二郡太守，率龍驤將軍王敬則、姜產步騎五千討壽陽。……引軍至晉熙，偽太守閻湛拒守，劉子勛遣將王仲虯

38　《資治通鑒》卷76魏高貴鄉公正元二年。

39　《三國志》卷28《魏書·諸葛誕傳》。

40　《資治通鑒》卷94東晉成帝咸和三年。

41　《南齊書》卷25《垣崇祖傳》。

步卒萬人救之，懷珍遣馬步三千人襲擊仲虯，大破之於莫邪山，遂進壽陽。又遣王敬則破殷琰將劉從等四壘於橫塘死虎，懷珍等乘勝逐北，頓壽春長邏門。宋明帝嘉其功，除羽林監、屯騎校尉，將軍如故。"按橫塘、死虎壘在壽春城東，見《讀史方輿紀要》卷 21《南直三》，故劉懷珍等打敗叛軍後順勢追擊，停駐在城東的長邏門。

二曰象門、沙門。在壽春城西。《水經注》卷 32《肥水》："（瀆水）又北出城注肥水。又西徑金城北，又西，左合羊頭溪水，水受芍陂，西北歷羊頭溪，謂之羊頭澗水。北徑熨湖，左會烽水瀆，瀆受淮於烽村南，下注羊頭溪，側徑壽春城西，又北歷象門，自沙門北出金城西門逍遙樓下，北注肥瀆。"

三曰石橋門（草市門）。在壽春城北。《水經注》卷 32《肥水》："肥水左瀆又西徑石橋門北，亦曰草市門，外有石樑。"楊守敬疏云："當是今鳳台縣城北門，今草市尚在北門內外也。"又云："石橋門取此石樑為名。"

四曰芍陂門。在壽春城南。《水經注》卷 32《肥水》："肥水又左納芍陂瀆，瀆水自黎漿分水，引瀆壽春城北，徑芍陂門右，北入城。"楊守敬疏云："芍陂瀆自南而北入壽春城，出城入肥，不得至壽春北始入城。且芍陂在壽春南，芍陂門當為壽春南門。瀆水在芍陂門右入城，益見自南入城。"

再來看壽春的內城。東晉南朝時期，壽春郭內有兩座內城——金城（或曰中城）和相國城。《讀史方輿紀要》卷 21《南直三》："《廣記》云：'壽陽城中有二城，一曰相國城，劉裕伐長安時築；一曰金城，壽陽中城也。自晉以來，中城率謂之金城。'按曹魏時已有小城，則裕所築者，相國城也。"

酈道元《水經注》卷 32《肥水》曰："瀆水又北徑相國城東，劉武帝伐長安所築也；堂宇廳館仍故，以相國為名。"楊守敬對此注釋道："《魏書・蕭寶夤傳》出相國東門，又云退入金城。《陳書・吳明徹傳》，明徹攻齊壽陽，齊王琳等保壽陽外郭，明徹急攻之，城潰，齊兵退據相國城及金城。皆城中有二城之證。此《注》先敍潰水，北徑相國城東，不言徑金城。相國城去潰水必較金城為近。後敍肥水，西徑金城北，不言徑相國城，金城去肥水必較相國城為近，則相國城在金城東南，金城在相國城西北矣。"同書同卷又云："（潰水）又北出城注肥水。又西徑金城北，又西，左合羊頭溪水，水受芍陂，西北歷羊頭溪，謂之羊頭澗水。北徑熨湖，左會烽水潰，潰受淮於烽村南，下注羊頭溪，側徑壽春城西，又北歷象門，自沙門北出金城西門逍遙樓下，北注肥潰。"楊守敬注引會貞按："魏明帝築金墉城於洛陽城西北角，此敍壽春城西之水，北出金城西門，北注肥，則金城亦在壽春城西北角，而不言水徑相國城，益見金城在相國城西北矣。"

此段考證頗為精當，在郭城西北角修築小城以增強防禦能力，在魏晉南北朝的城壘建築中相當流行，如曹魏和西晉都城洛陽的金墉城，也是此種城防工事。見《讀史方輿紀要》卷48《河南三》："金墉城，故洛陽城西北隅也。魏明帝築。城南曰乾光門，東曰含春門，北有趯門，又置西宮於城內。"考古發現表明，"金墉城所在地勢高亢，北倚邙山，俯瞰城區，是故城的制高點，具有重要的軍事價值。金墉城由三座南北毗連的小城組成，彼此有門道相通，總平面略呈目字形，南北長約1048米，東西寬約255米，總面積約26.7萬平方米。城垣夯築而堅實，垣寬12—13米，共有城門8座"[42]。金墉城內另築有一座高樓，可用於瞭望敵情。見《太平寰宇記》卷3《河南道三》河南府河南縣："百尺樓，在金墉城內。金墉城，在故城西北角，魏明帝所築。"

---

42 中國社會科學院考古研究所：《新中國的考古發現和研究：考古學專刊甲種十七號》，文物出版社，1984年，第518頁。

外郭之內建築兩座分列的小城，而非套城，這種佈局在魏晉南北朝的城壘遺址當中也能見到。例如著名的十六國大夏之統萬城（今陝西省靖邊縣北）亦有外城、內城，"內城又分東、西兩城。兩城略呈長方形，之間隔牆實即西城的東牆。東城周長 2566 米，西城周長 2470 米"[43]。

相國城內亦有居民住宿，並非單純的防禦建築。《魏書》卷 66《李崇傳》曰有解思安者被捕，"稱有兄慶賓，今住揚州相國城內，嫂姓徐，君脫矜愍，為往報告，見申委曲，家兄聞此，必重相報，所有資財，當不愛惜"。

金城和相國城的城門，可能也有東、西、南、北四座。史書所見者，有"金城西門"，見《水經注》卷 32《肥水》；有"相國東門"，見《魏書》卷 59《蕭寶夤傳》。

除了外城、內城，在壽春城外還有小城。曹魏時壽春已有小城之記載。《三國志》卷 28《魏書・諸葛誕傳》曰："（文）欽子鴦及虎將兵在小城中，聞欽死，勒兵馳赴之，眾不為用。鴦、虎單走，逾城出，自歸大將軍。"又載城破之時，"誕窘急，單乘馬，將其麾下突小城門出。大將軍司馬胡奮部兵逆擊，斬誕，傳首，夷三族。"對於上述記載，舊史家往往把小城解釋為內城，在外郭之中。但是此說頗有疑問之處：

第一，如果小城在大城之內，文鴦、文虎翻越小城後，還有大城城牆及其衛兵的阻隔，怎麼能順利地逃到司馬師的軍營裏？另外，壽春城陷之際，諸葛誕被迫突圍，出小城後即與魏軍交鋒；若是小城在外城之內，還要受到城牆的阻隔，怎麼能立即和敵人接戰呢？

第二，據文獻記載，壽春城近旁還有一座小城，乃諸葛誕所築。參見《太平寰宇記》卷 129《淮南道七》壽州："諸葛誕城，在縣東一里，

---

43 《中國軍事史》編寫組：《中國軍事史》第六卷《兵壘》，解放軍出版社，1991 年，第 144 頁。

魏甘露二年，誕攻揚州刺史樂綝，殺之，乃與文欽叛，保據此城。大將軍司馬文王討平之。"又《讀史方輿紀要》卷 21《南直三》鳳陽府壽州壽春廢縣曰："又州東一里有諸葛城，相傳諸葛誕所築。"因此，筆者認為，《三國志》卷 28《魏書・諸葛誕傳》中的"小城"，有可能是在城外不遠之處築造的，與大城形成掎角之勢，相互支援，以分散敵人圍攻的兵力。

此外，壽春城北還有一座小城，名為玄康城。《水經注》卷 32《肥水》："肥水徑玄康城西北流，北出，水際有曲水堂，亦嬉遊所集也。"楊守敬疏："《鳳台縣誌》：玄康城不知何由得名，考其地，當在今八公山下，肥水北曲處。土名姚灣，城址雖廢，耕者猶時得古城磚。"前引《水經注》同卷又云："肥水北注舊瀆之橫塘，為玄康南路馳道，左通船官坊也。"楊守敬疏："會貞按：玄康指下玄康城南路馳道通船官坊，水道則橫塘通船官湖也。"玄康可能是當時某位將軍的名字，該城由其督築，因此以這位將領之名來稱呼。如六朝史籍所載之郭默城、郭僧坎城、趙祖悅城等。又《魏書》卷 106 中《地形志中》"南陳郡"條本注曰南陳縣"治玄康城"，有可能和壽春之玄康城是由同一將領築造，如郭默城之有二座，江州、壽春各有其一。

魏晉南北朝時期既有大小二城相套的建築形制，也有大小二城相鄰並峙的格局，這在當時的軍事築壘當中也很常見。例如《三國志》卷 8《魏書・公孫瓚傳》："瓚軍敗，走勃海，與范俱還薊，於大城東南築小城，與虞相近。"又《北史》卷 34《高閭傳》曰："今故宜於六鎮之北築長城，以禦北虜，雖有暫勞之勤，乃有永逸之益，即於要害，往往開門，造小城於其側，因施卻敵，多置弓弩。"也是築小城於長城近旁。

從實戰的情況來看，亦能見到這種城壘的建築形式。如《晉書》卷 120《李特載記》曰："晉梁州刺史許雄遣軍攻特，特陷破之，進擊，破尚水上軍，遂寇成都。蜀郡太守徐儉以小城降，特以李瓛為蜀郡太守以撫之。羅尚據大城自守。流進屯江西，尚懼，遣使求和。"正是由於成都小城在大城之外，李特才能在大城仍然拒守的情況下接受小城的投降。《陳書》卷5《宣帝紀》太建五年（573）九月丁亥，"前鄱陽內史魯天念克黃城小城，齊軍退保大城。……壬辰晦，夜明。黃城大城降。"這條史料也是同樣的例證。如果黃城小城在大城之內，那麼就不會先被陳軍攻克，而只能是在大城失守之後才會陷落。

文獻記載當中，也還可以看到南北朝壽春守將在抵禦敵人進攻時，採取在城外另築小城的做法。例如《南齊書》卷25《垣崇祖傳》載其守壽陽，"乃於城西北立堰塞肥水，堰北起小城，周為深塹，使數千人守之。"《魏書》卷66《李崇傳》曰："（崇）又於八公山之東南，更起一城，以備大水，州人號曰魏昌城。"《梁書》卷32《陳慶之傳》還記載："普通七年，安西將軍元樹出征壽春，除慶之假節、總知軍事。魏豫州刺史李憲遣其子長鈞別築兩城相拒，慶之攻之，憲力屈遂降，慶之入據其城。"可見在大城附近另築小城的防禦體系配置在當時是很常見的。

基於這種防禦佈局，壽春城池的防守通常有兩種戰術策略。第一種是放棄外城，收縮兵力，進入內城防禦。如《晉書》卷77《蔡謨傳》曰："時左衛將軍陳光上疏請伐胡，詔令攻壽陽，謨上疏曰：'今壽陽城小而固……'"說明防守者是退據內城來抵抗的。前引《南齊書》卷25《垣崇祖傳》亦曾追述劉宋南平王劉鑠在抗擊拓跋燾南侵時，"以郭大難守，退保內城"。但是更多的戰例是採取第二種戰術，即堅持在外郭防守，如果失利，被敵人攻陷後再退保內城，依托第二道防線繼續抵抗，這樣可以有更多的周旋餘地。如果放棄外城，專守內城，則對守方相當被動。如垣崇祖所言："若捨外城，賊必據之，外修樓櫓，內築長圍，四周無礙，表裏受敵，此坐自為擒。"據守壽春外城戰例甚多，其中不乏成功的記載。例如《魏書》卷59《蕭寶夤傳》載正始元年（504）三月：

值賊將姜慶真內侵，士民響附，圍逼壽春，遂據外郭。寶夤躬貫甲胄，率下擊之。自四更交戰，至明日申時，賊旅彌盛。寶夤以眾寡無援，退入金城。又出相國東門，率眾力戰，始破走之。

《梁書》卷 28《裴邃傳》載普通四年（523）：

大軍將北伐，以邃督征討諸軍事，率騎三千，先襲壽陽。九月壬戌，夜至壽陽，攻其郭，斬關而入，一日戰九合，為後軍蔡秀成失道不至，邃以援絕拔還。

《梁書》卷 3《武帝紀下》普通五年（524）九月：

壬戌，宣毅將軍裴邃襲壽陽，入羅城，弗克。

《資治通鑒》卷 161 梁武帝太清二年（548）十二月：

鄱陽王範遣其將梅伯龍攻王顯貴於壽陽，克其羅城；攻中城，不克而退。

《陳書》卷 9《吳明徹傳》載太建五年（573）北伐：

進逼壽陽，齊遣王琳將兵拒守。琳至，與刺史王貴顯保其外郭。明徹以琳初入，眾心未附，乘夜攻之，中宵而潰，齊兵退據相國城及金城。

以上都是在外郭被破後退守內城，得以繼續抵抗，不致立即陷落的戰例。

另外，南朝據守壽春城池的任務，還有探測敵軍動向情報，以及在優勢之敵過境南下後，出輕騎游兵抄掠其輜重、斷絕其運輸道路等。如南齊建元二年（480），高帝裁省南豫州，左僕射王儉上奏表示反對。其文曰："愚意政以江西連接汝、潁，土曠民希，匈奴越逸，唯以壽春為阻。若使州任得才，虜動要有聲聞，豫設防禦，此則不俟南豫。假令或慮一失，醜羯之來，聲不先聞，胡馬候至，壽陽嬰城固守，不能斷其路，朝廷遣軍歷陽，已當不得先機。"[44] 齊明帝時，"建武二年，虜寇壽春，豫州刺史豐城公遙昌嬰城固守，數遣輕兵相抄擊"[45]。

（二）周邊城戍

壽春城池雖然堅固，但是在通常情況下，防禦作戰的一方絕不願意困守孤城；如有可能總是在周邊的緊要地點設置城壘戍守，以遲滯敵人的進攻，且分散對方的兵力，藉以爭取時間，等待救援。早在三國時，曹魏壽春守將諸葛誕面對吳軍攻勢的準備，除了請求增調援兵，"又求臨淮築城以備寇"[46]。東晉南朝防守壽春也是採取這種戰略，即在附近築城防禦，如果敵軍人少就分散抵抗，寇多勢眾則將各城軍民集中撤退到壽春。如《資治通鑑》卷125載劉宋文帝元嘉二十七年（450）正月，"魏主將入寇。二月，甲午，大獵於梁川。帝聞之，敕淮、泗諸郡：'若魏寇小至，則各堅守；大至，則拔民歸壽陽。'"顧祖禹《讀史方輿紀要》卷21《南直三》引周必大曰："晉至宋，壽陽皆為重鎮。寇少至，則淮泗諸郡堅守以待援；大至，則發民而歸壽陽。蓋壽陽不陷，敵雖深入，終不能越之而有淮南。"北方政權對壽春的防禦策略亦同。如《晉書》卷77《蔡謨傳》言後趙"自壽陽至琅邪，城壁相望，其間遠者裁百餘里，一

---

44 《南齊書》卷14《州郡上》。

45 《南齊書》卷44《沈文季傳》。

46 《三國志》卷28《魏書·諸葛誕傳》。

城見攻，眾城必救。"

壽春周邊主要有以下城戍。

其一，下蔡城。其地在壽春之北、淮水西岸，為古代淮上要戍。《讀史方輿紀要》卷21《南直三》鳳陽府壽州："下蔡城，州北三十里，古州來也。……漢置下蔡縣，屬沛郡。後漢屬九江郡。晉屬淮南郡。升平三年，謝石軍下蔡，帥眾入渦、潁，以援洛陽，旋潰還。南北朝時，皆為戰爭要地。"下蔡古名州來，為春秋時楚國邊邑。《左傳》昭公四年（前538）、十九年（前523）記載楚國兩次在當地築城，後被吳國佔領，兩國多在此地交鋒。

下蔡城又分為舊、新兩座。舊城即春秋時楚國所置州來邑（今安徽省鳳台縣），在西硤石山東北淮河河曲。《史記》卷35《管蔡世家》載蔡昭侯二十六年（前493），"楚昭王伐蔡，蔡恐，告急於吳。吳為蔡遠，約遷以自近，易以相救；昭侯私許，不與大夫計。吳人來救蔡，因遷蔡於州來。"此後更名下蔡[47]，兩漢於此置下蔡縣。

下蔡新城則在淮水東岸，與舊城隔河相峙。南齊豫州刺史垣崇祖見北魏勢強，恐怕其進攻淮北，下蔡難以守禦，遂將此戍遷至淮河南岸。《水經注》卷30《淮水》曰："淮水又北徑下蔡縣故城東，本州來之城也。吳季札始封延陵，後邑州來，故曰延州來矣。《春秋》哀公二年，蔡昭侯自新蔡遷於州來，謂之下蔡也。淮之東岸又有一城，即下蔡新城也。二城對據，翼帶淮潰。"楊守敬疏引《鳳台縣志》曰："下蔡新城在縣西北三十八里，淮河東岸，地名月河灘。《齊書》建元三年，魏攻壽陽，垣崇祖擊卻之，恐魏人復寇淮北，乃徙下蔡戍於淮東，即此城也。《寰宇記》《輿地廣記》但云梁大同中，於硤石山築城以拒東魏，即今縣城。胡氏《通鑑注》引宋白同。《方輿紀要》引杜佑曰，

47 《史記》卷35《管蔡世家》《索隱》曰："州來在淮南下蔡縣。"

梁於硤石山下築城，以拒魏，即下蔡新城，皆誤。梁所築者硤石城，非下蔡城，自下蔡望硤石，正在西南，何云東岸乎？諸書皆未得之目驗耳。"

垣崇祖移下蔡戍於淮東之事，參見《南齊書》卷 25 本傳。崇祖時鎮壽春，"慮虜復寇淮北，啟徒下蔡戍於淮東。其冬，虜果欲攻下蔡，既聞內徙，乃揚聲平除故城。眾疑虜當於故城立戍，崇祖曰：'下蔡去鎮咫尺，虜豈敢置戍；實欲除此故城。正恐奔走殺之不盡耳。'虜軍果夷掘下蔡城，崇祖自率眾渡淮與戰，大破之，追奔數十里，殺獲千計。"此後兩座下蔡城夾淮相望，皆為軍事要地。在南北朝大部分時間內，舊城為北朝所據，新城為南朝所有。

下蔡之地，北有潁水入淮之口，南有淝水入淮之口，為三條河道匯集之所，屬於交通樞紐。在此駐守可以斷絕淮水南北或東西方向的交通，有效地保護壽春的安全，阻截沿淮來犯之敵。《北史》卷 43《李平傳》載天監十四年（515）北魏進攻梁將趙祖悅據守的硤石，"安南將軍崔延伯立橋於下蔡，以拒賊之援，賊將王神念、昌義之等不得進救。祖悅守死窮城，平乃部分攻之，斬祖悅，送首於洛。"《魏書》卷 19 中《任城王澄附嵩傳》亦載："（蕭）衍征虜將軍趙草屯於黃口，嵩遣軍司趙熾等往討之，先遣統軍安伯醜潛師夜渡，伏兵下蔡。草率卒四千，逆來拒戰，伯醜與下蔡戍主王虎等前後夾擊，大敗之，俘斬溺死四千餘人。"又載："衍將姜慶真專據肥汭，冠軍將軍曹天寶屯於雞口，軍主尹明世屯東硤石。嵩遣別將羊引次於淮西，去賊營十里；司馬趙熾率兵一萬為表裏聲勢。眾軍既會，分擊賊之四壘。四壘之賊，戰敗奔走，斬獲數千，溺死萬數。統軍牛敬賓攻硤石，明世宵遁。慶真合餘燼浮淮下，下蔡戍主王略截流擊之，俘斬太半。"

六朝時南北雙方用兵於兩淮，下蔡往往是重要的進攻方向，或是屯兵據點。例如，東晉升平三年（359）十月，"慕容儁寇東阿，遣西中郎將謝萬次下蔡,北中郎將郗曇次高平以擊之。"[48] 太元八年(383)桓沖統兵十萬北伐,"龍驤胡彬攻下蔡"[49]。北魏太和四年(480)八月分兵五路南征,"遣平南將軍郎大檀三將出朐城,將軍白吐頭二將出海西,將軍元泰二將出連口,將軍封匹三將出角城,鎮南將軍賀羅出下蔡";"冬十月丁未,詔昌黎王馮熙為西道都督,與征南將軍桓誕出義陽;鎮南將軍賀羅自下蔡東出鍾離。"太和五年(481)二月,"(蕭)道成豫州刺史垣崇祖寇下蔡,昌黎王馮熙擊破之。"[50]

其二,硤石城。在壽春西北下蔡縣(今安徽省鳳台縣)硤石山上。此地為淮河中游的著名峽口,兩岸山嶺夾峙流水,自古即為津渡。《水經注》卷30《淮水》曰:"雞水右會夏肥水,而亂流東注,俱入於淮。淮水又北徑山硤中,謂之硤石,對岸山上結二城,以防津要。"《南史》卷80《侯景傳》亦載景敗於慕容紹宗,"喪甲士四萬人,馬四千匹,輜重萬餘兩。乃與腹心數騎自硤石濟淮,稍收散卒,得馬步八百人。"

硤石城也有兩座,分列淮水兩岸,稱為西硤石、東硤石,分別屬於下蔡和壽春。《讀史方輿紀要》卷21《南直三》鳳陽府壽州:"硤石城,在州西北二十五里硤石山上。山兩岸相對,淮水經其中,相傳大禹所鑿。……《通釋》:'硤石以淮水中流分界,在西岸者為西硤石,屬下蔡。在東岸者則屬壽春。'杜佑曰:硤石東北,即下蔡城是也。"硤石城亦有內外兩重,參見《魏書》卷65《李平傳》載北魏攻西硤石:"令崔亮督陸卒攻其城西,李崇勒水軍擊其東面,然後鼓噪,南北俱上。賊眾周章,東西赴戰。屠賊外城,賊之將士相率歸附。"《魏書》卷66《李崇傳》:"及蕭衍遣其游擊將軍趙祖悅襲據西硤石,更築外城,逼徙緣淮之人於城內。"

---

48 《晉書》卷8《穆帝紀》。

49 《晉書》卷114《苻堅載記下》。

50 《魏書》卷7上《高祖紀上》。

六朝時當地多有戰事，北方胡族軍隊來攻壽春，必先經過硤石，然後渡淮直趨城下。如《晉書》卷114《苻堅載記下》："融等攻陷壽春，執晉平虜將軍徐元喜、安豐太守王先。垂攻陷鄖城，害晉將軍王太丘。梁成與其揚州刺史王顯、弋陽太守王詠等率眾五萬，屯於洛澗，柵淮以遏東軍。成頻敗王師。晉遣都督謝石、徐州刺史謝玄、豫州刺史桓伊、輔國謝琰等水陸七萬，相繼距融，去洛澗二十五里，憚成不進。龍驤將軍胡彬先保硤石，為融所逼，糧盡，詐揚沙以示融軍，潛遣使告石等曰：'今賊盛糧盡，恐不見大軍。'"《北齊書》卷20《慕容儼傳》："正光中，魏河間王元琛率眾救壽春，辟儼左廂軍主，以戰功賞帛五十匹。軍次西硤石，因解渦陽之圍，平倉陵城、荊山戎。"

　　而南朝軍隊北伐奪取壽春時採取的一種戰略，則是先渡淮襲取西硤石，截斷壽春之敵的退路和後方的兵力糧草支援，再對該城發起攻擊。例如《資治通鑑》卷143載永元二年（500），南齊豫州刺史裴叔業以壽春降北魏，齊主遣平西將軍崔慧景征討，其部署為："豫州刺史蕭懿將步軍三萬屯小峴，交州刺史李叔獻屯合肥。懿遣裨將胡松、李居士帥眾萬餘屯死虎。驃騎司馬陳伯之將水軍溯淮而上，以逼壽陽，軍於硤石。壽陽士民多謀應齊者。"

　　《魏書》卷65《李平傳》載梁天監十四年（515），"蕭衍遣其左游擊將軍趙祖悅偷據西硤石，眾至數萬，以逼壽春。"《魏書》卷66《李崇傳》亦曰："肅宗踐祚，褒賜衣馬。及蕭衍遣其游擊將軍趙祖悅襲據西硤石，更築外城，逼徙緣淮之人於城內。又遣二將昌義之、王神念率水軍溯淮而上，規取壽春。田道龍寇邊城，路長平寇五門，胡興茂寇開霍。揚州諸戍，皆被寇逼。崇分遣諸將，與之相持。密裝船艦二百餘艘，教之水戰，以待台軍。"

　　《陳書》卷5《宣帝紀》載太建五年（573）遣吳明徹率眾北伐，"秋七月乙丑，鎮前將軍、開府儀同三司吳明徹進號征北大將軍。戊辰，齊遣眾二萬援齊昌，西陽太守周炅破之。己巳，吳明徹軍次峽口，克其北岸城，南岸守者棄城走。周炅克巴州城。淮北絳城及穀陽士民，並誅其渠帥，以城降。景戌（丙戌），吳明徹克壽陽外城。"《陳書》卷9《吳明徹傳》亦曰："次平峽石岸二城，進逼壽陽。"隨即攻克了這座城池。

其三，馬頭戍。或曰馬頭城，亦為壽春外圍重要軍戍，共有兩處，一處較近，在壽春西北淮水南岸，臨近硤石。《讀史方輿紀要》卷21《南直三》鳳陽府壽州曰："馬頭戍城，在州西北二十里，淮濱戍守處也。梁天監五年，取魏合肥，魏人守壽陽，於馬頭置戍。普通五年，梁取壽陽，亦置戍於此。太清二年，東魏慕容紹宗敗侯景於渦陽，景自硤石濟淮，南奔馬頭，戍主劉神茂往候景，遂導景襲壽陽。既而侯景以壽陽叛，西攻馬頭，東攻木柵，是馬頭在壽陽西也。或以為當塗之馬頭郡，誤矣。"

另一處較遠，在壽春以東，今安徽省懷遠縣南淮河南岸，曾為馬頭郡治所在地。《讀史方輿紀要》卷21《南直三》鳳陽府懷遠縣曰：

> 馬頭郡城，在縣西南二十里，下臨淮河。舊《志》云：'在縣西二十里。又西二十里有梁時所置馬頭新城，下有新城淮河渡。'沈約曰："馬頭郡，晉安帝立，因山形如馬頭而名。領虞縣等縣，屬南豫州。"虞縣亦僑置縣也。宋元嘉二十七年，魏人分道南寇，遣將長孫真趨馬頭，拓跋英趨鍾離。既而拓跋仁逼壽陽，馬頭、鍾離悉被焚掠。齊建元二年，魏拓跋琛攻拔馬頭戍，殺太守劉從。梁天監五年，魏將元英等復取梁城，遂北至馬頭城，攻拔之。尋復入於梁。梁末，魏復取之。陳大建五年伐齊，沈善慶克馬頭城是也。《南齊志》以虞縣屬鍾離郡，而馬頭郡治己吾縣，又以己吾屬沛郡，而馬頭郡治蘄縣，蓋皆後魏當塗故地。齊省。《輿程記》：'今縣西二十二里地名馬頭城，為往來渡淮者必經之地，蓋即南北朝時故郡治矣。'……又壽州、六安州皆有此城。

後一馬頭戍北距渦口不遠，亦為淮河津渡要衝，附近有淮河中游的第二座著名峽口——荊塗峽口。荊山在東，塗山在西，淮水穿流峽口揚波北注。東晉南朝曾以其為豫州和馬頭郡、荊山郡的治所，如《宋書》卷36《州郡志二》載晉穆帝"（永和）二年，（南豫州）刺史謝尚鎮蕪湖；四年，進壽春；九年，尚又鎮歷陽；十一年，進馬頭"；晉孝武帝"太元十年，刺史朱序戍馬頭"。《南齊書》卷14《州郡志上》亦曰："穆帝永和五年，胡偽揚州刺史王淶以壽春降，而（豫州）刺史或治歷陽，進馬頭及譙，不復歸舊鎮也。"

劉宋時設將督馬頭淮西諸軍郡事，見《宋書》卷47《劉敬宣傳》："遷使持節、督馬頭淮西諸軍郡事、鎮蠻護軍、淮南安豐二郡太守、梁國內史，將軍如故。"該地儲存了大量軍糧，以供前線需要。如《梁書》卷18《昌義之傳》："（天監）四年，大舉北伐，揚州刺史臨川王督眾軍軍洛口，義之以州兵受節度，為前軍，攻魏梁城戍，克之。五年，高祖以征役久，有詔班師，眾軍各退散，魏中山王元英乘勢追躡，攻沒馬頭，城內糧儲，魏悉移之歸北。"

由於馬頭地位重要，也是北朝攻擊的重點，自450年起，北魏每次南侵，幾乎都要圍攻此城。雙方對馬頭的爭奪可參見《魏書》卷4下《世祖紀下》太平真君十一年（450）十月：

> 乃命諸將分道並進，使征西大將軍、永昌王仁自洛陽出壽春，尚書長孫真趨馬頭，楚王建趨鍾離，高涼王那自青州趨下邳，車駕自邛道。

《南齊書》卷28《崔祖思傳附文仲傳》載建元二年（480）：

> 虜攻鍾離，文仲擊破之。又遣軍主崔孝伯等過淮攻拔虜荏眉

成，殺成主龍得侯及偽陽平太守郭杜羝，館陶令張德，濮陽令王明。時虜攻殺馬頭太守劉從，上曰："破苴眉，足相補。"

《魏書》卷 98《蕭道成傳》：

於是高祖詔梁郡王嘉督二將出淮陰，隴西公元琛三將出廣陵，河東公薛虎子三將出壽春以討之。元琛等攻其馬頭戍，克之。道成遣其徐州刺史崔文仲攻陷苴眉戍，詔遣尚書游明根討之。

《魏書》卷 7《高祖紀上》太和四年（480）春正月癸卯：

隴西公元琛等攻克蕭道成馬頭戍。

《南齊書》卷 27《李安民傳》：

虜寇壽春，至馬頭。詔安民出征，加鼓吹一部。虜退，安民沿淮進壽春。

《魏書》卷 8《世宗紀》正始元年（504）九月：

己丑，中山王英大破衍軍於淮南，衍中軍大將軍、臨川王蕭宏，尚書右僕射柳惔，徐州刺史昌義之等棄梁城，沿淮東走。追奔次於馬頭，衍冠軍將軍、戍主朱思遠棄城宵遁，擒送衍將四十餘人，斬獲士卒五萬有餘。英遂攻鍾離。

馬頭在南北朝時期曾經多次易手，交戰雙方都對它非常重視。最後因北周佔領壽陽，陳朝被迫放棄。參見《南史》卷 10《陳宣帝紀》，太建十一年（579）十一月：

> 戊戌，周將梁士彥圍壽陽，克之。辛亥，又克霍州。……十二月乙丑，南、北兗，晉三州及盱台、山陽、陽平、馬頭、秦、歷陽、沛、北譙、南梁等九郡民，並自拔向建鄴。周又克譙、北徐二州。自是淮南之地，盡歸於周矣。

其四，潘城、湄城。亦稱潘溪戍、鄅城，在壽春東北。《水經注》卷30《淮水》曰：“淮水東徑八公山北，山上有老子廟。淮水歷潘城南，置潘溪戍。戍東側潘溪，吐川納淮，更相引注。又東徑梁城，臨側淮川，川左有湄城，淮水左迤為湄湖。”又《梁書》卷3《武帝紀》載，天監五年（506）裴邃北伐，“（十月）甲辰，又克秦墟。魏鄅、潘溪守悉皆棄城走”。

其五，梁城。在壽春之東，今鳳陽縣西南淮水之濱。《讀史方輿紀要》卷21《南直三》鳳陽府曰：“梁城，府西南九十里。亦曰南梁城。晉太元中僑立南梁郡於淮南，兼領僑縣，義熙中土斷，始有淮南故地，屬南豫州。宋大明六年屬西豫州，改為淮南郡，八年復故。《志》云：南梁郡治睢陽。蓋宋析壽春地僑置，即此城也。《水經注》‘淮水經壽春城北，又東經梁城’是矣。齊永元二年，南梁郡入魏，因別置梁郡，治北譙。胡氏曰：‘梁城在鍾離西南，壽春東北。’梁天監五年，徐州刺史昌義之，魏將陳伯之，戰於梁城，敗績，伯之尋自梁城來歸，義之因進克梁城。既而魏將邢巒與元英合攻鍾離，義之引退。六年，元英攻鍾離不克，單騎遁入梁城，緣淮百餘里，屍相枕藉。十五年，魏將崔亮攻趙祖悅於硤石，詔昌義之等溯淮赴救，魏兵守下蔡，斷淮流，義之屯梁城不得進。後魏仍置南梁郡，隋開皇初廢。今淮河中有梁城灘，東至洛河口二十五里。”

其六，黃城、郭默城。在壽春之西，《魏書》卷 106 中《地形志中》指出下蔡郡有黃城縣，本注曰："蕭衍黃城戌，武定六年改置。"《讀史方輿紀要》卷 21《南直三》鳳陽府壽州："黃城，在州西。梁置黃城戌，尋置潁川郡於此。東魏武定六年，改置下蔡郡，治黃城縣。《寰宇記》：'晉義熙十二年，置小黃縣，在安豐城西北三十里；或即黃城也。'胡氏曰：'下蔡在淮北，黃城在壽陽西。'又西有郭默城，相傳晉咸和中，郭默嘗屯此。陳大建五年，吳明徹攻壽陽，別將魯天念克黃城，郭默城降。詔置司州於黃城。十一年，周韋孝寬侵淮南，分遣宇文亮攻黃城，拔之。十二年，魯廣達復克周之郭默城。是黃城與郭默城相近也。"郭默為東晉邊將，以武勇著稱，郭默城當為其所築。《晉書》卷 63《郭默傳》史臣曰："邵、李、魏、郭等諸將，契闊喪亂之辰，驅馳戎馬之際，威懷足以容眾，勇略足以制人，乃保據危城，折衝千里，招集義勇，抗禦仇讎，雖艱阻備嘗，皆乃心王室。"

黃城有大小二城相鄰，其說已見前文。《陳書》卷 5《宣帝紀》太建五年（573）九月："丁亥，前鄱陽內史魯天念克黃城小城，齊軍退保大城。……壬辰晦，夜明。黃城大城降。冬十月甲午，郭默城降。"

其七，蒼陵城。或曰倉陵，在壽春西北，淮水南岸。《讀史方輿紀要》卷 21《南直三》鳳陽府壽州曰："蒼陵城在州西北。《水經注》：'淮水東流，與潁水會，東南徑蒼陵北，又東北流經壽春縣故城西。'陳大建五年，吳明徹下壽陽，齊人遣兵援蒼陵，敗去。"《魏書》卷 106 中《地形志中》載："淮南郡，領縣三。壽春、汝陰、西宋。"本注"壽春縣"曰："故楚，有倉陵城。"

蒼陵亦為壽春周邊要鎮，蕭梁的豫州刺史夏侯夔曾於此興修水利，秣馬厲兵。見《梁書》卷 28《夏侯夔傳》："豫州積歲寇戎，人頗失業，夔乃帥軍人於蒼陵立堰，漑田千餘頃，歲收穀百餘萬石，以充儲備，兼贍貧人，境內賴之。……在州七年，甚有聲績，遠近多附之。有部曲萬人，馬二千四，並服習精強，為當時之盛。"其地戰事可見《北齊書》卷20《慕容儼傳》："正光中，魏河間王元琛率眾救壽春，辟儼左廂軍主，以戰功賞帛五十匹。軍次西硤石，因解渦陽之圍，平倉陵城、荊山戍。梁遣將鄭僧等要戰，儼擊之，斬其將蕭喬，梁人奔遁。"

不過，據史籍記載來看，淮水北岸亦有一蒼陵城。如陳朝於太建五年（573）攻佔壽陽，"（十月）丁未，齊遣兵萬人至潁口，樊毅擊走之。辛亥，遣兵援蒼陵，又破之。"[51] 其詳細情況見《北齊書》卷41《皮景和傳》："及吳明徹圍壽陽，敕令景和與賀拔伏恩等赴救。景和以尉破胡軍始喪敗，怯懦不敢進，頓兵淮口，頻有敕使催促，然始渡淮。屬壽陽已陷，狼狽北還，器械軍資，大致遺失。陳將蕭摩訶率步騎於淮北倉陵城截之，景和得整旅逆戰，摩訶退歸。是時拒吳明徹者多致傾覆，唯景和全軍而還，由是獲賞。"

其八，死虎壘。在壽春之東，原有死虎塘、死虎亭，其壘因以為名。《水經注》卷32《肥水》曰："肥水又北，右合閻潤水，上承施水於合肥縣，北流徑浚遒縣西，水積為陽湖。陽湖水自塘西北徑死虎亭南，夾橫塘西注。宋泰始初，豫州司馬劉順帥眾八千據其城地，以拒劉勔。杜叔寶以精兵五千，送糧死虎，劉勔破之此塘。"楊守敬疏："《宋書·殷琰傳》不載築壘事。（殷）琰遣將劉順，築四壘於死虎，見《齊書·王敬則傳》。死虎亭即在死虎塘，說見上。酈氏於肥水、陽湖水，分序塘亭，以示變化。"《讀史方輿紀要》卷21《南直三》鳳陽府壽州亦曰："死虎壘，在州東四十餘里。宋泰始二年，豫州刺史殷琰遣將劉順等東據宛塘，築四壘以拒劉勔。《通典》曰：'宛塘，死虎之訛也。'齊永元三年，裴叔業以壽陽降魏，詔蕭懿討之，懿屯小峴，遣將胡松、李居士，帥眾屯死虎，即此也。《水經注》：淝水合閻潤水，積為陽湖，自塘西北徑死

51 《資治通鑒》卷 171 陳宣帝太建五年。

虎亭，即殷琰將劉順築壘處。是又名死虎也。"

南朝宋齊時此地多有戰事，可參見《宋書》卷83《黃回傳》、《南齊書》卷26《王敬則傳》與卷37《劉悛傳》、《魏書》卷63《王肅傳》等史料。

其九，安城。在壽春之南。《讀史方輿紀要》卷21《南直三》鳳陽府壽州："安城縣城，在州南。梁普通五年，豫州刺史裴邃攻壽陽之安城，既而馬頭、安城皆降。魏收《志》'梁置新興郡，治安城縣'，即此。"《梁書》卷3《武帝紀下》載天監五年（506）十一月遣將北伐，"壬戌，裴邃攻壽陽之安城，克之。景寅（丙寅），魏馬頭、安城並來降。"又《陳書》卷5《宣帝紀》載太建五年（573）吳明徹北伐，"九月甲子，陽平城降。壬申，高唐太守沈善度克馬頭城。甲戌，齊安城降。"

其十，黎漿戍、荻城、礨城。黎漿戍又曰黎漿亭，在壽春東南，位於黎漿水與淝水的匯合之處。《讀史方輿紀要》卷21《南直三》鳳陽府壽州曰："黎漿亭，在州東南。《水經注》：'芍陂瀆水東注黎漿水，水東經黎漿亭南，又東注淝水，謂之黎漿水口。'吳朱異救諸葛誕於壽春，進屯黎漿。又梁普通五年裴邃拔荻城，又拔礨城，進屯黎漿。七年，梁主以淮堰水盛，壽陽城幾沒，遣郢州刺史元樹等自北道攻黎漿，豫州刺史夏侯亶自南道攻壽陽是也。荻城、礨城，蓋是時壽陽、合肥間沿邊戍守處。"

其十一，建安戍。在今河南省固始縣，東晉南朝時屬豫州北新蔡郡。《讀史方輿紀要》卷50《河南五》汝寧府固始縣曰："建安城，在縣東，蕭齊所置戍守處也。永元二年壽陽降魏，魏遣元勰鎮之。……魏收《志》建安縣屬馮翊郡，蓋東魏僑置郡於此，後廢。今縣東有建安鄉。胡氏曰：'建安與固始期思城相近。'北魏正光中，群蠻出山，居邊城建安者八九千戶。邊城郡治期思，則建安亦去期思不遠矣。"

建安為淮河上游之重鎮，是壽春以西的重要屏障。《魏書》卷44《宇文福傳》："景明初，乃起拜平遠將軍、南征統軍。進計於都督彭城王勰曰：'建安是淮南重鎮，彼此要衝。得之，則義陽易圖；不獲，則壽春難保。'勰然之。及勰為州,遂令福攻建安。建安降,以勳封襄樂縣開國男,邑二百戶。"又《魏書》卷 21 下《彭城王勰傳》:"自勰之至壽春,東定城戍,至於陽石,西降建安,山蠻順命,斬首獲生,以數萬計。進位大司馬,領司徒,餘如故,增邑八百戶。"

南北朝所設之建安戍主可見《魏書》卷 21 下《彭城王勰傳》:

> 又詔勰以本官領揚州刺史。勰簡刑導禮,與民休息,州境無虞,遐邇安靜。揚州所統建安戍主胡景略,猶為寶卷拒守不下。勰水陸討之,景略面縛出降。

《梁書》卷 10《夏侯詳傳》:

> 出為征虜長史、義陽太守。頃之,建安戍為魏所圍,仍以詳為建安戍主,帶邊城、新蔡二郡太守,並督光城、弋陽、汝陰三郡眾赴之。詳至建安,魏軍引退。

《魏書》卷 70《李神傳》:

> 李神,恆農人。父洪之,秦益二州刺史。神少有膽略,以氣尚為名。早從征役,其從兄崇深所知賞。累遷威遠將軍、新蔡太守,領建安戍主。

《魏書》卷 71《席法友傳》:

> 席法友,安定人也。祖父南奔。法友仕蕭鸞,以膂力自效軍勳,稍遷至安豐、新蔡二郡太守,建安戍主。蕭寶卷遣胡景略代之,法友遂留壽春,與叔業同謀歸國。

雙方在建安爭戰的情況可參見《南齊書》卷57《魏虜傳》:"豫州刺史裴叔業以壽春降虜。……虜既得淮南,其夏,遣偽冠軍將軍南豫州刺史席法友攻北新蔡、安豐二郡太守胡景略於建安城,死者萬餘人,百餘日,朝廷無救,城陷,虜執景略以歸。其冬,虜又遣將桓道福攻隨郡太守崔士招,破之。"又見《魏書》卷98《蕭寶卷傳》:"世宗詔冠軍將軍、南豫州刺史席法友三萬人圍寶卷輔國將軍北新蔡、安豐二郡太守胡景略於建安城,克之,擒景略。寶卷雍州刺史蕭衍據襄陽,舉兵伐之,荊州行事蕭穎冑應衍。"《魏書》卷66《李崇傳》亦載李崇任北魏揚州刺史,鎮壽春,"蕭衍霍州司馬田休等率眾寇建安,崇遣統軍李神擊走之。又命邊城戍主邵申賢要其走路,破之於濡水,俘斬三千餘人。靈太后璽書勞勉。許昌縣令兼紵麻戍主陳平玉南引衍軍,以戍歸之。"

其十二,陽(羊)石。在壽春西南霍丘縣境,亦為重要城戍。《魏書》卷21下《彭城王勰傳》:"自硤之至壽春,東定城戍,至於陽石,西降建安,山蠻順命,斬首獲生,以數萬計。"《讀史方輿紀要》卷21《南直三》壽州霍丘縣:"陽石城,在縣東南。亦曰羊石。梁天監二年,後魏以降將陳伯之為江州刺史,屯陽石。四年,楊公則出洛口,別將姜慶真與魏戰於羊石,不利,公則退保馬頭。五年,廬江太守裴邃克魏羊石城,進克霍丘。胡氏曰:'羊石城在廬江西北,霍丘東南。'"

(三)水口要戍

壽春守軍在周邊地區河流入淮的幾處水口也設置了戍所,屯駐軍隊,以防止敵人船隊由此駛入淮河,或從淮河進入支流。著名的要戍有以下幾處。

其一,肥口。淝水入淮之口,在壽春東北,淮水南岸。《讀史方輿紀要》卷21《南直三》:"淝水,在州東北十里。自廬州府北流,經廢安豐縣境,又北流經此,折而西北,流十里入於淮。"北路進攻壽春的軍隊多由此渡淮，溯淝水行至其城下。如《晉書》卷118《姚興載記》寫其召尚書楊佛嵩，"謂之曰：'吳兒不自知，乃有非分之意。待至孟冬，當遣卿率精騎三萬焚其積聚。'嵩曰：'陛下若任臣以此役者，當從肥口濟淮，直趣壽春，舉大眾以屯城，縱輕騎以掠野，使淮南蕭條，兵粟俱了，足令吳兒俯仰回惶，神爽飛越。'"

北魏景明元年（500），"秋七月，寶卷又遣陳伯之寇淮南。……八月乙酉，彭城王勰破伯之於肥口"[52]。北周滅齊後兵取壽陽，也是先至肥口。如《陳書》卷5《宣帝紀》太建十一年（579）十一月，"甲午，周遣柱國梁士彥率眾至肥口。戊戌，周軍進圍壽陽。"《隋書》卷74《崔弘度傳》亦載："宣帝嗣位，從郕國公韋孝寬經略淮南。弘度與化政公宇文忻、司水賀婁子幹至肥口，陳將潘琛率兵數千來拒戰，隔水而陣。忻遣弘度諭以禍福，琛至夕而遁。進攻壽陽，降陳守將吳文立，弘度功最。"

其二，潁口。潁水入淮之口，在壽春西北淮河對岸。《讀史方輿紀要》卷21《南直三》："潁水，在州西北四十里。《漢志》：'潁水出陽城縣陽乾山，東至下蔡入淮。'是也。其入淮處謂之潁尾。《左傳》昭十二年：'楚子狩於州來，次於潁尾。'亦曰潁口。"潁水是北軍船隊南下入淮和南方舟師北上的一條主要航道，故其水口很受重視。東晉太元八年（383）淝水之戰，前秦的先鋒部隊在主力未至時搶先佔領了此地，"苻堅自率兵次於項城，眾號百萬，而涼州之師始達咸陽，蜀漢順流，幽并係至。先遣苻融、慕容暐、張蠔、苻方等至潁口。"[53]《資治通鑒》卷105亦載："堅至項城，涼州之兵始達咸陽，蜀、漢之兵方順流而下，幽、冀之兵至於彭城，東西萬里，水陸齊進，運漕萬艘。陽平公融等兵

---

52 《魏書》卷8《世宗紀》。
53 《晉書》卷79《謝玄傳》。

三十萬，先至潁口。"《陳書》卷 31《樊毅傳》載："（太建）五年，眾軍北伐，毅率眾攻廣陵楚子城，拔之。擊走齊軍於潁口。"《資治通鑒》卷 171 亦載此事曰："齊行台右僕射琅邪皮景和等救壽陽，以尉破胡新敗，怯懦不敢前，屯於淮口，敕使屢促之。然始渡淮，眾數十萬，去壽陽三十里，頓軍不進。"胡三省注曰："淮口蓋即潁口。景和之師自潁上出至淮而屯，因謂之淮口。"

潁口設有戍防之外，有時還豎立木柵以阻遏行船。如《隋書》卷 60《于顗傳》："大象中，以水軍總管從韋孝寬經略淮南。顗率開府元紹貴、上儀同毛猛等，以舟師自潁口入淮。陳防主潘深棄柵而走，進與孝寬攻拔壽陽。"

其三，汝口。在壽春之西、汝水入淮處。汝水發源於今河南省汝陽縣西南，東南流至兩漢原鹿縣（治今安徽省阜南縣南）南入於淮，入口處稱汝口。北魏時曾於當地設置戍所。見《水經注》卷 21《汝水》："所謂汝口，側水有汝口戍，淮汝之交會也。"南朝也曾在此地駐守，並立柵以阻止北軍的船隊。《魏書》卷 70《傅永傳》即載永元二年（500）南齊遣將陳伯之"侵逼壽春，沿淮為寇"。北魏宣武帝"詔遣永為統軍，領汝陰之兵三千人先援之。永總勒士卒，水陸俱下，而淮水口伯之防之甚固。永去二十餘里，牽船上汝南岸，以水牛挽之，直南趨淮，下船便渡。適上南岸，賊軍亦及。會時已夜，永乃潛進，曉達壽春城下。"汝口亦稱淮口。《讀史方輿紀要》卷 21《南直三》鳳陽府潁州："汝水，在州南百里。自河南息縣流入境。《志》云：汝水東北流，至桃花店入州界，又東至永安廢縣，環地理故城至朱皋鎮入於淮，亦謂之淮口。"

其四，洛口。在壽春東北、懷遠縣南，為洛水北流入淮之處。《讀史方輿紀要》卷 21《南直三》鳳陽府懷遠縣："洛水，在縣南七十里。其地有洛河鎮。上流自定遠縣流入，至此注於淮。亦謂之洛澗。《水經注》：'洛澗北歷秦壚下注淮，謂之淮口。'《紀勝》：'洛水自定遠縣西白望堆流入壽州界，屈曲而北歷秦壚，至新城村南十五里入於淮，即洛口也。'晉太元八年，苻堅寇晉，遣將梁成屯洛澗，柵水以扼東兵。謝玄遣劉牢之率精兵破斬之。梁天監四年謀伐魏，遣楊公則將宿衛兵塞洛口，與魏將石榮戰，斬之。既而以臨川王宏都督北兗諸軍事，次洛口。魏將奚康生等言於元英曰：'梁人久不進兵，其勢可見。若進據洛水，彼必奔散。'英不從。既而洛口暴風雨，軍中驚，遂潰還，魏人因取馬頭城。蓋洛口與馬頭城相近也。《志》云：今縣南六十里有洛河渡，蓋即淮河渡處。"

洛口平時亦有戍所。《魏書》卷73《奚康生傳》載其守壽春，"固城一月，援軍乃至。康生出擊桓和、伯之等二軍，並破走之，拔梁城、合肥、洛口三戍"。

其五，渦口。在壽春東北，今安徽省懷遠縣東北，為渦水南流入淮之口。《讀史方輿紀要》卷21《南直三》鳳陽府懷遠縣："渦水，在縣東北一里。班固曰：'淮陽國扶溝縣有渦水，首受蒗蕩渠，東至向入淮，過郡三，行千里。'《水經》：陰溝水出河南陽武縣蒗蕩渠，東南至沛為渦水。渦水東徑譙郡，又東南至下邳睢陵縣入淮。是渦水為汳河之支流也。《廣志》：'今渦河自歸德府鹿邑縣境流入亳州界，黃河從西北來注之，經亳城北與馬尚河合，東南流經蒙城縣而入縣界，至縣東入淮，謂之渦口。'今黃河橫決，渦口上源幾不可問矣。漢建安十四年，曹公至譙，引水軍自渦口入淮，出淝水，軍合肥，開芍陂屯田。曹丕黃初五年，以舟師自譙循渦入淮。吳孫皓建衡二年，遣丁奉入渦口。齊建武末，裴叔業攻魏渦陽不克，還保渦口。……渦口蓋淮南要害之地也。"同書同卷又曰："渦口城，縣東北十五里，今訛為菰城。齊建武末，裴叔業攻渦陽，魏將王肅等馳救，叔業引還，為魏所敗，還保渦口。"

三、南北雙方在壽春地區的水戰

壽春所在的淮南西部丘陵地區水道交織，陂塘散佈，複雜的地理因素在軍事上具有很高的價值。如唐人所言："壽春，其地塹水四絡，南有淠，西遮淮、潁；東有淝，下以北注，激而回為西流，環郛而浚，入於淮，此天與險於是也。"[54] 因此，東晉南朝時期壽春地區戰爭的一個顯著特點，就是經常利用當地的水文條件來克敵制勝。借水攻戰的主要方式有以下幾種：

（一）利用水道運輸、交鋒

由於古代舟船航運要比陸地車畜人力轉運效率高得多，六朝時期，無論北方的胡族政權揮師南征，還是南方的漢族政權興兵北伐，都在壽春地區最大限度地運用水軍船隊運輸和交戰，以求迅速地把兵員、給養投入到需要的戰場。下面分別對其情況展開論述。

1. 北方政權向壽春用兵時的水運

壽春北有長、淮為屏障，淮河中下游的幹流水道水源充足，河道寬深，是先秦以來的重要漕路。在鴻溝水系尚未破壞之時，中原王朝南下征伐，往往沿滇蕩渠入渦、潁二水，至壽春以北東西兩側的渦口（今安徽省懷遠縣）、潁口（今安徽省潁上縣東南）進入淮河，然後圍攻壽春及其周邊的城戍。例如，三國時曹魏水師進軍淮南，就經常利用這兩條水運幹道。建安十三年（208）七月，曹操"自渦入淮，出肥水，軍合肥"。黃初五年（224）八月，曹丕"為水軍，親御龍舟，循蔡、潁，浮淮，幸壽春"；六年（225）"八月，帝遂以舟師自譙循渦入淮"。不過，由於渦水上游淺澀，不能直接北通黃河，受此局限，自曹魏以後，少有北方政

---

54 《全唐文》卷 736 沈亞之《壽州團練副使廳壁記》。

權由這條河道派遣水軍和船隊入淮的記載。

十六國至北朝，胡族政權南征的水路主要使用潁水，其間或用汝水。例如永嘉六年（312）石勒欲大舉南侵，曾於葛陂（今河南省汝南縣東）造船，欲取道淮南襲擊建業，晉軍因此在壽春集結待命。《晉書》卷 104《石勒載記上》曰：“勒於葛陂繕室宇，課農造舟，將寇建鄴。會霖雨歷三月不止，元帝使諸將率江南之眾大集壽春。”後來石勒出兵，“發自葛陂，遣石季龍率騎二千距壽春。會江南運船至，獲米布數十艘，將士爭之，不設備。晉伏兵大發，敗季龍於巨靈口，赴水死者五百餘人，奔退百里，及於勒軍。軍中震擾，謂王師大至，勒陣以待之。晉懼有伏兵，退還壽春”。

從《水經注》的記載來看，葛陂當時溝通淮河的水道，應是經過澺水（汝水支流）進入汝水，再由汝水入淮。參見《水經注》卷 21《汝水》：“澺水自葛陂東南徑新蔡縣故城東而東南流，注於汝。”汝水又東至原鹿縣（治今安徽省阜南縣南）南入於淮，入口處稱汝口，北魏時曾於當地設置戍所。

383 年淝水之戰，前秦苻堅“自率兵次於項城，眾號百萬。……先遣苻融、慕容暐、張蠔、苻方等至潁口，梁成、王顯等屯洛澗”[55]。然後渡淮攻克壽陽。苻堅進軍壽陽的主要路線，也是從河洛地區出發，由黃河經滎陽石門進入蒗蕩渠，再分別順潁水和汝水而南下入淮。《晉書》卷 114《苻堅載記下》寫其出師盛況：“東西萬里，水陸齊進。運漕萬艘，自河入石門，達於汝、潁。”北魏控制淮河流域後，亦對這條漕渠加以修浚，使之能夠順利通航。參見《魏書》卷 66《崔亮傳》：“亮在度支，別立條格，歲省億計。又議修汴、蔡二渠，以通邊運，公私賴焉。”蔡渠即蒗蕩渠下游進入潁水的河段。據《水經注》卷 22《渠水》所言，這

---

55 《晉書》卷 79《謝玄傳》。

條航道直至北魏末年還在使用，"水流津通，漕運所由"。宣武帝景明元年（500），鎮守汝南新蔡縣廣陵城（今河南省息縣）的東豫州刺史田益宗還說："有事淮外，須乘夏水泛長，列舟長淮，師赴壽春。"[56] 又《魏書》卷110《食貨志》言北魏後期發展漕運的情況：

> 自徐揚內附之後，仍世經略江淮，於是轉運中州，以實邊鎮，百姓疲於道路。乃令番戍之兵，營起屯田；又收內郡兵資與民和糴，積為邊備。有司又請於水運之次，隨便置倉，乃於小平、石門、白馬津、漳涯、黑水、濟州、陳郡、大梁凡八所，各立邸閣，每軍國有須，應機漕引。自此費役微省。

文中提到的漕路近側所置八座倉儲之中，石門倉在今河南省滎陽市，即蒗蕩渠渠首；大梁倉在今河南省開封市，即蒗蕩渠與汴渠交匯之處；陳郡倉在今河南省淮陽區，即蒗蕩渠與潁水匯合之所；可見這條漕渠對北魏出兵淮上和供應軍需有着重要的作用。直到北朝末年，北周攻佔淮南及壽春，仍是使用的這條水道。《隋書》卷60《于顗傳》："大象中，以水軍總管從韋孝寬經略淮南。顗率開府元紹貴、上儀同毛猛等，以舟師自潁口入淮。陳防主潘深棄柵而走，進與孝寬攻拔壽陽。"

2. 北魏揚州水軍的建立

北方的胡族軍隊作戰時素以騎射之術稱雄，但是在淮南水網地帶，步兵、騎兵難以逾越河道湖澤，必須擁有一支水師船隊，才能適應當地的地理環境，否則只能望水興歎。北魏中期以後，拓跋氏政權日益強盛，逐漸控制了淮北地區。尤其是500年南齊豫州刺史裴叔業降魏，使北朝控制了壽春。為了對抗南朝的舟師，確保對當地的統治，北魏政權

---

56 《魏書》卷61《田益宗傳》。

也開始重視水軍的作用，並練習水戰。《北史》卷 37《崔延伯傳》載靈太后召見大臣問南征之策，楊大眼對曰："臣輒謂水陸二道一時俱下，往無不克。"崔延伯曰："……水南水北，各有溝瀆，陸地之計，如何可前。愚臣短見，願聖心思水兵之勤，若給復一年，專習水戰，脫有不虞，召便可用。"靈太后曰："卿之所言，深是宜要，當敕如請。"

北魏在揚州治所壽春設置了船廠和停泊艦隻的港灣，規模宏大。見《水經注》卷 32《肥水》："肥水又西分為二水，右即肥之故瀆，遏為船官湖，以置舟艦也。"楊守敬疏引會貞按："今鳳台縣城北盛家湖，即船官湖。"前引《水經注》同卷又云壽春城北有西昌寺，"寺西即船官坊，蒼兕都水，是營是作"。船官坊是官營造船的工廠；"蒼兕都水"，楊守敬疏"蒼兕"云："《史記·齊世家》蒼兕，《索隱》曰：本或作蒼雉。按馬融曰：蒼兕主舟楫，官名。王充云：蒼兕，水獸九頭。"是說蒼兕本為傳說中的九頭水獸，後為主管航運的官員。楊氏又疏"都水"云："《漢書·百官公卿表》：太常屬官有都水長、丞。又云：水衡都尉，都水長、丞，屬焉。然如淳《注》曰：《律》，都水治渠堤水門。非掌舟航。《通典》：晉省水衡，置都水台，掌舟航及運部。酈氏因敍船官坊稱都水，謂掌舟航也。"

上述記載說明北魏佔領壽春時期曾置"蒼兕都水"官以負責造舟和航運事務，並設造船工廠"船官坊"，水師舟船會聚於城北的船官湖。有人認為，東晉南朝控制壽春的時間更長，故亦應利用當地的有利條件來發展造船業，訓練水師。

北魏在壽春建立的水軍，由揚州刺史管轄，曾有戰船多艘，並在後來的幾次戰役中發揮了重要作用。如梁天監十二年（513）五月，北魏揚州治中裴絢率壽春城南百姓數千家歸降梁朝，揚州刺史李崇"遣從弟寧朔將軍神等將水軍討之，絢戰敗，神追拔其營"[57]。天監十五年（516），

---

57 《資治通鑒》卷 147 梁武帝天監十二年（513）五月。

梁朝遣趙祖悅襲取西硤石，又派昌義之、王神念率水軍溯淮而上，謀攻壽春，李崇"分遣諸將，與之相持。密裝船艦二百餘艘，教之水戰，以待台軍"[58]；其後又"遣李神乘鬥艦百餘艘，沿淮與李平、崔亮合攻硤石。李神水軍克其東北外城，祖悅力屈乃降"[59]。

3. 南方政權向壽春的軍事水運

江南地區水道交織，舟船是其首要的交通工具，當地居民的生活和水運有着密切聯繫，普遍熟練掌握駕舟和游泳的技術，將其運用到作戰方面，和北方軍隊相比具有明顯的優勢。如沈約所言："夫地勢有便習，用兵有短長，胡負駿足，而平原悉車騎之地；南習水鬥，江湖固舟楫之鄉。"[60] 因此，南方政權在戰鬥中儘量利用淮南繁多的水道來運輸部隊，或及時增援，或組織反攻。南朝的水軍規模巨大，號稱"舟舸百萬，覆江橫海"[61]。齊將張欣泰曾謂北魏廣陵侯曰："我將連舟千里，舳艫相屬，西過壽陽，東接滄海，仗不再請，糧不更取，士卒偃臥，起而接戰，乃魚鱉不通，飛鳥斷絕，偏師淮左，其不能守，皎可知矣。"[62] 此言雖有吹噓的成分，但南朝水軍強盛，卻是事實。如景明元年（500）南齊遣將陳伯之進攻壽春，"屯於肥口，胡松又據梁城，水軍相繼二百餘里"[63]。南軍這一用兵策略深為北朝所忌。如梁天監三年（504）二月，北魏任城王元澄圍攻鍾離，《資治通鑒》卷145曰："魏（宣武帝）詔任城王澄，以'四月淮水將漲，舟行無礙。南軍得時，勿昧利以取後悔'。"但未引起元澄的重視，結果會戰失利，"澄引兵還壽陽。魏軍還既狼狽，失亡四千餘人。"

---

58 《魏書》卷66《李崇傳》。

59 《魏書》卷66《李崇傳》。

60 《宋書》卷95《索虜傳》史臣曰。

61 《南齊書》卷51《張欣泰傳》。

62 《南齊書》卷51《張欣泰傳》。

63 《魏書》卷21下《彭城王勰傳》。

六朝政權的首都在建康（業），北征的兵馬糧草往往在當地集結後出發，其水運至壽春的通道主要有兩條。

一條是溯濡須水、淝水而上。由建康西行入濡須口，溯流上至東關，入巢湖，再經淝水穿越江淮丘陵，過合肥、芍陂而抵壽春。《讀史方輿紀要》卷19《南直一》引王象之曰："古者巢湖水北合於肥河，故魏窺江南，則循渦入淮，自淮入肥，緣肥而趣巢湖，與吳人相持於東關。吳人撓魏，亦必緣此。司馬遷謂合肥、壽春，受南北潮，蓋此水耳。"但是這條水道比較狹窄，沿途又有東關、江淮丘陵等地的險扼。如顧祖禹所言："大要六安以東，有芍陂之險；鍾離以東，無非湖濁之地。西自皖東至揚，則多斷流為阻。故自前世征役，多出東道，如吳邗溝、魏廣陵、周鸛河，率資堰水之利，南北所通行也。惟盧、壽一路，陸有東關、濡須、硤石之阨，重以陂水之艱，最為險要。"[64]如果東關至合肥一帶被敵人佔領，在沿途依憑險阻，設障戍守，則難以通行，恐怕得另闢他徑了。

另一條是經中瀆水溯淮而上。據文獻記載，南朝水軍開赴壽春經常走另一條道路，即由廣陵北上，經中瀆水（邗溝）道至淮陰，然後再溯淮而上，過鍾離、馬頭、硤石、肥口，抵達壽春。淮水中下游河道寬闊，流量充足，利於船隻航運。如《宋書》卷77《沈慶之傳》載孝建元年（454）正月，魯爽造反，"上遣左衛將軍王玄謨討之，軍溯淮向壽陽，總統諸將"。《魏書》卷8《世宗紀》載景明元年正月，南齊豫州刺史裴叔業以壽春內屬，二月"（蕭）寶卷將胡松、李居士率眾萬餘屯宛，陳伯之水軍溯淮而上，以逼壽春"。《魏書》卷98《蕭寶卷傳》亦載："寶卷遣侍中崔慧景率諸軍自廣陵水路，欲赴壽陽。慧景見寶卷狂虐，不復自保，及得專征，欣然即路。"

---

64 〔清〕顧祖禹：《讀史方輿紀要》卷19《南直一》，中華書局，2005年，第895—896頁。

使用這條路線還有一個好處，就是可以利用南朝水軍的優勢兵力來控制壽春以北的沿淮城戍，阻斷北方之敵對這一作戰區域的補給和救援，使壽春陷於孤立，然後再對它發動攻擊。例如《魏書》卷66《李崇傳》載梁天監十四年（515）"蕭衍遣其游擊將軍趙祖悅襲據西硤石，更築外城，逼徙緣淮之人於城內。又遣二將昌義之、王神念率水軍溯淮而上，規取壽春"。

如果南朝兵力強盛，則往往分兵兩路，對壽春實行南北夾攻。如《梁書》卷28《夏侯亶傳》載普通六年（525），梁武帝大舉北伐：

> 先遣豫州刺史裴邃帥譙州刺史湛僧智、歷陽太守明紹世、南譙太守魚弘、晉熙太守張澄，並世之驍將，自南道伐壽陽城，未克而邃卒。乃加亶使持節，馳驛代邃，與魏將河間王元琛、臨淮王元彧等相拒，頻戰克捷。尋有密敕，班師合肥，以休士馬，須堰成復進。七年夏，淮堰水盛，壽陽城將沒，高祖復遣北道軍元樹帥彭寶孫、陳慶之等稍進，亶帥湛僧智、魚弘、張澄等通清流澗，將入淮、肥。魏軍夾肥築城，出亶軍後，亶與僧智還襲，破之。進攻黎漿，貞威將軍韋放自北道會焉。兩軍既合，所向皆降下。凡降城五十二，獲男女口七萬五千人，米二十萬石。

又據《陳書》卷5《宣帝紀》所載，太建五年（573）陳朝出兵收復淮南，南道魯廣達、黃法氍等領兵克大峴城、歷陽，"廬陵內史任忠軍次東關，克其東西二城，進克蘄城"，進而攻佔合州（肥）。大都督吳明徹統主力十萬人馬自廣陵北上，克秦州、瓜步、仁州，溯淮又克硤石、馬頭、安城、黃城、郭默城，然後攻克壽陽。

4. 木柵阻船

為了阻礙南方水軍船隊的航行，北方政權在淮南作戰中普遍運用豎立木柵的設障戰術。例如淝水之戰，《晉書》卷114《苻堅載記下》：
"融等攻陷壽春，執晉平虜將軍徐元喜、安豐太守王先。垂攻陷鄖城，
害晉將軍王太丘。梁成與其揚州刺史王顯、弋陽太守王詠等率眾五萬，
屯於洛澗，柵淮以遏東軍。"《資治通鑒》卷146載梁天監六年（507）正
月，"魏中山王英與平東將軍楊大眼等眾數十萬攻鍾離。鍾離城北阻淮
水，魏人於邵陽洲兩岸為橋，樹柵數百步，跨淮通道。英據南岸攻城，
大眼據北岸立城，以通糧運。"《魏書》卷73《崔延伯傳》載天監十五年
（516），梁遣左游擊將軍趙祖悅率眾偷據硤石，北魏"詔延伯為別將，與
都督崔亮討之。亮令延伯守下蔡。延伯與別將伊瓮生挾淮為營。延伯遂
取車輪，去輞，削銳其輻，兩兩接對，揉竹為絚，貫連相屬，並十餘道，
橫水為橋，兩頭施大轆轤，出沒任情，不可燒斫。既斷祖悅等走路，又
令舟舸不通，由是衍軍不能赴救，祖悅合軍咸見俘虜。"直到陳朝時期，
這種戰術仍在使用。如《讀史方輿紀要》卷19《南直一》山川險要涂水
曰："北齊於六合置秦州，以州前江浦通涂水，乃伐大木柵水中，以備
陳人。"《陳書》卷9《吳明徹傳》亦言："會朝議北伐，公卿互有異同，
明徹決策請行。（太建）五年，詔加侍中、都督征討諸軍事，仍賜女樂
一部。明徹總統眾軍十餘萬，發自京師，緣江城鎮，相續降款。軍至秦
郡，克其水柵。齊遣大將尉破胡將兵為援，明徹破走之，斬獲不可勝計，
秦郡乃降。"

　　而對付樹柵攔截船隻的辦法，主要有以下幾種。一是火攻，用船
只、木筏運載燃料迫近焚燒。如梁天監六年（507），北魏於下蔡立柵修
橋，阻斷淮水。《梁書》卷9《曹景宗傳》："高祖詔景宗等逆裝高艦，使
與魏橋等，為火攻計。令景宗與（韋）叡各攻一橋，叡攻其南，景宗攻
其北。"又見《梁書》卷12《韋叡傳》："魏人先於邵陽洲兩岸為兩橋，樹
柵數百步，跨淮通道。叡裝大艦，使梁郡太守馮道根、盧江太守裴邃、
秦郡太守李文釗等為水軍。值淮水暴長，叡即遣之，鬥艦競發，皆臨敵

壘，以小船載草，灌之以膏，從而焚其橋。風怒火盛，煙塵晦冥，敢死之士，拔柵斫橋，水又漂疾，倏忽之間，橋柵盡壞。"北魏為了保護舟橋，也採用了以船隻阻止的對策。《魏書》卷66《李崇傳》："衍淮堰未破，水勢日增。崇乃於硤石戍間編舟為橋，北更立船樓十，各高三丈，十步置一籬，至兩岸，蓄板裝治，四箱解合，賊至舉用，不戰解下。又於樓船之北，連覆大船，東西竟水，防賊火筏。"

二是引舟上岸，繞過木柵再下水航行。《魏書》卷70《傅永傳》："蕭寶卷將陳伯之侵逼壽春，沿淮為寇。時司徒、彭城王勰，廣陵侯元衍同鎮壽春，以九江初附，人情未洽，兼台援不至，深以為憂。詔遣永為統軍，領汝陰之兵三千人先援之。永總勒士卒，水陸俱下，而淮水口伯之防之甚固。永去二十餘里，牽船上汝南岸，以水牛挽之，直南趨淮，下船便渡。適上南岸，賊軍亦及。會時已夜，永乃潛進，曉達壽春城下。"

三是拔出木柵。《陳書》卷10《程文季傳》："秦郡前江浦通涂水，齊人並下大柱為杙，柵水中，乃前遣文季領驍勇拔開其柵，明徹率大軍自後而至，攻秦郡克之。又別遣文季圍涇州，屠其城。進攻盱眙，拔之。仍隨明徹圍壽陽。"

（二）築堰蓄水以資攻守

淮南地區河道交織，湖沼星羅棋佈，夏季多有暴雨、洪水為患。當地居民很早就開始修建渠堰堤壩等工程，用來除害興利。但是在戰爭當中，這些設施也可以用作進攻或是防禦的手段，從而獲取勝利。東晉南北朝時期，壽春所在的淮河流域處在割據雙方爭奪的中間地帶，水攻戰術的運用非常普遍，大致可以分為以下幾種。

1. 作塘放水以阻遏來寇

即築堤蓄水然後釋放出來，形成大面積的沼澤、泥濘地帶，使敵人無法通行。這種戰術始見於三國時期。孫吳赤烏十三年（250）十一月，孫權"遣軍十萬，作堂邑塗塘以淹北道"[65]。盧弼《三國志集解》卷47引杜佑曰："揚州六合縣，春秋楚之棠邑，漢為堂邑。淹北道以絕魏兵之窺建業。吳主老矣，良將多死，為自保之規摹而已。"

《讀史方輿紀要》卷19《南直一》亦引薛氏之言，談到六朝時期淮南塘堰及其用來阻遏敵寇的舉措："孫氏割據，作塗中東興塘，以淹北道。南朝城瓦梁城，塞涂河為淵，障蔽長江，號稱北海。大抵淮東之地，沮澤多而丘陵少；淮西山澤相半，無水隔者，獨邾城白沙戍入武昌，及六安、舒城走南硤二路耳。古人多於川澤之地立塘堰，以遏水溉田。在孫氏時，盡罷縣邑，治以屯田都尉。魏自劉馥、鄧艾之後，大田淮南；迄南北朝，增飾彌廣。今舒州有吳陂塘，盧江有七門堰，巢縣有東興塘，滁、和州、六合間，有塗塘、瓦梁堰，天長有石梁堰，高郵有白馬塘，揚州有邵伯埭、裘塘屯，楚州有石鱉塘、射陂、洪澤陂，淮陰有白水屯，盱眙有破釜塘，安豐有芍陂，固始有茹陂，是皆古人屯田遏水之跡，其餘不可勝紀。"

東晉南朝時壽春地區的戰鬥中也使用過這種手段。如《資治通鑑》卷93載晉成帝咸和元年（326）十一月，後趙石聰攻壽春，守將祖約屢次上表請救，朝廷不為出兵。石聰班師後，"朝議又欲作塗塘以遏胡寇，祖約曰：'是棄我也！'益懷憤恚。"另外，壽春城之外郭龐大，如遇強敵來攻，守軍力量不足，若是分散把守則容易被對方突破，在此情況下，有時也採取築堰放水於郭外以阻敵攻城的做法。如南齊建元二年（480）二月，北魏遣梁王郁豆眷及劉昶，領馬步軍號稱二十萬，入寇壽春。守將垣崇祖召集文武部下議曰："賊眾我寡，當用奇以制之。當修外城以待敵，城既廣闊，非水不固，今欲堰肥水卻淹為三面之險，諸君意如何？"[66]儘管遭到眾人的反對，垣崇祖仍堅持自己的意見。《資治通

---

65 《三國志》卷47《吳書·吳主傳》。

66 《南齊書》卷25《垣崇祖傳》。

鑑》卷 135 載："（垣崇祖）乃於城西北堰肥水，堰北築小城，周為深塹，使數千人守之，曰：'虜見城小，以為一舉可取，必悉力攻之，以謀破堰；吾縱水衝之，皆為流屍矣。'魏人果蟻附攻小城，崇祖著白紗帽，肩輿上城，晡時，決堰下水；魏攻城之眾漂墜塹中，人馬溺死以千數。魏師退走。"最終保住了壽春城池。

北周大象元年（579），韋孝寬為行軍元帥，徇地淮南，率眾進攻壽陽。他在攻城之前，先派遣一支部隊襲取了五門堰，致使陳朝軍隊決塘阻敵的戰術未能成功。參見《周書》卷 31《韋孝寬傳》："初，孝寬到淮南，所在皆密送誠款。然彼五門，尤為險要。陳人若開塘放水，即津濟路絕。孝寬遽令分兵據守之。陳刺史吳文育果遣決堰，已無及。於是陳人退走，江北悉平。"

2. 築堰蓄水以灌城

利用壽春附近的河道，修建堤壩積蓄流水來衝灌城池，使城牆和房屋倒塌淹沒。在六朝的戰爭裏，這種做法主要被南方的軍隊採用，相當普遍。如程文季"臨事謹急，御下嚴整，前後所克城壘，率皆迮水為堰，土木之功，動逾數萬"[67]。壽春城的防禦堅固，又有鄰近城壘的支援，很難用強攻的戰術迅速佔領。《資治通鑑》卷 96 載東晉咸康五年（339），成帝遣陳光領兵收復壽陽，徐州刺史蔡謨上疏勸阻道：

> 壽陽城小而固。自壽陽至琅邪，城壁相望，一城見攻，眾城必救。又，王師在路五十餘日，前驅未至，聲息久聞，賊之郵驛，一日千里，河北之騎，足以來赴。夫以白起、韓信、項籍之勇，猶發梁焚舟，背水而陣。今欲停船水渚，引兵造城，前對堅敵，顧臨歸

---

67 《陳書》卷 10《程文季傳》。

路，此兵法之所誡。若進攻未拔，胡騎卒至，懼桓子不知所為，而
舟中之指可掬也。

但是，當時築城皆為土壘，容易被洪水衝垮，或是因浸泡而坍塌。
《三國志》卷28《魏書・諸葛誕傳》注引干寶《晉紀》曰：“初，壽春每歲
雨潦，淮水溢，常淹城邑。故文王之築圍也，誕笑之曰：‘是固不攻而
自敗也。’及大軍之攻，亢旱逾年。城既陷，是日大雨，圍壘皆毀。”
所以，進攻壽春的將帥往往會運用水攻的戰術來達到陷城的目的，在舉
措上可以分為三類。

一類是堰淝水。壽春臨近淝水，瞭望可及，其支流濆水甚至穿城而
過。《南齊書》卷51《裴叔業傳》即載：“叔業登壽春城北望肥水，謂部
下曰：‘卿等欲富貴乎？我言富貴亦可辦耳。’”《水經注》卷32《肥水》
曰：“濆水又北徑相國城東，劉武帝伐長安所築也；堂宇廳館仍故，以
相國為名。又北出城注肥水。又西徑金城北，又西，左合羊頭溪水，水
受芍陂，西北歷羊頭溪，謂之羊頭澗水。北徑熨湖，左會烽水濆，濆受
淮於烽村南，下注羊頭溪，側徑壽春城西，又北歷象門，自沙門北出金
城西門逍遙樓下，北注肥濆。”因此，阻遏淝水導引灌城是較為方便的。
《讀史方輿紀要》卷19《南直一》即言道：“肥水經壽陽城外，引流入城，
交絡城中，堰肥水以灌城，其勢順易也。……夫廬、壽二州，為江淮形
勢之地，而肥水又為廬、壽戰守之資。”如《陳書》記載，陳宣帝太建
五年（573），吳明徹攻壽陽的情形，就是一次成功的戰例。

齊遣王琳將兵拒守。琳至，與刺史王貴顯保其外郭。明徹以琳
初入，眾心未附，乘夜攻之，中宵而潰，齊兵退據相國城及金城。
明徹令軍中益修治攻具，又迮肥水以灌城。城中苦濕，多腹疾，手

足皆腫，死者十六七。會齊遣大將軍皮景和率兵數十萬來援，去壽春三十里，頓軍不進。諸將咸曰："堅城未拔，大援在近，不審明公計將安出？"明徹曰："兵貴在速，而彼結營不進，自挫其鋒，吾知其不敢戰明矣。"於是躬擐甲胄，四面疾攻，城中震恐，一鼓而克，生禽王琳、王貴顯、扶風王可朱渾孝裕、尚書盧潛、左丞李騊駼，送京師。[68]

此外，梁武帝在天監五年（506）反攻淮南，起初並不順利，後來豫州刺史韋叡也是採用築堰淝水以灌城的戰術，才奪取了重鎮合肥。參見《梁書》卷12《韋叡傳》："先是，右軍司馬胡略等至合肥，久未能下，叡又按行山川，曰：'吾聞汾水可以灌平陽，絳水可以灌安邑，即此是也。'乃堰肥水，親自表率，頃之，堰成水通，舟艦繼至。……魏兵來鑿堤，叡親與爭之，魏軍少卻，因築壘於堤以自固。叡起鬥艦，高與合肥城等，四面臨之。魏人計窮，相與悲哭，叡攻具既成，堰水又滿，魏救兵無所用。魏守將杜元倫登城督戰，中弩死，城遂潰。俘獲萬餘級，牛馬萬數，絹滿十間屋，悉充軍賞。"

二類是斷東關。這是南軍在兵力不佔優勢、無法於壽春城外長期停留的情況下採取的水攻戰法。淝水上通將軍嶺，分流南注入巢湖，湖南有濡須水經東關流入長江。東關一帶河道狹窄，兩岸有濡須山、七寶山對立，三國孫權曾在此築堤斷流。梁武帝於天監二年（503），也在東關修建堤壩，企圖淹沒巢湖以北、淮河以南的合肥、壽春地區。此舉引起北魏的極大恐慌。《魏書》卷19中《任城王澄傳》載元澄上表提醒朝廷：

---

68 《陳書》卷9《吳明徹傳》。

蕭衍頻斷東關，欲令巢湖泛溢。湖周回四百餘里，東關合江之際，廣不過數十步，若賊計得成，大湖傾注者，則淮南諸戍必同晉陽之事矣。又吳楚便水，且灌且掠，淮南之地，將非國有。壽陽去江五百餘里，眾庶惶惶，並懼水害。……豫勒諸州，纂集士馬，首秋大集，則南瀆可為飲馬之津，霍嶺必成徙倚之觀。事貴應機，經略須早。縱混一不可必果，江西自是無虞。若猶豫緩圖，不加除討，關塞既成，襄陵方及，平原民戍定為魚矣。

結果得到准許，"詔發冀、定、瀛、相、并、濟六州二萬人，馬一千五百匹，令仲秋之中，畢會淮南，並壽陽先兵三萬，委澄經略。"當年十月，以元澄督軍南征，"命統軍黨法宗、傅豎眼、太原王神念等分兵寇東關、大峴、淮陵、九山，高祖珍將兵三千騎為游軍，澄以大軍繼其後。豎眼，靈越之子也。魏人拔關要、潁川、大峴三城，白塔、牽城、清溪皆潰。徐州刺史司馬明素將三千救九山，徐州長史潘伯鄰據淮陵，寧朔將軍王燮保焦城。黨法宗等進拔焦城，破淮陵，十一月壬午，擒明素，斬伯鄰。"[69] 最終獲得大勝，使蕭梁的計劃未能得逞。

三類是阻淮河。南北朝時，北魏勢力日益加強，逐步向南擴張，蕭齊永元二年（500）正月，南朝豫州刺史裴叔業以壽陽降魏，"魏遣驃騎大將軍彭城王勰、東騎將軍王肅帥步騎十萬赴之；以叔業為使持節、都督豫、雍等五州諸軍事、征南將軍、豫州刺史，封蘭陵郡公"。二月，"戊戌，魏以彭城王勰為司徒，領揚州刺史，鎮壽陽。魏人遣大將軍李醜、楊大眼將二千騎入壽陽，又遣奚康生將羽林一千馳赴之"[70]。此後南朝幾次出兵收復壽陽，都遭到失敗，北魏在淮南的勢力得到了明顯的擴

---

69 《資治通鑒》卷 145 梁武帝天監二年（503）。
70 《資治通鑒》卷 143 齊東昏侯永元二年。

張。《魏書》卷 21 下《彭城王勰傳》曰："自勰之至壽春，東定城戍，至於陽石，西降建安，山蠻順命，斬首獲生，以數萬計。"並且向南延伸到合肥、巢湖一帶。蕭衍建立梁朝之後，舉兵北伐亦多失利，直至天監六年（507）三月，淮河暴漲，梁軍乘水勢在鍾離（今安徽省鳳陽縣東北）邵陽洲大敗魏軍，"諸壘相次土崩，悉棄其器甲爭投水，死者十餘萬，斬首亦如之"[71]；"緣淮百餘里，屍骸枕藉。生擒五萬餘人，收其軍糧器械，積如山嶽，牛馬驢騾，不可勝計"[72]。此後，南朝在淮南的形勢略有好轉，但仍無力收復壽春地區。

天監十二年（513）五月，"壽陽久雨，大水入城，廬舍皆沒。魏揚州刺史李崇勒兵泊於城上，水增未已，乃乘船附於女牆，城不沒者二板"[73]。北魏揚州治中裴絢因避水率城南百姓數千家乘舟南走，歸降梁朝。這一事件發生後的第二年，北魏降將王足向梁武帝獻堰淮水以灌壽陽之策，他引用童謠曰："荊山為上格，浮山為下格，潼沱為激溝，並灌巨野澤。"建議在荊山或浮山（淮河中游的兩個峽口）修築堤堰，攔截淮水，以潼河與沱河為引水河道，就可以用淮水淹沒附近兩岸平原，包括地勢低窪的壽陽，甚至能夠向北淹到山東的巨野澤，這樣會使北魏無法在淮南立足。梁武帝竟然採納了王足的建議。他先派水工陳承伯、材官將軍祖暅查看地形，二人視察後回朝彙報："咸謂淮內沙土漂輕，不堅實，其功不可就。"[74] 但是梁武帝固執己見，不為所動，命令徐、揚兩州"率二十戶取五丁以築之"[75]，並任命康絢"都督淮上諸軍事，並護堰作於鍾離。役人及戰士合二十萬，南起浮山，北抵巉石，

71 《資治通鑒》卷 146 梁武帝天監六年。
72 《梁書》卷 9《曹景宗傳》。
73 《資治通鑒》卷 147 梁武帝天監十二年。
74 《梁書》卷 18《康絢傳》。
75 《梁書》卷 18《康絢傳》。

依岸築土,合脊於中流。"[76] 天監十四年(515)四月,"堰將合,淮水漂疾,輒復決潰","或謂江、淮多有蛟,能乘風雨決壞崖岸,其性惡鐵。因是引東西二冶鐵器,大則釜鬵,小則鋘鋤,數千萬斤,沉於堰所,猶不能合。乃伐樹為井幹,填以巨石,加土其上。緣淮百里內,岡陵木石,無巨細必盡,負擔者肩上皆穿。夏日疾疫,死者相枕,蠅蟲晝夜聲相合。"至天監十五年(516)四月,"堰乃成。其長九里,下闊一百四十丈,上廣四十五丈,高二十丈,深十九丈五尺。夾之以堤,並樹杞柳,軍人安堵,列居其上。其水清潔,俯視居人墳墓,了然皆在其下"[77]。

從當時的情況來看,為了保障北境的安全,梁武帝很想收復壽春,但考慮到軍力不足,與北魏交戰並無勝算,所以採納了王足的建議。這實際上反映了他的投機心理,企圖在避免大規模作戰的前提下,運用水攻的辦法來取得勝利。為了達到這一目的,他居然不顧沿淮百姓的生命安全和工程的巨大耗費。如《魏書》卷98《蕭衍傳》所稱"初,衍每欲稱兵境上,窺伺邊隙,常為諸將摧破,雖懷進趨之計,而勢力不從。遂於浮山堰淮,規為壽春之害。"

這次攔淮築堰的地址,史籍記載有兩說,其一說在浮山,即今安徽省明光市北浮山鄉境內,為淮河三峽之一,南岸為浮山,北岸為巉石(今江蘇省泗洪縣潼河山),此說的史料根據較多[78]。另一說在荊山,在今安徽省懷遠縣,亦為淮河三峽之一,西岸為荊山,東岸為塗山。參見《梁書》卷18《昌義之傳》:"是冬,高祖遣太子右衛率康絢督眾軍作荊山堰。明年,魏遣將李曇定大眾逼荊山,揚聲欲決堰,詔假義之節,帥

<hr>

76 《資治通鑒》卷147梁武帝天監十三年(514)。

77 《梁書》卷18《康絢傳》。

78 《梁書》卷2、卷18,《魏書》卷9、卷19中、卷59、卷64、卷73、卷98、卷105,《南史》卷6,《北史》卷29、卷37、卷43、卷70,以及《水經注》卷30《淮水》。

太僕卿魚弘文、直閣將軍曹世宗、徐元和等救絢，軍未至，絢等已破魏軍。"《南史》卷 55《昌義之傳》所述亦同。

關於這一疑問，後世史籍多未深究，或持其一說，但有訛錯。如胡三省《資治通鑒》卷 147 注引杜佑曰："浮山堰在濠州城西一百一十二里。"濠州城即今安徽省懷遠縣，其西百餘里應是荊山而非浮山。《太平寰宇記》卷 118 濠州鍾離縣："廢荊山堰，在州西一百二十二里。……今渦口東岸是也。"也是說堰址在荊山。下文卻又說該堰"南起浮山，北抵巉石"，這明明講的是浮山堰的地址，其說自相矛盾。值得注意的是，顧祖禹對此問題採取了兩說並錄的做法。《讀史方輿紀要》卷 21《南直三》鳳陽府鳳陽縣："荊山堰城，府西六十里，即梁所築荊山堰。梁天監十三年，魏降人王足陳計，求堰淮水以灌壽陽。……此蓋其舊址也。時築城以守堰，北對荊山，因名。"同書同卷《南直三》鳳陽府盱眙縣又曰："浮山，縣西百四十里。北臨淮水，一名臨淮山。《水經注》：'淮水自鍾離縣又東經浮山，北對巉石山。'梁築浮山堰，蓋以此山名也。"今人朱更揚先生歸納諸說，提出梁朝曾先在荊山築堰，後因受到魏軍逼迫，予以放棄，改在浮山築堰。他說："據上述各項記載，不難看出關於堰址有一個選擇過程。既然'荊山為上格'，而且距壽陽又較近，以淹壽陽為目的攔淮大堰的堰址，首先選擇荊山是可以理解的。因此，康絢開始築堰可能就是在荊山。魏將李曇定曾'逼荊山，揚聲決堰'，被梁軍打敗，事件發生在 514 年。此後，魏又遣將攻位在上游的硤石，可見荊山雖為梁軍統轄，但畢竟靠近前沿陣地，干擾較大，工程難就。以後就停止了荊山堰工程，改築浮山堰。"[79]

浮山堰築成後，對上游的壽春構成重大威脅，引起了北魏的恐慌，屢有大臣建議征伐，並且得到了朝廷的准許。《魏書》卷 64《郭祚傳》

79 《淮河水利簡史》編寫組：《淮河水利簡史》，水利電力出版社，1990 年，第 94—95 頁。

曰:"先是,蕭衍遣將康絢遏淮,將灌揚、徐,祚表曰:'蕭衍狂悖,擅斷川瀆,役苦民勞,危亡已兆。然古諺有之,敵不可縱。夫以一酌之水,或為不測之淵,如不時滅,恐同原草。宜命一重將,率統軍三十人,領羽林一萬五千人,並科京東七州虎旅九萬,長驅電邁,遄令撲討。擒斬之勳,一如常制,賊資雜物,悉入軍人。如此,則鯨鯢之首可不日而懸。誠知農桑之時,非發眾之日,苟事理宜然,亦不得不爾。昔韋顧跋扈,殷后起昆吾之師;儼狁孔熾,周王興六月之伐。臣職忝樞衡,獻納是主,心之所懷,寧敢自默。並宜敕揚州選一猛將,遣當州之兵令赴浮山,表裏夾攻。'朝議從之。"《魏書》卷 19 中《任城王澄傳》曰:"蕭衍於浮山斷淮為堰,以灌壽春。乃除使持節、大將軍、大都督、南討諸軍事,勒眾十萬,將出彭、宋。"

據史籍所載,北魏曾派遣蕭寶夤、楊大眼等率軍在上流決開渠道,以減弱淮堰的蓄水數量。《魏書》卷 59《蕭寶夤傳》曰:"蕭衍遣其將康絢於浮山堰淮以灌揚、徐。除寶夤使持節、都督東討諸軍事、鎮東將軍以討之。尋復封梁郡開國公,寄食濟州之濮陽。熙平初,賊堰既成,淮水濫溢,將為揚徐之患。寶夤於堰上流,更鑿新渠,引注淮澤,水乃小減。"《北史》卷 37《楊大眼傳》曰:"後梁將康絢於浮山遏淮,規浸壽春,明帝加大眼光祿大夫,率諸軍鎮荊山,復其封邑。後與蕭寶夤俱征淮堰,不能克,遂於堰上流鑿渠決水而還。"

不過,據《梁書》卷 18《康絢傳》所言,其實魏軍是中了對方的計策:"或人謂絢曰:'四瀆,天所以節宣其氣,不可久塞。若鑿湫東注,則游波寬緩,堰得不壞。'絢然之,開湫東注。又縱反間於魏曰:'梁人所懼開湫,不畏野戰。'魏人信之,果鑿山深五丈,開湫北注,水日夜分流,湫猶不減。其月,魏軍竟潰而歸。水之所及,夾淮方數百里地。魏壽陽城戍稍徙頓於八公山,此南居人散就岡壟。"使壽陽及淮北、淮南地區遭受嚴重的水患。《北史》卷 43《李崇傳》亦載北魏在壽春的應對措施："梁淮堰未破，水勢日增。崇乃於硤石戍間編舟為橋。北更立船樓十，各高三丈。十步置一籬，至兩岸，蕃版裝炕，四箱解合，賊至舉用，不戰解下。又於樓船之北，連覆大船，東西竟水，防賊火筏。又於八公山之東南，更起一城，以備大水，州人號曰魏昌城。"

由於徐州刺史張豹子對浮山堰不加維修，天監十五年（516）九月丁丑，"淮水暴漲，堰壞，其聲如雷，聞三百里，緣淮城戍村落十餘萬口皆漂入海"[80]。梁武帝耗盡民力所建的巨堰終究未能消滅淮南的敵軍，而北魏聞訊則慶幸不已："初，魏人患淮堰，以任城王（元）澄為大將軍、大都督南討諸軍事，勒眾十萬，將出徐州來攻堰；尚書右僕射李平以為：'不假兵力，終當自壞。'及聞破，太后大喜，賞平甚厚，澄遂不行。"[81]

據《梁書》卷28《夏侯亶傳》所載，梁武帝在普通六年（525）出師北伐，"先遣豫州刺史裴邃帥譙州刺史湛僧智、歷陽太守明紹世、南譙太守魚弘、晉熙太守張澄，並世之驍將，自南道伐壽陽城，未克而邃卒。乃加亶使持節，馳驛代邃，與魏將河間王元琛、臨淮王元彧等相拒，頻戰克捷。尋有密敕，班師合肥，以休士馬，須堰成復進。"說明梁朝在進軍同時又在淮水中游築堰，以圖再淹壽陽。因當時尚未竣工，故召回夏侯亶所部人馬暫歸合肥。普通七年（526）夏，"淮堰水盛，壽陽城將沒，高祖復遣北道軍元樹帥彭寶孫、陳慶之等稍進，亶帥湛僧智、魚弘、張澄等通清流澗，將入淮、肥"，對壽陽實行兩路夾攻。結果會師後大獲全勝，北魏揚州刺史李憲以壽陽降梁，"凡降城五十二，獲男女口七萬五千人，米二十萬石。詔以壽陽依前代置豫州，合肥鎮改為南豫州，以亶為使持節、都督豫州緣淮南豫霍義定五州諸軍事、雲麾將軍、豫

80 《資治通鑒》卷148梁武帝天監十五年（516）。

81 《資治通鑒》卷148梁武帝天監十五年（516）。

南豫二州刺史。"上述戰役情況在《南史》卷55《夏侯亶傳》和《資治通鑒》卷151普通七年也有同樣記載，這是南朝軍隊利用水攻收效最大的戰例。

但是，此次梁朝所築之"淮堰"位置在何處，史籍中未有明確記載。有人認為可能是浮山堰在516年潰決之後又重新築立的。也有人不同意這種看法，認為堰潰浩劫時隔不遠，梁武帝何以竟冒天下之大不韙？而且史言初築浮山堰，沿淮百里木石皆盡，此次又到何處取材？另外，酈道元《水經注》指斥築浮山堰"逆天地之心，乖民神之望，自然水潰壞矣"，卻未言復築之事。因此，不能斷定上述史籍中的"淮堰"就是浮山堰。[82]

四、餘論

魏晉南北朝是壽春在兵要地理上影響最為顯著的歷史階段，隨着古代中國社會的發展，壽春在軍事戰略上的地位逐漸下降。其主要原因大致有二：

首先，是隋唐以降運河的開鑿使用。隋朝建立之後，在開皇七年（587），隋文帝為了出兵江南，消滅陳朝，"於揚州開山陽瀆，以通運漕"[83]，即對古邗溝、中瀆水做了疏浚和修整。隋統一中國後，煬帝又在大業元年（605）開通濟渠，同時拓寬山陽瀆，以方便漕運和巡幸，"發河南、淮北諸郡民，前後百餘萬，開通濟渠。自西苑引谷、洛水達於河；復自板渚引河歷滎澤入汴；又自大梁之東引汴水入泗，達於淮；又發淮南民十餘萬開邗溝，自山陽至楊子入江。渠廣四十步，渠旁皆築御道，

---

82 《淮河水利簡史》編寫組：《淮河水利簡史》，水利電力出版社，1990年，第95頁。
83 《隋書》卷1《高祖上》。

樹以柳；自長安至江都，置離宮四十餘所。"[84] 這樣一來，隋唐時期南北水運的主要航道就確定在壽春以東，由通濟渠（唐稱汴渠或汴河）與山陽瀆貫穿淮河流域，溝通黃河與長江。東南的物資大都經過這條運河向京師輸送，而汴渠沿途則在唐代產生了數座新的軍事重鎮。列舉如下。

睢陽，即今河南商丘。該地原稱宋州，唐玄宗天寶元年（742）改為睢陽郡。由於是交通樞紐，貿易十分繁榮，"淮湖漕挽，刀布輻輳，萬商射利，奸之所由聚也"[85]。安史之亂爆發後，張巡鎮守該地，多次挫敗叛軍的進攻，使其不得南下江淮："賊所以不敢越睢陽而取江淮，江淮所以保全者，巡之力也。"[86]

埇橋，或稱埇口，今安徽宿州北，"在徐之南界汴水上，當舟車之要"[87]。《舊唐書》卷 152《張萬福傳》載李正己反叛，"將斷江淮路，令兵守埇橋、渦口。江淮進奏舡千餘只，泊渦下不敢過"。唐憲宗元和四年（809）在當地置宿州，"以其地南臨汴河，有埇橋為舳艫之會，運漕所歷，防虞是資。又以蘄縣北屬徐州，疆界闊遠，有詔割符離、蘄縣及泗州之虹縣置宿州"[88]。

徐州在埇橋之北，可以就近控制這一要鎮。如《舊唐書》卷 140《張建封傳》曰："初，建中年李洧以徐州歸附，洧尋卒，其後高承宗父子、獨孤華相繼為刺史，為賊侵削，貧困不能自存；又咽喉要地，據江淮運路，朝廷思擇重臣以鎮者久之。貞元四年，以建封為徐州刺史，兼御史大夫、徐泗濠節度、支度營田觀察使。"另見《新唐書》卷 158《張建封傳》："始，李洧以徐降，洧卒，高承宗、獨孤華代之，地迫於寇，常困蹙不支。於是李泌建言：'東南漕自淮達諸汴，徐之埇橋為江、淮計口，

84　《資治通鑒》卷 180 隋煬帝大業元年三月。
85　《毗陵集》卷 8《唐故睢陽郡太守贈秘書監李公神道碑銘並序》。
86　《全唐文》卷 430 李翰《張巡中丞傳表》。
87　《舊唐書》卷 38《地理志一》。
88　〔唐〕李吉甫：《元和郡縣圖志》卷 9《河南道五》"宿州" 條，中華書局，1983 年，第 228 頁。

今徐州刺史高明應甚少，脫為李納所併，以梗餉路，是失江、淮也。請以建封代之，益與濠、泗二州。夫徐地重而兵勁，若帥又賢，即淄青震矣。'帝曰：'善。'繇是徐復為雄鎮。"

泗州故治在今盱眙北，即汴渠與淮水匯合處。白居易稱該地："瀕淮列城，泗州為要，控轉輸之路，屯式遏之師。"[89] 沈亞之曰："汴水別河而東合於淮，淮水東，米帛之輸關中者也，由此會入。其所交販往來，大賈豪富，故物多游利，鹽鐵之臣亦署致其間。"[90] 還有楚州，今江蘇淮安，地當山陽瀆北入淮水之口。清口，即今江蘇淮陰西，為清水（泗水）南入淮河之口，在楚州的對岸。

此外，壽春—合肥—濡須口一線的水路則漸漸湮廢，尤其是合肥將軍嶺一帶的巢肥運河因淤塞而不再通舟，使這條航道的中途梗阻，無法直接溝通江淮，由此引起壽春的地位明顯跌落。儘管如此，壽春在唐末五代仍可算作軍事重鎮。如南唐劉仁瞻在"淮南之地已半為周有"[91] 的情況下，守壽州三年，使後周軍隊不能完全控制淮南，推遲了他們南下渡江、滅亡南唐的行動。

靖康之變以後，南宋偏安江左，北方水利不修，使汴水乾涸，舟船無法航行。淮上重鎮漸向東移，於是泗水、山陽瀆乃成為北通齊汴、南下江浙的唯一水道；楚州面對清口（淮泗口），則是拱衛廣陵京口的唯一門戶。如陳敏所言："金兵每出清河，必遣人馬先自上流潛渡，今欲必守其地，宜先修楚州城池，蓋楚州為南北襟喉，彼此必爭之地。長淮二千餘里，河道通北方者五，清、汴、渦、潁、蔡是也，通南方以入江者，惟楚州運河耳。北人舟艦自五河而下，將謀渡江，非得楚州運河，無緣自達。昔周世宗自楚州北神堰鑿老鸛河，通戰艦以入大江，南唐遂

89 《長慶集》卷 34《柳經李褒並泗州判官制》。
90 《全唐文》卷 736 沈亞之《淮南都梁山倉記》，按都梁山在泗州盱眙縣北。
91 《資治通鑒》卷 293 後周世宗顯德三年（956）。

失兩淮之地。由此言之，楚州實為南朝司命，願朝廷留意。"[92]《宋史》載"（韓）世忠在楚州十餘年，兵僅三萬，而金人不敢犯"[93]。紹興三十一年（1161），"金主（完顏）亮調軍六十萬，自將南來，彌望數十里，不斷如銀壁，中外大震。時宿將無在者，乃以錡為江、淮、浙西制置使，節制逐路軍馬。八月，錡引兵屯揚州，建大將旗鼓，軍容甚肅，觀者歎息。以兵駐清河口，金人以氈裹船載糧而來，錡使善沒者鑿沉其舟"[94]。可見南方政權必爭必守的國之北門向東轉移到了淮河下游。

其次，北宋以後，中國的政治重心地區逐漸由中原向東北方向移動，元明清三代王朝都在北京建都，而大運河蜿蜒數千里，溝通京杭，漕舟商船都由此道往來運輸。雖然山川依舊，但是經濟、政治形勢發生了很大變化，壽春所在的淮南西部地區也就不再像過去那樣受到兵家的熱切關注。如徐益棠先生所云："元明以後，淮水不修，水旱頻仍，壽濠一帶益加衰落。而運河縱貫，南北一家，壽春非復當時令人注意的要地了！"[95]

---

92 《宋史》卷 402《陳敏傳》。

93 《宋史》卷 364《韓世忠傳》。

94 《宋史》卷 366《劉錡傳》。

95 徐益棠：《襄陽與壽春在南北戰爭中之地位》，《中國文化研究匯刊》第八卷，第 62 頁。

第十四章

河東與兩魏周齊的戰爭

　　北朝後期，北魏分裂為東、西魏後，我國的政治形勢發生了巨大變化。軍事鬥爭的地域表現演變為以關中（宇文氏）、山東（高氏）兩大集團的對抗為重心，原來南北相持的格局則退居為從屬的次要地位。位於山西南部的運城地區，古稱“河東”，處在東、西魏交界的樞紐地帶，控制着幾條水陸交通要道，因而受到雙方的矚目和激烈爭奪。宇文泰佔領河東之後，改變了關中地區頻受襲擊的被動局面，使自己在攻防態勢上處於較為有利的地位，逐漸掌握了戰爭的主動權，直至後來周武帝師出河東，克晉州、破晉陽，最終滅亡北齊，統一了北方。本章將分析探討河東區域的地理特點，以及它對兩魏、周齊交兵所產生的戰略影響。

一、“河東”地望及其歷史演變

　　“河東”這一地理名詞，在隋朝以後，所指的範圍大致相當於今山西省全境，如唐之河東道，宋之河東路。而在此之前，它卻有着不同的內涵，隨着歷史的發展而有所變化。“河東”一詞最早出現於戰國時的著作中。如《戰國策‧趙策三》載樂毅謂趙王曰：“今無約而攻齊，齊必仇趙。不如請以河東易燕地於齊。趙有河北，齊有河東，燕、趙必不爭矣。”鮑彪對文中的“河東”“河北”注道：“此二非郡。”即表示這兩個名稱不是具體的地名，僅代表其位置在黃河以東、以北。又如《戰國策・秦策四》："三國攻秦，入函谷。秦王謂樓緩曰：'三國之兵深矣，寡人欲割河東而講。'"鮑彪注："大河之東，非地名。"當時，"河東"一詞或指戰國前期魏國都城安邑所在的統治重心區域，即今山西西南運城地區。如《孟子・梁惠王上》曰："河內凶，則移其民於河東，移其粟於河內。河東凶亦然。"趙岐注："魏國在河東，後為強國，兼得河內也。"按三家分晉時，趙據晉陽（今太原盆地）；韓都平陽（今臨汾盆地）；魏都安邑（今山西省夏縣），即以今運城盆地為主體。

秦朝及兩漢統一時期設置河東郡，治安邑，轄境仍以運城盆地為主體，還包括原韓國故都平陽所在的臨汾盆地及晉西高原的南部，東括太嶽山脈及王屋山，北至今靈石縣、石樓縣南境，西、南兩面瀕臨黃河。《漢書》卷28上《地理志上》載河東郡為秦置，有24縣（《漢書》卷76《尹翁歸傳》載為28縣），包括安邑、大陽、猗氏、解、蒲反、河北、左邑、汾陰、聞喜、濩澤、端氏、臨汾、垣、皮氏、長秋、平陽、襄陵、垍、楊、北屈、蒲子、絳、狐讘、騏，包含的地域範圍比起戰國魏之河東擴大了許多。西漢時期，朝廷為了強幹弱枝，增加自己直接控制的領土、人力和財賦，繼續擴展中央直轄的司隸校尉所屬之河東郡境，將其向東延展到王屋山以北的沁水流域，把原上黨郡西南部的濩澤、端氏等地（包括今沁水縣、陽城縣大部分地區）劃歸過來。

漢末以來，中國長期處於分裂割據的狀態，地方勢力強橫，朝廷難以有效地控制它們，故採取了縮小地方行政區域的做法，試圖以此減弱它們對中央政權的威脅。如《三國志》卷4《魏書・三少帝紀》載正始八年（247）"夏五月，分河東之汾北十縣為平陽郡"。曹魏之河東郡的轄境西、南兩面不變，北邊則退至汾水下游河道及澮水以南一線，大致僅包括秦漢河東郡在汾水以南的轄區，即今運城地區，將汾北劃為平陽郡管轄。西晉時期,河東郡的轄境進一步縮小。據《晉書》卷 14《地理志上》所載,朝廷又把王屋山以東沁水流域的濩澤、端氏兩縣劃歸平陽郡。河東郡僅統九縣,戶四萬二千五百。

經過十六國的長期戰亂,北魏統一中原後,建立新的行政區劃,地方政權的轄境再度縮小。根據《魏書》卷 106《地形志》記載,拓跋氏將原晉朝河東郡境分屬泰州、東雍州和陝州河北郡管轄,河東郡治蒲阪(今山西省永濟市西南),僅有蒲阪、安定(今山西省永濟市東?)、南解(今山西省永濟市東)、北解(今山西省臨猗縣西南)、猗氏(今山西省臨猗縣南)五縣。北魏分裂時,河東地區被東魏高歡佔據,沿襲了過去的行政區劃。這樣,河東郡的轄境進一步縮小,在北魏、東魏統治時期只有中條山以北、涑水中下游的上述五縣之地;西魏、北周統治時期又加以合併,省為蒲阪、虞鄉二縣。

由於上述原因,"河東"這一地理概念,到了北朝後期有三種含義:其一,泛指黃河以東。其二,僅指退至蒲阪周圍五縣之北朝河東郡。其三,魏晉時期的河東郡轄境。

本文中使用的"河東"一詞,基本上屬於第三種含義,其地域範圍大致相當於西晉的河東郡,即以今山西運城地區(包括今運城、永濟、河津三市,及芮城、臨猗、萬榮、新絳、稷山、聞喜、夏縣、絳縣、垣曲、平陸十縣)為主體,這是西魏、北周與高氏對抗時在黃河以東長期佔有的區域(汾水以北之地時得時喪),其西、南兩邊有河水環繞,蒲阪之東又有中條山脈向東北方向延伸。北境的汾水與澮水相交後,橫流匯入黃河;汾、澮兩水之南是峨嵋台地,自東而西分佈有絳山(紫金山)、峨嵋嶺、稷王山、介山諸峰,迤邐至大河之濱。這一地區的平面呈三角形,在自然地理方面接近一個完整的區域單位。它古屬冀州,春秋屬晉,戰國屬魏,秦漢魏晉屬河東郡地,故史稱"河東"。

二、河東區域的地理特點

河東地區歷史悠久，人文薈萃。早在新石器時代，當地就成為我國境內原始農牧業極為發達的區域之一；是仰韶文化與龍山文化類型遺存分佈的中心區域（與關中、豫西北平原並稱），晉西南平原發現了400多處。[1] 進入文明時代以來，該地區仍然具有重要的地位和影響。傳說中堯都平陽、舜都蒲阪、禹都安邑，皆在河東區域；今臨汾市、翼城縣、夏縣、新絳縣、絳縣、曲沃縣、河津市、聞喜縣、運城市、永濟市等地均發現了夏文化遺址。[2] 河東由於位置居中，自然環境優越，交通方便，在夏商周三代一直是我國政治中心與經濟、文化最為發達的地區。

戰國前期，李悝為魏相，推行"盡地力之教"，發展精耕細作，提高土地的利用率和單位面積產量，遂使國家富強。給魏國早期的對外征伐提供了充足的兵員勞力和糧草財賦，奠定了其霸業興盛的經濟基礎。魏國遷都大梁之後，秦國經過多年的蠶食侵略，佔領了河東，從而使三晉處於極為被動的局面。如《戰國策·趙策四》所言："秦得安邑之饒，魏為上交，韓必入朝秦。"

三國時期軍閥割據混戰，曹操亦把河東視為"天下之要地"。據《三國志》卷16《魏書·杜畿傳》所載，曹操拜杜畿為河東太守，鞏固當地的統治，恢復並發展了農業經濟，後來平定關西之亂時，河東發揮了非常重要的作用："馬超、韓遂之叛也，弘農、馮翊多舉縣邑以應之。河東雖與賊接，民無異心。太祖西征至蒲阪，與賊夾渭為軍，軍食一仰河東。及賊破，餘畜二十餘萬斛。"

1　衛斯：《河東史前農業的考古觀察》，《古今農業》1988 年 1 期。

2　鄒衡：《夏商周考古學論文集》，文物出版社，1980 年，第 236 頁。

河東在歷史上之所以產生過重要的影響，和它得天獨厚的自然、人文地理條件是分不開的。

（一）物華天寶的經濟環境

晉西南地區的運城、臨汾盆地，即涑水和汾水下游流域，是山西高原地勢最低、無霜期最長、耕地最為密集的區域，具有較好的農業發展條件。區內大部分是河谷平原和盆地，地勢平坦，氣候溫暖，熱量充足，無霜期長達 180—200 天，甚至可以推行一年兩熟、兩年三熟的複種制，是主要產糧區。因此，在山西高原乃至華北地區，河東是較早的農業開發地之一。傳說播殖百穀的農官后稷，即活動在河東稷山等地。西漢以來，汾陰還立有紀念這位農神的后土祠，漢、魏、北朝的皇帝們屢次到那裏祭祀，祈求風調雨順，五穀豐登。

此外，運城盆地四周環山，每到雨季，洪水帶來的泥土淤積也有利於提高土壤肥力。如程師孟所言："河東多土山高下，旁有川谷，每春夏大雨，眾水合流，濁如黃河礬山水，俗謂之天河水，可以淤田。"[3]

河東地區之內，可以用以灌溉的河流較多。像發源於絳縣橫嶺關的涑水，橫貫運城盆地，西流經五姓湖匯入黃河，全長約 193 千米，其流域兩岸皆可受灌溉之利。運城盆地以南的中條山脈水文狀況相當良好，地下水和地表水都相當豐富，山麓的諸多泉溪匯入涑水，也能溉注沿途的田地[4]，還可以開發渠道，利用汾水與河水發展灌溉事業。如西漢武帝時，河東太守番係便向朝廷提出了引水溉田的建議："穿渠引汾溉皮氏、汾陰下，引河溉汾陰、蒲阪下，度可得五千頃。五千頃故盡河壖棄地，

3　《宋史》卷 95《河渠志五》（熙寧）九年（1076）八月程師孟言。

4　〔清〕顧祖禹：《讀史方輿紀要》卷 41《山西三》平陽府聞喜縣 "涑水" 條、《山西三》解州安邑縣 "中條山" 條，中華書局，2005 年，第 1909、1906 頁。

民芟牧其中耳，今溉田之，度可得穀二百萬石以上。"[5]

河東地區還有許多天然湖沼。河流與山區泉溪的溉注，使這一地區出現了眾多陂澤。見於史籍的有"潄澤"，又名"濁澤"[6]，地點在今運城市解州鎮西；董澤，在聞喜縣東北；晉興澤、張澤，在今永濟市西、中條山北麓[7]。這些湖澤也有利於河東地區的水利事業，後來由於河流改道導致水源斷絕而乾涸，或因被圍墾田而先後消失。

由於這些有利條件，河東地區的耕地利用率和農作物產量均較高。

再者，中條山區是歷史上山西生物資源最為豐富的地區，植被以暖溫帶落葉闊葉雜木林為主；在當時植被良好，林木繁茂。除森林外，還分佈有大量的草地與陂澤，為牲畜的繁殖提供了優越的環境，促使畜牧業得到發展。春秋至魏晉北朝時期，河東以出產馬牛而聞名天下。如《左傳·昭公四年》載晉平公稱"晉有三不殆"，其中之一便是"國險而多馬"。《水經注》卷6《涑水》亦述猗頓曾"大畜牛羊於猗氏之南，十年之間，其息不可計，貲擬王公"。漢末杜畿治河東，"漸課民畜牸牛、草馬，下逮雞豚犬豕，皆有章程。百姓勤農，家家豐實"[8]。

《魏書》卷110《食貨志》亦載北魏神龜初年高陽王元雍等上奏時，提到當時鼓吹主簿王後興等請求朝廷每年向河東征供百官食鹽兩萬斛之外，還要"歲求輸馬千匹、牛五百頭"，由此可見當地畜牧業的發達。

河東還蘊藏着豐富的鹽、鐵、銅、銀等礦產資源。《漢書》卷28下《地理志下》稱"河東土地平易，有鹽鐵之饒"。著名的解池在安邑之南，食鹽儲量巨大，加工程序簡單方便，是當時內陸最大的產鹽地，有着廣

---

5 《史記》卷29《河渠書》。

6 《史記》卷43《趙世家》、卷44《魏世家》。

7 《水經注》卷6《涑水》，《讀史方輿紀要》卷41《山西三》平陽府解州聞喜縣"董澤"條、蒲州臨晉縣"五姓湖"條。

8 《三國志》卷16《魏書·杜畿傳》。

閣的銷售市場。《史記》卷 129《貨殖列傳》稱"山東食海鹽，山西食鹽鹵"，後者主要指的是河東鹽池所產的硝鹽，給歷代政府帶來的利潤是非常可觀的，是國家財賦收入的重要來源之一。據《資治通鑒》卷 152梁武帝大通二年（528）正月記載，北魏大臣長孫稚說，當時一年的鹽稅不下絹帛三十萬匹，甚至聲稱"一失鹽池，三軍乏食"。

古代河東的金屬礦產資源亦很著名，中條山區的礦產以銅為主，還有鐵、金、煤等多種礦物資源，為山西高原重要的礦區。先秦時期，就有"黃帝採首山銅，鑄鼎於荊山下"[9] 的記載。1958 年，考古工作者在山西運城的洞溝發現了一座古代銅礦遺跡。據分析，這處遺址開採的歷史可從先秦延續到東漢。[10] 河東又"有鹽鐵之饒"，南部的中條山脈是我國北方冶鐵的發源地之一，而其北部絳邑之著名，亦緣於紫金山的鐵礦。魏都安邑所在地山西省夏縣曾發現過大批戰國冶銅的陶範，以及不少戰國前期的鐵製工具，表明當地金屬鑄造業的發達。後來西漢政府在安邑、絳、皮氏等地設置鐵官，就是對前代魏、秦鐵官的繼承經營。

北魏熙平二年（517）尚書崔亮奏請各地開銅礦鑄錢之處，即有王屋山礦（時屬河內郡），"計一斗得銅八兩"[11]。銀礦的記載可見《讀史方輿紀要》卷 41《山西三》解州安邑縣："中條山，縣南三十里。……又有銀谷在山中，《隋志》：縣有銀冶。唐大曆中亦嘗置冶於此。"

正是由於自然條件的優越，古代河東是北方農業、畜牧業、採礦冶鑄業相當發達的地區，豐饒的出產使該地區成為中原歷代封建政權的重要財賦基礎。

9　《論衡》卷 7《道虛第二十四》。

10　安志敏、陳存洗：《山西運城洞溝的東漢銅礦和題記》，《考古》1962 年第 10 期。

11　《魏書》卷 110《食貨志》。

（二）利於防禦的地形、水文條件

河東之所以在古代戰爭中發揮過重要的作用，除了物產豐富之外，還和它周圍利於防守的自然地理環境有着密切的聯繫。運城盆地四周多有山水環繞，成為與相鄰地區隔劃的天然分界線，使其在地理形勢上自成一個單元。河東地區的西、南兩邊以黃河為襟帶，隔河與關中平原、豫西山地相望；河東地區西、南兩面黃河航道的幾處絕險，對於防禦作戰尤為有利，西面河道的北端有壺口、龍門，急流澎湃，無法航行，南面河道的東端有三門、砥柱，只能順水從人門通過。如建德四年（575）周武帝東征洛陽，遣水師自渭入河，經三門順流而下，攻破河陰大城。但撤兵時船隻卻無法逆水返回，只得燒舟而退。壺口與三門之險使得上游、下游兩地敵人的船隊不能直接駛入，減少了河東遭受攻擊的威脅。

此外，黃河出禹門口後，由於匯集了發源於呂梁山南坡的三川河、昕水河等十餘條支流，又陸續注入汾水、澮水、涑水、渭水，致使流量劇增，又使河牀極不穩定，在當地有“三十年河東，三十年河西”的說法。龍門以下至蒲津數百里內，是黃河中游最易改道的地段，兩岸多有淤沙、淺灘、洲渚，船隻難以靠岸停泊，故只有龍門（夏陽）、蒲津兩處理想的碼頭。潼關以東至三門的河段，因為兩岸地形的限制，亦僅有風陵渡、寶津、茅津（大陽津）等少數渡口。在這種情況下，河東守軍只需集中扼守幾處要樞，來抵抗對岸敵人的強渡，不必在黃河沿岸分散兵力組織防禦，這對守衛者來說又是一項有利的因素。

正因如此，顧祖禹在《讀史方輿紀要》卷39《山西一》中一再強調河水對河東地區防禦的重要作用，稱黃河在“春秋時為秦晉爭逐之交。戰國屬魏。《史記》：‘魏武侯浮西河而下，曰：美哉，山河之固，此魏國之寶也。’後入於秦，而三晉遂無以自固。”

運城盆地南及東面又有中條山、王屋山為屏障，可以居高臨下，雄視來犯之敵。中條山脈分佈於河東地區的東南邊界，在黃河與涑水、沁水之間。它西起今山西省永濟市西南的首陽山，東至垣曲縣東北部的舜王坪（歷山），北與太嶽山相接，南抵黃河北岸，略呈東北—西南走向，綿延約 170 千米，寬 10—30 千米，一般海拔 1100—1900 米，相對高差800—1000 米，橫臥於運城盆地與黃河谷地之間；因為在軍事上具有重要的阻礙作用，故被稱為"領（嶺）阨"。《史記》卷 68《商君列傳》載商鞅謂秦孝公曰："魏居領阨之西，都安邑，與秦界河，而獨擅山東之利。利則西侵秦，病則東收地。"《索隱》注"領阨"曰："蓋即安邑之東，山領險阨之地，即今蒲州之中條已東，連汾晉之嶮嶝也。"

外敵若從南邊渡河來攻，只能穿越山脈中間幾條峽谷通道，如虞阪、白徑等道；因為地勢險峻，守方佔有極大的優勢，而進攻者很難由此進入盆地。《資治通鑒》卷 151 梁武帝大通元年（527）十月"正平民薛鳳賢反，宗人薛修義亦聚眾河東，分據鹽池，攻圍蒲阪，東西連結以應（蕭）寶夤。詔都督宗正珍孫討之"，結果，"守虞阪不得進"。

王屋山脈東連太行，西接中條，是晉南豫北的一大名山，屬於中條山的分支，位於今河南省濟源市西北，今山西省垣曲、陽城二縣之間，是濟水的發源地。其得名據傳是因為"山有三重，其狀如屋"[12]。王屋山與中條山在垣曲縣交接，有路自河內（今河南省濟源市）沿黃河北岸西經軹關至垣曲（今山西省垣曲縣古城鎮），再北逾王屋山麓，經皋落鎮至聞喜縣含口鎮（今絳縣冷口），到達涑水上游，從而進入運城盆地。王屋山區及其東至軹關的道路崗巒重疊，林木繁茂，崎嶇難行，便於守兵阻擊，而對進攻一方不利。如武定四年（546）高歡圍攻玉壁，命令河

---

12 〔清〕顧祖禹：《讀史方輿紀要》卷 49《河南四》懷慶府濟源縣 "王屋山" 條，中華書局，2005 年，第 2291 頁。

南守將侯景經齊子嶺進攻邵郡（治今山西省垣曲古城鎮）。西魏名將楊
檦領兵抵禦，"景聞檦至，斫木斷路者六十餘里，猶驚而不安，遂退還
河陽"[13]。

運城盆地北邊則有峨嵋台地和汾水、澮水阻扼對手的進兵；汾水
經太原盆地、靈霍峽谷南流至新絳後匯入澮水，但是受到峨嵋台地的阻
擋，因此折而向西，切過呂梁山的南端，經稷山、龍門（今河津市）流
入黃河。數十萬年以前，汾水在新絳以東本來是直向南流的，經禮元
（今聞喜縣北）取道涑水匯入黃河。後來由於地質構造的變動，峨嵋台
地隆起，致使該處河道斷流，只得沿着台地的北麓向西流去。[14] 這樣，
汾水的下游河段（曲沃—新絳—稷山—河津）便構成了河東地區的北部
屏障。戰爭期間，河東的保衛者往往憑藉峨嵋台地與汾河的阻隔，與北
方的敵人夾水相持，往來交鋒。此外，北方之敵南征河東，往往選擇深
秋和冬季，乘汾水流量不大、便於涉渡之時前來進攻。如高歡四次自晉
陽出兵河東，兩至蒲津，兩圍玉壁，分別是在天平三年（536）十二月、
天平四年（537）十月、興和四年（542）十月、武定四年（546）九月，表
明其充分考慮了汾水的阻礙作用。

河東地區的北部，汾水、澮水以南，是中條山的分支 —— 峨嵋台
地，又稱峨嵋原、峨嵋坡、峨嵋山、晉原、清原。它地勢高，面積寬闊，
東起曲沃縣、絳縣之交的紫金山（古稱絳山），向西延伸，歷侯馬市、聞
喜縣、新絳縣、稷山縣、萬榮縣、河津市，至黃河畔後南下，抵達臨猗
縣和永濟、運城兩市的北界，綿延百餘千米，地跨十一縣市，是著名的
黃土長原。峨嵋台地及其北麓的澮水與汾水下游河段構成了天然防禦屏

13 《周書》卷34《楊檦傳》。

14 "汾河下游河道原分兩股，一股即從新絳向西流經河津的現在河道，另一股由新絳向南流經聞喜隘口
   注入運城盆地，再注入黃河。中更新世晚期的構造變動，使聞喜隘口抬升，河道就斷流了。目前隘口
   一帶還保留着老河谷形態，其西不遠有很厚的河相砂礫石層。"中國科學院《中國自然地理》編輯委員
   會：《中國自然地理·地貌》，科學出版社，1980年，第27頁。

障，北方之敵如沿汾水河谷南下，至河曲（今侯馬市及曲沃、新絳縣境）即受到峨嵋原的阻隔，只能穿過狹窄的聞喜隘口（今聞喜縣禮元鎮附近）進入運城盆地的北端，容易受到守兵的截擊。

聞喜隘口以西的台地，分佈有稷山（或稱稷王山、稷神山，海拔1279米）、介山（今孤峰山，海拔1411米），其間亦有峽谷通道可達盆地北部。敵軍由此入侵，通常要在新絳西南的玉壁渡過汾水，然後南行。守軍若在此地築城戍備，也能夠依托險要的地勢阻擋來犯之敵。如西魏王思政、韋孝寬先後鎮守玉壁，以孤城及數千人馬兩次擊退了高歡的20萬大軍。

河東的軍隊如果佔據峨嵋原，對汾水以北之敵就有居高臨下的優勢，便於向敵發動進攻。例如《左傳·宣公十五年》載"晉侯治兵於稷，以略狄土，立黎侯而還。"這裏所說的"稷"，據後人考證，就是峨嵋台地的稷山。

鑒於上述原因，河東自古被視為易守難攻的完固之地。如顧祖禹所稱："府東連上黨，西略黃河，南通汴洛，北阻晉陽。宰孔所云'景霍以為城，汾、河、涑、澮以為淵'，而子犯所謂'表裏山河'者也。"[15]

（三）道路四達的交通樞紐

《史記》卷129《貨殖列傳》曰："夫三河在天下之中，若鼎足，王者所更居也。"河東的地理位置處於東亞大陸的核心，水道旱路四通八達，便於和相鄰地域的往來。其境內的汾水、涑水古時均可航行舟船，入河溯渭，溝通秦晉兩地。運城盆地處在幾條道路的交會點，北過絳州、平陽、晉陽，即可直達代北。東走垣曲道，逾王屋山，穿過軹道及太行山南麓，便進入華北平原。南由茅津（今山西省平陸縣）或封陵（今

---

15 〔清〕顧祖禹：《讀史方輿紀要》卷41《山西三》平陽府，中華書局，2005年，第1872頁。

山西省風陵渡鎮）渡河，經豫西走廊東出崤（殽）函，就是號稱"九朝古都"的洛陽；西越桃林、華下，又能進入關中平原；還可以從西境的龍門（今山西省河津市）、蒲阪（今山西省永濟市西南）等地渡河入秦。交通條件的便利，不僅使河東商旅薈萃，貿易發達，而且便於軍隊調遣，有助於向各個方向的兵力運動。顧祖禹在《讀史方輿紀要·山西方輿紀要序》中談到山西形勢特點時，曾強調河東作為交通樞紐區域的重要作用："於南則首陽、底柱、析城、王屋諸山，濱河而錯峙；又南則孟津、潼關，皆吾門戶也。汾、澮縈流於右，漳、沁包絡於左，則原隰可以灌注，漕粟可以轉輸矣。且夫越臨晉、溯龍門，則涇渭之間可折箠而下也。出天井，下壺關，邯鄲、井陘而東，不可以惟吾所向乎？"

北朝後期，政治軍事鬥爭的地域表現主要有二，首先是東西對抗的形勢重現，形成了關西宇文氏與關東（山東）高氏軍事集團的對峙；其次是晉陽—并州的戰略地位日益重要。東魏的實際統治者高歡雖將國都由洛陽遷至鄴城，但又在晉陽屯駐重兵，設置大丞相府處理政務，以該地為霸府別都，以至於在北方中原形成了鄴城、晉陽和長安三個政治中心鼎足而立的局面。河東適在三地之中，佔據了許多關塞津渡，既控制和威脅着東西方陸路交通的兩條幹線——晉南豫北通道和豫西通道，又扼守着黃河、汾河水路與聞喜隘口，阻擋了晉陽之師南下關中平原的幾條途徑，故在軍事上處於極為有利的位置。

由於豫西、晉南豫北通道兩條幹線的幾處關鍵路段被河東所控制，在東西對峙交戰當中，佔領它的一方在軍事上能夠獲得極為有利的地位，既能從多條路線出兵攻擊對手，又可以給敵人的兵力運動造成很大困難，使對方無法將軍隊順利輸送到對手的心腹要地——政治、經濟重心所在的關中、河洛、冀南平原。

下面對河東地區的交通情況予以分別敍述。

1. 東去河洛

由運城盆地出發，可以通過黃河北岸的道路抵達河洛平原，主要路線是王屋道，或稱東道、垣曲道、軹關道。該道從盆地北部涑水上游的含口（今山西省絳縣冷口鄉）東南行，過橫嶺關，經過皋落（今山西省垣曲縣皋落鄉），穿越王屋山區而抵達邵郡治所垣曲縣陽胡城（今山西省垣曲縣東南古城鎮）；再東經齊子嶺、軹關（今河南省濟源市西北），進入河內郡界。河內郡屬懷州（治所在今河南省沁陽市），該地是洛陽在黃河北岸的門戶，由此可以南渡孟津，直抵洛陽。或由河內北上天井關，進入上黨地區；或東過臨清關（今河南省獲嘉縣）而趨鄴城，進入河北平原。這條道路出現甚早。春秋前期，晉獻公向外擴張時，就派遣太子申生進攻皋落，力圖控制該道。晉文公勵精圖治，為了出兵中原，與楚國爭霸，亦多次利用這條道路。據《魏書》卷69《裴慶孫傳》記載，北魏後期戰亂頻仍，故在陽胡城建立邵郡，藉以加強對這條道路的控制。宇文氏與高氏交戰時，也屢次派遣楊摽、李穆等率偏師經王屋道進攻河內。此外，由蒲津南下繞過風陵堆，可以沿黃河北岸、中條山脈的南麓向東而行，經芮城、平陸至垣曲古城，與王屋道會合後再東出齊子嶺。

2. 西通關中

河東通往關中平原的道路主要有兩條：

一條是涑水道（蒲津道）。沿運城盆地內部的涑水河道而下，或乘舟，或在沿岸陸行，到達河曲的蒲津（今河南省永濟市西南蒲州鎮）後，渡河自對岸臨晉（今陝西省大荔縣朝邑鎮東）登陸，即可進入渭北平原，經陸路前往長安。這條道路在先秦時期即成為聯繫東西方交通的紐帶，而且很早就在渡口架設浮橋。《左傳·昭公元年》記載，春秋時秦公子鍼出奔於晉，從車千乘，曾經在此"造舟於河，十里舍車，自雍及絳"。

《史記》卷 5《秦本紀》亦載秦昭王五十年（前 257）"初作河橋"。《史記正義》曰："此橋在同州臨晉縣東，渡河至蒲州，今蒲津橋也。"秦始皇統一天下後出巡關東，返回時，也曾由上黨經河東首府安邑至蒲津，渡河抵臨晉後而歸咸陽。關中人眾若由此處東渡蒲津，可以溯涑水而上，經聞喜、正平北去晉州（今山西省臨汾市）、晉陽，或走王屋（垣曲）道遠赴河內。

涑水道的黃河東岸渡口蒲津，又名蒲反、蒲阪、蒲阪津、蒲津關，在山西省永濟市西南蒲州鎮，傳說曾為舜都，春秋屬晉，戰國屬魏，秦建蒲阪縣，曹魏至北周時為河東郡治所。其地當河曲衝要，為陝、晉、豫三省之控扼樞紐，其得失對於關西、關東兩地爭雄的政治勢力影響甚巨，戰略地位極為重要。東方之敵欲奪關中，往往先要力爭蒲津，藉此來打開門戶。而關中集團進兵中原，也經常攻佔蒲津，再由河東北上晉陽，或東出河北，或南下伊洛平原。故唐朝名相張說在《蒲津橋讚》中稱讚其為"隔秦稱塞，臨晉名關，關西之要衝，河東之輻湊，必由是也"[16]。

與蒲津隔河相望的西岸渡口臨晉，本名大荔，為戎王所據；秦得之後曾"築高壘以臨晉國"，故改名臨晉，位於陝西省大荔縣朝邑鎮東。戰國初年，魏國曾一度越河佔有此地，商鞅強秦後又將其奪回。該渡口處於晉南豫北通道的西端，是關中平原的門戶。戰國秦漢之間，臨晉多次成為關中與山東勢力爭奪與會盟之所，錢穆《史記地名考》"臨晉"條六記云："魏文十六，伐秦，築臨晉元里。秦惠文王十二，與魏王會臨晉。魏哀十七，與秦會臨晉。秦武三，與韓惠王會臨晉。漢王從臨晉渡，下河內。漢王還定三秦，渡臨晉。"由此也能證明臨晉、蒲津與涑水道對於古代交通的顯著影響。

---

16 《全唐文》卷 226 張說《蒲津橋讚》。

另一條是汾水道，或稱"龍門道"。龍門即禹門口，是黃河東岸的另一處重要古渡口，在今山西省河津市西北和陝西省韓城市東北 30 千米處，傳說為大禹治水時開鑿。黃河流至此地，兩岸峭壁對峙，形如闕門，驚濤激浪，巨流湍急。而出龍門口後，河道變寬，便一瀉千里。"龍門以下數百里，兩岸數十里沙灘間，洲渚密佈，淺灘及分流層出不窮，多有淤沙蛇陷之厄。故自龍門以下數百里之河道，缺少一處理想適宜的渡口。而龍門口以東，又恰為汾水谷地交通之要衝，故龍門口遂成為秦晉兩地古今馳名之渡口"[17]。

古代汾水下游可以通航。春秋時期，秦國都雍（今陝西省鳳翔區），在渭水中游；晉國都絳（今山西省侯馬市），在汾水支流、澮水流域；船只順澮、汾而下，可以經龍門的汾水河口駛入黃河，轉入渭水，進入關中平原。公元前 647 年，晉國遭受饑荒，求救於秦，"秦於是乎輸粟於晉，自雍及絳相繼"，史稱"泛舟之役"，就是利用了這一段水道，見《左傳·僖公十三年》。北朝時期，汾河仍用於水運。《魏書》卷 110《食貨志》載三門都將薛欽上言："汾州有租調之處，去汾不過百里，華州去河不滿六十，並令計程依舊酬價，車送船所。"

由正平（今山西省新絳縣）沿汾水北岸的陸路西行，過高涼（今山西省稷山縣）、玉壁（今稷山縣西南），至龍門峽谷口渡河，登陸後南下即為夏陽（今陝西省韓城市東南）。《通典》卷 173《同州·馮翊郡》"韓城"條曰："古韓國，謂之少梁。漢為夏陽縣，有梁山，……有韓原，即《左傳》'秦晉戰於韓原'是也。"過夏陽後進入渭北平原，即可南下咸陽、長安。

關中之旅由夏陽東渡，對岸是汾陰故城，有著名的后土祠，岸邊津

17　嚴耕望：《唐代交通圖考》第一卷，"中央研究院"歷史語言研究所專刊第八十三，1985 年，第 109 頁注。

渡稱為"汾陰渡"或"后土渡"，可供舟楫來往。東漢建武初年，鄧禹領兵自汾陰渡河入夏陽，即由此處。西魏大統三年（537），高歡率師自晉陽南下，"將自后土濟"[18]，也是企圖經此進入關中。由汾陰東北行，渡過汾水，即至龍門縣。《元和郡縣圖志》卷12《河東道一》絳州曰："龍門縣，古耿國，殷王祖乙所都，晉獻公滅之，以賜趙夙。秦置為皮氏縣，漢屬河東郡。後魏太武帝改皮氏為龍門縣，因龍門山為名，屬北鄉郡。"由此沿汾水北岸東行，至稷山、正平，亦可北去晉州（今臨汾市）、太原。由龍門縣南渡汾水，沿大河東岸南行，過汾陰後，即進入運城盆地。

3. 南向崤函

這條道路在新安、宜陽以西的部分又稱"崤函道"，崤函道的西段（陝縣至潼關縣）與河東只有黃河一水之隔，河東之南，逾中條山、黃河而與豫西的崤函山區相對，那裏是古代關中與華北平原交通聯絡的陸路主道——豫西通道的艱險地段，古稱崤函道。河東師旅如果在蒲津、龍門西渡受阻，或是王屋道東行不暢的情況下，還可以從南面的風陵渡、茅津（大陽津）或寶津等處渡河，經崤函道西行進入關中；或是東越崤山，進入洛陽盆地，再東去華北平原。但是中條逶迤，黃河洶湧，其間可以逾涉之途徑主要有以下幾處：

其一，中條山脈南北通道。這條由運城盆地南越中條山脈的通道包括虞阪（巓軨）道和白陘（徑）道兩條路線。

甲、虞阪（巓軨）道。《太平寰宇記》卷46《河東道七》解州安邑縣曰："中條山，在縣南二十里。其山西連華嶽，東接太行山，有路名曰虞阪。"這條道路在盆地中心城市安邑（今夏縣）之南，翻越山脈後即達河北郡治河北縣（今平陸縣），與陝州（今三門峽市）隔河相對，縣南之陝津（大陽津）可渡。通道的山北原上有古虞城，扼守長阪，相傳為

---

18 《周書》卷2《文帝紀下》。

虞舜所築，故得名。該地在《左傳》中稱為“顛（巔）軨”，是因為中途有山澗橫絕，被人用土築成通道，名為軨橋的緣故。古代河東池鹽多用車載經此道運往中原，由於路途艱險，車重難以攀登，因此產生了“騏驥駕鹽車上虞阪，遷延不能進”的寓言故事。

乙、白陘（徑）道。此路在虞阪道之西，以途經白陘嶺而得名，《大清一統志》解州卷山川目“白陘嶺”條載：“嶺在州東南十五里，跨安邑、平陸二縣界，中條之別嶺也。”這條路線自解縣（今運城市）東南越中條山脈之白陘嶺，由今平陸縣西北抵陝津，又稱“石門道”，是古代池鹽外運的另一條通道。參見《元和郡縣圖志》卷 12《河東道一》河中府“解縣”條云：“通路自縣東南逾中條山，出白徑，趨陝州之道也。山嶺參天，左右壁立，間不容軌，謂之石門，路出其中，名之白徑嶺焉。”

其二，黃河北岸渡口。自運城盆地南越中條山脈後，即到達黃河北岸。舟楫往來的主要渡口從東向西排列有以下三處：

甲、陝津。古稱茅津、茅城津、大（太）陽津，其北岸渡口在今山西省平陸縣西南故茅城南，該地古時又有“大陽”之稱，以故得名。南岸渡口即在陝縣（今河南省三門峽市）之北。陝津是古代黃河重要的渡口之一，原因有二：首先，陝縣為豫西通道西段的交通樞紐，是崤山南北兩道的交會之處，由此地可以西通函谷、潼關，直赴關中；或東去新安，或東南赴宜陽，越崤函山區而抵達伊洛平原；因此自古即為晉豫交通之重要碼頭。其次，該處河牀較窄，僅寬七十餘丈，便於涉渡來往。參見《元和郡縣圖志》卷 6《河南道二》陝州陝縣：“太陽橋長七十六丈，廣二丈，架黃河為之，在縣東北三里。貞觀十一年，太宗東巡，遣武侯將軍丘行恭營造。”

由於陝津溝通晉豫兩地，故很早即成為兵家覬覦之所。西周末年，犬戎攻破鎬京，殺幽王。虢國隨平王東遷，定居於陝，分眾據守黃河南北，史稱南虢、北虢。前 658 年，晉獻公假道於虞（今平陸縣境），經巔軨道逾中條山脈而攻佔虢之下陽；前655年，晉軍又渡河克上陽，虢公醜奔京師洛邑，國亡。公元前624年，秦穆公渡河伐晉，"晉人不出，遂自茅津濟，封殽屍而還。"[19] 魏晉南北朝戰爭頻繁，茅津屢為黃河南北軍隊往來所涉渡，地位顯著，北周曾於此設大陽關，以守護津要。見《元和郡縣圖志》卷6《河南道二》陝州陝縣："太陽故關，在縣西北四里，後周大象元年置，即茅津也。"

乙、湚（竇）津。故址在今山西省芮城縣南，對岸碼頭在今河南省靈寶市西北。"湚"或作"竇""郖"，傳說漢武帝微服出行，遇辱於竇氏之肆，為其妻解困，後將津渡賜於竇婦，以故得名。但經酈道元考證，應是由於河北渡口在湚水流入黃河之處的緣故，參見《水經注》卷4《河水》。又見《元和郡縣圖志》卷6《河南道二》陝州靈寶縣："湚津，在縣西北三里。隋義寧元年置關。貞觀元年廢關置津。"

湚津的地位及作用不如陝津，但是在兩岸交兵時，人們多注重陝津的防守，進軍的一方往往會出其不意，從被人忽視的湚津渡過黃河。例如東漢建安十年（205）河東豪強衛固割據該郡，曹操委派杜畿為太守赴任，"（衛）固等使兵數千人絕陝津，畿至不得渡。……遂詭道從湚津渡"[20]，平定了這場叛亂。北魏正平二年（452）六月，劉宋派遣"龐萌、薛安都寇弘農。……八月，冠軍將軍封禮率騎二千從湚津南渡赴弘農"[21]。

丙、風陵渡。在今山西省芮城縣風陵渡鎮南，地當黃河彎曲處，其北有風陵堆山，渡口與天險潼關隔岸相對，北去蒲津約三十千米，為河東、關中之間要衝。《水經注》卷4《河水》曰："（潼）關之直北，隔河有層阜，巍然獨秀，孤峙河陽，世謂之風陵，戴延之所謂風堆者也。南則河濱姚氏之營，與晉對岸。"嚴耕望曰："兩軍對岸立營，正見為一津

19 《左傳·文公三年》。
20 《三國志》卷16《魏書·杜畿傳》。
21 《魏書》卷4下《世祖紀下》。

渡處。"[22] 春秋時此地即築有羈馬城(陽晉),是秦晉交兵爭奪的要鎮。[23]

風陵渡之所以重要,是因為南面的潼關形勢險要,山東之師若欲經崤函道西進關中,容易在此受阻。如果出敵不意,北渡風陵後再由蒲津轉涉黃河,即可擺脫敵人主力,順利進入渭北平原。例如,建安十六年(211)八月,曹操西征關中,馬超、韓遂等擁兵十萬,於潼關嚴陣以待。曹操見難以逾越,便接受了徐晃的建議,命令徐晃與朱靈領兵北渡風陵,再西渡蒲阪,先據河西為營,然後親率大軍再次由此途徑進入渭北。

4. 北通晉陽

關中師旅從臨晉、蒲津渡河後,由河東北上山西高原的核心區域 —— 晉陽所在的太原盆地,主要有兩條道路。

其一為桐鄉路。從蒲津沿涑水河谷東北而行,經過虞鄉、解縣、安邑,在聞喜縣境穿越峨嵋台地,渡過汾水,到達正平(唐之絳州,今新絳縣);然後至汾曲(今侯馬、曲沃縣境),沿汾水河谷北上,穿過臨汾盆地、靈石峽谷,抵達晉陽。道路名為"桐鄉",是由於中途經過桐鄉古城。《元和郡縣圖志》卷12《河東道一》河中府絳州"聞喜縣"條:"桐鄉故城,漢聞喜縣也,在縣西南八里。"北周武帝在建德五年(576)出兵河東,北上伐齊,攻佔重鎮晉州(平陽,今臨汾市)後,留梁士彥駐守,而將主力經此道南撤,命宇文憲率領,屯於涑水上游待命增援。參見《資治通鑒》卷172陳宣帝太建八年(576)十一月:"周主使齊王憲將兵六萬屯涑川,遙為平陽聲援。"可見由涑水上游北接汾曲,有一條能夠通行大軍的道路,將臨汾與運城兩個盆地聯繫起來。後來周武帝在晉州大敗齊師,乘勝北上,攻佔了晉陽。

其二為汾陰路。由蒲津沿黃河東岸北進,經北鄉郡(治汾陰,今山

22　嚴耕望:《唐代交通圖考》第一卷,"中央研究院"歷史語言研究所專刊第八十三,1985年,第174頁。

23　靳生禾、謝鴻喜:《春秋戰略重鎮羈馬遺址考》,《中國史研究》1991年第1期。

西省萬榮縣榮河鎮）渡過汾水，到達龍門縣，再沿汾水北岸東行，至正平與桐鄉路會合。嚴耕望先生曾舉《資治通鑒》卷 141 的史事為例，說明這條道路在北魏時的使用情況：

> （南齊建武四年）"三月己酉，魏主南至離石。……夏四月庚申，至龍門，遣使祀夏禹。癸亥，至蒲阪，祀虞舜。辛未，至長安。"是龍門至蒲阪才三日程，必直南行至蒲阪，不繞道也。[24]

東魏天平二年（535）高歡領兵由晉陽南下，亦走汾陰路從龍門趨至蒲津，造浮橋渡河去攻打關中。隋煬帝大業十三年（617），李淵起兵太原，進攻長安，亦由絳州至龍門，分軍西渡黃河佔領韓城，而自率大兵經汾陰至河東，又由蒲津渡河到朝邑，走的也是這條路線。

綜上所述，河東地區土厚水深，物產豐富，又有山河陵原環繞，易守難攻，水旱道路四通八達，因此具有重要的戰略地位。北朝後期東西對抗的形勢下，河東的位置處於長安、太原、洛陽—鄴城等政治重心之間，在兼併戰爭當中，佔領該地的一方會獲得明顯的優勢，或能禦敵於國門之外，或能朝幾個方向出兵進攻，從而掌握作戰的主動權，故備受各方君主將帥矚目。

三、北魏分裂後的軍事形勢

北魏王朝分裂以後，東亞大陸形成三大政治軍事集團對峙的局面。如杜佑所言："自東西魏之後，天下三分，梁、陳有江東，宇文有關西，高氏據河北。"[25] 南朝的經濟雖較為富庶，但是由於門閥政治的腐朽，軍

24　嚴耕望：《唐代交通圖考》第一卷，"中央研究院" 歷史語言研究所專刊第八十三，1985 年，第 110 頁。
25　《通典》卷 171《州郡一・序目上》。

事力量相當衰弱，故僅對東、西魏的鬥爭作壁上觀，未能乘機大舉興師奪取中原。侯景之亂以後，江南殘破，愈發無力北進，直到臨近高齊滅亡之際，才出兵收復了淮南。

（一）東、西魏初年的國力對比

高歡執政的東魏，綜合國力（領土、經濟、人口、兵力之總括）遠強於西魏。東魏政權佔據了淮河以北、晉陝邊境黃河及潼關、商洛山地以東的中原大部分地區，控制着當時中國人口最密集、經濟文化最發達的區域，軍事力量亦較西魏強大得多。從高歡幾次出征的情況來看，除了留守部隊，可以出動大約 20 萬兵眾，超過對方兵力兩倍以上，完全處於優勢。如《北齊書》卷 8《後主紀論》所言，東魏、北齊的國境"南極江淮，東盡海隅，北漸沙漠，六國之地，我獲其五；九州之境，彼分其四。料甲兵之眾寡，校帑藏之虛實，折衝千里之將，帷幄六奇之士，比二方之優劣，無等級以寄言。"

西魏僅佔有關隴地區，當地的農業經濟從魏晉以後屢經戰亂破壞，遠沒有東魏統治的河北、山東發達。北魏末年，關中因為長期遭受兵禍，早已失去往日的繁華。《魏書》卷 106 上《地形志上》曰："孝昌之際，離亂尤甚。恆代而北，盡為丘墟；崤潼已西，煙火斷絕；……於是生民耗減，且將大半。"西魏的人口、軍隊遠比東魏為少，經濟資源也差得很多。故高澄對西魏被俘將領裴寬說："卿三河冠蓋，材識如此，我必使卿富貴。關中貧狹，何足可依，勿懷異圖也。"[26] 後來北齊盧叔虎奏請師伐周，亦言："我強彼弱，我富彼貧，其勢相懸。然干戈不息，未能吞併者，此失於不用強富也。"[27]

---

26 《周書》卷 34《裴寬傳》。
27 《資治通鑒》卷 168 陳文帝天嘉元年（560）。

（二）高歡採取的戰略部署

在處於優勢狀態的情況下，高歡在東魏建國之初又實施了一系列軍事部署，進一步鞏固和加強自己的有利地位。

其一為進佔崤函與河東。永熙三年（534）七月，宇文泰迎魏孝武帝入關，定都長安。高歡率師進入洛陽後，又領兵向西追擊魏孝武帝，順勢佔領了崤函山區與河東，控制了壺口以下的龍門、蒲津、風陵、大陽等渡口，封鎖了豫西通道和晉南豫北通道，並佔據了關中東出中原的首要門戶——天險潼關，將山東—關西這兩大經濟、政治區域的中間地帶（山西高原和豫西丘陵）悉數囊括。如《北齊書》卷 2《神武紀下》所載："神武尋至恆農，遂西克潼關，執毛洪賓。進軍長城，龍門都督薛崇禮降。神武退舍河東，令行台尚書長史薛瑜守潼關，大都督厙狄溫守封陵。"通過這次軍事行動，高歡封堵了西魏東進中原的主要道路，又對關中地區造成了嚴重威脅。由於屯兵崤函、河東，他可以從幾個方向、多條道路向西魏出擊，形勢十分有利。儘管宇文泰在當年十月"進軍攻潼關，斬薛瑜，虜其卒七千人，還長安"[28]，也只是稍微緩和了局勢；西魏未能奪回崤函、河東兩處戰略要地，也就無法從根本上改變被動不利的局面。

其二是遷都鄴城，重兵屯集晉陽。高歡在北魏末年統領重兵時，就曾考慮到洛陽屢受戰火摧殘，民生凋敝，如果繼續在此地建都，需要從山東轉運巨量的物資，負擔沉重，不如將首都遷到靠近經濟重心地區的鄴城。他向魏孝武帝提出遷都建議，但是未獲准允。西征歸來，高歡立元善見為帝，獨攬大權，而洛陽的西、南兩境又受到宇文氏和

---

28 《資治通鑑》卷 156 梁武帝中大通六年。

蕭梁的威脅,安全無法保障,高歡便下令將東魏的國都遷往鄴城,自己統率軍隊主力回到晉陽,設立大丞相府總攬政事。見《北齊書》卷 2《神武紀下》天平元年(534)十月:"魏於是始分為二。神武以孝武既西,恐逼崤陝,洛陽復在河外,接近梁境。如向晉陽,形勢不能相接,乃議遷鄴。護軍祖瑩贊焉。詔下三日,車駕便發,戶四十萬狼狽就道。神武留洛陽部分,事畢還晉陽。自是軍國政務,悉歸相府。"於是出現了並立的兩個政治中心,而晉陽因為屯集重兵,高歡親駐,其地位與作用均超過了鄴城。

其三是盡力在河西建立據點。高歡佔領河東地區後,迅速派遣兵將西渡黃河,在對岸設置城壘,夾河據守,企圖控制兩岸渡口,藉此保障自己的軍隊能夠順利地渡河往來,隨時可以將兵力投入到關中平原。具體表現有二:一是在蒲津西岸築城,並企圖奪取鄰近的華州(今陝西省大荔縣)。《資治通鑒》卷 156 梁武帝中大通六年(534)九月:"(高)歡退屯河東,使行台長史薛瑜守潼關,大都督庫狄溫守封陵,築城於蒲津西岸,以薛紹宗為華州刺史,使守之。以高敖曹行豫州事。"二是在龍門渡河,佔領對岸的要塞楊氏壁。《北齊書》卷 20《薛修義傳》:"武帝之入關也,高祖奉迎臨潼關,以修義為關右行台,自龍門濟河。西魏北華州刺史薛崇禮屯楊氏壁,修義以書招之,崇禮率萬餘人降。"《資治通鑒》卷 156 胡三省注曰:"據《薛端傳》,楊氏壁在龍門西岸,當在華陰、夏陽之間,蓋華陰諸楊遇亂築壁以自守,因以為名。"

其四是以河東為前線基地,頻頻進攻關中。東魏軍隊的主力在晉陽,由於控制了河東地區,南下征伐西魏甚為方便,可以依靠當地有利的地理條件左出右入,從蒲津或風陵—潼關兩個戰略方向直接威脅關中平原,使對手顧此失彼。晉陽、鄴城的東魏軍隊如果南渡河陽,走崤函道進攻關中,需要克服豫西山地的重重險礙,人員、糧草運行不易。因此，沙苑之戰以前，東魏對關中的三次攻擊都是由晉陽南下，以河東為前線基地發動的。[29]

西魏警惕河東方向的入侵時，晉陽的東魏軍隊主力則乘其不備、襲擊陝北的城鎮[30]，使其顧此失彼。由此可見，高歡的軍事部署相當成功。憑藉優勢兵力與河東、崤函的有利地勢，東魏在這一階段對西魏的作戰中完全佔據了主動。

四、西魏弘農、沙苑之戰的勝利與軍事形勢之變化

首先來看西魏攻取弘農及河東數郡。西魏大統二年（536），關中遭受了嚴重的旱災。《資治通鑑》卷 157 載 "是歲，魏關中大饑，人相食，死者什七八。" 為了擺脫糧食匱乏的困境並消除強敵壓境的威脅，宇文泰接受了宇文深進攻弘農的建議。[31] 弘農郡治陝城（今河南省三門峽市），位於崤函山區的樞要地點，是崤山南北二道的會合之處，北魏時期又築有屯儲漕糧的巨倉。攻佔弘農，是一舉數得的好棋，既可以阻斷崤函道，北渡陝津進入河東，又能夠獲取屯糧，補給西魏軍隊與關中民眾的食用。

大統三年（537）八月，宇文泰率李弼、獨孤信等十二將出潼關東伐，"戊子，至弘農。東魏將高干、陝州刺史李徽伯拒守。於時連雨，太祖乃命諸軍冒雨攻之。庚寅，城潰，斬徽伯，虜其戰士八千。高干走渡河，令賀拔勝追擒之，並送長安。"[32]

西魏攻佔陝城之後，形勢迅速朝着有利的方向發展，其表現如下。

---

29 《資治通鑑》卷 157 梁武帝大同元年（535）正月，大同二年十二月，大同三年正月、閏九月；《周書》卷 2《文帝紀下》大統三年（537）春正月。

30 參見《資治通鑑》卷 157 梁武帝大同二年正月、二月、四月兩魏在夏州、靈州、秦州的戰事。

31 《周書》卷 27《宇文深傳》："深又説太祖進取弘農，復克之"。

32 《周書》卷 2《文帝紀下》。

一是補充了軍民用糧。據《周書》卷2《文帝紀下》記載，宇文泰在佔領該郡後曾將大軍留駐月餘，來補充給養，"是歲，關中饑。太祖既平弘農，因館穀五十餘日。"並把倉粟運往關內。直到高歡發動反攻，宇文泰才將主力撤回，留下少數人馬駐守陝城，被東魏高昂（字敖曹）包圍才停止了存糧西運。見《北齊書》卷26載薛琡所言："西賊連年饑饉，無可食啖，故冒死來入陝州，欲取倉粟。今高司徒已圍陝城，粟不得出。但置兵諸道，勿與野戰，比及來年麥秋，人民盡應餓死，寶炬、黑獺（宇文泰）自然歸降。願王無渡河也。"

二是崤函歸附。黃河以南原先歸順東魏的地方豪強，又紛紛歸附西魏，使宇文泰未受損耗便控制了宜陽、新安所在的崤山南北二道。參見《周書》卷2《文帝紀下》載大統三年八月，"於是宜陽、邵郡皆來歸附。先是河南豪傑多聚兵應東魏，至是各率所部來降"，另見《周書》卷43韓雄、陳忻、魏玄本傳。

三是進佔河東數郡。宇文泰攻佔陝城後，又派賀拔勝領兵北渡黃河，追擒敵將高干，並乘勢攻取了河北郡（治今山西省平陸縣）、邵郡（治今山西省垣曲縣古城鎮）等河東地區的南部、東部地段，並北上佔領了正平（今山西省新絳縣）。[33]

其次來看東魏的反攻與沙苑之戰。宇文泰取弘農後，崤函山區與河東等戰略要地相繼淪陷，使東魏受到了沉重打擊，這是高歡無法接受的，因此他迅速做出回應，親自率領大軍發起反攻。弘農在八月失陷，當年閏九月，"東魏丞相歡將兵二十萬自壺口趣蒲津，使高敖曹將兵三

---

33 《周書》卷34《楊㯊傳》："時弘農為東魏守，㯊從太祖攻拔之。然自河以北，猶附東魏。㯊父猛先為邵郡白水令，㯊與其豪右相知，請微行詣邵郡，舉兵以應朝廷，太祖許之。㯊遂行，與土豪王覆憐等陰謀舉事，密相應會者三千人，內外俱發，遂拔邵郡。擒郡守程保及令四人，並斬之。"《資治通鑑》卷157梁武帝大同三年（537）八月，載楊㯊取邵郡後，"遣諜說諭東魏城堡，旬月之間，歸附甚眾。東魏以東雍州刺史司馬恭鎮正平，空從事中郎聞喜裴邃欲攻之，恭棄城走，（宇文）泰以楊㯊行正平郡事。"

萬出河南"[34]。出征之前,大臣薛琡、侯景都勸高歡不要貿然投入全部主力,可以採取緩兵或分兵進攻的策略,但是遭到高歡的拒絕,他自恃兵力強大,想借西魏遭遇災亂,物質匱乏之際一舉獲得成功。[35] 高歡率軍在蒲津渡河後,繞過華州,涉渡洛水,向長安進發。但是西魏軍隊利用渭曲的複雜地形,在沙苑大敗對手,高歡乘夜逃往黃河東岸,僅以身免。

最後看沙苑之戰的影響。沙苑之戰扭轉了東、西魏對峙交戰的局面,其影響巨大,主要表現在以下幾個方面:

其一,雙方的兵力差距顯著縮小。東魏在這次戰役中,"喪甲士八萬人,棄鎧仗十有八萬"[36],人員和物資裝備損失相當慘重,相對於西魏的軍事優勢明顯減弱了。此後,在兩國的交戰當中,西魏經常處於主動出擊的狀態,改變了過去隔河相持、防不勝防的被動局面。

其二,西魏全取河東,戰略形勢轉為有利。沙苑之戰後,西魏乘勝出兵,自蒲津東渡,河東豪強紛紛歸順。"丞相泰進軍蒲阪,略定汾、絳",不僅全部佔領了河東重地,還奪取了汾水以北的正平(今山西省新絳縣)、絳郡(治今山西省絳縣)及汾州(治今山西省吉縣)等地,兵臨晉州(今山西省臨汾市)城下,在西、南兩面對東魏的霸府晉陽構成了嚴重威脅。[37]

其三,收復崤函,進取洛陽、潁川。沙苑之戰勝利後,圍攻弘農的高昂被迫撤兵,退回洛陽。而宇文泰乘勢東征,命馮翊王元季海與開府獨孤信率步騎兩萬直趨洛陽,洛州刺史李顯進軍荊州,並且順利佔領了洛陽與潁川等重地。[38]

《通典》卷 171《州郡一‧序目上》曰:"當齊神武之時,與周文帝抗

---

34 《資治通鑒》卷 157 梁武帝大同二年(536)、《北齊書》卷 26《薛琡傳》。

35 《資治通鑒》卷 157 梁武帝大同二年(536)、《北齊書》卷 26《薛琡傳》。

36 《資治通鑒》卷 157 梁武帝大同三年(537)十月。

37 《資治通鑒》卷 157 梁武帝大同三年十月、《北齊書》卷 20《薛修義傳》及《薛修義傳附嘉族傳》。

38 《周書》卷 2《文帝紀下》大統三年(537)十月、《資治通鑒》卷 157 梁武帝大同三年十月。

敵，十三四年間，凡四出師，大舉西伐，周師東討者三焉。自文宣之後，才守境而已。"如前所述，西魏初年局面不利，經常被動挨打。宇文泰佔領河東、崤函後形勢扭轉，因為有這兩塊緩衝地帶阻隔，敵人無法直接威脅關中。西魏只要做好這兩地的防衛，就可以禦敵於國門之外，確保首都與根據地的平安。後來高歡兩次出師攻打玉壁，均失利而還，未能進入河東。西魏在防禦時僅動用了當地的駐軍，並未損耗關中的主力即獲成功，就證明了這一點。

另外，河東、崤函兩地可以向東、北、南等幾個戰略方向用兵，這使西魏在進攻上佔據了有利的地位。沙苑之戰後，宇文泰及其後繼者多次從兩地發動攻擊，基本處於主動態勢。能夠在國力弱於對手的情況下，取得交戰的主動權，與河東、崤函兩處要樞的易手有着密切的聯繫，而這些又都是弘農、沙苑之戰的勝利所帶來的。因此，古代的史家曾高度評價這兩次戰役對於北朝後期政治軍事形勢所起的重要作用，如李百藥在《北史》卷9《周本紀上》中說："高氏藉甲兵之眾，恃戎馬之強，屢入近畿，志圖吞噬。及英謀電發，神旆風馳，弘農建城濮之勳，沙苑有昆陽之捷，取威定霸，以弱為強。"

五、西魏鞏固河東防務的措施

高歡在沙苑之戰失敗後，把主攻方向放在河南，經過河橋之役等戰鬥，先後收復了洛陽、潁川兩塊重地，迫使宇文泰退往崤陝。崤函山區地形複雜，難以展開兵力，通行運輸亦有許多困難。豫西通道的西段路徑，"東自崤山，西至潼津，通名函谷，號曰天險"[39]。其間有新安、宜陽、陝縣、函谷、潼關等多座關隘，險要的地勢加上重兵防守足以使來犯者

---

39 〔唐〕李吉甫：《元和郡縣圖志》卷6《河南道二》，中華書局，1983年，第158—159頁。

望而卻步。高歡若想經此地入侵關中，困難是相當大的。而河東逼近東魏的政治軍事重心——并州，從防禦的角度來說，這裏對高氏的腹心之地晉陽、河洛威脅很大。從進攻的情況來看，晉陽之師由汾水河谷南下攻擊河東較為便利，如果佔據河東，則能從幾個渡口進入關中，對西魏構成嚴重威脅。因此，高歡在此後的數年內，對河東發動了幾次攻擊，力圖奪回這一戰略要地。東魏在河東方向的軍事反攻，從小規模出兵收復南汾州及東雍州、絳郡開始，到 542—546 年兩次出動大軍圍攻玉壁失敗而告終。受挫的主要原因，是西魏政權在佔領河東以後，採取了一系列有效的政治、軍事措施，河東的防禦能力明顯增強。這些措施包括：

（一）選用河東、關隴士族出任當地軍政長官

1. 河東大姓

魏晉南北朝是門閥士族統治時期。門閥士族階層中許多人具備文武才能，掌握治國之術；又依靠封建依附關係，操縱着宗族鄉里，是州郡的土霸王，也是不可忽視的社會勢力。十六國北朝以來，入主中原的胡族統治者大多採取與其合作態度，以換取他們的支持。宇文泰起兵時主要依靠麾下的六鎮鮮卑，但是人數有限，因此不得不拉攏西魏境內的各股漢族門閥勢力，以充實自己的統治力量。而河東士族自魏晉以來盤踞繁衍，曾多次擁兵割據，對抗朝廷。顧炎武曾說河東"其地重而族厚"，當地的大姓，"若解之柳，聞喜之裴，皆歷任數百年，冠裳不絕。汾陰之薛，憑河自保於石虎、苻堅割據之際，而未嘗一仕其朝。猗氏之樊、王，舉義兵以抗高歡之眾。此非三代之法猶存，而其人之賢者又率之以保家亢宗之道，胡以能久而不衰若是" [40]。

---

40 《亭林文集》卷 5《裴村記》。

西魏宇文泰在攻佔河東前後，聯絡了許多當地豪族，並委派他們出任河東軍政長官，依賴他們的力量鞏固統治。例如他在弘農出兵渡河、攻打邵郡之際，藉助大姓楊㯹聯繫當地豪強裏應外合。見《周書》卷34《楊㯹傳》："㯹父猛先為邵郡白水令，㯹與其豪右相知，請微行詣邵郡，舉兵以應朝廷。"奪取邵郡後，楊㯹等人即上表奏請當地土豪王覆憐為郡守；楊㯹亦出任河東重職，歷任建州刺史、正平郡守、邵州刺史，統領一方，守禦邊境多有戰功。後來戰敗降敵，宇文氏政權考慮到他在當地的勢力和影響，並未懲罰其親屬，"朝廷猶錄其功，不以為罪，令其子襲爵。"

又如沙苑之戰後，汾陰大族薛敬珍兄弟率眾歸順西魏，使宇文泰得以順利佔領了河東，事後亦對其大加封賞。事見《周書》卷35《薛善傳附敬珍傳》。另據《周書》本傳記載，河東大姓被西魏政權委以重任，在故鄉或朝內為官者甚眾，這項政策一直延續到北周時期。例如，聞喜裴氏在西魏、北周時為官者有裴寬、裴漢、裴俠、裴果、裴邃、裴文舉等多人，解縣柳氏有柳慶、柳帶韋、柳敏等人，汾陰薛氏有薛端、薛善、薛澄、薛寘等人。

2. 關隴大族

另外，宇文泰還委派了一些關中、隴右大族擔任河東地區的軍政要職。例如鎮守河東的王羆，三次出鎮玉壁的韋孝寬。另據《周書》所載，西魏至北周時期關隴大族出任河東要職的還有楊敷、梁昕、李遠、辛慶之、韋瑱、韋師等。這些人既是西魏政權的統治基礎，與宇文氏有着共同利益；他們的親族又遠在後方，多被作為人質，使其難有二心。由於家屬會受株連，在河東出任軍政長官的關隴人士多忠心不貳。寧死不降者，如韋孝寬以玉壁孤城抗高歡大軍，堅守數月，面對勸降，慷慨陳詞曰："孝寬關西男子，必不為降將軍也！"高歡將其姪韋遷"鎖至城下，臨以白刃，云若不早降，便行大戮。孝寬慷慨激揚，略無顧意"[41]。

又楊敷困守汾州，糧盡援絕，仍不肯降敵，"敷殊死戰，矢盡，為孝先所擒。齊人方欲任用之，敷不為之屈，遂以憂懼卒於鄴"[42]。

即使有個別降敵者，其親屬也會受到嚴懲，使他人心懷恍懼，不敢效仿。例如，宇文泰曾任命關中豪族韋子粲為南汾州刺史，鎮守汾北前線。後來東魏進攻該地，韋子粲投降，宇文泰即誅滅其族[43]。其弟韋子爽逃亡隱匿，後至大赦時出首，仍被處以死刑。

（二）發展經濟，緩和邊界關係

宇文泰佔領河東後，對當地的吏治非常重視，多次派遣賢臣循吏出任郡縣守令，安撫民眾，勸課農桑，修習戰備，很快就使當地社會秩序安定，經濟形勢好轉，並且增強了防禦力量。可參見《周書》卷25《李賢傳附弟遠傳》：

> 時河東初復，民情未安，太祖謂遠曰："河東國之要鎮，非卿無以撫之。"乃授河東郡守。遠敦獎風俗，勸課農桑，肅遏奸非，兼修守禦之備。曾未期月，百姓懷之。太祖嘉焉，降書勞問。

《周書》卷37《張軌傳》：

> （大統）六年，出為河北郡守。在郡三年，聲績甚著。臨人治術，有循吏之美。大統間，宰人者多推尚之。

41　《周書》卷31《韋孝寬傳》。

42　《周書》卷34《楊敷傳》。

43　《資治通鑒》卷158梁武帝大同四年（538）二月，《北齊書》卷27《韋子粲傳》。

《周書》卷 35《裴俠傳》：

> 裴俠字嵩和，河東解人也。……除河北郡守。俠躬履儉素，愛
> 民如子，所食唯菽麥鹽菜而已。吏民莫不懷之。

《周書》卷 29《王雅傳》：

> 世宗初，除汾州刺史。勵精為治，人庶悅而附之，自遠至者
> 七百餘家。

　　由於西魏政權剛剛佔領河東，統治尚未穩固，國力又略顯弱勢，如
果和東魏（北齊）的邊界關係保持緊張狀態，頻頻發生武裝衝突，一來消
耗財物和人力，二來妨礙生產與社會的安定，不利於當地的建設發展。
因此，河東守境的地方長官往往採取友好態度，多次放回俘獲的東魏人
士，以求緩和兩國的關係，保持邊境的和平。"自是東魏人大慚，乃不
為寇。汾、晉之間，各安其業。兩界之民，遂通慶弔，不復為仇讎矣"[44]。
　　這項政策至北周統治時期仍在奉行，並且常常取得成效，使邊界的
衝突大大減少。如《周書》卷 31《韋孝寬傳》載其出任勳州刺史時，"又
有汾州胡抄得關東人，孝寬復放東還，並致書一牘，具陳朝廷欲敦鄰
好"。又見《周書》卷 37《韓褒傳》："故事，獲生口者，並囚送京師。褒
因是奏曰：'所獲賊眾，不足為多。俘而辱之，但益其忿耳。請一切放
還，以德報怨。'有詔許焉。自此抄兵頗息。"
　　不過，東魏（北齊）方面雖然會有所回應，減少邊境的抄掠，卻不
肯放回被俘的對方人眾，這使宇文氏政權耿耿於懷，後來成為出師伐齊

44　《周書》卷 27《宇文測傳》。

的一個藉口。如《周書》卷6《武帝紀下》載建德四年（575）七月丁丑詔書陳述伐齊理由時曾說：“往者軍下宜陽，釁由彼始；兵興汾曲，事非我先。此獲俘囚，禮送相繼；彼所拘執，曾無一反。”

（三）收縮防區，確立衛戍重點

沙苑之戰失敗後，高歡倉皇逃歸晉陽，放棄了許多城池，使西魏得以在河東、汾北、河南大肆擴張領土。但是如前所述，東魏的國力畢竟略勝一籌，在稍事休整後，隨即開始了反攻。大統四年（538）初，高歡遣尉景、莫多婁貸文先後攻克南汾州（今山西省吉縣）、東雍州（治正平，今山西省新絳縣）[45]。河橋之戰失利後，西魏又丟棄了洛陽、潁川等地。宇文泰在河東地區投入的防禦兵力並不多，在相當程度上要依靠當地土豪大族的武裝。在敵強我弱的形勢下，他採取了收縮兵力，放棄某些邊境地段的做法，以便使河東的防務更加穩固。這方面部署的變更主要表現在該地區與敵國接壤的東部、北部兩個戰略方向。

東部放棄建州，退至邵郡。宇文泰佔領河東後，曾派遣楊檦招募當地義兵，自籌糧餉東伐，一度擴展到建州（治高平，今山西省晉城市東北）。《周書》卷34《楊檦傳》：“太祖以檦有謀略，堪委邊任，乃表行建州事。時建州遠在敵境三百餘里，然檦威恩夙著，所經之處，多並贏糧附之。比至建州，眾已一萬。東魏刺史車折於洛出兵逆戰，檦擊敗之。又破其行台斛律俱步騎二萬於州西，大獲甲仗及軍資，以給義士。由是威名大振。”

建州與河東的聯絡有兩條路線：一是北道，由正平東去汾曲，經澮水上游的曲沃、翼城過中條山尾，橫渡沁水後抵達高平；二是南道，由邵郡（治陽胡城，今山西省垣曲縣東南古城鎮）東越王屋山，過齊子嶺、

45　《北史》卷69《楊檦傳》，《北齊書》卷19《莫多婁貸文傳》。

軹關到河內，再北逾太行山麓至建州。這兩條路線都很艱險。楊攔佔領該地後，孤軍深入東魏境內，由於道路崎嶇險阻，後方的糧草援兵難以接濟。東魏攻陷正平、南絳郡後，建州與河東聯絡的北道已被隔斷，高歡又派遣兵將前去增援。楊攔之師孤懸於境外，危在旦夕，故施計蒙蔽敵人，退軍至邵郡，將齊子嶺一帶的險要路段拋為棄地，用作阻礙敵軍的屏障。[46]

北部讓出東雍州，建立玉壁要塞。在沙苑之戰前後的數年內，西魏與東魏曾反覆爭奪位於戰略要地汾曲的樞紐地點 —— 東雍州，即正平；據《周書》卷34《楊攔傳》所載，該地凡三次易手。大統四年（538）河橋之戰以後，西魏有識之士王思政提出建議，將河東北部邊境防禦重心要塞移至正平以西、汾水之南的玉壁（今山西省稷山縣西南），不再和敵方力爭汾北的東雍州。見《資治通鑑》卷158梁武帝大同四年（538）："東道行台王思政以玉壁險要，請築城，自恆農徙鎮之，詔加都督汾、晉、并州諸軍事、并州刺史，行台如故。"

此後，正平基本上歸屬東魏，高歡兩次率大軍南下攻打玉壁，均順利來往於汾曲，未遇到阻礙。直至北齊之世，正平仍為高氏佔領，並在其西設武平關，其南設家雀關。參見《通典》卷179《州郡九·古冀州下·絳郡·正平縣》：

> 有汾、澮二水。有高齊故武平關，在今縣西三十里；故家雀關，在縣南七里，並是鎮處。

西魏為甚麼要放棄正平，選擇玉壁作為河東北部的防禦重心呢？這和兩地的地理位置、作戰環境，以及東魏的進攻路線有關。高歡出兵河

---

46 《周書》卷34《楊攔傳》。

東之途徑，是率大軍自晉陽、晉州南下，至汾曲（今侯馬市、新絳縣）有二道。

其一為聞喜（桐鄉）路。即直接南下，經聞喜隘口穿過峨嵋台地到達涑水上游，順流進入河東腹地。這條路線沿途地形複雜，隘口道路崎嶇狹窄，兵力不易展開和機動，糧草運輸困難，又容易受到阻擊，附近的豪強勢力也持敵對態度。大統三年（537）東魏佔領正平後，曾南下試探，結果遭到聞喜大姓裴邃等地方武裝的抵抗，最終連正平郡城也被迫放棄了。參見《周書》卷37《裴文舉傳》：

> 河東聞喜人也。……大統三年，東魏來寇，（父）邃乃糾合鄉人，分據險要以自固。時東魏以正平為東雍州，遣其將司馬恭鎮之。每遣間人，扇動百姓。邃密遣都督韓僧明入城，喻其將士，即有五百餘人，許為內應。期日未至，恭知之，乃棄城夜走。因是東雍遂內屬。及李弼略地東境，邃為之鄉導，多所降下。

因此，這條道路並不是東魏進攻河東的主要途徑。

其二為龍門、汾陰路。自汾曲沿汾水北岸西行，過正平、高涼（今山西省稷山縣）到達龍門，然後再渡過汾水，沿黃河東岸南下，經汾陰進入運城盆地。選擇這條路線有以下好處。

首先，道路易行。正平到龍門的陸路較為平坦，能夠避開峨嵋台地的障礙，行進方便。如北魏孝文帝太和二十一年（497）由平城南巡，至河東蒲阪，即未走聞喜路，而選擇了比較舒適便利的龍門、汾陰路。[47]另外，大軍由此道西征，還可以與船隊同行，水陸並進，便於給養的運輸。

---

47 《魏書》卷7下《高祖紀下》。

其次，通達性強。對於東魏來說，進攻河東是為了將軍隊投入到關中平原。而進兵龍門能夠從兩個方向對西魏造成威脅，即或在龍門西渡黃河之夏陽（今陝西省韓城市東南）進入渭北平原，或南下汾陰、蒲阪，自蒲津西渡黃河而進入關中。使用這條路線，敵人不易判斷攻方的意圖，如果分兵在夏陽、蒲津鎮守，就會削弱防禦力量，有利於攻方的作戰。所以高歡在玉壁之戰前兩次西征，走的都是這條道路[48]。

正平處於涑水道、汾水道的交叉路口，地理位置固然重要，但是距離東魏的重鎮晉州太近，西魏的國勢又相對較弱，難以在此長期據守。此外，正平地處汾水北岸，與後方有河流相隔，防禦時背水作戰，和後方的聯繫易被截斷，故為兵家所忌。這些都是西魏放棄該地的主要原因。

玉壁城的位置在高涼西南十二里、汾水南岸渡口處[49]，西魏在此處建立城壘，作為南汾州及勛州治所，北周又於此地設玉壁總管府，作為河東北部防禦的重心和支撐點，是由以下原因決定的。

第一，作戰環境有利。玉壁城前臨汾水，可以作為天然塹壕，阻滯敵軍的來攻。該城又據峨嵋嶺上，地勢高峻，"四面並臨深谷"[50]，增加了敵人仰攻的難度。

第二，阻遏敵人入侵。玉壁原為汾水下游的一處渡口，北魏時曾在此設置關卡[51]。由此地渡河後南行，有穿越峨嵋台地的隘路，可以通往汾陰（今山西省萬榮縣），到達運城盆地的北部。在玉壁築城設防，能夠阻斷這條進入盆地的通道，保護河東腹地的安全。

---

48 《周書》卷 2《文帝紀下》大統三年（537）春 "正月" 條，《資治通鑑》卷 157 梁大同三年（537）"四月" 條及胡三省注。

49 〔唐〕李吉甫：《元和郡縣圖志》卷 12《河東道一》河中府絳州稷山縣 "玉壁故城" 條，中華書局，1983 年。〔清〕顧祖禹：《讀史方輿紀要》卷 41《山西三》平陽府絳州稷山縣 "玉壁城" 條，中華書局，2005 年。

50 〔唐〕李吉甫：《元和郡縣圖志》卷 12《河東道一》河中府絳州稷山縣，中華書局，1983 年，第 335 頁。

51 "《志》云：今縣西南十二里有玉壁渡，元魏時於汾水北置關，後為渡。其南又有景村渡，後徙而西北為李村渡。夏秋以舟，冬為木橋以濟。"〔清〕顧祖禹：《讀史方輿紀要》卷 41《山西三》平陽府絳州稷山縣 "汾水" 條，中華書局，2005 年。

第三，威脅對方的補給路線。前文已述，東魏進攻河東時主要走龍門、汾陰路，由正平、高涼西至龍門，在汾水北岸行進。南岸玉壁城的守軍約有八千人，難以渡河阻擋高歡的大兵，但是在敵軍主力通過後，卻可以分頭出動，封鎖道路，斷絕其後方運輸的給養。即使東魏在高涼留下一些部隊戍守，也難以杜絕對方在龍門道上的騷擾破壞，會給前線的大軍行動帶來許多麻煩。

綜上所述，玉壁在軍事上具有重要的地位價值，故宇文泰接受了王思政的建議，在該地設立要塞，部署精兵良將，使其成為東魏西征路上的嚴重障礙。大統八年（542）、十二年（546），高歡兩次率傾國之師攻打玉壁，均鎩羽於銳卒堅城之下，慘敗而歸。尤其是後一次，“頓軍五旬，城不拔，死者七萬人”[52]，致使高歡“智力俱困，因而發疾”[53]，還師晉陽後二月即死去了。

（四）設置中潬城、蒲津關城，重建浮橋

“潬”即江河之中的沙洲。西魏兵進河東後，在蒲津渡口兩岸中間的沙洲上建立了城壘，名為“中潬城”，並留置兵將守備，藉以保護浮橋，增強津渡的防禦力量。見《周書》卷 39《韋瑱傳》：“大統八年，齊神武侵汾絳，瑱從太祖禦之。軍還，令瑱以本官鎮蒲津關，帶中潬城主。”此前蒲津的中潬城不見記載，史籍僅有高歡在蒲津西岸築城的記錄，可以認為它是在大統三年（537）西魏佔領河東以後至大統八年（542）宇文泰增援玉壁還軍期間設置的。

《通典》卷 179《州郡九·古冀州下》河東郡“河東縣”條曰：“漢蒲阪縣，春秋秦晉戰於河曲，即其地也。有蒲津關，後魏大統四年造浮

---

52 《北齊書》卷 2《神武紀下》武定四年（546）。

53 《周書》卷 31《韋孝寬傳》。

橋，九年築城為防。"前文已述，據《左傳·昭公元年》記載，蒲津浮橋早在春秋時期就已修築。《史記》卷5《秦本紀》亦載秦昭王五十年（前257）"初作河橋"，《史記正義》注曰："此橋在同州臨晉縣東，渡河至蒲州，今蒲津橋也。"但浮橋為繩索連繫木船而成，不甚牢固，每年冬初或春初常有冰凌漂浮河面，順流而下，屢屢發生將浮橋沖毀之事，可參見《全唐文》卷226張說《蒲津橋讚》。此外，歷代爆發的戰亂也常常使浮橋遭到破壞。西魏大統初年，蒲津舟橋已經蕩然無存，故《周書》卷2《文帝紀下》載大統三年正月，東魏高歡下河東，"屯軍蒲阪，造三道浮橋度河"，後來他撤兵時又將浮橋拆毀。西魏在當年十月沙苑之戰勝利後進軍佔據泰州，為了鞏固當地的防務，便於從關中根據地向河東運送兵員、給養，在次年重新建造了浮橋。

再者，泰州州城暨河東郡治所在的蒲阪縣城，距離渡口還有數里之遙，浮橋西端的蒲津關原無城池保護。大統八年東魏出動大軍進攻玉壁之後，河東的軍事形勢日趨緊張。出於增強浮橋防務的目的，宇文泰下令在蒲津關築城為防。據前引《周書》卷39《韋瑱傳》所言，西魏的蒲津關守將兼任中潬城主，表明了朝廷對當地防禦的重視。

（五）在臨近河東的華（同）州設立重鎮

華州治武鄉，故址在今陝西省大荔縣城關鎮東。該地西南有洛水環繞，東臨黃河，距蒲津渡口數十里，自古即為兵家重地。春秋初年，犬戎據此築王城，稱大荔國，後為秦所滅，改稱臨晉，為進軍河東之前線要塞。兩漢魏晉時該地屬馮翊郡，北魏孝文帝太和十一年（487）置華州；西魏仍之，至廢帝三年（554）改稱同州。見《魏書》卷106下《地形志下》："華州，太和十一年分秦州之華山、澄城、白水置。"《隋書》卷29《地理上》："馮翊郡，後魏置華州，西魏改曰同州。"

華（同）州是長安至河東的中途要鎮，該地臨近蒲津渡口，是控制這條交通路線的樞要。魏孝武帝入關後，高歡兵進崤陝、河東，又在蒲津兩岸夾河築城，控制了黃河渡口，勢逼華州。宇文泰率領西魏軍隊主力屯於長安附近，因為蒲津方向的威脅太大，故派遣老將王羆任大都督，鎮守華州，並補修城池，以抵禦來犯之敵。參見《太平寰宇記》卷28《關西道四》：

> 按《郡國記》云，同州所理城，即後魏永平三年刺史安定王元燮所築。其東城，正光五年，刺史穆弼築，西與大城通。其外城，大統元年刺史王羆築。

河東歸屬東魏時，高歡數次調遣兵將由蒲津西渡，攻打華州，企圖奪取這一要地，打開進軍長安的門戶。但是由於王羆的奮力防衛，均未能得逞。[54]

沙苑之戰後，高歡敗歸晉陽，西魏乘勢攻佔河東。為了鞏固當地的防務，在敵人大兵壓境時能夠迅速給予支援，宇文泰調整了兵力部署，留魏帝於京師長安，而以華州為別都、霸府，親自率領諸將及軍隊主力移居該地，並設立丞相府，處理軍國政務。有急便領兵出征，事訖即還屯華州。[55] 如胡三省所言："宇文泰輔政多居同（華）州，以其地扼關、河之要，齊人或來侵軼，便於應接也。"[56]

西魏恭帝三年（556）九月乙亥，宇文泰在雲陽病逝，世子宇文覺繼位後，亦當即奔赴同州，掌握權力。[57] 後來宇文護執掌朝政，都督中外諸軍事，亦在同州晉國公第置府發號施令，設立皇帝的別廟，並建有同州宮和長春宮兩座宮殿。見《周書》卷11《晉蕩公護傳》："自太祖為丞

---

54 《周書》卷 18《王羆傳》，《北史》卷 62《王羆傳》，《周書》卷 2《文帝紀下》大統三年（537）"九月"條。
55 《周書》卷 2《文帝紀下》大統三年十月至十四年夏五月。
56 《資治通鑒》卷 166 梁敬帝太平元年（556）九月"丙子"條注。
57 《資治通鑒》卷 166 梁敬帝太平元年九月"乙亥""丙子"條。

相，立左右十二軍，總屬相府。太祖崩後，皆受護處分，凡所徵發，非護書不行。護第屯兵禁衛，盛於宮闕。事無巨細，皆先斷後聞。保定元年，以護為都督中外諸軍事，令五府總於天官。……於是詔於同州晉國第，立德皇帝別廟，使護祭焉。"王仲犖先生對此評論道："按宇文護執周政，亦以同州地扼關河之要，多居同州。北周諸帝又時巡幸，故同州置同州宮也。"[58] 而周武帝除掉宇文護後，也立即派遣齊國公宇文憲赴同州，"往護第，收兵符及諸簿書等"[59]。

西魏、北周的統治者還在同州附近開辦屯田、興修水利，大力發展農業，以壯大當地的經濟力量。例如，《周書》卷 35《薛善傳》載宇文泰克河東後，"時欲廣置屯田以供軍費，乃除司農少卿，領同州夏陽縣（今陝西省韓城市、黃龍縣東南部）二十屯監。又於夏陽諸山置鐵冶，復令善為冶監，每月役八千人，營造軍器。"《周書》卷 5《武帝紀上》載，周武帝保定二年（562）正月，又於同州"開龍首渠，以廣灌溉"，使這裏的生產事業得以發展。

在軍事上，華州（同州）自此成為西魏（北周）軍隊前往河東的出發基地。例如，高歡在大統八年（542）領兵攻打河東的前方要塞玉壁，宇文泰即從此出兵增援，"冬十月，齊神武侵汾、絳，圍玉壁。太祖出軍蒲阪，將擊之。軍至皂莢，齊神武退。"[60]

保定三年（563），北周派遣楊忠、達奚武自塞北、河東兩路夾攻晉陽，也是周武帝親臨同州後由此發兵的。[61] 天和五年（570），斛律光、段榮等進佔汾北，執政宇文護亦率兵將由同州北上，至龍門渡河後實行反攻。[62]

58　王仲犖：《北周地理志》，中華書局，1980 年，第 56 頁。

59　《周書》卷 12《齊煬王憲傳》。

60　《周書》卷 2《文帝紀下》。

61　《周書》卷 5《武帝紀上》保定三年九月"丙戌""戊子"條，十二月"辛卯"條。

62　《周書》卷 12《齊煬王憲傳》。

周武帝親政後，亦頻頻巡幸同州、蒲州等，並在河東舉行軍事演習，為大舉伐齊做準備，直至最後出兵北攻晉陽，滅亡北齊，統一了北方。[63]

六、沙苑之戰後東魏（北齊）對河東、汾北的反攻

（一）大統四年（538）春季、秋季的反攻

大統三年（537）十月沙苑之戰後，西魏奪取了河東與汾北地區，因為所失地域具有極高的戰略價值，從西、南兩面對東魏的政治軍事重心并州構成了直接威脅，這是高歡無法容忍的。在重新聚集兵力、糧草之後，他於次年（538）二月發動了反攻，計有以下幾個方向：南汾州，東雍州，北絳郡、南絳郡，邵郡。

第一，南汾州方向。南汾州治定陽（今山西省吉縣），為北魏所置。東魏初年，南汾為高歡所有。沙苑之戰後，高歡逃歸晉陽，宇文泰隨即派兵進佔南汾州，並任命關中豪族韋子粲為南汾州刺史，其弟韋道諧為鎮城都督。大統四年（538）二月，高歡遣大都督善無賀拔仁等率軍收復南汾州，擒獲韋子粲兄弟[64]，並委任薛修義為晉、南汾、東雍、陝四州行台[65]。

第二，東雍州（正平）方向。大統三年（537）八月，西魏克弘農、陝縣後，又進據東雍州治正平（今山西省新絳縣）；後高歡自晉陽統大

---

63 《周書》卷6《武帝紀下》建德三年（574）九月"庚申"條，十月"甲寅""丙辰"條；四年（575）三月"丙寅"條，十月"甲午"條；五年（576）春正月"癸未""辛卯""甲午"條，三月"壬寅"條，四月"乙卯"條，十月"東伐"條。

64 《資治通鑒》卷158梁武帝大同四年（538）"二月"條，及《北史》卷5《魏本紀第五》大統四年："二月，東魏攻陷南汾、潁、豫、廣四州。"

65 《北齊書》卷20《薛修義傳》。

軍南征時，收復了正平，任命司馬恭為東雍州刺史[66]。沙苑之戰後，西魏軍鋒逼至晉州城下，正平再度失陷，宇文泰先後任命裴邃、段榮顯為正平郡守，金祚為晉州刺史，入據東雍州。[67]次年（538）二月，東魏收復南汾州後，又令平陽太守封子繪於千里徑東旁開新路，以利大軍通行；以太保尉景、大將斛律金、莫多婁貸文、厙狄干等南下攻克正平，遣薛榮祖為東雍州刺史，具體時間不詳，但在河橋之戰（八月）以前[68]。

東魏佔據正平後，從聞喜陘口南下，沿涑水進入運城盆地，企圖佔領鹽池重地。但是遭到守將辛慶之的抵抗，無功而返。[69]

八月河橋之戰後，西魏建州刺史楊檦又佔正平。[70]十二月，王思政奏請築玉壁城，聚兵屯守，作為河東北境重鎮，遂放棄了汾北的正平。此後東雍州又為東魏所有，高歡委任大將潘樂為該州刺史，後來因為該地逼近敵境，難以維持，一度想要棄守，但在潘樂的勸阻下撤銷了。參見《北齊書》卷15《潘樂傳》："累以軍功拜東雍州刺史。神武嘗議欲廢州，樂以東雍地帶山河，境連胡蜀，形勝之會，不可棄也。遂如故。"

第三，北絳郡、南絳郡方向。北絳郡治北絳縣，故址在今山西省翼城縣東南三十五里北絳村（古翼城址）。漢朝稱為絳縣，屬河東郡，北魏時改稱北絳縣，立北絳郡。參見《隋書》卷30《地理中》"絳郡"條："翼城，後魏置，曰北絳縣，並置北絳郡。後齊廢新安縣，併南絳郡入焉。開皇初郡廢，十八年改為翼城。"《太平寰宇記》卷47《河東道八》："翼城縣，本漢絳縣地，屬河東郡。自漢至魏不改。後魏明帝置北絳縣於曲沃縣東，屬北絳郡。周齊不改。隋開皇三年罷郡，改屬晉州。十六年改

---

66 《周書》卷37《裴文舉傳》。

67 《周書》卷34《楊檦傳》、卷37《裴文舉傳》，《北史》卷53《金祚傳》，《北齊書》卷20《薛修義傳》。

68 《北史》卷69《楊檦傳》，《北齊書》卷17《斛律金傳》、卷19《莫多婁貸文傳》、卷20《薛修義傳》、卷21《封隆之傳附子繪傳》。

69 《周書》卷39《辛慶之傳》。

70 《北齊書》卷20《薛修義傳》。

為翼城縣，屬絳州，因縣東古翼城為名也。"南絳郡治南絳縣，故址在會交川[71]，即今山西省絳縣東北大交鎮，當時亦為南絳縣治所在地。"會交"又名"澮交"，見《水經注》卷6《澮水》："澮水東出絳高山，亦曰河南山，又曰澮山，西徑翼城南。……澮水又西與諸水合，謂之澮交。"

大統三年（537）八月，宇文泰克弘農後，渡河取邵郡，並奪走南北二絳。高歡反攻時大軍途經汾曲，收復正平、二絳等地；沙苑之戰敗後倉皇退兵時，汾曲諸地又被放棄，因此西魏軍鋒逼至晉州，再次佔領了二絳。

大統四年（538），東魏克復南汾州、正平。八月，宇文泰攻洛陽，高歡率主力前赴應敵，令大將斛律金領偏師南下，進攻河東，但是在晉州（今山西省臨汾市）受阻，遂與守將薛修義和喬山等地的土寇作戰，直至與高歡主力會合後，才得以獲勝，隨即又南下反攻，奪回南絳等汾曲重地。[72]

但是從史書記載來看，高歡主力撤退後，西魏曾收復正平與南絳郡。見《周書》卷34《楊㯉傳》："（河橋戰後）時東魏以正平為東雍州，遣薛榮祖鎮之。㯉將謀取之，乃先遣奇兵，急攻汾橋。榮祖果盡出城中戰士，於汾橋拒守。其夜，㯉率步騎二千，從他道濟，遂襲克之。進驃騎將軍。……轉正平郡守，又擊破東魏南絳郡，虜其郡守屈僧珍。"而北絳郡的許多據點也在西魏軍隊手裏。到天保年間，才又被北齊名將斛律光攻佔，見《北齊書》卷17《斛律光傳》：

（天保三年）除晉州刺史。東有周天柱、新安、牛頭三戍，招引亡叛，屢為寇竊。七年，光率步騎五千襲破之，又大破周儀同王敬

---

71 《魏書》卷106上《地形志上》載晉州有南絳郡，"建義初置，治會交川"，又"領縣二，戶八百三十六，口二千九百九十一，南絳、小鄉"。

72 《北齊書》卷17《斛律金傳》、卷21《封隆之傳附子繪傳》。

俊等，獲口五百餘人，雜畜千餘頭而還。九年，又率眾取周絳川、
白馬、澮交、翼城等四戍。

以上諸戍的具體位置，請參見王仲犖先生的考證[73]。

第四，邵郡方向。邵郡治陽胡城，在今山西省垣曲縣東南古城鎮，
臨近黃河，對岸即崤函山區。該地原屬東魏。大統三年（537）八月，
宇文泰克弘農後，又派楊㯹與邵郡土豪聯絡，攻取該郡。見《周書》卷
34《楊㯹傳》："時弘農為東魏守，㯹從太祖攻拔之。然自河以北，猶附
東魏。㯹父猛先為邵郡白水令，㯹與其豪右相知，請微行詣邵郡，舉兵
以應朝廷，太祖許之。㯹遂行，與土豪王覆憐等陰謀舉事，密相應會者
三千人，內外俱發，遂拔邵郡。擒郡守程保及令四人，並斬之。眾議推
㯹行郡事，㯹以因覆憐成事，遂表覆憐為邵郡守。以功授大行台左丞，
率義徒更為經略。"

沙苑之戰後，楊㯹領兵東取建州（今山西省晉城市東北）；大統四
年（538）東魏反攻，連克南汾州、東雍州，楊㯹孤立無援，遂撤回邵郡；
隨即北上擊敗薛榮祖，奪取正平。河橋之戰後，宇文泰自洛陽撤回關
中，又有降兵內亂，形勢一度很緊張，邵郡也發生了叛亂，被東魏軍隊
佔領。西魏所授河北守令聞風而逃，東魏軍隊甚至一度從東方攻入運城
盆地，威脅鹽池，後被辛慶之擊退。而事後楊㯹再次率眾南下，奪回了
邵郡。[74] 此後，戰事趨於平穩，東魏於軹關附近築城拒守，西魏則固守
邵郡，雙方隔齊子嶺相持，戰事往來互有勝負，直至建德五年（576）北
周滅齊之役。

---

73 王仲犖：《北周地理志》，中華書局，1980年，第805頁。
74 《北齊書》卷17《斛律金傳》，《周書》卷34《楊㯹傳》、卷39《辛慶之傳》。

（二）大統八年（542）高歡初攻玉壁

　　西魏在河橋之戰失利後，接受了王思政的建議，調整河東軍事部署，在玉壁（今山西省稷山縣西南）築城，作為北境的防禦重心。至興和三年（541），東魏連獲豐收，經濟形勢逐漸好轉。《資治通鑑》卷158梁武帝大同七年（541）：“魏自喪亂以來，農商失業，六鎮之民相帥內徙，就食齊、晉，歡因之以成霸業。東西分裂，連年戰爭，河南州郡鞠為茂草，公私困竭，民多餓死。歡命諸州濱河及津、梁皆置倉積穀以相轉漕，供軍旅，備饑饉，又於幽、瀛、滄、青四州傍海煮鹽，軍國之費，粗得周贍。至是，東方連歲大稔，穀斛至九錢，山東之民稍蘇息矣。”次年，高歡又任命大將侯景兼尚書僕射、河南道大行台，總管黃河以南對蕭梁和西魏的防務。胡三省注《資治通鑑》卷158梁武帝大同八年（542）八月“庚戌”條：“既委景以備梁、魏，又使討叛貳，隨機則便宜從事，其任重矣。”這樣高歡得以全力以赴，專統重兵自晉陽南下，以奪取河東這塊戰略要地。

　　大統八年八月，高歡率大軍進攻河東，具體兵力數目不詳，但據《資治通鑑》卷158記載，其規模巨大，“入自汾、絳，連營四十里”。可能與前次出征沙苑的兵力相近，在20萬左右。宇文泰“使王思政守玉壁以斷其道”。高歡先以書招降，被嚴詞拒絕，隨即開始對該城展開圍攻，戰事相當激烈，最終以高歡的失敗撤退而告終。其失敗原因大致有三：

　　一是城險備嚴。玉壁地勢險要，“城周回八十（‘十’字衍）里，四面並臨深谷”[75]。王思政的防禦設施又很周密，致使東魏損兵折將，無法得手。見《周書》卷18《王思政傳》：“（河橋戰後）思政以玉壁地在險要，

---

75 〔唐〕李吉甫：《元和郡縣圖志》卷12《河東道一》河中府絳州稷山縣，中華書局，1983年，第335頁。

請築城。即自營度,移鎮之。遷并州刺史,仍鎮玉壁。八年,東魏來寇,思政守禦有備,敵人晝夜攻圍,卒不能克,乃收軍還。"

二是天時不利。高歡此番攻城,恰好遇到惡劣的降雪天氣,阻礙了軍隊的行動;另外,軍糧供應不足也造成部隊嚴重減員,被迫停止進攻。見《資治通鑒》卷158梁武帝大同八年(542)"冬,十月,己亥,(高)歡圍玉壁,凡九日,遇大雪,士卒飢凍,多死者,遂解圍去"。

三是西魏救援及時。針對高歡對玉壁的圍攻,西魏先遣太子元欽領兵鎮守蒲阪津要,隨即由宇文泰親率大軍前去援救。他帳下的名將如賀拔勝、趙貴、怡峰、楊忠、尉遲綱、鄭偉、裴果、陽雄等,都隨同參加了這次行動,事見《周書》各人本傳。以上說明西魏對此非常重視,援兵的規模亦相當可觀。行至中途,高歡判斷形勢不利,便迅速撤退,宇文泰縱兵追擊,渡過汾水,但未能趕上。見《資治通鑒》卷158梁武帝大同八年十月,"魏遣太子欽鎮蒲阪。丞相泰出軍蒲阪,至皂莢,聞歡退渡汾,追之,不及。"

至此,高歡對玉壁的初次進攻以失敗告終。

(三)大統十二年(546)高歡二攻玉壁

大統九年(543),高歡在邙山之戰中大勝西魏軍隊,"拓地至弘農而還"。次年(544),他出征討平并州之西的山胡,下一年(545)又親臨北邊,營築城壘,完成對奚、柔然的防禦部署[76]。鞏固後方的統治之後,高歡於大統十二年調集全國兵馬,再度出征河東,兵力有25萬—30萬,帳下名將萃集(如斛律金、韓軌、劉豐、慕容儼等,見《北齊書》各人本傳),並讓河南大行台侯景領兵自齊子嶺攻擊邵郡[77],以分散河東

---

76 《北齊書》卷2《神武紀下》武定三年(545)十月"丁卯"條。
77 《周書》卷34《楊擎傳》。

的防禦兵力。東魏此番進攻準備充分，志在必得，圍攻玉壁的目的還在於吸引西魏主力前來救援，以便反客為主，發揮其兵力上的優勢，戰而勝之。但是這一計劃被宇文泰識破，只以玉壁孤城抗擊敵軍，並不派遣人馬前來增援。見《資治通鑒》卷159梁武帝中大同元年（546）八月，"東魏丞相歡悉舉山東之眾，將伐魏；癸巳，自鄴會兵於晉陽；九月，至玉壁，圍之。以挑西師，西師不出。"

高歡此番圍攻玉壁，歷時近兩月，時間超過上次數倍。在攻城手段上採取了起土山、鑿地道、斷絕城中水源、攻車衝擊、火炬焚燒等多種戰術。守將韋孝寬應對有方，"城外盡其攻擊之術，孝寬咸拒破之"[78]，使東魏軍隊傷亡慘重，士氣衰落。《北齊書》卷2《神武紀下》載："頓軍五旬，城不拔，死者七萬人，聚為一塚。有星墜於神武營，眾驢並鳴，士皆詟懼。"高歡智力俱困，無計可施，因而發病，"十一月庚子，輿疾班師"，燒營而退。高歡回到晉陽後，病情加劇而死。東魏勞師喪眾，遭受了巨大的人力物力損失，在此重創下元氣大傷，直至後來北齊禪代，二十餘年未向西魏（北周）發動大規模進攻，只是乘南朝在侯景之亂時國勢衰弱，攻取了淮南之地。

（四）東魏（北齊）向河東地區發動零星攻勢（547—569）

玉壁戰役受挫後，高氏統治集團遭重創之餘，先是應付侯景在河南的反叛，後又忙於禪代魏室，無力也無暇向關中的宇文氏發動大舉進攻。相反，西魏及後來的北周卻乘機頻頻東征，並聯合突厥對河東地區實行夾擊。北齊在東西對抗的形勢中處於被動地位，在此期間只向河東地區發動了一些小規模的攻勢。

第一次，東魏武定六年至七年（548—549）。《北史》卷55《房謨傳》

---

78 《周書》卷31《韋孝寬傳》。

載房謨就任晉州刺史、攝南汾州事時，曾經拉攏附近的胡漢人士，攻克西魏在龍門以北的許多城戍，"先時境接西魏，土人多受其官，為之防守。至是，酋長、鎮將及都督、守、令前後降附者三百餘人，謨撫接殷勤，人樂為用。爰及深險胡夷，咸來歸服。謨常以己祿物，充其饗賚，文襄嘉之，聽用公物。西魏懼，乃增置城戍。慕義者，自相糾合，擊破之。自是龍門已北，西魏戍皆平。文襄特賜粟千石，絹二百匹，班示天下。"

第二次，西魏大統十八年（552）。《周書》卷 19《達奚武傳》載是年達奚武以大將軍出鎮玉壁，量地形勝，建立樂昌、胡營、新城三防。"齊將高苟子以千騎攻新城，武邀擊之，悉虜其眾"。

第三次，北齊天保七年（556）。齊將斛律光攻破周北絳郡天柱等三戍。

第四次，北齊天保九年（558）。斛律光又取周南絳郡絳川等四戍。

以上天保兩事參見《北齊書》卷 17《斛律光傳》："（天保三年）除晉州刺史。東有周天柱、新安、牛頭三戍，招引亡叛，屢為寇竊。七年，光率步騎五千襲破之，又大破周儀同王敬俊等，獲口五百餘人，雜畜千餘頭而還。九年，又率眾取周絳川、白馬、澮交、翼城等四戍。除朔州刺史。"

第五次，北齊天保十年（559）。斛律光取周柏谷（壁）、文侯鎮。《北齊書》卷 17《斛律光傳》："（天保十年）二月，率騎一萬討周開府曹回公，斬之。柏谷城主儀同薛禹生棄城奔遁，遂取文侯鎮，立戍置柵而還。"其事又見《資治通鑒》卷 167 陳武帝永定三年（559）二月，"齊斛律光將騎一萬，擊周開府儀同三司曹回公，斬之，柏谷城主薛禹生棄城走，遂取文侯鎮，立戍置柵而還。"此處之"柏谷"即其他史籍中所稱之"柏壁"，為北周鎮守玉壁的大將達奚武所築。《周書》卷 19《達奚武傳》："武成初，……齊將斛律敦侵汾、絳，武以萬騎禦之，敦退。武築柏壁城，留開府權嚴、薛羽生守之。"此處之薛羽生即前引《北齊書》《資治通鑒》所載"薛禹生"。

　　柏壁城在今山西省新絳縣西南二十里，北魏曾於此處置鎮，並作為東雍州、正平郡的治所。西魏大統四年（538）築玉壁城，放棄汾北的正平之後，亦把柏壁當作正平郡、聞喜縣治所。見《元和郡縣圖志》卷 12《河東道一》河中府絳州正平縣"柏壁"條。文侯鎮又稱文侯城，在汾水之南，柏壁城附近。[79]

　　第六次，北齊皇建元年（560）盧叔虎獻平西策。北齊建國以後，內部逐漸安定，國力得到恢復發展。《資治通鑒》卷 168 陳文帝天嘉元年（560）十一月載："初，齊顯祖之末，穀糴踴貴。濟南王即位，尚書左丞蘇珍芝建議，修石鱉等屯，自是淮南軍防足食。肅宗即位，平州刺史嵇曄建議，開督亢陂，置屯田，歲收稻粟數十萬石。北境周贍。又於河內置懷義等屯，以給河南之費。由是稍止轉輸之勞。"在此情況下，皇帝和一些大臣產生了西征關隴、統一北方的想法。

　　560 年，孝昭帝高演即位，《北齊書》卷 6《孝昭帝紀》載其"雄斷有謀，於時國富兵強，將雪神武遺恨，意在頓駕平陽，為進取之策。"大臣盧叔虎乘機向朝廷建議征討宇文氏，認為北齊的國力遠超過北周，但是在戰略的運用上卻沒有發揮這一優勢，"人眾敵者當任智謀，智謀鈞者當任勢力，故強者所以制弱，富者所以兼貧。今大齊之比關西，強弱不同，貧富有異，而戎馬不息，未能吞併，此失於不用強富也。"他提出不以勝負難料的野戰為主要手段，而是在平陽（今山西省臨汾市）建立重鎮，"深溝高壘，運糧積甲，築城戍以屬之"，乘隙蠶食河東之地，"彼若閉關不出，則取其黃河以東，長安窮蹙，自然困死。如彼出兵，非十萬以上，不為我敵，所供糧食，皆出關內。我兵士相代，年別一番，

79　王仲犖：《北周地理志》，中華書局，1980 年，第 800 頁。

穀食豐饒，運送不絕。彼來求戰，我不應之。彼若退軍，即乘其弊。自長安以西，民疏城遠，敵兵來往，實有艱難，與我相持，農作且廢，不過三年，彼自破矣"[80]，並自願前往平陽，籌備落實這一計劃。盧叔虎的作戰方案得到高演的讚許，他命令元文遙和盧叔武討論制定了《平西策》，準備執行。不料"未幾帝崩，事遂寢"[81]。

第七次，北齊河清二年（563）。大將斛律光率領步騎二萬在軹關以西修築勳掌城及長城二百里，安置了十三處戍所，以加強對河東邵郡方向的防禦。此外，北齊的邊境部隊還襲擊了汾州（治今山西省吉縣），抄掠人口財物，被北周汾州刺史韓褒設伏擊敗，盡獲其眾。事見《北齊書》卷 17《斛律光傳》和《周書》卷 37《韓褒傳》。

在上述河東及汾北地區小規模的交戰當中，北齊雖然勝多負少，但是未能改變雙方對峙的基本戰略態勢。

（五）武平元年至二年（570—571）斛律光、段韶再奪汾州

自河清二年起，周、齊兩國矛盾激化，宇文氏開始發動大規模進攻，企圖滅亡高齊政權。十月，北周聯合突厥對晉陽南北夾攻，雖未獲得預期戰果，但已使并州地區損失慘重。次年（564），宇文護又統兵二十餘萬，東征洛陽，但在邙山戰敗；突厥亦在幽州地區侵略騷擾。天統四年（568），北周又迎皇后於突厥，加深兩國關係。北齊面臨的威脅加劇，迫使它考慮採取更為積極的軍事行動來保護自己的安全。故自天統五年（569），周、齊開始在崤山南道的衝要（宜陽）展開激烈的爭奪。參見《資治通鑒》卷 170 陳宣帝太建元年（569）：

---

80 《北齊書》卷 42《盧叔武傳》。
81 《北齊書》卷 42《盧叔武傳》。

八月，庚辰，盜殺周孔城防主，以其地入齊。

九月，辛卯，周遣齊公憲與柱國李穆將兵趣宜陽，築崇德等五城。

十二月，周齊公憲等圍齊宜陽，絕其糧道。

同書同卷太建二年（570）正月：

齊太傅斛律光將步騎三萬救宜陽，屢破周軍，築統關、豐化二城而還。周軍追之，光縱擊，又破之，獲其開府儀同三司宇文英、梁景興。

但因宜陽地形險要複雜，兵力不易展開，兩國交戰各有得失，戰事處於膠着狀態。雙方的有識之士都考慮到應該把爭奪的重點轉移到更具戰略價值的河東外圍地帶——汾北。《資治通鑒》卷170載："周、齊爭宜陽，久而不決。勛州刺史韋孝寬謂其下曰：'宜陽一城之地，不足損益。兩國爭之，勞師彌年。彼豈無智謀之士，若棄崤東，來圖汾北，我必失地。今宜速於華谷及長秋築城以杜其意。脫其先我，圖之實難。'乃畫地形，具陳其狀。"而執政的宇文護卻認為難以派遣守將，"謂使者曰：'韋公子孫雖多，數不滿百。汾北築城，遣誰守之！'事遂不行"。

由於宇文護的失策，北齊搶得先手。武平元年（570）冬，斛律光、段韶等人領兵在汾北地區展開攻勢，連連獲勝。《北齊書》卷17《斛律光傳》載："（武平元年）其冬，光又率步騎五萬於玉壁築華谷、龍門二城，與憲、顯敬等相持，憲等不敢動。光乃進圍定陽，仍築南汾城，置州以逼之，夷夏萬餘戶並來內附。二年，率眾築平隴、衛壁、統戎等鎮戍十有三所。周柱國枹罕公普屯威、柱國韋孝寬等，步騎萬餘，來逼平隴，與光戰於汾水之北，光大破之，俘斬千計。"

《周書》卷 31《韋孝寬傳》載："是歲，齊人果解宜陽之圍，經略汾北，遂築城守之。其丞相斛律明月至汾東，請與韋孝寬相見。明月曰：'宜陽小城，久勞戰爭。今既入彼，欲於汾北取償，幸勿怪也。'"

斛律光的出擊大獲成功，使北齊取得了交戰的主動權，迫使"周人釋宜陽之圍以救汾北"[82]。武平二年（571）正月，北周大將宇文憲領兵赴救。三月，"周齊公憲自龍門渡河，斛律光退保華谷，憲攻拔其新築五城。齊太宰段韶、蘭陵王長恭將兵禦周師，攻柏谷（壁）城，拔之而還。"[83]

四月，北周又在崤函南道發動攻勢，"陳國公純、雁門公田弘率師取齊宜陽等九城"[84]。北齊方面留段韶在汾北繼續作戰，遣斛律光統兵前往救援，攻陷四座城戍後回師。[85]

五月至六月，段韶在汾北連連告捷，攻克定陽與姚襄城，生擒北周汾州刺史楊敷，後來段韶因病情嚴重而停止了攻勢。而宇文憲僅佔領了龍門附近的幾座城壘，戰果有限，未能驅逐齊兵、收復大部分失地。[86]這一戰役前後歷時一年半，北齊方面在汾北"拓地五百里"[87]，獲得了較為重大的勝利，使前線重鎮平陽側翼的安全得到保障，同時也改善了自己在河東戰場的處境。但是當年（571）九月，段韶病逝；次年六月，齊後主聽信讒言，誅殺斛律光。這兩位名將的去世，使北齊再也沒有能夠擔當重任的軍事統帥；再加之高氏統治集團政治腐敗，內部矛盾激化，此後便無力再對北周發動大規模的進攻了。

---

82 《資治通鑒》卷 170 陳宣帝太建二年（570）十二月。

83 《資治通鑒》卷 170 陳宣帝太建三年（571）三月。

84 《周書》卷 5《武帝紀上》天和六年（571）四月庚子條。

85 《北齊書》卷 17《斛律光傳》載："是月，周遣其柱國紇干廣略圍宜陽，光率步騎五萬赴之，大戰於城下，乃取周建安等四戍，捕虜千餘人而還。"

86 其經過參見《資治通鑒》卷 170 陳宣帝太建三年五月、六月事。

87 《資治通鑒》卷 170 陳宣帝太建三年正月。

七、從地域角度分析西魏（北周）進攻戰略的演變

沙苑之戰以後，西魏攻佔了河東、崤函兩處要地，在地理形勢上佔據了較為有利的地位，逐漸掌握了戰場上的主動權。第一，它的關中根據地擺脫了頻受威脅的狀態，再未受到敵人直接的進攻。高氏的數次西征均被守方依托汾水、峨眉台地、王屋山或崤函山區有利的地形、水文條件阻擋住了。第二，從此後兩國交鋒的情況來看，宇文氏的主動進攻次數明顯要多於對手。如果統計出動舉國之兵進攻的次數，沙苑之戰後高氏僅有圍攻玉壁的兩次大規模行動，而宇文氏則有 5—6 次。下文將從地域角度分析建德五年（576）滅齊之役前西魏（北周）的進攻戰略，以及滅齊戰略。

（一）滅齊之役前西魏（北周）進攻戰略特點

1. 以崤函—河陽為主攻方向

從宇文氏對東魏（北齊）的進軍路線和主攻方向來看，在建德五年發動滅齊之役之前，大舉東征的路線基本上都選擇了崤函山區的豫西通道，主攻目標是號稱"天下之中"的洛陽，企圖佔領河洛地區，尤其是交通樞紐河陽三城，這樣就能控制位於東亞大陸核心地帶的十字路口和水陸衝要，北入上黨，攻擊晉陽；東出河北平原，直逼山東的經濟、政治中心鄴城；東南順汴渠而下，到達江淮流域；南面可進兵南陽盆地，經過襄樊而抵江漢平原。西魏（北周）在這一方向發動的大規模進攻共有五次：

其一，河橋之戰。大統四年（538）八月，宇文泰率大軍救援被圍的洛陽金墉城守兵，與東魏軍隊戰於河橋。西魏先敗後勝，殺東魏大將高敖曹、西兗州刺史顯宗，"虜甲士萬五千人，赴河死者以萬數"。但是"魏獨孤信、李遠居右，趙貴、怡峰居左，戰並不利；又未知魏主及丞相泰

所在，皆棄其卒先歸。開府儀同三司李虎、念賢等為後軍，見信等退，即與俱去。泰由是燒營而歸，留儀同三司長孫子彥守金墉。"宇文泰撤退後，長孫子彥抵擋不住高歡的圍攻，"棄城走，焚城中室屋俱盡，歡毀金墉而還。"[88] 西魏遂喪失了在河洛地區的據點，退守新安、宜陽，守住崤山南北二道。

其二，首次邙山之戰。大統九年（543）二月，東魏北豫州刺史高慎（字仲密）叛降，被困。三月，宇文泰領大軍來援，在邙（芒）山會戰中失利而退。[89]

其三，弘農北濟之役。大統十六年（550）九月，宇文泰乘魏齊禪代，政局不穩之際，率大兵東出潼關，自弘農北濟至建州（今山西省晉城市東北）。因高齊方面有所準備，"齊主自將出頓東城"，又遇到惡劣氣候，"會久雨，自秋及冬，魏軍畜產多死"，只得撤回關中。[90]

550—562 年的十二年間，周、齊休戰，無大衝突。

其四，二次邙山之戰。保定四年（564）十月，北周執政宇文護領兵東征，"遣柱國尉遲迥帥精兵十萬為前鋒，趣洛陽，大將軍權景宣帥山南之兵趣懸瓠，少師楊摽出軹關"[91]，十二月於邙山會戰中失敗。《北齊書》卷 16《段韶傳》載："短兵始交，周人大潰。其中軍所當者，亦一時瓦解，投墜溪谷而死者甚眾。洛城之圍，亦即奔遁，盡棄營幕，從邙山至穀水三十里中，軍資器物彌滿川澤。"宇文護被迫撤兵，退回關中。

其五，周武帝東征河陽。建德四年（575）七月，北周出動 18 萬大軍伐齊，《資治通鑒》卷 172 陳宣帝太建七年（575）七月曰："丁丑，

---

88 《資治通鑒》卷 158 梁武帝大同四年（538）。
89 《北齊書》卷 2《神武紀下》武定元年（543）："三月壬辰，周文率眾援高慎，圍河橋南城。戊申，神武大敗之於芒山，擒西魏都督將已下四百餘人，俘斬六萬計。……豫、洛二州平。神武使劉豐追奔，拓地至弘農而還。"
90 《資治通鑒》卷 163 梁簡文帝大寶元年（550）十一月。
91 《資治通鑒》卷 169 陳文帝天嘉五年（564）十月。

下詔伐齊。以柱國陳王純、滎陽公司馬消難、鄭公達奚震為前三軍總管、越王盛、周昌公侯莫陳崇、趙王招為後三軍總管。齊王憲帥眾二萬趨黎陽，隋公楊堅、廣寧公薛迥將舟師三萬自渭入河，梁公侯莫陳芮帥眾二萬守太行道，申公李穆帥眾三萬守河陽道，常山公於翼帥眾二萬出陳汝。……壬午，周主帥眾六萬，直指河陰。"亦以洛陽地區為主攻目標，沿黃河兩岸水陸數道並進。八月到達河洛地區，周武帝率軍攻陷河陰大城（即河陽南城，今河南省孟津縣東），齊王憲攻佔洛口東、西二城，縱火燒斷河陽浮橋。但是北齊洛州刺史獨孤永業堅守金墉城，周軍圍攻河陽中潬 20 餘日亦未得手。北齊右丞相高阿那肱統救兵來援，武帝又突發重病，只好放棄已得諸城，燒掉舟艦，退軍回境。[92]

以上五次戰役，西魏（北周）獲得的戰果不同，但是最終都沒有達到佔領河洛地區的預期目的。

2. 周武帝即位後曾依靠突厥從北邊攻擊晉陽

突厥是生活在漠北地區的遊牧民族，6 世紀中葉強大起來，並對中原的周、齊兩國形成威脅。《北史》卷 99《突厥傳》載其佚斤可汗"西破嚈噠，東走契丹，北併契骨，威服塞外諸國。其地，東自遼海以西，至西海，萬里；南自沙漠以北，至北海，五六千里，皆屬焉"。

當時在北方對峙的周、齊都想聯結突厥以為外援。宇文泰在世時即有此謀，因早死而止。周武帝即位後，有消滅北齊、統一中原的宏圖大略，但是考慮到河洛地區敵人的防禦部署非常堅固，宇文泰在世時幾次兵出崤函均無功而返，因此改變了戰略，企圖聯合突厥，依靠它強大的騎兵力量，從北方進攻高氏的軍政要地霸府晉陽，自己只用少數兵力從河東北上，對晉陽形成夾攻之勢。為了達此目的，北周頻頻派遣大臣出

---

92 《周書》卷 6《武帝紀下》建德四年八月、九月事，《北齊書》卷 8《後主紀》武平六年（575）八月、閏月事。

使突厥，請求和親。在保定三年（563）突厥終於許周和親，並答應出動大軍，配合周師攻齊。[93]

據《周書》卷5《武帝紀上》所載，當年（563）九月戊子，"詔柱國楊忠率騎一萬與突厥伐齊"；十二月辛卯，"遣太保、鄭國公達奚武率騎三萬出平陽以應楊忠"。楊忠在攻破陘嶺隘口之後，"突厥木杆、地頭、步離三可汗以十萬騎會之"[94]，雙方合兵進入長城，南下并州。北齊朝廷聞訊後做出應對，武成帝自鄴城趕奔并州，親率齊軍主力抵抗突厥，並遣名將斛律光"將步兵三萬屯平陽"[95]。次年（564）正月，雙方在晉陽郊外會戰，由於突厥臨陣退卻，周軍慘敗。師出河東的周將達奚武因畏懼而頓兵於平陽，後聞楊忠等戰敗，隨即撤退，均未能取得預期戰果。八月，"突厥寇幽州，眾十餘萬，入長城，大掠而還"[96]，亦未與齊軍正面作戰。

通過此次戰役，北周方面認識到以下幾點。

其一，突厥不願和北齊的精銳部隊交鋒。木杆可汗起初受到周使的蒙蔽，誤認為齊國內亂，兵馬衰弱，不堪一擊，企圖乘虛而入，撈取好處。但發現對方仍有較強的戰鬥力之後，立即採取了避戰的做法，以免消耗自己的實力。如《北史》卷51《高叡傳》即載："（齊武成）帝與宮人被緋甲，登故北城以望，軍營甚整。突厥咎周人曰：'爾言齊亂，故來伐之；今齊人眼中亦有鐵，何可當邪！'"

晉陽郊外的會戰，也是因為"齊悉其銳師鼓噪而出。突厥震駭，引上西山，不肯戰"[97]，致使周師大敗而還。當年（564）八月，突厥與北周相約攻齊，又選擇了對方防禦較弱的幽州出擊，目的僅限於劫掠人畜財

93　《周書》卷9《皇后傳》、卷11《晉蕩公護傳》、卷19《楊忠傳》、卷50《突厥傳》。
94　《資治通鑒》卷169陳文帝天嘉四年（563）十二月。
95　《資治通鑒》卷169陳文帝天嘉四年（563）十二月。
96　《資治通鑒》卷169陳文帝天嘉五年（564）。
97　《資治通鑒》卷169陳文帝天嘉五年（564）。

物，並不想損傷兵馬。這和北周依賴突厥去消滅齊軍主力的戰略意圖相去甚遠。

其二，突厥軍隊的組織、戰鬥能力很低。在這次聯合作戰當中，北周的將領發現突厥軍隊的武器裝備很差，缺乏嚴密的組織和法制號令，並非設想的那樣強大。如楊忠歸國後對武帝說："突厥甲兵惡，爵賞輕，首領多而無法令，何謂難制馭。正由比者使人妄道其強盛，欲令國家厚其使者，身往重取其報。朝廷受其虛言，將士望風畏懾。但虜態詐健，而實易與耳。今以臣觀之，前後使人皆可斬也。"[98]

北齊方面經過這次防禦戰鬥也得出了同樣的認識，即突厥入侵造成的危險遠不如北周嚴重，後者的威脅往往是致命的。例如保定四年（564）八月，周師東進洛陽，突厥襲擾幽州。齊主高湛召見大將段韶，"世祖召謂曰：'今欲遣王赴洛陽之圍，但突厥在此，復須鎮禦，王謂如何？'韶曰：'北虜侵邊，事等疥癬，今西羌窺逼，便是膏肓之病，請奉詔南行。'世祖曰：'朕意亦爾。'乃令韶督精騎一千，發自晉陽，五日便濟河。"[99]

鑒於以上原因，周武帝放棄了藉助突厥兵力滅亡北齊的打算，只得依靠自己的力量來統一北方了。

3. 聯合陳朝，兩面夾攻

為了削弱和牽制北齊的力量，集中兵力打擊主要敵手，周武帝對江南的陳朝採取和好的態度，釋放了被俘的陳文帝之弟安成王頊，並屢次遣使聯絡，商定共同出兵，分別由西、南兩面伐齊。[100]

建德二年（573）十月，陳將吳明徹攻佔淮南；十一月，陳師又克淮

98　《周書》卷 50《異域下·突厥傳》。

99　《北齊書》卷 16《段韶傳》。

100　《隋書》卷 66《鮑宏傳》："累遷遂伯下大夫，與杜子暉聘於陳，謀伐齊也，陳遂出兵江北以侵齊。"及《周書》卷 39《杜杲傳》。

陰、朐山、濟陰、南徐州，"齊北徐州民多起兵以應陳，逼其州城"，對北齊南境造成威脅，引起其君臣的恐慌，調遣了部分兵力南下增援。佞臣穆提婆等甚至建議後主放棄黃河以南的領土，在黎陽臨黃河築城以拒陳兵。[101]

4. 河東方向少有攻勢

在這一階段，河東方向則被西魏、北周當作防禦的重點，未被作為主要進攻方向。這段時間內，宇文氏僅在河東地區發動了四次中等規模的戰役。

第一次，達奚武攻平陽。保定三年（563）十月，周武帝"遣（楊）忠將步騎一萬，與突厥自北道伐齊，又遣大將軍達奚武帥步騎三萬，自南道出平陽，期會於晉陽"[102]。達奚武至平陽城下，畏其守將斛律光，停留不進。突厥在晉陽進攻不利，退回塞北；達奚武聞訊後亦撤回。

第二次，楊檦攻軹關。保定四年（564）八月，宇文護東征洛陽，楊檦領萬餘人自邵州進攻軹關。周師主力在邙山戰敗，楊檦偏師因為輕敵亦被消滅。[103]

第三次，宇文憲戰龍門。天和五年至六年（570—571），斛律光侵佔汾北，周齊國公宇文憲率兵反擊，師渡龍門，在當地與齊軍展開激戰。因為兵力有限（約有數萬人），只收復了部分失地，未能保住汾州等重鎮。

第四次，李穆出軹關。建德四年（575）周武帝率主力進攻洛陽時，曾派遣李穆領偏師三萬人由王屋道東出軹關，企圖"守河陽道"，即佔領河內，在黃河北岸策應。李穆的進軍相當順利，"攻軹關及河北諸縣，

---

101 《資治通鑒》卷 171 陳宣帝太建五年（573）十月。

102 《資治通鑒》卷 169 陳文帝天嘉四年（563）。

103 《周書》卷 34《楊檦傳》載："時洛陽未下，而檦深入敵境，又不設備。齊人奄至，大破檦軍。檦以眾敗，遂降於齊。"

並破之"[104]。後來武帝攻河陽中潬不下，又患病，只得撤兵，李穆也被迫班師回國。

總結這一時期西魏（北周）的攻齊戰略，有許多成功之處，但是在主攻方向和進軍路線的選擇上犯有嚴重失誤。尤其是建德四年伐齊之役。當時北齊政局混亂，奸佞當朝，庫藏空虛，民不聊生。大將斛律光、高長恭先後被害，軍事力量被嚴重削弱。在這樣的有利形勢下，周武帝判斷已經到了出兵滅齊的時機。這場戰役本來是可能一舉成功的，但是武帝仍然沿襲過去的進攻戰略，兵出崤函，直指洛陽，"今欲數道出兵，水陸兼進，北拒太行之路，東扼黎陽之險。"認為佔領河洛平原後，豫東、魯西南等地必然會聞風而降，北周軍隊可以在洛陽地區休整，以逸待勞，反客為主，誘使齊師前來決戰，以便勝之，"若攻拔河陰，兗、豫則馳檄可定。然後養銳享士，以待其至。但得一戰，則破之必矣。"[105]

據《資治通鑒》卷172陳宣帝太建七年（575）七月條記載，這一作戰方案在廷議時遭到了許多大臣的反對。他們指出：

一則以往宇文氏東征，曾經多次選擇這條路線，致使敵人有所準備，已經在河陽等地聚集了數萬精兵，進攻恐怕難以得手。如宇文憼說："齊氏建國，於今累世；雖曰無道，藩鎮之任，尚有其人。今之出師，要須擇地。河陽衝要，精兵所聚，盡力攻圍，恐難得志。"鮑宏說："我強齊弱，我治齊亂，何憂不克？但先帝往日屢出洛陽，彼既有備，每有不捷。"

二則河洛平原是四戰之地，敵軍前來增援比較容易，而周軍即使佔領了該地也難以據守。趙煚說："河南、洛陽，四面受敵，縱得之，不可以守。"

104　《北史》卷59《李穆傳》，《隋書》卷56《盧愷傳》，《周書》卷29《劉雄傳》。

105　《周書》卷6《武帝紀下》建德四年七月。

三則河東地區面對的敵人守備較弱，並未準備迎擊周軍主力的攻擊，當地的地形便於運動兵力，"出於汾曲（胡三省注：汾曲，汾水之曲也），戌小山平，攻之易拔。用武之地，莫過於此"。此地距離齊政治軍事中心地區晉陽又較近，具有諸多便利條件，應該從此處發動主攻，"請從河北直指太原，傾其巢穴，可一舉而定"，"進兵汾、潞，直掩晉陽，出其不虞，似為上策"。在消滅并州的敵軍主力後，東出太行，可直搗鄴城所在的河北平原。

但是周武帝固執己見，仍然親統大軍東出河洛，結果受挫，未能攻佔防禦堅固的河陽中潬與北城。敵人援兵到來時，武帝又突患急症，只得收兵回國；周師在黃河南北佔領的大片土地也被迫放棄。如《資治通鑒》卷 172 所載："齊王憲、于翼、李穆，所向克捷，降拔三十餘城，皆棄而不守。唯以王藥城要害，令儀同三司韓正守之，正尋以城降齊。"

（二）建德六年（577）兵出河東的滅齊戰略

建德五年（576）十月，周武帝病癒後，準備再次伐齊。他總結了上次失敗的教訓，決定接受宇文弼、鮑宏等人的建議，將主力部隊調往河東，北出汾曲，攻擊北齊的邊界重鎮晉州（今山西省臨汾市）。由於該城是晉陽南邊的門戶，齊軍必然前來援救。周師攻佔晉州後，可以在那裏以逸待勞，消滅遠道而來的敵軍主力，然後乘勝東進，直指鄴都。他對群臣說：

> 朕去歲屬有疹疾，遂不得克平遺寇。前入賊境，備見敵情，觀彼行師，殆同兒戲。又聞其朝政昏亂，政由群小，百姓嗷然，朝不謀夕。天與不取，恐貽後悔。若復同往年，出軍河外，直為撫背，未扼其喉。然晉州本高歡所起之地，鎮攝要重，今往攻之，彼必來

援，吾嚴軍以待，擊之必克。然後乘破竹之勢，鼓行而東，足以窮其窟穴，混同文軌。[106]

由於去年失利的挫折，眾將多不願意出征。周武帝卻表示了堅定的決心，對臣下說："幾者事之微，不可失矣。若有沮吾軍者，朕當以軍法裁之。"

建德六年（577）十月，周武帝統兵出征，居中督率，其行軍部署如下："以越王盛為右一軍總管，杞國公亮為右二軍總管，隋國公楊堅為右三軍總管，譙王儉為左一軍總管，大將軍竇恭為左二軍總管，廣化公丘崇為左三軍總管，齊王憲、陳王純為前軍。"[107] 大軍到達晉州前線時，武帝又分派諸將領兵各據要地。

北路。準備抵禦晉陽之敵的增援，守住齊師南下的各條要道。遣齊王宇文憲率精騎兩萬守雀鼠谷（今山西省介休市西南），陳王宇文純率步騎兩萬守千里徑（今山西省臨汾市北），鄭國公達奚震率步騎一萬守統軍川（今山西省石樓縣南），柱國宇文盛率步騎一萬守汾水關。

東路。派大將軍韓明率步騎五千守齊子嶺（今山西省垣曲縣東）、烏氏公尹升率步騎五千守鼓鐘鎮（今山西省垣曲縣北），防禦懷州（治今河南省沁陽市）、建州（治今山西省晉城市東北）之敵的進攻，堵住其西進的道路。

後路。遣涼城公辛韶率步騎五千守蒲津關，保障自己後方交通運輸的安全。

此外，又派趙王宇文招率步騎一萬自華谷（今山西省聞喜縣東）進攻北齊的汾州（治蒲子城，今山西省隰縣）諸城，使其無法援救晉州。

106　《周書》卷6《武帝紀下》建德六年十月。
107　《周書》卷6《武帝紀下》建德六年十月。

遣內史王誼監督諸軍圍攻晉州治所平陽城。武帝每日自汾曲至城下督戰。在周軍的強大攻勢下，北齊平陽守將侯子欽、崔景嵩先後出降。壬申夜中，周軍攻佔平陽，俘虜齊軍主將海昌王尉相貴及甲士八千人；隨後又佔領了晉州以北的洪洞、永安等城。

十一月己卯，齊後主親率大軍來援，至平陽城外。周武帝“以齊兵新集，聲勢甚盛，且欲西還以避其鋒”，任命梁士彥為晉州刺史，“留精兵一萬鎮之”。齊軍開始圍攻平陽後，周武帝又令齊王宇文憲領兵六萬回援，屯於涑川以觀其變。由於梁士彥率眾拼死抵禦，齊軍攻城月餘未能得逞，已是師老兵疲，士氣低落。十二月戊申，周武帝親統援兵至平陽，“諸軍總集，凡八萬人”。隨即在城南的會戰中擊潰了敵軍，“齊師大潰，死者萬餘人，軍資器械，數百里間，委棄山積。”北周軍隊乘勝北上，奪取晉陽，既而揮師東進，順利攻佔了鄴城，滅亡高齊，統一了北方。[108]

綜觀兩魏周齊的戰爭，河東起到了至關重要的作用。從雙方對峙態勢的演變和興亡過程來看，宇文氏由弱轉強與高氏盛極而衰，固然有其經濟、內政、外交方面的諸多因素，但是河東的得失與這一地區在攻守戰略上發揮的作用確實是不可忽視的。西魏在佔領河東後，擺脫了關中地區屢受襲擊、被動挨打的局面，交戰形勢大為好轉。北周武帝發動滅齊之役，也是利用了河東的地位價值，由此出兵攻克平陽後取得了戰爭的主動權。而北齊後期在防禦周師東侵的軍事部署上，始終沿襲舊的思路，只關注河洛地帶，認為這裏是敵人的主攻方向，故此在河陽、金墉城等地投入重兵固守，以待晉陽主力南下增援；對於河東方向的入侵，則沒有給予足夠的重視，要鎮晉州僅有八千餘人駐守，比起河陽守軍的

108　周武帝出兵河東伐齊之役的經過，參見《周書》卷 6《武帝紀下》建德六年（577）事，以及《周書》卷 12《齊煬王憲傳》、《資治通鑒》卷 172 陳宣帝太建八年（576）的記載。

三萬人來，相差甚遠。所以周師大軍來攻，援兵尚未到達，城池就已陷落，從而引起了并州以南整個防禦體系的崩潰，並且造成周師在汾曲反客為主、迎擊齊軍的有利形勢。因此可以說，河東在北朝後期東西對抗的政治軍事格局當中，有着特別重要的影響；它的歸屬與利用，在一定程度上決定了雙方交戰的走勢和最終結果。

第十五章

北朝至唐中葉的河陽三城

———

　　河陽三城故址在今河南省孟州市之南、古孟津渡口處，為北城、中潬城和南城，分別位於黃河北岸、河中沙洲與南岸之側，其間有兩座浮橋相連，是西晉至隋唐時期溝通黃河南北往來的衝要。嚴耕望先生曾說："此橋規制宏壯，為當時第一大橋，連鎖三城，為南北交通之樞紐。渡橋而南，臨拊洛京，在咫尺之間。渡橋而北，直北上天井關，趨上黨、太原；東北經臨清關，達鄴城、燕、趙；西北入軹關，至晉、絳，誠為中古時代南北交通之第一要津。顧祖禹曰：'河陽蓋天下之腰膂，南北之噤喉。''都道所轄，古今要津'是矣。故為兵家必爭之地，天下有亂，常置重兵。"[1] 關於河陽浮橋及三城的建立過程，以及它們在當時戰爭中發揮的作用，筆者將在下文予以詳細探討。

一、河橋的由來

（一）河陽與孟津

　　"河陽"之名最初見於《春秋·僖公二十八年》："冬，公會晉侯、齊侯、宋公、蔡侯、鄭伯、陳子、莒子、邾子、秦人於溫。天王狩於河陽。

1　嚴耕望：《唐代交通圖考》第一卷篇四《洛陽太原驛道》，"中央研究院"歷史語言研究所專刊之八十三，1985 年，第 131—132 頁。

壬申，公朝於王所。"當年（前632），晉文公在城濮之戰中擊敗楚軍，稱霸中原，並將周襄王請到河陽，接受他和諸侯的朝見。古地名中帶有"陽"字者，往往表示地點在山之南或水之北；顧名思義，"河陽"是在黃河北岸。《水經注》卷5引《十三州志》曰河陽"治河上，河，孟津河也"，即指其在黃河孟津渡口的北岸。孟津，古時亦稱"盟津"，相傳武王伐紂時，曾與諸侯於此地會盟渡河。"或謂之富平津，或謂之小平津，或謂之陶河渚，即異名也。"[2]

黃河是古代南北交通的一個巨大障礙，而河陽所在的孟津則是其重要渡口之一。顧祖禹稱黃河中游"蓋自東而西，橫亙幾千五百里，其間可渡處，約以數十計，而西有陝津，中有河陽，東有延津，自三代以後，未有百年無事者也。"[3]孟津之南的洛陽，古代號為"天下之中"，是各條水陸幹線匯集的交通樞紐。其地西經函谷、桃林可至關中，南過伊闕、襄樊而入江漢流域；東浮黃河、濟水與鴻溝諸渠而下，通往山東半島和黃淮海平原；北渡孟津則能夠分赴河東與河內、幽燕。洛陽因此被稱為"居五諸侯之衢，跨街衝之路也"[4]，歷來受到兵家覬覦；而附近的孟津作為聯繫三河（河南、河東、河內）地區的交通津要，也備受君主將帥們的關注，在戰亂之際，往往派遣人馬鎮守該地，防止敵寇渡河來犯。例如東漢初年，劉秀於河內起兵，欲北收燕趙，即拜馮異為孟津將軍，統魏郡、河內兵眾，以備更始政權的洛陽守將朱鮪、李軼前來進攻。[5]漢安帝永初五年（111），關中的先零羌入寇河東，經溫、軹侵至

2　《太平寰宇記》卷52《河北道一》孟州河陽縣。又見嚴耕望先生："漢平縣故城在偃師縣西北二十五里，首陽山近處，北對河津，曰小平津，一名河陰津，在盟津下游僅五六里，故古代志書往往指為盟津，而實為兩地。"嚴耕望：《唐代交通圖考》第五卷，"中央研究院"歷史語言研究所專刊之八十三，1985年，第1551—1552頁。

3　〔清〕顧祖禹：《讀史方輿紀要》卷46《河南一》，中華書局，2005年，第2102—2103頁。

4　《鹽鐵論·通有》。

5　《後漢書》卷17《馮異傳》："（劉秀）以魏郡、河內獨不逢兵，而城邑完，倉廩實，乃拜寇恂為河內太守，（馮）異為孟津將軍，統二郡軍河上，與恂合勢，以拒朱鮪等。"

河內，朝廷亦"使北軍中候朱寵將五營士屯孟津"[6]，以保障京師洛陽的安全。

（二）河橋的建立

在古代的技術條件下，水面寬廣的江河只能建造舟橋，它的起源很早，《初學記》卷 7 云："凡橋有木樑、石樑，舟樑即浮橋，即《詩》所謂'造舟為樑'者也。周文王造舟於渭，秦公子鍼造舟於河。"注："在蒲阪夏陽津，今蒲津浮橋是也。"上述浮橋都是臨時架設使用的，黃河上首座固定的舟橋建於公元前 257 年，見《史記》卷 5《秦本紀》昭襄王五十年，"初作河橋"，地點仍在蒲津（今山西省永濟市）。

孟津之渡，時有險惡風波，會造成航船的傾覆。如曹魏時大臣杜畿，"受詔作御樓船，於陶河試船，遇風沒"，魏明帝為此下詔致哀曰："故尚書僕射杜畿，於孟津試船，遂至覆沒，忠之至也，朕甚愍焉。"[7]其孫杜預在西晉泰始十年（274）上奏，請求在當地建立浮橋，以克服風濤的危害。[8] 但是此建議遭到了大臣們的反對，"議者以為殷周所都，歷聖賢而不作者，必不可立故也"，胡三省注此事曰："殷都河內，周都洛，二代夾河建都，不立河橋，故以為言。"[9]杜預則堅持己見，並得到晉武帝的首肯。至當年九月，河橋建成，為了慶祝這一空前盛大的工程完工，晉武帝率領百官臨會，並向杜預祝酒曰："'非君，此橋不立也。'對曰：'非陛下之明，臣亦不得施其微巧。'"

河陽浮橋建成後，大大方便了黃河南北兩岸的交通往來，但是隨後發生了"八王之亂"和十六國、北朝的"五胡入華"，中國陷入長期的分

6　《後漢書》卷 87《西羌傳》。

7　《三國志》卷 16《魏書・杜畿傳》。

8　《晉書》卷 34《杜預傳》："預又以孟津渡險，有覆沒之患，請建河橋於富平津。"

9　《資治通鑒》卷 80 西晉武帝泰始十年九月胡三省注。

裂混戰狀態。洛陽是天下之樞，具有重要的戰略地位，各股割據力量都想控制該地，河橋也因此成為他們競相爭奪的對象；而勢弱難守的一方往往將其焚毀，不讓敵人得手。嚴耕望先生曾言："《通鑒》八五晉惠帝太安二年，成都王穎等起兵向洛，'列軍自朝歌至河橋，鼓聲聞數百里。帝親屯河橋以禦之'。是南北用兵，此橋見重之始。其後歷代用兵，事涉洛陽者，無不爭此橋之控制權。《紀要》四六《河南重險》條已詳徵引。既為兵家所爭，故史事所見，屢圖破壞。"[10]

北魏孝文帝在太和十七年（493），將首都從平城南遷到洛陽，隨行的人馬、物資數量浩繁，若用船隻渡河運輸，相當費時費力，於是他下詔在孟津重建浮橋。《魏書》卷 7 下《高祖紀下》太和十七年載此事曰："六月丙戌，帝將南伐，詔造河橋。"至九月南遷時，"戊辰，濟河。……庚午，幸洛陽。"所率步騎百餘萬眾僅用了兩天時間，便渡過河橋，平安抵達新都。

二、河陽三城的建立

西晉以前孟津無橋，北岸渡口處也未築城設防。如漢之河陽縣城址在孟津西北約 30 餘里，距河較遠[11]。這是因為背水作戰乃兵家所忌。若有敵寇臨河，守方通常並不採取越水到對岸迎擊的戰術，而是隔河相拒，佈好陣列等敵人涉水前來，待其半渡而擊；或是乘其渡河後人馬混亂、陣勢未整時發動進攻。但是在築橋之後，形勢即發生變化，遇到上述情況，若不在對岸設防，長橋一端就會被敵人控制；如果焚毀橋樑，

10　嚴耕望：《唐代交通圖考》第一卷，"中央研究院"歷史語言研究所專刊之八十三，1985 年，第 133 頁。

11　西漢政府曾於河陽之北設立平縣，築城設防，屬河南郡，見《漢書》卷 28 上《地理志上》。其址在今河南省孟州市西北，見《太平寰宇記》卷 52《河北道一》孟州 "河陽縣" 條："今縣西北三十五里有古城，即漢理。"

重建時又要耗費巨大的人力、財力。所以，這一階段開始出現在渡口附近築城屯兵來保護浮橋的防禦部署，相繼出現了三城。

一為北城。在河陽三城當中，北城是最先修築的。北魏孝文帝在重建浮橋之後，又於北岸築造了城池，遣北中郎將領兵鎮守，屬下有精銳的禁衛軍——羽林、虎賁，以及遷徙而來的府戶。[12] 因此北城又稱為"北中府城"，建立的時間是重建浮橋後三年。見《太平寰宇記》卷 52《河北道一》孟州河陽縣："北中府城即郡城也。《洛陽記》云太和二十年造北中府城。"據《水經注》卷 5《河水五》所載，北中城附近有"講武場"，即北魏軍隊訓練演習的場所。其事可見《魏書》卷 7 下《高祖紀下》太和二十年（496）"九月戊辰，車駕閱武於小平津"。北中府城或簡稱"北中城"。《魏書》卷 58《楊侃傳》載元顥借梁朝兵馬進據洛陽，"孝莊徙禦河北，……及車駕南還，顥令蕭衍將陳慶之守北中城，自據南岸"。又見《資治通鑒》卷 153 中大通元年（529）閏月，"爾朱榮與顥相持於河上，慶之守北中城，顥自據南岸"，胡三省注："河橋南岸也。"

北城在當時又稱"河陽城"，因其防衛堅固，靠近京師，便於皇帝直接控制，又被作為囚禁犯罪宗室的場所。如孝文帝太子元恂圖謀叛逃，被發覺後，"乃廢為庶人，置之河陽，以兵守之，服食所供，粗免飢寒而已。……中尉李彪承間密表，告恂復與左右謀逆。高祖在長安，使中書侍郎邢巒與咸陽王禧，奉詔賫椒酒詣河陽，賜恂死，時年十五。斂以粗棺常服，瘞於河陽城。"[13] 又稱為"無鼻（辟）城"，地點在河橋以北二里。見《資治通鑒》卷 140 齊明帝建武三年（496），"閏月，丙寅，廢（元）恂為庶人，置於河陽無鼻城，以兵守之"，胡三省注："《水經》：湨

---

12 《水經》卷 5《河水五》："河水又東徑平縣故城北。"酈道元注："有（魏）高祖講武場，河北側岸有二城相對，置北中郎府，徙諸徒隸府戶並羽林虎賁領隊防之。"嚴耕望在《唐代交通圖考》中認為"河北側岸有二城相對"一句或許有誤，可能應為黃河南北兩岸二城相對。

13 《魏書》卷 22《廢太子恂傳》。

水出河內軹縣原山，南流注於河水，東有無辟邑，謂之無鼻城。蕭子顯曰：在河橋北二里。”另見《讀史方輿紀要》卷 49《河南四》懷慶府孟縣“無辟城”條。

《魏書》卷 113《官氏志》載北魏設“四方郎將”，即東、西、南、北中郎將各一人，官階為右從第三品。鄭樵《通志》記述，四方中郎將初為東漢設立，六朝時沿置，權力較大[14]。北魏遷都洛陽後，四方中郎將統領軍隊部署在都城四周，負責拱衛京師。但是屬下兵馬數量有限，不足以拒退強敵。後來胡太后執政時，任城王元澄曾奏請提高四方中郎將的品階，使北中郎將兼領河內郡，並加強所屬的兵力。他的奏議遭到大臣們的反對，未能獲准。[15]

二為中潬城。“潬”的本義是指江河中流沉積而成的沙洲，見《爾雅·釋水》：“潬，沙出。”孟津中潬長約一里[16]，其最初的名稱為“中渚”。見《水經注》卷 5《河水五》：“郭頒《世語》云：晉文王之世，大魚見孟津，長數百步，高五丈，頭在南岸，尾在中渚。”前引《魏書》卷 58《楊侃傳》亦曰：“（元）顥令蕭衍將陳慶之守北中城，自據南岸。有夏州義士為顥守河中渚，乃密信通款，求破橋立效。”此事又見於《資治通鑒》卷 153，胡三省注“中渚”云：“《水經注》曰：河中渚上有河平侯祠，河之南岸有一碑，題曰洛陽北界。意此中渚即唐時河陽之中潬城也。”

孟津“中渚”的稱呼一直延續到北魏末年，後改稱“中潬”，則是使用了南方吳語的稱謂。見郭璞注《爾雅·釋水》：“今江東呼水中沙

---

14 《通志》卷 55《職官志五》曰：“按此四中郎將並後漢置，江左彌重，或領刺史，或持節為之，銀印青綬，服同將軍。”

15 《魏書》卷 19 中《任城王澄傳》：“時四中郎將兵數寡弱，不足以襟帶京師，澄奏宜以東中帶滎陽郡，南中帶魯陽郡，西中帶恆農郡，北中帶河內郡，選二品三品親賢兼稱者居之，省非急之作，配以強兵，如此則深根固本，強幹弱枝之義也。靈太后初將從之，後議者不同，乃止。”

16 〔日〕成尋：《參天台五台山記》，崇文書局，2022 年，第 122 頁。

堆為潬。”在歷史上，黃河若發生特大洪水，中潬上的建築往往會被沖毀。[17] 中潬城的始建，李吉甫認為是在東魏元象元年（538）。《元和郡縣圖志》卷 5 河南道河陽縣：“中潬潬城，東魏孝靜帝元象元年築之。”嚴耕望在《唐代交通圖考》第一卷 134 頁云：“《北齊書》四一《暴顯傳》，天平二年（梁大同元年）除北徐州刺史，‘從高祖與西師戰於邙山，……顯守河橋鎮，據中潬城’。此似為河陽中潬見史之始。”嚴先生此處引書有誤，按《北齊書・暴顯傳》所載，他擔任北徐州刺史在元象二年（539）[18]，而邙山之戰則在此前一年，《元和郡縣圖志》所載的中潬築城年代，可能就是據此而來的。中潬的駐軍設防，實際上要早於元象元年，嚴耕望先生做過考證，引《魏書》卷 58《楊侃傳》所載夏州義士為元顥守河中渚事，時間是北魏孝莊帝永安二年（529）。“然此事在東魏元象二年前十年，蓋築城前早已為兵家所重，為守禦要害也。”[19]

據《讀史方輿紀要》卷 46《河南一》引《三城記》曰：“中潬城。表裏二城，南北相望。”是有內外兩層城牆，防禦設施比較堅固。

三為南城。此城在孟津南岸渡口處，靠近浮橋南端，亦始建於東魏。《元和郡縣圖志》卷 5 河南道河陽縣曰：“南城，在縣西，四面臨河，即孟津之地，亦謂之富平津。後魏使高永樂守河南以備西魏，即此也。”其文“四面臨河”有誤，“四”字應為“三”字之訛。《讀史方輿紀要》卷 46 引《三城記》云：“南城三面臨河，屹立水濱。”或認為當是說中潬城的情況。又見《通典》卷 177《州郡七・河南府》：

---

17 《新唐書》卷 36《五行志》貞觀十一年（673），“九月丁亥，河溢，壞陝州之河北縣及太原倉，毀河陽中潬。”《容齋隨筆・續筆十二》“古跡不可考”條：“又河之中泠一洲島，名曰中潬。……上有河伯祠，水環四周，喬木蔚然。嘉祐八年秋，大水馮襄，了無遺跡，中潬自此遂廢。”

18 《北齊書》卷 41《暴顯傳》：“元象元年，除雲州大中正，兼武衛將軍，加鎮東將軍。二年，除北徐州刺史，當州大都督。從高祖與西師戰於邙山，高祖令顯守河橋鎮，據中潬城。”

19 嚴耕望：《唐代交通圖考》第一卷，“中央研究院”歷史語言研究所專刊之八十三，1985 年，第 134 頁。

河陽，古孟津，後亦曰富平津。……浮橋即晉當陽侯杜元凱所立。後魏莊帝時，梁將陳慶之來伐，克洛陽，渡河守北中府城，即此；孝文太和中築之。齊神武使潘樂鎮於此，又使高永樂守南城以備西魏，並今城也。

上述兩條史料提到的南城戰事，亦為元象元年（538）河橋之戰（或稱"河陰之役"）中的情況。可見《北齊書》卷14《高永樂傳》："河陰之戰，司徒高昂失利退。永樂守河陽南城，昂走趣城，西軍追者將至，永樂不開門，昂遂為西軍所擒。"同書卷21《高昂傳》所載略同。上述史實，《資治通鑒》卷158梁武帝大同四年（538）八月"辛卯"條記載較為詳細。文字如下：

（宇文泰）擊東魏兵，大破之，東魏兵北走。京兆忠武公高敖曹（即高昂）意輕泰，建旗蓋以陵陳，魏人盡銳攻之，一軍皆沒。敖曹單騎走投河陽南城，守將北豫州刺史高永樂，歡之從祖兄子也，與敖曹有怨，閉門不受。敖曹仰呼求繩，不得，拔刀穿闔未徹而追兵至。敖曹伏橋下，追者見其從奴持金帶，問敖曹所在，奴指示之。敖曹知不免，奮頭曰："來，與汝開國公！"追者斬其首去。

上述史實反映：第一，南城與浮橋近在咫尺，故高昂在入城不得後，能夠隨即走伏於橋下。第二，魏晉時期，曾經盛行臨河的弧形防禦工事，稱為"偃月城"或"偃月塢"[20]，即三面築城，保護渡口碼頭，防止

---

20 〔唐〕李吉甫：《元和郡縣圖志》，中華書局，1983年，第1082頁。〔清〕顧祖禹：《讀史方輿紀要》卷19《南直一》、卷26《南直八》，中華書局，2005年，第913—914頁、第1284頁。《唐代交通圖考》："且《志》云'四面臨河'，當是說中潬城，亦非南城形勢也。"嚴耕望：《唐代交通圖考》第一卷，"中央研究院"歷史語言研究所專刊之八十三，1985年，第135頁。

陸上之敵來犯；瀕水的一面則是開放的，便於部隊登船。南城沒有使用這種建造形式，它是在橋旁採取環形築壘，城池是封閉性的，這樣守衛更為堅固。但是"偃月城"能夠把河橋南端包在城內，而南城是和橋頭分離的，這種構築形式的缺點是一旦強寇來臨，守軍不敢出城迎戰，只能閉門自守，無法阻止敵人登橋。高昂被追兵擒殺的史實，就是一個明顯的例子。

河陽三城當中，要屬南城最大，又位處黃河南岸，故亦稱為"河陰大城"[21]。

三、河陽三城的修築原因與戰略影響

河陽三城的先後修築，與北魏中葉到末葉政治重心區域的轉移，以及主要防禦方向的改變有着密切的關係。下面就此問題分別展開論述。

首先來看孝文遷洛後北方的政治形勢與北中府城的建立原因。北魏太和年間於孟津北岸築城，而不設在南岸，其意圖明顯是為了防備北方的假想敵，保護設在河南的新都洛陽。孝文帝遷洛之後，南朝蕭齊的國勢已衰，無力北伐；京師洛陽面臨的威脅主要來自黃河以北的幾股敵對政治力量。

一是鮮卑貴族的保守勢力。孝文帝大力推行漢化改革，斷胡俗胡語，使統治集團內部的矛盾逐漸激化。保守派官僚多留據代北任職，朝內的守舊貴族也想和他們串通起來，發動叛亂。就在築北中府城的太和二十年（496），先有太子元恂殺中庶子高道悅，"與左右密謀，召牧馬輕騎奔平城"，事情敗露後被孝文帝囚禁。孝文帝認為"今恂欲違父逃叛，

---

21 《資治通鑒》卷 172 陳宣帝太建七年（575）八月條。

跨據恆、朔，天下之惡孰大焉？若不去之，乃社稷之憂也。"[22] 後又出現大臣穆泰等人在代北組織的叛亂。事見《資治通鑒》卷 140，"及帝南遷洛陽，所親任者多中州儒士，宗室及代人往往不樂。（穆）泰自尚書右僕射出為定州刺史，自陳久病，土溫則甚，乞為恆州；帝為之徙恆州刺史陸叡為定州，以泰代之。泰至，叡未發，遂相與謀作亂，陰結鎮北大將軍樂陵王思譽、安樂侯隆、撫冥鎮將魯郡侯業、驍騎將軍超等，共推朔州刺史陽平王頤為主。"孝文帝捕殺了很多人，才把這次政變鎮壓下去。

二是中原河東、河北等地的被征服民族。北魏王朝是通過野蠻的征服戰爭建立起來的，國內的民族矛盾相當尖銳。如太和二十年，汾州的吐京胡即掀起過暴動。

三是塞北的柔然、敕勒等遊牧民族。據《資治通鑒》記載，自孝文帝即位至遷洛的 22 年內，北方柔然的大規模入侵和敕勒族的起義共有 13 次之多，其中柔然南下的軍隊屢屢達到十餘萬騎，給北魏造成的損失相當沉重。

黃河北岸一旦燃起大規模的戰火，敵對勢力即有可能南下孟津，威脅洛陽的安全；或者是截斷河橋，使洛陽的魏軍主力難以迅速渡河平叛。孝文帝修築北中府城，是在孟津渡口設立了一座橋頭堡，既可以阻滯敵人的進攻，保護河橋，又能夠維繫黃河兩岸交通往來的通道，便於軍隊調動，其戰略作用是十分重要的。正如《洛志》所云："魏都洛陽，以北中為重地。北中不守，則可平行至洛陽。"[23] 後來爾朱榮自晉陽起兵向洛，擁立孝莊帝。胡太后以李神軌為大都督，領兵拒敵；而鎮守北中的別將鄭季明、鄭先護開城投降，"李神軌至河橋，聞北中不守，即遁還"[24]，致使爾朱榮順利佔領了洛陽。

22 《資治通鑒》卷 140 高宗明皇帝（中）建武三年（496）八月。

23 〔清〕顧祖禹：《讀史方輿紀要》卷 46《河南一》，中華書局，2005 年，第 2128 頁。

24 《資治通鑒》卷 152 梁武帝大通元年（527）。

再來看東魏初年政局的演變與中潬城、南城的建造。孝文帝遷洛之後，豫西地區成為政治軍事重心，朝廷政令發自洛陽，主力軍隊也屯集於此，以應對四方之變。但是到了北魏末年，情況發生了變化。掌握朝政的軍閥高歡，其根據地原在太行山東、以鄴城為中心的河北平原。他消滅了爾朱兆以後，又在山西北部的晉陽建立了新的軍事基地，將相府和重兵安置於此。《資治通鑒》卷155載："(高)歡以晉陽四塞，乃建大丞相府而居之。"胡三省注曰："太原郡之地，東阻太行、常山，西有蒙山，南有霍太山、高壁嶺，北扼東陘、西陘關，故亦以為四塞之地。""自此至於高齊建國，遂以晉陽為陪都。"

永熙三年（534）七月，高歡率領大軍南渡黃河，挾立傀儡孝靜帝元善見。孝武帝元修被迫放棄洛陽，西投關中軍閥宇文泰，在北方形成了東西兩大集團對抗的政治格局。此時，高歡認為洛陽作為都城已經不合時宜，原因主要有以下兩點：

其一，豫西地區範圍狹小，又連遭兵禍，百業凋敝，民不聊生；而高歡的根據地遠在太行山東，若繼續以洛陽為都，需要轉運大量的物資供其消費，會嚴重損耗國力。而在河北的鄴城建都，傍近基本經濟區域，有供應方便之利。因此，高歡在這次進軍以前，就產生了遷都的打算，"初，神武自京師將北，以為洛陽久經喪亂，王氣衰盡，雖有山河之固，土地褊狹，不如鄴，請遷都。"[25]

其二，洛陽距離東魏的兩個敵國——蕭梁、西魏的邊界較近，易受攻擊；而高歡的主力軍隊遠在千里之外的晉陽，又有黃河阻隔，若有危機，救援不便。正如《北齊書》卷2《神武紀下》所言："神武以孝武既西，恐逼崤、陝，洛陽復在河外，接近梁境，如向晉陽，形勢不能相接，乃議遷鄴，護軍祖瑩贊焉。"由於倉促做出遷都的決定，"詔下三日，

---

25 《北齊書》卷2《神武紀下》。

軍駕便發，戶四十萬狼狽就道，神武留洛陽部分，事畢還晉陽。自是軍國政務，皆歸相府。"

東魏遷鄴以後，洛陽的地位發生變化，從政治中心變為邊境的衝要。因為該地總結數條幹道，西魏若向東方擴張勢力，洛陽是必經之途。高歡守住洛陽，也就封鎖了敵人進兵中原的通道，因此不能輕易放棄這塊戰略要地。尤其是天平四年（537）沙苑之役，東魏慘敗，"喪甲士八萬人，棄鎧仗十有八萬"[26]。而西魏的勢力轉盛，改守為攻，開始向河南出擊。從上述背景來看，高歡在第二年築中潬城和南城，派遣兵將駐守，是為了加強洛陽地區的防禦部署，保護河橋通道的安全，其作用主要有二：

一是當河南戰鬥不利時，有南城守衛橋頭，敗軍可以經過河橋北撤，避免遭到殲滅。《資治通鑒》卷 158 載元象元年（538）河橋之戰，東魏方面的作戰部署是："（侯）景為陳，北據河橋，南屬邙山，與（宇文）泰合戰。"胡三省注曰："景置陳北據河橋者，慮兵有利鈍，先保固其北歸之路也。"後來東魏軍隊戰敗，即由浮橋退往河北。亦見於《資治通鑒》卷 158："及邙山之戰，諸軍北渡橋，（万俟）洛獨勒兵不動，謂魏人曰：'万俟受洛干在此，能來可來也！'魏人畏之而去。"胡三省注曰："北渡河橋也。"

二是便於河北的軍隊增援。洛陽戰事危急時，東魏在河北的精銳之師便南下來援。有中潬城和南城保護浮橋，援兵能夠迅速過河，投入戰鬥；比起登舟轉渡，大大節省了時間。例如此次河橋之戰後，高歡"自晉陽帥眾馳赴，至孟津，未濟，而軍有勝負。既而神武渡河，（長孫）子彥亦棄城走，神武遂毀金墉而還。"[27]

---

26 《資治通鑒》卷 157 梁武帝大同三年（537）。

27 《北齊書》卷 2《神武紀下》。

綜上所述，北魏中葉遷都洛陽，至東魏初年徙往鄴城，政治中心先移河南，後轉河北；河陽駐軍的防禦部署也由抗拒北敵變為抵禦南寇，這就是當地先築北中府城，後築中潬城與南城的原因。三城的建立，有效地保護了河橋與孟津渡口，使北魏與東魏的軍隊可以順利往來於黃河兩岸，為作戰調動提供了方便。

四、西魏（北周）攻取河陽的戰略演變

（一）東魏（北齊）利用河橋及河陽屯兵取得的戰果

北魏分裂為東魏、西魏之後，至周武帝滅齊，統一北方，北朝兩國對峙攻戰了40餘年。沙苑之戰以後，宇文氏逐漸掌握了主動權，頻頻自關中出兵東征，其作戰方向基本上是沿崤函通道進攻豫西地區，試圖奪取洛陽這個戰略樞紐。而東魏（北齊）的對策，是將河南駐軍主力置於河陽，其指揮機構稱"河陽道行台"，設在河陽南城。[28] 其署官或兼洛州刺史。參見《北齊書》卷25《王峻傳》：

> 廢帝即位，除洛州刺史、河陽道行台左丞。

《北齊書》卷41《獨孤永業傳》：

> 乾明初，出為河陽行台右丞，遷洛州刺史。……治邊甚有威信，遷行台尚書。……（武平年間）朝廷又以疆場不安，除永業河陽道行台僕射、洛州刺史。……有甲士三萬。

---

28 《太平寰宇記》卷52《河北道一》孟州河陽縣，"又有南城與縣接，乃東魏元象二年所築，高齊於其中置行台"。

河陽道行台長官即為洛陽地區軍事總指揮。故《周書》卷30《于翼傳》載："齊洛州刺史獨孤永業開門出降,河南九州三十鎮,一時俱下。"

敵兵來攻時,河陽行台所屬的軍隊先在豫西走廊沿線加以阻擊,待晉陽等地的救兵通過河橋前來支援,再發動反攻,逐退對手。這一戰略的實施屢獲成效,曾多次使西魏(北周)在河南的作戰無功而返。例如:

武定元年(543)二月,東魏北豫州刺史高仲密以重鎮虎牢歸降西魏,宇文泰親率大軍至洛陽接應,攻破柏谷塢。高歡"使(斛律)金統劉豐、步大汗薩等步騎數萬守河陽城以拒之"[29],並自領十萬大軍從晉陽南下馳援,渡過河橋,據邙山為陣。在三月十四日的會戰中,宇文泰先勝後敗,被迫退回關中。

武定五年(547)高歡去世,東魏駐守河南的大將侯景叛降西魏,東魏亦將主力屯於河陽,阻斷西魏救援之路,再南下圍攻潁川,獲得了勝利。見《北齊書》卷17《斛律金傳》:

> 世宗嗣事,侯景據潁川降於西魏,詔遣金帥潘樂、薛孤延等固守河陽以備。西魏使其大都督李景和、若干寶領馬步數萬,欲從新城赴援侯景。金率眾停廣武以要之,景和等聞而走。……侯景之走南豫,西魏儀同三司王思政入據潁川,世宗遣高岳、慕容紹宗、劉豐等率眾圍之。復詔金督彭樂、可朱渾道元等出屯河陽,斷其奔救之路。又詔金率眾會攻潁川。事平,復使金率眾從崿阪送米宜陽。

河清三年(564)冬,周武帝"遣柱國尉遲迥帥精兵十萬為前鋒,

29 《北齊書》卷17《斛律金傳》。

趣洛陽"[30]，為土山、地道以攻城，形勢危急。北齊派蘭陵王高長恭、大將軍斛律光相救，與敵軍對峙於邙山之下。齊武成帝又令段韶督精騎增援，"發自晉陽，五日便濟河"[31]。結果在會戰中大破周師，解洛陽之圍。

天統三年（567）冬，"周遣將圍洛陽，壅絕糧道"[32]。次年正月，北齊派斛律光率步騎三萬救援，擊敗周將宇文桀，"斬首二千餘級，直到宜陽"[33]。

武平二年（571）四月，"周遣其柱國紇干廣略圍宜陽。（斛律）光率步騎五萬赴之，大戰於城下，乃取周建安等四戍，捕虜千餘人而還"[34]。

武平六年（575）八月，北周出動十八萬大軍伐齊，沿黃河兩岸進攻。周武帝率主力直趨洛陽，攻克河陽南城、武濟與洛口東西二城，圍中潬城二旬不下。"九月，齊右丞高阿那肱自晉陽將兵拒周師，至河陽，會周主有疾，辛酉夜，引兵還。水軍焚其舟艦。"[35]

（二）西魏（北周）對河陽三城及浮橋的攻擊

元象元年（538）邙山之役失利以後，西魏政權對於河陽浮橋與三城的重要作用有了充分的認識。此後的歷次豫西作戰當中，宇文氏不僅對洛陽及附近的金墉、虎牢、宜陽等據點展開進攻，而且力圖攻陷河陽三城，破壞浮橋，截斷對手的救援之路。其採取的措施如下。

其一，燒毀河橋。如武定元年（543）宇文泰攻洛陽，聞高歡領兵來援，即退軍瀍上（洛陽西），縱火船而下，欲燒斷河橋，使高歡援軍不得

---

30 《資治通鑒》卷 169 陳文帝天嘉五年（564）。

31 《北齊書》卷 16《段韶傳》。

32 《北齊書》卷 17《斛律光傳》。

33 《北齊書》卷 17《斛律光傳》。

34 《北齊書》卷 17《斛律光傳》。

35 《資治通鑒》卷 172 陳宣帝太建七年（575）。

渡河，被東魏守將挫敗。[36] 武平六年（575），周武帝攻河陽時，也曾"縱火焚浮橋，橋絕"[37]。

其二，破壞河陽以南的道路。如河清三年（564）尉遲迥攻洛陽，"三旬不克，晉公護命諸將塹斷河陽路，遏齊救兵，然後同攻洛陽"[38]。

其三，圍攻河陽城。西魏（北周）在對豫西發動進攻時，曾經多次圍攻河陽城，企圖佔領這一戰略樞紐，打破敵人河南防禦體系的核心。但是由於東魏（北齊）在當地部署重兵，又有堅固的城壘，援軍很快就能趕到，所以屢攻不克。只有武平六年的洛陽戰役，周軍盡力攻下了南城，但是齊軍大都督傅伏守中潬城二旬，巋然不動；援兵到來後，周軍只得撤退。[39]

總之，西魏（北周）對河陽三城與浮橋所施的種種進攻和破壞辦法，都沒有收到滿意的效果。由於敵人始終據有這條重要通道，能夠將後續部隊源源不斷地投入河南戰場，解救危急，戰事多有驚無險。儘管北齊後期政治腐敗，民怨沸騰，是北周消滅它的絕好時機，但是宇文氏在洛陽地區的長期作戰中耗費了大量兵力、物資，卻始終陷於膠着狀態，遲遲打不開局面。多次受挫的教訓，使北周君臣開始反思檢討進攻戰略，制定新的方案。

（三）北周攻北齊戰略的改變

周武帝在建德四年（575）伐齊之時，已經有不少大臣反對他出兵河陽、洛陽的計劃。《資治通鑑》卷 172 對此事記載較詳，文字如下：

---

36 《北齊書》卷 25《張亮傳》："高仲密之叛也，與大司馬斛律金守河陽。周文帝於上流放火船燒河橋，亮乃備小艇百餘艘，皆載長鎖（索），鎖頭施釘。火船將至，即馳小艇，以釘釘之，引鎖向岸，火船不得及橋。橋之獲全，亮之計也。"

37 《資治通鑑》卷 172 陳宣帝太建七年（575）。

38 《資治通鑑》卷 169 陳文帝天嘉五年（564）。

39 《資治通鑑》卷 172 陳宣帝太建七年八月："丁未，周主攻河陰大城，拔之。齊王憲拔武濟；進圍洛口，拔東、西二城，縱火焚浮橋，橋絕。齊永橋大都督太安傅伏，自永橋夜入中潬城。周人既克南城，圍中潬，二旬不下。"

周主將出河陽，內史上士宇文弼曰：「齊氏建國，於今累世；雖曰無道，藩鎮之任，尚有其人。今之出師，要須擇地。河陽衝要，精兵所聚，盡力攻圍，恐難得志。如臣所見，出於汾曲，戍小山平，攻之易拔，用武之地，莫過於此。」民部中大夫天水趙翌曰：「河南、洛陽，四面受敵，縱得之，不可以守。請從河北直指太原，傾其巢穴，可一舉而定。」遂伯下大夫鮑宏曰：「我強齊弱，我治齊亂，何憂不克！但先帝往日屢出洛陽，彼既有備，每有不捷。如臣計者，進兵汾、潞，直掩晉陽，出其不虞，似為上策。」

　　群臣不同意攻擊河南地區的理由，概括起來有以下幾點：其一，此前屢次兵伐洛陽，敵方對這一戰略方向已經有了充分的準備，難以獲勝。其二，河陽是北齊重鎮，駐有精兵，不易攻克。其三，洛陽地區是交通樞紐，四面臨敵，敵軍救援方便，即使攻下該地也很難堅守。

　　因此，他們建議以黃河北岸的汾、潞（今山西省臨汾市、上黨區地區）為主攻方向，得手後進擊敵人的腹地晉陽，這樣可以出其不意，一戰成功。但是周武帝沒有聽從，仍然堅持率主力進攻河陽、金墉等地。他對諸將說：「若攻拔河陰（河陽南城），兗、豫則馳檄可定。然後養銳享士，以待其至。但得一戰，則破之必矣。」[40] 結果又遭失利，無功而還。

　　建德五年（576），周武帝決定再次伐齊。他吸取教訓，決心改變以往的部署，放棄在河南的作戰，以晉陽與洛陽之間的要樞晉州（治平陽，今山西省臨汾市）為主攻目標，集中兵力，待敵軍來援時予以消滅，然後再乘勢東征，拿下北齊的首都鄴城。周武帝對群臣說：「朕去歲屬有疹疾，遂不得克平逋寇。前入賊境，備見敵情，觀彼行師，殆同兒戲。又聞其朝政昏亂，政由群小，百姓嗷然，朝不謀夕。天與不取，恐貽後

---

40 《周書》卷6《武帝紀下》。

悔。若復同往年，出軍河外，直為撫背，未扼其喉。然晉州本高歡所起之地，鎮攝要重，今往攻之，彼必來援，吾嚴軍以待，擊之必克。然後乘破竹之勢，鼓行而東，足以窮其窟穴，混同文軌。"[41]

此年十月，周武帝親率諸軍伐齊，攻佔平陽，果然吸引了晉陽的敵軍主力來援。十二月庚戌，雙方在平陽城南會戰，"齊師大潰，死者萬餘人，軍資器械，數百里間，委棄山積"[42]。周軍乘勝北克晉陽，東取鄴城，俘獲齊後主，完成了統一北方的大業。北周此番獲勝，得益於改變戰略進攻方向，避開河陽的重兵堅城，這樣既使敵人無法利用當地優越的防禦條件，又能在野戰中發揮自己軍隊戰鬥力強勁的優勢，因而取得了最終的勝利。

五、隋朝的河陽

隋朝建立後，以洛陽為東都，作為控御中原和東方的重心，並於此地大修宮室，屯駐重兵，還在附近設置洛口倉、回洛倉等聚積糧粟的巨型倉城。洛陽以北的河陽，仍然受到隋朝政府的重視，值得注意的有以下舉措。

其一，沿置宮、關。北周統一北方後，曾於河陽設立皇帝的行宮，隋朝予以保留。[43] 另外，東魏在中潬築城後，又置關以稽查行旅，隋朝亦予繼承。嚴耕望先生曾對此考述道："《御覽》一六一引《冀州圖經》：'河陽在河內郡南六十四里，有宮有關。'此殆河陽關之最早見者。《通鑒》一八五唐武德元年紀有河陽都尉獨孤武都（《隋書・恭帝紀》作

---

41 《周書》卷6《武帝紀下》。

42 《資治通鑒》卷172 陳宣帝太建八年（576）十二月。

43 "周、隋為宮，貞觀置鎮。"〔唐〕李吉甫：《元和郡縣圖志》卷5《河南道一》"河陽縣"條，中華書局，1983年。

河陽郡尉，字訛）。按隋制，關置都尉，如潼關有都尉也。知河陽亦置關。"[44]

其二，建河陽倉。開皇三年（583），由於長安糧儲不足，朝廷命令在黃河、汴水等漕運沿岸設置糧倉，以便向京師轉運，其中也有河陽。見《隋書》卷24《食貨志》："於是詔於蒲、陝、虢、熊、伊、洛、鄭、懷、邵、衛、汴、許、汝等水次十三州，置募運米丁。又於衛州置黎陽倉，洛州置河陽倉，陝州置常平倉，華州置廣通倉，轉相灌注。漕關東及汾、晉之粟，以給京師。"

其三，重立縣治。北齊時期，一度撤銷河陽縣，其轄境併入溫、軹二縣。[45]隋文帝平陳、統一天下之後，又恢復了河陽縣的行政區域，歸懷州管轄。[46]隋煬帝時，曾將懷州改稱河內郡。

其四，南城改稱"大通城"。《資治通鑑》卷185武德元年（618）正月辛酉條，載王世充於洛北之役敗於瓦崗軍後，"不敢入東都，北趣河陽，是夜，疾風寒雨，軍士涉水沾濕，道路凍死者又以萬數。世充獨與數千人至河陽，自繫獄請罪，越王侗遣使赦之，召還東都，賜金帛、美女以安其意。"《資治通鑑考異》引《雜記》則記述此次戰役曰："唯世充敗免，與數百騎奔大通城，敗兵得還者，於道遭大雨，凍死者六七千人。世充停留大通十餘日，懼罪不還。十四年正月，越王遣世充兄世惲往大通慰諭，赦世充喪師之罪。"可見河陽南城在當時改名為"大通（城）"。

---

44 嚴耕望：《唐代交通圖考》第一卷，"中央研究院"歷史語言研究所專刊之八十三，1985年，第136頁。

45 "本周司寇蘇忿生之邑，後為晉邑，在漢為河陽縣，屬河內。高齊省入溫、軹二縣。隋開皇十六年，分溫、軹二縣重置，屬懷州。"〔唐〕李吉甫：《元和郡縣圖志》卷5《河南道一》"河陽縣"條，中華書局，1983年。

46 《隋書》卷30《地理志中》河陽縣注："舊廢，開皇十六年置。有盟津，有古河陽城治。"

六、隋末唐初戰爭中的河陽

隋朝後期到唐初，洛陽地區經歷了長期的殘酷戰亂，成為各政治勢力競相爭奪的熱點。自楊玄感、宇文化及、李密，至竇建德、王世充，覬覦神器的幾位草頭天子都是在這裏折翼覆滅的。李唐王朝定鼎中原的決定性戰役，也是在洛陽附近完成的。在多股軍事力量的拉鋸戰中，河陽曾幾度易手，其歸屬情況大致可分為以下六個階段。

階段一，隋軍佔領時期。隋煬帝大業九年（613），楊玄感在黎陽（今河南省浚縣東北）起兵反隋，沿黃河北岸西進，企圖從孟津南渡，迅速佔領洛陽。據《隋書》卷70《楊玄感傳》記載，由於他委任的懷州刺史唐禕叛變，"修武縣民相率守臨清關，玄感不得濟，乃於汲郡南渡河。"後來楊玄感在洛陽作戰接連獲勝，煬帝遣屈突通等率援軍自河北來救，屯於河陽。"玄感請計於前民部尚書李子雄。子雄曰：'屈突通曉習兵事，若一渡河，則勝負難決，不如分兵拒之。通不能濟，則樊、衛失援。'"楊玄感準備採用這條計策，但被隋朝東都守將樊子蓋得知，頻頻向其進攻，牽制其兵力，使屈突通從河陽順利南渡，改變了戰局。楊玄感腹背受敵，退往關西，中途敗亡。

河陽三城在武德元年（618）正月乙丑之前，仍為隋朝軍隊控制，守將為河陽都尉獨孤武都，並未設置重兵。前文已述，當年正月辛酉，隋將王世充兵敗後曾畏罪逃往河陽，被越王楊侗赦免後"收合亡散，復得萬餘人，屯於含嘉城中，不敢復出。"[47]

階段二，瓦崗軍佔領時期。武德元年（618）正月乙丑，李密率眾三十萬進逼洛陽，大敗段達、韋津所統的隋兵。"於是偃師、柏谷及河陽都尉獨孤武都、檢校河內郡丞柳燮、職方郎柳續等各舉所部降於

---

47 《隋書》卷85《王（世）充傳》。

密。"[48] 瓦崗軍隨即佔領了該地，由劉德威守懷州，黃君漢守柏崖城（在孟津西五六十里），事見《舊唐書》卷77《劉德威傳》《崔義玄傳》。當年九月，王世充重創瓦崗軍，"時王伯當棄金墉保河陽，（李）密自虎牢歸之，引諸將共議"[49]，決定降唐，隨即撤離河陽。

階段三，隋軍再佔時期。為武德元年九月或十月至二年（619）七月。李密投唐時，"從密入關者凡二萬人，於是密之將帥、州縣多降於隋。"[50] 劉德威亦率所部隨李密歸唐，河陽與懷州隨即復入隋軍之手。《資治通鑒》卷187武德元年十二月條："隋將堯君素守河東，上遣呂紹宗、韋義節、獨孤懷恩相繼攻之，俱不下。時外圍嚴急，君素為木鵝，置表於頸，具論事勢，浮之於河；河陽守者得之，達於東都。"即表明該地當時由隋軍控制。次年三月，王世充遣高毗在河內地區發動攻勢。五月，攻佔義州（今河南省武陟縣）等地，轉而攻西濟州；黃君漢勢危降唐，拜為懷州刺史，暫以柏崖城為懷州州治。[51] 李世民遣劉弘基率兵至河內與王世充戰鬥；七月甲申，"劉弘基遣其將種如願襲王世充河陽城，毀其河橋而還"[52]。這次失敗後，王世充即將河陽的駐軍撤回。

階段四，李商胡佔領時期。王世充在洛陽稱帝，建國號鄭之後，因河北地區的戰事不利，故主要向東、南及西方擴展，放棄了河陽。該地遂為瓦崗軍餘部李商胡（本名李文相）控制，其中營即設在孟津中潬[53]。

---

48 《資治通鑒》卷185唐高祖武德元年正月。

49 《資治通鑒》卷186唐高祖武德元年九月。

50 《資治通鑒》卷186唐高祖武德元年九月。

51 《舊唐書》卷39《地理志三》河北道："懷州雄，隋河內郡。武德二年，於濟源西南柏崖城置懷州，領大基、河陽、集城、長泉四縣。其年，於濟源立西濟州……"《新唐書》卷39《地理志三》河北道："懷州河內郡，雄。武德二年沒王世充，僑治濟源之柏崖城。四年，世充平，還舊治。"

52 《資治通鑒》卷187唐高祖武德二年。

53 《資治通鑒》卷188唐高祖武德三年正月："曹旦，建德之妻兄也，在河南，多所侵擾，諸賊羇屬者皆怨之。賊帥魏郡李文相，號李商胡，聚五千餘人，據孟津中潬（胡注：此即河陽中潬城也）；母霍氏，亦善騎射，自稱霍總管。世勣結商胡為昆弟，入拜商胡之母。"

武德二年（619）歲末，河北義軍首領竇建德聽從徐世勣的建議，遣其妻兄曹旦率兵五萬南渡黃河，[54] 李商胡等小股農民軍皆表示歸順。因曹旦等縱兵侵擾，引起當地義軍不滿，次年正月，李商胡"召曹旦偏裨二十三人，飲之酒，盡殺之。旦別將高雅賢、阮君明尚在河北未濟，商胡以巨舟四艘濟河北之兵三百人，至中流，悉殺之。……商胡復引精兵二千，北襲阮君明，破之，高雅賢收眾去，商胡追之，不及而還"[55]；二月，竇建德遣大軍報復，攻佔河陽，殺死李商胡。

階段五，鄭軍佔領時期。竇建德佔據河陽後，見王世充在洛陽兵勢強盛，不願渡河與之爭鋒，即放棄該地，撤回河北，全力北伐幽州的羅藝，致使河陽又被王世充佔領，並將洛陽地區與懷州連成一片，溝通了黃河南北兩岸的交通，形勢復為有利。鄭軍隨即向西擴張，與河東的唐兵發生了衝突。武德三年（620）四月，"（唐）懷州總管黃君漢擊王世充太子玄應於西濟州，大破之；熊州行軍總管史萬寶邀之於九曲，又破之。"[56]

七月，秦王李世民領兵十餘萬東征洛陽，王世充聞訊後做出應戰部署："遣魏王弘烈鎮襄陽，荊王行本鎮虎牢，宋王泰鎮懷州，齊王世惲檢校南城，楚王世偉守寶城，太子玄應守東城，漢王玄恕守含嘉城，魯王道徇守曜儀城，世充自將戰兵，左輔大將軍楊公卿帥左龍驤二十八府騎兵，右游擊大將軍郭善才帥內軍二十八府步兵，左游擊大將軍跋野綱帥外軍二十八府步兵，總三萬人，以備唐。"[57] 其中河陽防務由鎮守懷州的王泰負責，他本人駐紮在河內（今河南省沁陽市）。

---

54 《資治通鑒》卷 188 唐高祖武德二年末："李世勣復遣人說竇建德曰：'曹、戴二州，戶口完實，孟海公竊有其地，與鄭人外合內離；若以大軍臨之，指期可取。既得海公，以臨徐、兗，河南可不戰而定也。'建德以為然，欲自將徇河南，先遣其行台曹旦等將兵五萬濟河，世勣引兵三千會之。"
55 《資治通鑒》卷 188 唐高祖武德三年（620）。
56 《資治通鑒》卷 188 唐高祖武德三年。
57 《資治通鑒》卷 188 唐高祖武德三年。

李世民則安排唐軍分路進攻。行軍總管史萬寶從宜陽向南攻佔龍門，切斷洛陽與襄陽的聯繫；將軍劉德威逾太行山麓，圍攻王泰所在的河內；上谷公王君廓斷絕敵人自洛口倉通往洛陽的糧道；懷州總管黃君漢自河陰進攻鄭軍的另一個糧儲基地回洛城；李世民親率大軍屯於北邙，結連營寨以逼迫洛陽之敵。[58]

八月，雙方接戰，"甲辰，黃君漢遣校尉張夜叉以舟師襲回洛城，克之，獲其將達奚善定，斷河陽南橋而還，降其堡聚二十餘。世充使太子玄應帥楊公卿等攻回洛，不克，乃築月城於其西，留兵戍之。"[59]乙卯日，劉德威襲擊懷州，攻入河內城池的外郭，並收復了周圍的許多堡聚。[60]守將王泰見形勢不利，南移到河陽駐紮。

隨着唐軍在洛陽周圍作戰的節節獲勝，河南郡縣相繼歸降，外圍的各股鄭軍勢單力孤，紛紛逃回洛陽。武德四年（621）二月庚戌，鄭軍鎮守懷州的主將王泰棄河陽而逃，"其將趙夐等以城來降"[61]，結束了王世充在河陽的統治。

階段六，唐軍據守時期。李世民佔領河陽後，進圍東都，洛陽危在旦夕，王世充被迫向竇建德求救。竇建德此時在曹州俘獲了孟海公，率眾西救洛陽，連克管州、榮陽、陽翟，"泛舟運糧，溯河西上。王世充之弟徐州行台世辯遣其將郭士衡將兵數千會之，合十餘萬，號三十萬，軍於成皋之東原，築宮板渚，遣使與王世充相聞。"[62]李世民集眾將商議，決定用部分兵力繼續圍困洛陽，自率精兵在虎牢扼守險要，阻擊竇建德，使其不得西進；又遣王君廓率輕騎抄掠其糧餉，俘獲夏軍大將張青特。"建德數不利，人情危駭，將帥已下破孟海公，皆有所獲，思歸

---

58 《舊唐書》卷 2《太宗紀上》。
59 《資治通鑒》卷 188 唐高祖武德三年八月。
60 《資治通鑒》卷 188 唐高祖武德三年八月。
61 《資治通鑒》卷 189 唐高祖武德四年（621）。
62 《資治通鑒》卷 189 唐高祖武德四年。

洺州。"[63] 此時，謀士凌敬勸竇建德帶領大兵北渡黃河，攻取懷州、河陽，使重將守之，再翻越太行山，進入上黨，佔領汾、晉，直取蒲津，並強調 "如此有三利：一則蹈無人之境，取勝可以萬全；二則拓地收眾，形勢益強；三則關中震駭，鄭圍自解。為今之策，無以易此。"[64] 竇建德起初表示同意，但由於王世充使者頻頻哀求，並向諸將行賄，使他們反對凌敬的建議，結果竇建德在眾人慫恿下決定向虎牢進攻。五月己未，夏軍悉眾來犯，被李世民以逸待勞，一戰擊潰，陣俘竇建德。王世充聞訊後徹底絕望，只得率太子、群臣出降，唐軍取得了這場具有決定意義的戰役的勝利。

隋末唐初戰爭的主要戰場雖然仍在洛陽附近，但是交戰各方並沒有派遣主力屯駐河橋，亦未反覆拼死爭奪該地，反映出河陽對這一階段戰爭的影響不像以前那樣重要。筆者分析，大致有以下原因：

首先，洛陽的隋、鄭守軍主要依靠附近的人力和糧儲補充。黃河北岸的懷州是彈丸之地，僅僅作為東都防禦的犄角，並不像東魏（北齊）那樣，在河東、河北具有強大的根據地，可以通過河橋向河南戰場提供有力的支援。對於隋、鄭的洛陽防守來說，與黃河北岸的交通聯絡不是至關重要的生命線，它的援兵基本上來自東方或南方，所以河陽在軍事補給方面並不具有頭等的戰略價值。

其次，活動於河北的竇建德起義軍在與王世充聯手之前，並未將主力投入到河南戰場。進攻洛陽的敵軍主力來自東西兩個方向，如李密的瓦崗軍、李世民的唐軍，他們都沿黃河南岸向東都進發。洛陽面臨的主要威脅並非來自河陽所當的黃河北岸，因此隋、鄭政權只是把一支人數

---

63 《舊唐書》卷 54《竇建德傳》。
64 《資治通鑒》卷 189 唐高祖武德四年。

不多的偏師放在河陽及懷州地區，藉以擴張聲勢。該地受到攻擊時，洛陽通常也不派出軍隊援救，說明這一據點並未受到特殊重視。

七、唐朝前期的河陽

唐朝平定中原後，仍以洛陽為東都，並作為全國交通網的中心樞紐，全力經營。嚴耕望曾云：“中國中古時代，中原北通北塞主要幹道有二，西為洛陽北通太原、雁、代道，東為洛陽汴州北通邯鄲、燕、薊道。東道坦，西道險。唐都長安，而建洛陽為東都，太原為北都，故西道交通尤顯重要。”[65] 上述兩條幹道都與河陽有密切關係，因此唐朝政府對於這一據點給予充分的重視，並陸續採取了一系列鞏固安全的措施。

其一，改隸河南府。隋朝的河陽歸懷州（河內郡）管轄，治所在黃河北岸的河內（今河南省沁陽市）。雖然它控制着洛陽地區北上河東、幽冀的重要通道，在行政管理方面卻不隸屬於河南郡，未能與東都的防禦系統融為一體。唐朝的統治者注意到這個問題，據《舊唐書》卷 38《地理志一》所載，武德四年（621）平定王世充後，“於隋河陽宮置盟（孟）州，領河陽、集城、溫三縣”，屬河南府；“八年，廢盟州，省集城入河陽縣，以河陽、溫屬懷州”；顯慶二年（657）又將河陽隸屬洛州。

其二，保留隋代的宮、關。河陽行宮和關卡在唐代仍然保有，見《元和郡縣圖志》卷 5《河南道一》河陽縣；同書同卷亦曰：“中潬城，東魏孝靜帝元象元年築之，仍置河陽關。天寶已前，亦於其上置關。”嚴耕望先生亦考證道：“《元大一統志》一二三《孟州古跡目》‘河陽關在河陽

65　嚴耕望：《唐代交通圖考》第一卷，“中央研究院”歷史語言研究所專刊之八十三，1985 年，129 頁。

古縣南，遺跡猶存。'此關當驛道，《六典》之制，當為中關；然《六典》六，中關十三，無河陽。蓋其時承平，未置耳。"[66]

其三，復置河陽倉。隋代河陽的倉廩在戰亂中遭到毀棄，唐初恢復漕運，但規模不大，"高祖、太宗之時，用物有節而易贍，水陸漕運，歲不過二十萬石，故漕事簡。"[67] 至高宗時有所發展，在長安、東都附近重建和新置了諸多倉儲。咸亨元年（670），復置河陽倉，隸屬於中央的司農寺[68]，用來存儲轉運的糧粟，玄宗開元十年（722）廢除[69]。

其四，設鎮。為了保護河橋的安全，貞觀年間，政府又在河陽設立軍鎮，駐紮兵將。見《元和郡縣圖志》卷5《河南道一》河陽縣："周、隋為宮，貞觀置鎮。"在唐朝前期，"鎮"主要設置在邊疆，守將曰"使"，由所在道大將統率。見《新唐書》卷50《兵志》：

> 唐初，兵之戍邊者，大曰軍，小曰守捉，曰城，曰鎮，而總之者曰道。其軍、城、鎮、守捉皆有使，而道有大將一人，曰大總管，已而更曰大都督。至太宗時，行軍征討曰大總管，在其本道曰大都督。

河陽由於地位重要，故亦置鎮守衛。

其五，常置木工、水手。政府專為河陽浮橋配置了一批木匠和船夫，負責巡視、修繕浮橋，以保證這條重要孔道的安全與暢通。《唐六典》卷7《工部水部郎中》："巨梁十有一，皆國工修之。……（注：河陽橋杠於潭、洪二州造送……河陽橋置水手二百五十人，大陽橋水手二百人，仍各置木匠十人。）"

---

66 嚴耕望：《唐代交通圖考》第一卷，"中央研究院"歷史語言研究所專刊之八十三，1985年，第136頁。
67 《新唐書》卷53《食貨志三》。
68 《唐會要》卷88《倉及常平倉》："咸亨元年閏九月六日，置河陽倉，隸司農寺。"
69 《舊唐書》卷8《玄宗紀上》開元十年九月，"廢河陽、柏崖倉"。

八、安史之亂中的河陽三城

安史之亂歷經唐玄宗、肅宗、代宗三朝，持續八年，烽火遍及中原，是唐朝規模巨大的一場內戰。在此次戰爭期間，雙方的軍隊主力沿范陽—相州—汴州—洛陽—長安一線陸路幹道驅騁攻守，反覆廝殺；而河陽適當其衝，為兩軍的將帥所矚目，一度成為爭奪的熱點；尤其是李光弼以弱旅扼守三城，使史思明大兵不得全力西進，是河陽戰爭史上最為著名的一頁。下面予以詳細論述。

（一）河陽對叛軍進攻戰略制定的影響

安祿山任平盧、范陽、河東節度使，屬下三鎮統兵 18.39 萬 [70]；又兼河北、河東採訪處置使，掌握着東起平（治今河北省盧龍縣）、營（治今遼寧省朝陽市），西至忻（治今山西省忻州市）、代（治今山西省代縣）這一廣大地區的軍事、民政與財政大權。他的根據地在幽州（今北京地區），為籌備叛亂，"乃於范陽築雄武城，外示禦寇，內貯兵器，養同羅及降奚、契丹曳落河八千餘人為假子，及家童教弓矢者百餘人，以推恩信，厚其所給，皆感恩竭誠，一以當百。又畜單于、護真大馬習戰鬥者數萬匹，牛羊五萬餘頭，總三道以節制，刑賞在己。" [71] 後又收降突厥阿布思葉護餘部，"則兵雄天下，愈偃肆" [72]，並利用兼任閑廄、隴右牧使的職權，密遣親信在各地不斷挑選良馬送至范陽，組成了一支驍勇善戰的鐵騎。

安祿山起兵反唐，其戰略意圖是奪取東西兩京，以稱帝於天下；而首要的進攻目標就是號稱"中茲宇宙，通賦貢於四方；交乎風雨，均朝

---

70 《舊唐書》卷 38《地理志一》。

71 〔唐〕姚汝能：《安祿山事跡》卷上，上海古籍出版社，1983 年。

72 《新唐書》卷 225 上《安祿山傳》。

宗於萬國"[73]的神都洛陽，控制這個全國最為重要的經濟、政治與交通中樞。《新唐書》卷225上《安祿山傳》即載他發兵前，"先三日，合大將置酒，觀繪圖，起燕至洛，山川險易攻守悉具，人人賜金帛，並授圖，約曰：'違者斬！'至是，如所素。"從范陽進軍至東都，途經太行山東麓、貫穿河北平原的驛道——大官道，過易州、定州、趙州、邢州、洛州至相州（今河南省安陽市）後，分為二徑，旅途如下。

第一條路線是自湯陰西南行，沿太行山麓與黃河北岸之間的通道，經衛州（今河南省衛輝市）、懷州（今河南省沁陽市）至河陽孟津，渡過浮橋後即抵達洛陽。這條路線是唐代幽州至東都軍隊商旅行進的主要幹道，可見杜甫詩《後出塞——為出兵赴幽州、漁陽所作》："朝進東門營，暮上河陽橋，落日照大旗，馬鳴風蕭蕭。"岑參詩《送郭乂雜言》："何時過東洛，早晚度盟津，朝歌城邊柳蝉地，邯鄲道上花撲人。"

第二條路線是自湯陰東南行，至滑州境界渡過黃河，南行至汴州（今河南省開封市），然後折向西進，經鄭州、滎陽、虎牢而抵達洛陽。竇建德等救王世充，便是經由此途。

對於安史叛軍的進攻計劃來說，這兩條路線各有利弊。第一條路線距離較近，據《通典》卷178《州郡八》所載，幽州去洛為1680里。而走第二條路線，幽州至相州1120里，《元和郡縣圖志》卷7《河南道三》載汴州西至東都420里，北至滑州210里，滑州至相州130里，合計為1880里，多出200里左右。叛軍南下時，"師行日六十里"[74]，如走第一條路線可以節省3—4日的時間。俗語說"兵貴神速"，所以它是軍事家們首選的途徑。例如唐太宗貞觀十九年（645）征高麗，便是從洛陽出

---

73 《全唐文》卷12《高宗建東都詔》。
74 《新唐書》卷225上《安祿山傳》。

發，經河陽、武德（今河南省溫縣東北）、衛州（治今河南省衛輝市）、安陽、鄴城、定州而到達幽州的。

但是，第一條路線也有明顯的缺點。

其一，衛州經獲嘉、武陟、溫縣至河陽一途，位於太行山南麓與黃河之間的狹窄通道，叛軍的優勢兵力不宜展開，少有迴旋餘地。

其二，行至懷州後，過河的渡口只有孟津一處，而河陽三城又是唐軍必守之地，進攻須耗費時日。而唐軍若想阻撓叛兵渡河，只要拆斷河陽浮橋就可以收效。事實上，安史之亂中，叛兵兩次從范陽大舉南下，進攻東都，唐軍都採取了這一舉措。如天寶十四年（755）十一月，封常清守洛陽，"乃斷河陽橋，為守禦之備"[75]；乾元二年（759）三月，唐軍九節度使兵敗鄴城，郭子儀"以朔方軍斷河陽橋保東京"[76]，都曾使叛軍無法由孟津南渡。

其三，大軍若從相州西取河陽，還須防備黃河南岸駐守汴、鄭二州的唐軍北上襲擊，截斷自幽州而來的糧餉運輸，給前線的供應造成困難。

安祿山與屬下商議進攻路線之時，曾有數人向他建議，走河陽捷近一途，突襲東都。如《新唐書》卷225上《安祿山傳》載："賊之未反，（高）邈為謀，聲進生口，直取洛陽，無殺光翎，天下當未有知者。"何千年亦"勸祿山自將兵五萬樑河陽，取洛陽，使蔡希德、賈循以兵二萬絕海收淄、青，以搖江淮；則天下無復事矣"。但是安祿山考慮到種種不利條件，均未予以採納。

第二條路線雖然較遠，可是卻具有以下幾點有利因素。

其一，選擇滑州一帶南渡黃河，自靈昌津至白馬津、濮陽百餘里內均有渡口，可以同時涉渡，或採取聲東擊西的戰術來欺騙對手。由於渡

---

75 《資治通鑒》卷217唐玄宗天寶十四年十一月。

76 《資治通鑒》卷221唐肅宗乾元二年三月。

河點多，對岸的敵人容易顧此失彼，阻擊有一定難度。

其二，滑州黃河北岸有黎陽倉，儲糧甚多，佔領了它能夠有效地解決供應問題。

其三，滑州以南便是汴州，這是關東地區洛陽之外最大的商業城市。它位於汴水之濱，東去齊魯，南通江淮，西達洛京，居水陸要衝，"舟車輻湊，人庶浩繁"[77]，是南北漕運的中轉樞紐。叛軍攻佔汴州，既可以取得財富，阻斷江南漕運，還能遣偏師東犯曹、鄆，或沿汴水而下，攻掠江淮平原。實際上，叛軍首領們也正是這樣部署的，如安祿山佔領汴州、陳留後，自率主力西取洛陽，另派張通晤任睢陽太守，"與陳留長史楊朝宗將胡騎千餘東略地，郡縣官多望風降走"[78]。後又遣令狐潮、尹子奇等圍攻雍丘、睢陽，全憑張巡的堅守死戰，消耗了敵軍大量兵力，才保護了江淮地區未受敵騎蹂躪。

權衡利弊，安祿山選擇了第二條進軍路線，即以滑州靈昌為渡河地點。"以絙約敗船及草木橫絕河流，一夕，冰合如浮梁，遂陷靈昌郡"[79]。然後順利地攻克了陳留，轉向西進洛陽。乾元二年（759），史思明稱大燕皇帝後，再度從范陽起兵進攻東都，仍然沿用了這條路線，"命諸郡太守各將兵三千從己向河南，分為四道，使其將令狐彰將兵五千自黎陽濟河取滑州，思明自濮陽，史朝義自白皋，周摯自胡良濟河，會於汴州。"[80]胡三省注曰："白皋、胡良皆河津濟渡之要，在滑州西北岸。"從作戰的效果來看，都相當令人滿意；叛軍依靠人數和戰鬥力的優勢，勢如破竹，佔領了汴州至洛陽的土地。

---

77 《舊唐書》卷 190 中《齊澣傳》。

78 《資治通鑒》卷 217 唐玄宗天寶十四年（755）。

79 《資治通鑒》卷 217 唐玄宗天寶十四年（755）。

80 《資治通鑒》卷 221 唐肅宗乾元二年九月。

（二）河陽對唐軍東都防禦戰略的影響

安史之亂戰爭中，唐朝軍隊在洛陽地區兩度阻擊叛兵的進攻，由於採取了不同的防禦策略，取得的戰果截然相反。其中是否利用河陽三城，成為勝敗的關鍵之一。

1. 封常清防禦洛陽的失敗

天寶十四年（755）十二月，安祿山自靈昌渡河後，連下陳留、滎陽，直取東都。守將封常清募兵得六萬人，"屯武牢以拒賊，賊以鐵騎蹂之，官軍大敗。常清收餘眾，戰於葵園，又敗；戰上東門內，又敗。丁酉，祿山陷東京，賊鼓噪自四門入，縱兵殺掠。常清戰於都亭驛，又敗；退守宣仁門，又敗；乃自苑西壞牆西走。"[81] 在接連慘敗之後，他被迫放棄洛陽，率領殘兵逃往陝縣。

唐軍作戰失敗的主要原因是士兵未經訓練，戰鬥力低下，士氣不振，兵仗器械亦不如敵。《新唐書》卷上《安祿山傳》曰："時兵暴起，州縣發官鎧仗，皆穿朽鈍折不可用，持梃鬥，弗能亢。吏皆棄城匿，或自殺，不則就禽，日不絕。禁衛皆市井徒，既授甲，不能脫弓襪、劍縶。"《舊唐書》卷 187 下《李憕傳》亦載："祿山所統，皆蕃漢精兵，訓練已久；常清之眾，多市井之人，初不知戰。及兵交之後，被鐵騎唐突，飛矢如雨，皆魂懾色沮，望賊奔散。"但是，封常清在敵強我弱的形勢下，未能採取固守城池的戰術，以避敵之鋒芒；反而錯誤地出兵迎戰，結果自然是喪地失眾，他本人也被朝廷處死。另一方面，河陽三城在這次洛陽的防禦作戰中，也沒有發揮任何積極作用。封常清奉命趕赴東都後，即斫斷河陽浮橋，以絕叛軍南涉孟津之路。而安祿山率眾自靈昌渡河，經汴州、滎陽而來，使唐軍斷橋阻敵的計劃落

---

81 《資治通鑒》卷 217 唐玄宗天寶十四年。

空。叛軍逼近洛陽時，守城官吏見大勢已去，"東京留守李憕、中丞盧奕、採訪使判官蔣清燒絕河陽橋"[82]，徹底破壞了這座貫通黃河南北的津樑。

2. 郭子儀、李光弼據守河陽的決策

乾元二年（759）三月，唐軍兵敗鄴城，郭子儀率朔方軍退保東都。"戰馬萬匹，惟存三千；甲仗十萬，遺棄殆盡。東京士民驚駭，散奔山谷；留守崔圓、河南尹蘇震等官吏南奔襄、鄧；諸節度各潰歸本鎮。士卒所過剽掠，吏不能止，旬日方定。"[83] 洛陽形勢危急，郭子儀斷河陽橋後，準備在當地守城備戰，但是部伍驚亂，又逃至缺門。諸將會集後，有兵數萬，在討論防禦戰略時，多數人認為難以禦敵，主張放棄東都，退守蒲津、陝州。都虞侯張用濟堅決反對，提出"蒲、陝薦飢，不如守河陽，賊至，併力拒之"，得到郭子儀的採納，"使都游弈使靈武韓游瓌將五百騎前趣河陽，用濟以步卒五千繼之。周摯引兵爭河陽，後至，不得入而去。用濟役所部兵築南、北兩城而守之。段秀實帥將士妻子及公私輜重自野戍渡河，待命於河清之南岸，荔非元禮至而軍焉"[84]。終於迫退敵兵，穩定了局勢。

七月，郭子儀被召還京師，由李光弼代任其職。"光弼治軍嚴整，始至，號令一施，士卒、壁壘、旌旗、精采皆變。"[85] 九月，史思明大舉來犯，連克滑州、汴州，汴滑節度使許叔冀、濮州刺史董秦與屬將等歸降。叛軍乘勝西攻鄭州，李光弼見其勢盛難敵，便領兵撤至洛陽，與東都官吏議論對策。當時的情況和安祿山初犯洛陽時的形勢相似，李光弼手下僅有兩萬兵、十日之糧[86]，由於接連受挫，士氣亦不高漲。因此，留

---

82 《舊唐書》卷 200 上《安祿山傳》。
83 《資治通鑒》卷 221 唐肅宗乾元二年。
84 《資治通鑒》卷 221 唐肅宗乾元二年。
85 《資治通鑒》卷 221 唐肅宗乾元二年。
86 《資治通鑒》卷 221 唐肅宗乾元二年九月，"光弼夜至河陽，有兵二萬，糧才支十日"。

守韋陟建議將軍隊退至陝州，利用潼關的險要地勢抗擊敵人。這項主張遭到李光弼的反對。他說：“此蓋兵家常勢，非用奇之策也。夫兩軍相寇，貴進尺寸之間耳。今委五百里而不顧，是張賊勢也。”並提出駐守河陽以牽制敵兵的舉措，“若移軍河陽，北阻澤潞、三城以抗，勝則擒之，敗則自守，表裏相應，使賊不敢西侵，此則猿臂之勢也。”[87] 胡三省對此注解道：“猿臂可伸而長，可縮而短，故以為喻。”

判官韋損認為洛陽地位非常重要，不應放棄，責問李光弼曰：“東京帝宅，侍中何不守之？”光弼則反問道：“若守洛城，氾水、崿嶺皆須人守，子為兵馬判官，能守之乎？”[88] 最終決定撤離洛陽，讓留守韋陟率東京官屬西入關中，河南尹李若幽領吏民出城避難，李光弼督率軍士將油、鐵等防禦作戰的重要物資運往河陽。他自己帶五百騎兵殿後，進入南城，“排閱守備，號令嚴明，與士卒同甘苦，咸誓力戰”[89]。

李光弼的部署非常成功。叛軍入洛陽空城後，掠無所得，若派兵西進、南下，又害怕河陽唐軍襲其後路，反而陷入被動。《舊唐書》卷110《李光弼傳》載：“賊憚光弼威略，頓兵白馬寺，南不出百里，西不敢犯宮闕，於河陽南築月城，掘壕以拒光弼。”

3. 叛軍、唐軍攻守河陽的作戰方略

自乾元二年（759）十月，史思明與李光弼圍繞河陽三城展開了激烈的爭奪，其間叛軍採取了多種進攻措施與謀略，均被唐軍破解。

其一，耀武河濱。為了向唐朝守軍炫耀武力，動搖其士氣，史思明每日將良馬千餘匹驅至黃河南岸洗浴，“循環不休以示多”[90]。李光弼則於諸營搜羅牝馬五百匹，繫其駒於中潬城內；待叛軍良馬至河濱時，放

---

87 《舊唐書》卷110《李光弼傳》。
88 《舊唐書》卷110《李光弼傳》。
89 《舊唐書》卷110《李光弼傳》。
90 《資治通鑑》卷221唐肅宗乾元二年（759）十月。

出牝馬嘶鳴不止，引其渡河，驅入城中，既挫敗了敵人之謀，又使叛軍多有損失。

其二，火焚浮橋。河陽三城之間有浮橋相連，可以根據需要調動兵力，運輸糧餉。史思明企圖用火攻將河橋焚毀，斷絕守軍的往來與供應，"列戰船數百艘，泛火船於前而隨之，欲乘流燒浮橋"[91]。李光弼則準備了數百支百尺長竿，後用巨木支撐，竿頭裝上用氈布包着的鐵叉，以阻止火船，使其不得靠近浮橋，自焚殆盡。"又以叉拒戰船，於橋上發炮石擊之，中者皆沉沒，賊不勝而去。"[92]

其三，攻擊三城。史思明遣偽丞相周摯領眾先對南城發動強攻，唐軍守將為鄭陳節度使李抱玉，李光弼自居中潬策應，兼顧北城；與李抱玉約以二日為期，"過期而救不至，任棄也"[93]。李抱玉經過血戰，在城陷之際以詐降蒙騙叛軍，得以修繕城堞，挫敗敵兵的進攻，殺傷甚眾。

周摯在南城受挫後，併力攻擊唐軍的防禦核心中潬城。李光弼先於城外置木柵，柵外挖掘塹壕，深、寬各二丈；派遣勇將荔非元禮領兵據守，自居城東北角瞭望指揮。周摯依仗人馬眾多，"直逼其城，以車二乘載木鵝、蒙衝、鬥樓、撞車隨其後，督兵填城下塹，三面各八道過其兵，又當塹開柵，各置一門"[94]。當叛軍填壕破柵湧入時，荔非元禮率死士突然殺出，大敗敵兵。

周摯收兵整隊後，又對北城發動猛攻，李光弼立即率兵將趕往救援。李光弼登城望敵後說："彼雖眾，亂而囂，不足懼也。當為公等日午而破之。"[95]命部將郝廷玉率鐵騎三百衝擊敵陣西北角，論惟貞率二百騎衝擊東南角，並與諸將約定以麾旗為號令，"爾等望吾旗而戰，

---

91 《資治通鑒》卷 221 唐肅宗乾元二年（759）十月。
92 《資治通鑒》卷 221 唐肅宗乾元二年（759）十月。
93 《舊唐書》卷 110《李光弼傳》。
94 《舊唐書》卷 110《李光弼傳》。
95 《舊唐書》卷 110《李光弼傳》。

若麾旗緩，任爾觀望便宜；吾旗連麾三至地，則萬眾齊入，生死以之，少退者斬無捨。"[96] 郝、論二將衝陣廝殺後，李光弼見時機成熟，連麾旌旗，三軍奮勇衝殺，聲動天地，敵人陣腳大亂，潰不成軍，"斬首萬餘級，俘八千餘人，馬二千，軍資器械以億計。"[97] 周摯僅率數騎逃去，叛軍大將徐璜玉、李秦授被擒，安太清走保懷州。史思明不知周摯已敗，仍在進攻南城，李光弼向其展示俘虜，使敵人喪氣退兵。叛軍直接進攻河陽三城的戰鬥以失敗告終。

其四，斷絕糧道。河陽城內的存糧不多，需要從河東補給。其運輸路線有兩條，一是由澤州（今山西省晉城市）、潞州（今山西省長治市）下天井關，經懷州至河陽，由於叛軍於乾元二年（759）三月佔領了懷州，這條道路已被截斷。二是從絳州（今山西省新絳縣）至絳縣，沿清水河谷穿過中條山與王屋山之間的孔道至垣縣（今山西省垣曲縣），再西至王屋縣（今河南省濟源市王屋鎮），過軹關陘到濟源，東南至河陽，此途是河陽守軍糧餉的主要供應路線。史思明在攻城不利的情況下，派兵到河清（今河南省孟津縣黃河北岸），準備斷絕唐軍糧道。他宣稱："我且渡河，絕彼餉道，三城食盡，不攻自下。"[98] 李光弼聞訊後，領兵於野水渡設防。傍晚光弼返回河陽，留牙將雍希顥率千人駐守營柵，曰："賊將高（庭）暉、李日越，萬人敵也，賊必使劫我。爾留此，賊至勿與戰，若降，與偕來。"[99] 諸將莫名其妙，紛紛竊笑。當夜史思明果然遣李日越引兵至野水渡，襲劫唐軍營寨，並警告他："必獲李君，不然無歸！"[100] 李日越次日凌晨至柵下，得知光弼已歸河陽，恐回營後被史思明治罪，遂投降唐軍。

---

96 《舊唐書》卷110《李光弼傳》。
97 《新唐書》卷136《李光弼傳》。
98 《資治通鑒考異》引《邠志》。
99 《新唐書》卷136《李光弼傳》。
100《太平廣記》卷189《李光弼》條。

李光弼據守河陽三城，接連挫敗敵人的進攻，取得的戰果是多方面的。首先，唐軍殺傷俘獲了大批敵兵，並迫使叛將高庭暉、李日越、董秦等先後率領所部歸降，嚴重削弱了敵手的兵力。其次，史思明所率的叛軍主力被牽制在洛陽一帶，不敢大舉西犯長安，"畏光弼掎其後"[101]，使原來危急的形勢有所緩和。再次，河陽防禦戰的勝利為唐朝政府爭取了時間。如李吉甫所稱："陝州得修戎備，關隘無虞，皆光弼保河陽之力。"[102] 乾元二年十一月，肅宗調發安西、北庭駐軍到陝州，完成了關中地區的防禦部署。十二月，史思明遣將李歸仁率五千騎兵西進騷擾，在陝州礓子阪被唐軍擊破，後又在永寧、莎柵間屢遭失敗[103]，京畿安然無恙。

正是因為河陽戰鬥給予叛軍沉重的打擊，阻止了其西進，才保全了關中和京師長安。因李光弼功勞卓者，唐肅宗加授他為太尉兼中書令，並下詔褒獎道："自狂胡構禍，寰宇未清，義勇竭於臣心，勛庸著於王室。頃者豺狼餘孽，尚稽天討，蚊蚋相依，仍侵河外，是用仗其深略，為我長城，有穰苴之法令，亞夫之威略，遠能挫群凶之銳，全百勝之師，為廟堂之寶臣，成軍國之重任。"[104]

4. 河陽唐軍的北向攻勢

上元元年（760）二月，李光弼為了打通河陽與太原之間的聯繫道路，消除背後的敵患，向懷州發動進攻，在與叛軍的交戰中屢屢獲勝。據《資治通鑒》卷 221 記載：

> 二月，李光弼攻懷州，史思明救之。癸卯，光弼逆戰於沁水之上，破之，斬首三千餘級。

101《資治通鑒》卷 221 唐肅宗乾元二年十月。

102〔唐〕李吉甫：《元和郡縣圖志》卷 5《河南道一》河南府河陽縣，中華書局，1983 年。

103《資治通鑒》卷 221 唐肅宗乾元二年十一月，"發安西、北庭兵屯陝，以備史思明"。十二月，"史思明遣其將李歸仁將鐵騎五千寇懷州，神策兵馬使衛伯玉以數百騎擊破之於礓子阪，得馬六百匹，歸仁走。……李忠臣與歸仁等戰於永寧、莎柵之間，屢破之"。

104《唐大詔令集》卷 60《李光弼太尉中書令制》。

（三月）庚寅，李光弼破安太清於懷州城下；夏四月壬辰，破史思明於河陽西渚，斬首千五百餘級。

（十一月）李光弼攻懷州，百餘日，乃拔之，生擒安太清。

懷州重鎮的收復，改變了河陽三城腹背受敵的不利局面，唐軍得以自由出入太行陘，取得與澤、潞二州的聯絡，又增加了一條補給兵員、糧餉的通道，使戰場的形勢發生了有利於唐軍的明顯改觀。

5. 唐軍邙山之敗與河陽的棄守

史思明在屢次受挫之後，採取了誘敵出擊的計策，企圖使唐軍離開河陽堅城，在平原與自己交鋒，以發揮鐵騎的野戰優勢。[105] 據《新唐書》卷 136《李光弼傳》所載："思明使諜宣言賊將士皆北人，謳吟思歸。"《資治通鑒》卷 222 亦載其事曰："或言：'洛中將士皆燕人，久戍思歸，上下離心，擊之，可破也。'"陝州觀軍容使魚朝恩信以為真，頻頻上言肅宗，請求進攻洛陽。唐肅宗也被一系列的勝利衝昏頭腦，下詔令李光弼迅速出戰，收復東都。李光弼深諳敵情，屢次上表奏言："賊鋒尚銳，請候時而動，不可輕進。"[106] 而部將僕固懷恩因為屬下恃功不法者多受懲治，對李光弼心懷忌恨，也附和魚朝恩，妄稱洛陽可取。於是朝廷督促河陽唐軍出戰的中使絡繹於途。李光弼迫不得已，遂令鄭陳節度使李抱玉守河陽，與僕固懷恩帶兵和魚朝恩及神策節度使衛伯玉進攻洛陽。

上元二年（761）二月戊辰，唐軍與叛兵相逢於邙山。李光弼命僕固懷恩依山據險佈陣，僕固懷恩卻偏要在平原列陣，聲稱："我用騎，今

105《資治通鑒》卷 221 乾元二年（759）十月條："(李)光弼曰：'此人情耳。思明常恨不得野戰，聞我在外，以為必可取。……'"

106《舊唐書》卷 110《李光弼傳》。

迫險，非便地，請陣諸原。"[107] 李光弼反駁說："有險，可以勝，可以敗；
陣於原，敗斯殲矣。且賊致死於我，不如阻險。"[108] 二人爭執不下，史
思明乘其佈陣未定，出兵衝擊，唐軍大敗，"死者數千人，軍資器械盡
棄之"[109]。李光弼、僕固懷恩渡河退保聞喜（今屬山西省），魚朝恩與衛伯
玉逃至陝州，李抱玉亦因兵力寡弱，放棄河陽撤到澤州，於是河陽三城
與懷州相繼被叛軍佔領。

　　李光弼與史思明相持於河陽時，戰局趨於穩定，並開始出現對唐軍
有利的形勢。而唐肅宗與魚朝恩不懂軍事，輕信妄言，做出進攻洛陽的
錯誤決策，造成邙山之役的慘敗。三月，史思明率大軍西進，欲乘勝攻
入關中，至永寧發生內亂，為其子史朝義所殺，並引兵退回洛陽。如果
不是這場事變，京師長安與關中將再一次受到嚴重威脅。史朝義自立為
帝，斬丞相周摯等，並密令張通儒在范陽殺其少弟史朝清及不附己者數
十人。"其黨自相攻擊，戰城中數月，死者數千人，范陽乃定。"[110] 至
此，叛軍集團四分五裂，大為衰弱，無力再組織大規模的攻勢。唐朝政
府則通過積蓄力量，向回紇借兵，於次年（762）十月發動總反攻，接連
收復河南、河北等地。廣德元年（763）正月，史朝義兵敗自盡而死，持
續八年的安史之亂終告結束。

九、五代以後河陽戰略地位的衰微

　　唐王朝雖然平定了安史之亂，卻無力根除叛軍餘部，因此在招降李
懷仙、田承嗣等人後，被迫承認其在河北的原有勢力範圍，就地委以節

107《新唐書》卷 136《李光弼傳》。
108《新唐書》卷 136《李光弼傳》。
109《資治通鑒》卷 222 唐肅宗上元二年二月戊辰。
110《資治通鑒》卷 222 唐肅宗上元二年三月。

度使之職。李懷仙等"各招合遺孽,治兵繕邑,部下各數萬勁兵,文武將吏,擅自署置,貢賦不入於朝廷"[111],依然保持着割據狀態。唐朝政府為了防遏他們起兵反叛,在河朔三鎮沿界部署了大量軍隊,"河東、盟津、滑台、大梁、彭城、東平盡宿厚兵,以塞虜衝"[112]。其中河陽的地位尤為顯要。嚴耕望先生曾言:"安史亂後,中原多事,河北更久為藩鎮割據,幾於敵國。洛陽為唐代潼關以東第一政治軍事中心,惟借黃河之阻,以絕河北藩鎮之窺伺,而河陽為最近洛陽之大津渡處,故常置河陽節度使,統重兵以鎮之,是以李吉甫稱為'都城之巨防'也。"[113]唐代宗在誅滅史朝義之後,即"留觀軍容使魚朝恩守河陽,乃以河南府之河陽、河清、濟源、溫四縣租稅入河陽三城使。河南尹但總領其縣額。尋又以汜水軍賦隸之"[114]。德宗建中二年(781),又置河陽三城節度使,委東都留守路嗣恭擔任,統懷、鄭、汝、陝四州軍事。[115]建中四年(783)二月,又"以河陽三城、懷、衛州為河陽軍"[116]。終唐一代,河陽始終受到統治集團的重視。

不過,河朔三鎮的勢力遠沒有以往那樣強大,不敢公開反叛、進兵東西兩都,故而唐朝後期河陽一帶的戰事寥寥。至唐末五代之際,朱溫與李克用爭雄,"河東屢爭河陽,不克,朱溫自是益強"[117]。後唐與後晉時期,此地亦發生過一些戰鬥,但規模和影響都遠不能和前代相比。五代以降,我國的政治重心自長安、洛陽東移,主要水陸交通幹線和大戰的戰場也轉到太行山、外方山以東的華北平原、江淮平原之上;河陽三城與孟津橋渡的戰略地位亦隨之逐漸衰落,淡出中國軍事歷史的舞台。

111《舊唐書》卷 143《李懷仙傳》。
112《樊川文集》卷 5《論戰》。
113 嚴耕望:《唐代交通圖考》第一卷,"中央研究院"歷史語言研究所專刊之八十三,1985 年,第 132 頁。
114《舊唐書》卷 38《地理志一》。
115《資治通鑒》卷 226 唐德宗建中二年。
116《資治通鑒》卷 228 唐德宗建中四年。
117〔清〕顧祖禹:《讀史方輿紀要》卷 46《河南一》,中華書局,2005 年,第 2131 頁。

第十六章

隋末唐初戰爭中東都洛陽的防禦部署

在隋末唐初的群雄兼併和農民戰爭中，洛陽是各方激烈爭奪的熱點。先是楊玄感擁兵十萬，圍攻東都；繼而瓦崗軍據洛口倉，在北邙山下、洛水之濱與隋兵展開了長達歲餘的殊死搏鬥；直至李世民率常勝之師，打敗王世充，迫其出降，唐朝政權定鼎中原；其間還夾雜着宇文化及的北歸和竇建德西援的兩次大戰。洛陽郊野血雨腥風，城壘內外拋屍者何止百萬！足見各路雄豪都把它視為統一寰宇的必爭之地。東都城守的堅固與戰事之慘烈，在我國古代軍事史上是空前的，自秦漢六朝至唐初，未有哪座都城經歷了如此長久的頑強防守。隋朝政府在洛陽實行的防禦部署情況如何？為甚麼對該地這樣重視？從地域的角度考察，東都防禦體系的特點和最終失敗的主要原因有哪些？本章將重點探討這幾個問題。

一、隋朝政府對洛陽的軍事防禦部署

大業元年（605）二月，隋煬帝命令在洛陽營建新都，次年新都落成，煬帝由長安徙居，並於大業五年（609）改東京為東都。在此期間，隋朝政府不僅在當地大造宮室苑囿，修通漕運，還在河洛地區[1]實施了

---

1 河洛地區以洛陽為中心，東越鄭州、中牟一線，西抵潼關、華陰，南以汝河、潁河上游的伏牛山脈為界，北以黃河以北、汾水以南的晉南、河南的濟源、沁陽為界。參見薛瑞澤：《河洛與河洛地區研究補正》，《中國歷史地理論叢》1999 年第 2 期。

規模巨大的軍事部署，如修建長塹堅城、設置關塞、築倉聚糧、屯駐重兵，在周圍數百里內構築了異常強固的防禦體系。其詳細情況，下面分別予以論述。

（一）外圍長塹

隋文帝仁壽四年（604）七月，煬帝即位，在平息了代王楊諒的叛亂之後，於十一月駕幸洛陽，策劃營建新都。此月丙申，煬帝下令徵調民夫數十萬，在洛陽的北、東、南三面修築環形長壕，企圖用外圍工事來增強這一地區的防禦力量，保護未來新都的安全。據《隋書》卷3《煬帝紀上》載，長塹自龍門（今山西省河津市）東接長平（今山西省晉城市東南）、汲郡（治今河南省滑縣西北），抵臨清關（今河南省新鄉市東北），然後南渡黃河，至浚儀（今河南省開封市）折向西南，經襄城（今河南省汝州市）等地往西延伸，達於上洛（今陝西省商洛市商州區），並於沿線建立了關防要塞。長塹綿延千餘里，將洛陽和聯繫關中、山東兩大經濟區域的三條主要交通幹線 —— 晉南豫北通道、豫西通道和黃河中游水道包圍起來。在實施此項舉措之後，煬帝才於此月癸丑日下詔，準備在伊洛流域營建東京城邑。

（二）東都城壘

1. 洛陽城壘佈局

新建的洛陽城是東都防禦體系的核心，北依邙山，南對伊闕，西臨澗河，東距漢魏洛陽故城9千米。新都的城壘是守軍抗禦進攻的主要工事，據文獻記載和考古發掘來看，包括自外及內相套的郭城、皇城、宮城及其他小城。

其一，郭城，或稱羅城、羅郭城、外城，是都城的外沿城壘。對隋唐洛陽故城遺址的發掘表明，其平面近方形，南寬而北窄，城牆為夯築，據遺跡判斷，牆基寬約 5 米餘、高 5 米餘、頂寬 3 米左右。郭城東、南、北三面共開八門。[2] 城東牆長 7312 米、南牆長 7290 米、北牆長 6138 米，西牆紆曲，長 6776 米；周長約 27.5 千米。[3] 郭城之內，設置諸多坊里，為百官府第和百姓住宅所在地。洛水西來，穿城而過，將其分為南、北兩部分，有天津橋、翊津橋和通遠橋相連。

其二，皇城。在郭城的西北隅，南臨洛水，城牆亦為夯築，內外兩側覆有青磚，其寬、高約 11 米，頂寬 6 米餘，東、西牆長約 2100 米，南、北牆長約 1670 米，周長 7.5 千米左右。[4] 皇城圍繞着宮城的東、西、南三面，共有六門，"南面三門：正南曰端門，東曰左掖門，西曰右掖門。東面一門：曰東太陽門。西面二門：南曰麗景門，北曰西太陽門。"[5] 其東西二壁與宮城東西牆之間分別形成一段夾城。皇城之內有許多殿堂和院落，皇帝子孫、公主的宅第和一些官署建築在此。[6]

其三，宮城。隋代稱作"紫微城"，在皇城中間偏北，其東、西、南三面被皇城包圍。考古發掘表明，它的平面近方形，東牆長約 1270 米、西牆長 1275 米、北牆長 1400 米，南牆正中有向南凸起的部分，長 1710 米；周長約 5.6 千米。[7] 由於東西兩牆與皇城東西牆相距不過 300 米，所以構成雙重城壘。宮城的城牆亦為夯築包磚，寬 15—16 米，共有七門，見《河南志・隋城闕遺跡》：

2　《河南志・隋城闕古跡》曰："羅郭城，大業元年築。……南面三門：正南曰定鼎門（原注：南通伊闕，北對端門，隋曰建國，唐武德四年，平王世充改），東曰長夏門，西曰厚載門。東面三門：北曰上東門（西對東城之宣仁門，隋曰上春，唐初改），中曰羅門，南曰建春門。北面二門：東曰接喜門，西曰徽安門。"〔清〕徐松輯，高敏點校：《中國古代都城資料選刊：河南志》，中華書局，1994 年，第 99—100 頁。

3　《中國軍事史》編寫組：《中國軍事史》第六卷《兵壘》，解放軍出版社，1991 年，第 163 頁。

4　中國科學院考古研究所洛陽發掘隊：《隋唐東都城址的勘察和發掘》，《考古》1961 年第 3 期；《中國軍事史》編寫組：《中國軍事史》第六卷《兵壘》，解放軍出版社，1991 年，第 163 頁。

5　《河南志・隋城闕古跡》"隋皇城"條。〔清〕徐松輯，高敏點校：《中國古代都城資料選刊：河南志》，中華書局，1994 年。《説郛》卷 57 杜寶《大業雜記》。

6　《河南志・隋城闕古跡》"隋皇城"條。〔清〕徐松輯，高敏點校：《中國古代都城資料選刊：河南志》，中華書局，1994 年。《説郛》卷 57 杜寶《大業雜記》。

7　《中國軍事史》編寫組：《中國軍事史》第六卷《兵壘》，解放軍出版社，1991 年，第 163 頁。

宮城曰紫微城（原注：其城象紫微宮，因以名），在都城之西北隅。南面四門：正門曰則天門，東曰興教門，又東曰泰和門，西曰興政門。東面一門：曰重光門。西面一門：曰寶城門。北面一門：曰玄武門。玄武門北，曰曜儀門（原注：號曜儀城），其北曰圓壁門（原注：號圓壁城），門之西曰方諸門。則天門北曰永泰門。東西橫門曰東華門，曰西華門。永泰門北曰乾陽門，正殿曰乾陽殿。

宮城東部有東宮，"附於宮城之東南角，自為一城，它利用宮城東牆的北端及南牆東端 340 米一段作為東南北三面的城垣，西牆寬 14 米，……整個城址呈長方形，東西 330 米，南北 1000 米"[8]。宮城北部為陶光園，中部是宮殿區，與陶光園有城牆和門相隔。

其四，曜儀城、圓壁城。這是宮城及皇城之北前後重疊的兩座小城，曜儀城緊鄰宮城北牆（亦為皇城北牆），其北為圓壁城，它們的東西牆即皇城東西牆向北的延長，二城皆為東西長、南北短的長條形，見《河南志・唐城闕古跡》：

宮城（原注：因隋名改為紫微城），周十三里二百四十一步，高四丈八尺（原注：東西四里一百八十八步，南北二里八十五步）。城中隔城四重（原注：最北曰圓壁，次曰曜儀，次曰玄武，最南曰洛城）。貞觀六年，號為洛陽宮。……北面二門：東曰安寧門，西曰玄武門（原注：隋名，南當應天門），玄武門北曰曜儀城，城有三門：北面一門，曰圓壁南門（原注：隋曰曜儀門，顯慶中改）；東曰曜儀東門，西曰曜儀西門。曜儀城北曰圓壁城，城有二門：北面曰龍光門，東曰圓壁門（原注：門北即外郭之外）。

8　中國科學院考古研究所洛陽發掘隊：《隋唐東都城址的勘察和發掘》，《考古》1961 年第 3 期。

其五，東城。在皇城之東，相接之處亦共用一牆。據考古發掘，東城南北長度與皇城相同，東西長度約 620 米 [9]，共有三門、四條街道，內設百官府署。見《河南志·隋城闕古跡》：

> 東城：東面一門，曰宣仁門（原注：直東對外郭之上春門）。南面一門，曰承福門（原注：在左掖門東二里，南臨洛水，左翊津橋，通繡經道場）。北面一門，曰含嘉門（原注：南對承福門，其北即含嘉倉，倉有城，號含嘉城）。其北曰德猷門。城內四街：第一街，鴻臚寺，次東司農寺，次東太常寺。第二街，尚書省（原注：在道北）。第三街，將作監，次東太僕寺。第四街，衛尉寺，次東都水監，次東宗正寺，次東大理寺。

其六，含嘉城。位於東城之北與曜儀、圓壁二城之東的夾角處。考古發掘表明，其城址為長方形，南北兩牆分別利用郭城北牆（長 615 米）及東城北牆為之，西牆長 725 米。[10] 其南門為含嘉門，與東城相通；北門為德猷門，通往郭城之外。見上引《河南志·隋城闕古跡》"東城"條。

含嘉城在隋代曾為東都屯兵之所，《讀史方輿紀要》卷 48《河南三》河南府"洛陽縣"條曰："含嘉城，在東都城北，隋含嘉倉城也。王世充與李密戰，敗於鞏北，奔還東都，屯含嘉城。又唐武德三年，世民伐王世充，世充使其子玄恕守含嘉倉。"

從上述東都城壘的建築佈局來看，包含宮城的皇城是防禦的重心，東城、含嘉城和曜儀、圓壁二城實際上是皇城東、北兩面的衛城，敵人

---

9 中國社會科學院考古研究所洛陽工作隊：《"隋唐東都城址的勘察和發掘" 續記》，《考古》1977 年第 6 期。

10 中國社會科學院考古研究所洛陽工作隊：《"隋唐東都城址的勘察和發掘" 續記》，《考古》1977 年第 6 期。

必須先攻佔它們才能接近皇城。皇城以南有郭城南部和洛水作為防守的外圍屏障，西邊雖然沒有郭城和衛城，但是建造了規模龐大的禁苑，四周築有圍牆，苑內有守軍，以及眾多假山、湖池、水渠和堂觀樓閣，地形複雜，使來犯之敵不易在那裏部署和展開進攻的兵力。可以看出，隋朝的統治者圍繞着宮城、皇城設有多重築壘工事，並且能夠利用天然或人工構造的地形、水文障礙來阻滯敵人的攻擊，東都的城防部署是相當堅固的。

2.《資治通鑒》記載的東都諸城

上述各城的名稱，宮城、東城、曜儀城、含嘉城皆是舊稱，見於史籍，而郭城、皇城則是後人的稱呼。值得注意的是，《資治通鑒》對於隋唐之際東都諸城的名稱有許多重要記載，有些甚至為《隋書》《新唐書》《舊唐書》所不錄；另外，《資治通鑒》中"宮城"一詞的含義也和後人的理解不同。現分別敍述如下：

其一，"四城"。《資治通鑒》卷188唐武德三年（620）六月："上議擊王世充，世充聞之，選諸州鎮驍勇皆集洛陽，置四鎮將軍，募人分守四城。"胡三省注："謂洛陽四城也。"說明當時守軍是分別部署在四個城區組織防禦作戰的。不過，上述"四城"指的是哪四個城區，正文和胡注都沒有說清楚。我國古代城市中的"四城"一般是指東、西、南、北城，但是如前所述，隋唐東都的城市佈局並不是簡單地按照四方位置來劃分的；因此，這裏所說的"四城"，可能是指前文所述東都諸城中的某四個城壘。

其二，"宮城"。《資治通鑒》中記載的洛陽"宮城"實為皇城及其內城（紫微城）的總稱，這是當時人的叫法，並非後人所言在皇城之內的宮城。可見《大業雜記》："宮城東西五里二百步，南北七里，城南、東、西各兩重，北三重。"其中所說的"兩重"即後人所稱的皇城和宮城在這三面的城牆，"北三重"則指北面的圓壁城、曜儀城和宮城城牆。

《大業雜記》還記載：「初，衛尉卿劉權、秘書丞韋萬頃總監築宮城。一時佈兵夫，周匝四面，有七十萬人。城周匝兩重，延袤三十餘里。」也是說它有內外兩層城牆，即後人所稱的皇城和宮城兩道牆壘。

《資治通鑒》卷 182 大業九年（613）六月載楊玄感起兵後進攻東都，遣弟玄挺為先鋒，隋將裴弘策領八千人迎敵，於城東五戰五敗。「丙辰，玄挺直抵太陽門，弘策將十餘騎馳入宮城，自餘無一人返者。」文中所說的「太陽門」即皇城的東門——東太陽門，楊玄挺在門前受阻，可見裴弘策進入的「宮城」應是皇城。本章中凡涉及這一概念，即皇城及其內城的總稱，都以帶引號的「宮城」來表示。

另外，「宮城」一詞在當時的含義還泛指內有宮殿的城池，不僅表示京都的內城，還包括一些築有行宮的小城。如《隋書》卷 70《楊玄感傳》所載：「至弘農宮，父老遮說玄感曰：『宮城空虛，又多積粟，攻之易下。進可絕敵人之食，退可割宜陽之地。』」這裏的「宮城」，就是指陝縣（弘農郡治）的縣城。

又《資治通鑒》卷 188 武德三年（620）六月壬午條，載王世充為了抵抗唐軍的進攻，調整了東都的防禦部署，命令「齊王世惲檢校南城，楚王世偉守寶城，太子玄應守東城，漢王玄恕守含嘉城，魯王道徇守曜儀城」。此處提到的五所城壘，東城、含嘉城和曜儀城見於文獻和考古發掘，毋庸置疑。不過，曜儀城在圓壁城之後，如果遭受外來的攻擊，顯然是外邊的圓壁城先受敵，失陷之後，曜儀城才有可能被攻擊。《資治通鑒》此處僅記載「魯王道徇守曜儀城」，不提圓壁城的防務，有些費解。也許是因為這兩座城壘狹小相連，在作戰編制上同屬一個單位，都由魯王道徇管轄，而他的駐所設在較為安全的曜儀城。那麼，文中所言的「南城」和「寶城」是何處城壘？下面即對此問題加以分析論證。

其三，寶城。據胡三省對《資治通鑒》卷 188 的注釋，他認為隋代東都的「寶城」是指皇城，「寶城即寶城朝堂，蓋皇城也」。此說不夠準確，"寶城"應該是隋代皇城之內的宮城，即《資治通鑒》所言"宮城"的內城。

根據之一，宮城的西門稱為"寶城門"，《河南志·隋城闕古跡》稱宮城："南面四門：正門曰則天門，東曰興教門，又東曰泰和門，西曰興政門。東面一門，曰重光門。西面一門，曰寶城門。"

根據之二，《河南志·隋城闕古跡》記載，"寶城門內有儀鸞殿。"注曰："大業口年，有二鸞鳥降寶城內，因造殿及儀鸞雙表高尺餘，殿南有楗梓林、栗林、蒲桃架四行，長百餘步。架南有射堂，對閶闔門。"此事發生在隋煬帝大業十一年（615）七月，見《資治通鑒》卷 182："有二孔雀自西苑飛集寶城朝堂前，親衛校尉高德儒等十餘人見之，奏以為鸞，時孔雀已飛去，無可得驗，於是百僚稱賀。詔以德儒誠心冥會，肇見嘉祥，擢拜朝散大夫，賜物百段，餘人皆賜束帛。"又據《大業雜記》："（閶闔）門西即入寶城，城內有儀鸞殿，殿南有烏梓林、栗林，有蒲桃架四行，行長百餘步。架南有射堂，對閶闔（門）。直西二百二十步，有寶城門。"而據《河南志·隋城闕圖》顯示，儀鸞殿在宮城之內。[11]

根據之三，寶城在古代的初義為堅城，見《文選》卷 53 陸士衡《辨亡論》："逮步闡之亂，憑寶城以延強寇，重資幣以誘群蠻。"而對隋唐東都的考古發掘表明，在諸城遺址之中，宮城的城垣最為寬厚高大，因而也是最為堅固的，故寶城應該是指宮城。

其四，南城。胡三省認為"南城"是在皇城之南的一座城壘，他在《資治通鑒》卷 188 的注釋中說："以地望准之，南城蓋在皇城之南，端門之外。"從文獻和考古資料反映的東都城市佈局來看，洛水穿城而過，在皇城之南，和它隔岸相對的是郭城的南半部分，其東、西、南三

---

11 曹洪濤：《中國古代城市的發展》圖 35 隋洛陽都城（宮城、皇城）圖，中國城市出版社，1995 年，第 88 頁。

面都有城牆，北憑洛水，自成一個防禦單位，其中再沒有別的小城。據此推論，胡三省所判斷的"南城"應是在洛水以南的東都郭城。可是，大業十三年（617）四月，瓦崗軍夜襲洛陽郭城，引起隋朝留守官員的驚恐。越王楊侗隨即下令徙移郭內民眾，"於是東京居民悉遷入宮城，台省府寺皆滿"[12]，放棄了外郭的防守，自後東都的城防作戰始終是依托"宮城"（皇城）展開的，百姓也一直居住在"宮城"之內。另見《資治通鑒》卷 189 武德四年（621）三月，"唐兵圍洛陽，掘塹築壘而守之。城中乏食，……死者相枕倚於道。皇泰主之遷民入宮城也，凡三萬家，至是無三千家。"因此，王世充在安排城防部署時，不可能在荒廢多日、無人居住的洛南郭城駐軍屯守。實際上，"南城"是指"寶城"（宮城）之南的皇城南部，因為那裏是皇城的主體部分，面積最為廣闊，多有府署宅第，可以安置守軍和遷入的市民。如前所述，皇城的東西部分只是兩段寬 200 餘米的狹窄隔城，無法大量屯兵和居住百姓。

"南城"即東都皇城（以其南部為主體），可見《永樂大典》所載《河南志・隋城闕古跡》："隋皇城，在府治城西二里，尚有闕門舊基。定鼎門在府城南一十里。皇城曰太微殿〔城〕。"本注曰："形制曲折，上應太微宮星之度，因以名，亦號南城。"[13] 該書《唐城闕古跡》注東都"皇城"條也道："隋曰太微城，亦號南城。"

（三）洛陽防禦兵力和物資儲備

1. 兵員

東都作為隋朝政府控御四方的軍事樞紐，有重兵鎮守，一旦天下有變，可以閉城自守，拖住進攻的強敵，等待援軍的到來；對付較弱的叛

---

12 《資治通鑒》卷 183 隋恭帝義寧元年（617）四月。

13 〔清〕徐松輯、高敏點校：《中國古代都城資料選刊：河南志》，中華書局，1994 年，第 107 頁。

兵，則能夠迅速出擊鎮壓，將其消滅。其城防軍隊的數額，戰時與平時不同，皇帝安居與出巡時也有很大差異，會根據形勢的變化有所增減。煬帝居住在東都時，有禁軍十二衛和其他部隊守衛，人數無確切記載，估計至少在 20 萬以上。因為他外出巡幸時，隨行的衛兵有數十萬。可參見《資治通鑒》卷 180 大業元年（605）八月，楊廣大發船隊自洛陽前往江都，"後宮、諸王、公主、百官、僧尼、道士、蕃客乘之，及載內外百司供奉之物"，僅挽船的士兵就有八萬人，還不算禁軍的人馬。"又有平乘、青龍、艨艟、艒䑼、八棹、艇舸等數千艘，並十二衛兵乘之，並載兵器帳幕，兵士自引，不給夫。"同書同卷載大業三年（607）八月煬帝北巡，"時天下承平，百物豐實，甲士五十餘萬，馬十萬匹，旌旗輜重，千里不絕"。

在國內和平的局面下，由於皇帝出巡或征伐高麗帶走了大量將士，東都留守的兵員不多，大約只有數萬人。例如大業九年（613）六月，楊玄感攻東都，留守樊子蓋僅能派出一萬餘人的兩支部隊來迎擊，"東都遣河南令達奚善意將精兵五千人拒（楊）積善，將作監、河南贊治裴弘策將八千人拒（楊）玄挺。"[14] 楊玄感獲勝後，"收兵得五萬餘人，分五千守慈磵道，五千守伊闕道，遣韓世咢將三千人圍滎陽，顧覺將五千人取虎牢"[15]。他自己手下的兵馬不過三萬餘人，東都的隋軍都不敢出來接戰。直到衛文昇的關中部隊和屈突通的河北援兵到達，迫使楊玄感分兵抵禦，力量削弱後，樊子蓋才派兵出城交鋒。"玄感分為兩軍。西拒文昇，東拒通。子蓋復出兵大戰，玄感軍屢敗。"[16]

大業十三年（617）二月，李密說翟讓襲取洛口倉時，曾說過："今

---

14 《資治通鑒》卷 180 隋煬帝大業九年。
15 《資治通鑒》卷 180 隋煬帝大業九年。
16 《資治通鑒》卷 180 隋煬帝大業九年。

東都空虛，兵不素練。"[17] 瓦崗軍佔領倉城後，"越王侗遣虎賁郎將劉長恭、光祿少卿房勛帥步騎二萬五千討密"[18]。僅能派出這些人馬，可見其兵力薄弱，恐怕亦只有數萬人。

瓦崗軍佔領洛口倉後聲勢大振，"道路降者不絕如流，眾至數十萬"[19]。越王楊侗見形勢危急，便下令瘋狂擴充兵員，"於是發教募士庶商旅奴等，分置營壁，各立將帥統領而固守"[20]。又調集外圍守軍增援，使東都兵力劇增，達到 20 餘萬。[21]

經過幾次激戰和失敗後，洛陽隋軍的人數驟減。《資治通鑒》卷186 載武德元年（618）九月，"（李）密以東都兵數敗微弱，而將相自相屠滅，謂旦夕可平"。王世充簡練精銳出戰，也不過"得二萬餘人，馬二千餘匹"。但是由於李密過於輕敵，在邙山之戰大敗，致使隋軍俘獲甚眾。"王世充收李密美人、珍寶及將卒十餘萬人還東都，陳於闕下。"這些俘虜及歸降者加上原有的隋軍，東都兵力又恢復到二十萬人左右。

另外，煬帝營建東都期間，又從附近及外地遷徙普通百姓、富商、上戶和手工工匠到洛陽，充實當地的人口，加強其經濟力量。參見《隋書》卷 3《煬帝紀上》大業元年：

> 三月丁未，詔尚書令楊素、納言楊達、將作大匠宇文愷營建東京，徙豫州郭下居人以實之。……徙天下富商大賈數萬家於東京。

《隋書》卷 24《食貨志》：

---

17 《資治通鑒》卷 183 隋恭帝義寧元年（617）二月。

18 《資治通鑒》卷 183 隋恭帝義寧元年二月。

19 《資治通鑒》卷 183 隋恭帝義寧元年二月。

20 《資治通鑒》卷 183 隋恭帝義寧元年二月庚子條注引《略記》。

21 《資治通鑒》卷 183 隋恭帝義寧元年四月："東都兵尚二十餘萬人，乘城擊柝，晝夜不解甲。"

煬帝即位，……始建東都，以尚書令楊素為營作大監，每月役丁二百萬人。徙洛州郭內人及天下諸州富商大賈數萬家，以實之。

《大業雜記》：

（大業二年）五月，敕江南諸州科上戶分房入東都住，名為部京戶，六千餘家。

《資治通鑒》卷 180 大業三年（607）十月：

敕河南〔北〕諸郡送一藝戶陪東都三千餘家，置十二坊於洛水南以處之。胡三省注：藝戶，謂其家以技藝名者。陪，助也。

東都人口眾多，繁華富庶，這對於防禦作戰有很大的益處。第一，能夠提供兵源，遇到緊急情況，在外援未能及時赴救時，可以徵調市民入伍參戰。第二，遷徙大量富戶和手工匠人到東都，可以在戰時為守城供應必要的物資，並修繕兵仗器械。

2. 武庫

隋朝政府實行的地緣戰略和秦、西漢王朝基本相同，即"以關中制山東"；如陳寅恪先生所言之"關中本位"，把山東（崤山以東的黃河中下游地區）作為假想敵盤踞的主要區域，而以京師長安所在的關中為根據地。這種防禦戰略的重要部署之一，就是在這兩大經濟、政治區域的交界之處洛陽附近，設置儲備巨量軍用物資（兵器、糧餉、財帛）的倉庫。秦與西漢時曾建滎陽敖倉與洛陽武庫，大軍由關中東征時要經過上述地帶，可以就地取得補給，免得從後方輾轉千里運來。當時人們把滎、洛地區視為兵家必爭之地，一方面因為那裏位處豫西通道的咽喉衝要，另一方面也正是由於該地儲存着巨量的軍資。如七國之亂時，桓將軍說吳王曰：“願大王所過城邑不下，直棄去，疾西據洛陽武庫，食敖倉粟，阻山河之險以令諸侯，雖毋入關，天下固已定矣。”[22] 王夫人請求漢武帝封其子王於洛陽，遭到嚴詞拒絕，武帝曰：“洛陽有武庫、敖倉，天下衝阨，漢國之大都也。先帝以來，無子王於洛陽者。”[23]

隋朝的做法和秦、西漢如出一轍，設立兩座武庫，一在京師長安，一在洛陽，儲存大量武器裝備，主官為武庫令，由衛尉管轄。《唐六典》卷 16 “衛尉寺” 條曰：“武庫令，兩京各一人，從六品下。……武庫令，掌藏天下之兵仗器械，辨其名數，以備國用。”並說明這是繼承了隋代的制度，見上文注：“隋衛尉寺，統武庫署，令二人，皇朝因之。”

據歷史記載，東都遇到危急時，往往從城市居民中募集兵員，組織部隊防禦或出擊。如大業十三年（617）二月，李密襲取洛口倉，越王楊侗招募兵士應戰。“時東都人皆以密為飢賊盜米，烏合易破，爭來應募，國子三館學士及貴勝親戚皆來從軍”，隋朝政府發給他們優良的裝備，“器械修整，衣服鮮華，旌旗鉦鼓甚盛”[24]。

東都武庫的地點史無明載，據隋代有關制度來判斷，武庫屬於衛尉寺管轄，而衛尉寺的官署設在東城。《河南志・隋城闕古跡》：“（東城）第四街，衛尉寺，次東都水監，次東宗正寺，次東大理寺。”則武庫地點很可能和衛尉寺在一起，位於東城之內。

3. 倉城

以東都洛陽為中心，在黃河沿岸設置眾多糧倉，是隋代轉運諸倉佈局的特點。《通典》卷 7《食貨七・丁中》曰：“隋氏西京太倉，東京含嘉倉、洛口倉，華州永豐倉，陝州太原倉，儲米粟多者千萬石，少者不減

22 《史記》卷 106《吳王濞列傳》。
23 《史記》卷 60《三王世家》。
24 《資治通鑒》卷 183 隋恭帝義寧元年（617）二月。

數百萬石。"據《隋書》卷24《食貨志》記載，隋朝建國之初，首都長安倉儲尚虛，政府於衛州（今河南省滑縣）置黎陽倉、洛州（洛陽地區）設河陽倉、陝州（今河南省三門峽市陝州區）置常平倉（後稱太原倉）、華州（今陝西省華陰市）設廣通倉，"轉相灌注，漕關東及汾、晉之粟，以給京師。"由於黃河三門的險阻，東方水運不能直入關中，漕糧大量積壓在洛陽待運。政府為了解決這一困難，曾經下令，"募人能於洛陽運米四十石，經砥柱之險，達於常平者，免其征戍。"後來，關中遇到災荒，隋文帝也曾數次率領百官、民眾東徙到洛陽就食，可見那裏是漕糧最大的囤積轉運地點。

隋煬帝營建東都之後，為了保障當地的糧食供應，又增築了幾座大型糧倉。其中城內為子羅倉，在皇城內右掖門街，"街西有子羅倉，倉有鹽二十萬石，子羅倉西有粳米六十餘窖，窖別受八千石。"[25] 洛陽博物館曾對倉區展開鑽探勘察，並試掘了兩座倉窖，其形制與結構和唐代含嘉倉糧窖基本相同。[26]

另據後人記載，隋代洛陽的含嘉城中也有糧倉，見《河南志·隋城闕古跡》："（東城）北面一門：曰含嘉門（原注：南對承福門，其北即含嘉倉，倉有城，號含嘉城）。"不過，含嘉城在建立之初是否即被用作大型糧倉，目前史學界尚有疑問，詳見後說。

城外附近的兩座，是鞏縣東南的洛口倉和洛陽北郊的回洛倉。見《資治通鑒》卷180大業二年（606），"（十月）置洛口倉於鞏東南原上，築倉城，周回二十餘里，穿三千窖，窖容八千石以還，置監官並鎮兵千人。十二月，置回洛倉於洛陽北七里，倉城周回十里，穿三百窖。"其中洛口倉的儲量最大，不僅用於轉運存儲，向山東、河北、江南等地用

---

25 《大業雜記》。

26 余扶危、賀官保：《隋唐東都含嘉倉》，文物出版社，1982年，第44頁。

兵時，還可以動用該倉的積粟發往各地，以充軍用。例如隋煬帝征伐遼東時，就曾"發江淮以南民夫及船運黎陽及洛口諸倉米至涿郡，舳艫相次千餘里"[27]。

此外，洛陽城內的府庫之中還儲有大量的錢帛財物。《資治通鑒》卷183隋恭帝義寧元年（617）四月載："東都城內乏糧，而布帛山積，至以絹為汲綆，然（燃）布以爨。"可見其數量之巨。

（四）東都近郊城壘

在洛陽城市的近郊，隋朝政府還先後設置了一些較小的城堡，屯兵駐守，和東都城形成掎角之勢，藉以增強其防禦力量。

1. 金墉城

原是曹魏在洛陽故城西北增築的小城。《讀史方輿紀要》卷48曰："金墉城，故洛陽城西北隅也。魏明帝築。城南曰乾光門，東曰含春門，北有趨門，又置西宮於城內。"又見胡三省注《資治通鑒》卷183隋恭帝義寧元年四月癸巳條："晉金墉城，在洛城西北，隋營東都城，東去故都十八里，則金墉亦在都城之東。"

金墉城所在地勢高亢，北倚邙山，俯瞰城區，是故城的制高點，具有重要的軍事價值。"金墉城由三座南北舺連的小城組成，彼此有門道相通，總平面略呈目字形，南北長約1048米，東西寬255米，總面積26萬平方米。城垣夯築而堅實，垣寬12—13米，共有城門八座"[28]。金墉城內另築有一座高樓，可用於瞭望敵情。見《太平寰宇記》卷3《河南道三》河南府洛陽縣："百尺樓在金墉城內，金墉城在故城西北角，魏明帝所築。"由於地勢險要，防守堅固，自三國、西晉至於北魏，常作

---

27 《資治通鑒》卷181隋煬帝大業七年（611）七月。

28 中國社會科學院考古研究所：《新中國的考古發現和研究：考古學專刊種甲十七號》，文物出版社，1984年，第518頁。

為囚禁廢黜帝王、后妃的場所，可參見《讀史方輿紀要》卷48《河南三》河南府洛陽縣"金墉城"條。

北魏分裂為東、西魏後，高歡將都城遷到鄴城，洛陽故城荒廢，又屢遭戰火。雙方為了控制這一戰略要地，展開了對金墉城的激烈爭奪，東魏（北齊）守軍曾數次挫敗敵人的進攻。如《北齊書》卷41《獨孤永業傳》載河清三年（564），"周人寇洛州，永業恐刺史段思文不能自固，馳入金墉助守。周人為土山地道，曉夕攻戰，經三旬，大軍至，寇乃退。……周武帝親攻金墉，永業出兵禦之，……乃通夜辦馬槽二千。周人聞之，以為大軍將至，乃解圍去"。後來直到鄴城陷落，北齊滅亡，金墉守軍才出城歸降。

隋朝統一天下後，對金墉城仍給予重視。《隋書》卷30《地理志中》載："（開皇）十四年於金墉城別置總監。"東都建成後，金墉城亦派兵鎮守。大業十三年（617）四月，瓦崗軍先後奪取了洛口倉、回洛倉，兵臨洛陽城下，但圍攻金墉城仍受挫而歸。次年正月，李密在鞏縣大敗王世充，才乘勢攻下了這一重要據點，對洛陽構成了嚴重威脅。見《資治通鑑》卷185："密乘勝進據金墉城，修其門堞、廬舍而居之，鉦鼓之聲，聞於東都。"後來金墉城由王伯當鎮守，至當年九月，瓦崗軍兵敗覆滅，才又被隋軍奪回。

2. 回洛城

在洛陽北郊，煬帝即位之初建立，內設眾多倉窖，囤積粟米，是供應東都官兵居民的主要糧庫。《太平寰宇記》卷3《河南道三》河南府河南縣"回洛倉"條稱其"南去洛陽縣七里，倉城周十里，開三百窖，米百萬斛。"《讀史方輿紀要》卷48《河南三》河南府孟津縣"回洛城"條亦稱："在舊縣東，《唐志》：河陽關南有回洛城。東魏大象初，侯景邙山之戰，諸軍皆北渡河橋，万俟洛獨勒兵不動，魏人畏之而去，高歡因名其所營地曰回洛。隋大業二年，於其地置回洛倉。"

隋末農民戰爭時，李密曾奇襲佔領回洛倉城，引起東都守軍的恐慌和糧食供應危機，隋朝政府幾番出兵，與瓦崗軍拼死爭奪，致使該城數次易手。可參見《資治通鑒》卷183隋恭帝義寧元年（617）四月：

癸巳，密遣裴仁基、孟讓帥二萬餘人襲回洛東倉，破之；遂燒天津橋，縱兵大掠。東都出兵擊之，仁基等敗走，密自帥眾屯回洛倉。東都兵尚二十餘萬人，乘城擊柝，晝夜不解甲。密攻偃師、金墉，皆不克；乙未，還洛口。

東都城內乏糧，而布帛山積，至以絹為汲綆，然布以爨。越王侗使人運回洛倉米入城，遣兵五千屯豐都市，五千屯上春門，五千屯北邙山。為九營，首尾相應，以備密。……己亥，密帥眾三萬復據回洛倉，大修營塹以逼東都；段達等出兵七萬拒之。辛丑，戰於倉北，隋兵敗走。

《資治通鑒》卷183隋恭帝義寧元年五月：

時（李）密兵鋒甚銳，每入苑，與隋兵連戰。會密為流矢所中，尚臥營中。丁丑，越王侗使段達與龐玉等夜出兵，陳於回洛倉西北，密與裴仁基出戰，達等大破之，殺傷太半，密乃棄回洛，奔洛口。

《資治通鑒》卷184隋恭帝義寧元年六月：

李密復帥眾向東都，丙申，大戰於平樂園。密左騎、右步，中列強弩，鳴千鼓以衝之，東都兵大敗，密復取回洛倉。

直到次年九月瓦崗軍覆敗，回洛城才又被隋兵收復。

3. 硤石堡

在洛陽城之西郊。《資治通鑑》卷 188 武德三年（620）十月"甲辰，行軍總管羅士信襲王世充硤石堡，拔之。"胡三省注："《水經注》：'穀水自新安縣東流徑千秋亭，又東徑雍谷溪，回岨縈紆，石路阻峽，故亦有峽石之稱。'《考異》曰：《河洛記》作'峽山堡'。今從《實錄》。"

4. 千金堡

在洛陽城東 30 餘里，古千金堨處。見《資治通鑑》卷 188 武德三年十月甲辰，"（羅）士信又圍千金堡，堡中人罵之。士信夜遣百餘人抱嬰兒數十至堡下，使兒啼呼，詐云'從東都來歸羅總管'。既而相謂曰：'此千金堡也，吾屬誤矣。'即去。堡中以為士信已去，來者洛陽亡人，出兵追之。士信伏兵於道，伺其門開，突入，屠之。"胡三省注曰："此於古千金堨築堡也。《水經注》：'穀水徑周乾祭門北，東至千金堨。《河南境簿》曰：'河南縣城東十五里有千金堨。'《洛陽記》曰：'千金堨，舊堨穀水，魏時更修此堨，謂之千金堨。'"

5. 青城堡

在洛陽城西，禁苑之內青城宮處。《資治通鑑》卷 187 武德二年十月"壬戌，（羅）士信拔青城堡"。胡三省注："蓋因青城宮為堡。"又見《資治通鑑》卷 188 武德四年（621）二月，"辛丑，（李）世民移軍青城宮，壁壘未立，王世充帥眾二萬自方諸門出，憑故馬坊垣塹，臨穀水以拒唐兵，諸將皆懼。"胡三省注曰："東都城西連禁苑，方諸門蓋自都城出禁苑之門也。青城宮在禁苑中，谷、洛二水會於禁苑之中。"《大業雜記》亦曰："出寶城門西行七里，至青城宮，宮即西苑之內也。"《河南志·隋城闕古跡》中亦提到上林苑中有青城宮，並敘述了該城的建造由來："北齊天保五年，常山王（高）演所築，以拒周師，使其將嚴似略守之，亦號嚴城。煬帝因其城造宮。至寶城門七里。韋述云：古谷城也。"

6. 洛陽故城

在東都城東，是漢魏時期修築的舊城，見《元和郡縣圖志》卷 5《河南道一》河南府"洛陽縣"條："故洛陽城，在縣東二十里。"大業初營建新都後，故城廢棄。但在隋末唐初的戰爭中，東都的保衛者曾利用故城的壁壘屯兵駐守，來減弱敵軍對皇城的攻擊。如唐軍圍攻洛陽時，王世充的軍隊曾在故城堅守數月，直至河北來援的竇建德之師兵敗覆亡，"世充將王德仁棄故洛陽城而遁，亞將趙季卿以城降"[29]。

（五）東都外圍的軍事據點

在洛陽郊外，還有拱衛其安全的眾多城堡塢壘，它們分佈的範圍包括河南郡所屬的 18 縣，以及周圍的滎陽、河內、弘農、襄城等郡，構成了以東都為核心的防禦體系。這些據點處於洛陽通往各地的交通衝要，阻山河之險，地位相當重要，因而受到隋朝統治集團的重視，修築關城並派遣兵將鎮守。

1. 東路

洛陽通往四方的陸路幹線，有東、西、南、北四途，其中東路出洛陽上春門，沿邙山南麓而行，過偃師、鞏縣、汜水（虎牢）、滎陽等地的低山丘陵，進入豫東平原後，天寬地闊，可以從黎陽北渡黃河，直赴幽燕；或沿通濟渠東南行，經浚儀（今河南省開封市）、梁郡到達江淮平原；或順濟水而行，東去齊魯。這條道路是山東、江南通往洛陽、關中的主要幹線，對於東都的安全彌足重要，因此隋朝政權在沿途設置了許多據點。

其一，偃師。距東都 70 里，這是自洛陽東行的第一個緊要去處。縣城北依邙山，山麓築有河陽倉，儲存轉運糧粟；西北有著名的黃河孟

---

29 《資治通鑒》卷 189 唐高祖武德四年五月乙丑。

津渡口。見《元和郡縣圖志》卷5《河南道一》河南府偃師縣："北邙山，在縣北二里，西自洛陽縣界東入鞏縣界。舊說云北邙山是隴山之尾，乃眾山總名，連嶺修亙四百餘里。……盟津，在縣西北三十一里。"

據《隋書》卷30《地理志中》所言，朝廷在該縣置關，稽查行旅商賈，並單獨設立了駐軍機構——都尉府。《隋書》卷28《百官志下》載煬帝大業三年（607）罷州置郡，"舊有兵處，則刺史帶諸軍事以統之，至是別置都尉、副都尉。都尉正四品，領兵，與郡不相知。副都尉正五品。"偃師都尉統領的是一支獨立編制的軍隊，稱為"偃師兵"。《資治通鑒》卷184隋恭帝義寧元年（617）九月"己未，越王侗使虎賁郎將劉長恭等帥留守兵，龐玉等帥偃師兵，與世充等合十餘萬眾，擊李密於洛口。"

其二，柏谷。在偃師縣東南，舊有塢堡。《水經》卷15："（洛水）又東過偃師縣南。"酈道元注："洛水又東徑百（柏）谷塢北。戴延之《西征記》曰：'塢在川南，因高為塢，高十餘丈，劉武王西入長安，舟師所保也。'"《讀史方輿紀要》卷48《河南三》河南府偃師縣曰："柏谷塢，在縣東南十五里。……東魏武定初，高季密以虎牢降魏，宇文泰率軍應之，至洛陽，遣于謹攻柏谷，拔之。隋大業十四年，李密圍東都，柏谷降密。"柏谷山峽峭立，地勢險要。《說郛》卷4載《北征記》曰："柏谷，谷邑也，漢武帝微行至此，為老父所窘者也。谷中無回車地，夾以高原，柏林蔭藹，窮日幽暗，殆弗睹陽景。"

又據《資治通鑒》卷185武德元年（618）"正月"條記載，王世充自洛水之役戰敗後，李密擁眾三十萬，直逼東都城下。"於是偃師、柏谷及河陽都尉獨孤武都、檢校河內郡丞柳燮、職方郎柳續等各舉所部降於密。"此處將柏谷與偃師並稱，可見它的守軍自成一部，並不屬偃師都尉府管轄。

其三，鞏縣。在洛陽以東140里，與偃師縣交界。《元和郡縣圖志》

卷5《河南道一》河南府"鞏縣"條載："縣本與成皋中分洛水,西則鞏,東則成皋,後魏併焉。按《爾雅》:'鞏,固也。'四面有山河之固,因以為名。"據《隋書》卷30《地理志中》所載,鞏縣有九山,有天陵山、維山、東首陽山;縣北有黃河,設有津渡。《元和郡縣圖志》卷5《河南道一》河南府"鞏縣"條曰:"黃河,西自偃師縣界流入。河於此有五社渡,為五社津,後漢朱鮪遣曹彊從五社津渡是也。"又有洛水入河之口,即洛口,古稱什谷,亦為用兵之地。見前引書同卷:"洛水,東經洛汭,北對琅邪渚入河,謂之洛口。亦名什谷,張儀說秦王'下兵三川,塞什谷之口',即此也。"鞏縣軍事價值之高,還在於當地設有巨大的洛口倉。隋煬帝建立倉城後,"置監官並鎮兵千人"[30]。但是該倉存有2400萬石漕糧,倉城周回20餘里,區區千人守兵實在是太薄弱了。有些大臣提醒煬帝加強當地的防務,卻遭到他的嘲笑,"虞世基以盜賊充斥,請發兵屯洛口倉,帝曰:'卿是書生,定猶恇怯。'"不過,此事後來還是引起了他的注意,大業十二年(616)七月戊辰,"車駕幸鞏,敕有司移箕山、公路二府於倉內,仍令築城以備不虞。"[31]從以後的戰爭情況來看,這兩個軍府應是在洛口倉外另築城壘戍守的,兵員的數量也不多。瓦崗軍於次年二月輕易攻克洛口倉,而箕山府郎將張季珣保城固守,半年之後才被攻陷。事見《資治通鑒》卷184隋恭帝義寧元年(617)九月:

> 時(李)密眾數十萬,在其城下,季珣四面阻絕,所領不過數百人,而執志彌固,誓以必死。久之,糧盡水竭,士卒羸病,季珣撫循之,一無離叛。自三月至是月,城遂陷。

---

30 《資治通鑒》卷180隋煬帝大業二年(606)十月

31 《資治通鑒》卷183隋煬帝大業十二年七月。

鞏縣的城守看來也是相當堅固的，例如李世民自武德三年（620）七月進攻東都，河南州縣大多降唐，東都被圍數月，可是偃師和鞏縣的守軍一直堅持到次年五月，竇建德兵敗虎牢，形勢徹底無法挽救，才獻城投降。[32]

其四，虎牢。在鞏縣之東，隋代屬汜水縣，位於今河南省滎陽市汜水鎮西，是歷史上著名的雄關。煬帝大業初年營建東都之際，在虎牢也建立了都尉府，派兵駐守。《隋書》卷30《地理志中》滎陽郡汜水縣注："舊曰成皋，即武（虎）牢也。後魏置東中府，東魏置北豫州，後周置滎州。開皇初曰鄭州，十八年改成皋曰汜水。大業初置武（虎）牢都尉府。"《大業雜記》亦載大業元年（605）"十二月，置城皋關於武牢城西邊，黃河、汜水之上"。

虎牢之所以受到隋朝統治者的重視，與其地處東西交通咽喉的地理位置有關。滎陽以東，是空曠遼闊的豫東平原，任憑大軍縱橫馳騁。但西入汜水縣境，便進入峰谷交錯的豫西丘陵山地。虎牢是豫西走廊東段的第一道天然屏障，它北臨黃河，西、南兩面是連綿起伏的崗巒，交通不便，只有一條道路在峽谷之中蜿蜒穿行。如《讀史方輿紀要》卷46《河南一》所言："今自滎陽而東皆坦夷，西入汜水縣境，地漸高，城中突起一山，如萬斛囷。出西郭，則亂嶺糾紛，一道紆回其間，斷而復續，使一夫荷戈而立，百人自廢。"所以，它一直被視為洛陽的東大門。

虎牢城雄踞於大任山上，地勢險要。《讀史方輿紀要》卷47《河南二》開封府鄭州汜水縣條載："虎牢城，在今城西，自古戍守處也。……《通典》：城側有廣武城。東魏將陸子章增築虎牢城，其城縈帶山阜，北臨黃河，絕岸峻崖，以為險固。城西北隅有小城，周三里，北面臨河直

---

32 《資治通鑒》卷189唐高祖武德四年（621）五月，"甲子，世充偃師、鞏縣皆降。"

上，升眺清遠，勢盡川陸。武德二年，將軍張孝珉襲王世充汜水城，入其郛，即武牢城也。"

虎牢城東有汜水北流入河，亦可作為防守障礙。其東北有黃河津渡牛口渚，又有板渚，是流往江淮的通濟渠與黃河交匯之處，都是水運衝要，故成為深受兵家矚目的戰略要地。隋末唐初的戰爭中，虎牢頻頻被各方奪據。《讀史方輿紀要》卷46《河南一》曾有綜括的介紹：

> （大業）九年，楊玄感圍東都，分遣其將顧覺取虎牢；虎牢降，以覺為鄭州刺史鎮虎牢。十二年，以河南盜翟讓等為亂，命裴仁基鎮虎牢。明年，仁基降於李密。唐武德初，李密將徐世勣以黎陽來歸，使經略虎牢以東。三年，（李）世民圍王世充於東都，將軍王君廓引兵襲虎牢，拔之。四年，東都圍急，竇建德引兵救世充，軍於成皋東原。郭孝恪等請先據虎牢之險以拒之。世民亦曰："建德將驕卒惰，吾據武牢，扼其咽喉，彼若冒險爭鋒，取之甚易。"遂東趣虎牢。及戰，建德敗滅。

其五，緱氏。今河南縣，在洛陽東南60里處，扼守伊洛谷地通往豫東平原的另一條路。該縣以當地有緱氏山而得名，東南又設有轘轅關。見《元和郡縣圖志》卷5《河南道一》河南府緱氏縣："本漢舊縣，古滑國也。《左傳》曰'秦師滅滑'。其後屬晉。至秦漢為縣，因山為名。隋大業十年移據公路澗西，憑岸為城，即今縣是也。……轘轅山，在縣東南四十六里。《左傳》：'欒盈過周，王使候出諸轘轅。'注曰：'緱氏縣東南有轘轅關，道路險隘，凡十二曲，將去復還，故曰轘轅。'後漢河南尹何進所置八關，此其一也。"

據《讀史方輿紀要》卷48《河南三》記載，魏晉南北朝時期，該地曾多次設立關壘，抗禦來犯之敵。其著名之處有鄂阪關、曹城、袁術固

（又名袁公塢）、公路壘、鈎故壘等；並列舉了歷史上從梁、許經轘轅進攻洛陽，或從洛陽經轘轅東出至許昌等地的很多戰例。

據《隋書》卷30《地理志中》記載，隋文帝在開皇十六年（596）廢掉了緱氏縣，但隋煬帝在營建東都以後，為了加強東南方向的防禦，又下令復置該縣。後來又將該縣移至更為險要之處，建築新城，派兵鎮守。《元和郡縣圖志》卷5《河南道一》河南府緱氏縣："隋大業十年移據公路澗西，憑岸為城，即今縣是也。"

2. 北路

隋代洛陽北方以河內郡為防區，軍事據點以河陽為重心，輔以其他城壘要塞。河內在北朝和隋初稱懷州，大業三年（607）易名。這一地域在太行山南麓與黃河之間，東至臨清關（今河南省新鄉市東北），西到王屋縣，屬於一個不大的自然地理單位。該郡豐沃富饒，扼守東都通往河北、河東兩地的交通衝要，具有很高的軍事價值。《讀史方輿紀要》卷49《河南四》"懷慶府"條："府南控虎牢之險，北倚太行之固，沁河東流，沁水西帶，表裏山河，橫跨晉衛，舟車都會，號稱陸海。周之衰也，晉得南陽而霸業以成。戰國時秦人與三晉爭，多在南陽。……漢爭中原，先定河內。東漢初，方經營河北，以河內帶河為固，北通上黨，南迫洛陽，險要富實，命寇恂守之。謂曰：'昔高祖留蕭何守關中，我今委公以河內。'"

河內的交通概況如下：自洛陽上春門東行，折北60餘里，即至河陽（孟津）渡口，過河之後，進入河內郡境，分為三條路徑：

其一，東往河北。沿黃河北岸東北行，經溫縣、永橋（今河南省武陟縣）、新鄉、臨清關到達汲郡（治今河南省滑縣），即進入遼闊的河北大平原；或先北上至河內縣（今河南省沁陽市），再東行經修武、新鄉，過臨清關而入河北。這條道路是隋唐時期河北地區與洛陽交通聯絡最為近捷便利的途徑，為用兵者所首選。如隋代北周之際，尉遲迴於相州

（今河北省臨漳縣）起兵，楊堅遣韋孝寬平亂，即從河陽北渡黃河，經永橋、新鄉而抵相州城下。[33]

楊玄感自黎陽起兵反隋時，企圖襲擊河內，渡河陽以取東都，但未能成功；其大軍又受阻於臨清關，因此只得退兵從汲郡之南渡河，延誤了戰機。後來隋煬帝撤回征遼的軍隊，自涿郡回援洛陽，也是由此路至河陽南渡，到達東都。《隋書》卷61《宇文述傳》："從至遼東，與將軍楊義臣率兵復臨鴨綠水。會楊玄感作亂，帝召述班師，令馳驛赴河陽，發諸郡兵以討玄感。"

河北平原西有太行山脈，南有黃河環繞，河陽與黎陽兩處渡口是其與中原交通的重要門戶，故為兵家所關注。如梁士彥圖謀反隋，"復欲於蒲州起事，略取河北，捉黎陽關，塞河陽路，劫調布以為牟甲，募盜賊以為戰士"[34]。

其二，北上太原。從河陽經河內（縣）北行，即抵達太行山麓的著名通道 —— 太行陘。《元和郡縣圖志》卷16《河北道》懷州河內縣："太行陘，在縣西北三十里，連山中斷曰陘。《述征記》曰太行山首始於河內，自河內北至幽州，凡百嶺，連亙十二州之界。有八陘：第一曰軹關陘，今屬河南府濟源縣，在縣理西十一里；第二太行陘，第三白陘，此兩陘今在河內。"

由此陘穿越太行山麓，過長平、上黨二郡（唐初稱澤、潞二州，今山西省晉城市、長治市），即抵達汾水中游盆地和太原郡的首府晉陽。這條道路是塞北—河東地區通往中原乃至江淮、江漢地區的要途，亦多行師旅。如北魏孝昌四年（528），爾朱榮自晉陽發兵，經上黨、河內、河陽，長驅入洛。[35] 東魏（北齊）守河南時，將重兵屯集在晉陽，洛陽

---

33 《隋書》卷40《宇文忻傳》、卷41《高熲傳》、卷61《宇文述傳》。

34 《隋書》卷40《梁士彥傳》。

35 《資治通鑑》卷152梁武帝大通二年（528）三月。

一旦有警，便急馳赴援。如河清三年（564）北周出兵攻洛，齊武成帝命段韶領兵督師，"發自晉陽，五日便濟河"[36]。

隋朝統一江南時，楊廣統屬的并州軍隊，也是由此道南下，至河陽與主力會合，再沿汴渠東南抵達壽陽前線的。見《隋書》卷62《王韶傳》："晉王廣之鎮并州也，除行台右僕射……平陳之役，以本官為元帥府司馬，帥師趣河陽，與大軍會。既至壽陽，與高熲支度軍機，無所擁滯。"王世充佔據東都時，亦通過此道與突厥聯絡，獲得各種牲畜補給，後被唐兵在潞州（今山西省長治市）截斷。《資治通鑒》卷188武德三年（620）五月，"突厥遣阿史那揭多獻馬千匹於王世充，且求婚，世充以宗女妻之，並與之互市"。同年七月，"癸亥，突厥遣使潛詣王世充，潞州總管李襲譽邀擊，敗之，虜牛羊萬計"。

其三，西入絳郡。自河陽西北行，過濟源、軹關、齊子嶺至王屋縣（今河南省濟源市王屋鎮）、垣縣（北朝為邵州、邵郡，即今山西省垣曲縣古城），西北逾王屋山脈，至含口（今山西省聞喜縣東南）到達涑水上游，再行至汾水河谷之絳郡（唐之絳州，治今山西省新絳縣）。可見《元和郡縣圖志》卷12《河東道一》絳州："東南至東都取垣縣、王屋路四百八十里。"

東魏（北齊）與西魏（北周）對抗期間，這條道路也是雙方的進軍路線之一。《北齊書》卷26《平鑒傳》載其為懷州刺史，"奏請於州西故軹道築城，以防遏西寇，朝廷從之。尋而西魏來攻"。

《周書》卷34《楊檦傳》亦載："及齊神武圍玉壁，別令侯景趣齊子嶺。檦恐入寇邵郡，率騎禦之。景聞檦至，斫木斷路者六十餘里，猶驚而不安，遂退還河陽，其見憚如此。"

隋代東都北邊外圍的軍事據點，就分佈在這三條路線上。分述如下。

---

36 《北齊書》卷16《段韶傳》。

一為河陽。故址在今河南省孟州市之南，古孟津渡口處。西晉時杜預在當地設立浮橋，在十六國、北朝的長期戰亂中，河橋屢毀屢建。北魏和東魏又先後在渡口北岸、河中沙洲與南岸修築了三座城池，號稱"河陽三城"。此地總綰前述三條通道，曾被史家譽為我國中古時代南北"交通第一津要"。《讀史方輿紀要》卷46《河南一》曰："河陽蓋天下之腰膂，南北之噤喉也。《三城記》：'河陽北城南臨大河，長橋架木，古稱設險；南城三面臨河，屹立水濱；中潭城表裏二城，南北相望。黃河兩派，貫於三城之間，每秋水泛濫，南北二城皆有濡足之患，而中潭屹然如故……自古及今，常為天造之險。'"

河橋之南，有隋開皇三年（583）建立的河陽倉，轉運儲存數百萬石的漕糧。北周統一北方後，曾在河陽設立行宮，隋朝亦予保留，並置關以稽查行旅，設河陽都尉領兵鎮守。由於該處地位重要，隋煬帝任命宗室楊浩擔任河陽都尉一職；楊玄感圍攻東都時，儘管虎牢、伊闕、慈澗等重地皆已陷落，形勢危急，而楊浩力保河陽不失。後來他受到煬帝疑忌，被罷黜，由獨孤纂、獨孤武都兄弟繼任。[37] 瓦崗軍與唐軍進攻東都時，曾與隋（鄭）兵圍繞河陽展開激烈的爭奪，幾番易手。

二為河內。該縣古稱野王城，在今河南省沁陽市，位於河內郡境的中心，是郡治所在地；其道路四通，尤其是控扼晉南豫北通道和代北南下洛陽的通道，為河陽三城的北方屏障，也是一座樞紐城市，屬於隋朝的防禦重點。楊玄感在黎陽起兵後，"遂引兵向洛陽，遣楊玄挺將驍勇千人為前鋒，先取河內。唐禕據城拒守，玄挺無所獲。"[38] 瓦崗軍逼近

---

37 《隋書》卷45《秦孝王俊傳附子浩傳》："後以浩為河陽都尉。楊玄感作逆之際，左翊衛大將軍宇文述勒兵討之。至河陽，修啟於浩，浩復詣述營，兵相往復。有司劾浩，以諸侯交通內臣，竟坐廢免。"《隋書》卷79《獨孤羅傳》："子纂嗣，仕至河陽郡（都）尉。纂弟武都，大業末，亦為河陽郡尉。"

38 《資治通鑒》卷182隋煬帝大業九年六月。

洛陽時，隋朝政府調動附近軍隊集結，"王世充、韋霽、王辯及河內通守孟善誼、河陽郡尉獨孤武都各帥所領會東都。"[39] 可見河內與河陽是兩部人馬，各有所屬。

武德元年（618）九月，李密自北邙、洛口兵敗後，棄虎牢而奔河陽，與諸將商議，企圖依靠河內地區繼續對抗隋兵，"密欲南阻河，北守太行，東連黎陽，以圖進取。"[40] 後遭到眾將的反對而作罷。李密投唐後，王世充在次年佔領了河內城。武德三年（620）七月，王世充為了抗擊唐軍而部署東都防禦，"遣魏王弘烈鎮襄陽，荊王行本鎮虎牢，宋王泰鎮懷州（河內）"[41]，又派四王與太子分守洛陽諸城，可見河內是東都北方防禦體系的重心。

三為臨清關。在今河南省新鄉市東北，處於煬帝所修洛陽外圍長塹的東端。《資治通鑒》卷 180 仁壽四年（604）十一月"丙申，發丁男數十萬掘塹，自龍門東接長平、汲郡，抵臨清關。"胡三省注："《唐志》：衛州新鄉縣東北有臨清關。"大業九年（613）六月，楊玄感攻東都，受阻於臨清關。《資治通鑒》卷 182 載："修武民相帥守臨清關，玄感不得度，乃於汲郡南渡河，從之者如市。"看來，這座關塞的守軍不多，需要調發附近的壯丁助守，才能擋住來敵的進攻。

四為濟源。在河陽西北，為濟水發源地，今屬河南省。濟源古稱軹邑，有號稱太行第一陘的軹關陘，即古之軹道，是聯繫河東與河南、河北的一條要途。《元和郡縣圖志》卷 16《河北道一》引《述征記》曰："太行山首始於河內，自河內北至幽州，凡百嶺，連互十二州之界，有八陘，第一曰軹關陘，今屬河南府濟源縣，在縣理西十一里。"同書卷 15《河

---

39 《資治通鑒》卷 184 隋恭帝義寧元年九月

40 《資治通鑒》卷 186 唐高祖武德元年九月。

41 《資治通鑒》卷 188 唐高祖武德三年七月。

東道四》曰："濟源縣，古軹邑，屬魏。秦昭王時，伐魏取軹。漢文帝時，封薄昭為軹侯，屬河內郡。隋開皇十六年，分軹縣置濟源縣，屬懷州，以濟水所出，因名。"

在隋末農民戰爭期間，濟源連同河內郡都被瓦崗軍控制。李密兵敗後，河內諸城堡或隨其歸唐，或降於王世充。武德二年（619）二月至五月，王世充在河內地區發動攻勢，連連取勝，向東佔領了陟州（今河南省武陟縣、獲嘉縣）、義州（新鄉市）。但是他在濟源的守將投降了唐朝，唐在該縣設立了西濟州，並打退王世充的進攻，保住了軹關這條要道。《資治通鑒》卷187武德二年"五月，王世充陷義州，復寇西濟州，（唐）遣右驍衛大將軍劉弘基將兵救之"。胡三省注："《新志》：濟源縣，武德二年，王世充將丁伯德以縣來降，置西濟州。"

唐朝政權控制了濟源和軹關陘，兵臨河內及河陽，對東都以北造成了嚴重的威脅。後來唐曾由此出兵毀掉河橋，破壞了洛陽與河內地區的交通孔道。《資治通鑒》187武德二年七月"甲申，行軍總管劉弘基遣其將種如願襲王世充河陽城，毀其河橋而還。"

五為柏崖城。在濟源縣西南黃河北岸，唐朝曾於此置河清縣，並設柏崖倉以轉運糧粟。當地也是黃河的一個渡口，對岸便是洛陽北郊的邙山，位置相當重要，故東魏時於此築城守衛。隋末該地被瓦崗軍佔領，後隨李密歸唐，武德二年王世充奪取濟源，並在柏崖城臨時設立了懷州州治。其守將丁伯德降唐後，又成為唐朝懷州州治所在地；直到武德四年（621）唐朝消滅王世充後，才將州治移回原來的河內縣。參見《讀史方輿紀要》卷49《河南四》："（孟縣）柏崖城，在故河清縣西三里，東魏侯景所築。隋末王世充以懷州僑治此。《唐志》：武德二年於濟源西南柏崖城置懷州，四年移治野王是也。"

又《元和郡縣圖志》卷16《河北道一》懷州河內縣曰："武德二年陷賊，其年於河清縣界柏崖城置懷州。四年討平王世充，自柏崖城移於今理。"同書卷 15《河東道四》："河清縣，本漢軹縣地，縣西有柏崖故城，即東魏將侯景所築，武德初於城東置大基縣，八年省。"

3. 西路

洛陽以西，自新安、陝縣而至潼關一帶，包括崤山、函谷的廣袤丘陵山地，是豫西走廊之中地形複雜、最難通行的地段。如《讀史方輿紀要》卷 46《河南一》所言："洛陽西至新安，道路平曠。自新安西至潼關，殆四百里，重岡疊阜，連綿不絕，終日走硤中，無方軌列騎處。其間硤石及靈寶、閿鄉，尤為險要，古之崤函在此，真所謂百二重關也。"建都於關中的政權歷來重視崤函地區的防禦，例如秦與西漢王朝曾先後在靈寶和新安設置函谷關，為天下諸關之首，也是抵禦東方之敵攻入關中平原的最後屏障。但是從歷史記載來看，隋煬帝部署東都防禦體系時，並未給崤函地區以足夠的注意，他在當地採取了以下舉措：

其一，興建西苑。出郭城西門直到新安，是東都的西郊，即洛陽平原的西部，其終端與崤山東麓接壤。隋煬帝營建東京時，在當地構築了規模宏大的禁苑，即西苑，供自己遊玩享樂。《資治通鑒》卷 180 載大業元年（605）五月"築西苑，周二百里；其內為海，周十餘里"。《唐六典》卷 7 則記載它的面積略小一些："禁苑在皇都之西，北拒北邙，西至孝水，南帶洛水支渠，谷、洛二水會於其間。"注："東面十七里，南面三十九里，西面五十里，北面二十里，周回一百二十六里。"《隋書》卷 24《食貨志》則曰在西苑之南還有苑囿："（煬帝）又於阜澗（今河南省宜陽縣東南）營顯仁宮，苑囿連接，北至新安，南及飛山，西至澠池，周圍數百里。課天下諸州，各貢草木花果、奇禽異獸於其中。開渠，引谷、洛水，自苑西入，而東注於洛。"

禁苑緊鄰皇城西側，外有苑牆，苑內"為蓬萊、方丈、瀛洲諸山，高出水百餘尺，台觀殿閣，羅絡山上，向背如神。北有龍鱗渠，縈紆注海內。緣渠作十六院，門皆臨渠，每院以四品夫人主之，堂殿樓觀，窮極華麗。"[42] 在建設的過程中，當地百姓被遷徙出去，該地變成了一片沒有庶民居住的禁區。西苑的四周築有苑牆，稱為"苑城"。《大業雜記》："建國門西二里有白虎門，門西二里至苑城。傍城南行三里有天經宮。"禁苑周圍開設苑門，苑內並有軍隊巡守。

禁苑修築後對軍事方面的影響是：苑內由於設置了假山、湖池、水渠和亭閣宮院，地形比較複雜，敵人不易在這一帶部署及展開兵力進攻。苑內的守軍戰時可以利用其中的堡壘建築來抗擊敵人（如前述之青城堡），作為皇城西部的屏障。如《資治通鑒》卷 183 隋恭帝義寧元年（617）五月條載："時（李）密兵鋒甚銳，每入苑，與隋兵連戰。"胡三省注："苑，即大業初所築西苑。"但是，禁苑的面積甚廣，因為沒有居民，平時駐軍的任務只是巡查警備，人數不會很多，所以防禦力量相對東路、北路來說是比較薄弱的。

其二，廢崤山北道，更修南道。隋煬帝在大業元年（605）三月丁未下詔，由楊素、楊達、宇文愷等主持營建東京，同時命令："廢二崤道，開菱冊道。"[43] "二崤"即崤山之東崤、西崤，在陝城與澠池之間，是著名的險峻山道。《元和郡縣圖志》卷 5《河南道一》"永寧縣"條："二崤山，又名嶔崟山，在縣北二十八里。……自東崤至西崤三十五里。東崤長阪數里，峻阜絕澗，車不得方軌。西崤全是石阪十二里，險絕不異東崤。"崤山峽谷縱橫深邃，難以通行，分為南北二道，北道即"二崤道"，自洛陽至新安，沿穀水河谷西行，過缺門山、澠池、東崤、西崤而至陝縣。南道自洛陽沿洛水西南行，至宜陽（今河南省洛寧縣）折向西北，沿今永昌河谷、雁翎關河谷隘路，穿越低山丘陵，與北道會於陝縣。兩條路線比較，北道將洛陽與陝縣直接聯繫起來，較為近捷，但是路途險

---

42 《資治通鑒》卷 180 隋煬帝大業元年五月。

43 《資治通鑒》卷 180 隋煬帝大業元年三月。

惡，如《讀史方輿紀要》卷46《河南一》所言："今自新安以西，歷澠池、硤石、陝州靈寶、閿鄉，而至於潼關，凡四百八十里，其地皆河流翼岸，巍峰插天，絕谷深委，峻阪紆回。崤函之險，實甲於天下矣。"南道經宜陽迂迴繞遠，但是較為平坦，車馬人眾易為行進。據王文楚先生考證，菱冊道即崤山南道，"按'莎'與'菱'字形近，菱冊或即莎冊，冊或省作冊。按莎冊在今洛寧縣東北河底村，永寧縣在今洛寧縣東北四十里（並詳下），二地一北一南，同處在南路上，則隋大業初開菱冊道直通永寧縣，以避二崤道之險"[44]。

秦漢時崤山的主道在北路，史載戰事及交通往返多在北路一線，如秦末周文、項羽以及王莽末年的赤眉軍領兵入關，東漢初光武帝西巡及漢末董卓挾持獻帝從洛陽遷至長安，都是走的此道。北朝後期兩魏及齊、周對立，洛陽是雙方爭奪的焦點，交戰頻繁；在此期間北道用兵明顯減少，為了便於行軍，多經宜陽走較為坦易的南道。隋煬帝廢掉險阻的二崤道，更修使用易行的莎冊道，也是上述趨勢發展的必然結果。此舉在軍事上帶來的後果是，北道廢除後，沿途的許多驛站和關塞也隨之取消，這條路線上駐守的兵力大大削弱。

其三，陝城及西線兵力薄弱。陝縣（州）地勢險要，是豫西走廊西段中途的交通樞紐；它北臨黃河，東會崤山南北二路，西阻函谷、桃林之險，自古即被認為具有重要的戰略意義。《讀史方輿紀要》卷48《河南三》曾評論道：

（陝）州內屏關中，外維河洛，履崤阪而戴華山，負大河而肘函谷，賈生所云崤函之固也。戴延之云："其地南倚山原，北臨大河，良為形勢。"崔浩曰："東自崤山，西至潼津，通名函谷，號為天險，

44　王文楚：《古代交通地理叢考》，中華書局，1996年，第66頁。

所謂秦得百二者，此地是也。"東西魏相爭，宇文深勸宇文泰速取陝州，為兼併關東之計。唐初克長安，劉文靜等將兵出潼關，克弘農，略定新安以西，而東洛已有削平之勢。唐之中葉，陝州尤為重地。達奚抱暉之亂，李泌以單車定之，曰："陝州三面險絕，攻之未可歲月下也。"……蓋據關河之肘腋，扼四方之噤要，先得者強，後至者散，自古及今不能易也。

從西周到隋唐，陝地一直是山西、山東兩大經濟、政治區域的分野。如《史記》卷34《燕召公世家》言周初，"自陝以西，召公主之；自陝以東，周公主之。"《舊唐書》卷64《隱太子建成傳》亦載唐高祖謂李世民曰："觀汝兄弟，終是不和，同在京邑，必有忿競。汝還行台，居於洛陽，自陝已東，悉宜主之。"

此外，陝地有黃河砥柱的艱危，難以行船。隋朝政府為了轉運漕粟，又於開皇三年（583）在陝州修建了太原倉，屯貯糧米，地點在該縣西南。《元和郡縣圖志》卷6《河南道二》陝州"陝縣"條曰："太原倉，在縣西南四里。"又見《讀史方輿紀要》卷48《河南三》："太原倉，在州西南五里，隋開皇三年所置常平倉也。"《陝縣誌》（民國）"太原倉"條："在今三里澗之南、七里鋪之西，其上高平處，所以儲三門水運漕米。"

綜合以上原因，陝縣成為隋朝洛陽以西、潼關以東最為重要的軍事據點。隋文帝時，該地稱陝州；煬帝即位後廢州改郡，稱為弘農，並在那裏設置行宮，命宗室蔡王智積出任太守，以示對該縣的重視。[45]

不過，這種重視僅僅是表面上的，陝城實際屯守的兵力遠不能和東、北兩路的虎牢、偃師、河陽等地相比。該城的存糧甚眾，而駐軍的

---

45 《隋書》卷30《地理志中》河南郡"陝縣"條注："大業初州廢，置弘農宮。"《隋書》卷44《蔡王智積傳》："大業七年，授弘農太守，委政僚佐，清靜自居。"

數量不多。《隋書》卷70《楊玄感傳》載其領兵西入關中時，"至弘農宮，父老遮說玄感曰：'宮城空虛，又多積粟，攻之易下。進可絕敵人之食，退可割宜陽之地。'"由此看來，不僅是陝城，就連南邊的宜陽等要塞亦無重兵把守，防禦相當鬆弛，所以當地父老認為佔領了陝城即可控制宜陽，封鎖崤山南道的交通。綜合以上情況來看，隋朝在洛陽以西、潼關以東的防禦體系是比較空虛、薄弱的，這從隋末的戰爭當中可以反映出來。

4. 南路

洛陽南邊的交通路線，是從伊闕東南行至襄城（郡治在今河南省臨汝鎮），過汝南（今河南省寶豐縣北）、魯縣（今河南省魯山縣），經過著名的"三鴉路"，沿灃河河谷（匯入沙河）穿越伏牛山分水嶺，循鴨河河谷（古稱魯陽關水、鴉河）入南陽盆地。再順白河（古稱淯水）南下，過南陽、新野至襄陽，即可進入江漢平原。這條路線的第一個險要之處，就是洛陽以南二十五里的伊闕山（龍門山）。《元和郡縣圖志》卷5《河南道一》河南府伊闕縣："伊闕山，在縣北四十五里。兩山相對，望之若闕，伊水流其間，故名。"《讀史方輿紀要》卷48《河南三》河南府洛陽縣："闕塞山，在府西南三十里，亦曰龍門山，亦曰伊闕山，一名闕口山，一名鍾山，又為龍門龕。《志》云：山之東曰香山，西曰龍門，大禹疏以通水，兩山對峙，石壁峭立，望之若闕，伊水歷其門。"

伊闕是洛陽南面門戶，戰國時秦將白起曾在此大破韓魏聯軍，斬首24萬。東漢黃巾起義時，朝廷曾在京師洛陽周圍設立八關，伊闕即其一。伊闕山之南45里，是隋之伊闕縣城，古稱新城，曾是戰國時期韓、秦、楚三國激烈爭奪的要塞。《讀史方輿紀要》卷48《河南三》"新城"條曰："東魏置新城郡於此。隋初郡廢，開皇十八年，改縣曰伊闕，以伊闕山為名，屬伊州。大業初，屬河南郡。"大業二年（606）三月，隋煬帝自江都返回洛陽，走的就是此途。《資治通鑒》卷 180 載："夏，四月，庚戌，自伊闕陳法駕，備千乘萬騎入東京。"

南路的伊闕雖然重要，但是從歷史記載來看，隋朝及鄭（王世充）在部署東都防禦時，沒有在此處屯駐重兵。和西路一樣，對這一方向的防務並不重視。大業九年（613）六月，楊玄感攻打東都時，"收兵得五萬餘人，分五千守慈磵道，五千守伊闕道，遣韓世咢將三千人圍滎陽，顧覺將五千人取虎牢"[46]，未曾經過攻城戰鬥便控制了慈磵、伊闕兩地。李密進攻洛陽時，"東都號令不出四門"[47]。伊闕又被義軍佔領。瓦崗軍失敗後，張善相以伊州降唐。武德二年（619）四月伊闕被王世充攻陷。次年李世民攻打東都時，王世充收縮兵力入城，放棄了伊闕，被唐軍輕易佔領。《資治通鑒》卷 188 載武德三年（620）七月，"世民遣行軍總管史萬寶自宜陽南據龍門"，順利切斷了東都鄭軍與南陽、襄樊等地聯絡的交通線。

二、隋王朝以東都為戰略防禦樞紐的原因

隋煬帝興建東都，全力構築以洛陽為核心的防禦體系，是有其深刻社會背景的。在我國古代，政治鬥爭往往表現為不同地域集團勢力之間的對抗。東亞大陸幅員遼闊，內部各個區域的自然條件、經濟與文化發展水平，以及政治趨向、風俗習慣等，都存在着顯著的差異。在此基礎上形成若干股較強的政治力量，彼此往往產生各種聯繫，或矛盾對立，或合體雙贏。在不同的歷史時期，政治力量的分佈態勢和相互關係有所不同，敵對勢力所在的區域和來往的交通路線也有區別。因此，歷代王

---

46 《資治通鑒》卷 182 隋煬帝大業九年六月。

47 《資治通鑒》卷 185 唐高祖武德元年（618）四月。

朝的統治者必須依據現實的形勢來安排國防部署，在不同的區域、地點設置戰略防禦樞紐。北朝後期，我國內地存在着三大基本經濟、政治區域，即關中（或曰關隴）、山東和江南；在此基礎上形成了三股割據勢力及其政權代表——西魏（北周）、東魏（北齊）和陳朝。隋王朝的建立，是關隴地主集團滅齊、平陳，先後征服山東、江南勢力的結果。隋統一全國後，繼續實行"關中本位"政策，使關隴地主集團在新政權裏佔據支配地位，享受諸如蔭庇後代等種種優惠和特權，而山東和江南士人卻受到排擠和歧視。例如，隋文帝曾羅織罪名，誅除原北齊歸降的山東籍大臣李德林、李孝貞、高勵、房恭懿、王頠等；在北齊舊境推行"大索貌閱""輸籍定樣"，清查戶口，檢括被當地豪族隱匿的人丁，藉以削弱他們的經濟力量，增加朝廷的賦役。開皇九年（589）二月，隋文帝在平陳之後，立即宣佈在江南重建鄉里基層組織[48]，又聽從蘇威"奏言江表依內州責戶籍"[49]的建議，實行檢括人口，撤換了全部陳朝的地方官吏，"牧人者盡改變之"。

據《隋書》卷 2《高祖紀下》所載，隋朝政府在統一全國之後，曾在開皇九年四月和開皇十五年（595）二月兩次下令禁止天下私造兵器，但是規定"關中、緣邊，不在其例"，體現出對關隴地區特殊的照顧及對其他區域民眾的不信任。開皇十八年（598）正月，隋文帝又下令嚴禁江南地區民眾私造大船，並且檢括當地舊有船隻，長度超過標準者一律沒收。詔曰："吳、越之人，往承弊俗，所在之處，私造大船，因相聚結，致有侵害。其江南諸州，人間有船長三丈已上，悉括入官。"[50]

---

48 《隋書》卷 2《高祖紀下》開皇九年二月丙申，"制五百家為鄉，正一人；百家為里，長一人"。按：平陳之前，隋朝北方早已建立了鄉里行政組織，此次頒佈命令，顯然針對剛征服的江南地區。

49 《北史》卷 63《蘇威傳》。

50 《隋書》卷 2《高祖紀下》。

以上種種做法，極大地損害了山東、江南豪族地主的利益，引起社會矛盾的激化。隋朝建立前後，上述兩個地區屢次發生大規模的武裝叛亂。例如，楊堅篡周建隋時，尉遲迥、司馬消難等起兵反對，山東州縣紛紛響應，"兩河遘亂，三魏稱兵，半天之下，洶洶鼎沸"，僅在相州一處，"趙、魏之士，從者若流，旬日之間，眾至十餘萬"[51]。開皇十年至十一年（590—591），江南又出現反隋暴亂，"陳之故境，大抵皆反，大者有眾數萬，小者數千，共相影響，執縣令，或抽其腸，或臠其肉食之"[52]，充分表明當地人士對隋政權的仇恨。文帝派遣楊素等率關中重兵鎮壓，方才平息。隋煬帝即位後，其弟漢王楊諒不滿，起兵反抗，獲得了北齊故地人士的支持，如煬帝詔書所言："今者漢王諒悖逆，毒被山東，遂使州縣或淪非所。"[53] 因此，隋朝統治集團在擬定戰略防禦計劃時，把山東、江南的政治勢力列為主要的假想敵，將這兩個地區看作有可能爆發叛亂的敵對區域，其中又以地廣人眾、物產豐富的山東為甚。如隋文帝在平定三總管之亂後，"頗以山東為意"[54]；隋煬帝在下令營建東京的詔書中也說他所惦念的，是"南服遐遠，東夏殷大"[55]。

　　山東或江南如果發生叛亂，朝廷首先要考慮京師長安及其所在的根據地——關中地區的安全，需要扼守叛軍入關的要道，阻止其威脅王朝腹地的軍事行動。其次要出兵到當地鎮壓，恢復並鞏固原有的統治，如煬帝所稱"關河懸遠，兵不赴急"[56]。但是，隋朝的重兵屯於關中，一旦上述兩地出現事變，遣師赴難要跋涉千里乃至數千里，有鞭長莫及之弊。若是不能及時趕到，有可能會使叛亂愈演愈烈，釀成大禍，以致無法收

---

51 《隋書》卷 1《高祖紀上》。
52 《資治通鑒》卷 177 隋文帝開皇十年十一月。
53 《隋書》卷 3《煬帝紀上》。
54 《隋書》卷 39《竇榮定傳》。
55 《隋書》卷 3《煬帝紀上》。
56 《隋書》卷 3《煬帝紀上》。

拾。此外，叛軍如若搶先進佔豫西和晉南地區，利用黃河、崤函的天險，封鎖關中兵力東進中原的道路，將其禁錮在潼關以西，那麼形勢對隋朝統治集團來說就更為不利了。

鑒於以上緣故，關隴集團——隋朝統治者對洛陽給予了特殊的重視。洛陽處在"天下之中"，即山東、江南和關中三大經濟政治區域交界的中間地帶，屬於"四通五達之衢"，是全國水陸運輸的中心樞紐。三大區域之間往來的主要交通幹線——黃河、豫西走廊、晉南豫北通道——都要經過河洛地區。對隋朝政府來講，在洛陽一帶設置巨倉堅城，屯駐重兵，既能夠作為關中的有力屏障，阻擋東、南方向的來敵，又可以及時出兵，鎮壓兩地可能發生的叛亂，故而具有極為重要的戰略意義。如《讀史方輿紀要》卷46《河南一》載顧祖禹所言：

> 河南闉域中夏，道里輻輳。頓子曰："韓天下之咽喉，魏天下之胸腹。"范睢亦云："韓魏中國之處，而天下之樞也。"秦氏觀曰："長安四塞之國，利於守；開封四通五達之郊，利於戰。洛陽守不如雍，戰不如梁，而不得洛陽，則雍梁無以為重，故自古號為天下之咽喉。"夫據洛陽之險固，資大梁之沃饒，表裏河山，提封萬井。河北三郡，足以指揮燕趙；南陽、汝寧，足以控御秦楚；歸德足以鞭弭齊魯，遮蔽東南。中天下而立，以經營四方，此其選矣。

另外，洛陽地處伊洛平原，灌溉便利，周圍有山河環繞，具備防禦作戰的自然條件。《讀史方輿紀要》卷48《河南三》曰：

> (河南)府河山控帶，形勝甲於天下。武王謂周公："南望三塗，北望嶽鄙，顧瞻有河，粤瞻伊洛。"此言洛陽形勝之祖也。《史記》，吳起謂魏武侯："夏桀之居，左河濟，右太華，伊闕在南，羊腸在

北。"漢高祖初定都,群臣謂洛陽東有成皋,西有崤澠,背河鄉伊洛,其固足恃。

隋煬帝也是看到當地的山川形勢後才做出建立東都的決定,見《元和郡縣圖志》卷5《河南道一》:

> 初,煬帝嘗登邙山,觀伊闕,顧曰:"此非龍門邪?自古何因不建都於此?"僕射蘇威對曰:"自古非不知,以俟陛下!"帝大悅,遂議都焉。

綜上所述,從北周統一北方至隋煬帝即位,洛陽的政治地位不斷提升,由中央政府派出機構——"行台尚書省"的駐地變為陪都,甚至在作用上超過了京師長安。北周滅齊後,曾在其故都鄴城(相州)、晉陽(并州)設置行宮與六府官,以加強對其舊境的統治。見《資治通鑒》卷173陳宣帝太建九年(577)二月:"周主於河陽、幽、青、南兗、豫、徐、北朔、定置總管府,相、并二州各置宮及六府官。"胡三省注:"相、并二州,皆有齊舊宮及(尚書)省,故仍置宮,若別都然。置六府官,以代省也。六府官,蓋仿長安六官之府。"兩年以後,周宣帝又下令,"以洛陽為東京,發山東諸州兵治洛陽宮,常役四萬人,徙相州六府於洛陽。"[57]

隋代北周之際,平定了尉遲迥在相州的叛亂,並在開皇三年(583)正月於洛州設置了河南道行台(尚書)省,《資治通鑒》卷175載:"又以秦王俊為河南道行台尚書令、洛州刺史,領關東兵。"胡三省注:"洛州,治洛陽。"行台尚書省,是仿照中央的行政辦公組織在外地設立的

---

57 《資治通鑒》卷173陳宣帝太建十一年(579)二月。

機構，處理所屬地區的政務。《隋書》卷 28《百官志下》曰："行台省，則有尚書令、僕射，兵部（兼吏部、禮部）、度支（兼都官、工部）尚書及丞各一人，都事四人。有考功、禮部、膳部、兵部、駕部、庫部、刑部、度支、戶部、金部、工部、屯田侍郎各一人。每行台置食貨、農圃、武器、百工監、副監各一人，各置丞、錄事等員。"在洛州設置行台省，表現出對該地區的重視。

大象二年（580）九月，隋文帝又令太子楊勇"出為洛州總管、東京小塚宰，總統舊齊之地"[58]，即把洛陽作為震懾山東的政治、軍事基地。

煬帝即位後，於大業元年（605）在洛陽開始營建新都，次年落成徙居，改洛州為豫州；大業三年（607）又改稱河南郡，五年（609）改東京為東都，反映其政治地位的逐步升級。東都洛陽地區的最高行政長官，也一直是由親王擔任的。如煬帝即位之初，命太子楊昭留守長安，讓次子楊暕為豫州牧，後改稱河南尹。楊暕失寵後，由煬帝少子楊杲繼任。楊杲年幼，不能理事，在煬帝出巡時又多次隨行，煬帝遂令皇孫（原太子楊昭之子）越王楊侗留守東都，與重臣樊子蓋、段達等人共事。實際上，煬帝即位之後，由於種種緣故，不願居住在長安，常在東都安居，或頻頻出巡、征伐，晚年遷居江都（揚州）；而百官或隨行或在東都留守，他們的家屬也多留在洛陽。參見《隋書》卷 61《宇文述傳》：

> 及（雁門）圍解，車駕次太原，議者多勸帝還京師，帝有難色。述因奏曰："從官妻子多在東都，便道向洛陽，自潼關而入可也。"帝從之。

《隋書》卷 70《李密傳》載楊玄感曰：

---

58 《隋書》卷 45《房陵王勇傳》。

今百官家口並在東都，若不取之，安能動物？且經城不拔，何以示威？

由此可見東都政治地位的重要。總之，隋煬帝將洛陽作為陪都，又以它為戰略核心樞紐，營建構築了規模巨大的防禦體系；這一舉措，是由當時關中、山東、江南三大區域隱伏的對抗形勢，關隴貴族地主所奉行的“關中本位”政策，以及洛陽“天下之中”的地理位置和利於防守的地形、水文條件所決定的。

三、從地理角度分析隋朝東都防禦部署的弱點及失敗原因

洛陽作為軍事重地，在我國封建時代兩千多年的戰爭史上頻頻受到爭奪。而隋唐之際，它的防禦之堅固，在全國戰局中發揮的作用，以及受到各方政治勢力重視的程度，可以說達到了頂峰。在當時參戰的許多君臣將帥眼裏，東都是最為重要的。如洛陽有難，隋朝政府即傾注各地兵力前來救援，唯恐有失。

楊玄感起兵後拒絕了奪取涿郡或關中的建議，首先攻打洛陽，聲稱：“今百官家口並在東都，若先取之，足以動其心。”[59] 李密也否定了柴孝和西取關中的計策，堅持圍攻東都；在連續擊敗隋軍之後，“密官屬裴仁基等亦上表請正位號，密曰：‘東都未平，不可議此。’”[60]。李唐王朝也是在攻陷洛陽，消滅了夏、鄭兩股割據勢力後，才定鼎中原的。這些史實都表明了洛陽在隋末唐初戰爭中的重要地位和影響。那麼，從地域角度來考慮，東都的防禦部署存在哪些問題或弱點，

---

59 《資治通鑑》卷 182 隋煬帝大業九年（613）六月。

60 《資治通鑑》卷 185 唐高祖武德元年（618）正月。

以致對後來的守城作戰帶來了不利影響呢？筆者分析，大致有以下幾點：

（一）重內城、輕外郭

春秋戰國至南北朝時期，城市防禦體系雖然多有內外兩重城壘工事，所謂"三里之城，七里之郭"，但是在大多數情況下，內城的堅固程度、防護能力，以及投入的防禦力量均不如外郭。守城作戰時，基本是以防守外城為主。隋朝東都的城市防禦佈局與之不同，"宮城"不僅集中於一個區域，加大了防禦縱深，城牆高厚，而且建有多重築壘工事，難以攻入。而外郭的城牆則比較薄弱，守軍的配備也不充分，從實戰情況來看，郭城很容易被敵人突破，造成居民的恐慌。例如《隋書》卷70《楊玄感傳》載：

> （玄感）屯兵上春門，眾至十餘萬。（樊）子蓋令河南贊治裴弘策拒之，弘策戰敗。灌、洛父老競致牛酒。玄感屯兵尚書省。

《資治通鑑》卷183隋恭帝義寧元年（617）四月：

> 李密以孟讓為總管、齊郡公。己丑夜，讓帥步騎二千入東都外郭，燒掠豐都市，比曉而去。

《資治通鑑》卷187唐高祖武德二年（619）十月：

> 行軍總管羅士信帥勇士夜入洛陽外郭，縱火焚清化里而還。

從軍事學角度分析，城壘的大小必須和居民多少相稱，才能組織起有效的防禦。古代的兵家早已詳細論證過這個問題。如《尉繚子·兵談》曰："建城稱地，以城稱人，以人稱粟。三相稱，則內可以固守，外可以戰勝。"《墨子·雜守》亦曰："凡不守者有五，城大人少，一不守也；城小人眾，二不守也；……率萬家而城方三里。"如果居民和士卒全部退入內城抵抗，會因為面積狹窄、居住環境惡劣、儲存糧食有限而難以持久生存。東都防禦部署的缺陷之一正在於此。由於郭城的守備薄弱，大批百姓的安全得不到保障，遇到強攻時只得移居內城，陷入"城小人眾"的被動局面。如大業十三年（617）四月，瓦崗軍夜入洛陽外郭後燒掠，"於是東京居民悉遷入宮城，台省府寺皆滿"[61]。有 3 萬家（約 15 萬人）居民湧入宮城（皇城），很快就導致糧食供應嚴重不足。武德三年（620）唐軍圍攻東都，數月後再度引起城內的饑荒，結果嚴重削弱了守城的力量，"皇泰主之遷民入宮城也，凡三萬家，至是無三千家。雖貴為公卿，糠覈不充。尚書郎以下，親自負戴，往往餒死。"[62]

（二）主要糧倉設在城外

自 1969 年以來，考古工作者對隋唐洛陽含嘉倉城遺址做了全面勘察和重點發掘。根據獲得的資料，再結合有關的文獻記載，專家認為含嘉倉真正成為國家的大型糧倉，是從唐初開始的。

首先，史籍中沒有確切記載含嘉城在隋代已經是東都的重要糧倉，後來雖然有記載把含嘉城作為隋代的巨倉，而學術界一般認為這些記載是把"回洛倉"和"含嘉倉"混淆了。

其次，凡是隋代東都的糧倉，記載的都比較詳細，有修建時間、倉城範圍、倉窖數量等，如洛口倉、回洛倉和子羅倉等。而關於含嘉倉沒

---

61 《資治通鑒》卷 183 隋恭帝義寧元年（617）四月。
62 《資治通鑒》卷 189 唐高祖武德四年（621）三月。

有這些記載，據此可判斷，含嘉城建成後，尚未立即用作國家的大型儲糧倉庫。

再次，從隋末唐初洛陽的戰事記載來看，東都城內似乎不存在像唐代含嘉倉那樣的大型糧倉。例如，李密及後來的李世民攻佔洛口倉和回洛倉後，很快東都城內便陷入了嚴重乏糧的危機，城中若有大型官倉，應能堅持一段時間，不會如此迅速出現糧荒。

最後，考古工作者對含嘉倉各部位的倉窖都做過一定數量的發掘，出土不少刻銘磚，卻都是唐代或北宋的，沒有一塊是隋代的。

綜合以上幾方面的分析，史學界認為含嘉城修建後，並沒有馬上成為隋代的大型糧倉；即使有儲糧，也只是轉運洛口、回洛等倉的少數糧食，作為東都居民的部分口糧，規模不大。它真正成為倉城，應該是在唐王朝建立之後。[63]

如上所述，隋代東都城內僅有子羅倉，而含嘉城尚未用來儲存大量糧食，城中數十萬軍民和官貴眷屬的食糧供應主要依靠北郊的回洛倉和鞏縣的洛口倉；城外這兩座巨倉若被攻佔，會很快引起城內斷糧的危機和恐慌。例如，李密攻打洛陽時，就利用了敵軍部署的這一破綻，先襲據洛口倉；後又傾注全力與隋兵反覆爭奪，終於控制了回洛倉，幾乎把守敵逼入了絕境。可見《資治通鑒》卷 183 隋恭帝義寧元年（617）四月：

> 東都城內乏糧，而布帛山積……越王侗遣太常丞元善達間行賊中，詣江都奏稱：「李密有眾百萬，圍逼東都，據洛口倉，城內無食。若陛下速還，烏合必散；不然者，東都決沒。」因歔欷嗚咽，帝為之改容。

---

63 余扶危、賀官保：《隋唐東都含嘉倉》，文物出版社，1982 年，第 44 頁。

《資治通鑒》卷 184 隋恭帝義寧元年十二月：

> 東都米斗三錢〔千〕，人餓死者什二三。

《資治通鑒》卷 185 唐高祖武德元年（618）正月：

> 東都乏食，太府卿元文都等募守城不食公糧者進散官二品；於
> 是商賈執象而朝者，不可勝數。
> （七月）東都大飢……米斛直錢八九萬。
> （九月）時隋軍乏食，而（李）密軍少衣，（王）世充請交易，密
> 難之；長史邴元真等各求私利，勸密許之。先是，東都人歸密者，
> 日以百數；既得食，降者益少，密悔而止。

李世民進攻東都時，也緊緊抓住守敵防禦體系上的這個弱點，積極
派遣兵力攻佔城外糧倉，或切斷其運糧路線。例如，武德三年（620）七
月，李世民做進攻部署時，命令 "上谷公王君廓自洛口斷其餉道" [64]。八
月，"甲辰，黃君漢遣校尉張夜叉以舟師襲回洛城，克之，獲其將達奚
善定。……世充使太子玄應帥楊公卿等攻回洛，不克，乃築月城於其
西，留兵戍之" [65]。至次年（621）三月，"城中乏食，絹一匹直粟三升，布
十匹直鹽一升，服飾珍玩，賤如土芥。民食草根木葉皆盡，相與澄取浮
泥，投米屑作餅食之，皆病，身腫腳弱，死者相枕倚於道" [66]。

五月東都陷落前夕，據唐軍將帥謀士會議所言，守敵的財物充裕，
兵卒善鬥，主要是由於缺糧而無力抗擊，故困守孤城，陷入極為被動的

---

64 《資治通鑒》卷 188 唐高祖武德三年七月。
65 《資治通鑒》卷 188 唐高祖武德三年八月。
66 《資治通鑒》卷 189 唐高祖武德四年三月。

局面。如記室薛收曰："世充保據東都,府庫充實,所將之兵,皆江、淮精銳,即日之患,但乏糧食耳。以是之故,為我所持,求戰不得,守則難久。"[67] 李世民亦曰:"世充兵摧食盡,上下離心,不煩力攻,可以坐克。"[68] 唐朝前期吸取了隋末李密佔據洛陽外圍糧倉,導致東都城內嚴重缺糧的教訓,在高宗、武后時期定洛陽為神都後,開始積極利用設在洛陽城內的含嘉倉,囤積了大量的粟米。

(三)西路、南路防禦薄弱

前文已述,和東漢後期洛陽周圍設置的"八關"相比,隋朝東都附近有都尉鎮守的關塞只部署在東路(偃師、虎牢)與北路(河陽),外圍的軍事據點亦多在這兩個方向,西路和南路的防禦兵力相當薄弱,這和隋朝政府對未來戰爭做出的判斷有關。從隋煬帝新建東京的詔書來看,他認為國家所受的主要威脅來自東、南兩個戰略方向,首先是"東夏",即山東地區,此地是崤山以東、淮河以北的北齊故地;其次是"南服",即江南地區,是原來陳朝的舊境。假設敵人最有可能在這兩個地區發動叛亂,得手後再向隋朝的腹地關中發動攻擊。洛陽是全國水陸交通的樞紐,戰禍來臨後首當其衝。如果山東或江南的叛軍進攻此地,走水路是經永濟渠或通濟渠入黃河西行;若走陸路,山東敵軍或經河內地區至河陽南渡黃河抵達東都,或由黎陽渡河,經浚儀(今河南省開封市)、滎陽、虎牢西行赴洛,而江南敵軍北伐也應是沿着後一條路線行進,不會把襄樊、南陽、伊闕一線當作主攻方向。關中是京師長安所在地,屬於國之根本,洛陽是保護它的東方屏障,隋朝統治者自然不擔心來自西方的攻擊;相反,在東都遇到危急時,還要依靠關中守軍的支援。因為預

---

67 《資治通鑒》卷 189 唐高祖武德四年五月。

68 《資治通鑒》卷 189 唐高祖武德四年五月。

判假想敵是從洛陽東、北來犯，所以煬帝未在西、南兩個方向安排有力的防禦部署。但是到煬帝統治後期，關中的兵力明顯削弱，而這時洛陽以西的鬆弛防務屢屢給予反隋力量以可乘之機。例如：

楊玄感兵敗東都後，引軍西入關中，一路如入無人之境，未曾受到隋軍的阻擊。經過陝城時，守兵因為人少，不敢開城出戰，只是拼死抵抗了三天。玄感有華陰諸楊的嚮導，如能聽從李子雄等人的建議，直接入關、不與守敵糾纏，"開永豐倉以賑貧乏，三輔可指麾而定。據有府庫，東面而爭天下"[69]，與隋軍的戰鬥勝負尚未可知。

李密進攻東都時，謀士柴孝和請求"間行觀釁"，為大軍西征窺測敵情。他僅帶領了少數人馬便通過了素稱天險的崤山地區，"孝和與數十騎至陝縣，山賊歸之者萬餘人"[70]，可見沿途並無隋兵駐防。瓦崗軍若迅速西進，也是有可能搶先佔領關中的。

李淵自晉陽舉兵後，破霍邑，圍河東，從蒲津渡河進入關中，勢如破竹地攻佔了長安。他只派了一支偏師自潼關東進，便順利奪取陝城，到達新安，輕而易舉地控制了洛陽以西的大片土地，為日後大軍東征開闢了道路。見《資治通鑒》卷 184 義寧元年（617）十二月，"劉文靜等引兵東略地，取弘農郡，遂定新安以西。"次年正月戊辰，"唐王以世子建成為左元帥，秦公世民為右元帥，督諸軍十餘萬人救東都"，沿途未受阻撓便直抵洛陽城下，控制了崤函山區這一戰略重地，"遂置新安、宜陽二郡，使行軍總管史萬寶、盛彥師鎮宜陽，呂紹宗、任瓌將兵鎮新安而還"[71]，鞏固了李唐政權在洛陽以西的統治，嚴重威脅東都。這得益於隋朝統治者沒有根據形勢變化調整戰略部署，未能利用西路沿線桃林、函谷、陝城、二崤及宜陽等天險設防。

---

69 《隋書》卷 70《楊玄感傳》。

70 《資治通鑒》卷 183 隋恭帝義寧元年（617）五月。

71 《資治通鑒》卷 185 唐高祖武德元年（618）。

（四）東都防禦能力的局限

在隋末唐初的戰爭中，洛陽城壘堅固，器械精良，加上各路人馬的支援，使它在數年內經住了反隋義軍怒濤般的衝擊。楊玄感、李密和李世民都未能用強攻的手段直接打破該城的防禦，使得隋朝的統治得以苟延時日。但是，東都最終還是陷落了，堅城銳兵輓救不了隋政權覆滅的命運。從政治上講，煬帝多年來盡用民力，殘害百姓，致使朝野同叛，自無不亡之理。繼守東都的王世充所施政策與煬帝沒有本質區別，可以看作是暴隋統治的延續，其崩潰也是必然的。

從地理角度分析，隋朝在東都地區部署的防禦體系雖然堅固，但是其作戰能力畢竟有很大局限。洛陽雖有山河環繞的險固，但是所在地域比較狹窄，"其中小，不過數百里，田地薄，四面受敵"[72]，周旋的餘地不大；所能提供的人口、財物資源有限，本身並不具備持久作戰的能力，無法和"沃野千里"的關中、山東（河北）或江南等基本經濟區域相比。遇到強敵來攻時，必須依靠相鄰的某個根據地提供有力的支持，才能抵抗和戰勝對手。如果附近的幾個基本經濟區淪陷敵手，那麼洛陽的防禦就成了無根之木、無源之水，以區區伊洛平原的物力是無法長期抗擊強敵的。顧祖禹在《讀史方輿紀要‧河南方輿紀要序》中指出，洛陽的防守，"不得河北，則患在肩背；不得關中，則患在噤吭；自古及今，無異轍也。"卷中還列舉了大量戰例來說明關中、河北對於洛陽與河南防禦的威脅：

漢以三河並屬司隸，唐以長安、洛陽並建兩京，此亦得周公之遺意者歟？然則河南固不可守乎？曰：守關中，守河北，乃所以守

---

72 《史記》卷55《留侯世家》。

河南也。自古及今，河南之禍，中於關中者什之七，中於河北者什之九。秦人以關中併韓魏，漢以關中定三河，苻秦以關中亡慕容燕，宇文周以關中亡高齊。隋之亡也，群雄角逐，而唐獨以先入長安，卒兼天下。金人之遷河南也，蒙古道漢中，出唐、鄧而搗汴梁，汴梁遂不可守。謂關中不足以制河南之命乎！三晉之蠶食鄭、宋也，光武之南收河、洛也，劉聰、石勒之略有河南也，鮮卑、氐、羌縱橫於司、豫之境，晉宋君臣切切焉圖復河南，分列四鎮，求十年無事而不可得也。元魏孝文遠法成周，卜宅中土，規為措置，可謂盛強，乃僅一再傳，而河北遂成戎藪。爾朱榮自河北來矣，爾朱兆自河北來矣，高歡亦自河北來矣，北中、河橋易於平地，馬渚、碻石捷於一葦，而魏以分，而魏以亡也。安、史以河北倡亂，而河南兩見破殘；存勗發奮太原，而朱梁卒為夷滅。契丹之辱，石晉罹於前；女真之毒，靖康被於後。河北猶不足以制河南之命乎？

　　隋朝的建立和統一，本來是依靠關隴貴族地主集團的支持才得以成功的，因此，"以關中制天下"是其既定國策，首都設在長安，重兵部署在畿內，並且聚斂全國各地的財賦漕運到這裏，以保持關中地區在經濟、政治上的強大支配地位。但是，在煬帝統治時期，政治軍事形勢發生了很大變化。楊廣奪宗即位，此前他曾以晉王和揚州刺史的身份坐鎮江都達十年之久，在長安及關中並沒有勢力基礎。所以他上台之後寵信宇文述、郭衡等藩邸舊臣和虞世基、裴蘊等江淮人士，對於關隴貴族大臣則心存疑忌，文帝時的重臣名將高熲、賀若弼、宇文弨等都因"謗訕朝政"被殺。此外，他還迷信術士的說法，認為自己是木命，"雍州為破木之衝，不可久居"[73]。出於上述種種原因，他對關中並無好感，不願在

73　《資治通鑒》卷 180 隋文帝仁壽四年（604）十月。

那裏久住。煬帝在位十餘歲，僅在長安盤桓數月，其他時間均在東都、江都，或於外地巡行。煬帝末年，國內四處爆發起義，對外戰爭連連失利，大兵屢敗於高麗，車駕北巡又在雁門受困。在此形勢下，他決定拋棄關中，重返藩邸故地江都，並先後殺掉了奏請還駐長安的臣下崔民象、王愛仁。如李密所言："當今主昏於上，人怨於下，銳兵盡於遼東，和親絕於突厥，方乃巡遊揚越，委棄京都。"[74] 甚至打算遷都到江南的丹陽（今江蘇省南京市），這就使關中和長安逐漸失去了原有的政治重心地位。另外，隋朝軍隊的主力——禁軍"驍果"多是關中人[75]，常年跟隨煬帝外出巡幸征伐；關中的留駐兵力又因為頻頻外調和戰事的消耗而數量削減，守備相當空虛。隋朝軍事力量分佈態勢的這一變化，給反隋勢力的戰略謀劃留下很大空間。

在群雄割據的兼併戰爭裏，如果沒有穩固的立足之處，那麼進攻或相持時會缺乏兵員糧草補給，不能持久作戰，一旦受挫，又無退軍安身之地。因此，有遠見的軍事家常把佔領和建設根據地視為首要任務。如荀彧所言："昔高祖保關中，光武據河內，皆深根固本以制天下，進足以勝敵，退足以堅守，故雖有困敗而終濟大業。"[76] 隋末舉兵起義的陣營裏，在確定戰略主攻方向和任務的問題上，往往有兩派意見。一派主張率先攻取東都這個強固的政治中心和防禦樞紐，藉以威懾、號令海內，如楊玄感和作為瓦崗軍統帥的李密。另一些深謀遠慮之士則看出了隋朝防禦體系的破綻，建議不打城壘堅固的東都，而搶先奪取防禦薄弱的關中，掌握這塊山河四塞的千里沃土，然後以此為根據地，出兵東征中原，統一寰宇。如《隋書》卷70《李密傳》載楊玄感起兵後，李密向

---

74 《舊唐書》卷53《李密傳》。

75 《資治通鑑》卷185唐高祖武德元年（618）二月："時江都糧盡，從駕驍果多關中人，久客思鄉里，見帝無西意，多謀叛歸。"

76 《三國志》卷10《魏書·荀彧傳》。

其獻上三計：「今公擁兵，出其不意，長驅入薊，直扼其喉。前有高麗，退無歸路，不過旬月，賫糧必盡。舉麾一召，其眾自降，不戰而擒，此計之上也。又關中四塞，天府之國，有衛文昇，不足為意。今宜率眾，經城勿攻，輕齎鼓行，務早西入。天子雖還，失其襟帶，據險臨之，故當必克，萬全之勢，此計之中也。若隨近逐便，先向東都，唐禕告之，理當固守。引兵攻戰，必延歲月，勝負殊未可知，此計之下也。」可是楊玄感目光短淺，偏偏採用了李密所說的下計，結果圍攻洛陽不克，待隋朝援兵趕到時倉皇西走，兵敗身死。

瓦崗軍圍攻洛陽時，柴孝和也曾勸李密西征曰：「秦地山川之固，秦、漢所憑以成王業者也。今不若使翟司徒守洛口，裴柱國守回洛，明公自簡精銳西襲長安。既克京邑，業固兵強，然後東向以平河、洛，傳檄而天下定矣。方今隋失其鹿，豪傑競逐，不早為之，必有先我者，悔無及矣。」[77] 只是由於李密惑於攻佔東都後在全國造成的巨大影響，又擔心分兵會使部下脫離自己的控制，並且錯誤地認為憑藉洛口、回洛兩倉的存米可以滿足糧餉補給的需要，沒有將建立根據地當作瓦崗軍亟待解決的首要任務[78]，致使重蹈楊玄感的覆轍，兵困於洛陽城下，未能及時進佔關中，失去了有利的戰機；在邙山之役失敗、洛口倉城丟失的情況下無地容身，只得去歸順李淵。故李世民批評他「顧戀倉粟，未遑遠略」。

在《讀史方輿紀要·河南方輿紀要序》中，顧祖禹總結了楊玄感、李密攻取東都失敗的歷史教訓，指出洛陽是交通樞紐，屬於兵家必爭之地；但是取天下者應該率先奪取一塊基本經濟區域作為根據地，然後再向洛陽用兵，否則失敗在所難免，「河南者，四通五達之郊，兵法所稱

77 《資治通鑒》卷 183 隋恭帝義寧元年五月。
78 《資治通鑒》卷 184 隋恭帝義寧元年七月。

衢地者是也。往者吳王濞之叛也，說之者曰：'願王所過城不下，直去疾西據洛陽，雖無入關，天下固已定矣。'楊玄感祖是說以攻東都則敗，李密復出此以攻東都則又敗。蓋濞舉江東之眾，合諸侯之師，誠能西入洛陽，則事勢已就。玄感、李密，一朝創起，既不敢用長驅入薊及直指江都之謀，又不能先據上游之勢，然後爭衡天下，宜其敗也。"

李淵起兵晉陽之前，劉文靜即託李世民轉達其乘虛入關的建議，"今主上南巡江淮，李密圍逼東都，群盜殆以萬數。當此之際，有真主驅駕而用之，取天下如反掌耳。太原百姓皆避盜入城，文靜為令數年，知其豪傑，一旦收拾，可得十萬人，尊公所將之兵復且數萬，一言出口，誰敢不從！以此乘虛入關，號令天下，不過半年，帝業成矣。"李世民深以為然，即與裴寂等人勸李淵起兵西征，"代王幼沖，關中豪傑並起，未知所附，公若鼓行而西，撫而有之，如探囊中之物耳。"[79]李淵在迅速渡河佔領長安後，偽與李密結盟，利用瓦崗軍牽制隋朝的主要兵力，自己則全力鞏固關隴。其策如他對部下所言："吾方有事關中，若遽絕之，乃是更生一敵；不如卑辭推獎以驕其志，使為我塞成皋之道，綴東都之兵，我得專意西征。俟關中平定，據險養威，徐觀鷸蚌之勢以收漁人之功，未為晚也。"[80]結果三年之內，李唐集團坐擁關中沃野，西奪隴右，南下巴蜀，北據河東，建立了穩固的根據地；其兵強糧足，傲視群雄，為後來出潼關、克洛陽，進而統一天下奠定了堅實的基礎。

---

79 《資治通鑒》卷 183 隋恭帝義寧元年四月。
80 《資治通鑒》卷 184 隋恭帝義寧元年七月。

第十七章

蒙古滅宋之役中的襄陽

一、襄陽的地理環境與軍事價值

在中國古代戰爭史上，襄陽頗受兵家矚目，是南北對抗雙方激烈爭奪的熱點區域。吳慶燾《襄陽兵事略·序》曰："世之言形勝者，荊州而外必及襄。其用兵萌於春秋，苗於東漢，枝於三國，蔓於東晉六朝，而穠於宋之南渡，史策具在，可坐而稽也。"[1] 周室東遷之後，隨着楚國的強盛和立都於郢（後亦稱江陵，今湖北省荊州市），江漢平原逐漸成為南方新興的經濟區域。楚地與北方華夏諸邦的交通往來，主要經過襄陽所在的鄂西山地，陸路可由郢都北上，過今當陽、荊門、宜城等地直趨襄樊[2]，或稱作"荊襄道"。涉漢水後經襄鄧走廊通道進入南陽盆地，然後分為三途。分述如下：

其一，向東北穿越伏牛山脈南麓與桐柏山脈北麓之間的方城隘口（今河南省方城縣東），到達華北平原的南端。如《荊州記》所言："襄陽，舊楚之北津，從襄陽渡江，經南陽出方（城）關，是周、鄭、晉、衛之

1　石洪運、洪承越點校：《荊州記九種·襄陽四略》，湖北人民出版社，1999 年，第 159 頁。
2　《南齊書》卷 15《州郡志下》："江陵去襄陽步道五百，勢同唇齒。"

道。"[3] 這一途徑又稱為"夏路"[4]，是楚師屢次與齊、晉等國逐鹿中原，爭奪霸主地位的進軍路線。顧棟高亦言："是時齊桓未興，楚橫行南服，由丹陽遷郢，取荊州以立根基。武王旋取羅、鄀，為鄢郢之地，定襄陽以為門戶。至滅申，遂北向以抗衡中夏。……如河決魚爛，不可底止，遂平步以窺周疆矣。"[5]

其二，從南陽盆地沿白河支流河谷北行，越伏牛山脈分水嶺，過魯陽（又稱三鴉，今河南省魯山縣南）、陸渾（今河南省嵩縣東北）諸隘，則進入伊、洛流域，抵達號為"天下之中"的洛陽平原。《史記》卷40《楚世家》載莊王八年（前606），"伐陸渾戎，遂至洛，觀兵於周郊"，並向周王的使者王孫滿詢問九鼎之大小輕重，其大軍走的就是這條道路。

其三，自申（今河南省南陽市）西行，越今內鄉、淅川入武關，經商洛山區過藍田後，到達秦國所在的關中平原，後人或稱其為秦楚大道。楚懷王十七年（前312），"乃悉國兵復襲秦，戰於藍田"[6]，遭到慘敗。《史記》卷5《秦本紀》載昭襄王十五年（前291），白起攻楚，取宛（今河南省南陽市）；二十八年（前278），白起復攻楚，取鄢（今湖北省宜城市）、鄧（今河南省鄧州市），"赦罪人遷之"；次年便攻克楚國首都郢城。前後出師均是走此條路線。

此外，襄陽沿滾河東行，過今棗陽，可走桐柏山和大洪山間的谷道抵達隨州，再順溳水南下，經安陸、雲夢進入江漢平原北端，抵達長江之濱的沔口（今漢口）。

---

3 《後漢書·郡國志四》注引《荊州記》。
4 《史記》卷41《越王勾踐世家》："商、於、析、酈、宗胡之地，夏路以左，不足以備秦。"《史記索隱》引劉氏云："楚適諸夏，路出方城，人向北行，以西為左，故云夏路以左。"
5 〔清〕顧棟高：《春秋大事表》卷4《春秋列國疆域表·楚疆域論》，中華書局，1993年。
6 《史記》卷40《楚世家》。

江漢平原與北方聯繫的水路，則是通過漢水運輸航行。漢水又稱沔水，發源自陝南鳳縣，過漢中、安康盆地後，"自陝西白河縣流入界，經鄖陽府城南，又歷均州及光化縣之北，谷城縣之東，又東至襄陽府城北折而東南，經宜城縣之東，又南經承天府城西，荊門州之東，復東南出經潛江縣北及景陵縣南，又東歷沔陽州北及漢川縣南，至漢陽府城東北大別山下會於大江"[7]，幾乎縱貫了整個江漢平原。《戰國策·燕策二》載秦王威脅楚國說："漢中之甲，乘舟出於巴，乘夏水而下漢，四日而至五渚。寡人積甲宛，東下隨，知者不及謀，勇者不及怒，寡人如射隼矣。"講的就是將要利用漢水運兵伐楚。襄陽又是南陽盆地南部湍河、白河、唐河幾條川流收束而下、匯入漢江的地點。因此，楚地與北國的水運交通，可從沔口溯漢江而上，經鄢郢（今湖北省宜城市）、石門（今湖北省鍾祥市）至襄陽後，又可分為二途，或繼續西行入漢中盆地，或轉入三河口（或稱三洲口，今唐白河口），北上直航宛南。顧祖禹《讀史方輿紀要》卷 79《湖廣五》襄陽府曰："白河，府東北十里。其上流即河南南陽府湍、清諸水所匯流也。自新野縣流入界，經光化縣東，至故鄧城東南入於沔水。……或曰白河入漢之處亦名三洲口。吳將朱然攻樊，司馬懿救樊，追吳軍至三洲口，大獲而還。又王昶屯新野，習水軍於三洲，謀伐吳。《水經注》：'襄陽城東有白沙，白沙北有三洲，三洲東北有宛口，即清水所入也。'"李吉甫曰："鄧塞故城，在縣東南二十二里。南臨宛水，阻一小山，號曰鄧塞。昔孫文台破黃祖於此山下，魏常於此裝治舟艦，以伐吳。陸士衡表稱'下江漢之卒，浮鄧塞之舟'，謂此也。"[8]

　　由此觀之，襄陽自春秋以來就是連接江漢平原和南陽盆地的重要交通樞紐，幾條陸路、水路在此交會，使其成為溝通南北、承東啟西之地，

7　〔清〕顧祖禹：《讀史方輿紀要》卷 75《湖廣一》，中華書局，2005 年，第 3500 頁。

8　〔唐〕李吉甫：《元和郡縣圖志》卷 21《山南道二》襄州臨漢縣，中華書局，1983 年，第 530 頁。

在軍事上具有極高的地理價值。如司馬懿所言："襄陽水陸之衝，禦寇要害，不可棄也。"[9] 庾翼亦曰："計襄陽，荊楚之舊，西接益梁，與關隴咫尺，北去洛河，不盈千里，土沃田良，方城險峻，水路流通，轉運無滯，進可以掃蕩秦趙，退可以保據上流。"[10] 顧祖禹則列舉史實論道："（襄陽）府跨連荊、豫，控扼南北，三國以來，嘗為天下重地。曹公赤壁之敗，既失江陵，而襄陽置戍，屹為藩捍。關壯繆在荊州，嘗力爭之，攻沒于禁等七軍，兵勢甚盛。徐晃赴救，襄陽不下，曹操勞晃曰：'全襄陽，子之力也。'蓋襄陽失則沔、漢以北危。當操之失南郡而歸也，周瑜說權曰：'據襄陽以蹙操，北方可圖。'及壯繆圍襄、樊，操憚其鋒，議遷都以避之矣。吳人懼蜀之逼，遽起而議其後，魏終得以固襄陽，而吳之勢遂屈於魏。自後諸葛瑾、陸遜之師屢向襄陽，而終無尺寸之利，蓋勢有所不得逞也。"[11]

襄陽之所以受到兵家重視的另一原因，則是它周圍的地形、水文條件有利於軍事上的防禦。襄陽城北臨漢水，與樊城隔江相對，川流湍急，難以泅渡。[12] 蔡謨曾云："自沔以西，水急岸高，魚貫溯流，首尾百里。"[13] 顧祖禹稱其"蓋謂襄陽以西"[14]。按漢水在春秋時曾為楚國之北疆，並作為它的天然水利工事。後代割據江南者，亦需要把外圍防線推廣至淮河、漢水一帶，才能確保其統治的安全。《讀史方輿紀要》卷75《湖廣一》對此論述甚詳：

9　《晉書》卷1《宣帝紀》。

10　《晉書》卷73《庾翼傳》。

11　〔清〕顧祖禹：《讀史方輿紀要》卷79《湖廣五》襄陽府，中華書局，2005年，第3698頁。

12　"古大堤西自萬山，經檀溪、土門、龍池、東津渡，繞城北老龍堤復至萬山之麓，周四十餘里。……大概堤防至切者全在襄、樊二城間，蓋二城並峙，漢水中流如峽口。且唐、鄧之水從白河南注，橫截漢流，以故波濤激射，城堤為害最劇也。"〔清〕顧祖禹：《讀史方輿紀要》卷79《湖廣五》襄陽府引《水利考》，中華書局，2005年，第3708頁。

13　《晉書》卷77《蔡謨傳》。

14　〔清〕顧祖禹：《讀史方輿紀要》卷79《湖廣五》襄陽府"漢江"條，中華書局，2005年，第3707頁。

《詩》："滔滔江漢，南國之紀。"《左傳》："楚漢水以為池。"又曰："江、漢、睢、漳，楚之望也。"《史記·楚世家》昭王曰："先王受封，望不過江、漢。"夫楚之初，漢非楚境也，故屈完對齊桓云："昭王之不復，君其問諸水濱。"自楚武伐隨，軍於漢、淮之間，自是漢上之地，漸規取之矣。吳之伐楚也，與楚夾漢，而楚之禍亟焉。林氏曰："楚之失，始於亡州來、符離；其再失也，由於亡漢。"晉蔡謨謂："沔水之險，不及大江。"不知荊楚之有漢，猶江左之有淮，唇齒之勢也。漢亡，江亦未可保矣。孫氏曰："國於東南者，保江、淮不可不知保漢，以東南而問中原者，用江、淮不可不知用漢，地勢得也。"

徐益棠曾說"襄陽群山四繞，一水縱貫"[15]。鄂西北地區多為低山丘陵，襄陽城面向漢水，背依峴山，周圍東有桐柏山，東南有大洪山，西北為武當山餘脈，西南則為險峻的荊山山脈[16]，構成了四邊的屏障，便於設防而不利於車騎與大軍的行動。漢水自襄陽城東向南曲折，從兩旁的山嶺之間穿行而過，順流東南而下，至石門（今湖北省鍾祥市）進入江漢平原。襄陽正當其河谷通道的北口，可以利用臨城的漢水與周圍的群山封鎖敵軍的來路。所以《南齊書》稱襄陽"疆蠻帶沔，阻以重山，北接宛、洛，平塗直至，跨對樊、沔，為鄢郢北門。"[17]甄玄成亦曰："樊、沔衝要，山川險固，王業之本也。"[18]由於佔據地利之險要，歷史上守襄樊者屢借城池山水之固，挫敗來犯之強敵。如建安二十四年（219）關羽征襄陽，圍曹仁於樊城，"時漢水暴溢，于禁等七軍皆沒，禁降羽。

---

15 徐益棠：《襄陽與壽春在南北戰爭中之地位》，《中國文化研究匯刊》第八卷，第57頁。
16 周兆銳主編：《湖北省經濟地理》，新華出版社，1988年，第354頁。
17 《南齊書》卷15《州郡志下·雍州》。
18 〔清〕顧祖禹：《讀史方輿紀要》卷79《湖廣五》襄陽府，中華書局，2005年，第3699頁。

仁人馬數千人守城，城不沒者數板，羽乘船臨城，圍數重，外內斷絕，糧食欲盡，救兵不至。仁激厲將士，示以必死，將士感之，皆無二。徐晃救至，水亦稍減，晃從外擊羽，仁得潰圍出，羽退走。"[19] 又南齊建武四年（497）九月，北魏孝文帝帥眾南征，"遂引兵向襄陽。彭城王勰等三十六軍前後相繼，眾號百萬，吹脣沸地"，攻拔新野，並屢敗齊兵於沔北，齊雍州刺史曹虎屯守樊城；十二月庚午，"魏主南臨沔水；戊寅，還新野。"次年（498）二月庚寅，"魏主將十萬眾，羽儀華蓋，以圍樊城。"曹虎堅守不下，"魏主臨沔水，望襄陽岸，乃去。"[20] 南方如果丟失了襄陽，就會造成極為不利的戰略態勢。如顧祖禹所言："彼襄陽者，進之可以圖西北，退之猶足以固東南者也。有襄陽而不守，敵人逾險而南，漢江上下，罅隙至多，出沒縱橫，無後顧之患矣。"[21]

襄陽在歷史上長期被作為軍事樞紐，還有一個緣故，就是當地的自然環境相當優越，利於墾殖，能為前線的屯軍提供充足的糧餉。《讀史方輿紀要》曾設論道："客曰：然則襄陽可以為省會乎？曰：奚為不可？自昔言秬中之地為天下膏腴，誠引淯、清之地，通楊口之道，屯田積粟，鞠旅陳師，天下有變，隨而應之，所謂上可以通關、陝，中可以向許、洛，下可以通山東者，無如襄陽。"[22]

襄陽附近低山丘陵之間多有可耕的平地，土壤肥沃，宜種粟、稻、桑、麻。同時，氣候溫和濕潤，尤其是日照充足，年平均日照時數達2000小時以上，是今湖北全省日照時數最多的地區之一，基本上可以滿足兩熟的要求。[23] 鄂西北處於北亞熱帶濕潤季風氣候帶北緣，自西北流向東南的漢江及其支流堵河、南河、匯灣河、官渡河、唐白河、

---

19 《三國志》卷 9《魏書·曹仁傳》。

20 《資治通鑒》卷 141 南齊建武四年、永泰元年（498）。

21 〔清〕顧祖禹：《讀史方輿紀要·湖廣方輿紀要序》，中華書局，2005 年，第 3486 頁。

22 〔清〕顧祖禹：《讀史方輿紀要·湖廣方輿紀要序》，中華書局，2005 年，第 3487 頁。

23 周兆銳主編：《湖北省經濟地理》，新華出版社，1988 年，第 354 頁。

清河、滾河，呈樹枝狀水系分佈，匯集在襄樊地區[24]，適於灌溉事業的開展。著名的水利工程有漢代所築六門堰，南朝劉宋時曾予重修，"襄陽有六門堰，良田數千頃，堰久決壞，公私廢業。世祖遣（劉）秀之修復，雍部由是大豐。"[25] 又有木里溝，又稱木渠，"在（宜城）縣東。《水經》：'沔水又南得木里水。'是也。楚時於宜城東穿渠，上口去城三里。漢南郡太守王寵又鑿之，引蠻水灌田，謂之木里溝，徑宜城東而東北入沔，謂之木里水口，灌田七百頃。宋時陳表臣復修之，起水門四十六，通舊陂四十有九。治平中，縣令朱紘修復木渠，溉田至六千餘頃。淳熙八年，襄陽守臣郭杲言：'木渠在中盧縣界，擁漹水東流四十五里入宜城縣，歲久湮塞，乞行修治。'十年詔疏襄陽木渠，以渠旁地為屯田，給民耕種。"[26] 此外還有規模更大的長渠，在"（宜城）縣西四十里。亦曰羅川，亦曰鄢水，亦曰白起渠，即蠻水也。宋至和二年宜城令孫永治長渠。紹興三十二年王徹言：'襄陽古有二渠，長渠溉田七千頃，木渠溉田三千頃，今湮廢。請以時修復。'"[27] 顧祖禹曾考證曰："秦昭王二十八年使白起攻楚，去鄢百里，立塄，壅是水為渠，以灌鄢。鄢入秦而起所為渠不廢，引鄢水以灌田，今長渠是也。（酈）道元謂溉田三千餘頃，蓋水出西山諸谷，其源廣，而流於東南者其勢下也。"[28] 故史稱："襄陽左右，田土肥良，桑梓野澤，處處而有。"[29]

　　歷史上屢見在當地駐軍屯田而大獲成功者。如西晉與孫吳相持時，"羊祜鎮襄陽，進據險要，開建五城，收膏腴之利，奪吳人之資，石城以西，今安陸府盡為晉有。又廣事屯田，預為儲蓄。祜之始至也，軍

24 周兆銳主編：《湖北省經濟地理》，新華出版社，1988年，第353—354頁。

25 《宋書》卷81《劉秀之傳》。

26 〔清〕顧祖禹：《讀史方輿紀要》卷79《湖廣五》襄陽府宜城縣，中華書局，2005年，第3714頁。

27 〔清〕顧祖禹：《讀史方輿紀要》卷79《湖廣五》襄陽府宜城縣，中華書局，2005年，第3715頁。

28 〔清〕顧祖禹：《讀史方輿紀要》卷79《湖廣五》襄陽府宜城縣，中華書局，2005年，第3715頁。

29 《南齊書》卷15《州郡志下・雍州》。

無百日之糧，及至季年，有十年之積。杜預繼祜之後，遵其成算，遂安坐而弋吳矣”，顧祖禹因此稱“襄陽遂為滅吳之本”[30]。東晉庾亮謀復中原，亦上疏朝廷曰：“蜀胡二寇凶虐滋甚，內相誅鋤，眾叛親離。蜀甚弱而胡尚強，並佃並守，修進取之備。襄陽北接宛、許，南阻漢水，其險足固，其土足食。臣宜移鎮襄陽之石城下，並遣諸軍羅佈江沔。比及數年，戎士習練，乘釁齊進，以臨河洛。”[31]劉宋元嘉五年（428），張邵出任雍州刺史，“及至襄陽，築長圍，修立堤堰，創田數千頃，公私充給”[32]。

二、南宋在蒙古滅金之後的防禦部署

我國古代圍繞襄陽展開的南北戰爭當中，持續時間最久、對戰爭全局乃至王朝更替影響最為重要者，要數蒙古滅宋之役。吳慶燾曰：“元之圖宋，舉全國之力，圍攻襄樊者七年，僅乃克之。襄克，而漢南以下無留行，不數稔亡宋，非形勝之驗歟？”[33]蒙古在此次戰爭中為甚麼會選擇襄陽作為主攻方向？襄陽在南宋的防禦部署體系當中具有何種地位與作用？筆者試做如下分析：

宋理宗端平元年（1234）正月，蒙古軍隊攻陷蔡州，滅亡了殘存的金朝政權，開始直接與南宋王朝接壤對壘。六月，南宋出師收復了東京汴梁、西京洛陽，史稱“端平入洛”。但隨即遭到慘敗，兩京復失，“兵民死者十數萬，資糧器甲悉委於敵，邊境騷然，中外大困。”[34]亦從此揭開了宋蒙戰爭的序幕。南宋自“紹興和議”以來，基本上以秦嶺、漢水

---

30 〔清〕顧祖禹：《讀史方輿紀要》卷79《湖廣五》襄陽府，中華書局，2005年，第3698頁。

31 《晉書》卷73《庾亮傳》。

32 《南史》卷32《張邵傳》。

33 石洪運、洪承越點校：《荊州記九種·襄陽四略》，湖北人民出版社，1999年，第159頁。

34 《宋史》卷407《杜範傳》。

及淮河為界，與北敵相持，至端平年間亦無顯著變化，其防禦戰區主要有三，為兩淮、京（荊）湖與川陝，分別為國內三個基本經濟區域——太湖、寧紹平原，江漢平原，以及四川盆地提供保護屏障。

（一）兩淮戰區

兩淮即淮南東路與淮南西路。南宋建都臨安（今浙江省杭州市），仰仗附近的太湖、寧紹平原的財賦民力。自北宋以來，這裏就是全國物產最為豐饒的地區，俗稱"蘇常湖秀，膏腴千里，國之倉庾也"[35]。《宋史》卷88《地理志四》說江南東、西路"川澤沃衍，有水物之饒。永嘉東遷，衣冠多所萃止，其後文物頗盛。而茗荈、冶鑄、金帛、粳稻之利，歲給縣官用度，蓋半天下之入焉"，兩浙路亦"有魚鹽、布帛、粳稻之產"。故李覯聲稱："吳楚之地，方數千里。耕有餘食，織有餘衣，工有餘財，商有餘貨。鑄山煮海，財用何窮？水行陸走，饋運而去，而不聞有一物由北來者。是江淮無天下，自可以為國也。"[36] 這一經濟、政治重心所在地區的安全保障，實在於江北的淮河沿岸地帶。北敵如若佔據淮南，兵臨大江，則濱江的建康乃至身後的國都臨安即受到嚴重威脅，所以南宋的有識之士都主張着重守淮。如張浚曰："不守兩淮而守江干，是示敵以削弱，怠戰守之氣。"[37] 丘崈則曰："棄淮則與敵共長江之險矣。吾當與淮南俱存亡。"[38] 趙範亦言："然有淮則有江，無淮則長江以北，港汊蘆葦之處，敵人皆可潛師以濟，江面數千里，何從而防哉！"[39] 因此，南宋後期朝廷竭力加強這一地區的防務，兵力為十餘萬人，並隨着戰事的加劇有逐漸增多的趨勢。如嘉定十七年（1224）淮東制置使許國"集兩

---

35 《范文正公集》卷9《上呂相公並呈中丞諸目》。

36 《李直講文集》卷28《寄上富樞密書》。

37 《宋史》卷361《張浚傳》。

38 《宋史》卷398《丘崈傳》。

39 《宋史》卷417《趙范傳》。

淮馬步軍十三萬，大閱楚城之外，以挫北人之心"[40]。而咸淳七年（1271）上官渙上封事說："姑以兩淮言之，官兵不下十七八萬，每年防邊，又調江上諸軍以赴之，而常有敷佈不周之慮。"[41] 這一防區的軍隊是宋兵中戰鬥力最強的，如元臣郝經所言："彼之精銳盡在兩淮。"[42] 南宋兩淮兵力平時集中駐守在沿淮的光州（今河南省潢川縣）、安豐軍（今安徽省壽縣）、盱眙、楚州（今江蘇省淮安市）等地，並在江淮之間的要鎮盧州（今安徽省合肥市）、滁州（今屬安徽省）、天長軍（今安徽省天長市）等地屯兵以為策應。[43]

（二）京（荊）湖戰區

或稱為京（荊）襄、兩湖戰區。宋代荊湖地區包括當時的荊湖南路、荊湖北路與屬於京西路的均、房、隨、郢、襄州及光化軍、信陽軍，大約相當於漢水、桐柏山脈以南，南嶺以北，三峽以東，兩江（長江、贛江）以西的全部地區。其中湖北的江漢平原是其主要的農業耕作區，宋人說："湖北路平原沃壤，十居六七。"[44] "荊、襄之間，沿漢上下，膏腴之田七百餘里。"[45] 而江漢平原的北方門戶則是前述的襄樊與其東鄰的信陽（今河南省信陽市，古稱義陽，有著名的三關，地扼大別山、桐柏山脈之間的豫、鄂通道）。南宋初年，岳飛即領兵擊敗偽齊劉豫的部將李成，收復了襄陽附近地區，並在當地駐軍屯田，招撫流亡，恢復經濟，作為邊防要鎮。朝廷以隨、郢、唐、鄧等州和信陽軍併入襄陽府路，隸屬岳飛。由於襄陽位於江東與四川兩大經濟區之間，又有水旱

40 《宋史》卷 476《李全傳上》。

41 《咸淳遺事》卷下。

42 《元史》卷 157《郝經傳》。

43 何忠禮、徐吉軍：《南宋史稿》，杭州大學出版社，1999 年，第 551 頁。

44 《宋會要輯稿·食貨六之二十七》。

45 《宋史》卷 435《朱震傳》。

道路溝通南北，其戰略地位之重要，多見時人議論。如李燾曾言："蜀為天下足，重關劍閣，險阨四蔽，而不可以圖遠。吳為天下首，山川阻深，士卒剽悍，而不能亡西顧之憂。襄陽者，天下之脊也。東援吳，西控蜀，連東西之勢，以全天下形勝。"[46] 魏了翁認為，"襄陽得失，系國家安危之決"，他曾給朝廷上奏道："臣竊詳前件探報，賊虜日夜謀據襄陽，為扼吭拊背之計。若非速行經理襄陽，以為上流屏蔽，則京西一路，莽為虛邑，而江陵決不可守。江陵不守，則吳楚襟喉中斷，而長江與虜共之矣。"[47] 杜範亦言："竊惟襄陽東連吳會，西通巴蜀，古人以為國之西門，又謂天下喉襟。若為寇盜據其門戶，扼其喉襟，則吳蜀中斷。自上流渡江，直可以控湖湘。若得舟而下，直可以搗江浙。形勢順便，其來莫禦。萬一有此，則人心動搖，望風奔潰，雖有智勇，將焉用之？"[48]

南宋原在江陵府（今湖北省荊州市）和鄂州（今湖北省武漢市武昌區）屯駐有兩個御前都統制司的軍隊，後又增加不少新軍。嘉熙年間（1237—1240）京湖戰區有十餘萬兵馬，此後有所減少。李曾伯曰："臣職在京湖，夷考兵籍，則端平以前，未暇遠論。只以嘉熙間兵頗猶及十三萬人。自淳祐初揀汰之後，惟以九萬為額。"[49] 其兵力分佈較為分散，前線軍隊部署在京襄地帶，以襄陽為主，兼有均（今屬湖北省）、房（今屬湖北省）、郢（今湖北省鍾祥市）、隨（今湖北省隨州市）四州，以及棗陽、光化、信陽三軍。另有部分兵力部署在以江陵府為主的地區，包括德安府（今湖北省安陸市）、歸（今湖北省秭歸縣）、峽（今湖北省宜昌市）、復（今湖北省天門市）、鄂五州，及漢陽、荊門二軍[50]，這是京

---

46 《六朝通鑒博議》卷 1《吳論·五》。
47 《鶴山集》卷 30《貼黃》。
48 《清獻集》卷 6《論襄陽失守札子》。
49 《可齋雜稿》卷 20《回奏置游擊軍創方田指揮》。
50 何忠禮、徐吉軍：《南宋史稿》，杭州大學出版社，1999 年，第 549 頁。

湖戰場的腹心地帶，既可以北上支持襄陽、信陽和棗陽等地的戰事，又能夠扼守川東三峽門戶，為四川盆地的戰鬥提供援助。

（三）川陝戰區

成都平原古稱天府之國，唐代即有"揚一益二"之說。《宋史》卷89《地理志五》言川峽四路，"土植宜柘，繭絲織文纖麗者窮於天下。地狹而腴，民勤耕作，無寸土之曠，歲三四收。"南宋時期，四川是朝廷歲收的重要來源之一，"蜀中財賦入戶部五庫者五百餘萬緡，入四總領所者二千五百餘萬緡，金銀綾錦絲綿之類不與焉"[51]，幾乎佔據全國財政收入的三分之一，以致人言"東南立國，倚蜀為重"[52]。紹興和議之後，宋金劃秦嶺為界，南北對峙，南宋保護四川盆地的防區主要是在秦嶺以南，今川、陝、甘三省交界地帶的"五州"，即西和州（今甘肅省西和縣）、鳳州（今陝西省鳳縣東北）、成州（今甘肅省成縣）、階州（今甘肅省隴南市武都區東）、沔州（今陝西省略陽縣）。防衛重點是漢中盆地以西的"蜀口"，如吳璘"駐蜀口武興，精兵為天下冠"[53]。蜀口與漢水流域襄樊地區及兩淮均為南宋抵禦北敵交戰最為頻繁的地帶，如《宋史》卷474《韓侂胄傳》曰："自兵興以來，蜀口、漢、淮之民死於兵戈者，不可勝計。"由秦隴而來的陳倉道及由漢中而來的金牛道到達成都平原的門戶劍閣之前，沿途必須經過著名的"三關"隘口，前後有仙人關（今甘肅省徽縣南）、陽平關（今陝西省寧強縣西北）、白水關（今四川省廣元市西北）。[54]

---

51 《宋季三朝政要》卷二《理宗》。

52 《清正存稿》卷1《丁丑上殿奏事第一札》。

53 《宋史》卷387《汪應辰傳》。

54 "《宋史》：理宗寶慶三年，蒙古破關外諸隘，至武、階，四川制置使鄭損棄沔州遁，於是三關不守，宋將曹友聞救卻之。此三關，謂仙人、陽平、白水也。漢中西面之險，以三關為最。"〔清〕顧祖禹：《讀史方輿紀要》卷56《陝西五》漢中府寧羌州"白水關"條注，中華書局，2005年，第2696頁。

與兩淮、京湖戰區相比，南宋後期駐蜀的兵力相當薄弱，而且逐年減少。據理宗時吳昌裔《論救蜀四事》所言："蜀兵舊以十萬為額，盡皆關陝五路勁軍，中興諸將以抗金人而護蜀門者此也。開禧之變，招填僅及八萬。己卯之潰，消折不滿七萬。端平以後，戰散尤多。臣參以前年所聞，止有三萬之數。迨今去冬，虜騎深入，則赤籍散亡，愈不可考矣。"[55] 據魏了翁講，宋蒙戰爭爆發時，四川"官軍才六萬餘人，忠義萬五千"[56]。另外，朝廷派往四川的最高軍政長官宣撫使、制置使多非知能善任之人，致使軍務與民政處置失當，轄境之內的局面相當紊亂，"自寶慶三年至淳祐二年，十六年間，凡授宣撫三人，制置使九人，副四人，或老或暫，或庸或貪，或慘或繆，或遙領而不至，或開隙而各謀，終無成績。於是東、西川無復統律，遺民咸不聊生，監司、戎帥各專號令，擅辟守宰，蕩無紀綱，蜀日益壞。"[57] 理宗寶慶三年（1227）十二月，"蒙古兵入京兆，復破關外諸隘，至武、階，四川制置使鄭損棄沔州遁，三關不守"，史稱"丁亥之變"。事後蒙軍雖然撤退，宋軍一度收復失地，但是此役已經給蜀口的防務造成嚴重破壞，並帶來軍心、民心的渙散。如高稼所言："蜀以三關為門戶，五州為藩籬，自前帥棄五州，民無固志。"[58] 就戰鬥力而論，南宋初年的蜀兵相當強勁，"始沔州諸軍，自昔為天下最，蓋御前諸軍惟蜀中有關陝之舊，而武興之眾至六萬人，分為十軍。其間摧鋒、踏白二軍，又沔軍之最勁者也。"[59] 而到後期則遠不如兩淮和荊襄的守軍，宋理宗曾云："中外之兵皆貧，蜀兵尤甚。驅餓卒而嬰狂胡，其不誤事者幾希。"[60] 上述情況，使川陝戰區的形勢變得對南宋頗為不利。

---

55 《歷代名臣奏事》卷 100《吳昌裔論救蜀四事》。

56 《鶴山先生大全文集》卷 19《被召除禮部尚書內引奏事第四札》。

57 《宋史》卷 416《余玠傳》。

58 《宋史》卷 449《高稼傳》。

59 《建炎以來朝野雜記》乙集卷十七《兵馬・沔州十軍分正副兩司事》。

60 《宋史全文》卷 36《宋理宗六》。

綜上所言，宋蒙戰爭全面爆發之前，南宋的主要防禦兵力集中在兩淮戰區。由於距離國都臨安和太湖平原較近，還能夠得到後方人員財力的充分支援。京湖戰區的守備力量平平，且將帥、士卒不和。蒙古在滅金過程中，曾邀南宋出師相助。宋帥孟珙乘機收編了不少歸降的漢族兵將，"所招中原精銳百戰之士萬五千餘人，分屯漢北、樊城、新野、唐、鄧間"[61]，部署在襄陽的外圍防線上，號為"鎮北軍"。他們與原來的南宋軍人互不信任，矛盾很深。京湖安撫制置使兼知襄陽府趙范"所節度四十五軍，半北人"[62]，而他與親信幕僚"朝夕酣狎，了無上下之序。民訟邊防，一切廢弛。屬南北軍將交爭，范失於撫御"[63]，甚至"後厭降將多，恐聚此叵測，漫為受犒，欲致盡坑之"[64]。雖被勸阻而未施行，但是雙方的仇視與敵意愈演愈烈，為日後的叛離埋下了禍根。川陝戰區兵員少，防備破敗鬆弛，距離江南腹地又遠，難以獲得支援，所以在南宋的防禦體系當中最為薄弱，這也是蒙軍首次南征時入川比較順利的原因。

三、窩闊台時期蒙古的南征與襄陽防務之廢馳

端平元年（1234）蒙古滅金之後，窩闊台汗於當年七月召開王公大會，商討進攻南宋的方略，問曰："先皇帝肇開大業，垂四十年。今中原、西夏、高麗、回鶻諸國皆已臣附，惟東南一隅，尚阻聲教。朕欲躬行天討，卿等以為何如？"[65]得到了眾臣的擁護。次年六月，蒙古大舉

---

61 《宋史》卷 412《孟珙傳》。

62 《牧庵集》卷 18《鄧州長官趙公神道碑》。

63 《宋史》卷 417《趙范傳》。

64 《牧庵集》卷 18《鄧州長官趙公神道碑》。

65 《元史》卷 119《塔思傳》。

徵兵[66]，"遣諸王拔都及皇子貴由、皇姪蒙哥征西域，皇子闊端征秦、鞏，皇子曲出及胡土虎伐宋，唐古征高麗。"[67]此番出師是四路出擊，相對而言對西域一路較為重視，所以窩闊台派遣後來繼承帝位的皇子貴由和皇姪蒙哥擔任統帥，戰役先後持續了五年才獲勝班師。[68]對南宋的作戰由四皇子曲出統率，又將人馬分為三路，即四川、荊襄和兩淮，屢有得失反覆，至淳祐元年（1241）窩闊台病死而暫時告一段落。

（一）四川戰區

端平二年（1235）十月，蒙古西路軍統帥闊端在鞏昌迫降金朝舊將汪世顯，"仍舊職，帥所部從征"[69]；十二月，闊端自鳳州（今陝西省鳳縣）南攻沔州（治今陝西省略陽縣），"沔無城，依山為阻"[70]，又未能得到後方及時支援，被蒙軍迅速攻克，知州高稼戰死。制置使趙彥吶退守青野原，利州守將曹友聞來救，連敗蒙軍，收復仙人關等隘口。次年九月，蒙軍合西夏、女真、回回、吐蕃、渤海軍等號稱五十萬，越秦嶺大舉來攻，佔領興元府（治今陝西省漢中市）後，又於雞冠隘（今陝西省寧強縣東北）擊敗南宋伏兵，守將曹友聞戰死；十月，蒙軍佔領蜀口之外的五州後長驅入川，先後下利州、成都、潼川等重鎮。後因主帥皇子曲出病死，一度棄成都北撤。

嘉熙三年（1239）八月，闊端又率兵入蜀，再奪成都，前鋒抵達重慶，企圖出三峽、入兩湖。南宋京西湖北路制置使孟珙預作防備，"請

---

66 《續資治通鑑》卷 168 宋理宗端平二年六月："蒙古人每甲一人西征，一人南征，中州戶每戶一人南征，一人征高麗。"

67 《元史》卷 2《太宗紀》七年（1235）。

68 《元史》卷 2《太宗紀》十二年（1240）庚子春正月，"皇子貴由克西域未下諸部，遣使奏捷"。《續資治通鑑》卷 170 宋理宗嘉熙三年（1239）："十二月，蒙古主以西域諸部俱下，詔皇子庫裕克（貴由）班師。"

69 《續資治通鑑》卷 168 宋理宗端平二年（1235）十月。

70 《宋史》卷 449《高稼傳》。

粟十萬石以給軍餉，以二千人屯峽州，千人屯歸州。忠衛舊將晉德自光化來歸，珙獎用之。珙弟瑛以精兵五千駐松滋為夔聲援，遣于德興增兵守歸州隘口萬戶谷”[71]。後又增置營寨，分佈戰艦。“未幾，蒙古渡萬州湖灘，施、夔震動。珙兄璟，時知峽州，帥兵迎拒於歸州大埡寨，勝之，遂復夔州。”[72] 雖然阻止了蒙軍由峽口出川，但是成都平原等大片沃土已經丟棄，宋軍僅僅依靠川東山險抵抗，才勉強守住了蜀中一隅之地。嘉熙四年（1240）四月，吳申入朝奏事，強烈譴責守蜀將帥多不稱職，“棄邊郡不守，鄭損也；啟潰卒為亂，桂如淵也；忌忠勇而不救，趙彥吶也。今彭大雅又險譎變詐，大費防閒。宜進孟珙於夔門，以東南之力助之，夔猶足以自立。”這一奏議得到理宗的贊同，他承認“蜀從前亦委寄非人。”[73]

（二）京湖戰區

端平二年（1235）七月，蒙將口溫不花侵唐州（今河南省泌陽市），被制置使趙范率兵擊退。十月，蒙將塔斯（思）破棗陽，進入京湖地區，圍攻郢州（今湖北省鍾祥縣），“城堅守，不能下，塔斯乃擄掠而還”[74]；蒙軍統帥曲出抄掠襄、鄧一帶，“虜人民牛馬數萬而還”[75]。次年正月，蒙軍連攻洪山（今湖北省京山市北），受到宋將張順、翁大成等的阻擊；二月，窩闊台以京湖一路戰事膠着，“命應州郭勝、鈞州李尤魯九住、鄧州趙祥從曲出充先鋒伐宋”[76]；三月，正當蒙軍在荊襄地區進攻頻頻受挫的時候，襄陽的宋朝北軍將領王旻、李伯淵等人發動叛變，城內大

71　《宋史》卷412《孟珙傳》。

72　《續資治通鑒》卷169宋理宗嘉熙三年十二月。

73　《續資治通鑒》卷170宋理宗嘉熙四年四月。

74　《續資治通鑒》卷168宋理宗端平二年十月。

75　《元史》卷2《太宗紀》七年（1235）十月。

76　《元史》卷2《太宗紀》八年（1236）二月。

亂，相互攻殺，"火復自南門起，凡官民之居，一焚而空"[77]。主帥趙范等狼狽逃往鄂州，王旻等降於蒙古。"時城中官民尚有四萬七千有奇，財粟在倉庫者無慮三十萬，軍器二十四萬，金銀鹽鈔不與焉，皆為蒙古所有。南軍大將李虎，因亂劫掠，襄陽一空。自岳飛收復以來，百三十年，生聚繁庶，城池高深，甲於西陲，一旦灰燼"[78]。

自遭這場劫難以後，荊湖地區門戶洞開。端平三年（1236）四月，"蒙古復破隨、郢二州及荊門軍"[79]；八月，又破棗陽軍、德安府；十月，蒙軍主帥曲出病死；十一月，蒙將特穆爾岱攻江陵（今湖北省荊州市），南宋朝廷命孟珙救援。"珙遣張順先渡江，而自以全師繼其後，變易旌旗服色，循環往來，夜則烈炬照江，數十里相接。又遣趙武等與戰，珙親往節度，遂破蒙古二十四寨，奪所俘二萬口而歸"[80]。嘉熙二年（1238），孟珙發動收復襄樊失地的戰役。"於是張俊復郢州，賀順復荊門軍。十二月壬子，劉全戰於塚頭，戰於樊城，戰於郎神山，屢以捷聞。三年春正月，曹文鏞復信陽軍，劉全復樊城，遂復襄陽"[81]。

襄樊地區經過戰火洗劫，殘破不堪，又北臨強敵，孟珙因此請求政府多調兵員糧餉。上奏道："取襄不難而守為難，非將士不勇也，非車馬器械不精也，實在乎事力之不給爾。襄、樊為朝廷根本，今百戰而得之，當加經理，如護元氣，非甲兵十萬，不足分守。與其抽兵於敵來之後，孰若保此全勝？上兵伐謀，此不爭之爭也。"[82]但是未受到當局的重視，只是批准設置先鋒軍，招納襄陽、郢州一帶歸順的漢族居民。此後在較長一段時間內，南宋與蒙古都沒有佔領荒涼凋敝的襄樊及附近隨、

---

77 《齊東野語》卷 5《端平襄州本末》。
78 《續資治通鑒》卷 168 宋理宗端平三年三月。
79 《續資治通鑒》卷 168 宋理宗端平三年四月。
80 《續資治通鑒》卷 168 宋理宗端平三年十一月。
81 《宋史》卷 412《孟珙傳》。
82 《宋史》卷 412《孟珙傳》。

棗、鄧、唐等地。如李曾伯所言："京湖沿邊諸城，十五六年付之榛莽，彼此視如棄地。"[83] 直到淳祐十一年（1251），南宋才又出兵重佔該地，着手恢復襄陽的防務和經濟建設。

（三）兩淮戰區

蒙古南征的東路軍面臨江淮丘陵和淮河平原。當地河道縱橫，水網密佈，其地形和水文條件不利於騎兵行動。同時，攻宋的主帥皇子曲出在中路指揮作戰，東路的部隊受其節制，在開戰之初僅作為掩護的偏師，投入戰鬥較遲。端平三年（1236）十月，蒙將口溫不花攻佔固始（今河南省固始縣）；十一月進入淮西地區作戰，"蘄守張可大、舒州李士達委郡去，光守董堯臣以州降。合三郡人馬糧械攻黃守王鑒，江帥萬文勝戰不利"[84]，後得到孟珙兵將的支援，才守住城池。嘉熙元年（1237）十月，口溫不花等攻盧州（今安徽省合肥市）不克，又圍光州，"命張柔、鞏彥暉、史天澤攻下之。遂別攻蘄州，降隨州，略地至黃州"[85]。由於宋軍的及時援救，蒙軍的進攻均遭失敗，被迫退兵。嘉熙二年（1238）九月，蒙將察罕增援口溫不花，"帥兵號八十萬圍盧州，期破盧，造舟巢湖以侵江左"，被宋將杜杲擊敗。杜杲又以舟師扼守淮水，"遣其子庶監呂文德、聶斌伏精銳於要害；蒙古不能進，遂引軍歸"[86]。

綜上所述，蒙軍自端平二年（1235）開始伐宋，至淳祐元年（1241）窩闊台病死而罷兵，前後歷時六年。從其戰果來看，東路的兩淮戰區沒有取得明顯的進展；四川方面最為順利，佔領了成都平原等重要經濟區，迫使宋軍退守川東的山地；中路的京湖戰區曾經佔領襄樊、隨棗

---

83 《可齋雜稿》卷16《奏申‧辭免寶文閣學士京湖制置大使奏‧三辭》。
84 《宋史》卷412《孟珙傳》。
85 《元史》卷2《太宗紀》九年（1237）。
86 《續資治通鑒》卷169宋理宗嘉熙二年九月。

等重鎮，深入江漢平原，使宋軍在這一地域的防務遭到嚴重破壞。但是總的來說，未能使南宋統治崩潰。究其原因，首先是當時西征欽察、斡羅思，東征高麗與南下攻宋同時推進，戰線過於寬廣；即便是對南宋的進軍也沒有確定主攻方向，分散了有限的兵力，難以向其心腹地區——江南太湖、寧紹平原發動致命的攻擊。其次是蒙軍仍然保持着搶掠屠殺的野蠻習慣，並未以永久佔領及鞏固建設為戰爭目的。如姚燧所言，"雖歲加兵淮蜀，軍將惟利剽殺，子女玉帛悉歸其家，城無居民，野皆榛莽。"[87] 從成吉思汗到窩闊台統治時期，蒙古軍隊作戰時"惟利剽殺，未拓土地，抄掠以後，即棄之而去"[88]。而南宋在當時儘管政治上非常腐敗，但還是個大國，擁有一定的經濟、軍事實力，其財賦收入所仰仗的東南內地又未受到劫掠，所以仍有力量與蒙古僵持，採用屠掠邊境的手段並不能置其於死地。再次是蒙軍統帥沒有認識到襄陽地區的重要軍事價值，旋得旋失，僅將鄧、均、唐、襄等地的人民牲畜劫掠遷徙到洛陽，而未長期駐守該地，將其建設為攻宋的前方基地。傅駿曾評論道："如果蒙古國在端平三年獲得襄樊的實際控制權後，築城池，調軍駐守，並和元世祖一樣開屯田，修戰船，則蒙元滅宋的戰爭將可能提早結束。"[89]

四、蒙哥的征宋之役與襄陽防務之復振

宋淳祐十一年（1251）六月，蒙哥被諸王推舉為大汗（後廟號為憲宗），他在鎮壓了內部叛亂之後，開始部署新的攻宋戰役。蒙哥委派其弟忽必烈掌握漠南漢地的軍政大權，"以太弟鎮金蓮川，得開府專封

---

87 《牧庵集》卷 15《中書左丞姚文獻公神道碑》。
88 〔瑞典〕多桑著、馮承鈞譯：《多桑蒙古史》上冊，中華書局，1962 年，第 270 頁。
89 傅駿：《端平年間京湖襄陽地區的戰事》，《軍事歷史研究》2003 年第 1 期。

拜"[90]。以察罕、也柳干統率兩淮等地的蒙漢軍隊，太答兒（帶答兒）指揮四川的蒙漢軍，許兒台（昔里答）統領甘肅、青海等地軍務。忽必烈接受漢族謀士姚燧的建議，"以是秋去春來之兵，分屯要地。寇至則戰，寇去則耕。積穀高廩，邊備既實，俟時大舉，則宋可平"[91]；並於憲宗二年（1252）奏准，"乃立河南道經略司於汴梁，奏惟中等為使，俾屯田唐、鄧、申、裕、嵩、汝、蔡、息、亳、潁諸州。"[92] 在棗陽、光化等處修築城堡，"宿重兵與襄陽制閫犄角，東連陳、亳、清口、桃源，列障守之。"[93] 四川戰區則於利州（今四川省廣元市）、閬州立城戍守，為久駐之計；並將陝西諸軍大部陸續調入四川，駐紮在成都等心腹要地。史家言："自是蒙古兵且耕且守，蜀土不可復矣。"[94] 憲宗四年（1254），又對河北、河南、兩淮駐軍及將領做出調整，"帝謂大臣，求可以慎固封守、閑於將略者。擢史樞征行萬戶，配以真定、相、衛、懷、孟諸軍，駐唐、鄧。張柔移鎮亳州。權萬戶史權屯鄧州。張柔遣張信將八漢軍戍潁州"[95]。

有鑑於此前在兩淮、四川戰場受地形、水文條件阻礙的教訓，蒙哥準備施行繞道西南（雲南、廣西），再北上攻宋，與淮、蜀、京湖正面戰場形成腹背夾擊的計劃。南宋寶祐元年（1253），他派遣忽必烈自甘肅臨洮南下，經川西松潘等地遠征雲南。蒙軍在十月渡過大渡河、金沙江，十二月攻佔大理，又招降吐蕃諸部。忽必烈留兀良哈台駐守，自率餘部北還。寶祐四年（1256），兀良哈台自雲南北上，"遂出烏蒙，趨瀘江，劃禿刺蠻三城，卻宋將張都統兵三萬，奪其船二百艘於馬湖江，斬獲不可勝計。遂通道於嘉定、重慶，抵合州，濟蜀江，與鐵哥帶兒

---

90 《元史》卷 146《楊惟中傳》。

91 《牧庵集》卷 15《中書左丞姚文獻公神道碑》。

92 《元史》卷 146《楊惟中傳》。

93 《牧庵集》卷 15《中書左丞姚文獻公神道碑》。

94 《續資治通鑒》卷 174 宋理宗寶祐二年（1254）正月。

95 《元史》卷 3《憲宗紀》四年（1254）。

會" [96]。次年又南下攻佔交趾（今越南北部）。這樣，就完成了對宋朝施行南北夾攻的戰略構想。

在攻宋戰爭準備基本結束時，蒙哥開始發動大規模的南征。寶祐六年（1258）二月，他"命諸王額埒布格居守和林，阿勒達爾輔之，自將南侵，由西蜀以入。先遣張柔從皇弟呼必賚（忽必烈）攻鄂，趣臨安，塔齊爾攻荊山，又遣烏蘭哈達（兀良哈台）自交、廣會於鄂。" [97] 蒙哥的計劃是由他所率領的西路主力入川後東出三峽，與忽必烈自京湖地區南下的中路軍、兀良哈台北上的南路軍在鄂州（今湖北省武昌）會合，然後順江而下，直搗建康與宋都臨安。

十月，蒙軍西路主力入川；十二月，破隆州、雅州。開慶元年（1259）正月，"大元兵破利州、隆慶、順慶諸郡，闐、蓬、廣安守將相繼納降，又造浮樑於涪州之藺市" [98]，圍攻重慶。蒙軍佔領了川西、川北和川東的大片領土，但被天險山寨釣魚城（今重慶市西北）所阻。由於水土不服，軍中流行疾疫，士氣和戰鬥力大受影響。七月，蒙哥病死，蒙軍撤圍北還，四川戰事陷於停頓。南路的兀良哈台進至潭州（今湖南省長沙市）受阻，攻城不克，無法前進。兩淮戰區的東路軍只是一支策應的偏師，蒙將李璮曾攻破海州（今江蘇省連雲港市）、漣水軍（今江蘇省漣水縣），"通判侯畐鏖戰死之，舉室遇害，餘將士殺傷殆盡" [99]，但未能繼續南進。八月，忽必烈領蒙軍渡淮，與張柔分兵從大勝關（今湖北省大悟縣宣化店鎮北）、虎頭關（今湖北省麻城市東北）進入京湖地區，沿路宋軍未戰即潰，蒙軍經黃陂到達長江北岸。九月，忽必烈在陽邏堡（今湖北省黃岡市陽邏鎮）擊敗宋軍水師，隨後渡江圍攻重鎮鄂州（今湖

96 《元史》卷 121《兀良哈台傳》。
97 《續資治通鑒》卷 175 宋理宗寶祐六年二月。
98 《宋史》卷 44《理宗紀四》開慶元年。
99 《續資治通鑒》卷 175 宋理宗寶祐六年（1258）十一月。

北省武漢市武昌區）。由於守軍的堅決抵抗，鄂州久攻不下，宋朝援兵紛紛趕來，忽必烈又急於回師爭奪帝位，於是和南宋權臣賈似道簽訂和約。蒙軍北撤，宋"願割江為界，且歲奉銀、絹匹兩各二十萬"[100]。忽必烈退兵時，另派張傑、閻旺、特默齊等率偏師至潭州接應兀良哈台還師。

蒙哥在此次戰役中已注意到自己的水軍很弱，故將主力調離淮水、漢水流域及長江天塹，企圖從西路入蜀後東出夔門，但是這一計劃仍有明顯的缺陷。勞師遠征雲南，戰線過於漫長，耗費了巨量人力、財賦，卻因為路途遙遠而不能對南宋腹地構成致命威脅，也無力實現北進鄂州的計劃。蒙軍主力長期被牽制在釣魚城的山險之下，尤速忽里曾在諸將會議上向蒙哥建議："川蜀之地，三分我有其二，所未附者巴江以下數十州而已，地削勢弱，兵糧皆仰給東南，故死守以抗我師。蜀地岩險，重慶、合州又其藩屏，皆新築之城，依險為固，今頓兵堅城之下，未見其利。曷若城二城之間，選銳卒五萬，命宿將守之，與成都舊兵相出入，不時擾之，以牽制其援師。然後我師乘新集之銳，用降人為鄉導，水陸東下，破忠、涪、萬、夔諸小郡，平其城，俘其民，俟冬水涸，瞿唐三峽不日可下，出荊楚，與鄂州渡江諸軍合勢，如此則東南之事一舉可定。其上流重慶、合州，孤危無援，不降即走矣。"[101] 蒙哥卻惑於眾將的反對而遲疑未定，致使戰局日益被動，身死軍還，未能落實東出三峽與中路軍會師的戰略預想。忽必烈孤軍渡江，兵員和糧草的補給都有很大困難，隨時有被敵人截斷歸途的危險，只是由於宋軍主帥賈似道畏懼怯戰，才得以全師北還。

總的來說，蒙哥親率主力由西路入川的這一作戰計劃具有很大的缺陷，當時蒙古方面對此也有不同意見。《元史》卷 159《商挺傳》載忽必

100　《元史》卷 159《趙璧傳》。
101　《元史》卷 129《來阿八赤傳》。

第十七章 蒙古滅宋之役中的襄陽　635

烈在進軍鄂州途中與謀士商挺計議軍事，"挺對曰：'蜀道險遠，萬乘豈宜輕動。'世祖默然久之，曰：'卿言正契吾心。'"說明他們都已看出蒙哥制定的進攻戰略前景黯淡，後來的失敗也就不足為怪了。

在蒙哥此番大舉征宋的戰役裏，有一個現象值得注意，就是忽必烈率領的中路軍沒有走襄樊一途沿漢水南下江陵，而是經河南信陽出義陽三關進入江漢平原。為甚麼蒙軍不像以前那樣出唐、鄧而攻襄陽，卻採取了躲開此地，另擇道路而行的策略呢？其主要原因在於蒙哥即位前後，南宋加強了對襄樊地區的控制與建設，使它再次成為京湖戰區前線的重要作戰基地。孟珙病逝後，權臣賈似道出任京湖制置使兼知江陵府，調度賞罰，得以便宜施行。由於當時戰事緩和，"賈似道以盛年精力，極意經理，田萊加辟，稽人成功，視珙時固已推廣倍半矣。然歲租之上，僅能及三十餘萬石。"[102] 淳祐十年（1250）春，賈似道調任兩淮制置大使，朝廷任命李曾伯為京湖安撫制置使、知江陵府，兼湖廣總領、京湖屯田使，他到任後先修復前所廢棄的郢州（今湖北省鍾祥縣）城池，駐軍屯守，次年又佔領襄樊。《續資治通鑑》卷173載淳祐十一年（1251）十一月丙申，李曾伯上報："調遣都統高達、晉德入襄、樊措置經理，漢江南北並已肅清，積年委棄，一旦收復。"他和立功將士官兵都得到了進官給賞。

此後，李曾伯繼續發展襄樊地區的經濟，重整當地的防務。首先是抓緊修復前所廢棄的城池："襄陽一城，周圍餘九里，樊城亦近四里有半，夾漢而壘，要非三萬人不足以守。見今屯戍計二萬一千餘人，賴國威靈，連月修浚捍禦，粗無疏失。"其次是請求批准襄樊駐軍將家屬移到當地居住，撥給田地與路費，"臣去歲已曾支錢，令襄陽府計置創造寨屋萬間，以備屯駐。臣又近曾行下襄陽府內戍軍，有願授田自耕，將

---

102 《可齋雜稿》卷18《荊閫回奏四事》。

來欲移家者，令以近城良田給付，姑以此誘之。但以軍人挈家就道，券食僅給其身，一行移徙費用，官司所當優恤。"再次是大興屯田，他曾上奏曰："蓋今襄陽漢水之外，即是敵境，灌莽千里，久無人煙。募民則捨易而就險，用軍則喜逸而惡勞，亦人情之所難，非威勢之可強。今須當用晁錯之說、張全義之規，以'勸'之一字為主。先給以本，未可便計其利。官司只得備辦農具，貸借牛糧，開墾之初，與免官課，措置有緒，量納屯租。官耕則選委將士，分任拘催。民耕則招募頭目，團結隊伍。無事則出作，有警則入保。許以開荒若干，收課若干，補轉官資，以示優賞。"[103] 又上疏請求，"襄陽新復之地，城池雖修浚，田野未加闢，室廬雖草創，市井未阜通。請蠲租三年。"[104] 政府也屢屢調撥錢糧物資，給予優待。《宋史·理宗紀》載淳祐十二年（1252）四月下詔："詔襄、郢新復州郡，耕屯為急，以緡錢百萬，命京閫措置，給種與牛。"同年十月壬申，又"詔襄、樊已復，其務措置屯田，修渠堰。"以上舉措體現了對這一地區的高度重視。部署在京湖戰區的兵馬也有所增加，"嘉熙間，兵頗猶及十三萬人，自淳祐初揀汰之後，唯以九萬為額"[105]，而到淳祐十二年（1252），"江、鄂、荊、襄、潭、黃等處二十八屯，共管官軍一十二萬一百八十五人"[106]。據李曾伯《出師經理襄樊奏》所言，其管下擁有許多精銳部隊，"皆是選摘南北之銳以往"[107]，其作戰能力也得到了顯著提升。

經過南宋軍民數年的大力建設，襄陽"賴城高而池深與兵精而食足，士百其勇，將一乃心"[108]，重新成為京湖前線的軍事重鎮，並在隨後

---

103 《可齋雜稿》卷 19《奏襄樊經久五事》。
104 《宋史》卷 420《李曾伯傳》。
105 《可齋雜稿》卷 20《回奏置游擊軍創方田指揮》。
106 《可齋雜稿》卷 20《申密院照戎司兵額》。
107 《可齋雜稿》卷 18。
108 《可齋續稿》前卷 1《賀襄樊告捷》。

的多次戰鬥裏成功抗擊了蒙軍的進攻。例如《宋史·理宗紀》所載，寶祐元年（1253）正月，"癸卯，大元兵渡漢江，屯萬州，入西柳關。高達調將士扼河關，上山大戰，至鱉坑、石碑港而還。詔高達、程大元、李和各官兩轉，餘恩賞有差"；十一月丙子，又因為對蒙軍作戰有功，"詔獎諭襄陽守臣高達"。寶祐二年（1254）三月己丑，再次獎勵襄陽兵將："詔錄襄城功，高達帶行環衛官、遙郡團練使，職任依舊；王登行軍器監丞、制司參議官；程大元、李和以下將士六千六百一十三人補轉官資有差。"寶祐四年（1256），"十一月戊子朔，荊、襄閫臣以功狀來上，詔推賞將士。戊戌，京湖繼上戰功。"寶祐五年（1257），"夏四月丁卯，詔襄陽安撫高達以白河戰功，轉行右武大夫帶遙郡防禦使；王登以沮河督戰官一轉，升直秘閣，並職任依舊。"寶祐六年（1258），蒙軍進圍襄樊，又被守兵挫敗。五月庚戌，理宗下詔曰："襄、樊解圍，高達、程大元應援，李和城守，皆有勞績，將士用命，深可嘉尚，其亟議行賞激。"正是由於當地的防禦堅固，指揮得當，軍民一心，加上城池及山水之阻，蒙軍在進攻時屢屢受挫，才迫使忽必烈採取避實就虛的戰略，躲開襄樊而從信陽南下江濱，去攻打鄂州。

五、蒙古南征戰略的再次調整與進攻襄陽的謀劃成功

南宋景定元年（1260），"思大有為於天下"[109]的忽必烈在上都開平（今內蒙古自治區正藍旗東閃電河北岸）繼承了蒙哥的大汗寶座。他在即位之後先穩定後方，先後平定了其弟阿里不哥、關隴蒙古貴族和山東李璮的叛亂，並推行漢法，勸耕農桑，擴充軍隊，為最後滅宋、統一天下做好了各種準備。在攻宋具體戰略計劃方面，窩闊台和蒙哥時期雖然

---

109 《元史》卷4《世祖紀一》。

都分兵兩淮、京湖、四川三路，但是進攻的重點始終在四川。"其中原因就是以四川遠離南宋的統治中心臨安，防禦力量相對薄弱，而京湖、兩淮是南宋重點防禦地區，又多江河湖泊，不利於騎兵的衝突。如嘉熙二年（1238）以後，蒙古對襄陽的棄而不守，淮北、山東地區多命漢人軍閥駐守，寶祐六年（1258）蒙哥汗親率主力攻蜀，而命忽必烈的偏師攻鄂州，都是實施這一戰略方針的具體表現。"[110] 值得一提的是，景定二年（1261）南宋瀘州守將劉整降蒙，他在景定四年（1263）向忽必烈建議於襄陽附近以開榷場為名修築城堡，獲得成功。咸淳三年（1267）十一月劉整再次朝覲時，又獻計曰："攻宋方略，宜先從事襄陽。襄陽吾故物，由棄勿戍，使宋得築為強藩。若復襄陽，浮漢入江，則宋可平也。"[111] 他總結了以往蒙古攻宋的戰略得失，主張以重兵進攻襄樊，在中路取得突破，然後既能西應巴蜀，又可順流東下，直取臨安。他對忽必烈說："攻蜀不若攻襄，無襄則無淮，無淮則江南可唾手下也。"[112] "進攻之計不於淮、不於湖廣、不於蜀、獨於襄者，蓋知襄者東南之脊，無襄則不可立國。呂祉嘗謂得襄陽，則可以通蜀漢而綴關輔，失襄陽，則江表之業可憂者，正此也。"[113] 在此之前，大臣郝經和郭侃先後提過類似的建議[114]，並沒有引起忽必烈的重視；而劉整由於對宋軍的兵力部署及作戰方略非常熟悉，"東南之兵勢、地勢如指諸掌"[115]，所上的條陳很有說服力，所以元世祖採納了這項計策，決定以襄陽作為進攻的重點，

110　何忠禮、徐吉軍：《南宋史稿》，杭州大學出版社，1999 年，第 414 頁。

111　《續資治通鑒》卷 178 宋度宗咸淳三年十一月。

112　《癸辛雜識》別集卷下《襄陽始末》。

113　《錢塘遺事》卷 6《襄陽受圍》。

114　《元史》卷 157《郝經傳》載其與忽必烈南征鄂州時云："如欲存養兵力，漸次以進，以圖萬全，則先荊後淮，先淮後江。彼之素論，謂'有荊、襄則可以保淮甸，有淮甸則可以保江南'。"《元史》卷 149《郭侃傳》載其於世祖即位上平宋之策："其略曰：'宋據東南，以吳越為家，其要地，則荊襄而已。今日之計，當先取襄陽，既克襄陽，彼揚、廬諸城，彈丸地耳，置之勿顧，而直趨臨安，疾雷不及掩耳，江淮、巴蜀不攻自平。'"

115　《錢塘遺事》卷 6《襄陽受圍》。

並任命兀良哈台之子阿尤為都元帥，與劉整共同指揮這一軍事行動。

主攻方向確定之後，如何奪取防守堅固的軍事重鎮襄陽，元朝統治集團經過深思熟慮，採取了一系列行之有效的措施，對於瓦解該城的防務起到了至關重要的作用。

（一）築圍立壘，封鎖交通

修築圍牆、城堡壁壘及各種路障，阻斷襄樊與後方的水陸交通線。即準備採取長期圍困襄陽、持久作戰的方針，拋棄過去遊牧民族抄掠襲擊而不久駐的傳統，也不使用快速猛攻堅城的戰術。如《元史》卷 128《阿里海牙傳》所言："始，帝遣諸將，命毋攻城，但圍之，以俟其自降。"因為城防堅固，採用圍困而不急攻的做法可以大大減少兵將的傷亡。如張弘範所稱："國家取襄陽，為延久之計者，所以重人命而欲其自斃也。"[116] 其築壘過程大致可以分為以下三個階段。

第一階段，建立立足點。劉整了解襄陽守將呂文德有勇無謀而貪利的性格，故在景定四年（1263）六月向忽必烈建議："南人惟恃呂文德耳，然可以利誘也。請遣使以玉帶饋之，求置榷場於襄陽城外。"忽必烈聽從了他的建議，派遣使者送禮於呂文德，並提出開設榷場的要求，果然得到了同意。使者又以保護榷場安全為由請求構築防禦工事，曰："南人無信，安豐等處榷場，每為盜所掠，願築土牆以護貨物"，呂文德上奏朝廷獲准。於是在七月間，蒙古"置榷場於樊城外，築土牆於鹿門山，外通互市，內築堡壁，蒙古又築堡於白鶴。由是敵有所守，以遏南北之援，時出兵哨掠襄、樊城外，兵威益熾。文德弟文煥，知為蒙古所賣，以書諫止，文德始悟，然事無及，徒自咎而已。"[117] 鹿門山在漢水

---

116 《元史》卷 156《張弘範傳》。
117 《續資治通鑒》卷 177 宋理宗景定四年六月、七月條。

東岸，臨荊襄大道。《讀史方輿紀要》卷79《湖廣五》襄陽府："鹿門山，府東三十里。舊名蘇嶺，上有二石鹿，因改今名。……白鶴或作白馬，今府城東南十里有白馬山，上有白馬泉。"蒙軍在此構築壁壘後，取得了進逼襄陽的立足點，又對該地和後方的陸路交通構成威脅："咸淳五年，蒙古將張弘範軍於鹿門，自是襄、樊道絕，糧援不繼。"[118]

第二階段，在外圍各地修築壁壘。宋度宗咸淳三年（1267）八月，蒙古征南都元帥阿朮"觀兵襄陽，遂入南郡，取仙人、鐵城等柵，俘生口五萬。軍還，宋兵邀襄、樊間。阿朮乃自安陽灘濟江，留精騎五千陣牛心嶺，復立虛寨，設疑火。夜半，敵果至，斬首萬餘級。初，阿朮過襄陽，駐馬虎頭山，指漢東白河口曰：'若築壘於此，襄陽糧道可斷也。'"[119] 次年，阿朮與劉整在襄樊"遂築鹿門、新城等堡"[120]；《宋史》卷46《度宗紀》亦載咸淳四年（1268）正月己丑，"呂文德言知襄陽府兼京西安撫副使呂文煥、荊鄂都統制唐永堅蠟書報白河口、萬山、鹿門山北帥興築城堡，檄知郢州翟貴、兩淮都統張世傑申嚴備禦"。

第三階段，建築長圍、阻斷漢江。即將防禦工事的修築由點擴張到線，把襄樊城池與後方的水陸交通徹底截斷開來，使守軍無法獲得糧餉器械和兵員的補充。咸淳五年（1269）正月，忽必烈派遣重臣史天澤與樞密副使呼喇楚前往督戰。根據史天澤的主張，在襄陽城外"築長圍，起萬山，包百丈山，令南、北不相通。又築峴山、虎頭山為一字城，聯亙諸堡，為久駐計"[121]；九月，蒙古又設立河南行中書省，任命呼喇楚、史天澤並為平章政事，阿哩為中書右丞，並在襄陽城南數里的峴山之上築城以安置行省。見姚燧《牧庵集》卷13《湖廣行省左丞相神道碑》："又

---

118 《讀史方輿紀要》卷79《湖廣五》襄陽府襄陽縣"鹿門山"條。
119 《元史》卷128《阿朮傳》。
120 《元史》卷128《阿朮傳》。
121 《續資治通鑒》卷179宋度宗咸淳五年正月。

城峴首，開省其上。兵興事劇星火，公專入奏，能日馳八百里。"峴山亦稱峴首山。《讀史方輿紀要》卷 79《湖廣五》襄陽府襄陽城："峴山，府南七里。亦曰南峴。《唐六典》：'峴山，山南道之名山也。'黃祖為孫堅所敗，竄峴山中。羊祜鎮襄陽，嘗登此。亦曰峴首山。晉建元二年梁州刺史桓宣擊趙將李羆，敗於丹水，移戍峴山。宋嘉定十年金兵犯襄陽，復圍棗陽，孟宗政午發峴首，遲明抵棗陽，馳突如神，金人駭遁。《水經注》：'山上有桓宣所築城。'今鳳林關在山上。"另外，主帥阿朮"繼又築台漢水中，與夾江堡相應，自是宋兵援襄者不能進"[122]。

咸淳六年（1270），蒙將張弘範又在襄陽城東"戍鹿門堡，以斷宋餉道，且絕郢之救兵"[123]。他還向史天澤建議徹底斷絕襄陽城通過萬山和漢水與後方的聯繫。《續資治通鑒》卷 179 咸淳六年載其事，"蒙古張弘範言於史天澤曰：'今規取襄陽，周於圍而緩於攻者，計待其自斃也。……而江陵、歸、峽行旅休卒，道出襄陽者相繼，寧有自斃之時乎？若築萬山以斷其西，立柵灌〔罐〕子灘以絕其東，則速斃之道也。'天澤從之，遂城萬山，徙弘範於鹿門。自是襄、樊道絕，糧援不繼。"《元史》卷 7《世祖紀四》載至元七年（1270）"八月戊辰朔，築環城以逼襄陽"。至此，蒙古方面通過數年的工事修建，完成了對襄樊地區的嚴密封鎖。如宋將李庭芝所奏曰："襄圍不解，客主易位。重營復壁，繁佈如林。遮山障江，包絡無罅，曠歲持久。"[124] 加上救援的宋軍在數量和戰鬥力上均無優勢，所以屢屢失利。

（二）聚重兵於襄樊，又分偏師牽制

為了在襄樊地區形成兵力上的絕對優勢，忽必烈曾多次向該地區增

---

122 《元史》卷 128《阿朮傳》。
123 《元史》卷 156《張弘範傳》。
124 《癸辛雜識》別集下《襄陽始末》。

調援軍。咸淳三年（1267）十一月，他聽從劉整的建議，"詔徵諸路兵，命阿珠（朮）與（劉）整經略襄陽"[125]。咸淳四年（1268）六月，阿朮又向忽必烈請求增調漢族軍隊，聲稱"所領者蒙古軍，若遇山水寨柵，非漢軍不可，宜令史樞率漢軍協力征進"[126]，並得到許可。咸淳五年（1269）正月，蒙古再次"括諸路兵以益襄陽"[127]。除去各處守壘的兵將，阿朮和劉整部下的機動部隊就有五萬之眾。見《元史》卷161《劉整傳》："（至元五年）九月，偕都元帥阿朮督諸軍圍襄陽，城鹿門堡及白河口，為攻取計。率兵五萬，鈔略沿江諸郡，皆嬰城避其銳，俘人民八萬。"至元九年（1272）正月，"河南省請益兵，敕諸路簽軍三萬"[128]。花費的資財人力更是為數浩繁。如胡祗遹所稱："我軍圍襄樊六年於茲，戈甲器刃所費若干，糧斛俸祿所費若干，士卒淪亡若干，行賫居送人牛車具飛挽損折若干，以國家每歲經費計之，襄樊殆居其半。"[129]

在集中兵力圍攻襄樊的同時，忽必烈又分派諸將率領偏師在兩淮、京湖和四川多個方向發起佯攻，以分散和牽制南宋各地的軍隊，使其難以抽調兵馬支援襄樊。如《元史》卷7《世祖紀四》所載，至元八年（1271），"五月乙丑，以東道兵圍守襄陽，命賽典赤、鄭鼎提兵，水陸並進，以趨嘉定，汪良臣、彭天祥出重慶，札剌不花出瀘州，曲立吉思出汝州，以牽制之"，亦取得一些戰果，"所至順流縱筏，斷浮橋，獲將卒、戰艦甚眾"[130]。

125　《續資治通鑒》卷179宋度宗咸淳三年十一月。

126　《元史》卷6《世祖紀三》至元五年（1268）六月。

127　《續資治通鑒》卷179宋度宗咸淳五年正月。

128　《元史》卷7《世祖紀四》至元九年正月。

129　《紫山大全集》卷12《寄張平章書》。

130　《續資治通鑒》卷179宋度宗咸淳七年（1271）五月。

（三）大造戰船、興練水軍

襄陽被圍之後，南宋多次組織援軍輸送物資，和蒙軍發生激戰，但是很少獲得成功。僅在咸淳五年（1269），宋將夏貴率水師"乘春水漲，輕兵部糧至襄陽城下，懼蒙古軍掩襲，與呂文煥交語而還。及秋，大霖雨，漢水溢，貴分遣舟師出沒東岸林谷間。"[131] 因為襄樊地區水網交織，蒙軍的騎兵、步兵優勢得不到發揮，據張弘範所言："曩者，夏貴乘江漲送衣糧入城，我師坐視，無禦之者。"[132] 這充分暴露了他們在水戰方面的劣勢。咸淳六年（1270）三月，阿朮與劉整計議，認為必須建設一支強大的水軍，來抵消南宋僅有的軍事優勢。兩人上奏朝廷道："我精兵突騎，所當者破，惟水戰不如宋耳。奪彼所長，造戰艦，習水軍，則事濟矣。"[133] 此計得到忽必烈的批准，"乘驛以聞，制可。既還，造船五千艘，日練水軍，雖雨不能出，亦畫地為船而習之，得練卒七萬。"[134] 這一舉措取得了顯著成就，彌補了蒙軍的固有缺陷，隨後與宋朝水軍作戰時連連獲勝，使襄陽戰局發生了變化。如咸淳七年（1271）六月，宋將"范文虎將衛卒及兩淮舟師十萬進至鹿門。時漢水溢，阿珠（術）夾漢東、西為陣，別令一軍趣會丹灘，擊其前鋒。諸將順流鼓噪，文虎軍逆戰，不利，棄旗鼓，乘夜遁去。蒙古俘其軍，獲戰船、甲仗不可勝計。"[135] 此後宋朝水師再不敢逆漢水來攻，只是在咸淳八年（1272）派遣襄、郢、山西民兵三千人在勇將張貴、張順率領下乘舟突圍至襄陽，送去緊缺的鹽、衣等物資，但是在返回時受到蒙軍水軍阻擊，"阿朮與

---

131 《續資治通鑒》卷 179 宋度宗咸淳五年七月。

132 《元史》卷 156《張弘範傳》。

133 《元史》卷 161《劉整傳》。

134 《元史》卷 161《劉整傳》。

135 《續資治通鑒》卷 179 宋度宗咸淳七年六月。

元帥劉整分泊戰船以待，燃薪照江，兩岸如晝，阿朮追戰至櫃門關，擒（張）貴，餘眾盡死。"[136]

（四）斷浮橋以絕襄、樊之聯絡

　　蒙軍雖然以重兵長期圍困襄陽，隔絕其後方的供應，卻未能迫使守軍投降。《元史》卷128《阿里海牙傳》曰："然城中糧儲多，圍之五年，終不下。……阿里海牙以為襄陽之有樊城，猶齒之有唇也，宜先攻樊城，樊城下，則襄陽可不攻而得。乃入奏。"獲得批准後，蒙軍乃於咸淳八年初開始對漢水以北的樊城發動猛攻。三月甲戌，"蒙古都元帥阿朮、漢軍都元帥劉整、阿里海牙督本軍破樊城外郛，斬首二千級，生擒將領十六人，增築重圍守之。"[137]而南宋的樊城主將牛富又堅守內城達數月之久。《宋史》卷450《牛富傳》載其"勇而知義，……累戰不為衄，且數射書襄陽城中遺呂文煥，相與固守為唇齒。兩城凡六年不拔，富力居多。"宋軍原先在漢水中樹立木椿，用鐵鏈連鎖以架設浮橋，周圍還有戰船保護，藉此作為聯繫襄陽、樊城的交通孔道，危急時可以通過浮橋來支援。元將張弘範向阿朮建議先毀浮橋，再攻樊城，語曰："襄、樊相為唇齒，故不可破。若截江道，斷其援兵，水陸夾攻，樊必破矣。樊破則襄陽何所恃。"此計得到了主帥的贊同。《元史》卷128《阿朮傳》曰："先是，襄、樊兩城，漢水出其間，宋兵植木江中，聯以鐵鎖，中造浮樑，以通援兵，樊恃此為固。至是，阿朮以機鋸斷木，以斧斷鎖，焚其橋，襄兵不能援。"在斷絕了襄、樊兩城的交通之後，元軍向樊城發起猛攻，守軍由於寡不敵眾而被攻陷。"城破，（牛）富率死士百人巷戰，

---

136 《元史》卷128《阿朮傳》。
137 《元史》卷7《世祖紀四》至元九年（1272）。

死傷不可計，渴飲血水，轉戰前，遇民居燒絕街道"[138]，直至最後犧牲。在燒絕浮橋的戰鬥中，蒙古的水軍發揮了重要的作用。《元史》卷128《阿里海牙傳》曰："先是，宋兵為浮橋以通襄陽之援，阿里海牙發水軍焚其橋，襄援不至，城乃拔。"

（五）重炮的使用

在攻取樊城和襄陽的戰鬥裏，蒙軍還使用了當時先進的攻城武器"回回炮"，又稱"西域炮"。忽必烈因為襄陽久困不下，向西域諸蒙古汗國徵發炮師，得到著名工匠如阿老瓦丁、亦思馬因等人。《元史》卷203《阿老瓦丁傳》曰："阿老瓦丁，回回氏，西域木發里人也。至元八年，世祖遣使徵炮匠於宗王阿不哥，王以阿老瓦丁、亦思馬因應詔，二人舉家馳驛至京師，給以官舍，首造大炮豎於五門前，帝命試之，各賜衣段。"《元史》卷203《亦思馬因傳》曰："亦思馬因，回回氏，西域旭烈人也。善造炮，至元八年與阿老瓦丁至京師。十年，從國兵攻襄陽未下，亦思馬因相地勢，置炮於城東南隅，（彈）重一百五十斤，機發，聲震天地，所擊無不摧陷，入地七尺。"

"回回炮"在進攻樊城時功效顯著。《元史》卷166《隋世昌傳》曰："（至元）九年，敗宋兵於鹿門山。元帥劉整築新門，使世昌總其役。樊城出兵來爭，且拒且築，不終夜而就。整授軍二百，令世昌立炮簾於樊城欄馬牆外，夜大雪，城中矢石如雨，軍校多死傷，達旦而炮簾立。宋人列艦江上，世昌乘風縱火，燒其船百餘。樊城出兵鏖戰欄馬牆下，世昌流血滿甲，勇氣愈壯，而樊城竟破，襄陽亦下。"一般認為"回回炮"是石炮，即拋石機，但是《元史》卷161《劉整傳》曰："時圍襄陽已五年，整計樊、襄唇齒也，宜先攻樊城。樊城人以柵蔽城，斬木列置江中，

---

138 《宋史》卷450《牛富傳》。

貫以鐵索。整言於丞相伯顏，令善水者斷木沉索，督戰艦趨城下，以回回炮擊之，而焚其柵。"炮彈會使木柵燃燒，周寶珠據此認為可能亦有火炮。[139] 總之，炮兵的運用對於蒙軍最後攻陷襄、樊兩城，是發揮了一定作用的。

咸淳九年（1273）二月，樊城攻破之後，蒙軍"移其攻具以向襄陽。一炮中其譙樓，聲如雷霆，震城中。城中洶洶，諸將多逾城降者。"[140] 襄陽主將呂文煥見勢窮援絕，被迫出降，經歷數載的襄樊保衛戰至此宣告結束。蒙古攻佔襄陽之後，因為耗費甚巨，元氣大傷，亦無力繼續南征。經過了一年多的恢復準備，咸淳十年（1274）六月，忽必烈以南宋扣留元使郝經為藉口，下令南征。"詔益兵十萬，（阿朮）與丞相伯顏、參政阿里海牙等同伐宋。"[141] 其主力部隊就是由丞相伯顏統率，從襄陽沿漢水而下，攻郢州、鄂州，再順長江直取建康的。沿途攻戰勢如破竹，連敗宋朝水師、步兵，在德祐二年（1276）二月進入臨安，俘宋恭帝，結束了南宋自建炎以來的偏安局面。

從南宋末年的國勢來看，理、度二帝昏庸無能，先後有史彌遠、丁大全、董宋臣、賈似道等奸臣擅權用事，蠹國害民。由於政治腐敗，奸佞當道，以致"在廷無謀國之臣，在邊無折衝之帥"[142]。國內物價飛漲，財政衰竭。軍隊紀律廢弛，導致"士有離心而無鬥志"[143]。因為當局"馭失其道，賞罰無章，中外之軍往往相謂：戰不如潰，功不如過"[144]。南宋在政治、經濟和軍事上的頹潰之勢顯而易見，所以它的最終失敗是在所難免的。襄陽佔有地利，城高池深，兵器糧餉儲備充足，守軍不乏抗擊

139　周寶珠：《南宋抗蒙的襄樊保衛戰》，《史學月刊》1982 年第 6 期。

140　《元史》卷 128《阿里海牙傳》。

141　《元史》卷 128《阿朮傳》。

142　《宋史》卷 422《陳仲微傳》。

143　《鶴山集》卷 21《答館職策一道》。

144　《鶴山集》卷 19《被召除授禮部尚書內引奏事第四札》。

的決心，所以能夠浴血奮戰，抵禦強敵達數年之久。但是，南宋統治者昏聵，對戰役的指揮部署屢次犯下嚴重錯誤。關於這個問題，前人多有論及。如執政的宰相賈似道尋歡作樂，偏袒自己的親信呂文德、呂文煥兄弟及范文虎、夏貴、孫虎臣，排斥不肯附己之良將高達、李庭芝等人，未能組織有效的增援，還造成荊襄前線將帥不和，無法併力抗擊元軍；賈似道也沒有及時在其他戰場組織反攻，以牽制和分散圍攻襄樊的元軍。[145] 他們的失策也加速了襄樊的陷落，毋庸贅言。

　　蒙古滅宋戰爭中的圍攻襄樊之役，前後歷時六年，耗費了巨額的財賦和人力，才攻陷了這座號稱"京湖之首""天下之脊"的樞紐要地，打開了進軍江南的大門。此後，蒙軍"乘破竹之勢，席捲三吳"[146]，順利地實現了預期的戰略計劃。襄陽對於江南政權的屏蔽作用，在這次戰爭中表現得可謂淋漓盡致。正如顧祖禹所言："觀宋之末造，孟珙復襄陽於破亡之餘，猶足以抗衡強敵。及其一失，而宋祚隨之。即謂東南以襄陽存，以襄陽亡，亦無不可也。"[147]

145　周寶珠：《南宋抗蒙的襄樊保衛戰》，《史學月刊》1982 年第 6 期；匡裕徹：《淺析宋元襄樊戰役勝敗的原因》，《歷史教學》1984 年第 4 期；韓志遠：《中國軍事通史》第 13 卷《南宋金軍事史》，軍事科學出版社，1998 年；何忠禮、徐吉軍：《南宋史稿》，杭州大學出版社，1999 年。

146　《元史》卷 8《世祖紀五》。

147　〔清〕顧祖禹：《讀史方輿紀要·湖廣方輿紀要序》，中華書局，2005 年，第 3486 頁。

三代的城市經濟與防禦戰爭

一、夏、商、西周時期的防禦戰術

公元前519年,楚國令尹囊瓦(字子常)為了防備吳國軍隊的入侵,在郢都增築城垣,遭到貴族沈尹戌的批評。其語見《左傳·昭公二十三年》:

> 子常必亡郢。苟不能衛,城無益也。古者天子守在四夷;天子卑,守在諸侯。諸侯守在四鄰;諸侯卑,守在四竟。慎其四竟,結其四援,民狎其野,三務成功;民無內憂,而又無外懼,國焉用城?今吳是懼,而城於郢,守已小矣。卑之不獲,能無亡乎?昔梁伯溝其公宮而民潰。民棄其上,不亡何待?夫正其疆場,修其土田,險其走集,親其民人,明其伍候,信其鄰國,慎其官守,守其交禮,不僭不貪,不懦不者,完其守備,以待不虞,又何畏矣。《詩》曰:"無念爾祖,聿修厥德。"無亦監乎若敖、蚡冒至於武、文?土不過同,慎其四竟,猶不城郢;今土數圻,而郢是城,不亦難乎!"

沈尹戌所講的,是國家防禦的一些戰略原則,如修明內政、重視農耕、親附民眾、杜絕奢僭、改善與鄰國的外交、加強邊境和交通衝要的守衛、保養好武器裝備等,認為這些措施是國家安全的根本保障。當時楚國的政治腐敗，經濟蕭條，執政者囊瓦聚斂無度，民不聊生，與屬國唐、蔡的關係也陷於破裂，蘊藏着嚴重的社會危機。沈尹戌藉城郢之事，抨擊囊瓦的施政，闡明自己的主張。其中值得注意的是，他並不看重城壘在防禦作戰中的作用，竟然說："苟不能衛，城無益也。……國焉用城？"強調如果自己的力量不足以保衛國土，那麼築城、守城也沒有甚麼用處。這種思想使人有些詫異，眾所周知，火器發達以前，城壘作為守備工事，對戰爭的影響舉足輕重。弱旅困守孤城，抗敵經年累月，迫使強寇無功而返甚至反敗為勝的戰例，歷史上屢見不鮮。就拿沈尹戌所在的春秋時期來說，公元前 567 年，齊軍歷時一歲，才攻陷小邦萊國都城。而《呂氏春秋·審分覽第五·慎勢》記載："（楚）莊王圍宋九月，康王圍宋五月，聲王圍宋十月，楚三圍宋矣，而不能亡。"由於攻城耗時費力，難以奏效，將帥們往往儘量避免這種戰鬥，認為它是迫不得已而採用的下策。如孫武所言："故上兵伐謀，其次伐交，其次伐兵，其下攻城，攻城之法為不得已。"[1] 在冷兵器時代，據守城壘對於防禦者來說是非常有利的，能夠在很大程度上彌補自己戰鬥力量的不足。像《尉繚子·守權》所稱："出者不守，守者不出。一而當十，十而當百，百而當千，千而當萬。故為城郭者，非妄費於民聚土壤也，誠為守也。"由此看來，囊瓦雖然治國無術，多有劣跡，但其主持的城郢，就軍事角度而言，屬於增強國防的必要措施，本身是無可厚非的。所以，沈尹戌對這項舉措的指摘譏諷，後人或有不理解者，認為是迂腐之論。如顧棟高在《春秋大事表》中便舉例反駁其觀點，說此輩"徒以子囊城郢為嗤笑，而不知城郢未始非社稷之至計，此又可與楚昭之事連類而並觀之也。後宋百年而金復都汴，尤虎高琪築京城糜費累巨萬，元蘇布特以百萬之師盡銳來攻，不克，卒講和而退。唐德宗幸奉天，朱泚圍困京城逾年，卒能

1　《孫子兵法·謀攻》。

殲厥巨魁，光復舊物，此尤深根固本之關於長算，可為明效大驗者也。"

春秋時期，隨着諸侯爭霸戰爭的加劇，各國的君主、卿大夫為了增強防禦能力，紛紛在封土、采邑上修築城郭。據《春秋》記載，僅實力中等的魯國，就新建大小城池 19 座。列國的君臣將相都把築城視為首要政務，像伍員答吳王問時講："凡欲安君治民，興霸成王，從近制遠者，必先立城郭，設守備，實倉廩，治兵庫。"[2] 而沈尹戌的議論卻和時代潮流相背，這不免令人產生疑問，他的這種思想究竟從何而來呢？徵諸史實，方知沈尹戌之論是對"古者"，即春秋以前奴隸主貴族政治、軍事經驗的總結概括。其中很重要的一條就是：防禦作戰時通常不採取固守城池、抵抗強敵的戰術。這反映了夏、商、西周時期戰爭具有的某些規律和特點。試析如下：

三代（夏、商、西周）是華夏文明發展的最初階段，儘管考古發掘表明，早在四千年前、夏朝建立之際就出現了以王城崗、平糧台古城為代表的早期城堡，後來又有了牆壘周長數千米的偃師商城、鄭州商城。但是縱觀三代的戰爭經過，卻很少見到依托城池抵抗強敵圍攻的記載，更沒有成功的戰例。春秋以後，像田單守即墨、劉秀戰昆陽、拓跋燾攻盱眙、唐太宗圍安市那種守城者以少勝多的戰例不勝枚舉，而三代卻是絕無僅有的。從歷史上看，夏、商、西周的大規模戰爭中，處於防禦態勢的一方採取的戰術，通常是以下幾種：

其一，出城迎戰。防禦者自忖可與來犯之敵一決高下，便傾巢出動，離開城邑，在郊外的原野上擺開陣勢，發起會戰，"爭一日之命"[3]。這種情況在三代最為常見，如禹伐三苗、啟伐有扈、成湯伐桀、武王伐紂等。

其二，棄城而逃。守方估計自己並非強敵對手，便走為上策，逃之

2　《吳越春秋·闔閭內傳第四》。

3　《墨子·明鬼下》。

夭夭。如古公亶父居豳，戎狄來犯，"乃與私屬遂去豳，度漆、沮，逾梁山，止於岐下"[4]。西周末年，申侯與繒侯、犬戎會師進攻鎬京，"幽王舉烽火徵兵，兵莫至"[5]，即棄城東走，至驪山下被殺。

此外，在第一種戰例中，防禦一方在野戰失敗後，通常也不採取退守城池、繼續抵抗的戰術，而或是像鳴條之戰後的桀、被周公東征打敗的武庚那樣，戰敗後率領族眾南逃北竄，遠徙他鄉；或是像牧野之戰以後的紂王，逃回宮內，自殺了事。

其三，守城拒敵。雖然己方勢單力孤，不敢出城迎戰，但也不願拋棄家園，遠離故土，因此往往依托城壘工事來抵禦強敵。這種戰例在三代非常少見，史籍所載，唯有文王伐崇一例，結果還是守方失利，全軍覆沒。特別是在夏、商、西周王朝滅亡之際，沒有一位君主企圖以守城戰術來抵抗外敵來犯，這和北宋、金、明幾朝末代皇帝困守孤城、抵抗強敵圍攻的情況形成鮮明的對比。司馬懿曾講："能戰當戰，不能戰當守，不能守當走。"[6]而三代防禦一方的君主將帥，在敵強我弱的形勢下，往往是如不能出戰，即當逃走，極少採用守城抗敵的對策。應該說，沈尹戌輕視守城戰術的思想，確實符合三代流行的防禦原則。

二、三代作戰不據城防守的原因

為甚麼夏、商、西周的統帥們處於被動防禦態勢時，通常不願意依托城池組織抵抗呢？主要原因在於，三代的都邑不像春秋以後的城市那樣具備堅固、持久的防禦能力；在當時的客觀環境下，統帥們認為守城戰術難以經受強敵長期圍攻的考驗，因此多不願採用。軍隊使用何種戰

4　《史記》卷4《周本紀》。

5　《史記》卷4《周本紀》。

6　《晉書》卷1《宣帝紀》。

鬥方法，取決於他們所掌握的武器裝備與進攻、防禦的手段，而這些歸根結底，是由當時的物質生產條件決定的。城市的防禦能力包括多種因素，如規模、佈局、築壘的形式和材料，防守器械與人口、兵員、糧草和其他物資等。在各個歷史時期，生產力、社會分工、商品經濟發展水平不同，城市的防禦能力也就有強弱之分，存在着明顯的差別。例如，原始社會末期出現的城壘，只是在民眾聚居的村落周圍，修築起簡陋的圍牆、柵欄和壕溝，用來防備鄰近部落的掠奪襲擊。而到春秋戰國時期，封建經濟迅速發展，使城市的規模、人口、財富顯著增長，"千丈之城、萬家之邑相望也"[7]。不僅形成了臨淄、郢、邯鄲、大梁等富冠海內、居民繁眾的名都，就連宜陽這樣的大縣，也是"城方八里，材士十萬，粟支數年"[8]。城市的防禦能力由此得以提高，使長期固守成為可能，據守城壘抗擊強敵的戰術才開始普遍運用。而這些條件，恰恰是三代的城市並不具備的；和後代相比，夏、商、西周時期的城市屬於不發達的早期形態，缺乏持久防禦作戰的能力，其表現在以下幾個方面：

一是城壘規模普遍較小。戰國名將趙奢曾追述過三代城邑的情況："古者四海之內，分為萬國；城雖大，無過三百丈者；人雖眾，無過三千家者。"[9]從出土的遺址分佈來看，夏、商、西周時期除了王朝的都城範圍較廣闊，其他古城的築壘規模均很有限。如夏初的河南登封王城崗古城，是東西並列相連的兩座小城，中間是二城共同的隔牆，根據殘存的牆基計算，兩城的邊長都不過 100 米，總面積為 0.02 平方千米。[10]同時期的河南周口淮陽平糧台古城，城址呈正方形，長、寬各 185 米，面積為 0.034 平方千米。[11]山東章丘的城子崖古城、壽光的邊線王古城，

7　《戰國策・趙策三》。

8　《戰國策・東周策》。

9　《戰國策・趙策三》。

10　安金槐、李京華：《登封王城崗遺址的發掘》，《文物》1983 年第 3 期。

11　曹桂岑、馬全：《河南淮陽平糧台龍山文化城址試掘簡報》，《文物》1983 年第 3 期。

是夏代東夷方國的舊跡，前者牆址南北長 450 米，東西長 390 米，面積為 0.175 平方千米；後者邊長 220 米，面積為 0.048 平方千米。[12] 湖北黃陂的盤龍城被認為是商代方國的都邑，南北牆長 290 米，東西長 260 米，面積為 0.075 平方千米。[13] 而 1949 年以來發現的數十座春秋戰國城市遺址裏，諸侯大國、中等國家如齊、楚、吳、鄭、韓、趙、魏、魯國的都城面積，多在 15—20 平方千米，其中燕下都故城遺址面積達 32 平方千米；小邦如山東的薛城、邾城，牆址周長約 10 千米，面積 6 平方千米。其他小城，周長一般在 5 千米左右，面積約 1.56 平方千米。[14] 和三代城壘的普遍規模相比，顯然是有明顯差別了。

　　三代城壘規模普遍較小的主要原因有兩條：一是生產力水平低下。這一時期的中國剛剛跨入文明社會的大門，在考古學分期上屬於青銅時代，由於青銅工具稀少貴重，人們在農業生產中還廣泛使用着原始的木器、石器，未用牛耕，勞動效率很低；又採取拋荒休耕的農作法，佔地多、產量少，所能供養的人口自然遠遠少於後代。此外，作為掘土翻地的工具材料，紅銅太軟，青銅又太脆，容易斷裂，加上本身的貴重，是不適宜的。因此土方建築工程所用的器具，也以木、石材料為主，效率不高。二是政治上處於部族、邦國林立的狀態，諸侯眾多，與王室的關係又很鬆散，統治範圍都比較小。如王夫之所稱："三代之國，幅員之狹，直今一縣耳。"[15] 這樣，各國擁有的人力、物力均很有限。薄弱的經濟基礎、簡陋的技術條件、勞動力和財富的不足，使一般的部族、邦國沒有力量構築高大廣闊的城池；只有三代的王室，掌握了最高領導

12 伍人：《山東地區史前文化發展序列及相關問題》，《文物》1983 年第 10 期；《中國歷史學年鑒‧考古文物新發現》1986 年。

13 湖北省博物館、北京大學考古專業盤龍城發掘隊：《盤龍城一九七四年度田野考古紀要》，《文物》1976 年第 2 期。

14 《中國軍事史》編寫組：《中國軍事史》第六卷《兵壘》，解放軍出版社，1991 年，第 31 頁。

15 《讀通鑒論》卷 19。

權，統率着國內最強大的民族（夏族、商族），還能徵發屬下邦國的人力、財物，才有可能建造"大邑"。如商朝前期的國都鄭州商城，牆址周長 6960 米，平均底寬約 20 米、頂寬約 5 米、高約 10 米。[16] 構築城牆需要挖土約 170 萬立方米，夯土約 87 萬立方米，據有關專家計算，在當時的勞動條件下，假如每天投入 1 萬人作業，以最高的效率，也需要 8 年的時間才能完成。[17] "如果不是最高統治者所在之地，沒有充足的人力、物力，是很難築成如此規模宏大的城池的。"[18]

因此，限於當時的生產條件和政治狀況，三代大部分城市的規模、面積很小，築壘設施簡陋，所容納的人員、物資有限，很難抵抗優勢之敵的持久強攻。

二是有城無郭，非密封式規劃。夏、商、西周王朝的都城，已探明的舊址分佈較廣，像殷墟和豐、鎬遺存能達到 20 餘平方千米，和春秋戰國諸侯都城的面積相仿，遠遠超過了同期的小邦城邑。但是為甚麼三代王室的統治者在敵軍兵臨城下時，也從來不採取守城拒敵的戰術呢？很重要的一個原因是：三代屬於中國都城發展史上的最初階段，城市的規劃佈局很不完善，首都或沒有城牆，或只是君主居住的宮城有牆，而平民的居住區、手工業作坊區卻沒有城牆 —— "郭"的保護，缺乏抵禦強敵進攻的可靠屏障。

例如，河南偃師的二里頭城市遺址，東西長達 2.5 千米，南北達到 1.5 千米，面積 3.75 平方千米；經多數學者論證，認為是夏朝後期的都城斟鄩，而城市的四周並沒有城牆，只是在遺址中間發現了一座建有土圍牆的宮城，邊長僅為 100 米左右。"該土圍牆建立在一個大型夯土台

---

16 《商周考古》，文物出版社，1979 年。

17 《鄭州商代城址試掘簡報》，《考古》1977 年第 1 期；《鄭州商代城遺址發掘報告》，《文物資料叢刊》第 1 期，文物出版社，1977 年。

18 《中國軍事史》編寫組：《中國軍事史》第六卷《兵壘》，解放軍出版社，1991 年，第 18—19 頁。

基之上，台基高約 3 米，邊緣部分為緩坡狀，宮牆就築在緩坡內邊緣部位。牆內全是宮殿建築遺址，總面積約 1 萬平方米。"[19] 四周則分散地存在着若干居民住所和手工作坊的遺址，未發現任何城牆或牆基的痕跡。

河南鄭州商城的年代稍晚一些，被視為商湯滅夏後建立的國都 —— 薄（亳），即學術界所稱的"鄭亳"。它的遺存分佈約有 25 平方千米，卻只有一個面積約 3 平方千米的夯土城圈，城圈的東北部有大片的宮殿殘址，城圈外還有許多民房和手工作坊（冶銅、製骨、製陶）的遺跡，"這種分佈情況，表明了當時土城內和土城外的整體性，很難把這一城市的範圍，局限在城牆內這一部分"[20]。

湖北黃陂的盤龍城，始築年代略遲於鄭州商城，面積也要比它小得多。從城內發掘情況來看，亦為宮城；居民區和手工業區是在城北的楊家灣、西北的樓子灣和城南的衛家嘴等地，也沒有城牆護衛。[21]

商代中期遷都於殷（今河南省安陽市）。據《竹書紀年》記載："自盤庚徙殷至紂之滅，二百七十三年更不徙都。"通常認為安陽小屯是宮殿區，以它為中心，在東、南、西三面的總面積達 24 平方千米的範圍內，分佈着大量的民居、手工業作坊遺址，出土了許多生產工具、生活用品、禮樂器具和刻有卜辭的甲骨，是一座規模巨大的城市。但迄今為止，經過近 20 次發掘，仍未發現有城牆存在。

西周的都城遺址，以陝西的豐、鎬為例，情形也基本相同。西安市南灃河兩岸的豐京和鎬京舊址，亦在一二十平方千米的範圍內，散佈着各種遺存，也沒有發現城郭的痕跡。[22]

---

19 《中國軍事史》編寫組：《中國軍事史》第六卷《兵壘》，解放軍出版社，1991 年，第 12 頁。

20 俞偉超：《中國古代都城規劃的發展階段性》，《文物》1985 年第 2 期。

21 湖北省博物館、北京大學考古專業盤龍城發掘隊：《盤龍城一九七四年度田野考古紀要》，《文物》1976 年第 2 期。

22 陳全方：《早周都城岐邑初探》，《文物》1979 年第 10 期；胡謙盈：《豐鎬地區諸水道的踏察 —— 兼論周都豐鎬位置》，《考古》1963 年第 4 期。

另外，據前引《左傳・昭公二十三年》中沈尹戌所言，楚國自先祖若敖、蚡冒至武王、文王，"土不過同，慎其四竟，猶不城郢"，直到春秋後期才開始增築城垣[23]。

從古代中國城市建設佈局的歷史發展來看，自春秋開始普遍流行大城、小城相套，即內城與外郭結合的密封式規劃佈局，也就是孟子所說的"三里之城，七里之郭"。內城是由夏、商、西周時期的宮城演變而來的，主要作用是保護國君、貴族（王室、公室）的安全；外郭則是居民區、手工業區之外增修的城牆，使平民也得到築壘工事的保障。如《世本》引《吳越春秋》所言："築城以衛君，造郭以守民。"齊、魯、燕、楚都城與鄭韓故城遺址都表明了這一點，同期的其他城市遺存也大致如此，"凡諸侯國都，不論大小，絕大多數均有內、外二城"[24]。建造了外城，就使城市的防禦設施有了縱深配置，守方作戰時能夠得到築壘保護的空間大大擴充了，可以用來儲備充足的軍需、民需物資，駐紮較多的人口、軍隊；手工作坊得以安全作業——製造、修理兵器和守城械具，由此才能適應長期防禦戰鬥的需要。而三代防守的都城沒有外郭做屏障，平民的住房、手工作坊易被敵軍佔領、破壞；諸多民眾如果退入宮城防守，城內空間狹窄、擁擠不堪，能夠容納的人員、物資受面積限制，難以在長期防守戰鬥中保證生活所需和軍需補給，是無法持久抗敵的。

三代的都城建設為甚麼不能採用內城、外郭相結合的密封式規劃，使平民居住區和手工作坊區得到築壘保護呢？原因主要是當時的城市人口分佈密度較低，勞力、財力相對不足，缺乏構築城郭的物質、經濟

23　童書業曾指出："古文獻所謂'城'，多指增修城郭，如隱三年傳，魯人'城郎'，九年，又書'城郎'。莊十九年，魯人'城諸及防'，文十二年又書'城諸及郭'，襄十五年又書'城防'，皆可證。"童書業：《春秋左傳研究》，上海人民出版社，1980 年，第 233 頁。

24　《中國軍事史》編寫組：《中國軍事史》第六卷《兵壘》，解放軍出版社，1991 年，第 12 頁。

條件。春秋戰國的都市民庶繁眾，如齊都臨淄，據蘇秦描述，城中有 7 萬戶，僅男子就不下 21 萬人，市內居民"連袵成帷，舉袂成幕，揮汗成雨"[25]。楚國的郢都也是"車掛轂，民摩肩，市路相交，號為朝衣鮮而暮衣弊"[26]。考古發掘也表明，諸侯各國都城內的宮殿、吏民住宅、手工業作坊鱗次櫛比，"各種遺存基本上連成一片，中間很少有空白地帶"[27]。可是與之相比，三代王朝都城的人口分佈密度很低，從遺址發掘的情況看，宮殿、宗廟、貴族和平民住地、官府手工業區等各種遺跡，通常是在城市總範圍內，分散於若干地點，各個地點之間往往是一片沒有遺存的空白地帶，典型代表是殷墟和西周岐邑、豐、鎬遺址。殷墟以安陽小屯的宮殿區為中心，在周圍 24 平方千米的範圍內，分佈着大司空村、後崗、高樓莊、三裕村、花園莊、梅園莊、霍家小莊、白家墳、四盤磨等居住遺址和鐵路苗圃、北辛莊等手工業遺址，彼此並不相連。西周岐邑的宮殿、宗廟和貴族住所遺址，在岐山的鳳雛、扶風的召陳、強家、莊白等地，普通居民區廣泛分佈在許多地點，經過發掘的有岐山的禮村、扶風的齊家等地；手工業遺址則在扶風的雲塘、白家、任家、齊家和召陳等現代村落的範圍都有發現。這些遺址，散佈在東西 3—4 千米，南北 4—5 千米的範圍內，彼此也並不連接。西安市灃河兩岸的豐京、鎬京遺址，亦是在一二十平方千米的範圍內，分佈於馮村、西王村、大原村、張家坡、客省莊、普渡村等地點。[28]

這種狀況的出現，和三代城市工商業不發達、居民多以務農為業有關。夏、商、西周的都城遺址內，"雖已集中了當時規模最大的、技術最複雜的手工業生產，但許多居住區的出土物內容，同當時的一般村落

25 《戰國策·齊策一》。

26 《太平御覽》卷 776 引桓譚《新論》。

27 俞偉超：《中國古代都城規劃的發展階段性》，《文物》1985 年第 2 期，第 55 頁。

28 陳全方：《早周都城岐邑初探》，《文物》1979 年第 10 期；胡謙盈：《豐鎬地區諸水道的踏察 —— 兼論周都豐鎬位置》，《考古》1963 年第 4 期。

遺址一樣，也有許多農具，不少居民顯然就近進行農業生產。一個城市內的若干居民點遺址同村落遺址沒有很大差別的情況，正表現出了城鄉的剛剛分化"[29]。古代城市是從鄉村聚落發展演變而來的，它和鄉村的分離不是一朝一夕完成的，需要一個逐步完善的過程。春秋以後，由於進入鐵器時代，生產力發展出現飛躍，城鄉分化日益明顯。鄉村居民以從事農業生產活動為主，而城市居民則以從事工商業和其他非農業生產或非生產性職業勞動為主，城區範圍內基本不從事耕作，土地只供居住或做工、經商、辦公，所以容納的人口大大增加。而三代的都邑中，"工商食官"，沒有獨立的私人手工業、商業，多數居民仍以務農為本業，這樣城區內就有相當多的土地用於墾種休耕，佔地廣闊而人口稀疏。因此，鄭州商城、殷墟、豐鎬舊址的遺存總面積雖然和春秋戰國的諸侯名都不相上下，而人口密度卻要低得多，這一點對於城市建設和防禦作戰來說，都起到了嚴重的局限、制約作用。

從現存的三代都城遺址來看，城牆最長者，屬鄭州商城，周長為6960 米，城牆內面積約為 3 平方千米，這恐怕就是當時動員人力、物力所能完成築壘規模的極限了。如果要把包括居民區、手工業區在內的城市總範圍築起密封式城壘，面積將達到 25 平方千米，城牆周長至少需要 20 千米。這樣浩大的工程，以當時的物質財富、技術條件和勞動力數量來看是無法承受的，所以只好不築城牆或僅築較小的宮城了。

從另一個角度來講，城壘的大小必須和居民多少相稱，才能組織起有效的防禦。春秋戰國的軍事家們詳細地探討研究過這個問題。如《尉繚子·兵談》曰："建城稱地，以城稱人，以人稱粟。三相稱，則內可以固守，外可以戰勝。"《尉繚子·守權》曰："守法，城一丈，十人守之，工食不與焉。……千丈之城，則萬人之守。"《墨子·雜守》也說："凡

29　俞偉超：《中國古代都城規劃的發展階段性》，《文物》1985 年第 2 期。

不守者有五，城大人少，一不守也；城小人眾，二不守也；……率萬家而城方三里。"講的就是這種情況。三代的都邑範圍雖然較廣，人口相對集中，但是分佈密度太低；即使能在居民區、手工業區外築起郭牆，也是"城大人少"，缺乏足夠的防守兵力，難免被強敵攻陷。如果居民、士卒全部退入宮城抵抗，又會處於"城小人眾"的不利境地。這也說明夏、商、西周都城的非密閉式規模和分散的居住狀況是不適應長期防禦戰鬥需要的。

三是生產和貿易不發達，物資儲備不足。"爭城以戰，殺人盈城"[30]的春秋戰國時期，兵學家們在論述守城戰術時，都很重視保持充足的物資儲備，以應付敵方長期圍困、進攻的大量消耗。像《尉繚子·天官》曰："今有城，東西攻不能取，南北攻不能取，四方豈無順時乘之者耶？然不能取者，城高池深，兵器備具，財穀多積，豪士一謀者也。"特別強調城中應有蓄積多種貨物的市場和富人，這是持久堅守所必需的。《尉繚子·武議》曰："夫出不足戰，入不足守者，治之以市。市者，所以給戰守也。萬乘無千乘之助，必有百乘之市。……夫市也者，百貨之官也。市賤賣貴，以限士人，人食粟一斗，馬食菽三斗，人有飢色，馬有瘠形。何也？市有所出，而官無主也。夫提天下之節制，而無百貨之官，無謂其能戰也。"《墨子·雜守》也說："凡不守者有五：……人眾食寡，三不守也；市去城遠，四不守也；蓄積在外，富人在虛，五不守也。"墨子認為要塞得以堅守的幾個必要條件包括糧儲充裕、市場不能遠離城池、蓄積的貨物和饒有財資的富人必須屯駐在城內。

春秋戰國時期，由於生產、分工和貿易的蓬勃發展，城市居民基本上脫離了農業活動，"工肆之人"的數量顯著增加，以至於"士、農、

---

30 《孟子·離婁上》。

工、商"可以並稱為國中"四民"。為了滿足城內大量非農業人口的消費需要,出現了規模宏大的集中商業區——"市"。它被居民區、手工業區所環繞,受到城郭的安全保護,成為城鄉間、地區間經濟交流的重要場所。市內商賈雲集,百貨充盈,戰時能為守城提供充實的物資保障。隨着私營工商業的興起,又產生了一批結駟連騎、家累巨貲的富人,如《管子·輕重甲》所言:"萬乘之國必有萬金之賈,千乘之國必有千金之賈,百乘之國必有百金之賈。"這些人依仗財勢,役使貧民奴客,在社會上具有不可忽視的影響。他們積累的巨額財富,也能夠有力地支持諸侯國家的戰爭。如齊國富人"丁氏之家粟可食三軍之師行五月"[31],桓公兵伐孤竹前,"召丁氏而命之曰:'吾有無貲之寶於此。吾今將有大事,請以寶為質於子,以假子之邑粟。'"[32]向他暫借軍糧。城市防禦作戰時,這些富人發揮的作用是相當重要的,所以官府要嚴密地保護他們。《墨子·號令》:"守城之法,敵去邑百里以上,城將如今盡召五官及百長,以富人重室之親,捨之官府,謹令信人守衛之,謹密為故。"

　　夏、商、西周國都的情況則與之截然不同,考古學家至今未在其城牆以內的遺存裏發現手工業作坊和市肆的痕跡。根據文獻記載,三代的都邑也有市場,所謂"大市",是專為貴族服務的,貨物種類少、價格高,有奴隸、大牲畜、貴重武器和奢侈品等。見《周禮·地官司徒·質人》:"質人掌成市之貨賄:人民、牛馬、兵器、珍異,凡賣儥者質劑焉。"而守城所需的物資,多是民間日常生活用品,如《墨子·旗幟》所稱:"凡守城之法:石有積,樵薪有積,菅茅有積,萑葦有積,木有積,炭有積,沙有積,松柏有積,蓬艾有積,麻脂有積,金鐵有積,粟米有

---

31 《管子·山權數》。

32 《管子·山權數》。

積。"這些都是"大市"所不具備的。普通商販、百姓參加交易的"朝市""夕市",貨物雖以生活日用品為主,但市場規模很小,開放時間短暫,僅一早一晚,商品種類、數量相當少。這兩類市場都在宮城之外,沒有郭牆的保護,容易被強敵佔領、摧毀。還有設在野外道旁的集市,如《周禮·地官司徒·遺人》所載:"凡國野之道,十里有廬,廬有飲食。三十里有宿,宿有路室,路室有委。五十里有市,市有候館,候館有積。"這類市場多是定期的集市,並非每天開放,規模不大,地理位置比較偏僻,是墨子所說的"市去城遠"者,對守城並無補益。在社會分工不發達、城鄉沒有明顯分化的上古時代,早期城市在很大程度上還是個"有圍牆的農村",商品經濟的色彩十分淡薄。在"工商食官"的制度下,做工經商者隸屬於官府,平民無法像春秋戰國的巨賈那樣擁有大量的財富。種種客觀因素的限制,使三代都城沒有繁榮、活躍的市場,容納的人口、積累的財富相當有限,因此無法在物資供應方面滿足長期防禦作戰的需要。

三代的君主、統帥通常不願採取守城戰術來抵禦強敵,還有其他原因。例如這個時代的主要兵種是由貴族甲士組成的戰車部隊,野戰才能充分發揮其威力,兵車在守城戰中沒有用武之地,等等。不過,軍事活動歸根結底是以物質資料生產為保障的。如恩格斯所說:"暴力的勝利是以武器的生產為基礎的,而武器的生產又是以整個生產為基礎,因而是以'經濟力量',以'經濟情況',以暴力所擁有的物質資料為基礎的。"[33] 夏、商、西周的生產、交換水平處在較低的狀態,因而城市規模普遍較小,都城、"大邑"的人口居住又相當分散,既無密封式的城郭保護,也缺乏充裕的財富來維持固守戰鬥;較小的宮城,只能應付突發的動亂、事變和襲擊,暫時保護國君、貴族的安全,而無力抵抗強敵的持

---

33 恩格斯:《反杜林論》,《馬克思恩格斯選集》第 3 卷,人民出版社,1972 年。

久攻打。所以守城戰役在三代的歷史上非常罕見,更沒有成功的例子。沈尹戌對囊瓦城郢的批評,"苟不能衛,城無益也。⋯⋯國焉用城"確實反映了"古者",即春秋以前青銅時代中國戰爭防禦的客觀規律:在強敵面前能戰當戰,不能戰當走。困守城邑的戰術是不能挫敗優勢敵人長期圍攻的。

附二

戰國秦漢的“陷陳”

一、“陷陳”的含義

秦漢史籍對作戰經過的敍述裏，常常會提到“陷陳”一詞。例如，《史記》卷54《曹相國世家》：“從南攻犨，與南陽守齮戰陽城郭東，陷陳，取宛，虜齮，盡定南陽郡。”《漢書》卷83《陳湯傳》曰：“臣延壽、臣湯將義兵，行天誅，賴陛下神靈，陰陽並應，天氣精明，陷陳克敵，斬郅支首及名王以下。”《後漢書》卷20《祭遵傳附肜傳》載其拜遼東太守，“（建武）二十一年秋，鮮卑萬餘騎寇遼東，肜率數千人迎擊之，自被甲陷陳，虜大奔，投水死者過半”。

“陷陳”之“陳”，乃“陣”的古字，本義是指戰車和徒兵（步卒）的排列，即軍陣、戰陣的意思。顏師古注《漢書》卷23《刑法志》曰：“戰陳之義本因陳列為名，而音變耳，字則作陳，更無別體。而末代學者輒改其字旁從車，非經史之本文也。”“陳”以後又引申為軍隊各種戰鬥隊形的泛稱。

“陷”字則有穿透之義。如《韓非子·難一》曰：“楚人有鬻盾與矛者，譽之曰：‘吾盾之堅，物莫能陷也。’又譽其矛曰：‘吾矛之利，於物無不陷也。’”用於軍事作戰方面，則引申為攻破。例如，《史記》卷107《魏其武安侯列傳》：“灌孟年老，潁陰侯強請之，鬱鬱不得意，故戰常陷堅，遂死吳軍中。"《三國志》卷7《魏書・臧洪傳》："城陷，（袁）紹生執洪。""陷陳"則指衝破、打亂敵人的戰鬥陣形，如《六韜》卷6《犬韜・戰車》載太公所言："敵之前後，行陳未定，即陷之。旌旗擾亂，人馬數動，即陷之。士卒或前或後，或左或右，即陷之。陳不堅固，士卒前後相顧，即陷之。"軍隊潰敗的先兆，往往就是陣列被敵兵衝垮。戰國秦漢史籍對作戰經過的敍述裏，常會提到這種一般意義上的"陷陳"。

商周至秦漢在我國軍事史上處於冷兵器時代，基本作戰方式是用戈、矛、戟、刀劍展開白刃格鬥和弓箭射擊，以近戰為主。在當時簡陋的武器條件之下，交戰雙方都採取了排兵佈陣，即組編各種戰鬥隊形的方法，來加強軍隊的作戰能力。將領們在戰爭實踐中發現，同樣數量的士兵，由於作戰隊形的差異，會表現出高低不同的戰鬥力。在人數上處於劣勢的軍隊，若能組成嚴格的陣列，施以統一的號令和協同動作，常常可以擊敗人數眾多、隊形雜亂的強敵。如戰國兵家著作《六韜》卷6《犬韜・均兵》所言："戰則一騎不能當步卒一人，三軍之眾成陳而相當。則易戰之法：一車當步卒八十人，八十人當一車；一騎當步卒八人，八人當一騎；一車當十騎，十騎當一車。"

從簡單的戰鬥隊形發展為組織、紀律嚴明的方陣，就能夠把千萬人凝聚成一個協同作戰的整體。而未經陣列訓練、各自為戰的軍隊，僅僅是烏合之眾；即使人人武藝高超，剽悍狠猛，也不過是徒逞匹夫之勇，"其戰則蜂至，敗則鳥竄"[1]，無法抵禦陣勢嚴整的強敵。如荀子曾批評崇尚單兵搏鬥技能、忽視陣戰的齊國軍隊，認為他們只能對付弱小之寇，遇到強大的敵人就會渙然崩潰，"齊人隆技擊，其技也，得一首者，則賜贖錙金，無本賞矣。是事小敵毳，則偷可用也，事大敵堅，則渙然

---

1 《三國志》卷64《吳書・諸葛恪傳》。

離耳。若飛鳥然，傾側反覆無日，是亡國之兵也，兵莫弱是矣。"[2]

另外，軍陣不僅僅是戰鬥人員的排列部署，也是各種兵器的組合。根據長短兵器和遠射兵器各自的性能特點，在陣內加以配置，亦能明顯提高部隊的戰鬥效率。如《司馬法·定爵》所言："弓矢禦，殳矛守，戈戟助。凡五兵五當，長以衛短，短以救長，迭戰則久，皆戰則強。"

陣列對兵員和武器加以合理配置部署，使其密切協同戰鬥，極大地增強了整體作戰效能。古代軍隊在行進、野戰、攻城、追擊，乃至涉渡江河時，往往都要保持一定的陣形。因為"陣"對於戰鬥十分重要，所以被著名兵家孫臏放在指揮藝術的首位，"凡兵之道四：曰陣，曰勢，曰變，曰權。"[3]"陳（陣）"甚至成為軍事的代名詞，見《論語·衛靈公》："衛靈公問陳於孔子，孔子對曰：'……軍旅之事，未之學也。'"

陣列對於古代作戰是如此重要，以至於將帥們多把"陷陳"——破壞對方的戰鬥隊形——當成克敵制勝的重要手段。從漢代的歷史記載來看，"陷陳"一詞，除了泛指攻破敵陣以外，在許多情況下，還代表一種戰術，即在對陣交鋒或突圍時，由少數精銳部隊發起衝擊，突破並打亂對方戰鬥隊形，主力隨後跟進，擊潰敵陣，從而達到獲勝或解圍的目的。可以參見《漢書》卷69《趙充國傳》：

> 武帝時，以假司馬從貳師將軍擊匈奴，大為虜所圍。漢軍乏食數日，死傷者多，充國乃與壯士百餘人潰圍陷陳，貳師引兵隨之，遂得解。

《後漢書》卷1上《光武帝紀上》：

2　《荀子·議兵》。

3　銀雀山漢墓竹簡整理小組：《孫臏兵法·勢備》，文物出版社，1975年，第65頁。

光武乃與敢死者三千人，從城西水上衝其中堅，尋、邑陳亂，乘銳崩之，遂殺王尋。

《三國志》卷 64《吳書·孫峻傳》注引《吳書》：

諸葛恪征東興，贊為前部，合戰先陷陳，大敗魏師，遷左將軍。

本文要探討的是，漢代"陷陳"這一戰術的起源及其組織與實施情況如何？它反映了哪些時代特點？這些問題，筆者將在下文展開詳細的論述。

二、"陷陳"的起源

（一）商周時代尚無"陷陳"戰術

就歷史記載來看，儘管"陳（陣）"在我國起源很早，但是商周和春秋的著作裏尚未提到"陷陳"一詞。史籍敍述的戰鬥情況，也還沒有出現用少數精銳部隊率先衝擊、打亂敵陣的戰術，這和當時的生產力水平、武器裝備的作戰性能低下有着密切的聯繫。商周和春秋前期處於青銅時代，使用鈍拙的銅戈、矛、戟、短劍和弓矢，甚至還保留着原始的木石兵器 —— 殳和石戈、石鏃[4]。在軍事史上，這個時期屬於以車戰為主的階段，兵員的數量不多，所謂"帝王之兵，所用者不過三萬，而天下服矣"[5]。軍隊的組織和戰術也比較簡單，雙方往往"結日定地，各居一面，鳴鼓而戰，不相詐"[6]。在交鋒中通常不保留預備隊，傾注全力於

4　楊泓：《中國古兵器論叢》，文物出版社，1980 年，第 84 頁。

5　《戰國策·趙策二》。

6　《公羊傳·桓公十五年》何休注。

一戰，因此在地域上局限於某個狹小的戰場，沒有綿長的戰線；交戰的時間也很短暫，不像後代的戰爭那樣曠日持久。例如商湯滅夏的鳴條之戰、武王伐紂的牧野之戰，乃至春秋時期的一些著名戰役（如城濮之戰、邲之戰、鞌之戰等），多是一天之內就結束戰鬥。在陣形和進攻的戰術上，上述時代有以下特點值得注意。

一是戰鬥隊形為一線橫排方陣。商周軍隊的陣形基本採取車卒密集混編的橫排方陣，戰車和徒兵互相掩護，協同戰鬥，一般分為右、中、左三個方陣。[7] 平常情況下，主力部署在中軍，左右多配屬弱旅。如《左傳·成公十六年》載公元前 575 年鄢陵之戰，苗賁皇謂晉侯曰：“楚之良，在其中軍王族而已。”李賢亦曰：“凡軍事，中軍將最尊，居中以堅銳自輔，故曰中堅也。”[8] 兵車和步卒在戰陣中如何配置，目前學術界尚無統一意見。[9] 據《司馬法·仁本》記述，當時流行的戰法是“成列而鼓，是以明其信也”，即雙方先把戰車、徒兵排成整齊的陣列，然後擊鼓對攻。交鋒時先用弓箭遠射，接近後再用戈、矛、戟等長兵器廝殺，衝擊敵人的方陣。若有一方的陣列發生動搖、混亂，就會導致全軍的潰敗，勝者即開始追擊或聚殲敵人的散兵。這種車卒混編的陣列，交鋒時如果出現潰亂，很難重新整頓排列，所以很快就能決出勝負。

二是進攻速度緩慢。由於方陣是以一個巨大的整體向前運動，混編的戰車和步卒必須保持共同的行進速度，兵車不能脫離陣列而長驅疾馳，只能在接戰交鋒中緩步前進。如《司馬法·天子之義》所言：“雖

---

7 商周春秋的方陣往往分為右、中、左三個。見商代卜辭：“丁酉卜，王乍（作）三師，右中左。”《左傳·桓公五年》載繻葛之戰：“王為中軍，虢公林父將右軍，蔡人、衛人屬焉；周公黑肩將左軍，陳人屬焉。”鄭軍的部署為：“曼伯為右拒，祭仲足為左拒，原繁、高渠彌以中軍奉公。”亦稱為上、中、下軍，見《左傳·僖公二十八年》載晉國任命三軍之將事。

8 《後漢書》卷 1 上《光武帝紀上》更始元年（23）六月“己卯”條李賢注。

9 關於商周時代戰陣中兵車與步卒配置的不同意見，可參見中國軍事科學院戰爭理論部、《中國古代戰爭戰例選編》編寫組：《中國古代戰爭戰例選編》第一冊，中華書局，1981 年，第 2 頁；藍永蔚：《春秋時期的步兵》，中華書局，1979 年，第 178 頁；盧林：《戰術史綱要》，解放軍出版社，1987 年，第 38 頁；王輝強：《秦兵馬俑與秦軍陣法》，《文博》1994 年第 6 期。

交兵致刃，徒不趨，車不馳。"另外，從《尚書・牧誓》的記載來看，為了嚴格保持方陣的隊形，甲士們行進數步、完成幾個擊刺動作之後，就需要停頓下來，重新整頓隊伍："不愆於四伐、五伐、六伐、七伐，乃止，齊焉。"從而也使行進速度大大減慢了。受早期方陣進攻的特點制約，即使面對潰逃之敵，勝者也無法實行長距離、快速的追擊。如《司馬法》所言，"古者逐奔不遠""古者逐奔不過百步""逐奔不逾列，是以不亂"[10]。

三是實施平推戰術。因為陣列是一線橫排，進攻速度又相當緩慢，商周時代的攻擊方法基本上是平推，即所謂"全正面攻擊"，就是沿着作戰正面平均分配兵力向前推進，沒有攻擊重點和主攻方向。這在軍事學上也稱為"單純的正面進攻"，是文明時代初期流行的一種死打硬拼的簡單戰術。如英國軍事史學家富勒所言："足以支配戰鬥的不是他們的技巧，而是他們以身作則的勇氣。戰鬥是以人與人之間的決鬥為主，而不是頭腦與頭腦之間的決鬥。"[11]

綜上所述，商周和春秋初期的戰鬥受到武器裝備水平的限制，只能以呆笨不靈的陣列和遲緩的前進速度交鋒，在進攻的兵力配置上採取平推的部署，因而無法使用後代流行的"陷陳"作戰方法，即集中兵力攻擊敵陣的某個部位，由少數精銳率先發動快速的縱隊突擊，因此，"陷陳（陣）"一詞和它所代表的進攻戰術未能在這個時代出現。

（二）戰國時期的"陷陳"之士

"陷陳（陣）"這個詞與相應的進攻戰術，首先出現在戰國時期。當時著名的兵家著作《六韜》卷 6《犬韜・均兵》在講述"練士之道"時，

---

10 《司馬法》卷上《仁本》《天子之義》。

11 〔英〕富勒：《西洋世界軍事史》，第 1 卷，解放軍出版社，1981 年，第 17 頁。

說應該根據作戰的需要和士卒本人的特點，將其分別編成若干個小分隊，"軍中有大勇、敢死、樂傷者，聚為一卒，名曰冒刃之士；有銳氣、壯勇、強暴者，聚為一卒，名曰陷陳之士。"然後再加以訓練。並且強調說："此軍之服習，不可不察也。"

《吳子・圖國》中也談到同樣的主張，即在國中選拔、招募勇武之士，組編成精銳部隊，用來執行突圍、攻城等危險的作戰任務，並列舉了春秋時期的一些事例，"昔齊桓募士五萬，以霸諸侯。晉文召為前行四萬，以獲其志。秦繆置陷陳三萬，以服鄰敵。故強國之君，必料其民。民有膽勇氣力者，聚為一卒；樂以進戰效力以顯其忠勇者，聚為一卒；能逾高超遠、輕足善走者，聚為一卒；王臣失位而欲見功於上者，聚為一卒；棄城去守，欲除其醜者，聚為一卒。此五者，軍之練銳也。有此三千人，內出可以決圍，外入可以屠城矣。"不過，秦穆公的精銳部隊是否以"陷陳"為名、是否有三萬之眾，春秋文獻無徵，尚待詳細考證。也許《吳子》一書的作者為了使自己的觀點更有說服力，對其歷史根據有所誇張和附會。但是，書中所言選募精銳部隊執行特殊任務的情況，應視為戰國軍隊組織的真實反映。

《商君書・境內》也提到秦國軍中選編的類似隊伍，稱為"陷隊之士"；朱師轍《商君書解詁》注曰："陷隊，勇敢陷陣之士，即今之敢死隊。""陷隊之士"奮勇作戰，每隊若能斬獲五顆首級，便賞賜每人爵位一級；如果戰死，其爵位可由家中一人繼承；若有人畏縮不前，就在千人圍觀之下，處以黥面、劓鼻的重刑。"陷隊之士"的組成，採取個人申請報名的方式，"其陷隊也，盡其幾者；幾者不足，乃以欲級益之。"高亨在《商君書新箋・境內》中注曰："幾疑為祈，二字古通用。……《廣雅・釋詁》：'祈，求也。'祈者即自己申請之人。欲級即希望升級之人，此言陷隊之士（敢死隊）盡用自己申請之人，自己申請之人不足，則以希望升級之人補充之。"

敢死隊之類的編制，早在商周時代已經存在。如《呂氏春秋·仲秋紀第八·簡選》："殷湯良車七十乘，必死六千人，以戊子戰於郕，遂禽推移、大犧，登自鳴條，乃入巢門，遂有夏。"《尉繚子·武議》："武王伐紂，師渡盟津，右旄左鉞，死士三百，戰士三萬。"《史記》卷4《周本紀》載武王"遂率戎車三百乘，虎賁三千人，甲士四萬五千人，以東伐紂"，《史記集解》引孔安國曰："虎賁，勇士稱也。若虎賁獸，言其猛也。"又《史記》卷41《越王勾踐世家》載吳王闔廬"乃興師伐越。越王勾踐使死士挑戰，三行，至吳陳，呼而自剄。吳師觀之，越因襲擊吳師，吳師敗於檇李，射傷吳王闔廬。……（勾踐）乃發習流二千人，教士四萬人，君子六千人，諸御千人，伐吳。"《史記正義》曰："謂先慣習流利戰陳死者二千人也。"但是當時尚未採取"陷陳"的縱隊突擊戰術，"死士"們多聚集在中軍，以保護國君或將帥的安全，隨同方陣進攻。像春秋韓原之戰時，秦穆公被晉軍圍困，有賴"推鋒爭死"的岐下三百野人奮勇突圍，"遂脫繆公而反生得晉君"[12]。戰國時期的敢死隊以"陷陳"或"陷隊"為名，顯然是以執行衝鋒陷陣的任務為主，如孫臏所言："纂卒力士者，所以絕陣取將也。"[13]但也包括攀城、突圍等危險戰鬥。

（三）"陷陳"部隊的兵種構成

從當時的文獻記載來看，"陷陳"戰鬥的部隊以車兵為主。《六韜》卷6《犬韜·均兵》曰："車者軍之羽翼也，所以陷堅陳，要強敵，遮走北也。"《六韜》卷6《犬韜·戰車》還列舉了"十害"與"八勝"，即十種不利於車兵作戰的地形，以及八種有利於戰車陷陣的情況。

---

12 《史記》卷5《秦本紀》。
13 銀雀山漢墓竹簡整理小組：《孫臏兵法·威王問》，文物出版社，1975年，第43頁。

武王曰："八勝之地奈何？"太公曰："敵之前後，行陳未定，即陷之。旌旗擾亂，人馬數動，即陷之。士卒或前或後，或左或右，即陷之。陳不堅固，士卒前後相顧，即陷之。前往而疑，後恐而怯，即陷之。三軍卒驚，皆薄而起，即陷之。戰於易地，暮不能解，即陷之。遠行而暮舍，三軍恐懼，即陷之。此八者，車之勝地也。將明於十害八勝，敵雖圍周，千乘萬騎，前驅旁馳，萬戰必勝。"

另《尉繚子・兵教下》也講到軍中的"死士"是車兵，"十一曰死士，謂眾軍之中有材力者，乘於戰車，前後縱橫，出奇制敵也。"

戰國時期的騎兵多用於偵察、追擊和突襲，"騎者軍之伺候也，所以踮敗軍、絕糧道、擊便寇也"[14]。另一方面，由於騎兵的快速、機動，在當時往往和戰車混編戰鬥，以發揮其行動迅速、衝擊力強的優勢，稱為"輕車銳騎"。如馬陵之戰後，孫臏向田忌建議回師臨淄，"背太山，左濟，右天唐，軍重踮高宛，使輕車銳騎衝雍門。若是，則齊君可正，而成侯可走。"[15]《六韜》卷6《豹韜・敵武》也列舉了許多車騎部隊的戰法。例如：

伏我材士強弩，武車驍騎，為之左右，常去前後三里。敵人逐我，發我車騎，衝其左右。如此，則敵人擾亂，吾走者自止。

選我材士強弩，伏於左右，車騎堅陣而處。敵人過我伏兵，積弩射其左右；車騎銳兵，疾擊其軍，或擊其前，或擊其後。敵人雖眾，其將必走。

混編的車騎部隊，也被用來從事"陷陳"戰鬥。《六韜》卷6《犬韜・戰騎》："地平而易，四面見敵，車騎陷之，敵人必亂。"在某些有利的

---

14 《六韜》卷6《犬韜・均兵》。

15 《戰國策・齊策一》。

形勢下，例如敵人陣勢未定、隊形混亂、兵無鬥志、軍心恐懼等，騎兵可以單獨向其發起衝擊。不過，騎兵的弱點在於馬匹的目標較大，防護薄弱，容易受傷。如果對方陣勢堅固，士氣高漲，是不宜用騎兵發起攻擊的，即所謂“敵人行陣整齊堅固，士卒欲鬥，吾騎翼而勿去”[16]。

關於戰國步兵在“陷陳”戰鬥裏扮演的角色，當時的兵書講的不甚詳備，近世學者們多根據秦俑軍陣的考古發掘資料開展研究。一號坑是秦俑軍陣的主體，其正面是三列橫隊的輕裝步兵俑，身着戰袍，主要裝備弓弩等遠射武器，屬於車兵和重裝步兵（甲士）的輔助部隊，被認為是軍陣的前鋒。橫隊之後是三十八路縱隊的重裝步兵，身着鎧甲，裝備着戈、矛、戟、鈹等格鬥武器，被認為是軍隊的主力。“俑坑軍陣據目前出土情況，不見騎兵，而是以俑坑中間第六過道內的四路縱隊的武士俑為中軸線，兩側對稱地排列着戰車、步兵、戰車、戰車、步兵”[17]。向敵人發動攻擊時，秦俑軍陣中哪些兵種擔任“陷陣”的任務？目前看法略有分歧。敍述如下：

部分學者認為是由位於陣表的輕裝步兵充當前鋒，首先用弓弩遠射，接近後插入敵陣，打通道路，以重裝步兵為主的後續部隊緊跟其後，擴大戰果，以達到重創敵人之目的。[18] 有些學者還把秦俑軍陣和希臘、羅馬的步兵作戰情況做了比較，認為有許多相似之處[19]，提出秦俑軍陣反映的用兵原則，第一是“用射擊部隊首先接敵開展”，第二是“主力部隊作戰時首先投入輕裝步兵”[20]，並列舉了古代西方軍隊的同類戰術。

這裏需要注意的是，希臘、羅馬軍隊在對陣交鋒時，雖然先用投石兵或弓箭手等輕裝步兵接近敵人，發射矢石、標槍，但由於他們沒有可

16　《六韜》卷6《犬韜・均兵》。

17　秦鳴：《秦俑坑兵馬俑軍陣內容及兵器試探》，《文物》1975年第11期。

18　彭文：《秦代步兵淺析》，《文博》1992年第5期。

19　白建鋼：《論秦俑軍陣的輕、重裝步兵》，《西北大學學報》1988年第1期。

20　白建鋼、李琳：《論秦俑軍陣的基本戰術》，《唐都學刊》1987年第4期。

靠的防護裝備，在近戰格鬥中處於劣勢，因此在接近敵陣時通常退至重裝步兵的身後或兩翼，不直接參加攻堅戰鬥。"重步兵用於衝擊對方，對戰鬥勝負起決定作用" [21]，研究秦俑軍陣的一些學者也注意到這個問題，"雖說輕步兵行動靈活，但在短兵相接的戰鬥中重裝步兵的防護裝備似乎能更有效地抵禦敵人的進攻，保存實力以打擊敵人" [22]，"輕裝弓弩兵無防護能力，可以遠射作戰，不宜近戰格鬥，作戰時'更發更止'，交替射箭。短兵相接時，當有撤至陣中或向兩翼疏散的動作" [23]。由此分析，戰國及秦代的輕裝步兵恐怕難以承擔攻堅陷陣的主要任務，可能還是由車兵和重裝步兵來完成的。筆者比較贊同秦鳴的意見。他認為當時戰鬥隊形的編組不是固定的，必須根據形勢的變化來決定。"在地勢平坦廣闊的地區作戰，貝'輕車先出'，'以伍次之'。車用以'陷堅陣，要強敵，遮走北'，步兵則'堅陣疾戰'。當遇到險峻的地區作戰時，則以步兵居前，衝鋒陷陣；或憑陵據險，截擊敵人；而車稍後，相機配合步兵戰鬥。" [24]

（四）"陷陳"戰術的陣形

戰國時期"陷陳"戰術的出現和應用，還和當時軍事思想與陣形的發展有密切關係。春秋時期，列陣而後交鋒的傳統戰法仍然佔據着主導地位，典型戰例就是在泓之戰中，司馬子魚建議宋軍利用楚軍半渡及未佈陣的時機發動進攻，卻被保守頑固的宋襄公所拒絕，他甚至在失敗以後還振振有詞地辯解："寡人雖亡國之餘，不鼓不成列。" [25] 戰國時期則情況大變，

---

21 盧林：《戰術史綱要》，解放軍出版社，1987 年，第 77 頁。

22 彭文：《秦代步兵淺析》，《文博》1992 年第 5 期。

23 王輝強：《秦兵馬俑與秦軍陣法》，《文博》1994 年第 6 期。

24 秦鳴：《秦俑坑兵馬俑軍陣內容及兵器試探》，《文物》1975 年第 11 期。

25 《左傳·僖公二十二年》。

一方面，軍事家們極力提倡利用敵陣未定、混亂移動時發起攻擊，以便減少犧牲、取得更好的戰果；而把陣形不穩固看作兵家大忌，並將其作為作戰原則寫進兵法著作，奉為經典。例如《吳子·料敵》曰：

> 凡料敵，有不卜而與之戰者八：……八曰陳而未定，舍而未畢，行阪涉險，半隱半出。諸如此者，擊之勿疑。
>
> 武侯問敵必可擊之道。起對曰："用兵必須審敵虛實而趨其危。敵人遠來新至，行列未定，可擊；既食，未設備，可擊；……旌旗亂動，可擊；陳數移動，可擊；將離士卒，可擊；心怖，可擊。凡若此者，選銳衝之，分兵繼之，急擊勿疑。"

《吳子·圖國》曰：

> 不和於軍，不可以出陣；不和於陣，不可以進戰。

《六韜》卷3《龍韜·兵徵》曰：

> 行陳不固，旌旗亂而相繞；逆大風甚雨之利；士卒恐懼，氣絕而不屬；戎馬驚奔，兵車折軸；金鐸之聲下以濁，鼙鼓之聲濕以沐。此大敗之徵也。

另一方面，在敵軍佈陣已畢的情況下，軍事家們注意到，破壞其陣形是野戰獲勝的關鍵；敵軍的崩潰往往是由戰鬥隊形的混亂引起的。如《尉繚子·制談》就認為進攻破陣有三個步驟，即"金鼓所指"，發出攻擊的命令；"陷行亂陳"，突破打亂敵人的戰鬥隊形；"覆軍殺將"，消滅敵軍及其將領。在進攻敵人的堅固陣列時，舊式的橫排方陣平推前進被認為是低效率的戰術。《孫臏兵法·威王問》記載：“威王曰：‘地平卒齊，合而北者，何也？’孫子曰：‘其陣無鋒也。’”即應該用精銳兵力實施突擊。另外，當時的軍事家們還創造出適應“陷陳”戰術的縱隊進攻隊形。

商周及春秋前期的陣法比較簡單，主要是方陣和圓陣兩種，分別用於攻擊和防守。戰國時期由於兵器裝備與指揮藝術的進步，以及作戰環境的複雜化，陣法的種類劇增，可以根據不同條件選擇使用。《孫臏兵法·十陣》說到當時，“凡陣有十，有方陣，有圓陣，有疏陣，有數陣，有錐行之陣，有雁行之陣，有鈎行之陣，有玄襄之陣，有火陣，有水陣。此皆有所利”，並論述了各種陣法的特點、性能和運用情況。其中的“錐行之陣”，是適應“陷陳”突擊的縱隊陣形，也就是作戰正面狹窄而有縱深的、機動靈活的戰鬥隊形，它可以對敵陣的某個局部集中兵力和武器裝備，形成明顯的優勢。孫臏解釋道：“錐行之陣者，所以決絕也。”[26]即用於突破和截斷敵陣。又說：“錐行者，所以衝堅毀銳也。”[27]即用來衝破敵人的堅固陣地，摧毀其精銳部隊。他還對此種陣勢的構造和作用做了較為詳細的說明：

> 錐行之陣，卑之若劍，末不銳則不入，刃不薄則不剗，本不厚則不可以列陣。是故末必銳，刃必薄，本必鴻。然則錐行之陣可以決絕矣。[28]

意思是說這種陣形譬若寶劍，劍鋒不銳利就無法刺入；劍刃不鋒利則無法砍殺；劍身不厚實容易折斷，則無法用於格鬥。所以，部署此陣的前鋒部隊必須精銳勇猛，兩翼部隊必須靈活機動，後續部隊必須兵力雄厚。這樣佈置的陣勢，就可以突破和截斷敵陣了。

---

26 銀雀山漢墓竹簡整理小組：《孫臏兵法·十陣》，文物出版社，1975 年。
27 銀雀山漢墓竹簡整理小組：《孫臏兵法·威王問》，文物出版社，1975 年。
28 銀雀山漢墓竹簡整理小組：《孫臏兵法·十陣》，文物出版社，1975 年。

《孫臏兵法·勢備》還借用寶劍的"鋒"和"後"來論證"錐行之陣"中"陷陳"的前鋒與後續部隊。強調軍陣沒有銳利的前鋒猶如劍之無鋒，雖有孟賁之勇而不能前進；軍陣沒有強大的後續部隊好像劍之無鋌（把柄），即使是"巧士"也無法衝鋒。無鋒無後，還硬要向敵人發動進攻，這樣的將領是根本不懂用兵之道的。所以軍陣既要有前鋒，又要有後續部隊，才能"相信不動，敵人必走"，即穩定陣勢，擊潰敵軍。

就意識形態而言，這一歷史階段"陷陳"之士的組成，"錐行之陣"和縱隊突擊戰術的出現，反映了人們對戰爭經驗的總結和軍事理論認識的深化；從物質基礎來說，則是當時軍隊普遍裝備新式武器的結果。戰國時期，鋒利堅韌的鋼鐵兵器取代了鈍拙的青銅兵器，其殺傷力和防護性能獲得了顯著的提高。像楚國的"宛鉅鐵鉇，慘如蜂蠆"[29]，秦昭王亦言："吾聞楚之鐵劍利而倡優拙。夫鐵劍利則士勇，倡優拙則思慮遠。"[30] 韓國出產的劍戟，"皆陸斷馬牛，水擊鵠雁，當敵即斬"[31]。它們為"陷陳"戰術的實施提供了必要的技術條件與保護手段，使少數勇士能夠在矢刃交加之下突入敵陣，打亂對方的作戰隊形。像《呂氏春秋·開春論第一·貴卒》所載的中山力士，"衣鐵甲，操鐵杖以戰，而所擊無不碎，所衝無不陷"，為後續部隊的進擊開闢道路，從而取得戰鬥的勝利。

三、漢代的"陷陳"部隊及其戰術

兩漢時期，統一的多民族國家獲得了鞏固和成長，軍隊規模龐大，並擁有完備的組織系統，所運用的陣形和戰術得到了進一步的發展，關於"陷陳"部隊的歷史記載也比前代更為詳細。

---

29 《荀子·議兵》。
30 《史記》卷 79《范雎列傳》。
31 《戰國策·韓策一》蘇秦語。

（一）"陷陳"部隊的編制情況

1. 主將為"陷陳都尉"

漢代軍中，亦有以"陷陳"為名的作戰分隊，主將為"陷陳都尉"，這一官職在《史記》與《漢書》裏未有記載。首都師範大學歷史博物館藏有一件漢代青銅弩機，上有銘文四行二十三字曰："陷陳都尉馬士乍（作）紫赤間，間、郭師任居，建武十年丙午日造。"文中提到的"紫赤間"，乃弩機的名稱[32]，由陷陳都尉馬士監作；製造"間"（弩牙）和"郭"（銅鑄機匣）的匠師名為任居；文中的"建武十年"，當是指東漢光武帝劉秀的年號。漢晉南北朝諸帝雖然多有用"建武"年號者，但歷時十年以上者只有劉秀與後趙的石虎，而銘文所載的"都尉"又係漢代武官職稱，故應斷定為漢代遺物。按建武十年（34）天下未定，多有征伐，特別是東漢政府與蜀地公孫述、隴西隗囂父子的戰鬥已經持續數歲。這一年的八月，劉秀親率大軍征討隴西，至十月隗純降漢，才班師回朝。弩機銘文中的陷陳都尉馬士，《後漢書》不載其名，事跡無考，很可能只是東漢政府與公孫述或隗囂作戰中任職的一位武將，屬於臨時的職務，不同於邊郡都尉、屬國都尉等常設的地方軍政長官。

據《漢書》卷 19 上《百官公卿表上》記載，秦朝及漢初，各郡皆設尉一人，"掌佐守典武職甲卒，秩比二千石"，即作為郡守的副職，主管當地軍務與治安，漢景帝中二年（前 148）更名都尉。後來武帝又設置三輔都尉、關都尉，以及掌管屯田事務的農都尉，主蠻夷降者的屬國都尉等，都是地方駐軍的長官。東漢建武六年（30）罷郡國都尉，九年（33）省關都尉，"唯邊郡往往置都尉及屬國都尉，稍有分縣，治民比郡。"[33]

---

32 漢魏弩機名稱有"白間"（《後漢書》卷 40《班固傳》載《兩都賦》）、"黃間"（《文選》卷 4 載張衡《南都賦》）、"赤黑間"（《金石索》卷 2《漢右中郎將曹悅弩機銘文》）、"紫間"（見《太平御覽》卷 348 引陸機《七導》），看來"紫赤間"也應是弩機之名。

33 《後漢書·百官志五》。

後世“每有劇賊，郡臨時置都尉，事訖罷之”[34]。

　　兩漢郡國維持地方治安的常設都尉，其稱呼多帶有轄區的地名，如泰山都尉、上河農都尉、張掖屬國都尉等。另外，在作戰部隊裏亦有都尉，屬於將軍、將統轄之下的中級武官，與校尉等秩，掌軍之一部。此類官職起源於戰國，見《史記》卷73《王翦列傳》：“（楚兵）大破李信軍，入兩壁，殺七都尉，秦軍走。”秦朝建立後，軍中亦有此職，見《史記》卷95《樊噲列傳》：“攻武關，至霸上，斬都尉一人……”漢代此種都尉與郡國都尉不同的是，其官職前面往往冠以所轄兵種的名稱，如車騎都尉、驍騎都尉、騎都尉、長鈹都尉等。漢代的敢死隊員也稱“陷陳士”[35]，執行突擊敵陣任務的精銳分隊“號為千人，名陷陳營”[36]。由此看來，“陷陳都尉”應是專門率領“陷陳士”的武官。據《三國志》卷17《魏書·樂進傳》記載，東漢興平元年（194），曹操領兗州牧後，曾任命樂進為陷陳都尉。《三國志》卷17《魏書·于禁傳》亦載：“拜軍司馬，使將兵詣徐州，攻廣威，拔之，拜陷陳都尉。”按曹操此時既為漢臣，其部隊組織、官職應為漢制，他所設置的“陷陳都尉”，自然是沿襲東漢的軍事制度，故與上述建武十年（34）弩機銘文所載官名相符。這一官職亦應是在戰時臨時設置的，有別於邊郡都尉、屬國都尉等常設的地方軍事長官。

2. 屬官有陷陳司馬

　　陷陳都尉的屬官，據傳世漢印反映，有“陷陳司馬”“陷陳破虜司馬”[37]。《後漢書·百官志一》記載司馬是將軍屬下各部校尉的副職，如該部未設校尉，則由司馬統領，“其領軍皆有部曲。大將軍營五部，部校

34　《後漢書·百官志五》本注。

35　《後漢書》卷87《西羌傳》。

36　《三國志》卷7《魏書·呂布傳》注引《英雄記》。

37　羅福頤：《秦漢南北朝官印徵存》，文物出版社，1987年，第140—141、234頁。

尉一人，比二千石；軍司馬一人，比千石。部下有曲，曲有軍候一人，比六百石。……其不置校尉部，但軍司馬一人。又有軍假司馬、假候，皆為副貳。其別營領屬為別部司馬，其兵多少各隨時宜。"都尉與校尉屬於同一級別，為軍中一部的長官，故司馬也是其副職，代理司馬職務者稱為"假司馬"。例如居延漢簡多載邊郡軍事組織的情況，可以見到都尉部下設有司馬、騎司馬、假司馬、千人和候等屬官。[38] 漢簡中還有司馬隨同都尉作戰的記述："本始元年九月庚子，虜可九十騎入夾渠止北隧，略得卒一人，盜取官三石弩一、藁矢十二、牛一、衣物，去城，司馬宜昌將騎百八十二人從都尉追。"[39]《史記》卷 98《傅靳蒯成列傳》載信武侯靳歙，"略梁地，別將擊邢說軍菑南，破之，身得說都尉二人，司馬、候十二人，降吏卒四千一百八十人。"也提到司馬、候是都尉的下級。前引《三國志》卷 17《魏書・樂進傳》《魏書・于禁傳》也記載二人是由軍司馬、假司馬升遷為陷陳都尉的。

司馬統轄的兵數，約在千人。可見《尉繚子・制談》："令百人一卒，千人一司馬，萬人一將。"《漢書》卷 52《灌夫傳》亦載："請孟為校尉，夫以千人與父俱。"孟康注曰："官主千人，如候、司馬也。"但也有率領數千人的記載，見《後漢書》卷 65《段熲傳》："乃分遣騎司馬田晏將五千人出其東，假司馬夏育將二千人繞其西"，這應屬於特殊事例。

3. "陷陳" 部隊的規模

漢代每支"陷陳"部隊的兵員有多少？有關的記載很繁雜。如果僅從都尉領兵的人數來看，有數千人。《漢書》卷 69《趙充國傳》：

> （義渠）安國以騎都尉將騎三千屯備羌，至浩亹，為虜所擊，失亡車重兵器甚眾。

---

38 陳夢家：《漢簡綴述》，中華書局，1980 年，第 39—45 頁。

39 謝桂華、李均明等：《居延漢簡釋文合校》，文物出版社，1987 年。

如果從"陷陳"部隊作戰的事例來看，人數最少者僅有百餘人，多者為數千人。如《後漢書》卷 13《公孫述傳》載："述乃悉散金帛，募敢死士五千餘人。"《後漢書》卷 21《耿純傳》："選敢死二千人，俱持強弩。"昆陽之戰，"光武乃與敢死者三千人，從城西水上衝其中堅，尋、邑陳亂"[40]。值得注意的是，先秦古籍裏記載的"死士"隊伍有許多也是三千人。[41]

東漢後期的許多"陷陳"部隊則為數百人到千人。例如《後漢書》卷 74 上《袁紹傳》載界橋之戰時，"紹先令麴義領精兵八百，強弩千張，以為前登"；《三國志》卷 7《魏書·呂布傳》注引《英雄記》載其部將高順，"所將七百餘兵，號為千人，鎧甲鬥具皆精練齊整，每所攻擊無不破者，名為陷陳營"；《三國志》卷 17《魏書·樂進傳》記載，東漢興平元年（194），曹操領兗州牧後，遣樂進回本郡募兵，"得千餘人，還為軍假司馬、陷陳都尉"；《三國志》卷 18《魏書·典韋傳》載曹操"拜韋都尉，引置左右，將親兵數百人，常繞大帳。韋既壯武，其所將皆選卒，每戰鬥，常先登陷陳"。

據此看來，漢代"陷陳"部隊的人數多少要依據當時軍隊與戰場的實際情況而定。

4. "陷陳"部隊的裝備

"陷陳"部隊的戰鬥力較強，其裝備的武器也很精良。秦漢兵器銘文內多有製造官署、監作官吏與匠師的名稱，通常是為了保證兵器的質量，以便事後追究責任。如《禮記·月令》所言："物勒工名，以考其誠，

---

40 《後漢書》卷 1《光武帝紀上》。

41 《史記》卷 69《蘇秦列傳》："湯武之士不過三千，車不過三百乘，卒不過三萬，立為天子，誠得其道也。"《史記》卷 4《周本紀》載武王"遂率戎車三百乘，虎賁三千人，甲士四萬五千人，以東伐紂"。《吳子·圖國》："民有膽勇氣力者，聚為一卒；樂以進戰效力以顯其忠勇者，聚為一卒；能逾高超遠、輕足善走者，聚為一卒；王臣失位而欲見功於上者，聚為一卒；棄城去守，欲除其醜者，聚為一卒。此五者，軍之練銳也。有此三千人，內出可以決圍，外入可以屠城矣。"

功有不當，必行其罪。"鄭玄注："勒，刻也。刻工姓名於其器，以察其信，知其不功致。"前引《建武十年弩機銘文》曰："陷陳都尉馬士午（作）紫赤間……"這裏的"作"，也應理解為監作，而不是親自製作的意思。從兩漢其他弩機銘文的內容來看，它們大多是中央少府的尚方和考工室（東漢屬太僕），或各郡的工官、銅官製造的，監作官吏是這些機構的令、丞、護工掾、史等。像都尉這樣的軍官，本來是不管兵器製造事務的。但因國家草創，百廢待舉，或是受戰亂的影響，官府手工業的生產活動脫離正軌，未必能夠保證供給，所以出現軍隊部門自己組織武器生產的情況。如河北省定縣北莊漢墓出土的建武三十二年（56）弩機，銘文就有虎賁官治銅弩機百一十枚的記載。[42] 虎賁官即虎賁中郎將，主宮廷宿衛，此時卻也兼管製造兵器。武將監作弩機的現象還可以參見《漢金文錄》卷6："永初三年□月，右將譚君造□石鑯。"

另外，部分兵器銘文中的官名，還有表示這些物品所屬的官府或軍隊部門的意思，以示與其他機構或私人的兵器有別。見雲夢秦簡《秦律·工律》："公甲兵各以其官名刻久之，其不可刻久者，以丹若漆書之。"在出借時必須登記武器的標記，再按照標記收回。"陷陳士"等精銳部隊裝備的武器通常較好。像前述呂布的"陷陳營"，"鎧甲鬥具皆精練齊整"，需要專門供給。由此看來，陷陳都尉、虎賁官、右將等武官監作的弩機，很可能是專為裝備其所轄部隊而製造的。

5."陷陳"部隊的其他名稱和任務

漢代的"陷陳"部隊還有一些其他名稱，如"敢死"，見前引《後漢書》卷1《光武帝紀上》，李賢注曰："謂果敢而死者。"及《後漢書》卷21《耿純傳》。或稱"勇敢"，見《漢書》卷84《翟方進傳附子義傳》。另外，常見的還有"先登"或"前登"，參見《史記》卷95《樊酈滕灌列傳》、

---

42 河北省文化局文物工作隊：《河北定縣北莊漢墓發掘報告》，《考古學報》1964年第2期。

《後漢書》卷 47《岑彭傳》、《後漢書》卷 65《段熲傳》、《三國志》卷 6《魏書‧袁紹傳》注引《英雄記》等。

"陷陳士"即敢死隊。他們執行的作戰任務有許多種,突擊敵陣只是其中之一。除此之外,較為多見的是"先登",即在攻城中率先攀登。它和衝鋒陷陣都是最危險艱苦的戰鬥。如《六韜》卷 3《龍韜‧厲軍》所言"攻城爭先登,野戰爭先赴",以及《史記》卷 129《貨殖列傳》所講的"攻城先登,陷陣卻敵"。因此它們在當時的歷史著作中往往並列稱為"先登陷陣(陳)",可參見《史記》卷 95《樊噲列傳》:

> 攻城,先登陷陣,斬縣令、丞各一人,首十一級,虜二十人,遷郎中騎將。

《史記》卷 95《酈商列傳》:

> 項羽既已死,漢王為帝。其秋,燕王臧荼反,商以將軍從擊荼,戰龍脫,先登陷陣,破荼軍易下,卻敵,遷為右丞相,賜爵列侯。

《後漢書》卷 20《銚期傳》:

> 從擊王郎將兒宏、劉奉於巨鹿下,期先登陷陣,手殺五十餘人,被創中額,攝幘復戰,遂大破之。

《三國志》卷 18《魏書‧典韋傳》:

> 韋既壯武,其所將皆選卒,每戰鬥,常先登陷陣。

敢死隊執行的任務不只是攻城,還包括奪取浮橋。如《後漢書》卷

17《岑彭傳》載：“彭乃令軍中募攻浮橋，先登者上賞。於是偏將軍魯奇應募而前。”或懸索渡河，見《後漢書》卷65《段熲傳》：“追討（羌寇）南度河，使軍吏田晏、夏育募先登，懸索相引，復戰於羅亭，大破之。”甚至“陷陳”、突擊敵陣的戰鬥，也可以稱為“先登”。《後漢書》卷17《賈復傳》：“從擊青犢於射犬，大戰至日中，賊陳堅不卻。光武傳召復曰：‘吏士皆飢，可且朝飯。’復曰：‘先破之，然後食耳。’於是被羽先登，所向皆靡，賊乃敗走。諸將咸服其勇。”

因此，可以認為這兩個詞在當時是互通的，“陷陳”部隊或是“陷陳”戰鬥有時也叫做“先登”。

（二）“陷陳”部隊的組織方式

漢代的“陷陳”部隊是由哪些人、通過何種方式編組而成的？從史籍記載來看，大致可以分為以下三種：

一類是簡選。在軍隊將士當中考察選拔勇猛健壯、武藝高強之人，組成精銳分隊。如《後漢書》卷21《耿純傳》載：“賊忽夜攻純，雨射營中，士多死傷。純勒部曲，堅守不動。選敢死二千人，俱持強弩，各傳三矢，使銜枚間行，繞出賊後，齊聲呼噪，強弩並發，賊眾驚走，追擊，遂破之。”這是從商周沿襲而來的傳統制度。《呂氏春秋·仲秋紀第八·簡選》對此有專門的論述。又見《吳子·料敵》：

> 然則一軍之中必有虎賁之士，力輕扛鼎，足輕戎馬，搴旗取將，必有能者。若此之等，選而別之，愛而貴之，是謂軍命。其有工用五兵，材力健疾，志在吞敵者，必加其爵列，可以決勝。厚其父母妻子，勸賞畏罰。此堅陳之士，可與持久。能審料此，可以擊倍。

《荀子·議兵》還提到當時魏國考核“武卒”的具體辦法：“衣三屬

之甲，操十二石之弩，負服矢五十個，置戈其上，冠軸帶劍，贏三日之糧，日中而趨百里，中試則復其戶，利其田宅。"

另一類是招募。就漢代情況而言，"陷陳"部隊的組成，更多的是採用招募的方式。即在戰前頒佈重賞，吸引軍中的將士報名參加。可見《漢書》卷84《翟方進傳附子義傳》："於是以九月都試日斬觀令，因勒其車騎材官士，募郡中勇敢，部署將帥。"《後漢書》卷65《段潁傳》載其與羌族作戰時，"使軍吏田晏、夏育募先登"。《後漢書》卷17《岑彭傳》曰："彭乃令軍中募攻浮橋，先登者上賞。於是偏將軍魯奇應募而前。"《三國志》卷18《魏書·典韋傳》載漢末曹操與呂布交戰時，"募陷陳，韋先佔，將應募者數十人。"這種辦法利用了人們發財致富的思想，誘使他們自願擔任危險的戰鬥任務，故而能有較高的士氣和求戰慾望。正如《史記》卷129《貨殖列傳》所言："富者，人之情性，所不學而俱欲者也。故壯士在軍，攻城先登，陷陳卻敵，斬將搴旗，前蒙矢石，不避湯火之難者，為重賞使也。"漢代兵書《黃石公三略·上略》亦引《軍讖》曰："軍無財，士不來；軍無賞，士不往。""香餌之下，必有懸魚；重賞之下，必有死夫。"

招募辦法的流行，和戰國以來商品貨幣經濟、雇傭關係的普遍發展，以及人們對金錢的渴望迅速升級有關。所謂："天下熙熙，皆為利來；天下攘攘，皆為利往。"為了讓利益成為一種驅動力量，傳統的"簡選"辦法有時也和募賞結合起來，稱為"簡募"。《後漢書》卷73《劉虞傳》："（初平）四年冬，遂自率諸屯兵眾合十萬人以攻（公孫）瓚。……瓚乃簡募銳士數百人，因風縱火，直衝突之。"

但是，生命畢竟比金錢更為重要，所以在戰鬥裏也會出現貪財應募，卻臨陣喪膽、畏懼不前的可笑現象。如《史記》卷107《魏其武安侯列傳》載："於是灌夫披甲持戟，募軍中壯士所善願從者數十人。及出壁門，莫敢前，獨二人及從奴十數騎馳入吳軍中。"

還有一類屬於強制徵調。這種辦法主要用於少數民族。古代的國家往往也是多民族政權，民族關係是不平等的，征服者和被征服者之間存在着剝削、壓迫。統治民族為了減少自身的傷亡，經常強制性地徵調附屬民族參戰，並且命令他們在陣前接敵。例如夏桀征湯，曾發"九夷之師"[43]。武王伐紂時，有羌、盧、髳、彭、巴、濮、鄧、蜀八國軍隊隨從。這些民族文明程度較低，保持着勇猛無畏的個性，具有很強的戰鬥力，有時敵人的陣列就是由他們首先突破的。如牧野之戰當中，"巴師勇銳，歌舞以凌殷人，前徒倒戈，故世稱之曰'武王伐紂，前歌後舞'也"[44]。

漢代軍隊裏也經常包括少數民族，像楚漢戰爭時，雙方都有善於騎射的遊牧民族"樓煩"將士，還有用於"陷陳"的巴人。《華陽國志》卷1《巴志》："閬中有渝水，賨民多居水左右，天性勁勇，初為漢前鋒，陷陣，銳氣喜舞。（高）帝善之，曰此武王伐紂之歌也。'"[45]

西漢中央常備軍"八校尉"之中，越騎校尉專門掌管由越人組成的騎兵；長水校尉負責掌管由長水胡人組成、駐紮於宣曲（今陝西省西安市長安區西）的騎兵；胡騎校尉專管由匈奴人組成、駐紮於池陽（今陝西省涇陽縣西）的騎兵。東漢時期，政府曾徵調烏桓騎兵參戰，衝鋒陷陣，屢立戰功。例如《後漢書》卷18《吳漢傳》曰："旦日，（周）建、（蘇）茂出兵圍漢。漢選四部精兵黃頭吳河等，及烏桓突騎三千餘人，齊鼓而進。建軍大潰，反還奔城。"《後漢書》卷73《公孫瓚傳》曰："中平中，以瓚督烏桓突騎，車騎將軍張溫討涼州賊。"

另外，東漢政府對役使的羌族騎兵不付酬勞，還美其名曰"義

---

43 《説苑》卷13《權謀》。

44 〔晉〕常璩撰、劉琳校注：《華陽國志校注》卷1《巴志》，巴蜀書社，1984年，第21頁。

45 〔晉〕常璩撰、劉琳校注：《華陽國志校注》卷1《巴志》，巴蜀書社，1984年，第37頁。

從"[46]。甚至發生過"義從"因為服役太久，心懷怨憤而激起叛亂的事件。如《後漢書》卷65《段熲傳》載延熹四年（161）冬，段熲將湟中義從討上郡沈氏、隴西牢姐、烏吾諸羌，"涼州刺史郭閎貪共其功，稽固熲軍，使不得進。義從役久，戀鄉舊，皆悉反叛"。

（三）"陷陳"部隊的兵種構成

漢代用於"陷陳"的部隊，其兵種構成前後有所變化，大致上可以分成以下幾個階段：車兵為主 —— 車騎混編 —— 騎兵或步兵。

其一，秦楚之際 —— 車兵為主。據《史記》卷95《樊酈滕灌列傳》記載，漢高祖劉邦在反秦戰爭裏多次獲勝，得力於其帳下的車兵。這支部隊由他的親信、後任太僕的夏侯嬰指揮，自沛縣起兵後轉戰千里，進入關中，屢次建立功績，陷陣破敵多是"以兵車趣攻戰疾"。當時參與陷陣戰鬥的還有曹參、樊噲所率的步兵。可見《史記》卷54《曹相國世家》："從南攻犨，與南陽守齮戰陽城郭東，陷陳，取宛，虜齮，盡定南陽郡。"《史記》卷95《樊酈滕灌列傳‧樊噲》："從攻圍東郡守尉於成武，卻敵，斬首十四級，捕虜十一人，賜爵五大夫。從擊秦軍，出亳南。河間守軍於杠里，破之。擊破趙賁軍開封北，以卻敵先登，斬侯一人，首六十級，捕虜二十七人，賜爵卿。從攻破楊熊軍於曲遇。攻宛陵。先登，斬首八級，捕虜四十四人，賜爵封號賢成君。"

據《史記》卷95《樊酈滕灌列傳》記載，在這一階段，劉邦軍中的騎兵數量很有限，尚未設有騎將，最高指揮官僅是校尉；在反秦戰爭裏也沒有看到劉邦所部有車騎混編部隊作戰的記述。這可能和農民軍中缺乏馬匹和騎術訓練有關。例如陳勝的部隊，"比至陳，車六七百乘，騎

46　《後漢書》卷65《段熲傳》。

千餘，卒數萬人"[47]，騎兵人數也很少，在比例上遠低於步兵乃至車兵。而其對手、秦朝軍隊主力章邯所部卻擁有混編的車騎部隊，曾和起義軍屢次交鋒。[48]

其二，楚漢戰爭至文景時期——擴建騎兵、車騎混編。楚漢戰爭開始後，由於項羽擁有一支數量眾多的騎兵，而劉邦在這方面力量薄弱，部下的車兵及步兵機動性較差，故與其交鋒常處於被動。為形勢所迫，漢軍不得不擴建自己的騎兵部隊，任命灌嬰為騎將，李必、駱甲為左右校尉，與項羽抗衡並扭轉了不利的局面。事見《史記》卷95《樊酈滕灌列傳·灌嬰》：

> （漢王）西收兵，軍於滎陽。楚騎來眾，漢王乃擇軍中可為車騎將者，皆推故秦騎士重泉人李必、駱甲習騎兵，今為校尉，可為騎將。漢王欲拜之，必、甲曰："臣故秦民，恐軍不信臣，臣願得大王左右善騎者傅之。"灌嬰雖少，然數力戰，乃拜灌嬰為中大夫，令李必、駱甲為左右校尉，將郎中騎兵擊楚騎於滎陽東，大破之。

事後，這支部隊在與敵人的騎兵交戰和發起奇襲、追擊時頻頻告捷[49]，為漢王朝的建立屢創功勛。西漢初年的戰車部隊和騎兵經常混編作戰，逐漸成為精銳主力。灌嬰多次率領車騎大軍與敵對勢力交鋒，他本人的官職也是車騎將軍。劉邦擴建騎兵之後，夏侯嬰仍然以太僕的職務率領車兵作戰，但是從其參加的戰役情況來看，往往是和灌嬰的騎兵共同行動，可見《史記》卷95《樊酈滕灌列傳》所載二人的作戰經歷。

---

47 《史記》卷48《陳涉世家》。

48 《史記》卷54《曹相國世家》："又攻下邑以西，至虞，擊章邯車騎。"《史記》卷57《絳侯周勃世家》："攻蒙、虞，取之。擊章邯車騎，殿。定魏地。"《史記》卷95《樊酈滕灌列傳·樊噲》："還定三秦，別擊西丞白水北，雍輕車騎於雍南，破之。……從擊秦軍車騎壤東，卻敵，遷為將軍。"

49 《史記》卷8《高祖本紀》、卷95《灌嬰傳》所載灌嬰率領騎兵在楚漢戰爭中的戰績。

劉邦晚年反擊匈奴和鎮壓異姓諸侯王叛亂，除了依靠中央政府的車騎，還大量徵發各諸侯國的車騎參戰。如灌嬰"受詔併將燕、趙、齊、梁、楚車騎，擊破胡騎於磶石"[50]。《史記》卷 54《曹相國世家》曰："黥布反，（曹）參以齊相國從悼惠王將兵車騎十二萬人，與高祖會擊黥布軍，大破之。"另據《漢官儀》所載："高祖命天下郡國選能引關蹶張、材力武猛者，以為輕車、騎士、材官、樓船，……平地用車騎，山阻用材官，水泉用樓船。"[51] 也說明當時平原野戰主要使用車騎部隊。

直至景帝時，漢朝中央政府的精銳部隊仍以車騎為主。見《史記》卷 106《吳王濞列傳》桓將軍曰："吳多步兵，步兵利險；漢多車騎，車騎利平地。願大王所過城邑不下，直棄去，疾西據洛陽武庫，食敖倉粟，阻山河之險以令諸侯，雖毋入關，天下固已定矣。即大王徐行，留下城邑，漢軍車騎至，馳入梁楚之郊，事敗矣。"

雖然有關漢初"陷陳"部隊的史料記載很少，但是根據以上情況大致可以判斷，當時用於衝鋒陷陣的軍隊主要應由車兵和騎兵共同構成。

其三，武帝至東漢時期 —— 以騎兵為主。隨着中央集權力量的鞏固壯大，與地方割據勢力的日益削弱，西漢王朝與匈奴的軍事衝突逐漸上升到首要地位。匈奴全用騎兵，能夠長途、迅速地運動作戰。漢朝的車騎混編部隊則相形見絀，戰車的速度較慢，其行駛又要受到地形的許多限制，不如騎兵那樣具備良好的機動性；作戰時車輛的動員集結工作煩瑣拖沓，騎兵則要簡便迅捷得多；戰車部隊還無法出塞做遠程、快速的進擊。以上種種車兵的弊病，使與其混編的騎兵受到拖累，往往貽誤戰機。例如漢文帝十四年（前 166），匈奴十餘萬騎入塞，"殺北地都尉卬，虜人民畜產甚多，遂至彭陽。使奇兵入燒回中宮，候騎至雍甘泉。……

50　《史記》卷 95《樊酈滕灌列傳·灌嬰》。

51　《後漢書》卷 1 下《光武帝紀下》建武七年（31）三月丁酉詔注引《漢官儀》。

（文帝）大發車騎往擊胡。單于留塞內月餘乃去，漢逐出塞即還，不能有所殺。"[52] 由於漢朝長期陷於被動不利的局面，"匈奴日已驕，歲入邊，殺略人民畜產甚多，雲中、遼東最甚，至代郡萬餘人，漢患之"[53]。

與匈奴交戰屢次失敗的教訓，使西漢王朝的統治者認識到必須加強軍隊建設，大力發展騎兵。如文帝曾頒佈"馬復令"，鼓勵百姓養馬，"令民有車騎馬一匹者，復卒三人"[54]。景帝時又在西部、北部邊郡設立"牧師苑"，飼養官馬數十萬匹。這些措施都有力地促進了馬匹的繁殖，為大規模擴建騎兵做了充分的準備。至漢武帝時，騎兵已然成為對匈奴作戰的主力，一次能夠出動數萬騎、十萬騎，甚至十八萬騎[55]，而笨重的戰車則逐漸退出了戰爭舞台。雖然軍隊還配備有車輛，但是以混編車騎作為精銳突擊力量的做法基本上不復存在了。從西漢武帝到東漢末年，軍隊主要是以步兵和騎兵混編作戰，在多數情況下，由騎兵充當衝鋒陷陣的主力。例如，劉秀在建立東漢王朝的戰爭過程中屢屢獲勝，和他擁有當時最強勁的騎兵 —— 漁陽、上谷突騎，並多次用其攻破敵陣有一定關係。其事可參見《後漢書》卷 18《吳漢傳》："光武北擊群賊，漢常將突騎五千為軍鋒，數先登陷陳。"《後漢書》卷 19《耿弇傳》："乃與三弟藍、弘、壽及故大彤渠帥重異等兵號二十萬，至臨淄大城東，將攻弇。弇先出淄水上，與重異遇，突騎欲縱，弇恐挫其鋒，令步不敢進，故示弱以盛其氣，乃引歸小城，陳兵於內。"後出其不意，"乃自引精兵以橫突步陳於東城下，大破之。"《後漢書》卷 22《景丹傳》曰："從擊王郎將兒宏等於南欒，郎兵迎戰，漢軍退卻，丹等縱突騎擊，大破之，追奔十餘里，死傷者從橫。丹還，世祖謂曰：'吾聞突騎天下精兵，今乃

52 《史記》卷 110《匈奴列傳》。

53 《史記》卷 110《匈奴列傳》。

54 《漢書》卷 24 上《食貨志上》。

55 《漢書》卷 6《武帝紀》元封元年（前 110）："出長城，北登單于台，至朔方，臨北河，勒兵十八萬騎，旌旗徑千餘里，威震匈奴。"

見其戰，樂可言邪？'"再如東漢末年，各路軍閥的精銳部隊亦多是騎兵，如前述呂布之"陷陳營"，公孫瓚之"白馬義從""迸騎"[56]，曹操之"虎騎""虎豹騎"[57]，在戰鬥中往往直突敵陣，摧枯拉朽。

其四，東漢三國的"陷陳"步兵。漢代的步兵由於裝備了鋼鐵利刃、甲盾和強弩等武器，也具備了"陷陳"的能力。從史籍記載來看，東漢三國時期也出現了單純由步兵組成的"陷陳"部隊，並能在對陣中屢屢獲勝。例如昆陽之戰中劉秀率領敢死者三千人衝破新莽敵陣。漢末界橋之戰，公孫瓚"步兵三萬餘人為方陳，騎為兩翼，左右各五千餘匹，白馬義從為中堅，亦分作兩校，左射右，右射左，旌旗鎧甲，光昭天地。（袁）紹令麴義以八百兵為先登，強弩千張夾承之，紹自以步兵數萬結陳於後"，公孫瓚見袁紹前鋒步兵人少，便放縱騎兵衝擊，"（麴）義兵皆伏盾下不動，未至數十步，乃同時俱起，揚塵大叫，直前衝突，強弩雷發，所中必倒，臨陳斬瓚所署冀州刺史嚴綱甲首千餘級。瓚軍敗績，步騎奔走，不復還營。"[58]三國時孫吳有"丹楊銳卒刀盾五千，號曰青巾兵，前後屢陷堅陳。"[59]魏吳東興之戰，"（丁奉）乃使兵解鎧著冑，持短兵。敵人從而笑焉，不為設備。奉縱兵斫之，大破敵前屯。會（呂）據等至，魏軍遂潰。"[60]這些都是著名的戰例。不過，騎兵行進的速度快、衝擊力強，適於野戰，仍是這一時期"陷陳"部隊的主力兵種。

（四）"陷陳"部隊的陣列部署和戰術

漢代自武帝以降，車兵退出主力兵種的位置，作戰部隊多是步騎混編（也有純用步兵或騎兵的）。陣列之內的兵力部署，通常分為陣首（前

---

56 《三國志》卷6《魏書·袁紹傳》注引《英雄記》。

57 《三國志》卷1《魏書·武帝紀》建安十六年（211）"九月"條，《三國志》卷9《魏書·曹仁傳附純傳》。

58 《三國志》卷6《魏書·袁紹傳》注引《英雄記》。

59 《三國志》卷48《吳書·孫皓傳》注引干寶《晉紀》。

60 《三國志》卷55《吳書·丁奉傳》。

鋒）、中堅、殿後和兩翼。在野戰對陣廝殺時，"陷陳"部隊的部署通常有兩種：

一種是置於陣首。即對敵正面，作為前鋒，承擔衝陣和反衝陣的任務。例如前引昆陽之戰中劉秀的敢死士、界橋之戰中袁紹的八百名先登步卒、孫吳的丹楊銳卒刀盾五千等。《通典》卷149引曹操《步戰令》，也講到其陣中兵力分為前、中、後三部，"前陷，陣騎次之，遊騎在後"。"前陷"即部署在陣前，執行陷陣任務的部隊。

另一種是置於兩翼。漢代騎兵通常佈置在方陣的兩翼，以便發揮快速機動的特點，這沿襲了古時列陣將輕車銳騎置於兩旁的習慣[61]。交戰時，往往也使用兩翼的騎兵作為"陷陳"部隊，來突擊敵陣。例如東漢靈帝建寧元年（168）春，段熲領兵與先零羌戰於逢義山，"虜兵盛，熲眾恐。熲乃令軍中張鏃利刃，長矛三重，挾以強弩，列輕騎為左右翼。激怒兵將曰：'今去家數千里，進則事成，走必盡死，努力共功名！'因大呼，眾皆應聲騰赴，熲馳騎於傍，突而擊之，虜眾大潰，斬首八千餘級，獲牛馬羊二十八萬頭"[62]。再如前述界橋之戰，"（公孫）瓚兵三萬，列為方陳，分突騎萬匹，翼軍左右，其鋒甚銳。"[63]，也是此種戰例。

隨着漢代戰爭規模的擴大，參戰人數、兵種的增加，以及作戰地域的擴展，軍事思想和指揮藝術也有了明顯的進步。它的反映之一，就是"陷陳"戰術的複雜化。將領可以根據不同的形勢需要採取各種戰法。這個時期的"陷陳"戰術，除了使用簡單的步騎縱隊正面衝擊外，大致還包括以下幾種：

---

61 《孫子兵法·行軍》："輕車先出居其廁（側）者，陳也。"《孫臏兵法·八陣》亦曰："車騎與戰者，分以為三，一在於左，一在於右，一在於後。"

62 《後漢書》卷65《段熲傳》。

63 《後漢書》卷74《袁紹傳》。

一是斬將搴旗。司馬遷曰："陷陣卻敵，斬將搴旗。"[64] 即用少數精銳將士衝擊敵陣，擒殺主將，奪取軍旗，破壞其指揮系統，令對方陣列崩潰。例如吳楚七國之亂時，漢軍勇將灌夫披甲持戟，率領所募壯士"及從奴十數騎馳入吳軍中，至吳將麾下，所殺傷數十人，不得前，復馳還"[65]。再如昆陽之戰中，劉秀率三千敢死突擊敵陣中堅，斬殺敵方主帥王尋，"城中亦鼓噪而出，中外合執，震呼動天地，莽兵大潰，走者相騰踐，奔殪百餘里間。"[66] 又如漢末袁紹和曹操的白馬之戰，"紹遣大將顏良攻東郡太守劉延於白馬，曹公使張遼及羽為先鋒擊之。羽望見良麾蓋，策馬刺良於萬眾之中，斬其首還，紹諸將莫能當者，遂解白馬圍。"[67]

二是橫擊。避開敵人陣勢強固的正面，從較為薄弱的側翼發動攻擊。例如東漢耿弇與軍閥張步戰於臨淄，"（張）步氣盛，直攻弇營，與劉歆等合戰，弇升王宮壞台望之，視歆等鋒交，乃自引精兵以橫突步陳於東城下，大破之。"[68]

三是陣後攻擊。敵人的注意力和主要兵力通常是在陣列的正面，背後防禦薄弱，不太重視，故選擇這一方位作為突破口。《六韜》卷6《犬韜‧戰騎》就談到過這種戰術，"武王曰：'九敗奈何？'太公曰：'凡以騎陷敵，而不能破陳，敵人佯走，以車騎返擊我後，此騎之敗地也。'"漢代亦有此種戰例。如《後漢書》卷12《彭寵傳》："寵果盛兵臨河以拒（鄧）隆，又別發輕騎三千襲其後，大破隆軍。"建武四年（28）王霸、馬武與周建、蘇茂交戰，"乃開營後，出精騎襲其背。茂、建前後受敵，

64 《史記》卷 129《貨殖列傳》。
65 《史記》卷 107《魏其武安侯列傳》。
66 《後漢書》卷 1 上《光武帝紀上》。
67 《三國志》卷 36《蜀書‧關羽傳》。
68 《後漢書》卷 19《耿弇傳》。

驚亂敗走。"[69]《後漢書》卷13《公孫述傳》："述乃悉散金帛，募敢死士五千餘人，以配（延）岑於市橋。偽建旗幟，鳴鼓挑戰，而潛遣奇兵出吳漢軍後，襲擊破漢。"

四是後發制人。此種戰術是把"陷陳"部隊當作預備隊，並不在交戰之初投入戰鬥，而是等到雙方激戰正酣、敵軍力量減耗時，突然發起衝擊，打亂敵人陣形，以此獲勝。如東漢建武十二年（36）吳漢、臧宮伐蜀，公孫述"乃自將數萬人攻漢，使延岑拒宮。大戰，岑三合三勝。自旦及日中，軍士不得食，並疲，漢因令壯士突之，述兵大亂。"[70] 前述建武四年王霸、馬武討伐周建、蘇茂之役，"（馬）武恃霸之援，戰不甚力，為茂、建所敗。武軍奔過霸營，大呼求救。霸曰：'賊兵盛，出必兩敗，努力而已。'乃閉營堅壁。……茂、建果悉出攻武。合戰良久，霸軍中壯士路潤等數十人斷髮請戰"[71]，此時王霸才派兵出擊，擊潰敵軍。

以上各種"陷陳"的戰術，倘若得手，隨後的主力部隊便會跟進攻擊，殲滅敵人。如果衝陣不利，遭到對方的反擊或發生混戰，就難說鹿死誰手了。

綜上所述，"陷陳"一詞在戰國秦漢的出現，有着深刻複雜的歷史背景，它不僅代表着一般意義上的衝鋒陷陣，而且反映了當時軍中普遍設置的敢死分隊組織與縱隊突擊敵陣的各種戰術，屬於鐵器時代軍事領域的新生事物，值得我們關注和研究探討。

---

69 《後漢書》卷20《王霸傳》。
70 《後漢書》卷13《公孫述傳》。
71 《後漢書》卷20《王霸傳》。

作者簡介

宋傑

1952 年生，北京市人。 1982 年畢業於北京師範學院（現首都師範大學）歷史系，留校任教。後師從寧可教授，研習秦漢史及古代軍事地理，獲得博士學位。退休前為首都師範大學歷史系中國古代史教研室教授、博士生導師。著有《〈九章算術〉與漢代社會經濟》《先秦戰略地理研究》《中國貨幣發展史》《漢代監獄制度研究》《三國兵爭要地與攻守戰略研究》《漢代宮廷居住研究》等，並發表學術論文 90 餘篇。